叶秀山全集
[第二卷]

叶秀山 著

江苏人民出版社

图书在版编目(CIP)数据

叶秀山全集.第二卷/叶秀山著.—南京：江苏人民出版社,2019.11
ISBN 978-7-214-23543-5

Ⅰ.①叶… Ⅱ.①叶… Ⅲ.①哲学-文集 Ⅳ.①B-53

中国版本图书馆 CIP 数据核字（2019）第 116584 号

书　　　名	叶秀山全集·第二卷
著　　　者	叶秀山
责 任 编 辑	黄　山
责 任 校 对	戴亦梁
责 任 监 制	王列丹
出 版 发 行	江苏人民出版社
出版社地址	南京市湖南路 1 号 A 楼,邮编：210009
出版社网址	http://www.jspph.com
排　　　版	南京展望文化发展有限公司
印　　　刷	苏州市越洋印刷有限公司
开　　　本	718 毫米×1000 毫米　1/16
印　　　张	35.5　插页 6
字　　　数	560 千字
版　　　次	2019 年 11 月第 1 版　2019 年 11 月第 1 次印刷
标 准 书 号	ISBN 978-7-214-23543-5
定　　　价	160.00 元

（江苏人民出版社图书凡印装错误可向承印厂调换）

《叶秀山全集》出版说明

叶秀山先生遽然仙逝后，在他亲属和学生们的支持下，我们决定出版《叶秀山全集》，以永远缅怀他卓越的学术成就，延续和光大他的学术理念与思想事业。本次出版遵循如下原则：

一、只收录已经公开出版或发表的作品，其余作品（如手稿、书信等）以后择机再出续集。

二、各卷按照时间顺序收录已出版的著作（包括文集）。未收入已出版著作中但又公开发表的文章，按发表时间顺序分类收入最后两卷。

三、已出版的文集类著作中与之前著作收文重复者，只存目，但让《永恒的活火》和《启蒙与自由》二书保持完整收录。

四、编辑过程中，尽量尊重原出版物原貌，只作最小程度的技术处理。

我们向参与具体编校工作的叶先生的学生们，以及为全集的编辑出版提供各种帮助的朋友们表示感谢！

江苏人民出版社
2019 年 7 月

目 录

书法美学引论

前言 003

原理篇 007

  一 书法美学告诉我们什么？ 009

  二 书法艺术之心理学观 021

  三 书法艺术之社会学观 028

  四 书法艺术之哲学观 037

    1. 分析哲学对艺术和美学的挑战 039

    2. "人"的呐喊与艺术之本源性 042

    3. 解释学与符号论美学 045

    4. 艺术·历史·人·书法 047

分析篇 051

  一 书法艺术的内容与形式 053

  二 书法与绘画 058

  三 书法与美术字 062

  四 书法与表演艺术 067

  五 草书在书法中的地位 071

风格篇 083

  一 金石之风格 085

  二 碑帖之神韵 092

三 二王之风貌 097
四 唐代之气度 106
　　1. 唐代书法艺术的全面发展和楷法的成绩 106
　　2. 初唐书家和虞世南在唐代书法上的地位 108
　　3. 唐代的草法和张旭、怀素的贡献 111
　　4. 唐代书风的代表——颜真卿、柳公权 114
　　5. 李邕的行法——中锋笔法在行书中的运用 118
五 笔墨之情趣 120
作者后记 130

古中国的歌
——京剧演唱艺术赏析

第一章　中国戏剧与中国文化 137
　　一　戏剧作为人生的镜子 137
　　二　戏剧作为活的历史 142
　　三　中国古典戏剧的基本特点和古典京剧艺术的成熟 147
第二章　作为戏剧的古典京剧和作为音乐的古典京剧 152
　　一　从"听戏"和"看戏"说起 152
　　二　古典戏曲艺术的艺术特点和唱工的性质 155
　　三　京剧唱工艺术与京剧流派的发展 161
　　四　京剧唱工艺术的特点 165
第三章　古典京剧的咬字 172
　　一　京剧字韵的生活根据 175
　　二　京剧咬字的技巧 182
　　三　京剧咬字的艺术性 192
第四章　古典京剧之行腔 201
　　一　京剧声腔的源流和特点 202
　　二　京剧角色行当的唱工艺术 210

三　京剧流派的唱工艺术 220

第五章　古典京剧唱工艺术的历史发展 232

　　一　京剧演唱发展的社会基础 232

　　二　京剧演唱风格的发展趋势 235

　　三　京剧演唱技巧的发展趋势 239

　　四　京剧咬字的发展 241

简短的结束语 249

后记 252

思·史·诗
——现象学和存在哲学研究

引言 257

第一部分　卡西尔的符号现象学 273

　　一、卡西尔与康德的哲学遗产 275

　　二、卡西尔的符号论 281

　　三、神话·语言·科学 285

　　　　1. "神话"作为一种符号、文化形式 285

　　　　2. 卡西尔的语言哲学 291

　　　　3. 科学作为概念之符号 298

　　四、哲学与文化之批判 303

第二部分　艺术·神话·历史——卡西尔的《论人》 306

　　一、"符号"作为解释世界的"形式" 307

　　二、艺术与神话 310

　　三、艺术作为一种符号形式 314

　　四、艺术与历史 320

第三部分　心理（精神）世界的探索——胡塞尔的现象学 324

　　一、反对心理主义——严格划分逻辑、心理、物理的界限 330

　　二、观念（理念）的世界 341

　　三、"人文科学"之建立 349

第四部分　现代现象学思潮与黑格尔哲学　361
　　一、"绝对的精神"与"纯粹的心理"　364
　　二、理智的直观与本质的显现　369
　　三、辩证思维与精神现象学　378

第五部分　海德格尔在"思想"的道路上　384
　　一、海德格尔的哲学的"变革"　384
　　二、"Dasein"与本源的时间性　398
　　三、语言、诗和思想　413

第六部分　海德格尔与西方哲学的危机　426
　　一、西方哲学之"危机"感与"无"的意识　426
　　二、"形而上学"的否定与"哲学"之终结　431
　　三、存在性的思想与对存在的思想　436
　　附：在"交往"的路上——海德格尔的"存在"与老子的"道"　443

第七部分　哲学之辩护——雅斯贝斯的"奋争"和"奉献"　449
　　一、雅斯贝斯哲学思想之渊源　449
　　二、哲学作为科学之超越　457
　　三、哲学作为 Existenz 之澄明　466
　　四、哲学作为形而上学之"密码"　478

第八部分　萨特的"有""无"之辩　489
　　一、萨特与他的前人　489
　　二、萨特的基本问题：（空）无　495
　　三、萨特论"他人"　505
　　四、萨特的存在论和存在的心理分析学　514

第九部分　杜弗朗和现象学美学　520
　　一、现象学基本原则与美学观念之变化　520
　　二、艺术世界之起源及其特点　528
　　三、审美知觉之分析　540
　　四、审美经验之普遍性　548

作者后记　558

|书法美学引论|

前 言

　　我国的艺术，包括书法艺术在内，在世界艺术之林中，有着悠久的历史，它的价值是用不着来为它"辩护"的，它的存在就向世界展现了它自身的意义。

　　历史在发展，艺术在前进，这一点也是不能够否定掉的。艺术的进步，是艺术家工作的结果，不是理论家"说"出来的；但理论家又从未真的"闭"过"嘴"，而总是"说"个不停。问题在于"说"什么样的"话"。

　　我们的艺术作品在世界上、在西方享有很高的声誉，这一点当然毋庸置疑，但有一个现象要引起注意的是：西方人怀着崇敬的心情观看中国的艺术，但觉得是离他们很远的另一个世界的作品，而不是与他们自身有关的，更不会是他们生活的一部分。之所以有这种"猎奇"的"异国情调"的心理，原因当然在于社会生活传统的不同，他们不太"理解"我们艺术的"意义"，他们觉得新奇，但"看"不"懂"。他们当中除了一些很大的思想家、哲学家外，一般还体会不出中国这种东方的艺术虽然形式上与他们的艺术传统有许多不同的地方，但在内容上、在意蕴上是有相通之处的。

　　问题还在于，不仅是西方人，现在连我们自己，特别是我们的青年人也都不太"懂"我们传统艺术的意义所在了。他们觉得这些艺术对自己显得很遥远,很陌生,也是与自己的生活关系不大。

的确,我们现在的生活产生了多末大的变化!我们不能说,我们的生活在形式上已经"西方化",或正在"西方化",但我们的生活的确在向着"科学化"、"现代化"的方向前进,我们与世界的距离正在缩小,但我们与自己的传统的距离却在增大。我们不太"懂"自己的传统了。

为什么不"懂"?因为"说"不清它们的"意义"。为什么"说"不清?原因当然很多,但其中有一条是:我们的理论家对这些传统在"说"现代人"听不懂"的"话"。

如果我们研究文学的,还说刘勰的话,研究戏剧的,还说李渔的话,研究书法,还说孙过庭的话,那末不仅西方人、世界上许多国家的人"听不懂",而且我们自己的儿孙们也"不懂"了。所以问题不在这些传统,哪个民族没有自己的传统?欧洲人对自己希腊古代的传统,从荷马到亚里士多德,不还是如数家珍吗?

人家(包括现代的西方人和青年的中国人)不"懂",是因为你"说"的"话"人家"听"不"懂",而"听""不懂"你的"话",是因为你和他们"说"的不是同样的"话"。当然,这里不是汉语和外语的差别,也不是古代汉语和现代汉语的差别,而是语言内容的差别。如果你"说"的和他们是同样的"话",是现代人的"话",那末,他们是不会不懂的。他们"听懂了"你的"话",而如果你又说得对,那末他们也就"懂得了"那些传统艺术作品的"意义"了。

所以,现今理论家的任务就是不要老重复过去"说"过的"老话",要"说"现代的"新话"。并不是真的不"旧话重提",对过去的"话",无论刘勰说过的,孙过庭说过的,也都要研究,要从现代的新的角度重新"说"。

事实上,我们现在的生活中的"话"早已变了许多,我们每个人天天要"说"许多的"话",表示我们对生活、事物的"理解",但我们一"说"到那些传统的艺术来，或者扩大开来，一"说"到传统的学问（包括哲学、历史、文学等）来，似乎就只会说现代人"听不懂"的"老话"。

这本小书就是试图对书法这样一门我国独特的、历史悠久的艺术"说"一些现代人"听得懂"的"话"。要别人（包括西方人和现代中国人）听得懂你的话，总要学一学别人是怎样"说"的，所以我们要了解、介绍一点西方美学的知识，看人家是怎样"理解"艺术的。

说现代大家都听得懂的话，并不是"鹦鹉学舌"、"人云亦云"，而同样是说自己要说的"话"，还是你说你的"话"，我说我的"话"，有时因为意见不同，还要争论一番，但双方的"话"还是"懂"的，否则就"争论"不起来。现在有时的情况是：你说你的，我说我的，互相不知所云，各说各的，真的"没有共同语言"。我们要"说"共同都"懂"的"话"，但又要"说"自己的"话"，"说"自己对事物（包括对艺术品）的"理解"、"意见"和"理论"。

"说"现代大家都懂的"话"，更不是"生搬硬套"，弄一点新名词、新术语来套在传统艺术的头上，加上某某"主义"或者这个"论"，那个"论"，这种套用的办法本身就没有"听懂"别人的"话"，只"听到"别人的"声音"，没有"听懂"别人的"意思"（意义）。

当我们用大家都"懂"的"话"来"说"出我们古典艺术的"意义"，当西方人、现代中国人"听懂"我们的"话"后，不管他们同意不同意我们的"理解"，但他们就不会再把我们几千年来为人类艺术之林提供的明珠和瑰宝，只作"猎奇"对象来看，他们就不会再觉得这些艺术珍品离得很"遥远"了。或许，在他们"听懂"了我们的"话"后，也会发现他们自己也有吸收我们说的"话"这种必要性了。

| 原理篇 |

开头这一部分主要介绍作者认为对理解书法艺术有参考价值的西方美学的有关理论，特别是对于我们来说比较生疏的西方当代的一些美学理论，这是介绍的重点。介绍这些理论，并不是要大家专门想他们所想的问题，而是要大家了解他们在想些什么，作为借鉴，来想我们自己的问题，所以这一部分的重点在于说明书法美学的目的是要帮助大家去理解书法艺术，激发大家对书法艺术进行思索的兴趣。

介绍西方美学理论的重点偏重于哲学方面，因为心理学和社会学都是相当专门的科学，需要有专门的科学训练，才有发言权，所以有一个情况必先说明的是：所谓"文艺心理学"和"文艺社会学"这类的学科要在"心理学"和"社会学"的严格的学术水准上得到承认，还需要作出相当的努力；我们这里所谈的，实际上也只是这两门科学对哲学的影响所及的一些基本情况，重点还是在哲学上来理解一些心理和社会的现象。

一　书法美学告诉我们什么？

　　书法是我国一门有很悠久历史的艺术，而美学严格说来却是西方近代产生的一门学问，要把这一老一少、一中一西结合起来不是一件很容易的事。

　　先来说说美学的情形。"美学"这门学科一般都认为是近代十八世纪德国一位叫鲍姆加登的哲学家建立起来的，也就是说，"美学"首先是"哲学"的一个部分。那个时候的哲学都讲究"体系"，要把对整个世界（包括宇宙、人生、自然、社会）的看法（世界观）统统囊括在内，"美学"在这个大体系内占一席之地，譬如，在鲍姆加登所属的那个学派里，"美学"是比起"理性知识"来说稍为低级一点，稍为模糊一点的知识，而"美学"这个字的本来意思，也就是指"感觉"、"感性"而言。所以，我们首先就有一个印象，"美学"本是"哲学"的一个分支。

　　但是，"美学"还有更为广泛的意思，它首先又是与"艺术"分不开的。"艺术"是人类很早就有的一种原始性的（或叫本源性的）活动，对这种活动作理论上的思考和研究又是"美学"的重要的核心部分，所以"美学"又与"艺术学"有密切的关系。如果从这个意义来说，那末西方的美学则又是很远古的事了。

　　我们知道，欧洲的文明起于古代的希腊，公元前五世纪左右希腊诸邦，特别是雅典这个城邦已是繁荣昌盛的黄金时代。当时希腊的艺术，无论建筑、雕塑、绘画、戏剧等都达到了历史的高峰。艺术的理论问题也随之被有聪明才智的人（所谓"智者"）注意起来，成为当时"学术讨论"（柏拉图的对话）的内容，后来亚里士多德作了"总结"，但可惜他这方面的书失散了，他的《诗学》只留下了论悲剧的部分。亚里士多德这本书当然可以作"美学"观，所以《诗学》又常被认为是"美学"的开创性著作；只是当时绝无"美学"这门学问，连这个词也只是在日常语言的"感觉"意义上来使用，并没有学术性的含义。

无论如何，"美学"在欧洲是近代发展起来的一门学问，最初是"哲学"的一个分支，这一点是可以明确的。

正因为"美学"作为一门学科发展得比较晚一点，所以它本身还是不很成熟的，就连它到底研究些什么问题、它的"对象"是什么也还是不很清楚的，学者们常常为这个问题产生争论。毫无疑问，"美学"应该研究"美"；同样毫无疑问的是"美学"必须研究"艺术"，但"美"和"艺术"却又不是完全等同的概念，何况"什么是美"、"什么是艺术"本身又是一些说不清的问题。

现代大部分美学家都有一个共同的认识："美"并不是事物的自然的属性，并不能在事物中加进一点"美"去，事物就变"美"了，像加一点"盐"就变咸了那样。所以对于"美"也不能下一个定义，学了这个"定义"就一劳永逸地知道什么是美了。"什么是美？"这个问题是要你永远追问下去，永远思考下去，而不可能有现成的答案的。这个问题有点像"什么是生活的意义"这类的"价值"问题，也不太能有像自然科学那样的确定的答案。所以"什么是美"和"什么是桌子"这两个问题是很不相同的。

"什么是艺术"也一样没有现成的答案。我们要研究的"书法"艺术，也难以给它确定的界说。譬如我现在写在稿纸上的字，就不堪言"书法"，但潘天寿先生在"文革"期间被罚抄的"大字报"就曾被人偷偷揭下珍藏起来；然而"好"、"坏"难道是"定义"的标准？做得"不好"的"桌子"，同样还是"桌子"。所以，就连"什么是书法"也不容易下一个确切的"定义"。或许，"艺术"也和"美"一样，根本不是下"定义"的问题。

以上这些话，无非想说明："美学"不告诉人"什么是美"，"什么是艺术"，"什么是书法"，或者说，"美学"不是"艺术几何学"、"美的数学"，不给公式，不下定义。

学了几何学、数学的公式、定理，就会做几何、数学的题，会计算，会解题,"美学"给不出"美"和"艺术"的公式和定理,所以学了"美学"照样做不出"美的作品",做不出"艺术品"来;学了"书法美学"照样写不出好字来,"书法美学"不保证出"书法家",但"数学"却与"数学家"不可分。

"书法"作为一门艺术,有相当的"技术性",因为"艺术"与"技术"本不可分,在一些外文里可以是一个字。"技术性"就个人的掌握来说,需要一定的锻炼,以达到熟练的地步。所以,一般说来,就连文学这样注重"思想性",但也讲究"铸词练句",要有一定的"写作技巧"。别人可以"教"你艺术创作或写作方面的"原理",但掌握技术和技巧,却是别人代替不了的,是你自己的事。"书法美学"不"教"你如何写字,主要不讲"如何执笔"、"如何布局"、"如何临帖"等技术性方面的问题,更不能代替你自己"练字";不是说这些问题不重要,而是说"书法美学"不能越俎代庖。

"书法美学"也不能代替你自己去欣赏书法作品来提高自己的鉴赏力。我们前面说过,"书法美学"既不给"美"下定义,也不给"书法"下定义,我们只告诉你:关于"什么是美"、"什么是书法"的"知识",是一种"直接性"的"知识"。"要知道梨子的滋味只有亲口尝一下",要知道"什么是书法",只有亲自去"看"作品。一切的艺术理论、美学理论都不能代替你亲自去"欣赏"艺术作品。尽管我在这本书里告诉你王羲之的字如何如何好,说得天花乱坠、头头是道,但你要真的"知道"王羲之的字如何好法,还得亲自去"看"它,"看"一次还不行,还得反复看、经常看才能体会出它的好处来。

你要当作家必须去"写",你要当画家必须去"画",你要当演员必须去"演",你要当鉴赏家必须去"鉴赏"。

看来,所谓"美学"、"理论"似乎一点用也没有了?倒也不尽然。俗话说:"外行看热闹,内行看门道。"我们不是生活在孤立的世界上,"我"在"看"作品,"别人"也在"看"作品,"看"的经验可以交流,"创作"(做)的经验也可以交流,"理论"就不局限于"我"一个人的经验,而是把"别人"的经验也融汇进去,来互相交流,经验多了,就由"外行"变成了"内行",所以欣赏也有"内行"与"外行"之别。美国当代有一个叫科普兰的大音乐家写了一本很受欢迎的小书叫《怎样欣赏音乐》,书中一方面指出直接欣赏音乐作品之不可替代性,同时也告诉人们如何从"外行的欣赏"变为"内行的欣赏",向读者介绍了音乐的基本常识。由于他本人就是大音乐家,所以他的介绍有相当高的水平,这是这本书受欢迎的原因。

"美学"的学习当然有助于欣赏能力之提高,但它与上述从艺术内部来提高欣赏能力的途径又有所不同,"美学"是在一个更为广阔的范围里来提高人们的欣赏能力,从这个角度来说,我们可以把"美学告诉我们什么"这个问题,简单地作出如下的回答:

"美学"告诉我们如何"理解""艺术";"书法美学"告诉我们如何"理解""书法艺术"。

"理解"比直接的"欣赏"更进了一步,它是属于"理论"的范畴。

"字"是"人"写的,"书法艺术"是"人"创造的。"人"是完整的,但又是复杂的。我们生来并不是光在"写字",我们还做别的许许多多的事,但写字的和做别的许多事的又可以是"一个人"。不仅如此,"我写字"、"我做事","别人"也在"写字"、"做事",于是就有许多的"人""事"关系。有"我"、"你"、"他"的关系,有"做写字这件事"与"做别的事"之间的关系。所以"书法艺术"是独立的艺术,但又不是孤立的艺术,它是在各种关系之中独立出来的,我们要"懂得"(理解)书法艺术,就离不开"懂得"(理解)与书法有关的各种关系,这样我们的"懂得"、我们的"理解"才能深入、透彻。

"理解"、"懂得"什么?"理解"、"懂得"事物的"意义"。我们已经说过,"艺术"、"书法"似乎下不出一个"定义"来让人一学就"懂",用我们美学的行话来说,"艺术"、"书法"本身不能光从"概念"上去把握,不能像平常所说的"人、手、足、刀、尺"那样去"把握"住它们是什么"东西"。"艺术"、"书法"要你去"体会"它的"意义"。

什么是"书法艺术"的"意义"?"书法艺术"的"意义"当然不是"字"的"意思"(字义),而是一种艺术的"内容",有些美学家把它叫做"意蕴",以区别于可以用公式、概念表达出来的"意思"。严格来说,任何艺术的"意蕴"都是"只可意会,不可言传"的,就连文学作品,读一篇"作品介绍"也是不能代替对"原作"的阅读的。因此,按照当代西方一位大哲学家的意思,既然这些内容"说不清"、"说不得",那末就请你"闭嘴"。

当然,我们这些研究哲学、研究美学的人并没有听他的话,而是不断地在

"说"包括书法艺术在内的各艺术品的"意蕴",而并不因为"说不清"就不去"说"。"清"不"清"的问题是相对的,许多的科学性概念也并不那样"清楚",更不是一句话或几句话、一堆话能"说清楚"的。我们也可以这样看问题:正因为艺术的"意蕴"不是一两句话、一大堆话能"说清楚"的,所以我们要不断地"说",翻来覆去地"说",这就是"讨论"。艺术的"意蕴"永远在"讨论"之中。

美学就是告诉我们如何去"讨论"艺术的"意蕴",书法美学就是告诉我们如何去"讨论"书法的"意蕴"。真理愈辩愈明,"美"也是愈辩愈明,但这个"明"并不是自然科学或逻辑上"定义"的"明确性",而是"理解"的"透彻性"。

既然谈到"理解",就有分析和综合两个方面。我们在欣赏具体艺术作品时,常常是综合性的,是完整地体验一个作品。一幅精美的字,可以把人们完全吸引住,甚至来不及注意书家是谁,我们面对的就是"作品";但如果我们对"作品"作美学的、理论的研究,就需要"分析"。我们总是要问一下书家是谁,书家的大体的身世当然也在考虑之列,于是这张作品的时代背景,创造时的具体环境,作品本身的用笔、结构、布局以及纸墨笔的发挥等等,都会在考虑之列。于是,美学家对一个作品的研究和理解常常可以有两个侧重的方面:一个是侧重于心理方面,叫做审美(或创作)心理学(艺术心理学),一个是侧重于社会方面,叫做审美(或创作)社会学(艺术社会学),这是目前美学研究的两个大的方面。

心理学和社会学是两门具体的科学,它们在西方近代以来有很大发展,它们的研究成果被运用到美学中来,对我们理解美和艺术,有很大的影响。这种影响是双方面的、交叉式的。艺术学和心理学、社会学相互提问题,相互讨论,加深各自的理解。

艺术心理学吸收各心理学派的成果,研究艺术创作、艺术欣赏的心理过程,对艺术活动过程中思想、感觉、情绪等关系作科学的研究,包括一些实验性的试验,对于完善艺术(创作和欣赏)过程很有帮助。实验心理学派对剧场的设计、声音、色彩、心理效果的研究,不仅为西方艺术家们所重视,而且也为美学家所重视。随着这个心理学派的发展,美学也逐渐摆脱了早年经验主义者对"美感"的描述性的朦胧观念,而走向了实证科学的道路。

目前对理解艺术心理现象影响比较大的可能要数"完型心理学"(又按音译"格式塔心理学")和"精神分析学"(或译"心理分析学")这两大派。

"完型心理学"重点在研究"知觉"的性质,在这方面这派的心理学有两条信念:一是整体先于部分,一是整体大于部分之总和。这第一条信念在心理学中是有开创性的,因为按过去经验心理学的说法,"感觉元素"是最为基本的,而"知觉"是"感觉元素"结构起来以后的事。完型心理学指出,人对世界事物的知觉是最基本的,它是整体性的,譬如"桌子"的知觉,本是完整的,人"看"到的不仅是感觉给予的刺激,而是一张完整的"桌子",只是后来经过科学的分析,桌子的"颜色"、"形状"等"感觉元素"才被厘析出来。我们看到,这个主张,不仅对艺术,而且对哲学(知识论)也有很大的影响。这个观念对理解艺术的重要性表现在:在感性知觉领域中也有了总体性把握的可能性,而这种综合性、总体性的态度是我们在进行艺术欣赏时的一个基本的体验。我们在欣赏书法艺术时就能体会到这种总体的直接性,而不是先有线条、黑白等"感觉元素"然后再综合起来的。

"整体大于部分之总和"这个观念也是非常重要的一种现代的观念。上面说过,普通的实证科学的方法是"先分后合",把事物分成各种基本的元素,然后再使它们"复原",以此来形成事物的"概念"。但是,就连这些科学家本身也意识到,这样先分割开来,然后"复原"的办法事实上是"复"不了"原"的。譬如最简单的经验对象"桌子",无论我们用"圆形"、"四只脚"、"木制"、"能放物"……各种被"分析"出来的"概念"拼起来,也决不等于对"桌子"的完整的知觉形象。所以完型心理学说,"桌子"作为一个整体的知觉要多于、大于"桌子"所提供的诸"感觉元素"的总和。这一点对我们理解艺术的重要意义是不言而喻的。研究文学的人常说,"形象大于思想",就是说文学作品中的形象,文学作品的"内容"要大于"概念"、"判断"、"推理"说出来的"思想"。譬如曹雪芹的《红楼梦》作为文学作品的内容决不是"反映了社会本质"这句话所能概括得了的。同样,董其昌的字也不是"俊逸"或"潇洒"这类的概念所能说清楚的,更不是能用"董字细长"、"笔涩多飞白"、"布白宽松"这类"感觉元素"所能"综合"得了的。艺术的总体性的知觉直接与艺术作品的"意蕴"相会,对于"诸感受之总和"来说,它是一种新的东西,不是这个"总和"所能涵盖得了的。这个观念对于哲学的影响表现在哲学传统中"理念"说有了一种心理学上的根据,而这种"理念"作为一个世界,就是我们生活的世界,就是活生生的活的世界,而既不是单纯的感觉的世界(物质的世界),也不是抽象的概念式的世界,这一点,也正是当前所谓"现象学"、"解释学"的基本立足点。

另一派对艺术理解影响较大的心理学是"精神分析学"。这一派心理学认为人的意识有两个部分:自觉的和不自觉的。前者是我们日常生活的正常的意识状态,后者则是因种种原因被压抑住了的意识,它会在某些条件下(如梦、白日梦、艺术活动等)表现出来而不自觉。后一种意识如果过于强烈,则形成"精神"上的病态,治疗这种病要用一种"精神"宣导的办法把不明确、不自觉的意识明白清楚地表现出来,即"说"出来,则病就会霍然而愈。在西方,这派心理学的力量正在逐渐集聚、扩大,已经形成了一个叫做"心理医生"的专门行业,而它对文学艺术在理解上的影响之大,甚至早于它在学院心理学派(实验心理学派)中立定脚跟。这一派的心理学首先对西方美学上"模仿"和"表现"两大学说提出了自己的心理学的见解。艺术既是一种潜意识的流露,形式则必是"表现"无疑。当然,"艺术家"与"心理病人"不同,他有"清醒"的一面,表面上他是正常的,他把自己的潜意识的生活与真实的、正常的生活拉开了距离,用一种特殊的、文化性的崇高的方式表现出来,但他所创作的作品却不是"理性的"逻辑的产物,而是以特殊方式把那种非理性的潜意识表现出来,而这些潜在的东西因种种原因为社会正常生活所不容而被压抑了下来,因此我们要理解一部作品的真义,就必须透过作品表面的理性的结构,深入到内在的、深层的意识中去,于是从"符号"、"象征"意义上来理解艺术作品就有了一种心理学上的根据。当然,这一派学说的创始人把潜意识局限于"性"意识,虽然能解释一些现象,但不免以偏概全,已经被这派的继承人所纠正,对于"压抑"的理解也不完全限于社会正常的规范,人类抽象理性本身的不足,使一些深层的心理意识不能借助于概念推理的逻辑形式表现出来,而要寻求别的表现形式(艺术、宗教等),这就扩大了"精神分析"的范围。譬如我们以写字为艺术,不仅仅是要模仿什么,也是要表现什么,要把

"字义"所不能完全表现的东西表现出来。就"书法"来说，可以理解为抽象概念的"字义""压抑"了我们所要表现的"意蕴"，但与社会习俗、道德观念无关，更与"性"的意识无关，只是觉得"言之不足"，则"手之舞之，足之蹈之"；"言之不足"，则"写之、画之"，于"龙飞凤舞"的笔划中表现胸臆之"意蕴"，比起点划之"感觉"或"字义"之概念来说，的确是更为深层的东西。这派心理学"非理性之潜意识"的观念，对当今西方哲学也有很大的影响，所谓"存在主义"与这派心理学思想的共通之处是很明显的，萨特把他的哲学叫做"存在的心理（精神）分析"当然不是偶然的。"存在"是被长期、大量的理性文化"沉积"（所谓"积淀"）"压抑"住的"本源性状态"，这一派的哲学就是要把那些"积淀"、"渣滓""排出去"（"括起来"、"揭示出来"），以使这种本源性的"存在""明朗"起来。

我们知道，人类的活动不仅是个体的活动，而且是群体的活动，因此心理也不能仅限于个体，而且有群体对个体的影响，比如我们书写不仅为自己"看"、"读"，而且归根结蒂是要给"他人""看"、"读"的。于是，"整体"的观念也进入了"心理学"的范围，精神分析法的中坚人物、弗洛伊德的学生容格力主不但个人有"潜意识"，而且群体也有"潜意识"，这种"群体的潜意识"表现在宗教、伦理、道德文章、民俗习惯等远祖的"原始意识"中，是人的意识中比"个人潜意识"更为深层的部分。这样，实际上，心理学的研究与社会学、人类学的研究就有了相当的联系。

艺术社会学在美学中占有重要的地位，它在西方也有一段很长的发展历史了。艺术社会学把人类艺术活动当作一种社会活动来研究，研究艺术的社会本质、社会功能以及与社会其他活动的关系。随着西方社会学本身日益成熟，艺术社会学也有很大的发展。这里特别应该指出的是，马克思主义的产生和发展，对于从社会角度研究艺术的本质带来了革命性的变化。在这方面，除了马克思主义经典作家们的著作外，早年普列汉诺夫的著作和现代卢卡契的著作，对艺术的社会本质作过深入的研究，有很大的贡献。由于"书写"和"文字"本身不可避免的社会功能，使得从社会角度理解"书法艺术"显得格外重要。我们将会看到，在探讨"书写"和"文字"的起源问题时，我们必定要借助社会学家和人类学家的研究成果，对原始民族的各种意识形态性的活动（巫术、神话、宗教仪式等）有一个基本的了解，才能更加清楚地认识"书法"作为一种"艺术的活动"是如何产生出来和发展起来的。

然而，无论心理学还是社会学，说到底，总是一门具体的经验科学，它们的基本方法还是分析式的，即把"人"作某一个方面（社会的或心理的）来着重考察，虽然并不否认各门科学之间的内在关系，但毕竟有点"先分后合"的味道，而唯有"哲学"才真正是从总体上、整体上来把握、理解"人"及其"生活的世界"，从方法上来说不落"先分后合"的窠臼。这就是为什么胡塞尔要大反"心理主义"，萨特要以"存在的精神分析"代替"经验的精神分析"，而马克思主义历史唯物主义更要批评资产阶级社会学在方法方面的原因之一。

这样，我们的美学中不但有艺术心理学，有艺术社会学，同时也有艺术哲学。

什么是哲学？这个问题同样是不能下通常意义下的定义的。哲学研究"至大无外"、"至小无内"，上穷碧落下黄泉，而又似乎天文地理、风土人情无所不包，所以我们只能对哲学作一番"描述"，作一点"讨论"。我们常听说，"哲学研究世界之本质"，这是很正确的说法。但这个"本质"可不像"桌椅板凳"那样可以从世界里指出来。当然，我们可以说，世界里也指不出"桌椅板凳"的"概念"来，就是打开我们的脑子也找不出哪一块地方是这种"概念"的存身之处。这就是当代一些哲学家所共同承认的："概念"、"思想"并不"在"哪儿。但我们说，"桌椅板凳"这些"概念"与"世界本质"这个"概念"还是有不同的地方。这就是说，"桌椅板凳"这些"概念"在现实世界有它们的"对应物"，但"世界的本质"这个"概念"却没有。那末，"世界的本质"，是不是像"妖魔鬼怪"那样是人们"幻想"的产物呢？我想，除了早期一些头脑僵化的所谓分析哲学家外，大家都会否认这一点。"世界的本质"，是人类理性必然要追求的东西，而不是"幻想"出来的"无意义"的东西。哲学所思考的"世界的本质"是一种对世界的总体式的理解，所谓"本质"不是一个抽象的"概念"，而是具体的、活的"意义"。哲学要求"全面"地把握世界，这个"全面"意味着不把世界作为一个静观的对象，当然更不把它当作完全实用的物质性的交往来对待，而是把主体与客体统一起来思考。这就是哲学从近代开始所常说的主客体关系，主客体的"同一性"。"同一性"就是"总体性"、"全面性",所以哲学从方法上来说不是分析性的,而是综合性的。从主客体的同一性来把握世界,于是有黑格尔的唯心主义辩证法(绝对精神),有现象学的"理念",有存在主义的"存在"。认真说来,不是"主体性原则",也不是"客体性原则",而是"同一性的原则",这才是哲学的真正的意义所在。那末,从主体与客体"同一性"的立场来理解艺术,而不是从"主体性"或"客体性"各自的分别原则来看艺术,会有什么样的启发,这就是艺术哲学要告诉我们的东西。

"美学"的情形大体上就是这些了。如果从"美学"包括了"艺术心理学"、"艺术社会学"和"艺术哲学"来说,"美学"就是一门交叉学科。心理学、社会学、哲学方面的研究都与美学有关,因此要了解美学,还必须有一点心理学、社会学和哲学的知识。

"美学"如此,"书法"的情形又如何?"书法"是我国历史最悠久的艺术部类之一,但对它的理论性的思考却发展得比较晚。这种情形,当然不限于"书法",中国的古典艺术各部类都在不同的程度上有这种"理论"与"实际"不相适应的情况。一般来说,中国的"诗论"水平高一点,而"画论"、"文论"、"剧论"、"乐论"则远不及各自艺术实践中已达到之水平。"书论"的情形也好不了多少。

就广义的"书写"而言,中国的"书论"的精华在"文字学"和相应的"语音学"、"训诂学",各领"形"、"声"、"义"一方;但能作"艺术"的理解观的,自"卫夫人笔阵图"以来,"书论"著作寥寥可数。"书论"在近代以来有很大的发展,包世臣、康有为对书法的见解,也与古代书论有很大的不同,但仍离"美学"尚远。

当然,我们不能抹煞历代书论的价值,尤其是其中不乏绝妙的好文章,如孙过庭的《书谱》等,代表了一个时代对书法艺术体会、理解的历史高峰,是不容忽视的。我们想要说的是:中国传统学问有中国传统学问的特点,当中国的历史进入近、现代以后,中国的社会在变化,中国的学问也在变化,我们学问的传统要与世界的学问潮流结合起来,使自己得到发展和丰富。在这个意义下,我国的传统学问本身也成了研究、思考的问题,所以我们的"书法美学"不但包括对"书法艺术"本身的思考,也包括了对历代"书论"的思考,总起来说，是对"书法艺术"的"再思考"，即把前人对"书法艺术"已经思考过的问题，按我们自己的方式"再思考"一遍。这样，我们的"书法美学"就既是"自己的"，又是"有传授的"；既是"新的"，又是"传统的"；既是"现代的"，又是"历史的"。

所以，"书法美学"告诉我们如何理解书法艺术，但就连这个问题的答案也不是现成的。"书法美学"让你自己去"想"，自己去"体会""书法艺术"的"意义"。那末，这样一说，似乎"书法美学"一点确定的东西也没有了？实际不是的，"书法美学"有确定的东西，"美学"有确定的东西需要学习，"书法"本身当然也有确定的东西需要学习，"书法美学"也有相当的专业性。

我们说过，心理学、社会学都是很实在的科学，艺术心理学和艺术社会学虽然还不很成熟，但也是需要学习的科学。"哲学"似乎无所不在，"专业性"不太强，但它是一门很古老的学问，有自己的浩如烟海的书籍，记录了前人的思想，我们要使自己的思想得到训练，除了与这些"思想家"对话之外，别无它法，而除了读他们的书以外，也没有别的办法和历史上的思想家对话，这些都是实实在在的事，要你踏踏实实地去做。书法本身也有许多"书论"，不读是不知道的。历史的"书籍"、"他人"的"学说"，都是现成的"事实"，是改变不了的，只有老老实实地一个字一个字去"读"它，才能知道它的内容；这些书籍、学说都是些"死东西"，要下"死功夫"去学，但我们却又不能把它们完全当作"死东西"来学，被那些"过去了"的传统思想或"他人"的思想牵着鼻子走，而是要用自己的"思想"来吸取那些"思想"，使"传统"和"他人"融会在自己的思想之中，使它们"活"起来。所以，"书法美学"告诉我们，我们对"书法艺术"的理解不是没有"根据"的，我们有历史的传统，有"他人"的"学说"，作为我们思考的依据，我们自己的思想、理解是有传授、有渊源、有来历的，不是闭眼瞎说；但是，我们的思想又是创造性的，因为我们是把别人想过的问题用自己的头脑再想一遍，"重新"整理一遍，是"重新"，而不是"依旧"，所以我们的书法美学又是强调创造性思想的。

"书法美学"告诉我们如何理解书法艺术，但却不给、也给不出什么条条框框，给不出一个（或一些）固定尺度去"衡量"书法艺术，"书法美学"不是"规范学"，好像"道德规范"那样教人"应该""如何"去做人。"书法美学"永远是启发式的、引导式的,它所提供的"他人"已建立起来的确定性的东西,包括人类历史上一些最高超的智慧在内,在我们自己"理解"书法艺术时,都只是我们自己思考的"材料"和"依据",而不是一成不变的"标准"或"准则"。"书法美学"不是"灌输式"的,而是"启发式"的学问。

二 书法艺术之心理学观

从心理学方面来理解艺术大体上可以分两个方面：一个方面是从创作方面来看，另一个方面是从欣赏者方面看，而这两个方面在通常情况下是基本一致的，只是在主动性和被动性的程度上有所不同。

从艺术家来说，他的创作是表现，也是模仿。不但内心的情绪可以形成一种表现的冲动，模仿也可以是一种冲动，模仿本身也就有一种表现在内。无论把日月山河形诸丹青或搬演他人生活于舞台，都有超出于"日月山河"和"他人生活"本身的"意蕴"在内，我们欣赏这些艺术品，是被这些艺术家通过他们的艺术品调动我们去体会那种"意蕴"，所不同的主要在于欣赏时不需要运用如同艺术创作时那末多的实际的艺术技巧；因为整个说来，也正是现实的世界（包括"他人"在内）在调动艺术家通过"创作"来表现他想要表现的"意蕴"，因而他同样是"受影响"的，他的创作灵感不是从天上掉下来的。这是一般的道理，书法艺术也不例外。

然而，书法艺术又有自己的特点。从实际来看，书法艺术是"写字的艺术"，它和"绘画的艺术"是有着相对应的特点。"写字"是"写"一种"文字"，而"文字"从本质上说是"语言"的记录，写出来的"字"都应是可以读得出来的，这样"语言"的一些特点，就也影响了"文字"的特点，不管实际历史情形如何，"文字"是向"语言"靠拢，而不是向"绘画"靠拢的。

从古代希腊的"智者"们开始就在思考这样一个问题："语言"是一些"声音"，而"说"的却是我们的视觉的世界，为什么"可听的"却可以用来

"说""可见的",在道理上就成了问题,因为从"感觉"来说,二者是完全不同的。这里不仅涉及有关"人"的哲学问题,也涉及"人"的心理学问题,这就是说,我们要从更为深层的关系上来理解"感觉"和"知觉"。"人"的诸感觉本身并不是单纯的物与物之间的刺激与反应的关系,而同时也蕴含着"意义"的关系。

"语言"并不是"物象"的"镜子",而是符号的结构,如果说"文字"有"象形"的阶段,"语言"则不可能有这种阶段,人声可以模仿风声鹤唳,但那不是"语言"。"语言"本身与世界的关系只是"指示"的"符号"的关系。"语言"这种"指示性"的符号关系的特点,同样也影响了文字。

远古的时候世界各民族都有过象形文字,我国的文字的象形性的特点一直保存了很长时期,但不能说中国文字就是象形文字。汉字无论结构如何,都仍是一种"指示性"的语言"符号",而不是图画。这个基本的事实,关系到我们对"书写"和"观赏"方面的心理活动的基本特点,所以应该首先明确的。

由于文字是语言的记录,是一种指示性的符号,所以书法作为艺术看,它是表现性的,不是模仿性的,虽然这二者在书法中也不能完全分开。

书法是表现型的艺术,是说艺术家(书家)有一种内在的"意思"要表现出来。我们之所以"说话",是因为"有'话'要说","话"同时也是要"指示"一些"事",我们的"文字"是把这些"话"记录下来,把要说的"事"表现出来;而我们之所以把这种"记录"当作"艺术",就是说,除了那些"话"要表现的"事"之外,还有一些"事"要表现出来。这样"书法"又不仅仅是文字、语言的"符号",而还要作另一些"事"的"符号",这些"事"不是抽象语言所能表达,而就在书法的形式之中,"书法艺术"的"意蕴"不在"笔墨"之外,而就在"笔墨之中"。这样,在书法艺术中,"符号"与"感觉"就不可分,"感觉"也不是物与物之间的刺激反应,而是"意义"、"意蕴"的"表现"。

书法艺术的形式说来很简单,就是"划道道",就艺术家(书家)来说,就是"划"这些"道道",就欣赏者来说,就是欣赏这些"道道"。

我们不要小看"划道道"这一活动,以为是再简单不过的了。的确,"划道道"是最简单的事了,但它毕竟是"事",是"人"做出来的"事",而不是

"自然的现象"。"划道道"是人类一种有意识的活动，因而它可以是"心理学"的对象，而不仅是物理学、生理学的对象。再高级的动物也从不"划道道"，鸟迹、兽印是"自然"留下的，只有"人"才自觉地在大自然中留下自己的印记。

"人"为什么要"划道道"，什么时候开始"划道道"，这些都是需要专门研究的科学问题，在这里我们只能指出，"人"之所以要"划道道"，除了可能有一些实际上的原因——如为了计"数"、埋物（种子）等外，还有心理上的原因，就是说，"人"要"表现"一些"意思"。

"道道"的刻痕首先有"界限"的意思在内，"划道道"是要"划界限"。这种划界限的活动又是"人"已有了具体事物的"轮廓"观念的表现；视觉上的"轮廓"是用"道道"表现出来的。"轮廓"观念的发展，"形成了几何式的图形。勾画轮廓是再现事物的简易办法，几何图形又是这些具体轮廓的"抽象"，而最基本的轮廓是"方"和"圆"两种形状。

划出来的"道道"，在事实上当然是有宽度的，它是"面"，但作为"界限"来看，"道道"的"宽度"被忽略不计，所以只有"线"的意义。几何图形是具体图形的"符号"，而不是图形本身。

文字不是几何图形，也不仅仅是"界限"观念的表现；但就文字言，它也是"符号"，因而它只是"线"，以"道道"表现语言、文字的"意义"。

就汉字来说，由于它有一定的象形性，所以它虽不是几何图形，但它还是"图形"，它有事物的"轮廓"，如"日"、"月"、"田"等。这里我们要指出的是："轮廓"是封闭性的，是以"线""画""面"，要创造的是"面"的感觉，所以早期象形字不仅"日"、"月"等字是封闭的，而且"山"、"人"等也是可以作"面"来"观"的。然而，我们知道，大部分汉字却不是封闭型的，而是开放型的，这就是说，大部分汉字不是"勾轮廓""画"出来的。

汉字作为图形的开放性，说明了汉字的构造本不是为了勾划轮廓或分割界限，它的"划道道"活动，重在"道道"的"轨迹"，"形状"是"轨迹"本身的空间组成，而不是"轨迹"所勾出的空间组成的。从这个意义来说，汉字的"轨迹"又不是抽象的、纯符号式的"线"，而本身也有"面"的意义在内。这一点，对汉字作艺术观，是很重要的。世间本无抽象的"点"、"线"，"点"、

"线"一定都有自己的空间，作"文字"符号观，也许我们可以忽略这些空间不计，但作为艺术观，则仍应以现实本来面貌来把握它，书法的"线"本身就有"面"，所以所谓"双勾填廓"才能成为学习书法的一种方式（虽然可能不是最好的方法）而被承认有一定的意义。

这样，从艺术来看，书法可以看成是"轨迹"本身的"图形"，而不是"轨迹""画"出来的"图形"。"图形"是空间的，"轨迹"是时间的，"轨迹"本身的"图形"则是"时间"中的"空间"，是"空间感"融于"时间感"之中。

这样，我们看到，"划道道"，不仅是在自然中留下空间的印记，而且是在自然中留下时间的印记，书法艺术不是自然的，而是历史的。"历史"是"人"创造的，人的活动是在自然界打上历史的痕迹，"划道道"作为一种"人"的活动，同样是一种历史性的活动，"道道"的空间中留有人的历史的痕迹，尽管这种痕迹可以有简单、复杂之分。书法艺术就把这种"划道道"的活动，提高到复杂的、文明的历史文化高度，但就其最本源性的基础来说，无出"划道道"之右。"人"既然要"划道道"，当然能划得更有意义、更复杂、更有结构；"人"能观赏最简单的"道道"，则更能欣赏书法。

"道道"正是"轨迹"，是"运动"，是"时间"，因而书法是"运动型"的艺术。

如何解释"运动"，是哲学和心理学（当然也包括物理学）方面的大问题。大家都记得古代希腊的"芝诺悖论"，那个著名的"阿奚里与乌龟赛跑"和"飞矢不动"等，说明运动中点、线、面的辩证的关系。在古代，如果把运动的线当成无限分割的总和，那末，"线"就是"不可能的"、"矛盾的"东西。无限分割的"点"，成为几何学"不可再分"的"点"，则是一种度量的"符号"，在自然的物理学上为"无"，"点"的总和也是"无"的总和，"点"如何成为连续的"线"，在道理上就成了问题。古代这个悖论，在近、现代心理学上以相同的方式提了出来。按照某些实验心理学家的说法，知觉由感觉的"元素"组成，那末像"原子"的"点"式的"元素"，如何组合成运动的知觉，则同样成了问题。完型心理学在反对早期实验心理学的基础上，对这个问题作了自己的考察。这个学派，以光波和微粒对视觉经验的效果进行了实验，说明本是"分割"开来的光束，可以对知觉形成一个连续的变换运动，因此一个个的电影镜头才能连成活动性的画面。从这样一个实验的事实出发，完型心理学进一步发挥指出，人的知觉有一种"似运动性"，即物理上不动的东西，在知觉上可以是运动的。我们马上就可以觉察到，这种"静"中有"动"的意见，对书法艺术的理解有多末重要的意义。

不错，任何艺术的创作，都是一种"活动"，而创作的"成果"大多数是"静止"的，艺术的"创作"本是把要"消逝"掉的东西，用各种办法"存留"下来。"音乐"曾被看作是完整的"时间艺术"，歌唱的声音消逝在空中。"语言"也是"声音"，但作为"意义"的"符号"，可以由"文字"保存下来。人们也想了一些办法像文字保存语言那样把音乐保存下来，但"乐谱"不等于演唱。"乐谱"是帮助"留"在人的"记忆"中的"音乐"再现出来，当人们业已遗忘这些"音乐"时，"乐谱"的解读就成了问题。然而，现代的科学技术却把声音转化为电波或激光储存起来，"音乐"已不再是"消逝"意义下的时间艺术，事实上，在艺术的领域里，"时间"已不再是一去不复返的东西，而是可以实实在在"重现出来"的东西。同样的，录像的技术也使人的一切活动（运动）储存起来，运动和静止的绝对的界限被打破了。

书法作为"艺术创作活动"来说，是"运动"的，作为"艺术作品"来看是"静止"的，但书法艺术却是"静"中有"动"，是运动型的艺术。用墨写在纸上的字，在放大镜下也许可以看出许多不连续的"小点"，但物理上这些"小点"在知觉上却是"连成一片"的。正像古代希腊的哲学家说的，"虚空"同样是一种"始基"，是原子运动的条件，没有"虚空"，"原子"就是"铁板一块"，"动"不起来。书法艺术中甚至故意留出"虚空"，并不是使"运动感"中断，恰恰相反，是为加强"动势"，这就是"飞白"的作用。

从这个意义上说，书法艺术是把"运动"储存起来的一种方式，当别人欣赏书法艺术时，这种"运动"就"放释"出来，"传达"给欣赏者，激起欣赏者的运动的知觉，而"运动"本身也有多种的形式，有迟缓的、凝重的、飞动的，于是有书法中正、草、隶、篆等不同的感受。

完型心理学说，运动的知觉，不是分析出来的，不需要进一步的"解释"，它是直接的感觉，而不是概念性的理智活动。在我们的书法艺术中，"运动"同样是一种直接性的知觉，不是概念性的理智，但书法的运动感又是精神性、心理性的活动，不是单纯的感觉性活动。书法所要表现的，书法欣赏所要汲取的不是"字意"所提供的理性的逻辑判断，也不是对"字形"的几何学、科学之分析，更不是要把"字"读出"声"来作语言、音韵上的研究，而是通过体会"笔墨"的"运动"捕捉上述三项所不能充分提供的"意味"来。

那末，应从什么意义上来理解这种"意味"或"意蕴"？这种"意蕴"不是"字意"、"形状"和"读音"所提供的逻辑的理智的内容，不是一种"理智性"的"意识"，但也不是"非理智"或"反理智"的"本能"，而是人的精神性的活动的一种，是不可用概念化的语言逻辑地表达出来的一种意识性的活动。精神分析派认为这种"意蕴"也许是"潜意识"或"无意识"，而他们的"治疗"方法是要设法让这种"潜意识""说"出来，然而，艺术中这种"意蕴"却不是概念式的逻辑语言所能"说"得出来的。这种"意蕴"本就是存在于"知觉"的形式中，而不在"理智"的形式中。书法既不叫你去"看图"，也不叫你去"认字"，而是叫你去"感受"，"感受"书家在书法艺术中所要表现的"意义"。

这种书法所蕴含的运动韵律的"意义"，从根本上说，甚至是"早于""书法"本身的，"人"对"划道道"的兴趣，本"早于""文字"出现之前，所以是一种非常远古的兴趣。"道道"并不一定要"读"出来，因而它不是理智的逻辑思维的产物和表现，但它不能作动物的生理本能观，我们无法解释为什么"人"要比其他"动物"多出这种"划道道"的"本能"来，虽然我们可以解释"人"的其他的不同于动物的"本能"（如经常直立行走等）。"划道道"是"有意识"的活动，不是"无意识"、"潜意识"的活动。"划道道"表现了"人"在文字出现之前的一种原始的"有意义的"活动。正因为如此，这种活动才与后来文字的书写活动结合起来，可以成为一门独特的艺术。书法之所以成为艺术，其原因之一正是因为在"书写"活动中，书法艺术保存了那种本源性的"划道道"的兴趣，使"文字"不限于仅仅作为"语言"的符号，而包含了更多的"内容"。

然而，原始的、本源性的"划道道"的兴趣，为什么会和"文字"的书写结合起来,"道道"的轨迹为什么要按文字符号的结体来进行?这就要从中国的社会历史发展的特点去考虑,不光是一个"心理结构"的问题,而且是个"社会结构"的问题了。

三　书法艺术之社会学观

古代希腊的亚里士多德说过，"人是城邦（政治）的动物"，这就是说，人不是个体的，而是群体的、社会的。人作为有意识的群体性的动物这一特性带来了不同于自然生物学的社会学的问题。社会学研究作为有意识的群体的人与人之间的关系。

社会学作为一门科学，它的准备阶段当然是很远古的，但成熟期的发展却是比较晚近的事。"人""认识（你）自己"经过了很漫长的时期才形成了一门科学，但即便如此，社会学与人类学、心理学、历史学的各科交叉关系以及它要引用包括数学在内的各种自然科学的方法，使得它的发展需要克服很多的困难。

早期的社会学与人类学的交叉情形在它的主要人物、美国社会学创始人之一马林诺夫斯基那里表现得很明显。他对远古时期的宗教、巫术、神话的人类学的研究，使他成为那个阶段不可跨越的人物。社会学重视人类学对远古时期的研究成果是可以想见的，因为在初民阶段，人类的社会组织和风俗习惯，往往很能清楚地表现"人"作为有意识的社会存在的特点。事实上，为了解人类早期生活特点，掌握早期"人"的生物自然特性固然重要，但从社会学角度掌握当时社会组织的特点同样也是不容忽视的。

马克思主义的历史唯物主义为社会学提供了正确的基础性的武器，西方无论哪派的社会学家和社会学史家中没有一个人敢于否认或忽视马克思在社会学领域中的崇高地位。马克思主义关于劳动、社会生产实践、社会经济基础、社会生产方式和社会意识形态等根本性的学说，为社会学奠定了科学的基础，这是无可否认的事实。

社会学研究在相对独立的社会群体中人与人的关系，这种关系在实际上当然是统一在一起的，但作为科学研究的对象，分析起来，还是有多方面性的。首先，社会生活中人与人之间的关系是一种物质性交往关系，为了维持生命人要共同谋取食物，为了延续生命和人种，有两性的关系，于是以家庭、家族为核心的生产劳动集团就成为远古时期的社会的实际物质形态，是由实际需要决定的，必定要产生的社会组织。这是社会存在性的，即没有这种关系，社会就不可能存在。

但是，"人"不仅仅是动物性的群体，不少种类的动物也有自己群体性的自然结构和组织，但这种组织是无意识的，而人类的社会是一种有意识的群体组织。

就人类学和社会学来看，所谓"意识"，在远古的时代就已有"科学"与"宗教"两个方面。马林诺夫斯基的原始民族的调查表明，这两种社会意识形态在原始民族中界限是很分明的，但它们的作用却是相同的：它们都要为物质的生产服务。不可能想象——实际也决非如此，原始人会当真靠宗教和巫术解决衣食住行的问题。事实上，原始民族只有在防止"意外灾害"和知识不够的情况下，才乞求巫术和宗教。"丰收"和"成功"后之"仪式"，一方面反映了正常的"喜悦"的情感，另一方面也反映了原始民族对"天恩"的崇拜。但"天恩"是知识"界限"观念的反映，即在原始民族看来，"意外灾害"是不可避免的，之所以渡过了难关，得到了成功，不但是人力（知识），而且是人力未及的一种"恩赐"。知识"界限"的观念，是远古初民知识水平低下的产物。

然而，在初民围绕粮食或猎物手舞足蹈的活动中我们看到了两种意义纠葛在一起：一方面是知识和技能的喜悦，另一方面是对"天恩"这种超出当时知识界限的感激，所谓"谋事在人，成事在天"，对于"做成"了的"事"（成品），大概都有这两种心情交织在一起。这种对成品（成功）的喜悦与知识谋划不同，与宗教性祈示不同，也与实际享用这些成品不同。——后者是一种物质性交往，而这种"喜悦"乃是最原初的"审美的喜悦"，那种庆贺"成品"的活动乃是最原初的"艺术活动"。

最初的庆贺对象本是实实在在的捕获（或收获）物，在庆贺"结束"之后立即就分而食之。但既然这种"庆贺"本身并非实际物质之交往，所以人们大可不必以真物作对象，只要能供"观赏"的代用品当也可以起到那种作用，逐渐这种"对象"只是有"象征"的意义。于是，"画"出来的、"刻"出来的、"塑"出来的，都可以成为"艺术的"、"审美的"对象。这种"对象"不能吃，不能喝，不能用，但却能供人"欣赏"。"欣赏"活动之所以又不同于"科学"的概念式的活动乃在于它本不是为了直接控制自然的经验技术，对捕获来的猎物，猎手们当然可以"观赏"，即使毫无捕猎经验的"妇孺"也都可以"欣赏"；何况，"欣赏"还有一种"知识"尚未达到的"天助成功"的"庆幸"在内，所以"艺术活动"作为一种不同于实际的"意识形态性"的活动言，在远古的时候，就既不是一般的"知识活动"，也不是一般的"宗教、巫术活动"，而是有自己的特点。原始人固然不能像我们现在这样用复杂的社会学理论把这种区别说出来，但在实际上，他们对这里的区别是非常明确的，原始人绝不会拿"画饼"来充饥，但"画"出来的"饼"因为它不能"吃"，所以反倒有更长久的"观赏"价值。

于是，在社会的各种"价值"中，就有了"艺术"、"审美"价值的地位；在各种"有价值"的物品中，"艺术品"也占有了一定的地位。

我们看到，以前说到的"科学"、"宗教"、"艺术"都是一种"意识性"的活动，它是与"实际性"活动——以生产劳动为核心的物质性活动——相对应的，是为这个活动服务的，那末这种"意识性活动"的核心是什么？我们知道，所谓"意识活动"与人的"语言活动"分不开，人之所以有"意识"，是因为它有"语言"，或者严格一点说，"语言"是"意识"的核心。

"语言"问题是社会学和人类学的一个重要课题。"语言"是怎样产生的，人类为什么会有"语言"……这些问题有关的学说很多，但还没有一种大家都同意的结论。有的学者认为，"语言"是"模拟"自然界的声音产生的，有的学者则认为"语言"是因有情感的发抒才产生的。看来，像艺术理论一样，语言理论也有"模仿说"与"表现说"之分。

然而，尽管"语言"的实际起源没有一定的共同意见，但"语言"的社会作用还是很清楚的。从社会学、人类学来看，"语言"是社会交往的一种工具。

当然，我们应该指出的，"语言""工具说"也并不是普遍接受的，因为有一派哲学家认为"语言"不是工具性的，而是本源性的，但这是一种哲学观点，我们在谈到哲学部分时会讨论这种说法，而从社会学、人类学的角度来看，即从一种科学性的观点来看，"语言"是社会交往工具这一点是无法否认的。

我们说过，人的社会的关系是多方面的，有实际性的关系，有意识性的关系，"语言"虽然就是一种物质性的"声音"振动的传播，但却是"思想性"、"意识性"的交往关系，我们"听"到的，不仅仅是"声音"的振动，而是语词和语句的"意义"。"听"到"语言"，并不是"感觉到""声音"，而是"理解""意义"，因此，"语言"是一种思想性、理智性的活动，它要交往的是由概念、判断、推理组成的"思想"，是由"语词"和"语法"组成的"语句"。因此，从社会学来说，"语言"本质上是一种认识性、科学性的活动。

不错，正像一位著名的哲学家所指出的，"语言"是一个"家族"，虽同属"语言"，但却可以有"陈述"、"祈使"、"命令"、"感叹"之分。"命令"、"祈使"句是"让人""活动"，因而可以是"实际（实践）交往"的环节。其实任何"思想性"的交往，都可以而且广义地说，必然是"实践交往"的环节，但仍不能完全抹煞"思想"与"实践"之间的区别。"说"和"做"的界限在没有受过特殊哲学训练的普通人心目中是再清楚不过的了。

"语言"既是"意识性"、"思想性"之关系，那末，按上面所说，这种关系在原始的阶段大体可分"科学"与"宗教"以及介乎二者之间，或综合二者的"艺术"三个方面，"语言"又属于哪个方面？笼统看起来，"语言"与这三个方面都有关系。"语言"可以作"科学"的工具，也可以作"宗教"的工具，当然更可以作"艺术"的工具，而这三者本身既已是"工具"，所以从社会学的角度来看，"语言"是"工具"的"工具"，是"元工具"、"纯工具"。"语言"指示、描述客观对象时，是知识性的，"语言"祈祷"天恩"时是宗教性的，"语言"歌颂"成功"时是情感性的。"语言"在"科学"、"宗教"、"艺术"的运用中，它的功能是表现得相当专一的，即都是思想、意识性的，不是物质实践性的，即使"祈祷""天恩"也并不像"命令"（叫）"他人""做事"那样马上转化为物质实际活动。"人"的"知"、"情"、"意"都是"思想性"的，而不是"感觉性"的。

与"语言"相对应的"文字"同样也是人类的高级的思想、意识性活动，同样也有这三个方面的功能，可以成为"科学"、"宗教"和"艺术"的工具。

我们前面说过，艺术作为庆贺"人力天工"的思想、意识性活动，它的"对象"本不必为实物，而可以是画出来、刻出来的……于是，也可以是"说"出来的，"写"出来的。这样，"说"或"写"出来的"事"只要不是概念性知识，或宗教性符咒，自然都可以作"艺术"观。这一点是问题的一个方面，问题尚有另一个方面，"说"和"写"本身为什么也可以作"艺术"观，因而有"歌唱"（诗）与"书法"的艺术种类？为什么"说"和"写"会在某种意义下不作"工具"来对待，而本身成了"目的"与"手段"相统一的完整的东西？

为回答这个问题，我们还要回到上面提到的"围物而舞"的情形，我们看到，不仅"物"是为"观赏"、"雀跃"的"对象"，而且"舞"作为一种思想意识性活动来说，本身也有观赏价值，不仅舞者得到审美的愉快，而且观者也可以分享这种愉快，所以"舞"为最原始的"表演艺术"。

同理，"说"的"事"固然可以成为"艺术欣赏"对象，"说"本身也可以成为这种对象，"写"的"事"可以成为"欣赏"对象，"写"本身也可以成为这种对象，对社会而言，不仅有实用的价值，而且有审美的价值。我们说过，"艺术"为介乎"科学"与"宗教"之间的思想意识性活动，作为艺术的"说"可以有介乎"历史"与"宗教"之间的"神话"（史诗），作为艺术的"写"也可以有碣石钟鼎碑铭这样一种介乎"历史"与"宗教"之间的艺术品。

从社会发展的角度来看，"科学"、"艺术"、"宗教"的界限又不是一成不变的。随着"科学"、"知识"的发展，古代的宗教仪式失去了宗教的意义，古代的"祈祷文"可以失去宗教的性质，但却可以以"艺术"的形式存留下来，供人观赏，就连"神的住所"——庙、寺，也大半成了建筑、雕塑、绘画、书法各种艺术的存留物。如今考古挖掘出来的一切远古物品，既失去了实际应用的价值，也失去了宗教的价值，但却极有艺术价值。社会历史的实际发展，可以把一切都转化为艺术，书法艺术史上存留下来的历代书家通信手札，当年固然主要是实际交往的传递信息的工具，如今一件件都成了艺术的珍品。

"文字"原为记录"语言"，是交流思想的工具，因为把"语言"记录下来，是为了以后的"交流"，归根结蒂是为了传递信息而影响人的行动，所以"语言"和"文字"都是为实际行动服务的。因而就社会学的角度来看，它们本有一种社会的实用价值，"语言"、"文字"都是社会十分有用的工具。

就实用的意义来说，"文字"晚于"语言"很久才出现。"文字"的出现，不过是几千年的历史，它意味着人类文明进入到一个新的时期。按人类学、社会学的历史考察言，人类的文字出现于青铜时期，而新、旧石器时期没有任何"文字"的证据。然而人类的"语言"却始于最为远古的时代，而人类保存"意思"（话）的方法当不始于"文字"。最为远古的人类的一切活动（及其遗迹）都向我们"说""话"，"告诉"我们一些有关的"事"。当然，这些遗迹所说的"话"是很含混的，要用大量的想象去"填补"，因而是极不明确的。古人必定试用了许许多多的办法把要说的"话"（事）保存下来，所以有结绳、结珠、契印等等的"记号"以资记忆。"结珠"、"结绳"这类的"记号"也已超出一般"记事"或"记数"的"符号"，而接近了"语言"的"符号"，有些原始民族的"结珠"、"结绳"可以"读"出成本大套的"事"来。

然而，所有这些"记号"式的"符号"都缺少一种结构把语言的音节化为可见符号记录下来，保存起来，如何把"可听的"化为"可见的"，以"可见的"方式把"可听的"语言忠实地记录下来，仍是一个问题。这个问题的自然的解决，经过了漫长的岁月，但实际上有意义的"声音"与有意义的"道道"（轮廓）之间本有一种对应的关系，只是为建立可见的"道道"与可听的"道道"之间这种内在的、意义上的、结构上的联系，人们付出了很长的时间才把它确定下来，成为全社会的普遍性的形式。

人们势必试着用"图画"来"记事"，用刻划勾出事物的轮廓或以不同颜色涂出的轮廓是最初的记事图画符号，也是最初的绘画艺术作品。据专家们的发现，旧石器时代已经有非常写实的动物壁画，可是这种勾画技术与文字最初并无关系，人们可以很容易地、自然地发现勾画与"意义"的关系，但可见的画与可听的声音之间却离自然的关系太远而不易发现。然而绘画毕竟可以记"事"，而"事"是可"说"的，只有"说"（语言）才能把"事"表达清楚，所以绘画与文字之间又有一种天然的联系，世界各民族早期的文字，都有"象形"的特点，这一点是无可否认的。但"文字"是要把可听的语言记录下来，因而它的"形"只是音节的符号，而不是"事物"形象的符号，所以作为语言记录的文字虽有"形"而重在"音"，归根结蒂是"音符"，通过"音符"来起"意符"的作用，即"文字"是可以"还原"为"语言"，或者只有通过"还原"为"语言"，才表达"意义"的。

同时，"文字"既以可见的"道道"记录语言，人类远古时期的"划道道"的趣味必不能完全消失，这些道道的组合固然是"音符"，但它本身也还可以保留"意符"的作用，即在这些道道中表现出一种自身的"意义"来，而与它作为"音符"的语言的"意义"无关。我们在前面说过，"划道道"原是人的有意识活动的一种表现，这种本源性的兴趣是不会完全消失掉的，就像语言声韵本身的"意义"不会消失掉一样。所以，我们应该说，世界上各民族的文字，包括拼音的文字在内，都可以在一定程度上起到审美的作用。欧洲古代的文书，同样要写得一手好"字"，不但求整齐，而且要求美观。然而，我们也应该指出，在世界各民族的文字中，唯有中国的文字，才发展成了一门独立的艺术部类，这里的社会原因，是我们不能不努力加以研究的。

世界各民族的艺术部类大体上是相同的，如绘画、音乐、舞蹈、诗歌、文学、戏剧，如今还有电影等等，但唯有"书法"是中国独一无二的，东方民族中日本和朝鲜都有"书法"、"书道"，虽然各有特点，但究其根源，都是受中国的影响，是在中国书法艺术的影响下自己发展起来的。这个原因，并不是中国人"心理结构"有什么特别的地方，特别对"写字""感兴趣"等等，而是植根于我们民族的社会之中，是一个社会学的问题。

我们前面说过，在远古的时期，"艺术"是介乎"科学"与"宗教"之间的思想意识形式，"文字"作为"艺术"的一种形式，也可以从这种关系上去考察。我们知道，世界上有些原始民族尚用远古时期的"图形标意"办法来记载事情，如美洲印第安、阿拉斯加土人记载猎兽、探路等活动，甚至据说还有以图画的符号来"写""情书"的，当然，也有相当一部分是用于宗教的用途的。我国文字素称象形性较强，但我国古代并未发现"图画标意"的材料，似也无此等记载，更没有"小人书"、"连环画"式的材料来说明我国远古这方面的试验，当然我们有"结绳记事"的传说，但那不是文字。我国"文字"有证明的是殷商的甲骨文，而现今所发现的甲片，大多用于宗教事务，记录宗教活动，而纯"知识性"、"记事性"的记录较少。这一方面说明古代文字技术悉为宗教祭司所掌握，是一个少数特殊阶层的专业；另一方面也说明，中国文字从远古时代起，与宗教活动的关系更为密切，因而与"天恩"的神秘观念结合得比较紧密。这就是说，在中国远古的时代，"文字"的"宗教性"因重于它的"科学性"的意义，这一点对于中国"文字"成为一种独立的"艺术"形式有相当的关系。可以设想，中国古代的"文字"，不仅是记录"宗教"活动的工具，而且本身就是"宗教活动"的一个部分，是"天恩"的一种表现。古代中国人长期对于"文字"所表现出来的那种过分的"崇敬"心理，正是远古时期"文字"作为宗教活动组成部分的一个影子，文化的不普及则使这个影子不能很快消失。如果说，世界各原始民族或民族的远古时期都有各种"崇拜"——如"山石崇拜"、"水崇拜"等——的话，那末我们的祖先也许有一种与"祖先崇拜"相联系的"文字（以及语言）崇拜"的特点。

"甲骨文"是把"天恩"的"经验"记录下来，以供后人（后来的祭司）来学习、参考，作为科学来看是"伪科学"，是把非知识的东西知识化，但它在社会上仍有重要的价值，这种价值逐渐由"宗教"的转化为"艺术"的。从"钟鼎文"开始，中国文字虽然仍是宗教、祭祀的工具，但艺术性的价值已大大加强，无论铸造、使用都已考虑到观赏的因素。后来一些书家，特别是清代以来的书家较多吸取甲骨文的笔法和结体，也颇为有趣，但甲骨文当初是秘密收藏起来单线直传的，本无"观赏"的价值，所以中国的书法，作为艺术观，起于"金文钟鼎"。

中国书法艺术趣味的根子虽深入于我们民族远古时期的某种宗教崇拜，它的定型、成熟和发展，却是由后来的文化发展特点所维护。中国的历史上，秦以前以"善书"名世的似乎不多，所以书法作为一种技艺有高下精粗之分是在秦以后才被人们注意。汉当然是一次书法艺术的大发展，因为那时的"文章"也已是相当高水平的文学作品了。更早的《诗经》与《楚辞》当时是口头文学，后来才整理出来，而很长时期以来并没有与书法相结合。书法从丰碑碣石、庙堂宫殿中走出来与诗词相结合经过了一个相当长的历史阶段。然而这种结合的趋势却又是有内在的原因的，文字能与语言及它们所表达之"观念"一起来欣赏，则说明必有可结合之处。

诗以语言之"意境"为欣赏对象,这种"意境"不是"概念",而是与"诗"的语言的"韵律"统一在一起的。任何民族的语言都可以成为诗的语言,但中国的语言基本上以单音为语词单位,所以在表达"诗意"方面有其方便、自然之处。我们常引以自豪的中国语言为诗的语言这是西方学者也不能否认的事实。中国语言的特点影响了中国文字的特点,中国的"字"代表一个"音节",也就是一个完整的"词",大部分的"字"都有相当独立的"意义",视觉形象的统一感与语音及意义的统一感是一致的。这种字、词、意的相对完整性使中国古代语言不需要"是"动词,因而减少语言、文字的描述、陈述性和再现性,而增强了它的表现性。中国语言这种"诗意"的吟诵性特性,一旦与"文字"相结合,也就加强了中国文字的艺术性和欣赏性。书法是文字的艺术,文字为语言之记录,所以书法又离不开语言,从秦汉石刻到唐代碑铭,从宋代诗稿到明清楹联,都不能离开语言和文字的内容,离语言谈文字,离文字而谈书法,则失去这个传统古典艺术的本意,而成为别的什么艺术,这无关乎艺术水平之高下精粗,而是艺术之分类问题了。

我们已从远古传统、文化发展和语言特点讨论了中国书法艺术之社会根源,而中国对书写技术的艺术兴趣,尚有中国社会历史发展决定了的社会文化趣味为其土壤,使其得以生根结果,而且由于中国社会发展的特点,使书法艺术与其他一切传统艺术一样,不但没有因为时代发展从根本上受到冲击,而且得到精雕细刻的发展。我们这里只要指出这样一个历史事实:清代二百多年的统治,几乎使一切古代的传统艺术得到了恢复和发扬。随着"小学"的兴起,中国书法艺术包括远古以来各种书体都得到了复兴,这不能不说是这一代人对中国艺术的贡献。

四　书法艺术之哲学观

美学作为一门比较成熟的学科的形成与哲学分不开，在近代欧洲，长期以来它曾经是哲学的一个部分，因此，从美学上来谈书法艺术，当然离不开哲学的立场、观点、方法。然而，我们上面已经从心理和社会两个方面讨论了一些书法的基本问题，我们还可以从纸、墨、笔、砚等工具上，从各种技术上总结书法艺术的经验，总而言之，我们现在既然要从哲学上来谈书法艺术，那末除去上述各学科的研究问题之外，还有什么问题留给哲学来讨论？为弄清这个问题，我们的工作不得不一层一层地来做，首先要问"哲学"本身到底研究些什么问题，其次要问哲学如何对待"艺术"问题，然后才讨论哲学如何理解"书法艺术"的问题。

"哲学"是一门古老的学科，欧洲从古代希腊开始，"哲学"从宗教神话式的世界观中分化出来，是一种科学式对世界的认识体系，它的最初的形态是与各具体自然科学学科结合在一起的，但它研究的问题本身却是与具体自然科学不同的。早期古代希腊哲学家把它的问题概括为"本源性"（始基）的问题，后来苏格拉底、柏拉图概括为"理念"，亚里士多德概括为"存在之存在"，这时古代欧洲的哲学已经相当成熟了，形成了一个非常根深蒂固的思想传统，这个传统直到近代才发生了动摇。在近代，冲击这个传统力量最大的是德国古典哲学的奠基人康德，他把过去那种研究"存在之存在"、研究"本源性始基"的哲学理论斥之为"形而上学"，说它们是"伪科学"，因为在康德看来科学只能涉及经验领域，而所谓"本源"、"理念"、"存在之存在"都是超经验的，因而根本不是知识。康德这个基本的思想,非常深入欧洲哲学家的人心,至今仍被认为是颠扑不破的。在这种"经验"与"超经验"的二元论下,"艺术"处于居间的地位,康德自己也试图对它作出解释。

欧洲的哲学和美学到了现代就更加复杂起来,尤其是多年来我们很少研究新的材料,所以对这方面的了解是很不够的,有必要多作一点介绍。下面就是欧洲哲学、美学晚近的一些情况。

当代西方美学是在一个相当复杂的历史背景条件下产生发展起来的,是社会经济、政治和文化等各个方面的因素相互制约的产物,而就他们自己心目中感受最深的影响,大概要算科学与技术方面的突飞猛进对文学艺术带来的巨大变化,从而影响到哲学和美学方面的理论思考。

科学和技术的发展,首先使人们的思想方式产生深刻的变化。我们知道,科学的思想方式本已是欧洲文化的一个坚实的传统。古代希腊哲学的产生就是意味着科学思想方式与原始宗教对世界的理解方式斗争的胜利。当时的哲学、美学是和经验自然科学、艺术经验科学紧密相联的。在亚里士多德百科全书式的哲学体系中,艺术(诗学)占有其自己的地位。这个传统中的美学,始终和艺术理论、艺术批评和艺术欣赏理论交错地发展着。可是,欧洲的这个传统,在现代受到了挑战。现代的一些大哲学家,不论哪个派别,除少数例外,大都倾向于否定这个传统,认为这个传统,归根结蒂是把宗教的"问题",用科学的"方式"来处理,把"本体"当作"事实"来构造"科学知识体系",是一种"形而上学"的传统,是应该否定的。从这个共同的立场出发,在哲学上,出现了左右当代欧洲思潮的两大学派:分析学派和现象学派。在这两派哲学思潮的总趋势下,结合着具体的艺术的实践情况,美学上也出了一些不同的理论,反过来,又影响了对具体艺术实践的理解。因为,美学主要的不是要告诉人如何创作艺术,而是要告诉人如何理解艺术,因此,作为比较有系统的美学理论,往往有相当坚实的哲理上的根据,才能把问题深入下去。所以,美学的一些重要的理论方面的问题,往往是哲学问题的一个部分,对不少哲学家来说,还是相当重要甚至是核心的部分。弄清哲学的脉络,对于理解美学问题就显得很重要,而弄清当代哲学的发展,对于理解当代美学理论和艺术现象当然也有重要的意义了。

1. 分析哲学对艺术和美学的挑战

现代分析哲学是走在前列的现代哲学思潮，它从古典的哲学系统中脱颖而出，实际上是欧洲科学思想方式又一次的解放和革命，而这种革命已孕育在近代古典唯心主义奠基者康德的思想之中。康德严格划分科学范畴和思辨理念之间的界限，把科学与经验不可分地结合起来，批评了企图以科学知识范畴运用于经验之外、建立"超经验"知识这样一种"理性之僭妄"。康德的分析篇，蕴含了现代分析哲学的基本原则，只是在"物理学"（经验科学）之先天（逻辑）必然性上现代分析学家们退回到休谟的立场。

当然，现代分析哲学之发展，不完全来自古典哲学内部，而是现代的世界、现代的生活、现代的科学对古典哲学堡垒的冲击。它的最初的攻击目标是当时已成禁锢科学发展的黑格尔的绝对唯心主义。莫尔、罗素以及维也纳小组诸家很严厉地指出黑格尔的"绝对"，就像旧形而上学的"存在"（之"存在"）一样，本不是科学之对象；科学之可能的对象，或者说，科学唯一合法的形式是逻辑的形式，而逻辑只能应用于经验世界，于是逻辑可证明性与实际可证实性就是科学思维的最基本的特点。这个思潮中最为杰出的人物维特根斯坦以《逻辑哲学论》奠定了分析思潮之哲学基础。这本无疑可以与康德《纯粹理性批判》比美的著作以"语言"为核心，分析了逻辑命题及其界限，并让人们对于"不可言说者"保持沉默。

在这个思潮下，旧形而上学成了问题，道德评价成了问题，艺术的一切也成了问题。

分析哲学并不全盘否定道德和审美判断，因为这是人类的普遍现象，人人都有，它只是指出：这些判断没有科学意义下的严格的"意义"，因而不是科学研究的对象。所谓"意义"，在科学意义下，必是可以指证的，如"花是红的"，可以指出"红"的对象（花）来，但"花是美的"，"美"就不是可以指证出来的，因而不是事物之"属性"。人们说"花是美的"等于说出人们的一种评价，是主观性的评判，不能成为客观科学性的断定。这样，人类的审美和道德活动，就不应再被看成是科学活动。维特根斯坦在早期《逻辑哲学论》中承认人类活动有"不可言说"的"神秘性"在,并不意味着那时他承认美学、伦理学和形而上学的"意义",因为这些学科正是把那"神秘的东西"变得"不神秘"了,用一个貌似科学的概念体系把它们"说出来",甚至还认为这种体系才是"真正的科学体系"。一句话,这些学科要把"非知识性的东西"变成"知识性的东西",恰恰否认了有"神秘性"在。

在这种思潮下,在否定"私人语言"的前提下,艺术创作、美学理论和艺术交流之间的问题,就完全失去了科学研究的意义,艺术被看作如同"姿势"、"哭喊"那样的"症状",完全是一种主观情绪的发泄。

然而,这个旨在彻底净化、纯化人类语言的学派,在达到自己的"理想"目标方面固然有许多成绩,但也遇到不少的困难。喝令哲学家、美学家"闭嘴"的维特根斯坦自己却"沉默"了很多年。他的后期著作《哲学之研究》所表现出来哲学上之彻底转变的态度,使包括罗素在内的分析哲学家们目瞪口呆。一切使"语言"纯净化、清晰化的努力似乎都难以为继,因为"语言"本身就是不可定义的。语言的"家族相似性"和语言的"游戏"性,代替了早期的"逻辑性"和"镜象性";语词的"意义"被确定主要由在句中的地位(句法关系)决定,而不是限于要有可指证性来确定。这样,维特根斯坦的立场就由一个僵硬的形式化、理想化的逻辑主义转变为更为常识性的经验主义,人的语句不仅限于(或还原于)陈述句,尚有命令、祈使、感叹等形式,这就是说,"语言"之功能已不再完全限于(或还原于)知识或科学功能,艺术的、道德的语言,同样属于"语言"这个"家族",同样有"意义"。在这种方向下,探究艺术语言"意义"之特殊性,就被承认为这一派哲学家的正当任务之一。

一九五四年由爱尔顿编辑出版的论文集《美学和语言》,标志了这方面有效的尝试。为这个集子写文章的大半是分析学派牛津集团的中坚,像莱尔、派斯莫等当时都是四十来岁的干将,他们在分析哲学本身所达到的训练和成就已足使他们的文章引人瞩目,而他们的文章又涉及了一个新的领域,所以影响当然就相当大了。

派斯莫以《美学之沉寂》为题写了一篇文章力图纠正"趣味无争论"这种对审美判断的英国传统式怀疑主义偏见,同时又指出把美学当作"规范学"也不合实际。在文章中,派斯莫主要想指出,人们虽然不能指证一种特殊的审美"属性",但却可以用审美的态度来对待事物①。莱尔则以他的犀利的分析力,把我们通常所谓"感觉"或"情感"厘析出七种不同的意思,在这七种用法中,每个词都是有"所指"的。博斯马在文集中的一篇题为《艺术的表现理论》的文章,则更是经常为人们所道及。在这篇文章中,博斯马指出艺术批评中关于"表现"、"情绪"这些概念用法上之混乱,因为根本没有弄清它们在不同情形下的不同的含义。博斯马集中分析了"这个音乐是悲伤的"(或"这个曲子是悲伤的")中"音乐"(曲子)为什么会"悲伤"起来。他指出,"音乐是悲伤的"和"凯西是悲伤的"这两句话的意思并不相同。"凯西是悲伤的","凯西"必有"表情"以说明她"是悲伤的",但"音乐"没有"表情",因此"音乐是悲伤的"这句话是指"某人(听音乐时)是悲伤的"。博斯马还认为,这种描述一种属性的句子,不等于这个"属性"就在被描述的对象之中,如我们说,"向日葵是活的"、"太阳是亮的",不是指"活"在"向日葵"中、"亮"在"太阳"之中。我们有描述"感受"的语言,我们也有描述这种"感受语言"的语言。"音乐是悲伤的"这句话之所以有意义,可以成立,是因为它是描述我们对"音乐"感受的语言之语言。

艺术语言的合法性已经确立了,它是人类语言家族成员之一,同样应该研究这种语言的结构,研究它们之间的思想性、逻辑性的关系。

这种对艺术现象的理解,依靠着分析哲学在欧美(特别是英语国家)大学中的主导地位,也在学院里站住了脚跟,在学术界居于领先的地位,同时与艺术创作上的现代流派,如抽象的绘画等相配合,目前已有很大的发展。

我们看到,这种分析式的美学思潮,和分析式的哲学思潮一样,是当今欧美科学技术发展的产物,是科学思想方式的升华,就美学而言,是科学对艺术的渗透。正是这种不可避免的趋向,使西方的艺术脱离了古典的范围,成为别具风貌的现代艺术。

---

① 爱尔顿编:《美学和语言》,1954年,纽约,第52页。

2. "人"的呐喊与艺术之本源性

现代科学技术的发展给人们带来富裕的物质生活，又给人们带来古典时期无法想象的清新的艺术作品，但也向人们提出了一大堆问题。这些问题由于它们的尖锐性，对现代哲学和美学关于生活和艺术的观念和理解产生了巨大的冲击力量。

欧洲历史进入近代的初期，培根就说，"知识即力量"，社会"知识"的"力量"越来越大了，但无论多大力量的"知识"，绝不能"保证"人不犯错误，相反，"知识"的力量越大，则"错误"对人类的威胁就越大，二者是为正比例。欧洲的文化传统，从古代希腊就已确立了一条信念："人"就是"人"，只有"神"才是"全智"、"全能"的。社会的科学技术不是企图要做"神"想做的事，把人当作"全智"、"全能"吗？"科学"、"知识""万能"这是很危险的思想。"知识"涵盖了一切，"人"变成了"自然"的一个部分，成了一部大机器中的一个环节，连人的"思想"的功能也被机器分去了大半。人工智能能够制造相当于博士水平的科学家、工程师、经济师……，当然也可以制造出相当高级水平的诗人、作曲家……，那末"人"还剩下什么？

果然，这个问题被胡塞尔从哲学上敏锐地感到了，他的现象学的核心问题之一就是：在一切经验的知识、自然的态度被"括出去"之后，还"剩下"什么？他把这个问题概括为"现象学的剩余者"。这个"剩余者"是永远"括不出去"的，这才是"人"的真实的本质。

随着社会物质之昌明，社会生活电子化、信息化，艺术也失去了往日古典主义那种温情脉脉的特点。艺术的欣赏者完全成了消费者，艺术作品本身则加强了"消遣性"、"群众性"、国际性。正如法国现象学解释学美学家杜弗朗所感叹的，艺术失去"个性"和"神秘"两大特点[①]。那末，又正如黑格尔不幸而言中的，"艺术"要在现代生活中"消亡"了，但代之而起的倒不是"思辨哲学"，而是实证科学。

---

① 参阅杜弗朗：《当代美学和艺术科学主流》，霍尔姆和迈耶尔出版社，1979年，第4～6页。

人类的生活都被科学技术"瓜分完毕",真正的"人"的生活,真正的"艺术"在哪里?

也许,"人"并没有自己的东西,那个所谓"现象学的剩余者"原是胡塞尔"想象"出来的。然而,自从古代希腊以来,人们不断地在探索着除了实证科学知识以外的精神生活。苏格拉底的"德性",柏拉图的"理念",亚里士多德的"存在",中世纪的"上帝",甚至人们对数学和逻辑形式的兴趣也可以看成是那种超出当下知识内容追求更高精神生活的表现,因而在古代毕达哥拉斯学派把"数"当作"本源性"的东西来对待,而把数的和谐与音乐的节奏、韵律联系起来,就不是偶然的爱好了。从古代开始,人们就知道艺术和哲学能提供实证科学所不能提供的精神满足。古典哲学,特别是古典的唯心主义哲学,它的最高精神境界在艺术、宗教、哲学之中。但是,就连古典唯心哲学家本身也觉得人对艺术的兴趣,和对宗教的兴趣一样,是文化不够的表现,因而对它们的兴趣,终将被更高的兴趣(在他们是"思辨的哲学")所代替。

然而,"人"难道真的是"会说话的动物(畜牲)"?或者说得好听点是"理性的动物"?"人"真的能被分割成"理性"、"感性"两部分?真的一半是"魔鬼",一半是"天使"?早在胡塞尔创建现象学之前,欧洲的智者式的"天才",就敏感到现代生活的窒息的一面,被肉欲横流的人世所窒息的人群在"呻吟",而"天才""超人"则要"呐喊"。"呐喊"是"人"的声音,不是"神"的声音;"呐喊"是在繁花似锦、光怪陆离的世界中显示"人"的存在。这种"呐喊"就是"诗"和"哲学"。

"人"原是一个不可分割的整体,"人"就是"人"。不错,人有"思想"的功能,但从根本上来说,人的"思想"和人的"存在"全不可分,与人生活的世界不可分,"思想"与"存在"原是同一的。科学知识的态度是把"人"与"世界"对立起来,互为对象,来对包括自己在内的"对象"进行反映、思索,但我们实实在在是生活在这个世界中,"世界"不是"我"的"对象",海德格尔说,"我在世界中",世界分出你、我,分出"主体"与"客体",这是以后的事。所以,"本源性"的思想,是存在性的思想,不是知识性的思想。从这里,海德格尔说了一句骇人听闻的话:"科学不是思想"。

胡塞尔的美学需要英加登、杜弗朗等人的发挥才明朗起来——主要集中于从"意向性"原则的"知者"与"所知者"到艺术作为"精神对象"的研究；但海德格尔自己就有丰富的艺术思想。

"我在世界中"，但"我"毕竟不同于养育"我"的"物质世界"。"我"是有意识、有思想、自觉的存在，我自觉到我的存在，而且——按照雅斯贝斯、萨特的进一步发挥——还有与我同样存在的"他人"。"人"这种"存在"的特殊性之一在于它有"语言"，"语言"表达"思想"（"意思"）。从语言学的科学角度说，"语言"是"人"的诸功能之一，是一种"工具"，但从本源性的角度来看，"语言"和"人"的存在本不可分。不是先有"语言"的概念、知识人才说话的，"语言"的本质就是"说"，一切科学知识都是广义的"说"出来的，但"说"绝不是光"说"这种概念式的知识，概念式科学知识体系是后来才"说"出来的，最初"说"的并不是后来意义下的"知识"，而是胡塞尔意义下的"理念"（观念）。我们先学会说"人"，认识它的"观念"（意义），而关于"人"的科学知识是以后的事，而且谁也不能说对于"人"的知识已经完备，而我们也绝不因为知识不够完备就不说话。

海德格尔认为，这种本源性的语言，就是"诗"的语言，我们可以发挥一下，叫做艺术的语言。这种语言并无关于严格意义的科学知识，因而也无关于这种知识所服务的实用价值（目的），只是表达一种本源性的"意义"，说出心里的话，"诗言志"，"言为心声"，是完整的"人"的存在的表现。所谓"本源性"语言，并不是真的要退回到"原始"的语言或原始民族（人）的语言，而是我们当下日常生活中最为基本的经验的语言，因为我们基本上不是老以科学家的身份说话，我们所说的话并不是"句句是科学定理"，不是"句句是真理"。我们在生活，我们说最普通的话。

可是，我们看到，就是在这个最普通的经验中，竟然孕育着活跃于西方学界的"解释学"的种子。

海德格尔告诉我们，"语言"从本源性存在的意义来说是"对话"，是"说"和"听"，"说话"是有一种"意思"要表达，所以先有"意思"才"说"，就这个意义来说，具体说话的人（经验的人）只是表达（传达）这个"意义"的工具，是个传达者。作为"传达者"的人，似乎是先"听到"一个"意思"（"话"），然后再传达出来的，所以"听"在"说"先，不是"人说话"，而是

"话让人说"。海德格尔这些理论，听起来不易理解，但换一种说法，实在也是最为普通的经验。我们不是总在说"有'话'要说"吗？这个"话"，就是先"听到"的、要表达出来的"意思"。古代希腊神话中有个神叫"赫尔姆斯"司传信，为信使神，这样，"解释学"这个词，就由"注释经典"直接与古代神话本义联系起来，成为研究"听"与"说"的思想性的关系，即思想与思想、观念与观念、情感与情感，一句话，"意义"与"意义"之间的关系。这种关系，不是人与人、人与世界之间的感性的、感觉反应、反映关系，不是"情绪"的"交流"，即不是一种物质性的关系。研究物质性关系是自然科学、经验科学的任务，研究"意义"之间的关系，则是"解释学"（或"释义学"）的任务。

然而，思想、意义之间的关系也是很复杂的，有多种的层次，数字与经验科学同样研究思想的关系，研究数与概念之间的逻辑结构，"解释学"作为一种哲学，要与科学的概念逻辑系统相区别，才有自身之独立性。"解释学"对世界的把握方式不同于一般科学的把握方式。科学以概念的逻辑关系，把握世界的客观规律，在"解释学"看来，是把世界分割开来作静观的把握，其目的以物质实际（实用）关系为归依；"解释学"则对世界作一种"活"的把握，在活生生的生活中来把握这个世界，"人"首先是生活在这个世界中，然后才有科学和学科之分化，因此"解释学"自认是最为本源性的，研究的是"前科学"的"意义"。

"语言"是活生生的生活的一个环节，不是科学研究的工具。"语言"的交流，不是"知识"、"信息"之"传递"，不是"教"与"学"，而是一种"活"的交流，人与人之间的实实在在的、具体的活的交流。本源性的语言不是"概念"与"概念"之间的关系，而是"观念"与"观念"、"意义"与"意义"之间的关系。所以，海德格尔才说，本源性、存在性的语言不是概念式语言，而是诗的语言。

3. 解释学与符号论美学

海德格尔这种诗的语言存在论仍来源于胡塞尔的现象学的"理念论"（观

念论），在胡塞尔看来，最为本源性的、不能括出去的"现象学的剩余者"正是这个"理念"（观念）。"观念"早于"概念"，是理智与直观的同一，即既非理性，又非感性，乃是二者分化之前的本源状态。这时甚至不能说艺术、科学、哲学、宗教已经分化了，所以我们最初"说出"、即胡塞尔"看出"的这种"理念"或"观念"，应本无艺术与科学之分，所以在胡塞尔心目中，这种对世界的"观念"式的把握，是"直接的"，本不需要任何的"符号"。

然而，排除任何"符号"的"本质的直观"总限于一种"内在性"，"意蕴"含于"胸臆"之中，因此，这一点常常受到批评。在纠正胡塞尔现象学的内在倾向的基础上发展了现代哲学和美学的符号论。

"符号论"由来已久，就哲学言，新康德主义之佼佼者卡西尔是当代早期的大家，他的哲学实际上是"符号论的解释学"。卡西尔认为人是会使用"符号"的动物，而"符号"并不限于科学概念系统一种，在人类文化历史发展过程中，"符号"尚有"神话"、"语言"、"艺术"、"历史"几种形式。"符号"表现一种"意义"。人不仅"感觉"世界，而且要"理解"世界，世界好像一本大书，需要人们去"读"，去读（弄）懂（"解释"）它的"意义"。

一九八五年刚去世的美国哲学、美学家苏珊·兰格是符号美学的真正建立者。这位曾是卡西尔学生的兰格从符号哲学系统地建立了一套美学体系，以"情感的形式"概括艺术符号的特点，以"推理性符号"与"非推理性符号"的区别来划分知识性科学与非知识性艺术（宗教）的界限，并以"虚拟的"代替"实际的"关系，研究了从广义诗学到音乐、戏剧、舞蹈、电影等各艺术部类特定符号的内部结构，使她的著作，在一个时期内相当流行，而至今仍是哲学和文学艺术系学生经常阅读的参考书。

当然，符号哲学、符号美学的渊源是很广泛的，和解释学一样，它可以说是当代两大思潮汇合的产物，因为"符号学"和"语义学"都以"意义"为核心，尽管它们有各自不同的理解和用法，但交叉的情形是不可避免的；而我们知道，"意义"恰恰又是"解释学"的中心问题，于是我们看到，当代西方整个哲学思潮，在"意义"问题上汇合的趋势，是相当明显的。

无独有偶，强调本源性"存在"的海德格尔的思想，经过雅斯贝斯的变革，竟然也和"符号"的理论结合了起来。与海德格尔不同，雅斯贝斯强调

"存在"之间的关系，认为"他者"与"自身"这两个"存在"的交往是存在哲学之真正问题所在，而这种"交往"不是感觉性的，而是符号性的，它的思辨的形式为"密码"，"人"对世界"意义"之把握在于解开世界这个"密码"。

这样，"符号"又回到了康德哲学中的本义：它不是知识性范畴之"图式"，而是非知识的（或审美的、或形而上学的）"象征"。

4. 艺术·历史·人·书法

当代这些思潮对于我们具体理解"艺术"这一社会现象，对于我们的艺术观念有巨大的影响。新的艺术观是建立在新的历史观、社会观，即对"生活"的新的理解上发展起来的。

海德格尔说，把"时间"引入"存在"这是康德的重大历史贡献，知识之诸范畴，并不是如过去那样为"无时间"的抽象概念（形式的逻辑），"时间"为先天的直观形式，为知识之基础。但在海德格尔看来，康德过于强调知识的构建作用，而忽视"想象力"的能动性，因而他的"我思"仍带有严重的形式的意味；在海德格尔看来，历史性本是作为 Dasein 的人的意义所在。

"历史性"的强调，使"生活"的概念起了重大的变化，"生活"不仅仅是物质性的（如实证主义所断定的），也不仅仅是观念性的（如胡塞尔现象学所断定的），而是历史性的，时间性的。

艺术是生活的"镜子"，同时也是生活的一个部分。从实证的观点来看生活，"生活"又是"自然的"，因而"艺术"常与"自然"相对应，但从现实的人的观点来看生活，则"艺术"又常与"历史"相对应。"艺术"是"历史"的"镜子"，或者说，是"历史"的"存留"。

"人"创造了自己的"历史"。"历史"有两个层次的意思：一方面凡人所作所为，就既成事实言，各"事件"之间必有因果联系。凡事一旦做了，必定产生相应的结果，必定进入因果系列，这是确定无疑的；但另一方面，做事的人又都是活人，他们可以有各种选择。当然，选择时可以审情度势，权衡利弊，顾及事件的前因后果，但人不能等穷尽一切知识之后再行动，所谓"最佳选择"都是相对的，在这个意义下，人的"决断"又是"自由"的。"历史"

就是这种"因果必然"与"自由"的统一过程。

"历史"、"时间"是流逝的,是不可逆转的,我们所看到的无非是历史陈迹和各种典籍文献。研究这些陈迹和典籍是历史科学的任务,通过它们弄清历史事件(包括古人行事的"动机"、"选择"的"考虑"在内)之间的因果联系是完成历史科学任务的标志。然而,古人在做事时的活的思想感情,古人作为曾是"活人"的"判决"的"自由"又靠什么存留下来?应该说,"艺术"就是一部"活的历史"、"活的生活"的"存留物"。作为科学的历史(历史学、人类学、社会学)侧重于人的自由创造活动中的必然的规律性,作为本源性的历史(艺术)则侧重于必然性中的自由性。艺术把历史和世界当作"自由"的"象征"来理解。从艺术的角度来"读"历史这部大书,从中体验到人的创造的自由。分析哲学家说得很对,"自由"、"美"这些东西,既不是"事物"(包括"人")的"属性",也不是"事物"(包括"人")的"功能",因而不可能有"自由"、"美"的"知识",但人们可从"自由"、"艺术"、"审美"的角度(态度)来把握世界。人们要体会波(斯)希(腊)战争的真实意义吗?光读希罗多德的《波希战争史》还不够,还得读一读爱斯库勒斯的悲剧《波斯人》。《波斯人》反映的虽只是一个很小的侧面,但却存留了古人的活的思想感情,古人在做那件事(战争)时的活的思想感情。读(或看)《波斯人》,我们不全是当作"过去"来理解,而是把它当作"过去"中的"现时"来理解。现今的读者——观众,也在生活,也在做事,它以自己的这种"现时"性的"活的"思想感情去体会、理解古人"当时"的"活的"思想感情,这是一种"活的"交流。这或许就是存在哲学家雅斯贝斯所谓的"时间中的永恒"和"存在间的交往"的意义所在。艺术就是要表现这个"过去"了的、"过去"中的"现时",表现这个"因果必然"中的"自由"。艺术的创作就是要把这种"现时"和"自由"表现出来,艺术的欣赏也就是要在"人"之间进行活的交流。因此,艺术是活的历史的存留,活的生活的存留,是"自己"与"他者"(包括古人的世界和今人的世界)之间的"活的交流"。

在这个意义下,"历史"和"社会"就不是抽象的知识的"对象",不是以概念的方式把握的"对象"。在艺术的活动中,主体与客体、"自己"与"他者"处于统一之中,艺术的欣赏,不是把古人的活动作一番科学的分析研究,而是体会古人的活的思想感情。"我在世界中","我在社会中","我也在历史中","我"和"古人"(或"他人")在作活的交流。"艺术以生活本来的形式反映生活"这句话,就意味着艺术不把生活当作可用概念把握的对象分析开来从而构成概念体系,而是按活生生的生活的本来面目把人的创造活动存留下来。

上面提到的那位雅斯贝斯又说,"认识你自己"意味着"创造你自己"。"艺术是生活的镜子","镜子"是为了照"自己","认识自己",但这个"认识"不是概念式的,而意味着活的理解,通过"他者"体会"自己",我和别人都生活在世界中,人与人之间不仅仅是知识性关系,也不仅仅是物质的实用关系,并不是否定这两种关系,而是说这两种关系本来是统一于一个更为根本的关系之中。这种根本性的关系,既非理论性的,也非实践性的,用古典哲学的语言来说,既非理论理性,又非实践理性,而是一种活的有血有肉、有思想、有感情的真实的关系。艺术就是这种关系的表现,因而它既是生活的思想性的反映,又是生活的实际环节,思想与存在在艺术关系中有一种真正的同一性。

我们看到,虽然我们已经从心理、社会的角度讨论了艺术、书法艺术的一些问题,但哲学在这里并不是无事可做了,哲学的角度是从一个更为完整、更为真实的角度来把握艺术,因此也是从一个活的、现实的立场来理解书法这门艺术。

从哲学的角度来说,"语言"既不仅仅是传递"信息"或教授、传播知识,而是一个活的、现实的人与人之间的交往,因此"语言"的"意义",从哲学的观点来看,就不仅仅是语词概念的内涵和外延,而是一种活生生的"观念",包括了我们平时所谓的"言外之意"、"弦外之音"在内。在这个意义下,"语言"就不仅仅是概念式的"记号",而是生活的"符号"(象征)。活的语言的交往,包括了语调的声音变化在内,这种声音变化的"意义"是"歌唱"艺术的基础。书法艺术作为"书写(面)语言"的艺术同样也有这个特点。作为一种艺术,书法是完整地提供给人,而不光是记录、传达知识信息,而是一种活的思想情感的传达(沟通)。文字作书法观,就不仅仅是文字所代表的概念的内容,而且更主要的是文字本身所给人审美的感受,因而不是文字提供的信息和知识的必然感，而是艺术所提供的自由感。这样，由笔墨所构成的"线"的形象就不仅仅是"语言"字义的"载体"式的符号，而且这些线条本身就有自身的"意义"，就像"语言"的音韵一样。

"说"和"写"都已成了一种自由的活动，而不仅仅是一种外在的工具。书法的作品，作为一件"东西"（物）来说，是"过去"的产品，是既成事实，已不可更改，在这个意义下，观者只能"接受"、"反映"，但书法作品又是"他人""写"出来的，"写"如作为一种自由的表现来看，则又是总是生气勃勃的，是永远"活"的，因为"他人"（古人）在"写"时是生气勃勃的、活的，这种当时的现实性的自由，被书法艺术存留下来，"我们"（"今人"，也是"他人"）可以从中体会出光靠"字义"所不能完全提供的"意义"来，所以我们说，从哲学的角度来看，书法艺术是"自由的象征"当是很妥帖的。

这并不是说，从哲学上来看，书法艺术是"超时代的"、"永恒的"，恰恰相反，书法艺术是"时代的"、"历史的"产物，因此我们才有历代灿烂多姿的"书风"。哲学只是告诉我们，过去书家创造的不同时代、不同个性的书风为什么不会"过时"，不会真的成了"过去"的"古董"，而始终可以保持着它们的艺术的生命力；就像历史上的伟大的典范人物一样，他们的事迹永远鼓舞着后人的生活，历史上伟大的艺术典范，也永远吸引着、陶冶着后人的审美趣味。哲学告诉我们，伟大的艺术家、书家虽已作"古"，但他们在创造伟大作品时的活的劳动，留存于他们的作品之中，而永不会随时间流逝，永不会成为"死东西"。

当然，"观看"书法艺术作品，并不能保证一定是一种"活的交流"，"活的艺术欣赏"，我们对书法作品可以作各个方面的分析、研究，其中包括专门的断代的考据学问，这些都是必要的、重要的。哲学只是告诉我们，要对书法艺术作真正的艺术欣赏，当"跟随""书家"（他人）指引的线条运动"再""写"一遍，即在欣赏的活动中"再创造"一遍。把"他人""做"过的"事"，在不同条件、不同方式下"再""做"一遍，体会"他人""做"时的活思想感情，陶冶自己的思想感情，这就是"活的交流"的意义。在"实际上""再""做"一遍，是道德的力量，在想象中"再""做"一遍，则是艺术的力量。

| 分析篇 |

在这一部分，我们是把书法艺术当作一种现实的艺术种类，来对它进行一种理论上的分析研究，研究它的内部的规则和特征，以及它与其他艺术部门的关系，从而理解它在整个艺术领域中所占的地位。

我们作这种分析性的研究，并不是说艺术活动是可以分割的，我们前面说过，艺术的创作和欣赏是一个完整的、统一的活的活动，是人类的一种本源性的活动，但肯定这一点并不妨碍我们对这种活动作理论上的分析研究，譬如把一门艺术分成"内容"方面的问题和"形式"方面的问题，并不意味着"内容"和"形式"是可以"分割"的。

另外，艺术的活动是统一的，但艺术的门类又是十分复杂的，我们考虑书法艺术与其他艺术部门的关系，是不可能十分周全的，我们只是要在与其他部门的对比中说明书法艺术本身的艺术特点；对于各种书体的研究更不可能是很周到的，因为每种书体的研究都是一门专门的学问，我们也只是要在对比中看出它们的艺术上的特征来。

一　书法艺术的内容与形式

表面上看，我们现在正在研究的艺术是很简单的。书法作为一种艺术，只是一些粗细不等的线条的组合，它所用的工具，比起其他艺术种类来，也是相当简单的了；然而，细分析起来，书法艺术却是一种综合性的艺术。

书法首先是文字，文字是语言的符号，语言又是思想的直接表现，这里就有了好几层的意义。其次，书法作为一种艺术，和文字又有一定的区别。这种区别，初看似乎比较明显，但要有一个圆满的答案又不那样容易。因此，关于书法艺术的特殊的内容和形式，还是需要作一番具体的研究的。

书法既然是在文字的基础上发展起来，那末我们的分析就应该从文字开始。

在这里，我们首先提出这样一个看法，即如同在人类的语言的基础上产生了诗歌、音乐（声乐）一样，在人类的文字的基础上产生了书法。这就是说，我们可以在分析过程中，把书法艺术和诗歌音乐来进行比较。

歌曲分为乐曲和唱词两个部分，这两部分是紧密结合的。乐曲按通常的说法，是由声音的节奏和旋律组成。唱词就是诗，由语言组成。诗的语言是音乐的语言，而语言本身又有两个方面的含意：一方面，语言作为思想的符号，给人以明确、清晰的概念，而这在诗里，因为离不开具体的形象或感情，可以叫做"意象"；另方面，诗的语言，又保留语言的声调，因而作为艺术语言来说，又不仅是一种符号，而同时也发挥声调本身的作用，这就是所谓声韵。作为单纯交际手段的语言，是以声音作为一种符号，以用来交流思想感情，而这种思想感情，是由语言的意象（内容）引起的，在文学里，小说就是这方面的典型的例子。但诗，作为一种艺术形式来说，则是综合的，它使语言符号的意象和语言声调的韵律结合起来，由此激发读者的思想感情。因此，作为语言符号来说，人们是"得意""忘形"的，而作为诗的语言来说，人们是"得意"而不"忘形"的。各种语言的诗，就其语言的内容——意象来说，是可以翻译的；而作为语言声调的韵律，则很难完全翻译出来。

当然，就诗来说，还是比较侧重于语言的内容，而作为歌曲来说，则声调的韵律作用就更为显著。《乐记》里说："诗，言其志也；歌，咏其声也；舞，动其容也。三者本于心，而乐器从之。"这里说明了各种艺术手段在不同艺术种类中的作用不同。至于乐曲和唱词的结合的程度，我国和欧洲又有不同的传统。欧洲因为近代器乐独立发展的时间较长，因而声音与语言的关系逐渐疏远；而在我国近代，则始终保持"以字行腔"的传统，所以语言的自然声调对乐曲有着很大的制约作用。

从上面对诗歌的分析，可以看出，声音在一定的结构下，本身可以有审美的作用，即给人以直接的感官上的感受的同时，对人提供更进一步的思想内容。这就是音乐性，是音乐的物质材料基础。

书法，也可以作这样的分析。首先，它有作为记录语言的符号的意义，它同语言的声音符号一样，也可以引起意象；同时，它还有作为符号媒介的字形，一种以线条为主的点、线、面的组合。如同诗歌在语言的声调的基础上发展起来一样，书法是从文字的形状、线条的基础上发展起来的。作为文字来说，人们在阅读时，总是扬弃线条，去理解它所代表的意义（内容）；但作为书法艺术，则力求把字的线条和字的意义结合起来，而始终不扬弃字的形式。于是，书法艺术的字义就相当于诗的意象；字形、线条组合就相当于诗的声韵，以及在此基础上发展起来的乐曲。就完整的书法艺术来说，这两个方面是缺一不可的[1]。

对书法艺术来说，文字的内容当然是十分重要的，这和诗歌艺术一样，因此，首先是写什么，其次才是怎么写的问题。整个艺术的发展，就是社会实践

---

[1] 中国书法兼有点、线、面，这与欧洲的文字不同。当然，点、线、面在中国书法发展史上的作用也有所不同，篆书重在线条，隶、楷才有了粗细。

的发展的反映，通过艺术内容，决定艺术形式，书法艺术的存在和发展也是如此。有什么样的内容，就有什么样的形式，至于诗词宜于行、草，文章宜于楷、隶，当然也显示出形式服从于内容的作用来。

但是，在艺术中，形式又具有相对的独立性，它和内容需要紧密地结合在一起。这就是说，如同语言的声调本身有音乐性一样，文字的字形本身也有一定的艺术性。

我们知道，经过长期的社会实践，人的感觉和动物的感觉是不同的。人的感觉本身可以具有不同程度的社会内容，而不仅仅是一种单纯的生理的反映，这样，艺术的感性形式本身，艺术的媒介手段本身才具有一定的理性的意义，能更好地为艺术所表达的内容服务。毛主席教导我们，"感觉到了的东西，我们不能立刻理解它，只有理解了的东西才更深刻地感觉它。"[1] 毛主席这个见解，深刻地揭示了人类认识的本质特点，正是因为建立在无数的理解的基础上，人的感觉才根本上不同于动物。感觉的深刻性基于理解的深刻性，而理解又是以感觉作为基础的。艺术家的敏锐的感觉，基于深刻的理解，在这里，一切神秘主义、直觉主义都是错误的。这样，作为凝聚了艺术家的理解和感觉的艺术的感性形式本身，就不单纯是一种形式，而是同样具有一定的社会内容的。

艺术中感觉形式和理性内容的关系，这是哲学史、艺术史上时常讨论的问题。从古希腊以来，一般都认为，在各种感觉之中，视觉和听觉是最能体现理性内容的，因而他们成为艺术表达的主要手段。这在亚里士多德的著作里表现得很明显。他说："旁的感官，例如味觉或触觉，就不能反映出道德品质。"而他认为视觉和听觉比起来，听觉更能表现道德品质。"视觉反映道德品质也只能在很小的限度以内，因为通过视觉我们只能感觉到事物的形状，而形状对于一切人都只可以约略显示一点道德品质。形状和颜色都不是道德品质的摹仿，而只是道德品质的符号，只能反映出人在情感发动时的外在征候。……乐调却不同，它本身就是性格的摹仿，因为性质不同的乐调就会引起观众的不同的心情和态度。"[2] 当然，各种形式的具体作用不同，但都可以在不同程度上表现

---

[1] 《实践论》，《毛泽东选集》第1卷，第263页。
[2] 亚里士多德：《政治学》第8章第5节。

一定的社会内容。达尔文在他的《物种起源》里，从生物学的角度，研究了最简单的美的感觉，即从某种颜色、形态和声音所得到的独特的快感。这种观点，后来被普列汉诺夫归结为美感的生理基础。事实上，人的美感和动物的快感是有本质不同的，美感当然有其生理基础，但决不能归结为生理的反应，而抹煞其社会的内容。

当然，某些艺术感性形式本身的社会内容是比较概括的，不可能全都像语言那样有明确的含义。这个特点在音乐曲调的含义方面，表现得比较清楚。黑格尔站在唯心主义立场上，用他的带有神秘主义色彩的语言，曾指出过这个特点，他说："各种艺术需要有意识地掌握内容的程度彼此不同。例如音乐，它所要做的只是用好像不掺杂思考的那种情感的音调……"①

书法艺术形式本身的内容也是比较概括的，它不像文字的内容那样带有确定性，因此，对于书法形式方面的叙述，历来也只是一些描述性的类比。唐人伪托的"八法"，对"永"字的每一笔都有所描写，如"'一'如千里阵云，隐隐然其实有形；'、'如高峰坠石，磕磕然实如崩也；'丿'如陆断犀象；'亅'如万岁枯藤；'\'如崩浪雷奔；'乚'如百钧弩发；'刁'如劲弩筋节"，这些都是想象力的产物。唐朝的大书法家和书法理论家孙过庭也只能说："奔雷坠石之奇，鸿飞兽骇之姿，鸾舞蛇惊之态，绝岸颓峰之势……"所以苏东坡在谈到褚遂良的字时，曾很有感慨地说，光论字是得不出明确结论的，非得兼论其人不可，"古之论者，兼论其生平；苟非其人，虽工不贵也"。这就是说，以字观人，不易得出正确评价，而要以人论字，才能抓住书法艺术的真正内容。这种现象反过来也说明了，书法艺术的形式是比较概括的，要通过其他方面的途径，才能掌握具体对象的具体含义。

人的社会实践，决定了人的阶级性，决定了作为社会的人的艺术家写什么，而又由这一切决定了对艺术形式的掌握，决定了艺术的风格。

西方某些形式主义美学家过份夸大艺术形式的作用，认为艺术的本质就在形式，形式无疑是非常重要的，但又不是完全独立的，近年来，贝尔的"有意义的形式"的理论对我国美学界和书法理论界有很大的影响，用这个理论来解

---

① 黑格尔：《美学》第1卷，第33页。

释我国书法艺术的确有不少方便的地方，但关键还在于如何理解"意义"（有人译成"意味"，按原文是"有所指"的意思，故仍译"意义"）和"形式"这两个概念，如果光从纯粹、绝对的形式着眼，则书法艺术对这种理论不仅不能给以佐证，而且简直就是一种反驳。因为书法艺术不是孤立的，而是综合的，从来就是把"写什么"放在第一位。如三代的钟鼎彝器，两汉的丰碑巨额，魏晋的书帖，北魏的墓志、造像，唐代的铭记，宋代的诗文，明清的条幅、扇面等都是由当时社会条件、社会风尚决定的，并不是偶然的现象，哪里有专讲线条的书法呢？

但是，另方面，我们也不能把书法的内容完全局限于文字的含意，而忽略书法线条本身的含意，如果没有后者，书法和一般文字就不能很好地区别了。这种情形当然也和诗歌是一样的。诗歌有其语言表达的内容，也有韵律、曲调所体现的内容，作为艺术来说，二者是缺一不可的，如果没有语言的韵律，那末诗和散文也就不能很好地从艺术品种上加以区别了。

歌德曾经说过，建筑是凝固了的音乐，从我们的分析看来，也可以把书法叫做"看得见的音乐"，因为它在内容和形式方面，和诗歌、音乐、舞蹈这些艺术种类有着很相似的特点。

二　书法与绘画

前面我们提出的看法是把书法和诗歌、音乐作艺术种类的对比，我们觉得，这样可能对书法艺术的许多具体特征，可以得出比较合理的看法；然而，还有另一种对比的研究，是不能忽略的，而且从历史上看，是更加有传统的，这就是书法和绘画的关系问题。

从文字的发展来看，象形文字似乎是不可避免的一个阶段。古文字学的研究，给我们揭示了许多挖掘出来的古代绘画（石刻）的秘密。如南非沙石洞窟上布希曼（Bushmen）的绘画，就说明了古代非洲人民的高度艺术才能。中国早期文字——甲骨文，其象形的意义自然也是很明显的。

然而，我们觉得，就文字作为语言的符号来说，从历史科学分析的眼光来看，象形还不是文字的本质。几乎许多民族，在象形绘画以前，还有一个结绳记事时期，这时候并没有象形的问题，而只有象征的意义，其目的是为了帮助记忆。据说，古代的秘鲁人是结绳的能手，他们不但用此来记数，而且可以记下相当复杂的思想。中国古代也有结绳记事的传说，至今有一些少数民族，还保存刻木记事的材料，这种刻木能表示相当复杂的内容。就以汉许慎编集的秦汉通用的小篆论，象形也不过是其中的一种。可见文字和绘画，由于其用途不同，是有相当大的性质上的区别的。也许可以认为，从历史发展角度看，在一定的历史阶段，书和画是一致的，从"有'话'要说"、"有意要表达"的角度说，"书"和"画"同样是本源性的，都源于"划道道"这样一种形式，"书"和"画"都是从"划道道"中分化出来的，同时当人们感到结绳等符号过于简单，以摹仿外物的形状来标记语言更为方便时，书法就成了绘画的一种。但是，这种状物的办法，同样束缚着对语言的表达和记录，逐渐地文字仍然向着符号化、逻辑化的方向发展。欧洲古文字学者往往把欧洲文字划分为表忆、表形、表意、表音四个时期，固然不尽符合中国文字的发展特点，但说明文字有自己的特殊的要求，和绘画不尽相同。

不言而喻，绘画是状物的，是外物视觉形象的能动表现，而书法本身则不是状物的。文字是语言的表现，是以语词按照一定的语法结构组成的，是用概念、意象来反映客观世界的。文字本身的形状本质上不是外物的简单的再现。这一点，本来是不言而喻的。但是我们觉得，就在这种屡见不鲜的现象中，有着书和画作为不同艺术种类的本质的区别。

莱辛在十八世纪提出诗和画的区别。其实，诗和画的形式上区别用不着等到十八世纪才郑重其事地提出来。诗以言情，画以状物，这是有目共睹的。但是就是在这个有目共睹的事实里面，包含着两种艺术的不同的本质特点。而这个特点，要在一定的社会条件下，以及在诗和画的创作积累了大量的经验，都比较充分地显示出各自的特长和局限时，才有可能比较深刻地提出来。没有相当的实践基础，把一眼就可以看出的表面区别拿来和经过历史经验的总结而提出的较为深刻的观点等同起来，当然是不对的。

我们这里要说明的画以状物、书以表情的特点，也不应该停留在表面的形式上，而是有书法和绘画艺术的长期的历史发展作为根据的。

一般说来，书法由用笔和结体两个主要部分组成①。结体，是构成文字符号的形状，不是外物的模仿；用笔则是构成这种形状的不同类型的线条的运用。书法艺术在技术上的特点，就在于线条按照既定的字形结体运动，这就是"势"②。"势"是指线条按字体形状的运动的韵律和趋向，所以《虞世南笔髓论》说："故兵无常阵，字无常体矣。谓如水火，势多不定，故云字无常定也。"

而我们知道，作为绘画艺术来说，就不仅有线条，更不仅是线条的运动，它更多地是以点、线、面、色彩等各种手段来能动地再现外物的视觉形状。绘

---
① 就一个字来说是用笔和结体，就一整篇字来说，则还有布局。——见刘熙载：《艺概》。
② 王羲之曰"笔势"，盖书，形学也，有形则有势，卫恒曰"书势"，中郎曰"九势"。——见康有为：《广艺舟双楫》。

画是造型艺术，它可以表现人物、山水、工厂、农村等图景，通过这些，表达画家的思想感情，反映客观社会生活的现实。书法就没有这些特点，因而它虽然也是视觉的，但不是造型的，它是以点、横、撇、捺等变化运动来表现书家的思想感情，因而它更接近音乐、舞蹈，而与绘画则有相当的区别。就艺术创作的要求来说，书法与其说接近绘画的规律，不如说接近音乐的规律。

当然，任何艺术种类都有共通的、统一的规律，我们不能将它们截然分隔开来。造型艺术的许多规律，对书法来说，当然同样是适用的，是要遵守的。如书法的格局、大小、比例、对称等，都应该十分注意。在这方面，前人经过长期的历史经验的积累，总结了许多行之有效的规则，有不少真知灼见，是不容忽视的，如"上大下小"、"左大右小"、"左高右低"、"横平竖直"、"横细竖粗"等，还有张旭教给颜真卿那样的一套规则，又如姜白石在《续书谱》里所总结的几个"不欲"等，都很有参考价值，但这一切形式的规则，都不是刻板的、一成不变的，而要适应书法艺术的更本质的要求，所以这些规则是"活"的，常常被打破，而服从书法艺术的更高的要求，服从书法本身的内容的需要。如"左高右低"似乎很符合元代赵孟頫的特点，可是如果我们研究一下宋代黄鲁直的字形，就可以发现，他的规则正好相反，是"左低右高"，也还是别有一种姿态。书法受字形结体的制约，不受外物形状的制约，因而在某种意义上，它遵守视觉形式的规律（如对称、比例等）更加直接，但其变化则不受外物的形象的决定，而是按照一定的韵律表达思想和感情。

由此可见，单纯用造型艺术的规则来说明书法，是不够的。

可是，我国古代却历来有"书画同源"的议论。这种说法，从文字和绘画的起源来说，二者之间有一定的历史渊源，这一点前面已经说过了。这种说法的另一个含意，是从艺术种类上加以比较的。唐代的张彦远、宋代的米芾、元代的赵孟頫都有这样的看法，而且他们大部分是书家兼画家，都有切身的创作体会，直到清代的刘熙载明确地把书和画同加品评，认为"书与画异形而同品"，可见，对于这样一种看法，也是不能轻视的。

我们觉得，要理解这种看法的历史根源，必须首先理解中国传统绘画艺术（国画）的特点。

关于古代中国画的特点，过去也有不少人作过研究，我们现在只想指出，中国画是力求在状物的基础上达到表情的效果，它不完全重外物形状模仿的准确性，往往强调画家感情的表达，因而，中国画是相当重视线条的运用的。比起油画来，中国画对线条的运用要重视得多，所以在技巧上中国画家和书家一样，将运笔提到重要的位置。这样，长期以来①，书画成了一个统一体，中国绘画是离不开书法的，书法的技巧，似乎成为绘画的一个组成部分。不仅画上要题款，而且是画法本身所不可缺少的；而一般书家，即使不兼为画家，也可以画几笔竹子和兰花②，因为这些都是突出运笔的，书家对此训练有素，学起来自然比较容易。

至于在封建社会，歌、舞的地位比较低，自从"文人画"出现以后，人们更愿意把书画并列，而谈书法的人不常把书与歌、舞对比起来谈。其实，"琴棋书画"，书应是更加接近"琴"，而画在传统中却力趋于"书"。

---

① 从时间上说，唐、宋（早期）的画上有题跋的很少，有的连画家的签名都在极不显著的地方，而在画上大加题跋，使书画成为一体，似乎是从元代（特别是赵孟頫）才表现得比较明显。从风格上说，唐的画是比较写实的，宋以后才逐渐强调写意。
② 王世贞说，石室先生以书法画竹，山谷道人乃以画竹法作书。

三　书法与美术字

　　书法艺术和美术字究竟有没有区别？如果有，区别在何处？这个问题的答案常常是模棱两可的。人们通常不把美术字放在书法艺术的范围内，书家一般也不大写美术字，而让画家去兼搞；可是也有人认为，强调书法和美术字的区别是一种学究式的空谈，或者是书家的故弄玄虚。现在我们想从艺术种类的本质特点来看看书法艺术和美术字的联系和区别。

　　美术字是一种文字，固然不是状物的，但却有更多的造型因素。它虽然不是绘画，却十分接近绘画；它和书法艺术有许多共同之点，但作为艺术种类来说，它们是有区别的。

　　这里，为了说明问题，我们需要引进两个概念，这就是时间和空间的概念。大家都知道，包括绘画在内的造型艺术是和空间密切相联系的，而音乐、舞蹈则是和时间更加紧密相联的。我们在这里提出这样一点，即书法艺术虽然写在纸上，或者说，是固定在纸上，但它和时间的关系，却超过了和空间的关系。书法艺术虽然和空间关系不能分割，如同舞蹈艺术那样总是要附着于空间形象之中，但本质上却是时间的艺术。

　　当然，我们应该指出，时间和空间本身在实际上是不能分割的，而且即就艺术的规律来说，时间和空间都遵循着对立统一的普遍规律，在对称、和谐等形式规则方面都有相应的关系，如绘画中的明暗对比和音乐中的强弱对比等。但是它们又各自具备自己的特征，而相互区别。

　　时间最本质的特点，是它的不可逆性。从这个特点出发，在时间中运动的艺术，也就具有时间的序列性，具有不可重复性、不可修改性。这样，从这个线索去考虑书法和美术字的异同也许能有比较合理的看法。

书法和美术字首先都要遵守作为文字符号的外部形体结构，这是无疑的、共同的，因而它们都要求按照字的结体，使字形合乎比例，给人以视觉上的快感。但是，从根本上说，书法是写出来的，美术字是描出来的，或画出来的。"书法"按其名称来说，就是"书写的方法"、"书写的艺术"。

书法有相对严格的书写顺序，原则上是不允许颠倒的，而一般美术字虽然也按一定的习惯笔序，但打好框子后，无论从哪里下笔填廓，都是可以容许的。

这就是说，美术字从哪里下笔都可以，可以慢慢描，也可修改、补充，可以今天描一点，明天描一点，都不妨碍大效果，不违反美术字的总的要求。这一点，是很像绘画的。画家画一定的对象，虽然由于长期的创作经验，先画什么，后画什么也有一定的体会，但是在原则上是不带艺术创作上的强制性的，即使是表现性很强的中国画，也可以今天画几笔，明天画几笔，它主要的问题，是部署空间的位置，使画家想要表现的东西，在纸或画布上再现出来。书法则不然，它要求笔划本身的力量和笔划之间的联系，就像音乐要求声音（音符）的准确、动听和声音之间的结构，舞蹈要求动作的准确和联贯一样。美术字的基本任务是造型，是布置空间位置，重在结果；书法则除此之外，还要求活动的韵律，重在过程。

音乐演奏要求每个音符准确、动听和音符之间的联贯，有些音符虽然很短促，但也要求同样的饱满，不能含糊；舞蹈要求动作有力和富有节奏感，虽一个极小的动作，也交待清楚；书法则要求笔划联贯有力，显示出变化中的统一，轻重缓急、抑扬顿挫都有一定之规。一张书法艺术作品，就像音乐录音带一样，可以复制传播，但本质上还是音乐；复制的书法，同样是书法，而不是美术字，其所以如此，根本原因在于书法有留在纸上的时间的不可逆性。

这样，就书法艺术的用笔、结体两个方面看，用笔是更为重要的。

关于用笔和结体的关系，历来是有些争论的，但大部分书家都认为用笔重于结体。

汉代的蔡邕善书，传说有"神人"授他以笔，他的女儿总结书法用笔提出

"疾"、"涩"二字，直到清代还有人津津乐道①。到了晋朝的卫铄（卫夫人），更明确地提出："夫书不用平直，不用调端，先须用笔，或偃或仰，或欹或斜，或小或大，或长或短。"

用笔问题的提出，说明了我国书法由侧重于文字符号的实用阶段，进入了较成熟的艺术创作时期，也就是标志着书法艺术的成熟时期。从殷商的甲骨文到周秦的大篆，似乎还不可能尖锐地提出用笔问题。根据记载，到了汉代的蔡邕，才有人说他用"中锋"，常令笔心在点画中行，但是就小篆来说，笔划用同样的粗细，恐怕也没有太多的用笔问题。

我们觉得，中国书法，经过秦汉小篆和初期的隶书，到了所谓"八分"，用"散笔"作隶，即出现了"分势"——带挑脚的，中国笔的特点才比较充分地发挥出来，所谓用笔的问题才有可能明确而尖锐地提了出来。卫夫人的《笔阵图》，把书写比作布阵，心目中是一个活动的形象，这种比喻说明了她对书法艺术已经有了较深的感受。她还叙述了对笔、墨、纸、砚的要求，说明书法艺术的工具，已经最后完备。她对书法的理想是大小参差、不拘平直，可能是针对当时受篆书束缚的书写风气而言。她的学生、中国历史上的大书法家王羲之，相传在老师的《笔阵图》后面题了几句话，这就是后来大家常引用的："夫纸者，阵也。笔者，刀矟也。墨者，鍪甲也。水砚者，城池也。心意者，将军也。本领者，副将也。结构者，谋略也。……夫欲书，先乾研墨，凝神静思，预想字形大小，偃仰平直，振动令筋脉相连，意在笔前，然后作字。若平直相似，状如算子，上下方整，前后齐平，此不是书，但得其点画耳。"这里，王羲之说得更不客气了，他把当时只重结体、不重用笔的字叫作"算子"，"但得点画"，而他是主张要由书家的"心意"，用笔作刀枪冲杀一场的②。

此后，历代书家大体都接受了这一思想，但是到了明代的董其昌却偏要出来反对。因为元代的赵孟頫在看了一本"兰亭"的拓本以后发了一通感想，说"结体因时而异，用笔千古不变"，赵的这个说法当然并不妥切。无论结体、用笔都是有变化的，有历史发展的，他自己的用笔和唐人的不同，和晋人的也不

---

① 刘熙载："古人论用笔，不外疾、涩二字。"
② 当然，我们如果因此而把美术字斥之为"状如算子"也是不对的，这是两种不同的艺术，各有不同的特长和局限。

尽同，但是董其昌不是反对他这一点，而是反对他重视用笔。据董看来，结体比用笔还要重要。的确，董其昌在结体、布局方面有较多的心得，但事实上他自己在用笔的刚柔、疾涩方面，也是十分注意，颇有成绩的。

其实，自从宋代黄山谷说"字中有笔，如禅家句中有眼"以后，宋、明的书家大都是很重视用笔的，姜白石在《续书谱》里说："古人遗墨，得其一点一画皆昭然绝异者，以其用笔精妙之故也。"解缙也说："今书之美自钟王，其功在执笔、用笔……"而董其昌偏偏要抬高结体，固然是立意"纠偏"，但不免标新立异、哗众取宠，在理论上不很公允。

到了清代，包慎伯要来了结这段公案，说董、赵之争，"二说皆陋"，但他自己又没有一个明确的答案。从他的"结体本于用笔"来看，他在理论上是同意用笔重于结体的；同时，在实践上，他对用笔之法，更有一番研究和提倡。

包世臣对书法的用笔曾作了一番苦思冥想，打算以邓石如为榜样，总结出一套用笔的办法来，但是他并没有总结好，被康有为批评了一通。然而，应该说，关于笔锋的运用，包慎伯有两点是值得一提的。

用笔主要是指控制、运用笔锋的变化，历来有"中锋"、"侧锋"、"偏锋"等区别，姜白石有折锋、搭锋、平起、藏锋之说，包慎伯特别提出"裹锋"、"中实"二说，这是过去没有的，而且对理解和学习书法是有意义的，不是繁琐的无谓的分类。他说，裹锋从褚遂良起比较明显，及至"坡老多澜漫，时时敛锋以凝散缓之气，裹笔之尚，自此而盛"。苏东坡的裹锋，大概要以他的大楷如《丰乐亭记》、《醉翁亭记》最为明显，行草也有这个特点，其实就是从唐朝的"中锋"逐渐解放出来的一种过渡，不独苏东坡一个人如此，可以大体上概括宋代用笔的一种特殊风格，也可以叫做"半中锋"，下笔稍露即藏。提出这一点对于我们理解宋代书法艺术的风格，是有一定的参考价值的。但是包慎伯是提倡北碑的，因而他认为这种笔法"伤浅"，和北碑的"用逆"笔法不同，这又是另一个问题了。

关于用笔，包慎伯还有一点很自鸣得意的是"中实说"。他认为，用笔的方法，起笔、落笔两端固然重要，但有迹可循，而古人好字之雄厚恣肆，其原因不仅在起落两端，而且在于画之中截。好字要其中实，而不能中怯。他说，这一点古今书诀都没有提到过。应该说，在这里，包世臣是悟出一点新意来的。

可是，他思索了多年的"执笔法"却被康有为所驳斥。康氏说包氏执笔只讲运指，仍然落了唐人窠臼，"夫用指力者，笔力必困弱"，他则主张要用腕力。其实这种见解南宋的姜夔早已说过："大抵执之欲紧，运之欲活，不可以指运笔，当以腕运笔。"看来，这种争论没有多大意义，只会越说越玄。用指也好，用腕也好，用肘也好，要随字的大小、体裁和写字时的姿势而定，因此作为一个书家，自然要多方面的练习，方能适应不同的要求。

现在我们看到，大部分书法家重视用笔，围绕着用笔有许多议论，是有道理的。不是说章法、布局、结体不重要，像颜鲁公总结的"大字促之令小，小字展之令大"等视觉形象上的规律，虽然为明朝的莫云卿反对，但仍不失为很好的经验，我们只是说，比较而言，用笔是第一位的。结体是空间的，运笔是时间的，结体是美术字和书法艺术共同遵守的规则，而运笔则是书法艺术自己的、独特的要求。

在学习的阶段，固然要十分重视结体，力求写得端正可认，但是不能说端正可认了就是书法艺术。就像唱歌的人必先把字咬准，但决不能说，把字咬准了就是歌唱艺术了。而且这二者之间也常常会出现复杂的不平衡情况。有的书家以结体胜，有的书家在用笔方面工夫深，而在结体方面有不到之处，像苏字就是一个例子，但因他用笔有独特的风格，正如黄山谷所说，"偶有不到之处，韵胜耳"。

四　书法与表演艺术

前面我们提出"运笔"作为书法艺术的重要特征，那末从理论上分析，"运笔"的含义又是什么？我们认为，"运笔"就是指书家运用书写工具的技巧，而所谓"笔力"，就是书家掌握笔法的熟练程度。

我们既然经常把书法艺术和音乐、舞蹈对比，那末我们觉得，不妨进一步从表演艺术的角度来研究一下书法。我们这样做，并不是武断地说书法就是表演艺术，而是我们觉得，从我们对于书法艺术的本质、对笔法问题的分析看，提出这样的问题，也并不是毫无根据和毫无意义的。我们认为，如果和音乐比，书家不是作曲者，而是演奏者，这个观念，我们认为对于理解书法艺术的本质，是很重要的。

中国文字的各种结体，就语言的记录来说，是一种视觉符号，就书法艺术来说，如同旋律和节奏的记录，好像一个乐章一样。这个旋律乐章是作曲者给我们作好了的，书者的任务就是要用自己的笔艺术地再现这个乐章，就像提琴家演奏一个作曲家作好的曲子一样。

在这里，我们不妨提一下我国古代传说的"永"字"八法"，因为它把中国字拆成：、(侧)、一(勒)、丨(努)、亅(趯)、╱(策)、丿(掠)、╲(啄)、╲(磔)八个部分，有点像音乐里的1、2、3、4、5、6、7、i的八个音阶那样，各种字就是由这八个因素组成的。

"永"字八法当然是后人伪托的，它用王羲之的名作《兰亭序》第一个字作为范本，以这八种笔法，不但要指导书家创作，成为书法正宗，而且要概括中国文字的组成因素，当然是不全面的。自《兰亭序》的真伪成了问题以来，"八法"自然不能是王羲之的理论。但是有一点比较清楚，自从唐代以后，"八法"的说法才开始流行起来。张怀瓘在《玉堂禁经》里说："凡大笔法，点画八体，备于永字。"同时相传还有颜鲁公的八法颂：侧蹲鸱而坠石，勒缓纵以藏机，努弯环而势曲，趯峻快以如锥，策依稀而似勒，掠仿佛以宜肥，啄腾凌而速进，磔抑趙以迟移。又有柳宗元（一说张旭）的八法颂：侧不贵卧，勒常患平，努过直而力败，趯宜峻而势生，策仰收而暗揭，掠左出而锋轻，啄仓皇而疾罨，磔趯趙以开撑，等等。有的是一些经验总结，不无参考价值，有的则故作高深，讲得神乎其神，实在并没有多少内容。

　　从我们的看法来说，书法艺术除了熟习字形（如乐谱，或就叫作"八法"）外，最重要的是掌握笔法。这就是我们为什么认为运笔重于结体的缘故。所谓笔力，也就是书者掌握笔锋（通过笔管）的熟练、准确的程度。提琴演奏者要求每个音符的准确、饱满、声音的强弱节奏等技巧，他不能光识乐谱，而主要要看"弓法"和"指法"，书家也要求笔锋的运转，在纸上表现粗细、连断等技巧。

　　从这个意义说，相传所谓"拨镫法"似乎也有一定的参考价值。这个说法是唐朝人卢肇首创的。卢传给了林韫，林韫的《拨镫说》记载了卢子发的话，他说，"常人云，永字八法，乃点画尔，拘于一字，何异守株"，"若平直相似，状如算子，此画尔，非书法也"，看来，卢肇对书法艺术的理解是比"八法"进了一步，他用王羲之自己的话来否定"八法"，也含有指出八法系伪托之意。那末，他自己的笔法是什么呢？据元朝陈绎《翰林要诀》说，林韫将拨镫法传给了陆希声，叫做"抟"、"压"、"钩"、"揭"、"抵"、"拒"六个字，到了李后主那里，加上了"导"、"送"两个字，这就是所谓"拨镫法"。当然，这个办法也没有多大科学性，但它至少说的是笔法，像提琴里的指法和弓法，而不是像八法那样说的是不完全的字的结体，像一张破碎了的乐谱。这样，八法的名声虽大，但实际上并没有什么指导的作用，特别在明清以后，可谓声誉每况愈下，连刘熙载都认为，就笔法讲，"侧"一法就可以看出笔锋实与不实，可以统率其他七法，并且不无讽刺地说："书能笔笔还其本分，不稍闪避取巧，便是极诣,永字八法,只是要人横成横,竖成竖耳。""拨镫法"不如"八法"那样煊赫,但也有相当的实际影响,像包世臣后来对魏碑笔法总结的"平出"、"逆入"等,也就是"导"、"送"之法的发展,事实上,康有为等人虽很看不起唐代的书法,认为唐人以指运笔不足为训,但也不得不承认,"林韫传卢肇拨镫法,亦云以笔管着中指尖令圆活易转运,其法与今同,盖足踏马镫浅,则易转运,拨镫二字,诚为妙譬,盖崔杜之旧轨,钟王之正传也"。

书家对于笔法的掌握运用,需要长时间地、反复地锻炼,这如同一切表演艺术一样,需要"工夫"。因为凡是在时间里活动的艺术、凡是不可修改的艺术,就需要强调准确性,所以更加需要锻炼的工夫。工夫是时间和效率的统一。在历史上,书法比起其他表演艺术来说,因为它锻炼的时间和机会更多,因而技巧的水平是相当高的。

关于历代的书家如何刻苦锻炼,有许多记载,有的显然是夸大了,像张伯英因为洗笔把一个池塘(不知有多大?)的水都染黑了,智永和尚写字四十年没有下楼等等,但说明书法需要勤学苦练,不能光靠灵感,这比起什么"神授笔法"之类的无稽之谈或虞世南所谓"书道之妙,必资神遇,不可以力求"之类的神秘主义①,多少有点激励的作用。颜真卿向张旭请教笔法,张只是说,"倍加工学,临写书法,当自悟尔",孙过庭也叫人"心不厌精,手不忘熟"。如果说,唐人尚法,故而讲究工夫,那末宋人尚意,似乎就可以不讲锻炼了?当然,风格有所不同,特点各有侧重,就书法的工夫来说,宋人是比较差点,但也不能完全不讲工夫。欧阳修对书法很有修养,他认为:"万事以心为本,未有心至而力不能者。余独以为不然,此所谓非知之难,而行之难者也。"他的说法又有了更深一层的哲学意义,而看看他对当时书家的议论,则更有意味。苏舜钦是宋代有名的书家,而欧阳修认为他"喜论用笔,而书字不逮其所论,岂力不副其心耶!"

所以,如同表演艺术那样,书法艺术不仅要知其法,而且要善于运其法,要随书家的特点熟练地活用其法,苏东坡所谓"书无定法",全在书者自己的运用,就是这个意思。

---

① 其实虞世南自己写字是很用功的,相传他躺在床上还用手指在被上划字。

当然，如果说书法艺术带有一定的表演性的话，它和真正的音乐演奏还是有所区别的。也许可以说，书法艺术不像真正音乐演奏那样有"剧场效果"，而是更接近录音那样的一种记录品。

但是不言而喻，一切表演艺术的记录品，同样具有表演性，我们是在动态中去把握对象，或者说是欣赏表演者的活动，而创作者（表演者）在艺术的活动中也能得到一种创造的愉快。历来形容书法艺术，大都也用动态方面的形容词，说明其飞动活泼。这里我们想提出两个人的议论来，因为我们觉得他们的看法是比较深刻的。一个是宋代的姜白石，他对书法艺术和音乐艺术都是很有体会的，他说："余尝历观古之名书，无不点画振动，如见其挥运之时。"应该说，他的欣赏能力是比较高的。虽然他想到的不会是书家如舞蹈家那样的手之舞之、足之蹈之，但也是书家在运用笔锋时的挥洒自如、使转变化，和听录音时对演奏家之拈、打、揉、滑①和歌唱者的抑扬顿挫的想象，岂非有异曲同工的感觉？

另一个例子是清朝的刘熙载，他对我国传统艺术也有不少体会，他说："李阳冰篆，活泼飞动，全由力能举其身，一切书皆以身轻为尚，然除却长力，别无轻身法也。"这里他也把书法和舞蹈相比较，以赵飞燕身轻善舞为譬喻，对书法欣赏作了形象的说明，同时还说明，身轻善舞，不是天生的，而要长期地锻炼，才能够自由地控制身体；而书家的笔就像舞蹈家的身体一样，要加控制，必须锻炼长力②。

当然，书法艺术的锻炼，还包括对纸、墨的性能的掌握，也就是说，对有关艺术工具的掌握，但其中心还是"运笔"，纸和墨的效果都要由运笔来体现。当然，纸、墨对运笔也有制约作用，是书家所不能忽略的。

---

① 胡琴之指法。
② 因为《笔阵图》说运笔要以全身之力以赴之，康有为信以为真，以为只有运腕和肘才能运全身之力，而反对运指，其实这只是一种譬喻，谓其力大身轻之意，康氏于此，似不如刘熙载的见解了。

五 草书在书法中的地位

由于长期的历史发展,中国书法形成了各种书体,有说十体的,有说四体的,大致不外乎篆、隶、楷、行、草这五种。这些书体,统属于书法艺术,但都有各自的特点,他们之间既有不可分割的联系,又有不可混淆的区别。这些区别不是人为的,而是历史形成的。在这些书体中,我们觉得最能体现书法艺术的本质特点的是草书艺术。关于草书的问题,我们可以从"划道道"这样一种本源性活动上去体会它的意义,这是一个有趣的哲学问题,但这里只从理论的分析上来讨论。

这种看法是同我们关于书法艺术的本质特征的理解一致的。因为我们既然认为书法艺术更加接近音乐,是一种活动的线条的舞蹈,那末,很自然地就会以草书作为它的范本。

我们这种看法也是符合创作发展的历史的。当然,并不是说,这种看法在历史上没有争论;恰恰相反,对于各种书体地位,历史上各家的看法是不一致的。例如汉朝的文学家赵壹就写过一篇《非草论》,把草书说得是徒费时日,一钱不值。他发这种议论的原因可能是:当时流行的章草本来是一种简化的隶书,易学易写,而张芝、崔、杜又加以变化,笔势绵连,大小参差,既不易认,又不易学,因此引起非议。这是一种从实用的角度提出的传统的观点,姑且不去详细评论它。到了宋代,书法家米芾从艺术创作技巧的角度,又来贬低草书。他在《宝章待访录》里提出一个有名的论断:"草书十行,敌行书一字,行书十行,敌真书一字。"意思是真书最难,最可贵。他这种议论也是有历史原因的。宋代的书法，本来只在行书方面着力，草书和楷书都没有多大贡献。宋代书家的草书，完全模仿唐代，仅得乎其中，而楷书更无法企及唐代的铜筋铁骨。这可能反映出米芾对唐楷望而生畏的情绪，所以他这个议论，虽然有很大影响，论理是不足为训的，所以姜白石批评这种观点"岂真知书者哉！"清朝后期一些人提倡魏碑，行草没有多大贡献，包世臣、康有为等在这方面当然议论也不少。但是清初的刘熙载却十分看重草书，他说："书家无篆圣隶圣而有草圣，盖草之道千变万化，执持寻逐，失之愈远，非神明自得者孰能止于至善耶？他书法多于意，草书意多于法，故不善言草者，意法于害，善言草者，意法于成。"他对于草书的看法，我们觉得是比较客观的。

为了进一步说明问题，我们不妨对各种书体作一番大致的比较。

中国最早的文字，能看到较多实物的，目前还只有殷代的甲骨文，那是刻（或写）在甲背上的一种不太统一的文字符号。从艺术观点看，一方面它不太统一，另方面它的笔划（音阶）太少，过于简单，作为书法艺术，意义并不是很大的，当然在考古的研究方面十分重要。

然后就是两周、战国铸在钟鼎彝器上的铭文款识，从这里闪耀出中国书法的艺术光芒。这种文字，固然也还不太统一，但笔划已经增多，表现的能力大大加强。从刻在龟甲、兽骨上单纯记事或卜筮，移到钟鼎石鼓，又增加了一层纪念的意义，因此在形式上、技巧上都讲究起来。过去最有名的如毛公鼎保存了四百九十七个字，散氏盘保存了三百五十七个字，还有相传是周宣王太史籀所作的石鼓文（实际是初秦的东西），对后世影响很大。但是，这种书体既然主要用于钟鼎彝器等纪念性、装饰性的物品上，与其他装饰图案相协调，它本身也带有很大的装饰性和图案性，书法本身的特点也是受到很大的限制的。

当然，当时的文字绝不能仅限于刻在钟鼎上，后来的不太统一的所谓大篆、古文，可以说和钟鼎文是一个类型。从书法艺术的角度看，都可以归到篆书这一范畴内。

秦始皇统一中国，把文字也统一起来，这对中国文化的发展起了很大的促进作用。秦始皇用李斯创篆书，使文字规范化——为了区别不同的字，有时还使字形更加复杂化——这后来叫做小篆。

大篆、小篆、钟鼎、古文从书法艺术说，是属于一个类型的，它们在相当的程度上都没有充分发挥笔锋的作用。康有为说："商用刀简，故籀法多尖，复用漆书，故头尾皆圆，汉后用毫，便成方笔。"① 商代已经有笔，但不一定像后来的笔，笔锋大小的伸缩性能不够，因此笔划的粗细变化几乎没有。这样的字，虽然由甲骨文的单音音乐变到复音音乐，但乐阶还很少，还很单调，所以它们主要的特点，还在字的外形方面，在结体方面，因而在书法艺术中，它们更加接近图案造型。写篆字也很费时日的，它很讲究空间的对称、布局，如有一笔不到，就显得格外难看。

篆书作为文字符号被自然淘汰以后，长时期以来书家不大提倡它。西汉的石刻甚少，东汉大多隶书，三国东吴皇象写的《吴天发神谶碑》笔法古劲，体态诡怪，使后人大为惊讶，其实，他的笔法不是小篆，而是变化了的钟鼎。唐代李阳冰以小篆著名，但笔力柔弱，不足以承前启后。宋代书家，大多不以篆书著称，徐铉、米芾等还能捉笔，其余诸子，则不见有此长处。元朝赵孟頫，一味复古，也提倡篆书，只是在金石图章上成绩大些。明朝人意在创新，篆、隶自然问津者少，直到清代中期，学术上小学的兴起，注重考古考据，书法上提倡北碑笔法，篆书才又作为一种艺术流行起来。清邓石如、吴大澂等人，用羊毫笔写篆字，看出笔锋的变换，确有所发展，在结体方面，揉以钟鼎款识，使篆书作为艺术面貌为之一新。但一方面篆书作为文字已经是死了的，另一方面，作为书法艺术，篆书本身有自己的限制，它在艺术上的确自有一种趣味，但还不足以完全发挥书法的长处。

我们觉得，隶书在中国书法史上是很值得重视的。

关于隶书的起源，说法很不一致，大体因为小篆虽然将汉字规范化，但笔划繁多，书写不易。而秦统一中国，各地文书汇报日多，因而逐渐形成了一种字体。这种字体，先是专门用于文牍官札，故为"隶书"。这种书体化繁为简，象形因素大大减少，符号的性质得到加强，因此在中国文字发展上，可以说是奠定基础的一步。以后中国文字的字形，大体上由此确定。最初的隶书，在用笔方面和篆书也有不同。篆书用刀刻或漆书等，大篆无一定规格，小篆则全用圆头，到了隶书，似乎由圆头向方头变化，就是说，下笔及转折处，见出了棱

---

① 所谓"籀法多尖"是受魏时"三体石经"的影响，石经的古文是假托的。

角。但是，如果记载可靠的话，这种方头隶书似乎很快又发展了，"次仲始以古书方广少波势，建初中，以隶草作楷法，字方八分，言有楷模"，又说，"灵帝时，王次仲饰隶为八分"①，又说，"秦既用篆，奏事繁多，篆字难成，即令隶人佐书，曰隶字。汉因行之，独符玺幡信题署用篆。隶书者，篆之捷也。上谷王次仲始作楷法"②，可见，这个王次仲似乎对隶书有点贡献，他使隶书增加了波磔，不像最早时那样方广了。这种变化的实际原因可能有两点，一是工具的变化，笔的毛增多、加长，可以更加灵活自然地出现粗细不同的笔道，一是书写得快了以后出现的一种自然的趋势。这种趋势的出现，为中国书法艺术开辟了新的前景，使它有了更大的发挥的余地。

我们认为，不管有无王次仲其人，或甚至有好几个王次仲，这种带波磔的隶书，是很重要的。这种隶书又叫做"八分"。关于"八分"的含义，历史上有很多种说法，有的说得很玄。康有为按照蔡琰的说法，认为隶为篆之八分，楷为隶之八分……故指程度而言，这种说法也不无道理，但多少有些牵强。因此，我们宁可采取现代一般书家通用的理解，即指相背、分别之意。这里是按照笔法的意义来理解的。篆书的笔法聚而未分，而隶书解散篆体，不仅于字形，于笔法亦复如是，笔锋被解放出来，更加随意挥洒，或者这就叫做"挑法"，因此八分隶书对于中国书法艺术的发展意义是很大的。由于八分书的创造，我国书法艺术就出现了两种笔锋，一种是接近篆书的藏锋，一种是接近隶书的出锋，而隶书本身又是兼用这两种笔锋的。直到清朝，还有人说："人知起笔藏锋之未易，不知收笔出锋之甚难，深于八分章草者始得之。"③

从历史上说，隶书从什么时候、因什么原因变成现在的楷书，目前似乎还没有足够的材料来加以确实的说明，在这方面，各家的意见也不统一，有的定得早一点，有的定得晚一点。

以现在挖掘出来的汉代简文来看，汉朝最流行的书体，不论碑刻或手写，大都是隶书，这是毫无疑问的。罗振玉等人认为《东汉永和二年简》"楷七而隶三"，的确没有多少道理，因为无论《永和二年简》也好，《熹平元年瓮字》

---

① 唐张怀瓘：《十体书断》。
② 卫恒：《四体书势》。
③ 笪重光：《书筏》。

也好，与其说隶接近楷，不如说隶接近于篆——自然是简化了的，或用篆的笔法写隶体。这和汉初的碑接近篆体相同，到汉建初以后才有波磔，如《鲁泮池刻石》、《褒斜道刻石》、《裴岑纪功碑》、《五凤二年刻石》等，八分的意味都不太重。

但是，汉代以后的情况就比较复杂。

首先汉末三国时代东吴有两块碑似乎已具有楷书的规模。《九真太守谷朗碑》过去都认为是楷书的较早的物证之一，当然这个证据并不理想，除了有个别捺脚像楷书外，基本上还是隶书的笔法。另一块是《衡阳太守葛府君碑额》，这碑额上的几个大字无论如何应该说已经是正规的楷书，像"之碑"的"之"字，已经完全摆脱隶书的用笔方法了。可是，从目前的实物来看，这样的证据太少了，孤证难立，还不足以说服把楷书推迟于六朝以后的人。

我们前面说过，隶书从篆书衍变而来，把笔锋解放了，见出了"八分"的"分势"。但这种"分势"，就隶言，主要在捺脚处，即收笔处，而楷书则进一步将这种笔法用到起笔处。此后，中国的书法，就有了所谓"中锋"、"偏锋"、"侧锋"、"裹锋"……总起来说，即"中锋"（篆书笔法）和"偏锋"（隶、楷笔法）两大方面，相当充分地发挥了笔锋的作用，形成一种特殊的艺术风格。当然随着笔法的变化，字形也发生了变化，由篆书的长，变成了隶书的扁，又变为楷书的方正，这样使汉字在体态上也变化多端、姿态横生了。

从笔法上讲，汉末魏晋是从隶到楷的转变时期。汉代崇尚碑碣，隶书的气派正合用。曹魏变法，否定了这一传统，说是妄媚死者，增长虚伪，浪费资财，为害甚烈，干脆下令不许立碑。这样，写大字的机会就少了。字体缩小，隶书的风格就很不方便，变革是自然的事。所以相传钟繇以楷法胜，也不是没有原因的。当然，钟繇的字不可能完全摆脱隶法的影响这也是可以肯定的，但他的确在变化笔法和字形，这也是形势所趋。此后直至晋室渡江，传说王导袖里藏着钟的字随着南迁，在南边播下了书法的种子。东晋沿曹魏旧制，仍然禁碑，因而王、谢、郗、庾等大豪门、大知识分子，只能在书信、文章上打转转，字体用笔当然也会有变化。可以肯定说，这时楷书的笔法已经改变了隶书的面貌。当然，现在发现的北魏的碑石（以及个别南碑如二爨之类）大都保存了浓厚的隶法，对这种现象，可以从两方面看，一方面，隶书影响确是在很大程度上存在；另一方面，隶书确在向楷书变化。

到了东晋南北朝，我国的书法已积累了不少经验，已经创造了篆、隶、飞白、章草等，它们因为可以适应不同的需要，所以都还在流传着。写碑石习惯用隶篆，当时能用改革了的隶书（如《杨大眼》、《始平公》……）已经说明楷法的影响相当大了，却不一定非要当时的人马上就用楷书写碑才承认楷书的存在。抄书和信札其用途不同，风格自也不一样，正如现代人写字都不用印刷体，却不能因为看到现在的印刷体就断定不存在手写体。总之一个新的字体的流行，要有个过程，唐人用楷法抄经，不等于晋人就一定要用楷法抄经。至于打草稿更可以自由选择，如前凉李柏文书一稿多隶意，二稿的隶意似乎就不多了。

总之，楷法到东晋应该说已经在成形中，王羲之的《黄庭》、《乐毅》虽然现在没有真迹，但当时应该说是一种创造。他的儿子的《十三行》小楷和《保母志》也都是典型的楷法，影响是很大的。

楷书经过隋到唐，成为一种成熟的书法体裁，其标志之一就是以楷书写碑石。比较呆板的隶书在民间应用上逐渐为方便的楷法所代替。王家父子的改革得到了普及，再加上唐太宗的提倡，收集了王羲之的许多字，加以摹刻推广，这样在群众里，楷法更加普及了。唐朝立碑的风气很盛，除了北魏以来流行的墓志以外，还有大量的庙碑，这也和当时的宗教倾向有密切的关系。在唐太宗的亲自提倡下，大臣们都以写碑为荣。当时的名臣，如虞世南、欧阳询、褚遂良等都是大书法家，他们写的碑也不少，现在还有一些流传的。欧、虞虽都是跨隋唐两代的书家，但风格却很不一样。欧阳询的风格和早期流行的隋碑如《董美人》、《苏孝慈》等很接近，因而它接受传统的成份比较多；而虞世南则是个革新派。虞世南的风格接近王羲之，特别是王献之，笔法比较宽雍凝重。他的书法得到唐太宗的特别欣赏，不是偶然的。可以说，虞世南的书法已开颜柳之先河。褚遂良固然学王，但他在楷书方面保留的传统笔法则比较多。

唐朝楷书的典型风格是颜真卿和柳公权。颜、柳虽然并称，可是书法风格上颜近小王，柳近大王，苏东坡说："颜鲁公平生写碑，惟《东方朔画赞》为清雄，字间栉比，而不失清远。其后见逸少本，乃知鲁公字字临此书。"而

《东方朔画赞》在王羲之的作品中是属于比较宽松一类的。当然也有认为颜字不出于二王而出于北朝碑版的，如阮元，而康有为则硬说鲁公专师《穆容子》，则恐怕只是一种臆测。颜真卿的楷法特点是把篆籀笔法运用到楷书中，发展了"中锋"笔法，使中国书法又达到了一种新的境界。这种雍容华贵的笔法、结体和整个唐代艺术风格是完全一致的，都是为唐代的政治、经济发展所决定的。

可是，对唐代的楷书，也有不同的评价。宋代一般是推崇唐代的，只有米芾攻击颜是"恶札"之祖，此后不断有人出来议论，姜白石说："真书以平正为善，此世俗之论，唐人之失也"，"古今真书之神妙无出钟元常，其次王逸少，今观二家之书，皆潇洒纵横，何拘平正"，"颜柳结体，既异古人，用笔复溺于一偏，予评二家为书法之一变，数百年间，人争效之，字画刚劲，固不无为书法之助，而魏晋之风规则扫地尽矣"。这种评论不免有自己的偏爱，看来姜白石是喜欢"魏晋风骨"，不大欣赏"盛唐气象"的。

这种议论，到了清代后期则大大发展起来。清康熙尚董，乾隆尚赵，董是颜、柳加《圣教》，作为这一潮流的逆动，从阮元的南北书派论得到启发，加上清代后期小学流行，重视挖掘碑石、收集金石古器，于是有包世臣、康有为的"非唐"、"崇碑"论。包世臣从用笔技巧方面否定了唐代，康有为则举出了许多理由，全面地加以否定。如果说，明朝人从二王系统内部（如用魏晋风骨）来贬低颜、柳，显得不十分有力，那末，清朝人从二王系统以外来否定颜、柳，这对唐楷来说，是很危险的。所以颜、柳在明代并没有被打倒，到清代后期，在一部分书家里几乎被排挤掉了。当时提倡北碑的人很多，而且还有邓石如这样的人物作为他们的创作典范，一时可谓人材济济，唐楷的地位岌岌可危了。

应该说，北魏碑石的发现和提倡，对我国书法艺术，特别是楷书，是有很大的启发作用的。魏碑的风格和唐碑有显然的区别，笔法以方笔为主，再加以刻工的刀斧痕迹，结体大多不太讲究，有一种粗犷苍劲的气象。如果说，唐碑如庙堂的贵胄，魏碑就像山林的野人。唐碑经过宋、元、明几代的发展，在帝王将相、文人学士的手里大加庸俗化之后，魏碑的崛起，使人有耳目一新之感。

当然，按历史的原来的发展看，从北魏楷书的风格到唐楷，是一个发展，在用笔和结体方面却经过更多的艺术加工，更加成熟。就是后来提倡南北碑石的人如邓石如、赵之谦、章裕钊诸大家，也都承继了唐楷以来的优秀的传统，和北魏时代的风格也有很大的区别。

楷书虽然变换了隶体，但仍然比较规范，对于一般的书信、文稿还是不太方便，于是从楷书略加变化，成为一种介乎楷书和草书之间的"行书"。行书的渊源本来是很深厚的，因为王羲之最善长的就是行书，这是当时禁碑尚帖，豪门文人诗文酬和等客观条件决定的。

唐代的政治家兼文人忙于立碑，以楷法第一，故唐人尚楷，到了宋代的文人兼政治家苏轼等才把行书提到第一位。当然，不是说唐代没有行书，体现在文稿方面的如颜真卿的《祭侄季明稿》，历来受到称赞，何绍基甚至说《争座位》当在《兰亭》之上，虞世南的《汝南公主墓稿》虽然真伪有问题，但不失为唐代上好行书，使王世贞看了大为佩服。这些传统，到宋代被发扬光大了。宋太宗命王著编《淳化阁帖》，水平固然不太高，但影响却非常之大。宋代的文人把诗词和书法更进一步结合了起来①，苏、黄、米、蔡许多诗词文章都有自己的手稿，这些手稿不像唐朝人那样只作底稿用，而当时就同时作为书法来欣赏，如苏的《前赤壁赋》、《黄州寒食诗》，黄的《松风阁诗》等。唐太宗提倡王羲之，可是唐代留下的大量还是丰碑巨石，除个别的如李北海以行书入碑外，大都是工整的楷书。王羲之行书的传统，只有到宋代才真正得到发展，正因为宋人在行书方面有特殊的贡献，才得到"宋人尚意"的评价。唐人重楷法，在字的结体方面研究得很透，达到了很高的水平，宋人没有在这方面和唐人争，而是在行书方面加以破格。因此，宋人尚笔意，而结体方面往往不太注意。宋人的字，包括四大家在内，并非篇篇更非字字精彩，往往还有败笔，但有时却精神抖擞，一篇之中，有三五字飞动有生气，把全篇都带活了。

行书在艺术上兼有楷书和草书的长处，有楷书之工整，故清晰可认；有草书之飞动，故活泼可观，所以是书家最常用的一种书体。

但是，书法只有在草书中才更加奔放，更加生动，更能表现书家的思想

---

① 当然，唐代的诗人（如杜牧）也有写好字的，但他们的行书，也只限于打草稿。

感情。

姜白石说："草出于章，行出于真"，今草（大草）受章草的影响变换而来，自是没有疑问。但究竟什么时候变成了如今的草书，却又成了问题。章草是隶书的简化，笔势尚断，今草是用行楷的笔法变化章草的结体，笔势尚连，结体、章法也更加自由，更加变化多端。

从文字记载来看，今草（大草）起于汉代，代表人物有崔瑗、杜度、张伯英等人，晋书《卫恒传》载卫恒的《四体书势》说，"汉兴而有草书，不知作者姓名。至章帝时齐相杜度号称善作，后有崔瑗崔寔，亦皆称工"。唐张怀瓘《十体书断》认为今草的创始者是张芝；而且前面说过，汉代文学家赵壹还作了一篇《非草论》，把崔、杜、张芝的大草从实用的观点攻击了一通，似乎从正反两方面都证明了汉代已有和章草不同的今草。可是在实物的证据上，这个论断却十分薄弱。流传下来的张芝的作品，像今草者都有问题，而疑问少的（如《九月三日芝白府君帖》）却是章草。张以后的许多草书名家，如三国的皇象、西晋的索靖，都是写章草的，甚至王羲之大部分草书帖，也都是章草。

按理说，今草既用行楷笔法变章草，那末应该在行楷书流行一个阶段之后才有可能对章草加以变革，因此被张怀瓘反驳掉的欧阳询的意见倒值得注意。欧阳询在一个章草千字文的跋里说："张芝草圣，皇象八绝，并是章草，西晋皆然。迨乎东晋，王逸少与从弟洽变章草为今草，韵媚婉转，大行于世。"这种议论，当然是故意抬高王羲之，但他断定张芝（更无论崔、杜）写的是章草，却近乎事实。

或许张芝、王羲之、王献之等这些书家对草书的演变都有所贡献，因为从汉到魏晋是楷法奠基的时期，特别是王献之，可能对草书变革的贡献更大。王羲之改革的着力点在行楷，献之则似在大草。传说他是直学张芝的，现在流传的一些张芝的大草，有些人倾向于断定为王献之的作品。黄山谷说，"大令草书，殊迫伯英，所以中间论者，以右军草书入能品，而大令草入神品"。从拓本来看，大王的草书（包括十七帖在内），都比较拘谨，不如小王的奔放，大王只能叫小草，而小王才是真正的大草。包世臣说："右军真行草法，皆出汉分，深入中郎；大令行草法，导源秦篆，妙接丞相。"包氏对小王的草书也是很推崇的。

草书的系统也是到了唐代才得到发扬的，唐朝出了两个大草书家，一个是张旭，一个是僧怀素。他们的草书在当时非常有名，许多诗人写诗歌颂他们，可是真迹传下来的却很少。因为当时只用楷书刻碑，而李北海以行楷入碑已属例外，拿草书来刻碑大概就要遭到非议，而墨迹又不易保存的缘故。

唐代抓了两头，一个楷书和一个草书都有很高的造诣。宋代书家从行书另辟途径，直接二王的传统，经过元代到明代，草书又得到很大的发展。明代的书法很普及，裱褙装帧的技术有了改进，书法从画的题跋、诗文手卷的地位独立出来，自成一幅，挂在墙上，成为一个完整的、独立的欣赏对象。这样，草书在书法中的重要性日益显示出来了。从汉碑、魏碑、晋帖、唐碑、宋卷到明代的立轴、条幅、扇面、清代的对联，是中国书法史上的重大变革，书法越来越成为一个独立的艺术部门。明代的书家是很多的，而每个书家，几乎都擅长草书和行书。如明代书法上最大的代表人物之一文徵明，虽以小楷最著名，但草书也很可观。略早于他的祝允明，则是以草书擅长的。他的奔放的笔法，虽不如唐代书家的凝重，但却有更大的变化。更早一点的解缙，以狂草著称，但他是明代的风格，和唐代自是不同。

草书的笔法，清代有些人很有些研究，包世臣说："唐人草法，推张长史、钱醉僧、杨少师三家。长史……上接永兴，下开鲁郡，是为草隶；醉僧……导源篆籀，浑雄鸷健，是为草篆；少师……大仙帖，逆入平出……是为草分。"这个见解是很有些道理的。因为中国书法篆、隶、楷都有自己的办法，运用到草书里来，自然形成不同的风格。但是，具体到唐人的草书，似乎都以中锋为主。杨少师比较晚，当然有点变化，张颠和醉僧则几乎完全用圆笔，这种笔法，到了明代才普遍发生了变化，用多样的笔锋来写草书，将草书艺术推进了一步。

在历史上，明朝是草书的大成时期，也是中国书法的大成时期。无论从书法的普及程度和水平来说，都是中国书法史上很值得重视的一个历史时期。

草书艺术在清代也有一定的变化，特别是提倡魏碑以来，有些书家用魏碑的笔法写行草，像赵之谦、章裕钊等都有相当的成绩。但终因为草书尚圆、尚连，魏碑的方笔不能完全胜任，所以最多在行草上运用，到了大草就发生了困难，而这种笔法书写起来又比较难，不易普及，所以没有得到发展。

当然各种书体都有自己的长处和局限，并不是说只有草书最重要，更不是说只要学草书就行①，而是研究各种书体在哪些方面和哪种程度上体现书法艺术的特点，这对于理解和学习书法艺术都是有好处的。

---

① 学习的程序一般都认为要从正楷入手，这是无可非议的。

| 风格篇 |

"风格"有大，有小，有整个民族的风格，一个时代的风格，一个时期的风格，也有个人的风格。不要以为"个人的风格"就是最小的概念，事实上就艺术创作来说，还有"作品"的风格，一个人可能创作不同风格的作品，譬如毕加索也画古典式的画，文徵明也写黄庭坚式的字，所以西方现在有些人主张以"作品"为艺术的基本单位。

民族的、时代的、时期的和个人的艺术风格都应通过"作品"表现出来，但并不是说民族的、时代的、时期的、个人的风格就不重要，不需要专门的研究，风格方面的各种层次的关系，都应是我们研究的对象，都对我们对艺术的理解有帮助。因此，在这部分我们以书法"作品"的具体表现形式为主，但也兼论时代和个人的特点，有时讨论作品，有时则讨论一个时代和这个时代的书家。同时，我们还希望把这几方面结合起来，从我们的讨论中看出各具体风格与历史时代的发展有一种内在的关系。

一　金石之风格

"字"是"写"出来的，中国文字最初是先写了后刻，还是直接刻出来，抑或有"写"有"刻"的，并没有弄得很清楚。从劳动生活的发展来看，也许"刻"早于"写"，在沙土（泥土）上划出的"道道"当是文字笔划的先行，"刻"能比较持久地保存，也是文字初创的本意。

刻在甲骨上的文字纯为宗教占卜记录用，当时有无"观赏"价值，不得而知。中国古代社会发展到青铜时期，以青铜作器皿，在这些器皿上留下的文字，则已明显具有"观赏"价值，所以作为艺术的中国文字，可以先从钟鼎文考虑，其大盛时期为商、周两代。

所谓"钟鼎文"，实际上我们所见到的作为音乐乐器的"钟"上有刻字的非常少，而主要是"鼎"上的文字多。古代青铜器包括了工具、兵器、炊器、食器、酒器、水器、乐器、车马饰、铜镜、带钩、度量衡器等，这些器皿都可以有多少不等的刻字，但主要还是集中在炊、食、酒、水诸器上，反映了远古时期"民以食为天"的一种生活必要性，而且，不但生人要吃，死人也要吃，所以饮食器皿又是"祭器"，"鼎"是食器中最重要的，所以就以它为代表、为象征。

据古代传说，黄帝做了三个鼎，也许是说黄帝这个部族有三口大锅供部族集会时用；到了大禹的时候，就由三个发展成九个，人口翻了两倍。周随夏制，所以有"天子九鼎，诸侯七，大夫五，元士三"的说法，以"鼎"的多寡分等级，成为"礼"的内容之一，说明各等级管辖的人数的多寡，所以"鼎"

也就不仅是实用器皿,甚至不光是"财富"的标志,而且是权力的象征了,就好像以后"中央"、"省"、"地"、"县"的预算一样,有钱也不能超过限额。多数"鼎"上的铭文有"子子孙孙永宝"什么的,不一定真的指这口锅子一定要永久用下去,而是要子孙们不能失去"权力"的意思。

在这样一种情形下,"鼎"上的文字就由甲骨文的"记录神示"转变为"记录人事",即记录统治者——"王"的事功。这种夸示"事功"的形式,最简单的是署上自己的名字如"××作××鼎"之类,当然是指××人为××人作的,但这个"作"不一定真的就是自己去"铸"的,劳动的事当是奴隶们去做,也许主人参加某一部分较简单的工序,如"奠基典礼"那样,然后这个鼎就是他"作"的,所以这个"作"是"所有者"而不是"作者",如商代的"母乙鼎"上刻道:"唯乙巳作母乙尊鼎万年子子孙孙永宝用",是说乙巳为他的母亲作的鼎,他能"作"这个鼎象征着他的财富和权力,或许在商代,不但请客按等级规定鼎数,而且祭祀用的鼎也是有等级的。不过这位乙巳先生不一定亲自为他母亲铸鼎,但鼎上这几个字却很可能是他自己"写"、"刻"的,也许在整个铸鼎工序中他就参加了"刻"、"写"这几个字的工作,因此这几个字似乎更能体现他对铸鼎这件事的活的思想感情。

这位乙巳先生鼎上的"话"一方面是"说"给已故去的母亲听的,另一方面又是"说"给后人"听"的。商人重"鬼",由祖先崇拜的传统规定了他们思想感情的特点。商代鼎上"人"、"兽"象形的成份很大,具有更多的偶像、图腾的原始意味,从艺术趣味来说,宗教性是相当强的。

鼎到了周代,文字的内容复杂化了,字数也大大增加,出现了像西周毛公鼎这样刻有四百九十七字的丰富的材料,记述了周王丁宁毛公厝对王室效忠而被赐大量珍贵物品的事情,鼎不仅是"权力"、"财富"这样一些社会等级上的象征,而且进一步成了"历史"的记载,"人事"的象征。

我们看到,在商代,"鼎"本身的意义是最为重要的,"鼎"就是"作者"、"所有者",或"所有者"这个家族;但是到了周代,逐渐地鼎上的文字加多,"鼎"代表的就不仅仅是一个抽象的"人"(如乙巳)或笼统的一个"家族",而是具体的"事",是"人"的具体的"活动",是他的"重大业绩"。商代的人,看到了"鼎"几乎就看到了一切,但周代的人,光看到"鼎"还不够,还得细看上面的文字，才能真正把握这只鼎的"意义"。

周鼎文字的增多，突出了"事"的记载，它的作用近乎"史册"，鼎本身的吸引力反倒居于第二位，从某种意义上说，竟成了文字的"载体"，成了工具。文字地位的重要性日益加强，对书写技术的要求也就日渐提高，所以从书风上看，商鼎文与周鼎文固然大同小异，但在成熟程度上周鼎显然有较大的进步。文字的增多和技巧之提高，可以推想这些鼎上的文字就不一定为"所有者"自己所写，而有一些专业性的人员（可能是神职人员，也可能是奴隶）代笔。专业的书家队伍正在形成。

在这种背景下，商周的钟鼎文有自己的特殊艺术风格。我们看到，中国文字草创时期，在甲骨上"写"或"刻"的文字，大都以"方"、"尖"为形状，但到了商周的钟鼎，则主要以"圆"为形状。"方"、"圆"原本是自然的形状，就书写言，人的"腕"、"肘"、"臂"都是天然的"圆心"，甲骨文字的转折处为方形，也许说明那时人们还没有发现利用这样一个天然的轴心；钟鼎文以较小的面上写出字形相当小的圆体字，说明当时书家已相当注意"腕力"的锻炼，而"腕力"的运用，一向为书写艺术之技巧的核心工夫，这一条，则至少在商、周时代已奠定了基础。

钟鼎彝器体积之限制，使它上面的文字不可能太大，使这种文字在古朴中有一种俊秀的逸气，把这两种对应的风貌结合起来，也开辟了中国书法艺术的古典主义风格特点。

钟鼎款识大都为秦统一文字以前之字体，刻铸在鼎彝上，具有美术装饰的作用，刻写时当有一番加工，未必拘泥于"写"的顺序，笔划之间的联系也不那样明显，但由于它的线条以圆为主，自有一种流动的意味，而形状又以字的结体为准，虽有较多象形的因素，但终究与钟鼎上其他花纹，在趣味上完全不同。我们注意到，古代青铜器上有众多的花纹，如云雷纹、涡纹、饕餮纹、龙纹、环带纹、鸟纹、鱼纹、龟纹等等，甚至也有记述攻战、狩猎等场面的小人图饰，但在早期却没有将"福"、"寿"、"万"等字改变为装饰性花纹的，这种改变是后来才运用起来的，这也多少说明了古代钟鼎文篆书固然有花纹式的装饰意味，但毕竟是文字，与几何化了的图画和图案是两种不同的东西，有两种不同的来源，后来才开始了它们的结合运用。

文字是文字，图画是图画，欣赏文字（书法）的趣味和欣赏图画的趣味是不尽相同的。"写"是"写"出"字"来代表"说"的"话"，"写"与"说"相应，"画"则直接与"物"相应。所以"写"虽是视觉的，但却并不直接有"物象"（哪怕是变形了的也不重要），"写"的是"话"。人们对"写"感兴趣，是对"写"的"话"的"意蕴"感兴趣，而这种"意蕴"又与"写"本身不能分开，所以"看字"与"听话"的趣味又是不同的。"听""话"的趣味是世界上许多民族所共同有的，他们"看书"、"看字"等于"听""话"；"看字"的兴趣是只有中华民族才有的，"看字"的兴趣不完全等于"听""话"，这种独特的兴趣，就是"书法"的兴趣，钟鼎彝器是育养这种兴趣的重要环节之一。古代奴隶主之所以把这些"话"写、刻在钟鼎上，形成一个社会的普遍的风气，说明这种做法的特殊的、不可替代的意义，钟鼎上的花纹不能代替，钟鼎以外的"话"也不能代替，告诫子孙保持权力的办法甚多，而钟鼎上的文字，是必须要你"看"的。

不仅如此，钟鼎文的欣赏上还有一个特点值得我们讨论的就是：钟鼎的文字不但我们今人不一定能全读出，就连当时的人也不一定要求他们全读出，因为有的铭文竟然刻在内壁，不细看是读不出来的。这种情形的实际起因可以有多种说法，但这种做法说明一种情形，即作为书法艺术本身的力量，并不要求先认字再欣赏，而只要求一种整体性的理解力，就像我们听"歌"，并不要求完全听懂歌"词"，甚至完全听不懂的外语也可以欣赏它的音乐性一样，中国的"文字"，原则上同样可以不懂字义而欣赏它的"书法性"。现今我们欣赏日本的假名，就有这种体会。但有一点即使我们欣赏完全不懂的文字时也是十分明确的：我们十分清楚地意识到"这是文字"，而不是"图画"，不是几何图形，更不光是线条，这是"字"，它在"说""话"，虽然我不知道它"说"的"什么"。这种"它""说"了"什么"的意识，这种"文字"的意义对书法艺术来说不是外加的、可有可无的，就像不懂歌词的"歌唱"，但欣赏者确实意识到这是"歌唱"而不是"号叫"一样。

钟鼎上的文字，与上面的花纹同在，但绝大多数的情况下一眼就可以看出那是"文字"，而与其他花纹区别开来。"书法"本身的突出，使其他装饰退于背景的地位，对于培养中国书法艺术的独立的趣味，起了推动、促进的作用。

这种独立性，到了"石刻"阶段，就又得到了更进一步的发展。

秦以前似未见石刻，相传夏《岣嵝碑》、《红岩古字碑》被鉴定为不足信，而《石鼓文》也已断定为秦代之物，可见石刻起于秦代。秦代似也未继续钟鼎文的传统，可能与政治沿革有关，不以鼎彝为重的缘故。事实上，秦代石刻的文字内容及意义大体与周代相同，都为记述事功而作，但在书风上却大不相同。

秦制小篆，统一天下文字，相传的秦碑，如《泰山刻石》、《琅琊台刻石》、《会稽刻石》等都说是秦丞相李斯所书，果如是，则这些刻石，当然主要是向上天汇报事功、垂万世之则极的意思，但也有推广文字统一的意思在内，所以大臣亲自书写，以示典范。

我们通常说，这些刻石上的文字是秦统一以后的"小篆"，但事实上，"小篆"不"小"，它比钟鼎文"大"得多。远古的文字，没有必要写得很大，钟鼎上的文字可能就算大的，但比起刻石来，真是小巫见大巫了。所以，所谓"大"、"小"之称，可能是汉代人以"古"为"大"、以"今"为"小"的一种说法，而实际上秦代刻石在书法艺术史上有开拓视野、丰富书艺之表现力的重要作用。刻石上的大字犹如通过麦克风说话，那种威慑的力量，至今还能体会得到当年秦皇帝的权威。只有这样"大"的石碑，这样"大"的"字"，才能与秦皇帝一统天下的气势相匹配，那种以家族为单位或囿于一方的小领主的"鼎"，真是望尘莫及、黯然失色了。

事实上，在奴隶社会、封建社会早期，作为观赏性的书法，都着力于"大"字，因为只有"大"才能体现统治者的权势和气度。这种丰碑巨石，一直发展到磨崖刻石，大不可量。把"字"写得那末"大"，在世界各民族中也是独一无二的，如果没有我们远古祖先的重视"语言"、"文字"的特别感情，则不易解释清楚。古代没有广播、电视通讯系统，也许那时的君主们希望用放大了的字来启示上天和黎民，并永垂后世，果如是，当然是古人自己的想象，其实际的效果则促进了对"字"的一种艺术性的趣味，这倒是他们的一项真正的功绩了。

刻石在汉代得到广泛的发展，其用途也不限于皇王一家的事功，大小官员似乎都可以立石纪功，甚至丧葬、贸易、祭祀等，只要觉得重要一点的，都可以刻石留念。"石"的种类也多了起来,汉代已有墓志出现,更有把古代典籍刻在石上供学生学习的,如《熹平石经》、《春秋石经》等,作普及文化之用。

在书体方面,汉代以隶书入碑,对于培养人们对这种书体的兴趣有很大作用。隶书本起于秦,用于官府文书,实用价值大于观赏价值,没有用隶书写的秦碑。这就是说,到了汉代,隶书才有了进一步的艺术价值。

隶书体对中国书法艺术的巨大作用前面已有讨论,我们可以从近年来出土的大批汉简看到当年从篆体到隶体的演变过程,而在汉代,所谓"隶"书也已超出"官府"公文的界限,而成为普通的交往工具。

大量的汉碑以隶体书写刻石,但书体的趣味已经超出了碑石的范围,而成为一种真正的"书写"的趣味。

汉代以降,楷书兴起,以楷书刻石,乃唐代之一大成就,更有以行、草入石的,这种情形发展到宋代有阁帖之兴起,但这种趣味,与金石的趣味又自是不同。隶、楷、行、草虽都能入碑,但它们的主要趣味在笔墨;笔墨固可写甲骨,大、小篆体,但这些书体的主要趣味在金石。所以,平时我们说"金石",当以篆书为主。

从书法作为艺术的发展来看,"书"以"写"为主,"刻"辅之,"金石"的兴趣主要在"刻",阁帖的趣味把这两者结合了起来,自成一种趣味,但并未代替"金石"的趣味,因为阁帖以楷、行、草的书写为主,归根结蒂,仍是"写"的趣味。所以我们看到,事实上汉代以来的碑刻大部分来说与秦刻石的趣味已有不同,更不用说,离钟鼎风格相去甚远了。

然而,金石的风格在清代有一次大复兴。清代是我国传统文化大总结、大综合、大深入的时代,虽然在突破、提高、发展方面成绩较小。可以设想,如果没有清代三百年的历史,我国的传统的文化面貌可能会和我们对它的印象不尽相同。譬如古文物的发现,我们现在比清代何止要多千万倍,但现代的人大多拿它们作考古、历史的科学的研究,但清代的人则除王国维诸大家外,大多对它们采取一种艺术观赏的态度。这是清代文人趣味的一个特点。所谓"清玩",乃是朦胧的和诗意式的观赏,有一点知识,也有一点幻想,以这两种态度结合起来看待古代文物。

清代文人这种趣味，加上文字学小学训诂的影响，促进了清代书法艺术的大综合，其中古代金石的风格在新的条件下，以新的形式得到了恢复和保存。

所谓"金石"作为一门学问，如上所说，当然包括了"金"和"石"两个方面，应有刻石、碑石的地位，但事实上，从清代以来，以艺术趣味言，"金石"则又与"篆刻"结合起来，成为整个书法艺术中的一个相对独立的部分。这就是：书法重"写"，"金石"重"刻"，但又一般不包括碑石的刻制在内。"金石篆刻"成了"印章"的别名。

"印章"当然是古已有之，当时是"符节"证明的发展，有一种法律的意义，不一定马上成为观赏的对象。但印章到宋以后就在文字形状和刀法上讲究起来，但到了清代，才在相当的范围内成为一种普遍的艺术品，从字形到刀法都有丰富多彩的发展。

"印章"的书体当然也有楷、隶，但规范的书体为篆书，尤以大篆为尚，这里当然有一些美术布局上的原因，但主要还是由崇古的兴趣决定的。"金石篆刻"的趣味是古代钟鼎趣味在新条件下的变种，金石趣味核心部分就是钟鼎的趣味。

当然，金石篆刻大半是文人学士的爱好，他们自无古代皇王诸侯的权势，可以铸鼎传世，但印章也是法定权势的钤记，制作比钟鼎要省事方便得多，于是这种形式，文人就拿来作为显示自己存在的一种方式。一方面，凡有钤记的物品，表示一种"所有权"，即使是"闲章"，也表示"我"与这件"物品"的一种"关系"；另一方面，"印章"本身也有了一种独立的艺术价值，的确在一定范围内"象征"着"我"与"世界"的关系，"我""存在"在"这个世界中"，"这"是"我的""印记"。

文人们虽然也许从宋代以来就向往着古代钟鼎的趣味，许多人收集各种拓片，编了一本又一本的"集古录"，但只能限于怀古的情趣，而不可能在精神实质上真的恢复出来。"钟鼎"的趣味是宗教的、王公的、家族的，后来的"金石"的趣味是知识的、文人的、个人的。用古典美学的术语来说，钟鼎的趣味是"崇高的"，而金石的趣味则是"优美的"。

二 碑帖之神韵

从时序上来说，碑帖为金石的变化发展；从考据上来说，"碑"不是秦汉刻石的继续，而自有来历。据说，"碑"原是宫庙庭院中拴马的石柱，墓碑是下棺时的支架，都是有实际用途的，后来才刻上了字，记载点什么事情，但至少从汉代以来，大量的碑石已不是实用性而是纪念性的了。

"帖"是指在帛、竹、纸、简上书写的字，书写工具逐渐完善以后，再经过历代书家的努力，"帖"不仅也由实际交往工具转变成观赏对象，而且成为书法艺术的主要形式，因为书法艺术的主要技巧表现在"写"上。

"金石"是"刻"出来的，"帖"是"写"出来的，而"碑"可以看作这二者的中间形式。

这就是说，"碑"的趣味和"金石"（钟鼎、刻石）的趣味是有所不同的，虽然它们都要"刻"出来。

不错，"碑"的刻工也是很重要的，有一些碑上署有镌刻者的名字，可见刻者也是为时人所重的，颜真卿更有怕石工不佳亲自刻石的传说，足以想见刻工的重要，但比起"金石鼎彝"来，"碑"的"书写"的作用要更为重要得多。

前面说过，汉碑大多以隶书入石，隶书对于笔锋的运用比起篆书来已大大丰富，已不是大体上同样粗细的线条所能结构得起来的，这样，隶书的"刻"与篆书的"刻"在性质上已有所不同。

本来，文字作为表意传达工具来说，"刻"和"写"是一样的意义，这一点，对古代早期的书法艺术来说，也是一样的，"刻"也是"写"的一种；但隶书的兴趣，解散笔锋，"刻"与"写"就分化了出来，从前意义下的"刻"——即"划道道"的办法，已"刻"、"划"不出隶书的形状来，于是"碑"上的"刻"，就纯属"工艺技巧"的性质，而没有"书写技巧"的意味了。"工艺技巧"当然也有精粗之分，但基本上已不属书法范围，就好像我们现在的印刷术一样，可以印刷精美的书法作品，但它本身不属书法艺术范围。所以"碑"的书法和古代钟鼎文不同，与近代金石篆刻也不同，它基本上属于"写"的范畴。

"碑"的书体，汉代主要为隶书，隋唐则主要以楷书入石，兼有行、草，当然也有隶篆，但无论如何，它们一般都是书家先写后刻的。魏晋禁碑，留下的墓碑可能是石工秘密刻的；北魏的碑，多数也可能是石工自己刻的，有的因文化不高，错别字甚多。这都说明，刻石已完全为书写出来的字服务，成为工具性的手段，它本身的精粗已是另一种趣味了。

"帖"的兴起，大体上与行书的发展有关。从书体上说，草书与行书有不同的来源，草书出于隶书，由章草而演变为今草，行书则由楷书演变而来，而今草或许与行楷有关，所以行书又可吸收草书笔法成为行草。行、草都是一种简便的写法，作草稿、通信用的，后来逐渐地被人收藏、保存起来作观赏用，魏晋禁碑可能助长了这种风气，所以才有陆机《平复帖》这样的墨迹存留下来。这时，人们保存书家的"帖"，其意义已与保存识字课本或历史典籍手抄本完全不同，前者是艺术性的，后者主要是实用性、知识性的，只是现在考古挖掘出来后，才更加注重它们在书法艺术史上的价值。王羲之以"字"来换鹅，而不是抄"书"来卖钱，已是一种艺术的价值的表现，得到他的"字"的人，也不是当作"书"来保存文字的内容，而是当作"字"本身来珍藏，所以我们并不知道他当时"写"了点什么内容。流传王羲之各帖，全都是摹本，帖的内容大半没有多少意义，只有一篇《兰亭序》是好文章，光凭那些"帖"的内容，不会有人去保存它。

由膜拜钟鼎刻石、流连碑碣墓志到观赏名家墨迹，说明人们对书法艺术的趣味正在深入。

名家墨迹得来不易，保存也不易，随着工艺技术的发展，"碑"跟"帖"就结合了起来，"碑"可以"拓"下来"搬"回家中，"帖"也可以刻在石上再

"拓"下保存，于是"碑帖"就成了一家。

刻帖始于何时，史家尚未弄清，据说王羲之曾亲自把小楷《乐毅论》刻在石上，隋僧智永曾摹刻《兰亭》，把手稿刻到石上说明收藏墨迹的风气已开，而"对临"和"摹揭"的办法已不能满足需要，所以很可能捶拓的技术也已发明，刻在石上揭出来等于一种复印印刷。唐代"摹揭"和"石刻"的办法并用，"石刻"为了保存，"摹揭"为了普及，唐代大概已有捶拓技术，世传唐拓王羲之《十七帖》，果真，则可以为证，但因时代久远，拓片难存，不足征信；又南唐后主李煜的《澄心堂帖》相传为刻帖之始，是利用捶拓技术，把"摹揭"与"刻石"、保存与普及结合了起来。然而我们现在所能见到确有明证的最早的刻拓为北宋淳化三年所刻的《淳化阁帖》，这部帖的选材、摹刻等方面，后人有许多的批评，但它却是真正的"阁帖"之祖，开一代之风气，此后有官私各家的许许多多的"帖"，一直到现今尚在出版的《三希堂法帖》，可谓源远流长，在培养我国人民对书法艺术的兴趣方面有过很大的作用和影响，是绝不能忽视的。

《淳化阁帖》究竟是刻在石板上还是刻在枣木上未有定论，但无论如何，由于这种方式的流传，由本是作为保存墨迹的工具，却自己产生了一种趣味，有时甚至不是墨迹可以代替的，更不是其他印刷方式所能淘汰的。这就是说，由于阁帖的发展，不仅把"刻"的技巧重新"书法艺术化"，而且把"捶拓"的技巧也"吸收"到"书法艺术"中来，甚至裱装技术也在考虑之中，成为观赏书法艺术的一种特殊的形式，一个不可分割的部分。

阁帖所收，当然正、草、隶、篆无所不可，但阁帖的风格当以"行书"为核心，上及楷、隶，下兼草、篆，从形式到内容，融为一体，形成了一种特殊的神韵。

随着装帧技术的发展，不仅阁帖，而且历代碑石的拓片，也都用阁帖的办法装订成册，便于保存，便于观赏，这样"碑"与"帖"真的就完全结合了起来。

"帖"把"碑"吸收了进来，使"碑"的趣味也随着发生了变化。"碑"的拓片，原是"碑"文的代用品，但这个代用品经过"帖化"，又有自己的独特价值，所以虽不能真的代替对原石的观赏，但却有原石所不能具有的另一种趣味在内。

"碑"成了"帖",装订成册,成为"书"的一种,由立于宗庙社稷、山林古刹而被置于案头,"实物"性减少而"文化"性增强,由大庭广众或旷野荒郊的大声疾呼到书斋庭院的细语低声,二者都在"说"些什么,但前者"说"的"话"令人"震动",而后者的"话"则令人"品味",在审美的心理状态和效果上大不相同。

"碑"成了"帖",由"帖"而"书",在较大的范围内可以归民间个人所有,这样,在欣赏者与欣赏对象之间的关系上也有一定的变化。山林的"碑"是"公众"的,家庙的"碑"又是"特权"的,对较多的人来说,都不是"我"的,唯有成了"帖"、"书"而流传起来,才把"我"与"他人"沟通起来。个别文人的"秘藏"癖,只是贵族"特权"趣味的模仿,对大多数人来说,"自我"与"他人"还是可以相容的,"阁帖"的"发行"也还是要求得"他人"之"共鸣",不但"秘玩",还要"共赏",这个道理,唐朝开国的皇帝就已经懂得了。这样,由于"碑帖"不是独一无二的"原件",所以完全私人的"占有"观念已较淡薄,而可以保持一种比较"超脱"的"文化"的态度,也就是艺术的、审美的态度,所以"碑帖"的兴趣究竟不同于"古董"的兴趣,尽管它也可以成为一件"古董",那时候人们的兴趣已非书法的、艺术的,而是经济的或其他什么的了。然而,人们终究可以把"碑石""搬到"家里来了,这些"碑帖"又与"我"有一种亲切的关系,可以容"我"细细品赏。

这一切,使"碑帖"有一种不可替代的趣味,就连它的"黑底白字"也是原石和墨迹所没有的。绝大部分的碑文都是阴文,像北魏《始平公》那样刻阳文的极少,"阁帖"系统似乎未见有阳文的,即使印刷术普遍以后大半还是刻阴文,可见"黑底白字"有独特的趣味,所以即使近人墨迹得之颇易,照相印刷十分简便,但仍有将墨迹刻石捶拓的,或许因"白纸黑字"平时易得,而"黑纸白字"反倒难得可贵的缘故。但最主要的,还是"碑帖"的流传,已经形成了一种传统的欣赏书法艺术的习惯,自成一格,已不能为别种形式所代替。

然而,在这里我们必须指出的是:无论金石或碑帖都只是中国书法艺术的一格,它们在中国书法艺术史上占有重要的地位,在较长时间内甚至占压倒的地位，但中国书法艺术的骨干核心不是金石和碑帖，而是"笔墨"。无论如何，"字"是"写"出来的。

钟鼎文的"书家"被"埋没"了，到了刻石才有书家的姓名，"碑帖"到底还有"复制品"的意味，所以只有墨迹才使"书家"与"作品"直接结合起来，成为书家个人书风的直接体现。书家的书风直接形诸笔墨，这种不可替代性，已不是一般的趣味上的不可替代性，而是作品上的不可替代性，书家的墨迹是"原作"，是一次性的个人的创作，这是书法艺术的主线，而金石和碑帖都是为这条主线服务的。墨迹的艺术，是真正书家的艺术。

就书法艺术来说，人们对于墨迹的兴趣当然从来没有忽视过，至少晋代已有争藏墨迹的风气，而晋代也出现了中国书法艺术史上的划时代的书家——王羲之。

三　二王之风貌

我国书法艺术到了两晋，特别是东晋，是一个大转折时期，书法艺术得到了进一步的发展，出现了一批有名的书法家，特别是出现了王羲之和王献之这样的书法革新家，使中国书法艺术的面貌为之一新，进入了真正的书家的时代。

曹魏改革汉制，把汉代流行的刻碑的风气禁止了，这在书法艺术史的一个方面来说，固然有所损失，但就当时的历史条件看，是比较开明的一种措施。曹操在禁令中说，这种立碑的风气"妄媚死者，增长虚伪，而浪费资财，为害甚烈"。汉末三国连年动乱，生产力受到很大的破坏，曹操受财力限制，想恢复一下经济的发展，禁止刻碑的歪风，是当时的一种客观需要。晋朝的统治实力本来就薄弱，所以这道禁令就被沿续下来。

当然，这种禁令，不会执行得那样彻底，至今流传的碑刻中有一些仍然是晋代刻的，如隆安三年的《枳杨府君碑》，永和乙卯的《侯君残碑》以及有名的《爨宝子》、《爨龙颜》等，但数量显然不多，影响当然不会太大。

刻碑之风气既禁止，书家则需另辟蹊径，于是，有西晋尺牍的兴起。

尺牍在两晋，特别是东晋之所以成为当时书法主要表现形式之一，是由多种原因造成的。汉代用竹简，尺牍、奏章、文契等和碑刻的书风距离还不太大，而用毛笔写在绢或纸上，和刻在碑上，要求的艺术效果则很不相同。因此，尺牍和碑版的书风就有很大的区别。

从汉碑、汉简古隶到章草，从而进到刘德昇、钟繇的"行押书"，经过了很长的发展阶段。

西晋在书法艺术上是个过渡时期，从流传下来的墨迹看，主要还是接近隶书的章草最为流行。当时有名的书家如卫家父子和索靖等人，都是以章草最为擅长。《晋书》说："瓘与索靖俱善草书，时人号为一台二妙。汉末张芝善草书，论者谓瓘得伯英筋，靖得伯英肉。"对于卫瓘的儿子卫恒则说："恒善草隶书，为《四体书势》。"

索靖的草书在当时很有名，"靖与尚书令卫瓘俱以善草书知名，瓘笔胜靖，然有楷法远不能及靖"（《晋书》）。我们从流传下来的《出师颂》可以看出"有楷法"和"得伯英肉"的特点，古代章草不脱古隶的特点，崇尚肥腴，所以索靖的肥笔容易被当时接受，成为一代草法的代表。据后来王僧虔的记载，索靖当时自视甚高，称自己的字为"银钩虿尾"，以后这个词就被用来形容书法艺术柔中有刚、刚柔相济、含有余味、"笔短意长"（黄山谷跋）的美称。

西晋流传下来的重要墨迹是陆机的《平复帖》。陆机的书法在当时也有点名气，《宣和书谱》说他"能章草，以才长见掩耳"；但据王僧虔的评价则是"吴士书也，无以较其多少"。可见，陆机虽是有名文士，但书法不必是第一流的。《平复帖》的字迹有的已相当模糊，不能辨认清楚，但从用笔和结体上看，虽不脱章草笔意，但要比索靖的《出师颂》新一点，可能在当时也"不能为楷则"也。

总之，从流传的字迹风格看，这时还是古汉隶、章草的系统，承接了张芝、皇象的风格而有所变化。东晋渡江以后，刘德昇、钟繇的真书和行押书系统才得到进一步的发扬光大。

从古汉隶到正书（真书）笔法的变化是很自然的趋势，而从碑版到案牍的发展，更加适应了笔法变化的需要，两晋（特别是西晋）固然仍有大量古书、章草的流传，但已逐渐推广了以刘德昇、钟繇等人为代表的新书体，也就是说正书的笔法逐渐被采用。《晋书》上记载陶侃"善正书，远近书疏，莫不手答，笔翰如流"。既曰"正书"，当然是和"隶书"有所不同的一种书体，而且手写起来比较方便，不必刻在简上。这种正书系统的书法，应该说，成熟于东晋。

据传说，王导随琅琊王渡江时，衣带里藏着钟繇的《宣示表》，看来，王导在推广正书笔法上，起过一定作用。王家是当时大豪门，过江以后政治势力很大，他提倡一种新的、适应当时需要的书风，流传起来就比较快一些。这种新书风绝不是王导（或钟繇或其他人）发明的，而是一种风气的反映，可能在初期人数并不太多，当时豪门像郗、庾二姓，书家如崔悦、卢谌等人对王家新书风都不以为然，直至王褒入关，还引起北周书学博士赵文深思想上的一番变化①，可见，新书风也有个逐步推广的过程。

王羲之是王导从弟王旷的第七子，据说他年轻时学卫夫人书，后来渡江北游，看到李斯、曹喜、钟繇、梁鹄等人的书法，又觉得先学卫夫人，浪费了时间，遂改本师，仍于众碑学习，所以中年以后书法才达到较高的水平。

卫夫人名铄字茂漪，是汝阴太守李矩的妻子。《书后品》说"卫素负高名，正体尤绝"，《翰墨志》说"夫人善钟法，能正书入妙，王逸少师之"，可见她的书法接近正书行书，而如果上述关于王羲之的学历可信的话，那末就是他先学了一种新的书体，然后再学比较旧的书体的。

王羲之在我国书法史上是个承前启后的人物，可是流传下来的他的作品，却没有一张没有疑问的。

《晋书》上说："羲之善隶书，为古今之冠。"可是，即使历代标名为王羲之的作品的，竟没有一张隶书。别传里又说："羲之善草隶八分飞白章行，备精诸体，自成一家之法。"这里算是提出了行书②，但八分、飞白却也未曾得见。

于是，从这里就有人怀疑王羲之本来是写隶书的，因为唐太宗喜欢行楷，就把王羲之的真迹藏起来，改头换面，以他的名义推行一种新体。这种猜测，随着近来挖掘发现的一些晋代民间抄经手迹和王兴之墓志铭的发现，越来越言之凿凿了，甚至否定了魏晋一个时期的楷法的存在。当然，这种看法，细细研究起来，仍有不少问题。

首先，王羲之不是唐太宗鼓吹出来的。王家父子的字当时就很有名，《世说新语》上有些传说就是关于书法的，正式的书评有梁庾肩吾的《书品》，他把王羲之和张伯英、钟繇并列，称为"上之上"，可见王的书法一直被认为是

---

① 《周书》："王褒入关，贵游等翕然并学褒书，文深之书遂被遐弃，文深惭恨，形于言色，后知好尚难返，改习褒书"。
② 可是草隶就是章草，故从行文看"章行"或别有所指？

第一流的。当然，既是名家，就会有人作伪，但无论作伪开始于何代，总要近真才能蒙混过关，而改头换面甚至面目全非的伪物是很少的。如果说某些人要借王羲之的名气来推广一种新书风，似乎也难于找出一条过硬的理由来说明提倡的新书风和王羲之本人一点联系也没有。唐太宗的提倡，或许可以说明为什么王羲之的隶书作品一点也没有留下来的原因：他要推行行楷的新书风，对王羲之的隶书作品有意无意地就束诸高阁了。

真伪问题，还有从实物上来的一些证据，可是对这些证据的看法上又有很多分歧。新出土王兴之墓碑，是一种墓碑体，即使是王羲之本人写的，也可能墨守旧规写出那样的字来，我们看到碑刻字形的变化，是隋以后的事。碑刻作为一种墓葬仪式，在封建迷信的社会，变化起来当然要慢得多[①]。至于民间手抄《三国志》或其他文件，风格是多种多样的，不能以偏概全。至于有些实物，有的说有楷法，有的说全是隶法，就不太容易说清楚了。譬如《东汉永和二年简》，罗振玉认为楷七而隶三，就遭到讽刺，但前凉李柏文书一稿的隶书意味很浓，而二稿则楷法很突出，两稿书体很不一样（但看出确是一人手笔），说明一般人写字不见得就用一种书体。

所以，按照我们的看法，从曹魏两晋期间，楷法早已存在，但是否很流行，为普遍公认，则还要一个过程，因此，当时的墓碑，一般人的笔下还用旧的书体，并不奇怪。而楷法作为一个新的事物（就书法艺术来说），总要冲破一些束缚，逐步开辟自己的道路，这也是事实。

《兰亭序》是王羲之的代表作品之一，从六朝隋唐以来影响很大，可是后来被断定为伪物，理由之一就是书体太新[②]，但如果因为"新"而被怀疑，那末世上一切新事物都将受到怀疑。持这种观点的人，自命为历史唯物主义，但要从当时的历史条件来看，实际上这是历史学中一种庸俗进化的观点，只承认渐变，不承认质变。持这种观点的人自以为有群众观点，重视民间的实物，实际上只看到一部分保守的势力，拿它来冒充群众，因为看到的只是群众中习惯了的东西，而不是群众中真正受欢迎的东西。

[①] 有两个吴碑楷法比较多点，《吴九真太守谷朗碑》的捺脚，《吴衡阳太守葛府君碑额》，但孤证不足以服人。

[②] 至于《兰亭序》文章的真伪不在本文范围内。

的确，这不仅是个考据问题。唐太宗当时之所以大力提倡王羲之的书风，也是为了反对书法上的一种保守风气。可是，就以封建皇帝的地位来提倡，还是不能马上奏效的。

王家新书风流行以后，韩愈还有"羲之俗书趁姿媚"之讥。在这个问题上，他的标准是保守主义、复古主义的，他把王羲之的字和石鼓文比，说它只求形体漂亮，没有古朴之气，这当然一点道理也没有，可是在封建社会的知识分子中，特别在"好古敏求"的儒家思想统治下，却有很深的影响。随着时间的推移，王羲之的书法本身也成了一种偶像，宋以后的书家，言必称二王，甚至由此形成一种"台阁体"，王家书体真的变成"俗书"了。"俗"有两种含义。韩愈讽刺王字是"俗书"正是它的优点，这就是说，在当时它是一种便于书写、接近民间、通俗易认、字体流畅的新书风，而后来却变为形式呆板、毫无生气的庸俗书风了。

从流传下来的文字记载和虽有疑问但总还近似的作品来看，王羲之在书法上的成就主要在行书方面。据唐张怀瓘《书断》记载王愔的话，"晋世以来，工书者多以行书著名，昔钟元常行押书是也。尔后王羲之、献之并造其极焉"。张怀瓘很坚持这个观点，他认为王羲之的各种书体中，以行书最好，他在《书议》里又说："逸少笔迹遒润，独擅一家之美，天资自然，风神盖代，就草书格律非高，功夫又少，虽圆丰妍美，乃乏神气，无戈戟铦锐可畏，无物象生动可奇，是以劣于诸子，得垂名者，以真行故也。"

王羲之的隶书无传，章草有《豹奴夜不归》等帖，比起索靖、皇象来，未见其长，今草有《十七帖》，就草书来说，稍嫌呆板一点，从章草到今草、大草，似乎还没有完全解放出来，后来流传甚广，特别是经过赵孟𫖯，他专学《十七帖》，曾一度使草书的风格衰退。王羲之的楷书，相传有《黄庭经》、《乐毅论》等，前者流畅，后者凝重，但也不脱钟繇《宣示表》的风格，当然，这在两晋已属可贵，只是比起他自己的行书来，的确略逊一筹。

王羲之的行书以《兰亭序》为代表。据考证，修禊山阴兰亭的时候，王羲之是四十七岁[①]，书法正在逐步成熟的阶段，又传说他写此记时微有酒意，用

---

① 鲁一同：《右军年谱》。

的是蚕茧纸、鼠须笔，酒醒以后又写了好多张，但终不及这一本[①]，可是这一切都无法印证，因为留传下来的《兰亭序》不是临本就是伪迹，最好的是双钩本。神龙年间，太宗命供奉搨书人赵模、韩道政、冯承素、诸葛贞等四人各搨数本，以赐皇太子诸王近臣，后来发现钤有"神龙"印记的兰亭，便断为太宗命摹的双钩本《兰亭序》，是为流传的最好本子。那张作品钩摹精细，笔划清晰，笔锋微俏，神采奕奕，不失为一张很好的书法作品。从整个书风来看，色彩比较柔和，可能和当时的心情、文章的内容有关，也可能与用的工具有关，所以比起流传的其他王字来，风格上似乎柔软一点。

我们还可以从唐集《圣教序》里看出王羲之行书的风格来。唐僧怀仁从王羲之的字中选择、拼凑了一部《圣教序》，得到唐太宗的批准，成为一种行书的规范标准，对后来书法的影响是非常大的。作为一个完整的书法作品来看，《圣教序》当然缺乏一气呵成的气势和精神，但它每个字都经过选择，作为个别的字看，都经得起推敲，所以后来学行书，大都从《圣教序》入手。

在王羲之的作品中，我们还应该提到《丧乱帖》，这个作品字数不多，但却飞动跳跃、大小参差、变化多端，在王字中，可说是最好的一张，也是最代表王羲之风格的一张。这个作品风格比《兰亭》硬，比《十七帖》变化大，而接近《圣教序》的遒劲，所以从风格上看，这个作品也许更接近真迹。《丧乱帖》接近今草，但又不是严格意义上的大草，从笔法上看，是以行书的笔法来写草书的，因此，可以叫做"行草"。

如果说王羲之在行书方面创造性比较大，那末，在草书方面，王献之的贡献就更大些。王献之是王羲之的儿子，他在书法上的成就，是历来公认的，可是评价却始终要比王羲之低一头。当然，这大半是封建儒家宗法观念统治的结果。按照这种观点，只能一代不如一代，而不允许客观地、历史地评价其优劣和历史地位。果真这样，那末王羲之就不能压过王导去，而如此上溯，怪不得韩愈只能赞叹石鼓文了。

王献之在书法上是否真正超过他的父亲，我们要看实际情况，从现有作品和文字记载对照分析其历史价值。先看文字记载。

---

① 何延之：《兰亭记》。

《晋书》本传上说："献之工草书"。比王羲之的评价，多了一个"草"字，可见在草书方面，王献之是有特别的表现的。《晋书》别传里更进一步说："献之幼学父书，次习于张，后改变制度，别创其法，率尔师心，冥合天矩。至于行草兴合，若孤峰四绝，迥出天外，其峭峻不可量也。"这里指出了两点。一点是王献之对王羲之的书风有所改变，第二点是在草书方面成绩较大。从我们现在所看到的王献之的作品（有的是近似的作品，不必为真迹）来看，是比较符合实际的。

书法在东晋，本来是大变化时期，王献之改变父制，又是一种新书风，加上王献之在当时政治舞台上比他父亲顺利一点，所以他的书法在当时是很受欢迎的。王献之对自己的书法艺术也很自信，他自认为写字比他父亲好，而据说他写信给谢安，以为他必定把他的信保存起来，不想谢安把信纸反过来写了回信，弄得王献之很不高兴。《书谱》这两个传说，虽然被包世臣否定了，但也说明当时王献之的字是很有地位的。又传说他曾劝他父亲把古章草的书体改变一下，要他"极草纵之致，不若藁行之间"，可见，他于草书方面的改革比王羲之还要彻底。

从文字记载来看，最早批评王献之字的是他的学生羊欣。羊欣在《笔阵图》里说："献之善隶藁，骨势不及父，而媚趣过之。"羊欣十二岁学王献之的字，很有成绩，故有"买王得羊，不失所望"之誉，他对老师的评价还是可信的。"媚趣过之"，因为王献之致力于草书，自然更加飞动遒劲，姿态横生。而"骨势不及"是指瘦劲、棱角方面不如王羲之，这和观赏现存实物的印象是符合的，王献之的字，结体比较宽松，用笔比较圆熟，和王羲之在风格上是不同的。羊欣这个评价，被王僧虔抄袭了去，而改头换面，把精神变掉了。王僧虔说："献之远不及父，而媚趣过之。"把某一方面的不足，变成了"远不及父"了。

唐太宗独尊王羲之，对王献之的字狠加了一番批评："献之虽有父风，殊非新巧（别无新意），观其字势，疏瘦如隆冬之枯树，览其笔纵，拘束若严家之饿隶，其枯树也，虽槎枒而无屈伸，其饿隶，则羁羸而不放纵，兼斯二者，固翰墨之病欤。"从现在流传的实物来看，唐太宗的评价是很费解的，可能王献之也写了一批不甚好的字，被唐太宗看见了，他这些字并不代表王献之的水平，据此来褒贬，根据是不足的。所以，即使在唐代，在具体评价方面，也很少用唐太宗的观点。张怀瓘的《书断》、《书议》对王献之草书的评价是相当高的，他说："子敬真不逮父，章草亦劣，然观其行草之会，则神勇盖世，况之于父，犹拟抗行，比之钟张，虽劲敌仍若擒盖之势。"又说："子敬才高识远，行草之外，更开一门，非草非行，流便于草，开张于行，草又处其中间。"王献之用草书的笔法写楷书，所以显得不像那样硬劲，但打散各体之间的界限，使书法艺术更加飞动流畅，正是王献之对书法的贡献，也是他对后来影响很大的地方。

宋代的书家对王献之是比较一致称赞的，因为宋代尚行书，连楷书也用行书笔法，这和王献之是一致的。蔡襄说："大令右军法虽同，其放肆豪迈，大令差异古人，用功精深，所以绝迹也。"黄山谷说："大令草法，殊迫伯英，淳古少可恨，弥觉成就耳；所以中间论书者，以右军草入能品，大令草入神品也。"

最值得一提的是米芾对唐太宗的批评："太宗力学右军然不能造其极，后又师法虞世南之行书，思由此可登右军之堂奥，然终不逮子敬，遂对子敬大肆讥评。然子敬以天纵超逸之才，又亲承右军之教，岂一人所得而定论也。"米芾揭了唐太宗的短处，虽然不一定是事实，但推崇王献之的精神是很明显的。

包世臣提倡笔法，他对王家父子在笔风上有一个比较，他说："右军真行笔法，皆出汉分，深入中郎；大令行草法，导源秦篆，妙接丞相。"这个观点，从欣赏角度看，是比较深刻的。这就是说，王献之善用篆书的中锋，创造了一种与从隶书变来的章草不同风格的大草书，他可以说是上承张芝，下开旭、怀的关键人物。

王献之流传下来的作品比王羲之还要少，而且也大都有疑问，我们也同样从"赝品迫似"的角度来对待。小楷有《十三行书》，与之《乐毅》、《黄庭》比，觉得神态翩翩，别是一番风貌。《十三行》的结体比较长，撇捺舒展，在当时显然也是一种新书风，这种风格对明代的小楷，特别是王宠的小楷，影响很大。元代出土的《保姆碑》，被断为王献之的作品，受到赵孟頫的赞赏，把它和《兰亭》相比，说是"若欲学书，不可无此"。王献之的行书流传下来的较多，像《鸭头丸》、《辞中令》、《新妇服地黄汤》等，都很有名。这些行书作品，结体比王羲之的宽松，用笔比王羲之的圆熟，唐代书法的结体，受这种书风影响很大，就结体来说，颜真卿与其说接近大王，不如说接近小王，所以王世贞说："子敬辞中令帖，书法遒逸疏爽，然右军家范，不无少变，北海、吴兴，皆其滥觞，少可惜耳。"王世贞推崇大王，贬抑小王，但说李邕、赵孟頫出自王献之这是事实。

王献之的草书，《淳化阁》法帖里收集了一部分，比王羲之的份量要重得多，所以后人才说他的草书越过了他父亲，直接学汉代的张芝。张芝既没有作品留下，而当时的草书不出章草的范围，所以从实物作品上看，真正的今草还应从王献之说起。《知汝殊愁》帖被标为张的作品，实际上可能是王献之的，这从内容和书法风格上可以得到印证。从这个作品的笔法来看，可以称得起是龙飞凤舞，大小参差，变化多端，的确是开唐代大草的先河。

四　唐代之气度

1. 唐代书法艺术的全面发展和楷法的成绩

　　唐代在我国书法艺术上是全面发展的一个时期，楷法从曹魏两晋北魏六朝以来，到了唐代可说是得到比较充分的发展，达到了相当成熟的阶段。

　　经过长期动乱之后，唐代初期面临的问题首先是恢复生产、增强国家财富问题。汉代传流下来的豪门大族固然还有相当的势力，占有相当的土地，但经过长年的战争和分割，豪门大族已经不能完全控制经济命脉。随着土地的买卖和兼并出现的庶族地主逐渐形成一股社会力量，与豪门贵族对立。他们比较接近一般人民群众，因为没有先天的资本，在钻营发迹的道路上学到了一套权术，现在，他们要求在政治上得到承认。在当时，要恢复经济、增加地主阶级的财富只有承认并扶植这个阶层。唐代行科举制度就是为这个阶层开放一条升官发财的道路，提高他们的政治地位。

　　唐太宗把书法作为科举的一个项目，在中央政府设立书学博士，这就是说，承认书法艺术是一种艺术，字写得好，就算有一技之长，就可以做官，可以领取国家的补贴。这样，从前为豪门贵族把持的书法艺术，得到在一定范围内比较普及的机会，而不像过去"父子相传"、"天授神笔"那样神秘了。唐太宗命书家博士摹《兰亭》分送诸皇子和大臣，虽然也还是很小的范围，但比起韦诞把蔡邕的字藏在枕头里不让钟繇看，也算是有推广的意思了。

　　唐代收买、扶植庶族地主的政策果然得到了一定的效果，经济上有了发展，在一个阶段内政治上也比较稳定，于是出现了所谓"贞观之治"。随着政治、经济上的发展，文化思想上也一度出现了繁荣的气象，音乐、绘画、诗歌等部门的创作逐渐增强，在风格上也逐渐适应当时时代的特点，如绘画、音乐中出现了反映地主阶级生活安适丰腴的情景，诗歌反映的内容比较复杂，但也出现了所谓"盛唐气象"。

所谓"盛唐气象"在书法艺术上的反映也是比较典型的。我们知道，两晋书家大都出在豪门大族，他们有政治地位，但由于社会动乱，政治上不稳定，思想上崇尚玄学，所以在书法上气势和魄力就比较小；唐代一统天下，任用新人，在政治、经济上都取得一定成绩，所以，虽然唐太宗提倡二王，用二王的笔法写楷书、刻碑，却和两晋风格迥然不同。这时候，书法艺术由崇尚清谈的两晋阀阅转到了唐代专务实际的地主官僚政治家手中，书风自然不同了。

唐代称得上书家的人很多，书法是比较流行的，诗人里像贺知章、李白、杜甫、王维等字写得很好，流传下来有杜牧的《张好好诗稿》，可见二王的规范，风格是很流畅的。但是，大部分的书家却都是当时的大政治家，是朝廷的"重臣"，或者在封建历史家眼中的"名臣"，他们的事功是比较突出的，如初唐的虞、欧、褚、薛，后来的李北海、颜、柳都有不少的政治活动，这些活动，在相当的程度上影响了他们的书法风格。

就各种书体看，唐代也是比较全面的，正、草、隶、篆都有代表人物，但比较起来，楷书和草书两方面的成绩更大些。

随着佛教的输入，庙宇的修建，立碑和抄经的风气又大大兴盛起来，这对大楷和小楷的发展都给予了一定的刺激和便利。立在庙堂里的碑，和立在山林里的墓志要求自然不同，逐渐地也就形成在风格上和北魏墓志很不相同的唐代的碑刻。这种碑刻，出自当时地主阶级大政治家之手笔，立在庄严肃穆、富丽堂皇的大庙里，自然须有一种雍容华贵、浑厚雄健的书风才能适应需要。唐代的楷书，正是建立在这样一种社会基础上的新书风。为了创造这种新书风，唐代逐步地集中发挥了"中锋"书法的特长。这种笔法，本来在两晋六朝居于比较次要的地位，到了唐代，特别是经过颜、柳，成为占主导地位的笔法，因为这种笔法，运用得好，容易给人一种深厚雄强的感觉，是适应当时需要的一种自然的趋势。

这种笔法，影响到草书，用中锋来写大草，是以张旭、怀素为代表的书家的贡献，这样的草书在当时也是面貌一新的。

唐代在书法艺术上的大发展，对后世的影响极大。历史上对两晋二王的书法一直很推崇，但他们留下的实物很少，即使是摹本，一般人也很难见到，因此作为学习范本的，大量的还是唐代的碑刻，这样，欧、褚、颜、柳成为楷法的"正宗"，流传极为广泛。这种情况，到了清代，颜柳的范本成了一种限制人的俗套，变成了毫无生命的形式主义的东西，于是就有人出来反对唐代的楷书。

姜白石说："颜柳结体，既异古人，用笔复溺于一偏，予评二家为书法之一变，数百年间，人争效之，字画刚劲，固不无为书法之助，而魏晋之风规则扫地尽矣。"又说："真书以平正为善，此世俗之论，唐人之失也。"反对唐人最激烈的，要算康有为，他认为唐人专讲结构，不讲笔法，他说："唐人讲解结构，自贤于宋明，然以古为师，以魏晋绳之，则卑薄已甚，若从唐人入手，则终身浅薄，无复有窥见古人之日。"这当然是一种很偏颇的见解。唐人固然讲结体，但何尝不讲笔法？流传下来张旭问笔法于颜鲁公的那篇记载是唐代论笔法比较系统也是较早的一篇，所谓"印印泥"、"锥划沙"等，正是指的用"中锋"写出来的效果。不经过唐代，"中锋"笔法不能得到如此充分的发展，这是一个历史事实。

2. 初唐书家和虞世南在唐代书法上的地位

唐初书势，承六朝之笔法，为适应唐朝初奠之需要，大量树碑立传，在唐朝廷内部出现了许多写字、写碑的能手。初唐书家写碑，大都沿袭六朝北魏碑的笔法，在结体、用笔上经过隋代的加工，水平比北魏时有所提高，再经过一些大书家的创造，其书法之遒劲秀丽，已不是一般北魏碑所能比拟的了。

唐初书家中，以虞、欧、褚、薛最为有名，而按阮元"南北书派"的理论，欧、褚、薛属于北派，虞属于南派，这在艺术风格上看出了一些特点，但应该说，帖学对这四大家都是有很深的影响的，也就是说，经过王羲之、王献之加工创造的新书风，正在逐渐扩大影响，不但写信札用这种笔法和结体，写碑也逐渐用起来，欧阳询和褚遂良的行书都和当时的新书风有密切的关系，而在他们所写的碑里，体现得不如虞世南那样多，所以阮元才有此说。正因为虞世南比起欧、褚等人更加多地把新笔法、新结体用到楷书的碑刻里去，我们觉得把虞世南作为唐初书家的代表是比较恰当的。

虞世南本来是隋代的官员，唐太宗用为秦府参军，后来升为弘文馆学士，书法很得唐太宗的赏识，贞观年间赐爵永兴县子，授银青光禄大夫。他是浙江余姚人，相传和智永是同乡，所以在书法上他是智永的学生，学的是当时的新书风。传说他写字很用功，晚上躺在床上还用手指在被上画字。

虞世南在书法上既然师承智永，自然是王家书派的继承人，唐太宗提倡王家笔法，对虞世南格外看重是自然的事，相传他曾给唐太宗写屏风，想必唐宫廷里他的墨迹是不少的。可是他流传下来的作品却是不多。

《夫子庙堂碑》是虞世南的代表作，这种字体，在当时的确是很新颖的，特别是以此写碑，不能不说是一个创造。我们看这个碑的楷法，汉隶的痕迹是相当少了，在结体上显然从《黄庭》、《乐毅》到智永《正草千字文》一脉相承下来，但格局要大一些；用笔方面，中锋的笔法比较含蓄，但已经相当普遍，形成了一种特殊的风格，开启了唐代书法的一个新局面。所以，可以说，无论在运用中锋笔法方面和结体的宽松疏散方面，都可以作为颜柳的先河。也正因为流传下来的虞世南的作品有这样的特点，所以后人认为虞的书法更接近王献之。在唐朝就有人说："虞书得大令之宏规，含五行之正色。"① 到了包世臣更进一步说虞世南学王献之，不是学王羲之了。当然王家父子的书风基本上属于一个时代，因此不一定非学王羲之不可，但从特点上来说，虞书更接近王献之却是事实。

虞世南还留下一张行书墨迹，叫《汝南公主墓志铭稿》，这个作品当然也有疑问，但从书法风格上说，是和虞世南的完全一致的。这个作品书法非常秀丽，气势贯串，用笔精到，行书中杂用中锋，实在是书法史上难得的珍品。王世贞说，他过去不大佩服虞世南，认为他没有欧阳询以骨胜，后来看到《汝南公主墓志铭》，"见其萧散虚和，风流姿态，种种有笔外意，高可以并兰亭叙冶

---

① 张怀瓘：《书断》。

头眩方，卑亦在枯树上游，则非鄱阳薄冷险笔所能并驾矣"，说它在褚遂良《枯树赋》之上，可以并驾《兰亭》，是很符合实际的。

欧阳询是唐初四家里资格最老的一个，他也是隋代的官员，早就投唐，贞观年间历仕至太子率更令，封勃海男。《唐书》本传说他"初效王羲之书，后险劲过之"。这个评语可能只说对了后半句。欧书确比王书险劲，这无论真、草、行都是如此，但未必"初效王羲之"。从书法风格上说，欧阳询的字比较守旧一点，他在结体上接受了王羲之的新书风，而用笔上却沿袭六朝碑版的遗规，所以在他的楷书、草书、行书中，隶书的笔法比较重。传说他和虞世南出游，看到索靖写的碑，去而复返，最后索兴搬了铺盖宿在它旁边，他和虞世南的趣味的确有些不同。恐怕也正因为喜欢用当时的传统笔法写碑，所以他的碑作流传比虞世南多得多。

欧阳询的楷书《醴泉铭》、《化度寺》、《虞恭公》、《皇甫君》等碑，在书法史上都极为有名，连风格和他绝异的赵孟頫都说"信本书清劲秀健，古今一人"，认为《邕禅师》为欧书第一，而王世贞说《皇甫君》第一，也有认为《化度寺》第一的，其实，欧书风格很统一，所书各碑大同小异，结体和用笔都非常规范化，风格上比较拘谨一点，但笔力挺俊，瘦硬中不失风致，的确可以作楷书入门的范本。

他对行、草并没有多大创造，行书比较枯瘦，草书接近章草，虽然挺拔有力，但气势不大，所以影响也不深远。姜白石说他以真为草，就是说他写草书太拘谨，放不开；其实，这是他的趣味所决定了的，他既然对索靖的章草感兴趣，他的草书自然就缺乏王献之以后大草的气势。

褚遂良比欧阳询晚一辈，在书法上欧阳询很看重他；在政治上，他是唐高宗手下的重要大臣，被封建统治阶级目为有名的"忠臣"。他的书法，在唐代有很高的地位，《唐书》上说："遂良博涉文史，尤工隶书，父友欧阳询甚重之。"张怀瓘《书断》说："遂良书少则服膺虞秘监，长则祖述右军，真书甚得媚趣。"

从现在流传下来的作品看，褚遂良楷书的隶法痕迹是比较突出的，这从他的《孟法师碑》、《倪宽赞》都可以很明显地看出来，所以阮元也把它归于北派。但是，他的楷法虽然和六朝碑刻一个路子，但却也有很大的变化，这可能和他年轻时服膺虞世南有关。他楷书的结体不像欧阳询那样枯瘦，笔法也比欧字柔和，在刚劲之中有一种秀媚的趣味，所以他的风格和六朝碑刻是很不相同的。当时人评他的书法为"字里生金，行间玉润，法则温雅，美丽多方"。这也可以看出，即使是六朝笔法，也不得不适应唐代的趣味，变得更加秀媚更加温和了。

用雄强的隶书笔法写出秀美的楷体来，是褚遂良书法的特点之一，也是六朝笔法在唐代具体条件下的一种表现。褚遂良还没有把中锋笔法充分发挥出来，但在字的风格上也不得不变，苏东坡说他的字是"清远萧散，微新隶体"，是说褚的字刚柔相济，融合得比较和谐。王世贞说："评书者谓河南如瑶台婵娟，不胜罗绮，第状其美丽之态耳，不知其一钩一捺，有千钧之力，虽外拓取姿，而中撅有法。"这正是用隶法写楷书在较高造诣上的一种艺术效果。

薛稷和褚遂良属于一个书派，故有"买褚得薛，不失其节"之说。他是魏徵的外孙，家里收藏虞、褚字迹很多，所以写字的条件很好，也决定了他的书风。相传他喜欢题大字匾额，所以杜甫有《观薛少保书画壁诗》说："仰看垂露姿，不崩亦不骞，郁郁三大字，蛟龙岌相缠。"

褚、薛是一家，所以唐初书法代表的四大家，实际是三大家，他们各代表一个方面，比较起来，从书风上来说，虞世南是最新的，欧阳询比较守旧，而褚则得乎其中；但他们的楷法，都在不同程度上吸收了自二王以来的新书体，和北魏的碑刻风格是很不相同的。

除这几大家以外，还应该提到的是陆柬之。他是虞世南的外甥，书法风格上和虞基本一致。他通过虞世南学二王，力求每笔都有所本，流传下来他的《文赋》墨迹，的确有智永楷法的风格，但笔力稍嫌柔弱点，张怀瓘说他"工于仿效，劣于独断"，是很恰当的，他可以说是虞世南新书风的忠实履行者。

3. 唐代的草法和张旭、怀素的贡献

草书由章草到用楷、行笔法变为今草，由王献之传至智永，可说已完成今草的演变过程，章草隶书笔法被楷书笔法代替了。唐代的草书，随着这种趋势逐渐演变，写章草的人越来越少。如果说，欧阳询的《草书千字文》还受章草

结体和笔法的拘束,那末到武则天时代的孙过庭,章草的意味就很少了。

孙过庭的《书谱序》无论文字或书法在书法史上是很重要的。从字迹来看,他的草书脱胎于智永,开头写得比较拘谨,后来越写越精采,多少年来,不失为草书的范本。乾隆还收藏了孙过庭的一张《景福阁赋》,字体比较怪,章草意味比较重,大概明代张瑞图等人的草书就是受它的影响,但从发展来看,当然还是以《书谱序》为他的代表作。

据《书断》说,孙过庭"工于用笔,俊拔刚断,尚异好奇,凌越险阻,然所谓少工用有天材,真行之书,亚于草矣。与王知敬友善,王则过于迟缓,孙亦伤于急速,使夫二子宽猛相济,是为合矣。"关于王知敬,《书断》说他"工草及行,尤善章草",可见王是比较讲究工力,写的是章草,而孙过庭写的则是比较新的书体今草,孙的今草在当时很有名,因为他是二王新书风的继承人,宋代米芾说:"过庭草书书谱,甚有右军法,仿字落脚差近前而直,此乃过庭法,凡世称右军书有此等字,皆孙笔也,凡唐草得二王法无出其右。"但对孙过庭的草书,也有批评得很厉害的,唐代《述书赋》的作者窦臮说"虔礼凡草,闾阎之风,千纸一类,一字万同,如见疑于冰冷,甘没齿于夏虫",窦臮对孙草的评价还是有一定道理的,他显然是看到了张旭的草书,与孙过庭一比,就显出孙的短处了。后来也有许多人为孙过庭辩护,但即使像王世贞这样,一方面说孙的书名"烺烺一时",一方面也得承认窦臮所指出的,确是"美璧之微瑕"。

从草书发展看,孙过庭是个承前启后的人物,他的草书比起智永来的确更加奔放,变化更多,但比起张旭、怀素来,格局就小得多了。草书到了张旭、怀素,才变成真正的大草。

张旭字伯高,苏州吴郡人,他的书法,特别是草书在我国书法史上是被一致称颂的。《唐书》上说:"后人论书,欧虞褚陆,皆有异论,至旭无非短者,文宗时,诏以李白歌诗、裴旻剑舞、张旭草书为三绝。"把书法(草书)和舞蹈、诗歌来比,可说是很有见识的。正因为他的草书一致认为好,所以,关于他的传说也很"神"。譬如说他喝醉了酒用自己的头发蘸墨写字,疯疯颠颠,所以叫他为张颠;又说他的字当时卖价很高,邻居故意求他写字去卖钱,以致成为富翁。还有一个传说,他最早作常熟尉时,有个老头子总来打官司,递状纸要他批判，次数多了他很生气，老人忙解释说："爱公妙墨欲家藏之，无他也"，可见他的字早就写得很好。

草书到了张旭，可说又到了一个转折时期。遇到偶尔出现的大小参差、笔划相连的情形，更加有意识地运用，成为反映草书特殊风格的一种法则，特别是把中锋笔法更有意识地运用到草书中来，使草书的面貌大为改观。可惜当时还是受只有楷书才能入碑的限制，他的作品保存下来的甚少，但从近似的摹本来看，像《肚痛》、《春草》、《东明》、《秋寒》诸帖，的确对王献之以来的今草有所发展。《观公孙大娘舞剑》更是雄健流畅，开一代之新风。这种草书风格，直接影响了唐、宋两个朝代。宋代对草书没有多大贡献，完全继承张旭的传统，宋代的大书家，对张旭的确没有什么非议。蔡襄说："长史笔势，其妙入神，岂俗物可近，怀素处其侧，直有奴仆之态，况他人所可拟抗。"苏轼对张旭的字更有议论说："长史草书，颓然天放，略有点画处，而意态自足，号称神逸。"连最苛刻的米芾也说："张旭如神虬腾霄，夏云出岫，逸势奇壮，岂可穷测。"

从流传下来的作品和文字记载印证看，张旭最初也是学二王和六朝智永的字，他不但善草书，而且楷书写得很好。《郎官石柱记》写得那样含蓄工整，简直让人不敢相信是惯于写狂草人的手笔，惹得苏东坡大有感慨，说："今世称善草者，或不能真行，此大妄也。真生行，行生草。真为立，行为行，草如走，未有未能行立而能走者也。今长安犹有长史《郎官石柱记》，作字简远如晋宋间人。"张旭的《郎官石柱记》的确比较"简远"，笔法是和二王、智永、虞世南一脉相承的，可能是他早期的作品。又据《历代名画记》："张颠以善草书得名，余尝见小楷《乐毅论》，则韶秀殆虞、褚。"看来，他对当时流传的王羲之的《黄庭》、《乐毅》下过不少工夫，这是无疑的。如果前引老人求判的故事可靠，那末他的行书写得一定也不错。可是这些作品，固然写得好，值得称赞，但却不如他在草书方面的创造性大，所以他在当时还是以草书得名。韩愈说他"善草书，不治他技"，可见别的方面没有太多特长。又杜甫颂他的诗里说："俊拔为之主，暮年思转极，未知张王后，谁并百代则"，似乎他草书得名，也不是年轻时的事。

更值得一提的，张旭不仅在实践上草书写得好，还很有意识地研究笔法，他把他的一套想法告诉了颜真卿，就是后来有名的《颜真卿述张长史笔法十二意》。这篇文字，对结体、章法、布白等各个方面都有论述，笔法方面实际论述不多，但却提出一条重要的原则，即要用中锋（藏锋）。张旭说，他的笔法是他舅父张彦远传给他的。当年张彦远写字很用功，但不得其法，后来听褚遂良说，用笔当如印印泥，他还是不理解，直到在江边用利锋画平沙，才悟到书法的道理。其实，褚河南和张彦远那个时候，都还没有有意识地突出中锋，所以他们的领会只能是感性的，语言也是比喻式的，使人难以领悟，只有张旭有了实践经验，才借他舅父之口，说"自兹乃悟用笔如锥画沙，使其藏锋，画乃沉著"。

中锋笔法的突出运用，是唐代书风不同于魏晋的一个很大的特点，这种笔法，由一个草书大家提出来是很合乎规律的。这种书法在唐代已经逐渐普遍运用，由张旭概括地提出来，传给颜真卿，使中锋在楷书里占领了阵地，然后又出现了一个大草书家，这就是与张旭齐名的怀素。

僧怀素字藏真，俗姓钱，湖南长沙人，也是"不治他技"，专习书法，以草书得名。怀素有一篇《自叙》，把他的学历说得很清楚。说他"家贫无纸，尝于故里种芭蕉万余株"，就在芭蕉叶上写字，后来遍游大江南北，见到了不少名迹，又经过颜真卿的指点，草书大有进步。

怀素的草书，如《黄简》、《律公》、《颜尚书》诸帖，绝类颜真卿，可见是当时一种流行的新书体。到他的《自叙》帖，就完全是他自己的风格，其最大的特点就是基本上全用中锋笔法，以至于笔道粗细的变化都不太大了。

怀素和张旭的草书风格基本上是一致的，都是用中锋笔写奔放的大草。但正如黄庭坚所说的，张旭偏肥，怀素偏瘦，可能是他们二人风格上的不同。宋代人固然更加推崇张旭，但对怀素也是十分欣赏的。米芾说："怀素如壮士拔剑，神彩动人，而回旋进退，莫不中节。"黄庭坚说他见到怀素的《自叙》帖以后，"谛观数日，恍然自得，落笔便觉超异"。而实际上，和张旭一样，怀素的草书也影响到整个宋代。

4. 唐代书风的代表——颜真卿、柳公权

颜、柳两家是集唐代书法之大成者，是最能代表唐代书风的大书法家。他

们对书法艺术特别是对楷书，是有很大贡献的，他们的书风，在当时来说，是一种适应发展需要的新书风，是有创造性的。

颜真卿字清臣，山东临沂人，他的曾祖颜师古是有名的文字学家和书法家，因此他的书法和文字学方面的造诣都有一定的家庭影响。相传是张旭传授他以笔法，和张旭讨论过笔法问题，可见在书法上，他是革新派，喜欢当时的新书风。他在书法上最大的贡献是把中锋笔充分地运用了起来。

据米芾说，颜最初学褚，这我们从他早年的代表作《多宝塔碑》可以看出来，这时，颜自己的风格还没有完全形成，写的还是当时一般流行的字体。这种字体我们从同时代其他人的字可以得到印证。如徐浩的《石空和尚碑》，和颜的《多宝塔碑》就十分接近。不过颜顺着这种趋势，后来有了自己的新创造，所以在书法史上才卓然成家。这样，我们对米芾的一段话，就可以有新的了解："开元以来，缘明皇字体肥俗，始有徐浩以合时君所好，经生字亦自此肥，开元以前古气无复有矣。"崇尚丰腴，是开元天宝的一般风气，唐明皇不过是这种风气的一个代表。米芾的思想是相当保守的，常常发表一些不确当的意见。其实，书法到了开元、天宝年间，同样可以被看作"盛唐气象"的继续。

在书法上，颜真卿是个多产作家，《唐书》上说他"善正草书，笔力遒婉，世宝传之"，其实他除楷书外，行、草、篆、隶都写得很好。他的楷书作品最多，影响也最大。

从时间看，颜在书法上形成自己风格是四十岁以后的事，因为他写《多宝塔》时，已经四十岁了。五十岁写《东方先生画赞》，苏轼认为是临王羲之最好的一张。而他写《郭家庙碑》时，已经六十岁了，这才是他成熟时期的代表作。年纪虽然大了，但他的作品却还很多，像《麻姑仙坛记》、《干禄字书》、《大唐中兴颂》等代表作，都是六七十岁高龄的作品。

颜的楷法，我们已经说过，是当时书法的一种趋势，因此像阮元说他从"欧阳北派而来，其源皆出于北朝"，康有为臆测他得自《穆子容碑》，都没有多大道理。他的楷书是以中锋的笔法写二王以来楷书结字的自然结果，当然，这其中也掺有他个人的特点，如比较宽肥等。他运用中锋笔法，不仅在起笔处，而且在转折和收笔处都把笔锋藏起来。当然，这个办法不是绝对的，但却很普遍。这样，颜字的转折处，就不像过去那样见棱角，捺脚也有自己的特点了。

他这样突出地运用中锋，使之成为一种完整的体系，在当时是很新颖的。这种笔法写出来的字，比起魏晋以来用平锋、偏锋书写，自然要更加雄厚丰腴，气魄比较大，但挺秀方面就有所不足了。

这样，对颜（包括柳）的评价，后人就有很大的分歧。宋四大家，大都赞颂颜真卿，独米芾贬颜。从黄庭坚的记载看，当时北宋一般书家都不太以颜为然，可能是因为从表面上看不出颜和二王的联系，黄却认为"鲁公书独得右军父子超轶绝尘处"，他这个观点得到苏东坡的赞同，非常高兴。苏东坡学颜，谓"鲁公书雄秀独出，一变古法"，所以不以变化为忤，他们自己的书法，也是有创造性的。米芾说："真卿学褚遂良既成，自以挑踢名家。作用太多，无平淡天成之趣，大抵颜柳挑踢为后世丑怪恶札之祖，从此古法荡无遗矣。"所谓"挑踢"，也许就是指捺脚、转折处用中锋笔形成的钩状形。米芾又说："颜行书可观，真便入俗品"，宋人书法讲韵，俗则不足道，但最忌俗的黄庭坚却说："奇伟秀拔，奄有魏晋隋唐以来风流气骨，闲视欧虞褚薛辈，皆为法度所窘，岂如鲁公萧然出于绳墨之外，而率与之合成"，可见所谓"俗"与"不俗"，标准又自不同，米芾说颜的行书可观，真书入俗，实际上就颜书本身来说，真书的创造大，而行书的创造较小。

颜真卿最有名的行书是《祭侄季明稿》，这个草稿写得浑厚刚劲、笔势缠绵，是历来备受推崇的作品。看这张字的笔法和结体，已经灌注了他自己的特色，这就是说，在这个作品里，颜真卿已经把自己在楷书里的创造，运用到行书里来了，因而字的结体比较肥，笔势比较圆厚，风格上自是一翻面貌，因而可以说，它和《兰亭》、《汝南公主墓》鼎足而三。从他们之间，可以看出行书笔法变化的线索，但基本上还是属于一个范畴。在行书方面，还有受到元、明书家推崇的《送刘太冲序》，风格和《祭侄稿》相同，但字数比较少，所以影响也就不如后者大。

颜真卿留传的草书不多，我们看到的《裴将军诗》，固然写得气势雄强，但章草规模较露；有的真伪则成问题，如传颜书杜诗《古柏行》；《争座位帖》介乎行草之间，中锋笔运走字里行间，很受宋人的推崇，可惜真迹无存。米芾虽攻击颜柳,但在《书史》里也说:"《争座位帖》有篆籀气,为颜书第一。"这个米芾虽然刻薄,但还是很有眼光的,他说此书有"篆籀气"是很敏锐的鉴赏。因为颜书《争座位帖》中锋笔法运用得较多,结体也比较圆,所以和二王以来的大草、章草和行书都有区别。这其实是张旭以来草书的一种发展趋势,怀素的大草,未尝没有篆籀气。

接颜真卿的余绪,自成一家之风格的另一大书家是柳公权,他是元和年间的人,穆宗时拜右拾遗,充翰林侍书学士,可以说是专业的书法家了。他的书法当时非常有名,因此他卖字得来的收入还得有专人负责管理。

关于他的书法,《旧唐书》说:"公权初学王书,遍阅近代笔法,体势劲媚,自成一家。"从字迹上看,也是如此。他是以王字作基础,然后掺以颜真卿的笔法,形成一种比较瘦劲的风格,和颜书在精神上一致,而面貌各异。比较起来,如果说颜书的风格更接近小王的话,柳书的风格则更接近大王。

颜、柳的字因为后世很流行,所以都有个模拓失真的问题,而既刻了碑,真迹就不复存在,因而在评价方面有一定的困难。像柳公权最有名的几个碑,不同的拓版差别就很大,在宋代欧阳修就说过:"公权书往往以模勒失其真,虽然,其体骨终在也。"可见,宋代就只能看到一个"体骨"了。

就柳书本身来说,面貌也比较多,正如刘熙载说的:"柳诚悬书李晟碑,出欧之化度寺;玄秘塔,出颜之郭家庙,至如沂洲普照寺碑,虽系后人集柳书成之,然刚健婀娜,乃与褚公神似焉。"其中以《玄秘塔》为最能代表柳书风格者,在当时是一种新书风,对后世的影响也最大。从这个作品看,柳书在运用中锋笔法方面也有创造,它不像颜书那样完全藏锋,而是以中锋重顿则略见棱角,这样,又多了一层变化,不至于像颜那样接近"篆籀"。这种笔法,也是开一代之风的,宋四家的楷书,如苏的《丰乐》、《醉翁》二亭记,起笔处与其说近颜,不如说更近柳。

可是,柳书在宋代却受到米芾的很严厉的攻击,米芾为此还写了一首诗,说:"欧怪褚妍不自持,犹能半蹈古人规,公权丑怪恶札祖,从兹古法荡无遗",把柳公权说成是"恶札之祖",罪莫大焉。可是,奇怪的是我们从客观的书法作品来看,米芾本人的字,却更接近柳,这可能是米芾力学大王,而又逃不出柳的笔法的缘故。当时苏轼的眼光就比米高一点,他说:"柳少师书出于颜，而能自出新意，一字百金非虚语也。"其实，苏字更近于颜，但他对柳尚且有此评价，并特别指出他"能自出新意"，这样的看法是比较妥当的。

除了碑刻外，柳公权留下的手稿甚少，像《奉荣》、《送梨》、《公权蒙诏》诸帖，真是难得的书法珍品了。从几个作品看，柳字的工力是很深的，笔力雄健，而姿态妍媚，所以刚柔相济，挺拔俊秀，是一种独特的风格。

柳书的墨迹还有一张《兰亭诗》，这个作品是洋洋数千字的大作品，作为史料说，是很珍贵。但这张字的风格和柳字一般书风相去较远，结体用笔很像李北海，但似乎还没有李的笔力，所以不是柳的代表作，可能是早期的作品，自己的风格还未形成，或者因写《兰亭诗》故意模仿魏晋书风，总之，在风格方面相距甚远，而被认为是伪迹。

5. 李邕的行法——中锋笔法在行书中的运用

从汉魏以来，碑刻都是用比较隆重的篆隶或楷书，行书绝少入碑，这一方面是当时一种实用需要，一方面也是一种习惯势力，直到唐代，才开始有了变化。唐太宗喜欢王羲之的字，已开始用行书刻碑，并命僧怀仁集王字刻《圣教序》，以示提倡，但以行书写碑的风气，在欧、虞、褚、薛直至颜、柳诸家似乎还不显著。唐代开这个风气的，在有名的书家中，似乎首推李邕。

李邕和颜真卿是同时代人，但个人的书风和颜、柳都不相同。李邕用中锋笔法书写行书，并以此写碑，所以实际上的影响不在颜柳之下，在当时也有很大的名声。

李邕的书法，最初是从北碑入手的，阮元说，"李邕、苏灵芝等，亦皆北派，故与魏齐诸碑相似也"，这个见解，我们印证以李的《端州石室记》，是很正确的。李邕这个作品，用的是北碑的笔法和结体，和欧、虞、褚、薛相比，都觉得更加古老。当然，时代不同了，笔法和结体上多少有些变化，但总的看来，是比较守旧的书体。按碑刻的年代推算，应是他早年不太成熟的作品。后来，李邕的书风逐渐起了变化，他在二王的行书方面，下了很深的工夫，并且敢于大量用行书刻碑，这从书法上说，是一种可喜的变化。

李邕的行书，基本上是从《圣教序》来的，所以实在说来，自唐太宗命僧怀仁集王字刻《圣教序》以来，只有李邕真正响应了这个号召，把这种书体加以推广。从现在流传的李邕的作品来看，他是比较多地运用中锋笔法，用比较宽松的结体，来改造《圣教序》的，所以他的书风虽出自《圣教》，却更近于小王，这也是逃不出盛唐期间的普遍风气的影响。

李邕的作品很多，现在保存的也不少，其中像《法华寺》、《岳麓寺》、《云麾将军》、《叶有道先生》、《古诗卷》等，都是非常有名的。现在看来，他无论写什么，基本上都是用行书或行楷，结体非常秀媚，笔力也还是很刚劲的。后来元代赵孟頫以李北海为师，但正如王世贞所说，"吴兴习之加媚，似犹未得其道"，恐怕是因为赵孟頫不用中锋笔法的缘故。

李北海的字在当时是以秀媚取胜的，同样用中锋笔，其雄强当不如颜真卿，而且他的字结体变化不大，基本上按照《圣教序》的规格，让人有不敢越雷池一步之感。这一点也被爱挑剔的米芾看出来了，他说："李邕如乍富小民，举动强屈，礼节生疏"，这就是说，李邕的字被《圣教》统得太死，所以他的手迹《古诗卷》虽然笔力遒劲、体态多姿，就没有颜真卿的《祭侄稿》或《争座位》那样朴素自然。

正因为这个缘故，李北海的字往往给人以矛盾的感觉，一方面觉得它写的都是二王的俗书，无甚特别处；一方面又觉得它字划遒劲，工力很深。首先说出这种感觉的是北宋的欧阳修，他说："余始得李邕书，不甚好之，然疑邕以书名，自必有深趣，及看之久，遂谓他书少及者，得之最晚，好之尤笃。"明代的王世贞也有同感，"李北海翩翩自肆，乍见不使人敬而久乃爱之"，也许对李邕的字的观赏，的确需要一段时间。

从书法的发展上来看，李邕的字有承前启后的接续作用。北宋苏、米、黄、蔡诸书家尚意，写诗词尚行书，要从二王处找楷模，但二王久远，真迹难得，唐碑大都为真楷，惟有李邕碑得二王之法度，又有盛唐之风采，所以宋代书法家大都受他的影响，一直到元代赵孟頫，才在形式上越过李邕更加接近二王。孙退谷说："北海书宋初人不甚重之，到苏米而稍袭其法，又至赵文敏，每作大书，一意拟之矣。"

五　笔墨之情趣

　　唐代书家固已有不少墨迹流传，尤其是草书，石刻不能及其万一，墨迹为世珍藏，乃一定的趋势。但唐代书法艺术的园地，占大量比例的，还是碑石，而到宋元以后，则终究开始为笔墨的天下了。

　　宋代国势柔弱，重文轻武，从皇帝到大臣没有几个有大政治家的气度的，但在文艺方面却大小有些成就，宋朝的政府有点"文人政府"、"书生政府"的味道，再找唐代那样的大政治家、大军事家就不很多了。

　　宋代具有代表性的书家，大部分在文化艺术上的成就超过他们政治上的成就，徽宗皇帝就是一个实例，他是一个失败的政治家，但是成功的艺术家。就书法艺术的发展来说，也由唐代的政治家的气度转变为文人手中陶冶性情的一种寄托。

　　首先，书写的内容正在转变。唐代是诗的历史高峰，但很少将诗刻在碑上。诗可以盛赞书家，书家却很少把书法与诗真的结合起来，有一些"诗抄"，如柳公权《兰亭诗》、张旭的《古诗十九首》等，即使是真的，也不容易说明是把诗与书法同时作为艺术品来保存的，至于传世珍品杜牧的《张好好诗墨迹》，则是打草稿用的。这种情形，到了宋代，就不尽相同了。宋代文学，由诗转化为词，词是唱的，不仅注重语言的音韵，而且要把这种语言自然音韵与音乐的旋律结合起来，本是一种歌唱艺术，而非一般的吟诵艺术。与这种声音上的变化相应，把词作为书法艺术结合起来的做法逐渐流行开来，这对书法艺术来说，等于扩大了一个领域，书家们自觉地写诗词不仅保存诗作，而且炫耀书法。这种情形，从实际上来说，是和当时的书家大半自己就是诗人，诗人大半都是书家这种条件有关。这个集诗人与书家于一身的特点成了比较普遍的情形后，就由"打草稿"变成了"书法艺术的创作"，在"稿子"定了以后，也要"抄了"自存或送人了。

宋代书法以写诗、词、赋为内容，所以在书体上以行楷为最流行。比起唐代来，宋代没有什么像样的正楷书，大楷书尤其不行，所以宋代也没有什么可以和唐代抗衡的"碑"传世。从另一个方面说，宋代也没有什么能与张颠、怀素匹敌的草书家。黄鲁直有时写大草，取法唐代，但不免相形见绌，因为他没有唐代书家的气度，"词"的境界尚小、尚细，这种精神状态写不好大草书。但宋代诗家的行书却与诗、词、赋配合起来，有一种独特的情趣，是唐代所不及的。

唐代自开国以来，就崇尚、提倡王羲之，但王的真迹可能为皇帝收藏，而摹本只分送少数大臣，而且唐代的文治武功，吸收不了《兰亭》的飘逸俊秀的风格，事实上，《兰亭》的精神，到了宋代才发扬光大起来。王家父子虽是大豪门贵族，但不是政治家，而是文人，这一点是与宋代诸家相接近的，政治上无所大作为，则寄兴于笔墨之间，发抒自己的情怀，这是当时知识分子的一种比较普遍的倾向。

宋代书法还有一个特点，就是与绘画艺术结合了起来，画上的"题跋"不仅为画增色，而且成为一个相对独立的书法艺术的一种形式，不仅是画，诗、词、赋、文章都可以"题跋"，自成格局。

我们前面谈过"书画同源"的问题，作为"划道道"言，"书"和"画"其根源为一，但"一"生"二"，"二"生"三"，"划道道"一分为二，一方面为文字，一方面为图画，二者性质不同。然而我国的绘画渐逐脱离"工艺"的技术，而提高自己的层次，书法用笔的引进起了很大的作用。绘画固然必须"状物"，但却也有一种"笔墨情趣"，这是"文人画"的特点，而"文人画"起于宋代，"绘画"成为知识分子、文人手中寄托性情的方式，它"状"的"物"，是文人眼中之"物"，是文人对世界的理解，而不是单纯的客观的模仿。"文人画"的性质和功过自来有不少的讨论，但和书家一样，文人画为文人、画家和书家集于一身的产物，这则是无可否认的。"画家"已非专职的"画师",而是"文化"的一个部分,这就是说,"画家"也在走"书家"的路,从专业人员(远古的"巫")、王公贵族、顾命大臣那里"解放"出来,成为普通知识分子的"财富"。"书"和"画"都归了"队"。

书法艺术与"绘画"、"诗"、"词"、"赋"、"文"相结合,大大提高了这些部门的艺术情趣,尤其是对"绘画"有很大的提高作用,但同时也提高了书法艺术本身。书法艺术中"技"和"艺"的关系,被人们认识得更清楚了,宋代书家讲究一个"韵"字,黄鲁直说苏东坡的字也有"不到之处",但"韵胜"足以弥补一切。

北宋书家,号称苏、黄、米、蔡四大家,其中三位都是杰出的文人,蔡京因政治名声不好,常与宋初书家蔡襄混,但蔡君谟是过渡时期的书家,不足代表宋代特点;蔡京与苏、黄、米的书风接近,四人并列,表示艺术上一个方面的公正性。苏轼和黄庭坚在文学史上的地位是确定了的,在书法艺术上以唐代为楷模,追二王之踪迹,自成体态,在当时是很清新的风格。四人中米、蔡比较接近,是当时一般知识分子书风的代表。米芾力学大王,他的次子米友仁在绘画史上的地位也是确定了的,把画与书结合起来开一代文人画的风气,成就应在他父亲之上。

南宋偏安,虽不废风流,但更只能以一般知识分子的文人风格来看这一代的书法艺术。并不是说,当时堪称书家的人物中,没有忠臣烈士,岳飞、文天祥都是历史上的民族英雄,陆放翁是爱国诗人,他们的书法也大有可观。但偏安朝廷,亡国忠臣,有激越之刚劲,但那种坚如磐石的气度却不复可寻。所以,总的来说,南宋的书法只能是向元代书法过渡的一个环节,像吴说、范成大以至姜白石诸家,也只是元代书家的先驱。

元代以武功威震天下,远及欧洲,然称雄一世,立国只九十一年,在历史上犹为昙花之一现,但却是一朵鲜艳夺目的花。在短短不足一百年中,在我国文艺史上却平添了"戏剧"这样一朵大花,出现了一批剧作家和作品载入史册,虽说是水到渠成,但也不能抹煞在这短短的时间中这一代人的大贡献。

在书法艺术中,元代也出现了一个继往开来的大书家——赵孟頫。赵孟頫是中国书法史上的中兴人物,他的书艺是多方面的。一方面,他继承宋代文人书法的传统,继续把书、画、诗词、文章结合起来,以发抒性情为主;另一方面，他以朝廷大臣的身份，著文刻碑，纪述事功，以恢复唐代传统，同时在书体上兼容并蓄，提倡篆隶，写六体千字文以求普及，所以他在书法艺术方面的成就是相当全面的，有一种大综合的趋势。

然而，在书法艺术上，赵孟頫的成就主要还是表现在行楷方面，把篆、隶、楷、行真正贯通起来，是后人的事。赵孟頫不写大草。他提倡过"章草"，也写"今草"帖，但他的"章草"显得过于柔弱圆俗，他的"今草"不及智永的刚劲，只是在一个较低的层次上模仿《十七帖》，当然不能与唐代大草同日而语。

在书法艺术的技巧训练方面，赵孟頫的功力要大大超过宋人，但在趣味上要比宋人多一点富贵气。宋代文人，时常因政治坎坷，颠沛流离，情趣上尚幻想，最反对一个"俗"字，书法上则以空灵的"韵味"来掩盖实际笔力之柔弱。以赵孟頫为代表的元代书法则一反宋人习气，不尚空灵而谈实际，不去追求那"虚无缥缈之间"的"境界"（词以境界为尚），而去做实实在在的事情。大的实际（朝廷政治、社会国家）已无可奈何，所以所谓"实际"就只能从小处入手。沾沾自喜于细小的工夫，这就是赵孟頫书法艺术的一个方面的特点。

赵孟頫行书力学二王，仅得其貌，未得其骨，因为那种风骨在元代是没有根基的。赵书写得精采时，真可谓得心应手，左右逢源，怡然自得，游刃有余，但总不免给人一种随遇而安、无所作为的味道。比起宋人书法来，赵书安详、稳定得多，努力要装出一副地位巩固的政治家的风度来，但如与唐代比，则缺少保定乾坤，以天下为己任的气概，所以赵书未能超出仕途文人的范围。

然而，尽管可以有多方面的批评，但赵孟頫提倡书法艺术的功绩是不可抹煞的，由于有了以赵孟頫为代表的元代书家的努力，才有明代书法艺术的大普及。据祝嘉《书学史》的统计，北宋一百多年书家一百六十二人，南宋一百五十年仅有五十八人，到元代九十年间已一百一十四人，而明代二百七十六年书家增至三百五十八人，虽有记载详简的原因，但可见风气之盛。

明代书家虽多，但一般史家都对这一代的书法艺术评价不高，似乎中国书法自唐以后，有一代不如一代的趋势。这除了论者本身思想倾向上的原因外，可能是因为一种具体艺术部门，在大的体系方面由大艺术家创造确定下来以后，继承者往纵深发展，在工作表现上偏于精雕细刻，成绩不容易显著的原故。

从这个意义来看，明代以后的书法可以说是书法这门艺术由成熟向普及的发展阶段，它的一般批评标准，已由艺术风格性的转变为艺术传授性的，不但讲笔法、间架、布白，而且讲来历，讲依据。大凡创始者之所以为创始，取法乎自然，自己立法，似无所"本"，但继承者则有所师承，讲"门第"，讲"派别"，讲"家法"。这时，所谓艺术风格已不是"遒劲"、"飘逸"、"刚"、"柔"之类的抽象概念所能概括，而是可以指出哪家、哪派的具体师承的时代和人物来。

艺术里讲"师承"似乎容易和"模仿"、"死学"这些意思等同起来，产生一些偏向，这在书法艺术里当然也是应该避免的。但"师承"不等于"死学"，"大师"们的创造本是要有人"继承"的。所以，在西方的古典美学思想里，即使最讲"天才"、"创造"的艺术哲学，也不否认"师承"的重要性和必然性，而是把"师承"（西方叫"跟随"）和"死学模仿"区分开来。"师承"是在前人的指引下走自己的路。唯有承认"师承"和有所"本"，艺术的风格才不完全是"个人"的，才能有相同"师承"，才有相同风格的艺术流派的存在的理由。书法艺术中，"师承"的关系并不是不重要的。"写字"要"学"，"书法艺术"更要下工夫学习，都是学而知之，不是生而知之。碑帖、拓本和墨迹的收藏，不仅是为了欣赏，而且大半还是为了临习，这是书法作为文字工具和书法成了文人艺术以后一个相当主要的特点。藏画的大部分人自己不画，只为观赏，但藏字的大半要自己临习的。在大量、普遍临习前人作品的基础上，随个人兴趣所在，以某种风格为规范，勤学苦练，卓然成家的，大有人在。所以，在中国艺术中，学艺术大师可以学到"乱真"的程度，本身也就有相当的艺术价值，这一点，不光是书法如此，举凡戏剧演唱、绘画等艺术，也莫不如此。所以，辨伪固然很重要，但不少"伪"作，并不失去其自身的价值，其中大者如王羲之《兰亭序》真伪莫辨，但历代行书大家莫不受其影响，即令将来有人证明确实是伪作，也不能抹煞它自身的艺术价值和在中国书法史上所起的典范作用。

明代的书家不可避免地要通过赵孟頫这个环节来上溯古人，但明初三宋中长洲宋克的成绩直追晋唐，比起他的章草书来，赵孟頫只有提倡之功，笔力远不如宋克之刚劲。三个人中，宋璲能写篆书，而宋广稍弱，只能写草书，这也是赵孟頫所不及的。弘治之后，文萃三吴，文徵明、祝允明领一代之风骚，取法吴兴，上及晋唐，笔力强劲，结体古朴，有意取法乎上，成绩不在赵吴兴之下，但不出文人字的范围，江南名士风度，比起吴兴出入朝廷，少一点俗气。文徵明晚年学黄庭坚书，而在笔力上胜过鲁直，不仅是工夫训练问题，而是自己走出来的路子，学有所本，而又别出心裁。

祝枝山以小楷和大草名世，草书在宋、元未见专长，所以明代在草书上有中兴之功。祝枝山的草书取法黄鲁直，而直追张、怀，但是在气象上仍是文人字的境界，以疏狂含俊逸，不及张颠古朴，也不像怀素那样超脱，但点画之间有书卷气，是知识分子的作品。

明代最大的书家当推董其昌，他的确是博采众长，在古人典则指引下，走出了自己独特道路的书法艺术中"大师"级的人物。董其昌官至礼部尚书太子太保，政治上可批评的地方不少，是宋元以来大书家中官位很高的一个，但他的字似仍属文人字，以行楷、行草见长，所以康有为说他的字不像"大将"而像"休粮道士"，其实文人字和将相字本非一品。董其昌字的基础可能是米芾，后兼学颜真卿、柳公权、李北海和杨少师诸家，所以在敦厚上超过米家法度，但又有宋代文人的潇洒，不像赵文敏以书生学政治家，显得力不从心，在书法艺术领域内，董香光以政治家的气度安于书生之情趣，使疏而不狂，浑厚而不矫作，得"生"、"熟"之妙，可谓知"度"，不做力不从心的事，所以我们也要从文人字的趣味上来要求它，而不以政治家的字来看待它。

明代的书法艺术，还有一点值得注意的实际情况，就是书法艺术除金石、碑帖之外，墨迹欣赏的范围远为扩大，诸如扇面、对联、屏条、中堂以及诗稿折页等，都成了传播书法艺术的工具。人们接触墨迹的机会不断扩大，使更多的人从金石、碑帖间接地欣赏，到直接欣赏墨迹，这个变化应该说是相当巨大的。书法艺术在真正的意义上成了"写"的艺术。

这些传播工具是如何产生、发展起来的，是专家们研究的课题，譬如唐太宗把魏徵的"话"贴在屏风上就有屏条的形式，但主要似不是为了欣赏书法；团扇上的书画在宋代上层人物中已有流行，据说折扇是从朝鲜传来等等，但无论如何，明代传播书法的各种工具都已具备得相当齐全，书法艺术与一般文人甚至一般家庭的环境已有进一步的联系，真正形成了艺术不仅是生活反映，而且是生活的一个组成部分这种局面，书法艺术已不完全是一种特殊的享受，而是文化生活的必需，书法的兴趣，已有相当程度的群众性。

这种情形的出现，当然是和社会的发展、社会文化的进步和普及分不开的。文化普及了，知识普及了，要在普及的基础上再提高一步，再作出一点进步，其难度不比创始时期的小，有时还是更加困难的。创始时期，苦于可借鉴的太少，普及以后，又苦于可借鉴的太多，要不落前人窠臼实是不易。清代的书家们面临的就是后一种问题。

按照康有为《广艺舟双楫》的说法，清代书法"凡有四变：康雍之世，专仿香光；乾隆之代，竞学子昂；率更贵盛于嘉道之间；北碑萌芽于咸同之际"，当是有据之言。清代立国之初，书法承明代余绪，而明代的董其昌犹如元代的赵孟頫，影响当然很大。康熙皇帝本人也学董，但笔法是开业帝王的气度，不是文人案头小品。乾隆的字笔力柔弱，本不足以书家观，只是提倡之功不可没，在书法史上另有一种地位。欧阳询的碑方正规矩，易读易认，应用科举考场，自有一种方便，所以成为学书的基本功，馆阁体目的为求取功名之工具，本无艺术趣味可言，这种书风一盛，书法艺术就岌岌可危了。作为这种风气的逆动，于是北魏碑的提倡，成为自然之势，这样"碑"、"帖"才分了家，"碑"指从当时新出土的碑上拓下来的作品，唐碑因几经翻刻，已不属"碑"类，"帖"则指《淳化阁帖》以来以枣木翻刻的各帖。

"碑"、"帖"之分，扩大了书法艺术的视野，承认了北魏碑的艺术价值，影响了清代后来楷、行、草诸体的面貌，是很有贡献的。但把"碑"、"帖"完全对立起来，要以粗犷的北魏风格完全代替唐代楷书的作用，是超出魏碑本身能力范围的事，只能说是清代文人在为书法艺术谋求新发展、针砭时弊的一种卓有成效的做法，而并不能有长久的实际价值。魏碑中除一些最优秀的作品外，大多不宜作为书法之基本训练教材，而那些最优秀的作品，又都很接近隋、唐的书风。所以，魏碑的提倡，是面对书法艺术强大传统力量的一种艺术风格上的新的灵感和冲击，可以吸收，而不是新书风的发展的基地。

无可否认的，从"帖学"眼光来看，清代人的成绩的确不大，在尊碑大家包世臣、康有为眼中，在帖学方面能数得上的不过刘墉、姚鼐、伊秉绶、张裕钊几家。

其实，尊碑原意，仍是"托古改制"，认为唐碑辗转，面目全非，而要求保存真正书艺精华之书风，除魏碑外，尚有金石。金石作为文字考据学问，清初已经兴起，很自然地影响到当时的书法风格。一时间，除楷、行、草外，篆、隶的兴趣逐渐恢复，隶书本与北魏碑书体有历史承续关系，二者结合，楷书的面目非改变不可，所以北碑与金石的宗旨是相同的。

金石和魏碑书风的兴起，原本为"恢复"书艺之"本来面目"（真面目），但结果却是一种"新面目"。清代人不可能真的全去"刻魏碑体"或铸鼎刻石，而是把这种书风吸收到笔墨中来，从而丰富了笔墨的趣味，除普通说的"金石篆刻"外，大部分魏碑体、篆书和隶书，都是"写"出来的。这就是说，清代书家努力把"金石的风格"、"碑帖的神韵"融汇到"笔墨的情趣"中去，因而他们的实际效果，就不是"复古"，而是"创新"。

从这个意义来说，包慎伯、康有为在清代书家中首推邓石如是很有眼光的，很允当的。从艺术风格来看，邓石如可以说是把"金石"、"碑帖"和"笔墨"结合起来的一代典范，而他的成就在于笔墨中含有金石和碑帖的意味。邓石如在书法艺术上是个多面手，真行草篆隶无所不能，是中国书法艺术史上少有的专业的书法艺术家，是书法中专业的大师。

也许我们可以说，在每一种书法中，邓石如都表现了他的多方面的能力和趣味。他的篆书是用羊毫笔写出来的，和真、行、草诸体一样，不光是结体优美，而且行笔流畅，决非钟鼎款识、秦代刻石所能代替。而他的行草，兼用中锋，自然也有一种古篆的意味，要比颜鲁公更加流畅而变化多端，因为毕竟已有千余年"帖学"的传统，不是唐代所能比拟的。论者常谓邓完白隶书第一，其实，把篆书写得那样有笔墨情趣，而绝无呆板矫作之处的，邓石如可说是一个先驱者。

至此，我们可以看到，中国的书法艺术通过几千年的发展，逐渐地排除掉不同程度的外在的工具性的影响，又回到它的本源性的状态。不论用什么方法创作和保存，但归根结蒂，"字"是"写"出来的，笔墨纸砚是它的基本工具，如颜料、画笔、画布之于绘画，演员之于表演一样，是必不可少的，而艺术家创作，所凭借的就是这些基本工具的运用，因此讲究"笔墨"乃是书家不能放弃的，就像音乐家之不能放弃节奏和旋律一样。

在结束这一部分之前，还有一个问题需要研究的是：西方文艺批评中有一句话叫"风格即人"，这句话当然是不错的，但还需要进一步的分析，这里有一些层次不同的区别。"风格即人"，首先涉及"人"的理解。如我们所说过的，"人"当然是现实的、活生生的社会的人，不是抽象的"人格"或"性格"的化身，如刚毅的"人"下笔则"遒劲"之类。然而，有一点我们也不能不注意的，即"书法"作为艺术来看是像音乐那样比较概括的，就具体的语词的"意义"来说，它有多方面的适应性，这一点，它和"语言"的逻辑结构功能差不多。"语言"作为一种形式看，它可以表达多种思想内容，甚至敌对的双方都用同样结构的语言。"书法"作为"文字"来说，和"语言"一样，作为"艺术"来说，当然增加了或侧重于线条按字形运动的特殊审美内容，但这种内容就知识而言也具有相当的不确定性，即我们不可能说"坏人"必定写"坏字"，"好人"必定写"好字"。我们不可能仅就书法艺术的风格来指出书者的道德品质和政治品质，这是两种不同的评价标准，需要利用两种不同的材料。然而，在事实上，在形式方面，在运用材料的结构方面，"笔迹"又是有相当的个性的，每个成熟的人都有自己的写字的习惯，根据笔迹来判定作者，其准确性竟可以自成一门学科，叫"笔迹学"。大家都知道，"笔迹学"在侦破工作中的作用几乎和"指纹学"同样重要。这当然是一种无关乎书法艺术的一门学问，但却也可以对理解书法艺术有一定的帮助，这就是说，写字虽为后天所学，但却有相当的生理的基础条件决定，这种条件与后来成熟了的艺术风格相结合起来，则用不着学习"笔迹学"就可以相当准确地辨认出自何人之手迹，就像有经验的观众可以相当准确辨认出演员的歌喉嗓音一样，这种情形之所以出现，我们可以结合下面的情形来考虑：我们能非常准确地辨认出自己亲人的声音来。

于是，在书法艺术中所表现出来的"人"，一方面不是"这个人"的"全部生活经历"和"人格性情"，它作为知识性的内容来说，没有"小说"、"诗词"那样丰富，但它又可以相当确定地表现"这一个"人，相当明确地指出它自己的作者来，这种双重性，表明了书法艺术既具有相当概括的普遍性，又具有相当确定的个别性。在某种意义上说，书法艺术是最具个性的艺术。

另一方面，书法艺术所表现的"人"，又是有不同程度的知识、文化的人，书家首先要会认字、写字，这是文化的一种标志，因此"书家"即是"文人"。几千年来，"书家"作为艺术家看，都是"业余的"，即使在"书法"作品成了某种商品以后，"书家"仍是保持着广义的"文人"的身份，而专以"写字"为职业，把"书法艺术"作为谋生手段的，直到很晚近的时期才在某些商业城市兴起来，这种情形，在别的艺术部门是少见的。我们说过，有巫师的字，有政治家的字，也有文人的字，但广义地说，都是"文人"的字，"书法艺术"是"文化"的表现，它是群众性的，不是专业性的，这种情形，至少保证了书法艺术的高层次的技巧水平。随着文化的普及，大多数人都会写字，要在众多的人都会的技巧中出类拔萃，是一件非常不易而且是越来越难的事。

不仅如此，这种非专业性的艺术使它在较高层次上保持了这门艺术的自由和独立性，而较少地受到商品社会非艺术因素的干扰。书法中的"竞争"，是一种艺术性的"竞争"，而不完全是商品的竞争。

总之，书法艺术是文化的一种概括性的表现，同时又是书家的自由个性的表现，它是我们民族艺术精神的结晶；它是很高超的，但又是很平易的。我们每天都在不同程度上与书法艺术打交道，我们不仅欣赏书法，而且也创作书法。我们的文化传统教育我们从小要把"字"写"好"，我们当然不是"书家"，但我们不可避免地是"书者"。

作者后记

"书法"我只是在二十年前开始持续了一个阶段的兴趣,写过一两篇文章,无论从什么意义说,都是门外汉;"美学"不能说不是专业,但只是我的专业中的一小部分,我主要是研究哲学的。所以要我来写"书法美学"这样专门而又深入的书,是不能胜任的。在朋友们的帮助下,——尤其是考古研究所徐元邦学兄,前几年帮我借资料,提供图书方便,使我得益匪浅,——但因其他的事多,终未能悉心研究这个问题,如今又在朋友们的敦促下,勉强写成,加上"引论",是抛砖引玉的意思。目前我们的确没有多少像样的书法艺术理论性的专著,与其他中国古典艺术部门的情况差不多,有很高的艺术成就和丰富的艺术经验,但缺少理论的深入研究,写这本小书,希望能引起一点理论探讨的兴趣,就很高兴了。

这本书中的有些部分是很早以前写的,有一部分是发表过的。"分析篇"的初稿说来有些纪念意义。那是 1970 到 1972 年我们在河南信阳干校期间利用早晨"天天读"的时间写在一张跟《语录》差不多大的小纸片上,1972 年回到北京后贴在大稿纸上,补充了一些材料,到 1979 年发表在一个集刊上。如今为写这本书,把那剪贴了的原稿找了出来,面对那发了黄的一叠稿纸,不觉"感慨系之"。一位见到这个手稿的朋友问,那时你并未想到日后会有用,为什么冒风险写它?的确,当时从未想到有一天会发表,而且会收到书里去,只是觉得"有'话'要说",应了海德格尔那个意思:不是"人""说""话",而是"话"叫"人"说,似乎非说不可。

"风格篇"有一小部分是没有发表过的旧稿，读者可以从写法上辨认出来，由于那里有一点具体的材料收集的工作，现在也没有时间再做了，所以只作了点文字方面的修改。

大部分的文字是现在写的，主要的意见也是现在的，但因为是赶写出来的，当然是相当粗糙的。又因为全书的写作时间不同，一定也有不少重复、脱节、矛盾的地方，请读者批评。好在它不是"玉"，粗糙的"砖"自也有用处，所以就"抛"出来了。

1986.11.20

于中国社会科学院哲学研究所

| 古中国的歌 |

——京剧演唱艺术赏析

世界各个民族的文化，在远古的时候，大都是分别独立发展的，虽然后来有不同程度的交流，但各大民族的文化仍有自己的特色，这是因为这些特点是在这个民族的最深层的根基里的，甚至可以说是与该民族俱生的。因此研究文化史的学者，提出了各种"文化类型"的学说，但无论怎样分法，中国的文化，总归是被认为自成体系的古老的文化类型。我们的文化也是在最远古的时候就孕育了后来发展的种子，有些特点是我们这个民族"娘胎里带来的"，就是说，是由我们这个民族最远古的特殊的生存条件决定了的。我们这个文化系统，发展到现在，就以有文字记载的历史言，已经数千年了。它的具体形式已经非常复杂丰富，而且在越来越多样化的发展过程之中，对它的最基本的特点，往往要花很多的观察、分析、思考的工夫，才能捕捉到，这是文化史家们的任务。我们在这里，也许可以从两个方面来引入我们所要讨论的问题：一方面，我们古老的文化是历史的，它植根于远古的"过去"之中；另一方面，它也是现实的，它仍然活在我们当前的生活之中。但是，我们的文化精神，之所以还能"活"在我们的生活中，正因为它过去也是"活"的。无论世事如何纷繁，现代的生活如何发展，我们这个文化精神的基本特性，不会泯灭，它仍然影响着——虽然是越来越曲折地——我们的生活方式和思想方式。

　　然而，历史已是过去的事，何处去寻找它们的踪迹？不错，历史有自己的遗迹和典籍，供人研究思考，但我们要更进一步去体验过去那种"活"的精神，却离不开艺术，而在一切艺术中，最为直接而又最为综合地反映历史的活的文化精神的，我认为就是戏剧。我们这个民族的活的精神相当集中地体现在我们的民族的戏剧中。要认识我们这个民族的过去从而认识现在和预想未来，除了请教历史的典籍和遗迹文物外，还要请教我们民族所固有的戏剧——中国的戏曲。

但是，说到我国的戏曲，不免令人有沮丧之感。试看欧洲的歌剧和舞剧，就其出身来说，和中国的戏曲也差不多，最初来自民间，后来一度为宫廷所用，随着有文人（包括大诗人和大音乐家）对之加工润色，发展到当今科技世界，不但没有衰落，而且似乎由于它的历史的光辉，更加受到人们尊敬，成为文明和文化的一种标志。欧美人对歌剧和音乐的崇拜是每个在那里生活过的人都有切身体会的。欣赏包括歌、舞剧在内的音乐，是他们的文化生活的一个部分，去歌剧院是一个大典，教授们如果整年不进音乐厅、歌剧院，就可能被讥为没有教养。当然，不是说西方古典歌、舞剧和古典音乐像摇滚乐那样流行，但它们的社会地位却大大高于那些时髦货。大作曲家、指挥家、歌唱家和演奏家受到人们普遍的尊敬，认为是自然赐给人们的"礼物"，使人们可以得到高级的享受。凡此种种，相比之下，我们的古典戏剧的处境，却有被时代冷落之感。认真说起来，中国的古典戏剧自有它的特点，并不比西方的歌剧、舞剧差。从剧目说，就以古典京剧言，按照陶君起的《京剧剧目初探》说法有一千多个，我想近百年来常演的戏，恐怕也不下四五百出。就这些戏的故事内容来说，大部分比西方歌舞剧的内容还要丰富复杂一些；就艺术形式来说，其中差别最大的当是音乐和表演方面的问题。本书想着重从演唱艺术的角度，来探讨中国古典戏剧之代表——古典京剧的特点和历史发展问题。在谈这个问题以前，当有一些更为基本的问题，要先说明一下。

第一章　中国戏剧与中国文化

一　戏剧作为人生的镜子

莎士比亚说，戏剧是人生的镜子，这句话说得很透彻。这句话的意义不仅在于道出了戏剧作为一种艺术与现实生活的关系，这层关系，当然是很基本的，应该重视的；但这句话还可以引起另外一种思考：人为什么照镜子？回答似乎很简单：为了看自己，看看自己脸上有无灰尘，洗得干净不干净，修饰得美不美……一句话，为了认识自己。戏剧是把人生的事，活生生地在舞台上表演出来，让人们"看"，而表演的是人们自己的事，因而人们看的也是自己的事。所以，在这个意义上，戏剧才像一面镜子，让人们自己观照自己，认识自己。

人类自觉到要"认识自己"，至少在西方民族来说，是经历了一段漫长的岁月的。西方文明的摇篮——古代希腊的文化，最初是从"认识自然"开始的，他们在脱离远古原始神话阶段以后的第一个意识形态是科学的形态，把自然当作观察、分析、研究的对象；自然作为静观的客观对象，有自己的原因和结果，有自己的本身的结构。直到苏格拉底的时代，人们才从那漫无边际的自然进程中摆脱出来，看到"认识自己"的重要性。那个时期，即在希腊雅典奴隶主民主制的黄金时期前后，才出现了古代希腊戏剧的高潮，名垂史册的三大悲剧家和喜剧之父阿里斯托芬得以活跃在当时的戏剧节的舞台上。人生不仅是一个实际自然的进程，它同样也成了"静观"的对象，舞台就是这种"静观"、

"观照"得以进行的媒介。

比较而言，中国古代这种"认识自己"的觉悟大概要早于西方民族，因为中国古代占统治地位的思想是自商代祖先崇拜到后来提倡三代圣王理想和强调人伦秩序的儒家思想；但中国戏剧的繁荣，却又似乎比西方民族晚得多。这只说明这样一个事实：中国戏剧这面镜子，要比西方民族的这面戏剧镜子完善一些，因为中国戏剧是在多种其他艺术形式已有相当充分的发展以后才综合起来的一门艺术。

古代希腊人的"认识自己"既然是从"认识自然"脱胎而来，所以在最初的时候，他们把"自己"也当作一种"自然"来"观察"，把"人"当作一个客观的对象来作科学性的研究，这是西方民族多少年来一个很顽强的传统；现在有一些西方的思想家觉得这个传统维持太久，"人"受到"物"的压制太久，要求寻找出另外一种道理来把"人"从"物"中彻底解脱出来，于是有种种的学说，但这个传统是如此地强烈，即使这些想冲破藩篱的思想家本人也难以摆脱它的影响。正因为有这个传统，所以戏剧这面镜子，在西方有其自身特殊的意义。

西方的戏剧，从古代希腊戏剧算起，经过两千多年的发展，经过了一个由现象到本质的发展过程。这就是说，"戏剧"也像别的任何"事物"一样，在历史的发展过程中，逐渐摆脱了其他"非戏剧"的因素，而终于发展成符合"戏剧"这个概念的本质的含意——即反映人生的矛盾冲突，于是，戏剧的冲突，成为"戏剧"这门艺术的本质。像世界上其他一切具体事物一样，"戏剧"也会在历史中走向其反面，于是有"反戏剧"的艺术流派产生。就表演艺术来说，西方的戏剧的典范，即以表现人生矛盾冲突为特点的戏剧，在斯坦尼斯拉夫斯基体系中业已完成。布莱希特的戏剧，以工业社会矛盾为背景，要在戏剧中表现更加广阔、更加复杂的多层次的社会关系，已经突破了"戏剧"的形式，向"电影"靠拢；而当今主要在存在主义思想影响下的所谓"荒诞派戏剧"，则完全没有真正的"戏剧性"可言，是某种思想的、哲学的体现。这方面要仔细研究起来，当然可以有许多的话要说。而总起来说，都与西方民族对"认识自己"的一种理智性、静观态度有关。

然而，人们要"认识自己"，并不只有"戏剧"一种形式，就艺术言，还有音乐、舞蹈、绘画、雕塑等等不同的形式，都可以供人们认识自己。中国传统的艺术精神，正是要在一种总体的、综合的形式中完整地认识自己。从这个意义说，中国戏剧是最适应这种要求的。

广义地说，一切艺术形式都可以作"人生的镜子"观。一面镜子不够用，至少要有一面小镜子照背后的发式如何。演员也许还需要四壁皆镜，以便"全面地"认识自己。音乐和舞蹈同样是人生的镜子，而这在中国古代发得是很早的。不错，在古时候，音乐和舞蹈与"礼"的仪式分不开，也许更多的是有一种实用的功能，因而可以看作是实际生活的一部分。但镜子本身也是生活的用品，虽然镜中人只是"镜花水月"，不是真的，而是影子。古代音乐、舞蹈的礼仪，客观上仍是一面镜子，而且是一面很真实的镜子，可以通过音乐来预言世道之兴衰，可见，它给人们提供的关于自己的信息是相当准确的。

当然，这种"准确性"并不是概念的准确性，其实，"概念"有时是非常不准确的。医生诊断，主要靠"症候"，而不在病人的主诉，现代的医生更要靠科学的仪器和数字指标，以免装病者有空子可钻。一个世道的兴衰，不一定从报纸宣传中看得出来，而可以从真正的艺术品中透露出相当准确的信息来。当然，也有假的艺术信息，那正是公式化、概念化的作品。音乐艺术的特点是最和概念化对立的，但却在更深刻的层次上让人认识自己。

音乐是情感的一种表现，而人的情感，并不是单纯的、自然的、动物的感觉，它与外物的关系，不是单纯感受性的物质的反应，而是一种理智性的人的关系，是人对世界的内在的理解的表现，因而它也和概念式的理解一样，有自己的结构，有自己的"意义"。音乐不是概念式的，但它的结构与概念的结构（逻辑与语法）却有着对应的关系，因此音乐的"意蕴"与语言概念的"意义"也并不是截然对立、完全无关的。音乐与概念的关系最明显地表现在"诗"中。"诗"这种形式既是概念的，又是音乐的；既有文学性，又有音乐性。在"诗"中思想与情感、概念与音乐、逻辑的结构与艺术的结构是不能分割的。所以，"诗"的语言是艺术与科学、音乐与逻辑、表现与再现可以相互渗透、相互结合的秘密所在，也是中国古典戏剧得以产生和发展的关键的环节和实在的基础。

中国古典戏剧是在各种艺术形式比较充分发展的基础上才发展起来的，是在音乐、舞蹈和诗分别充分发展起来的基础上发展起来的。

　　音乐和舞蹈本不可分,"诗"和"歌"本也是一件事的两个方面。"诗"的文学性易于保存,而歌的音乐性在古代只能口传心授不能保存而已。"诗"在古代中国文化中的突出的地位是公认的。如果说,中国古代没有完整意义上的"戏剧"这面镜子,那末它却有"诗"这面宝鉴,它在多方面比较全面地表现了中国民族文化的特殊的精神实质,表现了这个民族的精神面貌,而"诗"正是后来的"戏"能得以发展的基础。

　　如果以宋元为我国戏剧大成的时期,那末结合着音乐和文学的诗已经经历了至少千余年的历史。广义的"诗"作为文学体裁,已经经历了诗、词、曲的长期发展,才成为"剧"。而能作为一种"剧曲"独立出来,这时的音乐与舞蹈,也经历了从汉代乐府、唐代大曲到宋代的唱赚、诸宫调,到元代之杂剧如此长期的酝酿和培育。这种包括百戏杂技在内的种种文艺形式的汇合,使中国戏剧成为一个最为综合的艺术部门,它的多方面(甚至包括造型艺术因素——如舞台布景、服装以及演员的"亮相"等等)的表现能力,使中国古典戏剧能在比较复杂、比较丰富的层次上表现生活自己,因而这面镜子似乎不是平面的,而是立体的。

　　这种立体式的镜子,照出来的"生活"就不仅仅是生活中的一些"事件"和这些"事件"之间的联系,而且是活生生的"人"。这就是说,中国的载歌载舞的古典戏剧,不仅仅是剧作家把他所理解的"生活"描写出来,而且同时也把他感受到的"生活"表现出来,中国古典剧作家笔下的生活,不仅仅是他思想中的生活,而且也是他情感中的生活,这两方面在中国古典剧作家来说,是不可分的。由于中国音乐、舞蹈、诗、词、曲、剧创作的历史特点,中国的古典剧作家,也和中国的别的艺术家一样,带有一种集体性、综合性的特点,往往剧作家集作曲家与舞蹈设计家于一身,因而在他创作戏剧作品时,生活事件的实际的因果联系是和人物的思想情感和个性的表现结合在一起的。

　　从这个意义来说,和中国的一切古典艺术一样,中国的古典戏剧,又不仅仅是一面镜子,即使是立体的镜子也不足以完全概括中国古典戏剧的特点。与中国的古典艺术精神相通,中国的古典戏剧,不是"水月镜花",而是实实在在的、活的生活的一个部分。就像我们的日常语言一样,它既表达我们对客观世界的理解和认识，同时也是我们实际的、活生生的生活的一部分。中国古典戏剧的这种与实际生活的活的沟通关系，在这个艺术形式的极盛时期表现得是很明显的。在中国古典戏剧的很长的一段极盛时期，不但戏剧模仿生活，而且生活也受戏剧的巨大影响，它曾经是很流行的、很普遍的文化生活的一个部分，所谓"满城争说叫天儿"，正是这种情形的写照。这种特点之所以形成，或形成后能够在较长时间内久盛不衰，与中国古典戏剧的音乐性和文学性结合这一特点又有密切的关系。音乐虽不擅长描述"事件"的因果，但却擅长表现人的性格和情感。中国古典戏剧这种"诗"的语言的特点，使它把思想与情感、认识与表现结合了起来。因此，严格来说，中国古典的戏剧，还不仅仅是要"认识自己"，而且还在于"表现自己"。中国的古典戏剧，不仅仅要把实际的生活搬到舞台上，作客观的因而是静的"观照"，而且要表达一种活的精神，使观众在音乐性的欣赏中，结合着剧情去体验自己的思想感情。演戏固然是假的，但假戏得真做，这个"真"，不是表面的、刻板的模仿，而是表达一种真的思想、真的感情，与观众作真正的思想上、情感上的沟通。这就是为什么中国古典戏剧以载歌载舞的形式，而不以生活本身的形式来描写生活，同样能起到动人心弦的艺术作用的原因。

从这个方面看，中国古典戏剧作为一个或几个时代的真正的"娱乐"，是文化性的实际的活动和生活的一个部分，它的认识性和教育性功能是蕴涵在"娱乐性"之中的，这就是所谓"寓教于乐"。一提起"娱乐"，常被误解为无足轻重的甚至无益的琐事，事实上"琴、棋、书、画"，无一不是文化上的高级的享受，是真正的人的"游戏"。猴子只能以打闹来发泄自己过剩的精力，而人有人自己的娱乐。娱乐性强，言其曾风靡一个很长时期，是一项十分普及的文化活动，并不是说它不是一件严肃的事。中国古典戏剧，曾经不仅是文人雅士的事，而且是贩夫走卒的事。尤其是古典京剧作为乱弹之发展，最初这面镜子不是供在殿堂之上，也不在书斋之中，而悬挂在街头巷尾，人人都可以照见自己的。

这样，中国的古典戏剧，表现了一种不是在书本上的中国古典文化的精神，是一种实际的文化精神，活的文化精神。

二　戏剧作为活的历史

"认识自己"实际上就是"认识历史",因为人不仅是现实的,而且是历史的,甚至现实的人也是历史的人的发展的产物,因而,"认识自己"不仅仅意味着认识现实的自己,而且为了更深刻地认识现在的自己,必须同时也要认识过去的自己。然而,时间是不可逆转的,我们只能通过过去留存下来的东西,作理智性的认识,比如对典籍、古迹文物作历史科学的分析和推断,我们当然也可以用现在的思想感情去"再造"过去人的实际活动,去体会他们的心情,但总还是隔了层层历史时期,不容易有直接的体验。然而,一切的古典艺术作品却可以为了提供认识活的历史的方便,起到历史典籍所不易起到的作用。作为生活的镜子的戏剧艺术,在这方面为我们所提供的就不仅仅是知识的信息,而且是活生生的人的形象。

分析起来说,历史的典籍,是把历史的事件,用客观描述的方法记录下来,因而是把过去的人和事作客观的观察、分析和研究的对象,作科学理论和概念式的把握,因而是一种客观的、对象式的记录,就像记录植物的各种特征一样,虽然可以无微不至,但终究是分门别类地加以描述登记下来,而植物的生长却是一个活的过程。戏剧就不仅是把历史记录下来,而且是把它表演出来,虽然是模仿式地表演出来。"表演"人物,就要"像真"的,所谓像真的,实际就是"像活的"。剧作家和演员就要体验角色的内在和外在的特点,生龙活虎地在舞台上表演出来。古典戏剧中有所谓"活曹操"、"活赵云"……,正说明这个意思:戏剧既然反映活的人生,也就反映活的历史,是人生的活的记录,历史的活的典籍。

这个特点,是中外的戏剧所共有的。你要知道古代波希战争的历史吗?你不仅要读希罗多德的《历史》,而且要看埃斯库勒斯的《波斯人》。后者当然不如前者详尽,只是一个侧面,一个片断——当然《波斯人》写的是重要的片断,但却是更为生动,更为直接,表现了活的思想感情。你要了解中世纪的欧洲历史吗?请读莎翁的戏剧,那里有那个时代人的悲欢离合,把生活场景,一幕幕在舞台上表演出来,或在你的想象中表演出来。这样,你的历史知识才是全面的，你不仅知道了那个时代的事件，而且感到了那个时代的脉搏、那个时代的人的活的思想感情。

认真说来，"史"和"诗"本有许多共通的地方，"史"本也是活的。"史"是"事"的记录，"事"是活人做的，所以"史"就其本质来说也是活的。做的"事"，当然已是现成的"事实"，也是"实有的"，"事实"固然是抹不了的；但"事"既是活人做的，活人还可以做另一些事改变已做的事。人可以建造宫殿，也可以摧毁宫殿；昨天巍峨的大厦，今天可以夷为平地，昨天可使"有"，今天可使"无"。因此，一切既成的"事"对活生生的人来说，都可以作为可能性存在，因而是"活"的，不完全是"死"的。"诗"正是把已成的"事实"或昨天的"事实"作为活的可能性来吟诵。荷马的史诗固然的确有真的史实的根据，但它却不仅仅是把那些史实客观地记录下来，而是体现了活生生的人的活动，体现了贪欲、战争、胜利、失败、惩罚等人间悲欢离合，因而不仅给我们以知识，而且可以感染我们。所以，在这个意义上，正如亚里士多德在《诗学》中说过的，"诗"比一般的"历史"更真实，它是活的历史，或真正的历史。"诗"中所吟诵的，正是当时的真实的生活，他们就是那样生活的，如同我们和他们一起生活一样。

中国是历史典籍最为发达的国家，也是诗最发达的国家，因此可以说，中国在世界上是"历史意识"最发达的国家。我们的祖先，不仅很早就以客观的方法，把重大的事件记录在甲骨钟鼎和简册碣石上，而且把人间的悲欢离合编为诗歌吟诵它们。不仅如此，中国的历史典籍，除编年的或公文的记录外，大多又是和诗的精神相通，不仅着眼于"事"，而且着眼于"人"，所以像《史记》这样的作品，在文学作品中也是第一流的。

中国的诗经过词、曲到剧，由描述性吟诵或歌唱到代言体的表演，则进一步发挥了诗和历史相统一的精神，在舞台上再现了活的历史。古典京剧的剧目，从上古传说时代开始，至当时的清代，几乎每个历史时期都有不少剧目，在反映历史方面，可说是相当全面的了。

当然，这并不是说，作为艺术的戏剧和作为科学的历史就完全没有区别，正因为作为艺术的戏剧要捕捉住历史的活的精神，因而比起科学的历史著作来，它重"事"而不重"实"。戏剧必须有"事"（故事，过去的事），但可以是虚构的。古典京剧中的许多剧目,并不一定经得住历史学家的推敲,这在最初可能不是故意违反史实,而与民间剧作家的文化水平有关,但戏剧中之所以能够容许偏离史实的情形,则是有艺术上的理由的。戏剧的演出,不仅限于给人以历史的知识,更主要的是要给人以精神上的感染,不仅是要观众认识"事",更重要的是让观众认识"人",认识历史上的"我"。所以,古典戏剧只要求创造一种"历史的幻觉",而不要具有十分准确细节的历史性真实。

戏剧中的人是历史中的活生生的人的体现,因而绝不是什么"抽象的人",戏剧艺术中的人是与抽象的、概念式的"人"完全格格不入的,而是规定情景中的现实的人的反映。因此,以活生生的人来表演人物角色,是戏剧艺术不可代替的本质的形式。在表演艺术方面,中国古典戏剧常有某种程式系统,这种系统和抽象概念系统完全是不同性质的东西,前者是艺术中的事,后者是科学里的事。科学理论要与感性的实践相结合,其中常须经过想象力建构的概念结构系统,这是可以用逻辑的形式加以完善地规范化了的;艺术创作中也常需要一些规则,如音乐中有各种调式和曲式,把这些规则与具体的感性材料结合起来,才能塑造出完整的艺术形象,但这些规则,不是科学论著中的概念公式,所以中国古典戏剧并不因其有程式而妨碍人物性格的生动性。这一点不能不加以辨明,因它是有很坚实的艺术上的理由的。这就是:在科学上是为"概念"的,在艺术上可以叫做"理想"。"概念"是抽象的,因为它舍弃了一切具体的偶然性,只指谓事物的本质;但"理想",永远是在"个别"之中显示"一般",而且永远保持着对"现实"的吸引力。

毋庸讳言,中国古典戏剧的人物是"理想化"了的,它们常是某种性格或伦理道德原则的化身,但它们又是有个性的。中国古典戏剧人物既不能说是"概念化"了的,也不是像西方现代那种恶性发展了的、歪曲了"个性"的"荒谬性",而是一种古典式的个性与共性统一的"理想":共性就在个性之中。曹操是"工于心计"的典型,关羽是"忠义"的典型,诸葛亮是"机智"的典型……,但他们又都是有血有肉的,并不是"忠义"、"机智"这些抽象概念的表现。

艺术不是概念的、抽象的,因而它的效果就与历史典籍完全不同。

我们阅读历史典籍和考察文物基本上是一种理解性的科学活动。我们要从过去的人和事中看出事件发展的客观规律，这就须分析、推理、研究，做一番由粗及精、由表及里的工夫，掌握事物之理。这个过程和我们对日月山川采取自然科学的研究态度是相同的，只是更加复杂而已，因此在科学中，我们除了自然科学外，还有社会科学和历史科学。无论自然科学还是社会科学，它的对象都是客观的，所以历史上各种事件尽管是人自觉地去做的，但仍然可以找出它们之间的因果的必然联系，历史典籍的作者有意识地或历史文物的作者无意识地把这些事件和文物保存下来，它们或明或暗地展现着它们是因果必然的锁链中的一个环节。我们学习、研究这些历史典籍和文物，是为了掌握它所反映的时代的历史的必然规律，因而历史典籍和文物作为一种科学性的作品，它与读者和研究者之间的关系是一种理智性的理解关系。然而，作为活的历史的戏剧艺术，它与观众和欣赏者之间的关系就不仅仅是理智性的理解关系，而是一种活的、全身心的交流关系，或者像有些人说的是一种"交感"关系。这种关系非常接近真实的生活实际的关系，观众设身处地地看到一幕幕生活场景，虽然不"认识"这些剧中人物，但就好像看到大街上或邻居家发生的事一样，感觉到我们是在"同一个世界"里，而不像读历史典籍那样自觉地在看另一个遥远的世界。这个"同一世界感"，就是戏剧家要在舞台上创造的所谓"生活的幻觉"。从这个意义说，历史典籍给人的是冷静的思考，而戏剧艺术却可以引起人们炽热的情感。

然而，艺术毕竟是艺术，而不是生活真实，观众是在看"戏"，而不是参与真实的生活。大街上或邻居家如果出了非管不可的事，自应该管它一管，但是看戏的观众，在原则上却不必"管"舞台上的事。从这方面来说，它又很接近科学的、理智的冷静态度，观众就是观众，总是一种"旁观者"。所以，观剧中的"交感"作用，是一种理智性的"交感"，而不是实践性的、情绪性的，它不马上引向当下的实际行动。载歌载舞的中国古典戏剧把这种"交感"凝聚于观众的欣赏性的"品味"之中，所以"韵味"是中国古典京剧演唱艺术的基本标准，并不是偶然的。

中国古典戏剧这种"交感"活动，最主要的是表现在音乐性方面——舞蹈性也都融合于音乐性的韵律之中。在这方面，这种"交感"活动甚至可以不仅仅是"内在的"，而且也可以是"外在的"。古典京剧的观众，不仅总是随着音乐的旋律和节拍有一种"无声的附和",而且并不妨碍"有声的附和"——虽然在剧场中这种有声的附和必须是很小的,以免妨碍别人。这里,似乎应该提到一个很有趣的现象:在艺术的范围内——只有在艺术的范围内,不仅艺术"模仿"生活,甚至生活似乎也在"模仿"艺术,在欣赏古典戏剧艺术中,欣赏者虽不立即参加到戏剧人物活动的实际因果系列中去,不采取实际的行动,但却有一种直接的交流,因此,古典戏剧的欣赏,不完全是静观的,更不是理智的、概念的,而是活动性的、能动性的,是真正的欣赏"活动"。

通过这种"活"的"交感"式活动,不但舞台上的人物角色是"活"的,而且引起观众的印象也是活的,观众不是被动地接受舞台给予的,而且有一种能动的反应,引起一种"活动"。这样,舞台上的历史,才真的"活"了起来。

这种活的历史是把"现在的我"和"过去的我"沟通起来的重要环节。历史的典籍给我们以过去的知识信息,使我们能掌握历史发展的必然的因果规律,它给我们以"过去世界"的知识,以便在理论上预测现实的发展趋向,它的作用当然是很大的,这一点是不容置疑的。艺术有自己的特殊的功能。古典的戏剧能把"过去的世界"和"当下的世界"沟通起来,造成"同一个世界"的"幻觉"(不是事实),使我们有"身临其境"之感,我们与舞台上的人物虽然隔世,但似乎仍在一个世界,我们可以感到他们的呼吸和脉搏,亲切地体验到他们的喜怒哀乐,他们是我们的"祖先",我们是在同一个民族的历史的长河中,通过他们的活动,即使是很远古的活动,我们都能有一种历史的绵延感,这是一种活的历史意识、活的历史感。所以,"古典戏剧"所反映的人和事当然是"古"的、"旧"的,但它的精神却仍可以是"新"的。我们通过戏剧舞台这面镜子,如同照见了"自己",而不是"异己",这就是我们仍能在古老的曲调中体会到一种"怡然自得"的情趣的原因。

不仅如此,我们还常常以有这种活的历史意识为荣,以能欣赏古典的艺术作品为一种具有高级文化修养的表现。了解、认识我们民族的历史当然是很重要的,但所谓活的历史感还不仅仅限于理论性的历史知识,也不是要求都去做历史学家,但是那种活的历史意识,却是文明人所必定具备的,是一种普遍的文化教养的表现。

动物没有自己的历史,却在自然的必然的因果系列之中;人则是自由的,因为他能认识自己的必然性，认识自己的历史。我们这里所谓的"活的历史感"正是一种"自由感"，因此，从根本上来说，历史和文化不应是一种负担和束缚，而是一种解放。我们在欣赏古典戏剧艺术时那种合乎规律的运动的自由感，正是这种活的历史意识、自由意识的具体表现。

三　中国古典戏剧的基本特点和古典京剧艺术的成熟

以上我们把中国古典戏剧艺术作为一种文化形态作了一点说明，现在再来探讨中国古典戏剧作为一种艺术形式本身的特点。

和一切戏剧形式一样，中国古典戏剧，首先也是一种"戏剧"，首先具有"戏剧"艺术本身的基本特点，这一点是凡"剧"皆同的、共有的"戏剧"的本质，这就是说，中国古典戏剧同样也是以人物的动作和对话来表演故事情节的。

一切艺术都要表现历史的、时代的、阶级的、具体的活生生的"人"，但每种艺术形式所用以达到这个目的的手段不一样，因而所表现的方面又有所不同，譬如雕塑以捕捉人的动作中刹那的姿态为特长，因而以高度集中的形式表现"人"的精神面貌；雕塑艺术的高度理想性和概括性是别的艺术部门所不能代替的。而绘画则具有平面图象的特点，虽没有雕塑那样高度的凝练性，但却可以有具体的背景，因而比雕塑艺术更多于场景性。

戏剧的演出，由早期"围观"形式发展到舞台形式，似乎是一种由雕塑到绘画的转变，而增强了舞台艺术的画面性；当然演员那转动的身体，并没有把雕塑的因素完全排斥干净，而是以新的姿态，融会于舞台的表演之中。而舞台的出现，更进一步把演员与观众分割开来，使一个假的、意象性的艺术世界与真的、实际的世界暂时分别开来，也是使那个意象的世界相对地但却是明显地独立出来，而独立的舞台的出现，标志着戏剧作为一种艺术形式的成熟。

"戏剧"（"戏"）在古代希腊，原是"动作"、"做"的意思，最初由宗教活动发展而来，所以古代希腊雅典的戏剧节，仍还有宗教的性质，连狱中的犯人也要放出来参加。"戏"在中文则更多"娱乐"、"嬉戏"的意思，"虚""戈"为"戏"，想来与一种虚构出来的扑斗场面有关。但"嬉戏"原也是生活的一个部分，只是不是以当下实用的功能为目的，而是实用功能活动系列中的一种调节，而这种调节原本又与宗教活动有关。王国维有"巫以乐神"、"优以乐人"之说，可见"优"（演员）是由"巫"（宗教人员）发展出来的。

无论如何，"戏剧"这种艺术形式，总的来说，也还是生活的一个部分，是现实生活中的一个环节，不过这个环节是一种调节性的，而不是严格意义上功能性的。所以无论中外，"戏"是"做"出来的，"做戏，做戏"，言其是人为地作一种调节的活动，以便更好地进行真正的实际的活动。

于是，就其来源，"戏剧"这个形式的特点在"做"，——在"模仿"，因其"模仿"才"似真非真"，戏剧中的"戈"，像真兵器，而不是真兵器，是一种复制品，是"虚戈"；"戏剧"的动作，不是"天然的"，而是"人工的"，是"做"出来的。中国古代优孟模仿孙叔敖的故事传为优谏美谈，也常有戏剧史家引为中国戏剧早期的萌芽，因为它"似真非真"，而却也能对现实的"真"起到实际的作用。中国的戏剧正是如此，"寓教于乐"，"嬉笑怒骂皆成文章"，戏剧的调节，有一种广义的"训练"、"操练"的作用，不仅是身体的操练，而且是思想的训练、性情的陶冶，因而它又像一个广义的学校，虽不立即参与实际的社会生活，但却有益于这个生活，而且同样也是这个生活的一个部分。

提到"模仿"，似乎有点看低了艺术的创造性，猴子也会"模仿"，真的要把人的艺术降低为"沐猴而冠"了。事实上，猴子不仅能"模仿"，而且更有各种情绪的自然流露，它们会号叫打斗，急了会咬人，其实"模仿"在动物中还是高级的形态，狗不会"模仿"，但不能说没有"情绪"。所以，不说艺术是"模仿"，而说它是"表现"，并没有提高它半分。事实上，"模仿"是"学习"的开始，"学习"是要获得知识与技术。"知识"重"理解"，"技术"则重"锻炼"。"技术"的熟练，本身可以给人一种理智性的愉快之感，这是一个公认的现象。不是人人都能达到"技术"熟练的程度，但观看这种熟练的"技术"，也可以有一种愉悦的情感，于是有"演者"与"观者"的区别。

当然"虚戈"不能说明"戏剧"的一切，武术的表演，士兵的演习，都不是"戏剧"。"戏剧""模仿"规定情景下人物的活动，于是戏剧作为一种艺术形式，就有三个要素，动作、对话和情节，而三者的核心就是人的活动。动作是人的动作，对话也是人的对话，情节是由这两部分展开的，而动作和对话是由"演员"表演的,所以戏剧作为一种舞台艺术,本质上是一种"演员的艺术"、"表演的艺术"。

"演员的艺术"有许多很有趣的问题值得探讨,譬如为什么一个活人会去"模仿"另一个活人(或曾是活人的古人),这里面就有许多深刻的道理。不错,前面说过,猴子会"模仿",但猴子只"模仿"人,而它们互相之间的"模仿"则未之有也。从根本上来说,"模仿"常是"模仿"一种相似又不似的东西,"人"与"人"当然是相似的,但又都是独特的"我",这个别人的"我",有一个未曾向我完全打开的内在的世界,所谓知人知面不知心,我可以揣摩别人的"我"的音容,但这个内在的世界,只能以自身的"我"去加以体会,所以演员不仅要揣摩别人(角色)的音容,而且更要体验他的"心思",而这种"心思"当然只有通过语言和行动表现出来,但语言和行动又不能完全无遗地将这种内在的东西"表白"出来,所以在这个意义下,演员与角色的关系,自己的"我"与别人的"我"的关系,有可模仿处,也有不可模仿处,而恰恰正是因为这个"不可模仿处",才吸引着演员以自己的模仿活动(表演),或通过表演,展现别人的"我"的内在的世界。因为有可模仿处,所以演员需要有技术,而因为有不可模仿处,演员更需要有创造。

说到这里,我们就可以进一步说,中国古典戏剧艺术正是尽力把那不可模仿处,把人物角色的内在的世界,凝聚在音乐和舞蹈的形式中表达出来。这就是说,中国古典戏剧演员不仅揣摩人物角色之音容,不仅揣摩角色之性格和心思,而且把他的体验凝聚在音乐和舞蹈的形式之中。

所以,我曾认为,中国的戏剧是以音乐性的对话和舞蹈性的动作为基本特点的,并据此研究了中国古典戏剧作为舞台艺术的一些方面的特点[①]。

就演员和角色的关系来说,中国古典戏剧是最少模仿性的,因为那些歌唱的对话和舞蹈的动作在古代的中国社会实际生活中固然有着节奏上的根据,但不能想象,主帅升帐要有"定场诗",大将出场要先起霸,不能想象所有古代妇女以"喂呀"来哭,更不能设想,在喜怒哀乐之极处,竟要唱一段西皮、二

---

① 参阅我写的《话剧艺术的哲理性》(1963年2月23日《文汇报》)、《论京剧〈红灯记〉》(《新建设》杂志,1965年8—9合刊)和《中国戏曲艺术的美学问题》(1981年,《文艺论丛》第12期)三篇文章。

黄，而且还有伴奏！中国古典戏剧之所以出现这种载歌载舞的形式，其艺术上的原因就在于中国的古典艺术家们不仅要把别人的"我"（人物角色）的"可模仿处""再现"出来，而且要把那"不可模仿的"内在世界，以音乐、舞蹈的形式"表现"出来，这样，中国古典戏剧才把"敷演故事"（外在的）和"发抒情感"（内在的）在一种古典的形式中结合了起来。正因如此，中国古典戏剧艺术的人物，虽不是现实人物的刻板的"模仿"，却是"活的人物"，因而我们才说，中国古典戏剧是活的历史。

最后，还有一点与本书下面的内容有关的意思需要说明，即京剧与昆曲是中国古典戏剧的两大成熟了的代表，这已经是一个众所公认的事实。

昆曲当出于江苏昆山，以明清传奇为剧本，文词优雅，又经魏良辅在音乐上的加工，它的音乐和语言确实体现了那个历史时期人的高雅的情趣，至今听来还有一种回肠荡气之感，使我们亲切地感受那个时代人的"心思"。就中国古典戏剧的历史发展看，应该说，到了昆曲已是成熟了的戏剧。京剧晚于昆曲，来自民间，与昆曲唱法不是一个系统，京剧在北方汇合诸地方剧种而成，前有昆曲之典范，因而更有一个成熟了的优厚的底子，在当时，由于戏剧性的加强，也是由于声腔上的发展，竟逐渐替代了昆曲的地位，大有独步京都剧坛之势。当时北京昆曲和京剧为雅部和花部两大支柱，代表了中国古典戏剧的两大历史高峰。当时所谓"乱弹"，固不仅指京剧，也包括了梆子等其他剧种，但说京剧为当时"乱弹"之首，当不为过。

京剧之所以能够与昆曲对峙，正在于它虽然来自民间，但并非某地之地方戏，就像昆曲当年由民间艺术上升为古典艺术一样，京剧由于汇合不同剧种的艺术特点，因而比较顺利地提高了古典艺术的水平。民间艺术和地方戏有自己不可替代的特色和优点，至今仍有不少地方剧种拥有比京剧还要悠久的历史，拥有相当高超的技艺。昆曲和京剧是我国古典戏剧的代表，这是从一种艺术风格和艺术精神方面来说的一个特点。

在古典艺术的精神中，京剧与昆曲又代表了两种艺术风格，虽互相渗透，但却不可互相替代，这就是昆曲以委婉缠绵见长，京剧则以清刚遒劲为自己的特点，一柔一刚，相互映托着中国古典戏剧的花朵。

京剧与昆曲按其来源说，本是两个表演系统，尤其在声腔、唱法方面，是有相当大的区别的，昆曲虽然在京都扎根甚至进入宫廷，但基本上还是南方的戏曲，而京剧则是中原和北方的戏曲，南北民风各异，所以反映在戏曲剧种的风格上也不尽相同。当然，京剧于北京汇集诸腔而成，其中也包括了昆曲，所以京剧剧目中也还吸收了数量不太多的昆曲剧目，在表演和唱法上的影响，就更不待言了。然而京剧并没有，也不可能真正取代昆曲，它只是取代了昆曲在剧坛的地位，而没有取代昆曲的艺术风格。就中国古典戏曲内部风格而言，一般来说，昆曲比较绮丽秀雅，京剧则比较沉雄刚毅，所以昆曲尽管也有《单刀赴会》这样慷慨悲歌、气魄宏伟的戏，但总的还是擅长表现才子佳人的如水柔情；京剧固然也有《贵妃醉酒》这样悱恻缠绵的戏，但却更擅长表现帝王将相的忠烈及江湖义士之豪侠之气，也许这正是不久京剧就取代昆曲进入宫廷，得到清王朝宠爱的原因之一。然而，就古典艺术的风格来说，刚柔相济才是它的艺术的理想境界，因此，京剧在独霸剧坛之后，昆曲不但没有完全销声匿迹，而且京剧自己的大演员如梅兰芳、程砚秋等，都又提倡昆曲。梅、程诸家在戏曲中提倡昆曲，就像元代赵孟頫在书法中提倡篆书一样，同是中国古典艺术精神的表现，是要在艺术中保存并发扬一种活的历史感，这种历史感，是我们这个古老的民族的不可抗拒的力量，他们不过是看到了这个趋势并以身作则地顺应这个趋势罢了。

我们看到，就戏曲艺术言，音乐和舞蹈的旋律和节奏在体现这种活的历史感方面是十分重要的。时世变迁，人事各非，现代人的言行，它的所作所为，已完全不同于古人，如今的衣食住行等日常物质生活形式也已大异于古人，更不用说社会的生产和组织完全今非昔比了。但音乐性的旋律还是一个民族思想情感比较稳定的因素之一，因为它的内容不是写实的，而是表情的。当然，不是说音乐形式不变，只是相对地说比较慢一点，也许我们可以把音乐的形式与语言的形式相比，它比语言形式的变化要快些，但却比衣食住行的实际变化要慢些。

中国古典戏剧所着重的正是这种比较稳定的因素，所以我们常说"演戏"和"唱戏"，但却很少说"做戏"，"做戏"在汉语中有另外一种不太好的含义。"演"是指"表演"，自然包括了动作，但"演戏"和"唱戏"在汉语中竟是一个意思，没有人把"唱戏"误解成"清唱"。与"演戏"和"唱戏"对应的是欣赏者的"看戏"和"听戏"，这就是我们下面要谈的题目了。

第二章 作为戏剧的古典京剧和作为音乐的古典京剧

一 从"听戏"和"看戏"说起

我自小在南方长大,不大听人说"听戏"这么个词。初到北京的时候,常常有点奇怪,为什么把"看戏"说成是"听戏"?可是又听说内行才叫"听戏",为了表示自己是个"内行",于是也就"听戏"起来。后来更进一步发现,在有些演员口中,管"观众"叫做"听主儿"。为什么在京剧扎根的地方会有这样的词儿,不觉引起了我的好奇心。

及至翻阅到过去的旧戏剧杂志,发现有些文字在争论"听戏"、"看戏"的问题,原来早就有人对这个怪名词("听戏")提出异议了。过去的争论,总不免有点意气用事,洋洋长文,大都是些不相干的话,但既然各执一词,来往争论,总还反映一些看法,背后总有些道理,对这个问题,还是应该思索一下。

顾名思义,"听戏"是用耳朵去听演员的唱,"看戏"是用眼睛去看演员的做。按照一般心理学的说法,视听二官,是高级感官,它是最概括的、内容最丰富的,也就是说,它们与人的思想、感情,与人的理解力、意志力有着更为深刻的联系,因此它们能够成为欣赏美的主要感官。戏曲艺术是最综合的艺术,但总起来说,亦不过主要用视、听二官,或者说,就欣赏者而言,各种思想、情感以及各感官的感受,都是通过听、视这两个环节协调起来的;而作为演员的表演艺术的核心,也就是唱、做二工两个方面。于是,争论"听戏"和

"看戏"的实质便不能不涉及演员唱、做二工的性质和地位问题。

"听戏"和"看戏"的说法，细论起来，固然都不免片面，实际上"听戏"者不能不"看"，"看戏"者亦不能不"听"，但各有重点不同而已，我们所要注意的，是他们不同的倾向。这种不同的倾向，反映出京剧演员艺术的一个历史发展过程，也反映了观众欣赏趣味的发展过程，但更为重要的，还是和京剧作为一种古典艺术的性质有关。

早期京剧的剧场，也是三面向观众，而观众则是相互面对面地坐着，喝茶、磕瓜子，还可以互相讨论点问题，可以想见，在这种条件下，耳朵自然成了决定性的欣赏器官，只是在表演最精采的时候，观众才扭头看一眼。这时候的观众，没有艺术修养的，无非是找个解闷的地方，跟到茶馆差不多；有艺术修养的，则摇头晃脑，闭着眼，拍着板，逢唱到好处，喝声彩，用"听戏"来形容他们自然是最适当不过的了。

据我的猜测，"看戏"一词，大概是从上海流行开来的。上海在旧社会是受帝国主义侵略最深的都市，十里洋场，纸醉金迷，在文化上也深受西方的影响。就戏曲艺术来说，上海的"新玩艺儿"亦最多。首先是剧场变了，著名的天蟾舞台（以前曾叫更新舞台，最初叫什么，不详）在1942年曾有一番改造，据说是仿法国巴黎皇家大戏院模型。而在这以前，早已座位整齐，观众一律面对舞台，这时当然就不但有可能而且有必要"耳"、"目"并用了。同时，按照心理学来说，人的视觉比听觉要更确定一些，因而从视觉得来的美感，似乎要比听觉更形象化一些，因为它给人的"意象"是直接的。我们平常形容听觉之美的形容词，大都取之其他感官，特别是取自视觉（如"圆"取之于触觉，"亮"之于视觉，"甜"之于味觉等）。有些性质，就其本身说来，在其他感官中并非美感（如"甜"、"亮"等），但到了听觉里，反倒成了美感，这也是一个有趣而又不大好理解的问题。也许这里正反映了本章所特别要讨论的听觉之美、音乐之美的一种更为概括、更有想象力自由活动天地的这一特点。但是无论如何，正是整个舞台的变化，提供了戏曲欣赏者从"听众"转变为"观众"的客观条件。

当然，光有这个条件还是不行的，由"听众"转变为"观众"还有一个最基本的原因就是舞台上的"戏"的性质开始变化了。

看看中国戏曲发展的一些现象，对理解这个问题是有帮助的。京剧最初属于乱弹①的一种，而乱弹的剧本与说唱艺术有密切的关系，因此，京剧早期的剧本唱词多是源源本本的，据说最多的像《上天台》一段唱词有一百多句②，在这种情况之下，听众大概只要听唱就可以知道剧情了；后来上海的"新戏"就渐渐不同起来，唱词大大减少，这就是说描述性地介绍故事剧情的大大减少，而突出戏剧对话；戏剧的情节穿插加多，就戏剧的内容而言，比旧剧丰富，但唱工相对地减少，更不用说，像我小时候在上海看到的，舞台上出现了比较写实的布景，"真山真水"，一直发展到连台本戏的"机关布景"，更饰以五光十色之电灯，观众如果再光"听"不"看"，岂不是"损失太大"？于是，由"听戏"自然就转变为"看戏"了。因为有些剧本唱词少，唱工少，有的甚至只有几句散板或摇板，"听"是没有什么可听的了，但"看"却大有可观，于是，由偏重于"听"的，变为偏重于"看"的。

这里说的是一个历史的转变事实，并无褒贬之意，在强调戏剧性的情节、动作下，上海的京剧演员在做工上作出了重大的贡献，这在京剧史上是值得大书特书的，它为京剧开辟了一条新道路；其实，我看，机关布景固然不宜提倡，但就其产生根源看，并不完全是哪一个演员或舞台设计者个人的别出心裁，而是一定时期社会趣味的反映；作为总的倾向来看，处在一定历史时期的上海，也还有它的必然性。而这种风气逐渐传至北京以至全国，于是"看戏"将要代替"听戏"了。

以上，我们极粗略地描述了由听戏到看戏转变的过程，实际上是代表了京戏发展的两种倾向、两个阶段；但这个发展并没有结束，它的进一步的发展，就暴露了哪些趋向是适应京剧作为古典艺术的特点的，哪些是不太适应的。北方固然受南方的影响，但上海观众的趣味也在变。京剧作为一种古典艺术迫使上海的观众也"雅致"起来，实际上也是古典艺术的一种"教育"作用，这种情形，在梅兰芳青年时南下首演以后就更有一种推动的力量。梅兰芳的确是把"看"和"听"在古典艺术原则基础上结合起来的典范，他是唱做俱佳的全面

---

① 清李斗《扬州画舫录》："雅部即昆山腔；花部为京腔、秦腔、弋阳腔、梆子腔、罗罗腔、二黄调，统谓之乱弹。"
② 乱弹中比京剧更早的剧种，如湘剧、汉剧，早年唱词更多。

的演员。他以惊人的艺术典范的感染力,把十里洋场上的上海观众又引入古典艺术欣赏的境界中来,"听戏"终未能为"看戏"所完全替代。

当然,这里我们要强调的,并不是个别演员的天才(这一点是无可否认的),而是京剧作为古典艺术本身的根本特点。

二 古典戏曲艺术的艺术特点和唱工的性质

戏曲是听觉和视觉综合的艺术,同时它又是在综合艺术中最综合的艺术,歌剧只重歌唱,舞剧只有舞蹈,唯有中国古典戏曲,是歌舞并重的。戏曲艺术综合了歌、舞、文学、绘画……几乎涉及各个艺术部门,所以说它是最综合的艺术。

但是我们在这里想要强调的是,各个艺术部门在戏曲艺术中并不是拼凑起来的。因此,光说戏曲艺术是最综合的艺术还不够,我们还要进一步追问:这些不同的艺术种类,在戏曲艺术中是根据什么原则综合起来的呢?我们的回答是:它们都是根据"戏剧"的原则综合起来的。而所谓"戏剧"的原则,按我的理解,就是通过矛盾冲突表现人物故事情节。因此,这些被综合的部门,固然要遵守各自本部门的规律,而且还要遵守戏剧的规律,于是各种艺术部门到了古典戏曲中,都起了一定的性质上的变化,同时,由于戏曲综合各艺术部门,所以戏曲作为戏剧也产生了性质上的特点。这样在戏剧的基本原则之下,各因素相互影响、相互制约,才形成了中国古典戏曲艺术的特点。

作为表演艺术来说,戏曲艺术主要综合了歌唱和舞蹈。音乐和舞蹈是比较单纯的艺术。舞蹈是用人的身体动作表现思想、感情、情绪;音乐是用声音表现思想、感情、情绪。当然,正如唯物主义哲学家狄德罗所说过的,"曲子是物体的声音或情感的模仿"[①],但这种模仿不是机械的。猴子能模仿人的某些动作,但绝不是真正意义下的"表演艺术",就像鹦鹉能模仿人的语言,但它绝不会"说话",所以艺术的模仿,是一种能动性、创造性的模仿。音乐和舞蹈都要在自然的形式中表现一种"意义"(或"意蕴")。儿童固然要"学"语

---

① 《狄德罗哲学选集》第 270 页。

言的"技巧",要"会"说话,但他之所以"要"说话,不是因为他"会"说话,而是他有"话""要"说,要表达一种"意义",艺术也一样。艺术创造,是因为艺术有些什么"意蕴""要"表达,才借助艺术形式(技巧)表现出来。因而,无论音乐与舞蹈,作为艺术形式来说,就不光是"模仿"的,而是"表意"的。

这里所谓"表意"的"意",同时包括了"理智"和"情感"两个方面,在艺术中这两者是密切不可分的。在科学知识中,如科学学说、原理、判断等"意义"是理智的,在自然活动中,如哭笑雀跃、喜怒哀乐等,"意义"则是情感的,但在艺术中则结合在一起,因而艺术中的情感不是动物式的,但也不是概念式的。然而,"理智"和"情感"这两种因素在艺术中的结合又不是机械的,在总的"表意"的特点下,我们又可以把各种艺术部门大致分成侧重于"表达思想"的和侧重于"表达情感"的两大类,因之我们也可以把艺术分成"再现的"和"表现的",前者侧重表达一种理智的思想,后者侧重于表现一种情感。以此来说明音乐舞蹈与绘画戏剧的关系,也的确有它方便的地方。

结合到我们现在所讨论的问题,中国戏曲融戏剧、音乐、舞蹈于一体,"表情"的因素竟占三分之二,这样,中国戏剧在艺术上的特点也就容易看清了。

话剧是没有歌舞的,这自是常识,但由这种明显的区别带来的艺术特征上的不同,就常常为人所忽视。这就是说,戏曲与话剧虽同属于"戏剧艺术",而戏曲偏重于表现,话剧则偏重于再现,前者偏重写意,后者偏重于写实。

不错,戏曲与话剧一样,同是"戏剧",是以动作和对话来展现剧情,原则上来说,是把人生的实际的、具体的过程表现出来(表演出来)。据此,"戏剧"当然是现实生活的"模仿",是人生的"镜子",因而是一种"再现艺术"。这是基本的,中国戏曲既然是一种戏剧,自也不例外。然而,中国戏曲艺术又是戏剧、音乐、舞蹈三者的融合,所以它既不同于话剧,也不同于西方的歌剧和舞剧。中国戏曲的特点是音乐性的对话与舞蹈性的动作。在戏曲中,音乐和舞蹈首先要为戏剧服务,音乐要为人物对话服务,舞蹈则离不开戏剧动作的要求。但是,既然音乐和舞蹈是戏曲的有机的组成部分,那末它们对"戏曲"也有种种制约作用。戏曲中的动作和对话就不单纯是生活动作、对话的模仿,而都被"表现化"了。中国戏曲这种音乐性的对话和舞蹈性的动作使它作为一种戏剧形式有了自己的独特的艺术价值,能够立于世界戏剧之林,几经冲击而巍然屹立。这就是说,中国的古典戏曲艺术有一种不可替代的常青的艺术魅力。

从这个基本特点出发,我们可以说,对中国古典戏曲艺术不但应作戏剧观,而且应作音乐观、舞蹈观。这从中国戏曲的历史发展来看,也是有迹可循的。

中国戏曲大成于宋元,全盛于明清,是经过长期的历史准备的。在剧本方面,从古乐府,到五七言诗,由诗到词,由词到曲,再由曲到剧(本)这个系统下来,写实、再现的成份显然是增加了,戏剧性的成份显然增加了,如果说,五七言诗还容纳不下过多的故事性和具体的思想,而词也还最注重"境界"(王国维《人间词话》:"词以境界为最上"),以"境界"论词,则是重在一种理想的气氛,并无很具体的个性冲突。到了戏曲,则有故事情节,有人物,就比词在个性、写实方面发展了一大步,是故成为戏剧之一种。从表演艺术来说,舞蹈、音乐的长期发展为戏曲的最终完成和发展提供了坚实的基础。舞蹈、音乐不仅是表现情绪,而是服从人物、剧情的写实因素,所以中国戏曲的成熟是比较近代的产物。

这种情形,与中国社会发展的情况是相适应的。中国社会历史发展的特点之一,就是封建社会较长。这个社会特点,不能不在文学艺术上有所反映。反映在艺术上主要是:中国古典艺术之精神得到最为充分的保存和发扬。这种精神,竟然在本是市民艺术、强调个性冲突的戏剧艺术中得到如此完美的保存,足见这种艺术精神是深深地扎根于我们民族的源远流长的文化之中的。我过去常认为(这种概括不免抽象、片面),中国的艺术是偏重于共性、理智、典型、表现和美,而不像西方资本主义发展后的艺术那样强调个性、理性[①],中国艺

[①] "理性"一词,在西方近代哲学(特别是德国古典哲学)中,有别于一般的"理解力"。"理性"是矛盾的、冲突的,"理解力"则是静止的、抽象的,而中国艺术的内容,常常是非常明确,爱憎非常鲜明,强调善恶的理想,用一般的理解力就可以获得,而西方近代艺术则强调内容的深刻的矛盾斗争,这在近代悲剧中表现得特别明显。

术强调和谐的美，西方艺术强调矛盾冲突的崇高①。中国传统艺术是古典的艺术。但近代中国社会也产生了资本主义萌芽，至少到明清之际，这种萌芽已经很明显了，我们从文艺作品的思想也可以看出这种反映。资本主义萌芽在文艺作品上的重要表现即是个性之得到加强，如《西游记》里的孙悟空，《三国演义》里的各位英雄，特别是《红楼梦》的栩栩如生的悲剧人物，可说很有代表性了。中国古典戏曲艺术就在这种情况下产生并发展起来。诗词歌赋已不能表现复杂的社会生活，写实的因素需要加强，要敷演故事，单纯的舞蹈、音乐也就显得不够了，于是在各种艺术因素已有长足的发展后，出现了综合了这一切的而又有自身特点的戏剧形式——戏曲。

但是由于中国资本主义发展非常缓慢，特别是鸦片战争后，中国社会受到帝国主义的侵略，中国的社会发展被歪曲成半封建半殖民地的社会。在这个特殊的社会历史条件下，我们看到，中国戏曲始终是古典艺术。此后，中国戏剧虽然总是不断在戏曲内部（即在古典艺术内部）加强个性因素，在美的艺术内部加强真实的因素，在表现艺术内部加强再现的因素，但始终没有打破古典艺术的体系，这个事实的后果正如我们所看到的，是不可避免地带来了一系列的深刻的矛盾。所以，中国戏曲并没有像西方戏剧那样分化出话剧艺术、歌剧、舞剧来②，而是一方面直接学习西方的话剧、歌剧、舞剧，另一方面话剧的体系又深深影响了中国戏曲的体系。

中国戏曲艺术的产生，即第一次加重再现、写实因素是歌唱艺术的变化，这当然首先是因为剧本文学的出现，由诗至词，至曲至剧。歌唱不再单纯是抒情或状物，而是叙事、代言和抒情的统一。这种传统，又是直接来自于说唱艺术。当然，这时候，作为舞台艺术来说，也出现了虚拟的动作，但主要的变革还在于歌唱，所以在这个时期唱工艺术是处于决定性的地位。上面所说的"听

---

① "崇高"作为美学范畴，是西方近代的产物，它是作为"美"的对立面出现的。康德把崇高作为美和理性、道德之间的过渡环节，它破坏了美、和谐、形式，而趋向于无形式（即无限，因凡有形式皆有限），趋向于矛盾、理性、道德实践。我们看到，这种破坏形式的崇高在中国艺术思想中是未成熟的，它仍然与美结合得很紧，故中国人常喜用"壮美"去翻译西方的"崇高"，正反映了中国传统美学思想的特点，把崇高认作美的一种，而在西方美和崇高是可以对立的。

② 西方的戏剧，本来也是载歌载舞的，古代希腊的戏剧演出有歌队，大概有点像我们的川剧。到欧里匹得斯已撤消歌队，但长期以来，西方的戏剧仍是诗剧。只是到了近代，至少到十七世纪，在法国的剧坛，原来被认为和剧本同样重要的歌舞，几乎完全消失，发展成完全的话剧艺术。

戏"之论，其深刻的根源，即在于此。

这个时期的道白也是居于次要地位的，所谓"听戏"主要是听唱。元曲的道白，也有写得好的，但总以曲为主，故甚至有人说道白是艺人临时加的，这或许不会得到戏剧史家首肯，但也可反映一点情况，即元曲是以曲为主的。到昆曲时道白就比较被重视了，所以李笠翁有提倡重视宾白的言论，他是从强调戏剧性的角度强调宾白的。从舞台表演艺术来看，道白的加强，是戏曲中又一次再现、写实因素的加强，也是在严格意义上的"戏剧性"的加强。

于是，出现了第二次再现、写实因素的加强，即加强了做工和道白。做工和道白的加强，又使人想起了上海。由于上海在近代中国历史上的特殊地位，也许，西方式的话剧形式的流行，上海是最适合的地方。这种外来戏剧形式的流行，不可避免地对我国传统戏曲产生深刻的影响。这种影响的表现当然很多，就其大处言，当在于加强了再现因素。因此，所谓"海派"便应运而生，实质上"海派"是在戏曲中加强了再现、真实、个性的发展，这本是符合时代的趣味的，却不免与戏曲艺术固有的体系发生了矛盾。这个时期最杰出的代表当是周信芳。周信芳是麒派的创始人，他在表演艺术中特别强调做、念的作用，在表演思想上倾向于写实、体现，重视刻画个性，强调剧本内容的教育作用，而在形式上则采取朴实、豪放的风格，不重雕琢工细，代表了戏曲艺术发展的新的动向——写实的动向。当然，在半殖民半封建的特点最突出的上海，"海派"也有恶性发展的一面，即过分强调写实，暴露并发展了戏曲体系的内部矛盾，用话剧的布景、表演强加于戏曲身上等等。所以，在某种意义上说，中国戏剧中有古典派与现代派（姑且用这两个名词来概括"京派"与"海派"，只说事实，并无褒贬）的矛盾，也正是中国近代社会矛盾的反映。

但是，中国古典的戏剧艺术毕竟保存了下来，在近代还得到了很大的发展。京剧史上许多灿烂的巨星，如四大须生、四大名旦，他们的光辉业绩，在如今中年的一代人中，并非遥远的历史，而是历历在目的生活。中国这种融音乐、舞蹈和戏剧于一炉的古典艺术之所以有如此顽强的生命力，我想有两个原因需要指出。一方面，任何民族的文化，植根于民族的历史性之中，民族的历史性没有根本的变化，传统的文化是不会有根本变化的。中国民族以历史之悠久立于世界民族之林，要改造自己的民族性格，是很不容易的一件事；另外还有一个重要的原因，那就是中国近代的历史总是受外族的特别是东西洋人的欺侮，对他们的文化抱有一种复杂的心情。西方近代话剧形式，有其优点，在社会功能方面，也有优于传统戏曲的地方，所以在中国也生了根，开了花，结了果，但要以它的写实的精神，来完全替代中国固有的古典精神，则遇到了很大的阻力。中国近代戏剧史上一些有志于改革的戏剧家，无不遇到了这种抵制力量。于是出现了两种不同戏剧体系长期并存的局面。尽管有话剧的唇枪舌剑，中国传统戏曲仍然载歌载舞，人们仍然可在音乐的抑扬声中，在大演员的咬字、行腔中得到一种艺术上的享受，甚至只有在这一唱三叹的歌声中，才能在古典戏曲这面"镜子"中照见"自己"，照见我们这个古老的民族。话剧有一种驱使人行动的力量，它要叫你学点什么东西，要你对一个似乎是异己的世界进行探索；戏曲当然也有一种驱动的力量，也令人思索些什么，但我们到底回到了"家"里。我们也探索，但我们面对的不是异己的世界，我们在探索自己的世界，我们通过戏曲这面镜子认识自己。这就是我们对那些早已听熟了的"故事情节"（大都来自"前戏剧"时期，即在编成戏以前早已广为流传的），有的甚至是荒诞不经、平庸落后的戏剧内容仍愿意一顾再顾的原因。试想，如果删去戏曲的音乐、舞蹈，光敷演故事，会成一个什么局面？

从艺术的本质角度言，音乐和舞蹈则又是不太可能分割开来看的，它们之间有许多本质的共同之处，譬如它们都是一种时间艺术，在时间流动的韵律中给人以美感，而不太可能凝聚在哪一点上。因此，中国古典戏曲虽不能完全等于西方的歌剧和舞剧，但也不妨可以类比地说，它既可以作歌剧观，又可以作舞剧观。从不同剧种的具体剧目来看，有的戏侧重于唱，更近乎歌剧；有的戏则更侧重于做，更近于舞剧。

但总起来说，在古典戏曲中歌的成份要重于舞的成份，因而可以在广泛的意义上把古典京剧（作为中国古典戏曲的代表剧种）作歌剧来看，从理论上也侧重研究它的音乐性。

把古典京剧作中国古典歌剧观，完全无意否定"做"（舞蹈）在京剧表演中的地位，相反地，我们主张把古典京剧的唱和做都凝聚于一种时间性运动韵律的观念之下，从广义的"音乐性"来探讨它的艺术特征。在这个探讨过程中，我们只想指出，在"唱"和"做"这两种因素中，比较而言，"唱"则为表演艺术家留下了更为广阔的创造天地。中国戏曲剧种非常丰富，据说大概有四五百种，其中相当一部分大剧种，从剧目剧本到表演的唱做念打、伴奏、舞台美术等各个环节，都有自己的特点，但主要还是以"声腔"方面的区别最为明显。明末清初以来，中国戏曲史上先有昆腔与弋阳腔的对峙，继而有梆子、皮黄以及花部各腔的崛起，这种种不同的声腔系统，往往明显地标志着各大剧种的区别，而在大声腔系统中，又有许多小的系统，形成许多小剧种。这是一个历史事实，是自然形成的，不是人为武断的。

"唱"的特点，不仅是区分各剧种的主要标志，而且在同一个剧种，也是区别各艺术表演风格的主要标志，古典京剧的表演之所以有许多优秀的艺术流派，不能否认与演唱方面的独特风格有密切的关系。

三 京剧唱工艺术与京剧流派的发展

艺术之所以形成一个流派，是要有创始人和继承、发扬光大者。中国古典艺术之精神是讲究"传授"，讲"师承"，也讲"标新立异"、"独树旗帜"的。这个基本特点在中国古典戏曲的表演艺术中表现得也十分明显。中国古典戏曲很讲究继承，又很讲究个人的风格，因此形成了许多表演流派。《扬州画舫录》就提到了许多流派，但没有实际表演材料，留下来材料最多的，恐怕要算京剧。京剧从老三派（程长庚、张二奎、余三胜）起，以后的发展脉络分明，系统是很清楚的。

京剧划分流派的标准到底是什么？根据京剧流派的历史发展，我认为，京剧最初是根据唱工艺术来划分流派的。这种情形，就京剧来说，也和上面提到的声腔系统有关。照一些戏曲史家的研究，中国戏曲声腔主要有弋阳、昆腔、梆子腔三大系统[①]，京剧形成的决定性的一步也就在于湖北的西皮和已在北京的徽调结合[②]，于是京剧形成的主要标志也还在于声腔的综合变化上。各剧种的划分是如此，京剧内部流派的划分亦是如此。

京剧老三派程、张、余的划分，亦在声腔唱工艺术的不同。陈彦衡在《说

[①] 见周贻白：《中国戏曲声腔三大源流》。
[②] 据周贻白的意见，西皮在湖北已与徽调结合了。故到了北京，才能与北京的徽调结合。

谭》里曾说，早期老三派，程长庚是徽调，张二奎是京调，余三胜是汉调，正好与京剧声腔的源流有关。后来的后三派（汪桂芬、谭鑫培、孙菊仙），仍旧遵循着这条路线，汪接近于程，谭接近于余，孙接近于张。当然，并不是说，这些演员都不会或没有好做工，而是说，划分流派的标志是在唱工艺术。这些演员中，有做工极好的，如程长庚、谭鑫培，但也有做工朴拙的，如张二奎、汪桂芬、孙菊仙。张二奎和孙菊仙都是票友出身①，做工较差，但并不妨碍他们成派。汪桂芬虽说从小习伶，但亦拙于做工。

那末，有没有长于做工的呢？有。与谭鑫培同时的有贾洪林，这是比较早期以做工享名的演员，但他在声腔上无甚创造，并没有成派②。

老生这个系统如此，青衣、花旦系统更是如此。青衣在最初是抱着肚子傻唱的，后来经过王瑶卿，特别是梅兰芳，才加强了做工。花旦早期当然重在做工，但贤如田桂凤，并无田派之称，直至荀慧生，才以花旦唱做与梅、尚、程同被誉为四大名旦，而荀派在唱法上有着公认的独特创造，这可以从他本人以及他现在的传人中明显地分辨出来。

老生行当到周信芳创造了麒派，做、白加强了，以做、白为重的戏得到了发扬，做工成为形成流派不可缺少的重要条件。但是，即使如此，言菊朋可以拙于做工而成言派，周信芳如果在唱工上没有特色，也成不了麒派。提到麒派，那苍老激昂的声腔自然响在耳边，这不是偶然的事情，而是与中国戏曲的传统直接相联的。四大名旦主要区别的标志也还不在做工，而是在唱工。

不过，随着京剧发展，做、白的加强，流派的唱做念打的风格逐渐统一了，偏废的情况减少了，但唱工艺术仍然在京剧中占支配的地位，演员要在艺术上自成一家，或继承哪一派，不在唱工上下工夫是不可能的。

京剧流派的这种变化，实际上仍可以看成是表现和再现的变化发展。

从大的方面看，京剧流派可以分作优美派和壮美派，就声腔来说，最恰当的概念我认为可以分作韵味派和气势派。优美派侧重美、形式、华丽、和谐、表现、写意；壮美派则侧重崇高、内容、朴实、矛盾、再现、写实。整个京剧

---

① 见齐如山：《中国戏剧之变迁》。
② 当然贾的影响很大，是不能忽视的，如后来雷喜福、高庆奎，特别是以做工见长的马连良皆出自贾门。

史都可以看成是这两派相互斗争、消长、吸取发展的过程。

创始之音大都比较古朴粗犷，故老三派程、张、余一般都具有这个特色。最初观众大概最注意嗓子的亮，所以老三鼎甲中张二奎以嗓子最大而被尊为"状元"。其中余三胜则比较柔和，已开谭鑫培之先声。但余为汉调，汉调西皮来自秦腔，而在京剧中西皮也是比较激昂的①。后三派汪、谭、孙，有两派属于老三派之遗音，以实大声宏为特色。谭鑫培以后京剧则有了一个新的方向，即向优美方向发展了。早期的壮美派主要是表现在唱工艺术的气势上，讲究咬字坚实，行腔朴实刚硬，而嗓子都是高亢嘹亮的。他们在朴素的形态下，必定讲究感情真实，主要以内容感动观众，所以是偏重于再现写实的。或者说，他们都努力在艺术的许可范围内，"模仿"角色的真情实感。但他们对做、白都不太重视。谭鑫培以后，京剧表演艺术加强了形式的加工，讲究含蓄、工细和韵味，经余叔岩、言菊朋，达到高峰。这个优美派的路线讲究创造一种美的境界，是以形式取胜，故到言菊朋，不免有较多的雕琢倾向。这时候上海的麒派突起，便又开一代的风气。

周信芳在唱工艺术上继承了气势派的传统，大量吸收孙派和汪派的特点，讲究感情的真实，不重娱悦人，而重感动人，故唱工少花腔，讲究朴实、真实、本色。但是，周信芳不是简单地"恢复"早期气势派，他以做、白上的创造丰富了气势派。所以周信芳的麒派是作为京剧形式主义倾向的对立面出现的，他的强调做、白，其艺术思想实质是要强调真实、再现，从而加强了戏剧性因素；这与梅兰芳合花旦与青衣于一炉，从而加强了青衣的做、白，其意义是同样重大的。

但是，唱工艺术始终在戏曲艺术中保持优越的地位，其深刻的原因就在于从中国古典戏曲艺术中不可能分化出单纯做、白的话剧，而且中国戏曲艺术中的做、白又始终保持着舞蹈和音乐的特色。中国戏曲艺术始终是古典艺术的完整体系。因此，在做、白上丰富，并不妨碍唱工艺术的创造，而且做、白的创造，必须服从唱工艺术的特点，否则就会产生写实、写意的尖锐矛盾。前面说过，舞蹈化了的动作，本可以作音乐节奏观，而京剧的道白本是演唱的一个部

---

① 据王梦生《梨园佳话》说，余三胜首创反二黄，则当然是比较柔和的。

分，音乐性也是很强的，只不过是没有伴奏、曲调比较简单而已。也许，京剧中许多脍炙人口的大段道白，可以看作诗的朗诵，而且是音乐性非常强的朗诵。

这就是为什么唱工艺术在古典京剧表演艺术中始终占首位的深刻的原因。

在我们对京剧流派的历史观察中，还缺少武生这个环节，似乎，武生这个行当与唱工艺术的关系是最小的。当然，武生以武打见长，以艺术工夫为尚。但如果光有武工则变成了拳术，不能成为戏曲。京剧中的武生，与昆曲关系很深，武生不但不能忽视唱，而且还要特别注意练嗓。一来武工与嗓子有一定矛盾，二来武生要应付调门很高的昆曲曲调，没有好嗓子是表现不出武生的气魄的。可惜，这方面如今武生都不大注意了，因此《挑滑车》唱〔石榴花〕时总是力竭声嘶或像有的演员那样"偷工减料"，减少唱词，而真有工夫的武生演员当不应以此为法。

武生早期有俞菊笙与黄月山二人，黄之唱工亦是很有名的，有"燕赵悲歌"之誉，李春来则善于短打。可惜黄派后继乏人，俞派则为杨小楼发扬光大，自成一家，是谓"杨派"。杨派主张"武戏文唱"，实际上如谭鑫培之讲究韵味然，乃是向优美方向之发展。而在武生中，又充分体现了中国戏曲艺术中崇高与美的结合，乃是一种壮美的风格。杨派武生讲究气魄、威严，不重火炽扑跌，而念白、唱腔于威武中有韵味，动作则动中有静，崇高中有美，变化中有和谐，所以成为古典戏曲艺术中典范之一，这是符合中国艺术之总的规律，决非偶然的。

然杨派极重唱念之音乐性，杨小楼唱皮黄稍差，然唱昆曲则吞吐自如，抑扬有致，并非废弃唱工。当然，武生最主要的美的表现，还在于动作的舞蹈化，舞蹈是武生的基础，也是武生发挥美的特点的最主要的领域。舞蹈化和音乐化在艺术精神上原是相通的，具体表现在武生行当则是武生的舞蹈远非"戏剧动作"所能涵盖，武生的"做"，决非模仿生活动作，如上马、下马或格斗厮杀之场面，也非稍加夸张或美化所能完备的。武生的舞蹈乃是一种真正意义上的美的艺术，是一种音乐性的动作，因而它是与音乐的伴奏不能分开的。京剧伴奏，有文武之分，"武场"在武生的舞蹈动作中，得到了充分的发挥，因此，从音乐性看来，武生的艺术，当也是从中国古典艺术精神中产生出来的一种审美趣味，以"韵味无穷"和"于气度中见韵味"这些概念来形容杨派武生的艺术虽不十分妥切，但大体可用，也正是这个原因。

四 京剧唱工艺术的特点

总起来说，我们是要以音乐的精神来体会古典京剧的艺术特点，把它作为一种古典歌剧来看，从这方面申述了我们的理由。如果这个前提值得一顾，那末我们现在要进而探讨京剧演唱艺术本身的一些特点。

京剧的唱工艺术是一种音乐，歌唱艺术不是单纯的（或基本的）艺术，而是一种综合的艺术。分析起来，歌唱艺术本身是由音乐和语言这两种艺术形式综合起来的。作为音乐艺术，它有曲调，作为语言艺术，它有唱词。作为完整的演唱艺术言，当然还包括文武场面之伴奏。因此，在我们研究京剧歌唱艺术时，就要注意这种多层次的关系。

先来说作为京剧歌唱艺术核心的音乐。

音乐这个迷人的艺术吸引了多少哲人为之倾倒探索。为理解、说明它的特质，就有不少本身就十分精致可爱的理论。但在这个领域，则似乎更容易遇到王国维所说的"可爱的不可信，可信的不可爱"这种情形。究其原因，则往往与"语言"不能尽其"意"有关。不错，推广开来说，一切称得上"艺术"的作品，都不是任何"理论"（语言）所能尽其底蕴，这就是说，我们推理性的语言不能完全把艺术的"意义"揭示出来，西方有人指出这种"不可言说"的现象，我们也常说"只可意会，不可言传"。但是，这个艺术中的普遍现象，在每个不同的艺术部类中，又有不同的特点。譬如绘画与音乐形式就不同。绘画以状物为手段，画一个"苹果"不等于这幅画作为艺术品的"意义"就在"苹果"，这是毫无疑问的；但画中既有"苹果"形象，那末人们至少可以"说"得出来："这是'苹果'"。能够说"这是某某"，已经揭示了哪怕是最表面的"意义"，但即使这种最表面的"意义"，严格说来，音乐也是揭示不出来的。在音乐艺术中，我们似乎更加难于指出"这是某某"。这种不确定性正是我们前面说的是与再现艺术相对应的表现艺术的特点。那末，这种特点是不是能像西方某些哲学家那样归结为一种"神秘性"呢？我想是不可以的。因为说到最后，"语言"不是万能的，"语言"本身所指的"意义"不可能穷尽天下万物的真正"意蕴"，故以"语言"为工具的科学才能不断地、无限制地进步。如果说"梨子的味道是甜的"，这个"甜"已穷尽一切"甜"之"意义"，那末何必还要"亲口尝一下"？的确，对于一切没有尝过梨子味道而只听说"梨子是甜的"这句话的人，这"甜"对他永远是"神秘的"，但吃过梨子的人绝不会认为这个"甜"有什么神秘。音乐也没有什么神秘性，它就在那里，人皆可以聆听，人皆可以欣赏，虽然体会的程度有不同。

音乐不仅仅是声音，它是声音的结构，它本身就是有"意义"的，不过它的意义不像语言的意义那样确定，而是比较概括而深沉的，所以用语词的意义不能说透它，要知道音乐的意义光道听途说不行，必须亲耳听一听。音乐的这个特点已为十九世纪德国大音乐理论家汉斯立克所揭示，他强调音乐形式本身的"意义"而排除一切非音乐的杂质，是富有启发性的。当然，在实际艺术作品中，音乐也并不是那样纯净的，它也常常综合进来其他的因素，许多乐曲，也可以被欣赏者指出"是什么"来，如许多交响乐的乐章都有一个主题，而且可以"说出"，"这是葬礼"，或者"这是妖魔在跳舞"等等。

我们这里要讨论的古典京剧的音乐，则更是一种"声乐"，是歌唱艺术，而且是戏剧中的歌唱艺术，是歌剧艺术，情形就更为复杂了。我们前面说过，戏曲艺术不是单纯的表现艺术，作为戏剧艺术来说，它是一种再现艺术，它仍然要引起一定程度的生活的幻觉，只是与话剧艺术比较，它是偏重于表现的，戏曲艺术是再现的表现艺术。由于有这个特点，于是被综合在戏曲艺术中的音乐艺术也就有了自己的特点：再现的因素加强了。这个特点表现在京剧（戏曲）曲调的程式化，即一曲多用的问题。音乐作为表现艺术，它不可能有很确定的内容，但作为戏曲艺术的形式，它又要求有相当明确的真实性，这是一个矛盾，而中国戏曲艺术正是按照自己的特有方式解决了这个矛盾，这个方式就是曲调的程式化。也许可以说产生曲调程式化（或一曲多用）的深刻原因，正是音乐与戏剧，表现与再现矛盾的产物。

本来，音乐既非自然情绪的发泄，就也需要一种理智的结构，古代的希腊人就指出了音乐与数学的关系，中国古代对音阶度的认识，在西安半坡的遗址中已有实物的证明。西方近代器乐各种板式和调式的意义，也在相当范围内规定了情绪的表现,所以并不能在绝对的意义上说西方音乐没有"程式"。但中国戏曲的程式的确有其进一步的特点,它与情感表现的联系是更为具体的,这因为戏曲的音乐基本上是一种声乐,而中国的声乐与词曲关系密切,早已有了某种规定性的程式,成为了一种传统。这种传统,到戏曲曲调中就成了"一曲多用",即曲调的程式化,如《唱论》中所说的:"仙吕调唱,清新绵邈。南吕宫唱,感叹伤悲……"

同时,从音乐本身特点看,正因为音乐具有相当概括的思想情感内容,因此它就可以提炼出一套程式来,作为歌唱的形式,适应于一定的唱词、剧情内容。这才大体上形成了这样一个规定性:二黄是比较平和的,西皮比较激昂,悲哀的场合常用反二黄等等。戏曲艺术家的任务就是要把提炼出来的这一套曲调程式,与具体的唱词、剧情结合起来,相互补充,相得益彰,而不是相互矛盾,相互抵消,这里为艺术家发挥创造才能提供了广阔的可能性。

的确,正因为戏曲音乐本身这种多层次的关系,所以曲调程式与戏剧内容之间的关系又是非常灵活的。《文昭关》到更衣时改为西皮二六,情绪激昂了,因为伍员有了报仇希望,这符合西皮曲调的一般特点;《四郎探母》全出皆为西皮,但未必都很激昂,而见娘的回龙,又是那样凄苦,这又是灵活性的表现。在这种确定性和不确定性之间,也需要艺术家的才能。

古典戏曲艺术的对话是音乐化了的诗。唱词,即"歌唱性的""诗词",作为广义的"诗"来看,它又是语言艺术,因此,我们还要研究一下古典京剧中语言艺术方面的问题。

说起"语言",当然也是一个很吸引人的问题,尤其是近几十年来,成了国际学术界一个很时髦的问题了,为解释它,人们想出了许许多多理论,问题的确也愈来愈深入了。譬如说,与本书论题有关的,语言与艺术,语言与诗的关系就有了一些更为深入的探讨。

"语言"是人把握、理解世界的一种符号系统,有自己的结构,即语法,但语词还要"有所指",语言才能有一个完整的"意义",这个"意义"的结构,就是"语义学"研究的对象。粗略地说来,"语言"的功能就是要"说出"世界的"意义",以便把握客观世界的"规律",因而"语言"是我们科学知识的最重要的核心部分。

然而,"语言"并不是某些西方学者想象的那样纯而又纯的概念(语词)系统。分析起来说,语言的结构是一个骨干,是一棵树干,在这个主干上可以长出许多茂盛的枝叶来,历史地来说,"语言"的功能也不是纯知识、纯科学的,因为语言的基本任务是要表达"意义",而在原始阶段,这种"意义",并不一定是严格的、像我们现在所谓的"科学概念"。一些学者指出,语言的原始阶段常常是与神话诗这类艺术性思维分不开的,这就是说,原始人所要表达的"意思",不是严格意义下的"科学判断",而是诗意的"意蕴"。有些学者还进一步解释说,因为原始状态下的人,还没有完全把自己与自然的世界分开来,因而他的语言就不完全是静观地指谓或描述在自己身外的对象,而只是觉得自己有"话"要说,有"意思"要表达,这种情形,与艺术家的创作,诗人的讴歌很相接近——并不是要"指点"江山,作理论之分析,而是如鲠在喉,不得不"说"。我想,和我们前面说的意思联贯起来,可以这样来看待这个问题:最初的语言是诗的语言,是因为这种语言中理智因素与情感因素还没有完全分化开来,而处在统一的状态中,所以才是一种"物""我"两忘的境界。

分析起来说,"语言"的语词大都有所指,都有相当稳定的"意义",如"人"、"手"、"足"、"刀"、"尺"等等,都有实物相对应,这是科学性语言的特点,也是语言的最主要的特点。但是,诗的语言就不仅仅是这些所指"对象"的"意义",它还有"言外之意",这个"意",不是与言者无关的所指对象的"名称",而是包括言者(人)的思想感情在内的一种"意蕴"。"红杏枝头春意闹",不是告诉你(指)墙外有一片正开的红杏,而是表达(指谓)诗人对这情景的某种感受。据此,科学的语言的"所指"是确定的,但却是有限的,而诗的语言的"指谓",常常是不太确定的,但却更加宽广或更加深刻些。从这方面来看,科学的语言是不能音乐化的,谁也不会把爱因斯坦的相对论著作谱成曲子来唱,但诗的语言恰恰完全可以与音乐结合,成为"歌词"。

"歌词"不一定要有外在的韵文形式,散文诗同样可以唱,只要它是"诗",有"诗"的"意蕴"就行。

中国古典戏曲就剧本文学说,是一种"剧诗",从语言的语词意义来说,是通过它来描述一个故事,"说"一件"事";但就其为"剧诗"来言,戏曲的"意蕴"则不是单纯的故事的"意义"所能涵盖的,它也有"言外之意",或者叫"事外之意",对应于"诗意"言,也许我们可以把它叫做"剧意"。这个"剧意"是"剧诗"给的,表现出剧作家对剧中"故事"的感受和思想感情。中国古典戏曲不仅是"诗剧",而且是"乐剧",是"歌剧",所以又多了一层"意蕴";如果说"诗剧"尚可"读"出"意蕴"、"剧意";那末要得"歌剧"、"乐剧"的"剧意"和"意蕴",则非"唱"不可。也正是在这个意义上,我过去说过中国古典戏曲艺术是演员的艺术。这个要求,连欣赏者也不能幸免。欣赏音乐需要有音乐的耳朵,欣赏京剧也要有京剧的耳朵。

然而,我们还要看到上述现象所提示的另外一面,诗、乐、剧固然有基础使之成为一个统一体,但这个统一体中毕竟有多层次的意义,语言有语词意义的所指,诗有自己的境界,剧又有自己的剧情故事,而音乐也有自己的内容,它们都可以分别成章,单纯地来欣赏,而事实上我们在欣赏中国戏曲时也常有所侧重;但原则上都要求艺术家处理好这些矛盾,使之融为一个整体。

从我们上述关于再现和表现这两个方面来看,也可以看到剧、诗、乐这三个方面或概括为文学性和音乐性两个方面的矛盾。

音乐和语言艺术(剧诗)这两种艺术综合在戏曲中是有矛盾的,因为在戏曲中的诗有表现的(如抒情诗),也有再现的(如叙事与对话),而且作为戏剧艺术,戏曲唱词中再现的因素是很重要的。从历史发展来看,剧诗中的写实因素还是在不断加强的,从元曲的唱词到乱弹的唱词,显然个性性格是更为突出了。而音乐就其本质来说,却是表现艺术。于是,如何处理这个矛盾,又成了戏曲唱工艺术的重要课题。

中国戏曲艺术是怎样解决这个矛盾的呢?如上所述,中国戏曲艺术一方面适当加强音乐的再现因素,另外主要是着力发挥诗的语言本身的音乐性。因此,中国戏曲中的唱词,一方面是有表象的、象征(符号)的性质,即有其内容,有所指对象的意义;另方面也利用它的声音,它的形式,和诗本身的韵律。中国戏曲艺术家就是把唱词语言本身的声音形式与音乐的曲调的形式结合起来,来解决音乐性与文学性、戏剧性的矛盾的。中国戏曲歌唱艺术的唱腔设计原则是"因字行腔",所以就出现了"字正腔圆"这样一些评价标准。

和世界其他各国语言一样,中国语词的声调本身就具有一定的音乐性。中国诗、词的传统就是讲究音乐性,讲究词的内容与音乐的形式相结合的意境。

如前所说，西方的文学，最初亦是音乐性很强的。如希腊的史诗，后来由于社会的发展，音乐与文学逐渐分开，才有近代专从表象给人以美感的小说和散文。文学（小说）以语言所提供之"意义"构成"意象"而成为一种特殊的艺术作品。文学的语言是诗的语言和科学的语言之间的过渡环节，对它作理论上的探讨是一个重要而又困难的课题。中国戏曲艺术来自说唱艺术，与"说唱"相应的还有"说书"，戏曲也把它综合了进来，增加了戏剧艺术中的描述性，从这方面看，中国戏曲的文学性又是很强的，它对于戏剧的规定情景，全由角色"说出"（或"唱出"），而不像话剧只在剧本中作一下描述。这个传统，同样有利于解决唱工艺术中内容和形式、文学与音乐的矛盾。

但是，从根本上说来，音乐与文学究竟是两种不同的艺术形式，它们被综合在戏曲唱工中总是有一定矛盾的，于是，我们从京剧史看，就有偏重于音乐（形式）的，有偏重于语言（内容）的。

创始之音，在程、张、余的时代，相对地讲，音乐性是不太强的，而讲究唱词的内容，以内容来感动人。至谭鑫培以后，京剧唱工在形式上得到丰富，亦即丰富了唱工艺术的音乐性，以唱工的抑扬顿挫来娱悦听众。前者成为气势派，后者成为韵味派。韵味派讲究字正腔圆，像言菊朋专为京剧咬字字音定出一套严格的规格，灵活性很少，强调语言的声调；气势派则在音乐上比较朴实，常不免"倒字"之讥。从京剧史看，气势派如孙菊仙、刘鸿声等，多半不是死守一种严格的字音标准，是在自己的演唱中，随着内容的变化，而有着较大的灵活性。但由于中国戏曲的理想有一种古典的和谐境界，对于各种矛盾的处理，只能偏重不能偏废，美的因素很重，气势派与韵味派、表现派与再现派没有完全分化，所以唱工之美（韵味）也为气势派所重视，所谓"倒字"亦为气势派所忌。但如果一定要作一点区别，那末我们也可以说，作为唱工艺术来说，韵味派的唱工独立欣赏的价值较强。

京剧经过周信芳，加强再现的因素，音乐性比较朴实，所以麒派的研究者都说周的唱白接近口语，看来是有深刻的原因的。正是在这个意义下，有人还觉得，言派艺术，在录音中已可领略到他的基本的好处，而光从唱片里来欣赏周信芳，是不能领略他的全部艺术的。这一现象也可说是反映了音乐性与文学性的矛盾。

从整个中国戏曲的历史发展亦可见出唱工艺术中音乐性与文学性的矛盾发展过程。元曲是讲究本色的，很重词句的文学性，至昆曲为其极盛，而更加发展了文学中诗的意境，汤显祖可谓达到戏剧文学性的高峰，但不免要拗折天下歌者的嗓子，于是有乱弹起，加强了音乐性，与此同时，也加强了戏剧性，但相对地却降低了文学性，如京剧中甚至出现文字不通的地方。究其原因，一方面是因为京剧来自民间，早期演员大半文化水平不高，但同时另一方面也反映了中国戏曲中音乐性与文学性之间的矛盾，演员们在这种矛盾前面，竟常常迁就音乐性，所以后来即使有些演员文化修养并不差，但对某些词句明显不通处，也并无改动。譬如《珠帘寨》中"哗啦啦打罢了×通鼓"，曾被认为不通①，因为鼓并无"哗啦啦"之声，但因情绪气氛关系，演员宁可词句不通，也不愿改唱"咚咚咚"；但《法场换子》中就有"催命鼓响咚咚"之句，可见并非演员不知道鼓声"咚咚"，而是照顾到当时的感情心境作出的选择。

写到这里，我们似乎已经把与唱工艺术在古典京剧中的地位有关的问题说了一遍，摆了一些理由，无非想说明中国古典京剧本质上是一种古典的歌剧，因而对它应作歌剧观。进一步的工作就是要具体研究这种古典歌剧的各组成部分的艺术性。

古典京剧既然是一种歌剧，作为歌唱艺术的唱工艺术就居有一种支配的地位，因而它涉及整个古典京剧的许多方面，我们前面说过，不仅伴奏（文武场）与歌唱艺术不可分，舞蹈动作与音乐配合，甚至服装、道具、舞台美术无不可以作音乐观，即从流动的、韵律方面去理解它们。这些当然是非常有趣的研究课题，但本书只拟把论题限于演唱艺术本身，按传统的办法，把它分为"咬字"、"行腔"两个方面，研究它们的艺术性。

---

① 见齐如山《中国戏剧之变迁》。

第三章　古典京剧的咬字

　　分析起来说,一个字有三方面的因素,"意义"、"声音"和"形状",在日常语言方面,字的声、形、义三个方面是不可分的,但它们在艺术方面,却可以相对地起着独立的作用,我们饶有兴味地看到:书法取其"形",文学取其"意",音乐歌唱取其"声"。戏曲的字韵属于音乐范围,没有字"形"的因素,就文学来说,它也还有"意"的因素,"意"为其所指的实际内容,"声"为其形式;但作为音乐的"声"本身有其艺术的内容,艺术的"意义"(前面叫"意蕴"),就像书法的字形本身有自己的艺术内容一样,因此在这个意义上,形式有相对的独立性,语言学、音韵学可以只取其自然声韵来研究,戏曲艺术也可以利用自然声韵的研究,探究其音乐的审美意义。就语言的审美意义来说,其内容不仅有理性和科学方面的"意义",而且有感性方面的"形"和"情"。一句话的实际"意义"也可以有艺术的作用,文学(小说)之所以能动人,能起感情作用,亦在于此;但就音乐来说,其感情主要在声音本身的结构。自然的声音只是一种材料,还谈不到艺术;日常语言的结构,主要为实际交往手段,艺术还要在日常语言结构的基础上更深入一步,因此艺术语言的结构,不是为了实际的交往,而是一种思想情感的沟通。实际的语言也表达情感,文字上有"!""?"等符号常是为了表现感情。人们常说歌唱要"声""情"统一,"内容"与"形式"统一,这自然是对的,但仅仅如此还不足以成为艺术,艺术语言结构是理解性的,不是实际性的,声乐艺术在于语言形式结构本身的内容和意义,而不光是字、语词本身的实际含义,这样才能起到思想情感之沟通的作用。由此也可以看出古典京剧艺术为什么如此重视语音字韵的原因。各民族语言文字的声调、形状可以不同，而意义大体相同；但艺术的意义、艺术的感情就在声音之中，而不是从声音的外面加上去或填进去的，所以古人说"声中有情"，这样，要把不同民族的语言文字的文学作品翻译过来，就实际"意"来说，可以大致不差；但就审美价值来说，就不能完全相同，甚至像诗这样的作品，在艺术上来说几乎是不可翻译的。所以从美学上研究戏曲音韵就是要研究声音与感情的内在联系，是相对独立于语言的意义的。从这方面研究戏曲字韵的美学意义，主要是研究字韵的音乐性，是属于音乐艺术的问题。这种情形颇似书法艺术，书法艺术取字的形状表现感情，而相对独立于字的意义，所以我力主书法艺术与音乐相似，是一种纸上的音乐，或点画之舞蹈，虽然有人反对，但至今尚未反悔①。

当然，戏曲是综合艺术，其中亦有文学的因素，因此就整个戏曲艺术来说，也不能舍弃语言的实际意义不问，戏曲艺术必须形式与内容达到高度的统一，声音情感与故事的意义必须统一；但戏曲字韵无论在演员的创造或听众的欣赏中都有相对独立的价值，这一点是不可否认的。演员可以在声音上加工，欣赏者可以从音乐角度来欣赏演员的演唱。昆曲词意艰深，不熟的戏光听曲子不看字幕不能马上直接了解，但仍然可以欣赏，有些地方戏的方言可以完全听不懂，但仍可以欣赏其乐曲和歌喉运转，取其声与情的音乐因素也。就像书法艺术，有些金文、篆书虽不识其意义，但仍能欣赏一样。

也许，就整个戏曲艺术来说，音韵之美属于形式美的范围，形式必须符合内容，但形式有相对的独立性，故戏曲音韵之美有相对的独立性。形式与内容本是相对的范畴，相对于戏剧情节内容言，声韵为形式，但就歌唱艺术言，声韵自身又有相对独立的内容和形式。

我们之所以叫戏曲字韵为形式美，乃相对于戏曲的意义即故事内容来说，就演唱艺术来说，是相对于词的意义而言，并不是说形式美本身不具备感情因素，只是自然形态。形式之所以被认为是"美"，说明了形式具有审美意义，即形式与人的感情具有一定的联系，形式不仅体现了"可理解性"，而且体现

---

① 参见我的《中国书法艺术的特点》，《文艺论丛》第6辑，1979年，上海文艺出版社。

了"可感染性"。情在声中,艺术家(演员)才常在声韵上下工夫,以求更艺术地表达感情。

这样来理解形式美(音韵美),那末它在艺术中的意义就非常明显了。一出戏,如果只去理解其内容——即故事和文字的"意义",则与读科学著作无异,退一步说,是与读小说、读剧本无异,不是对戏剧舞台艺术的欣赏、审美的态度,这种欣赏的态度则要求在形式美中品味出戏曲本身的内容来。我们听余叔岩的《搜孤》"娘子不必太烈性"一段,如只是理解到"他在劝他妻子舍亲生之子",只理解到唱词的实际意义,那末还不能叫戏曲的欣赏态度,欣赏演唱必须在音韵、声腔的音乐形式中品味程婴的感情并体会唱词的意义。科学主要需要理解力,艺术更需要想象力、感受力;对科学来说,实际的内容是起决定性的作用的,人们是通过形式达到内容,艺术欣赏则由形式到内容,而始终不抛弃形式,是在形式中品味内容,所以科学主要需要理性,而艺术则永远需要感性(感情)。

在音韵的形式美中,感情与自然形态(声音)必须统一,声音不是赤裸裸的自然形态,感情也不是赤裸裸的自然感情,感情必须受声音自然形态的制约,声音自然形态也要受感情的制约,二者相反相成。因此音乐、声乐需要一种结构,而不是自然的形态。赤裸裸的感情没有审美意义,生活中发怒的人,可以打架,只有实践上的意义。声中之情,在声音中体验感情虽不像在实践意义上的感情那样尖锐明确,而是受到声音的制约,乃是一种暗示的感情,但却堪供人欣赏品味。舞台上的感情不如生活中的感情那样尖锐,这无论对演员或观众来说,都是如此;但却比生活中的感情深远,使人觉得余味无穷。听言菊朋的《卧龙吊孝》,因为把感情音乐化了,突出了形式,使人永远不能抛开这种音乐化的形式,当然不像真的吊丧时那样痛哭流涕,但正因为经过音乐化了,在美感中的道德感情更含蓄,更经得起品味欣赏。

京剧演唱中讲究"韵味",这是一个传统的概念,但却是有深度的。诗讲"神韵",画讲"气韵",词讲"境界",我看不妨说戏(曲)讲"韵味"。"韵"者有一种韵律,是流动性、音乐性的;"味"者如前面说的,要欣赏者亲自"尝一尝"的意思,是一种有个性的、内在的体验,而绝不能公式化了的。而这种"韵味",又是内容与形式的同一,内容就是形式的,形式也就是内容的。

扩大开来说，其实一切艺术中都要讲究"有味"，看戏、观画都不能"味同嚼蜡"，要有一种感情的独特性，所以艺术家要铸造美的形式，即在形式上多下工夫；艺术家失去了形式美，也就失去了武器，其内容必然是干枯的、理论的、公式化的。京剧史上要没有谭鑫培、余叔岩、言菊朋诸大家在形式美（"韵味"）上的创造，那末京剧演唱也就不会达到这样高的历史水平。舒曼曾经说过，只有获得了形式，才会获得内容①，这是很深刻的体会。

不但艺术内容是生活的反映，而且艺术形式也是有生活根据的，艺术的形式美是自然美的反映，京剧的字韵有生活的根据，是生活中自然声音的反映，但它又不同于自然的声音，它是经过演员根据美的规律创造了的，演员根据自然的语言，并结合艺术形式美的需要（这随艺术种类而不同），既按自然的语音，又按照这种语音与感情的联系，把语音当作声乐来处理，然后才创造出音韵之美来。艺术家正是根据这两种原则：一是语言的自然、生活基础；二是语音的感情的要求，来进行创作的。这两者如何结合，是个实践问题，是个历史问题，其中也还有艺术家的天才问题，事实上并没有什么万灵的公式。

一　京剧字韵的生活根据

这部分涉及的音韵学问题，完全是在我的专业之外的，之所以要谈这些问题，并不是妄想在专门的问题上有所树建，而是只想表明：一方面我始终觉得研究理论问题不能空对空地搞什么框架，搭什么结构，尤其是研究艺术或美学理论的，不能身无一技之长，却振振有词地对每个专门的艺术部门指手画脚；另一方面，艺术本身脱离不开一般文化，戏剧脱离不开历史、文学，对诗的欣赏，离不开诗韵的训练，所以对古典京剧的欣赏，也需要一定的技术性的训练，以便使自己的耳朵成为音乐的耳朵。

京剧字韵根据什么地方的方言？或者根据哪一部韵书？这个问题意见很分歧，也还缺乏系统的书面资料，因此有不少问题我们还只知道一些现象，至于造成这些现象的原因，还有待进一步深入的研究，本文限于水平只能提出一些

---

①　舒曼：《音乐家生活守则》，见《论音乐与音乐家》第 223 页。

初步的设想。

一般都认为京剧字音是根据"中州韵",或者说中州韵结合湖广音,那么,这里的"中州韵"是指什么呢?最初人们以为这里"中州韵"就是指周德清的《中原音韵》,然而说京剧字音最初是直接根据周的《中原音韵》设计出来是靠不住的。京剧字音中有许多不合于《中原音韵》的地方,"先天""寒山""桓谭""廉纤""咸监"不分,"庚青""真文""侵寻"不分,这是最明显的。其他如,"肉"、"六",《中原》归"尤侯",而京剧则归"姑苏";"角"、"觉"、"脚"、"阁"、"各"《中原》入"肖豪",而京剧则归"梭波",诸如此类,举不胜举。由于存在这些疑问,于是又有人抛开周德清的《中原音韵》,而对京剧"中州韵"作另外的解释。有人认为,京剧所谓"中州韵"就是指河南地方的尖团字,谭派名家陈彦衡先生在《说谭》里提倡此说,而大部分京剧音韵研究者(如徐慕云诸先生)也都同意这种看法。因为河南原有"中原"之称,尖团字又十分明显,于是问题好像是解决了。但我觉得,这种说法表面看像是没有矛盾,但在历史上却缺乏根据。因为在我国各地方言中,明显地保存尖团字的地区并不仅河南一地,如果没有历史上的根据的话,那末各种可能都是存在的。如果说因"中州"指河南,那也是值得怀疑的。因为周德清的书虽名曰"中原音韵",却并非指的河南,而是指的元代北京(大都)的方言[①]。为什么说"中州韵"指河南地区的尖团字缺乏历史根据呢?因为从京剧的形式和发展来说,京剧字音似乎与河南的关系不多,而重要演员也很少有河南籍的,这种尖团字又是怎样从河南传来的呢?

于是,人们不禁要探究,京剧字韵和周德清的《中原音韵》究竟处在一种什么微妙的关系中呢?我初步的设想是:京剧产生离《中原音韵》的时代已远,不可能与《中原音韵》发生直接的关系,但因《中原音韵》在明清剧作方面的势力,演员虽不一定完全按周韵咬字,但影响肯定是有的。京剧字韵与《中原音韵》的关系最初是间接的,京剧是通过一些中间环节受《中原音韵》的影响的。这些环节中最主要的是昆曲。京剧最初不是根据《中原音韵》来设

---

① 周德清《中原音韵》过去常认为接近河南方言,可能是由"中原"二字附会而来,其实大致为元代大都(即今北京)的方言,王力先生在《汉语音韵学》中已有论述;邵曾祺同志在《谈"中州韵"》(《上海戏剧》1961年第6期)一文中也有同样意见,我觉得比较可信。

计字音的，而是在湖北音的基础上，通过昆曲，部分地吸取《中原音韵》的字音，其中最系统的吸取就是尖团字的原则。所以，说京剧字韵与《中原音韵》一点关系没有，也是不对的。

昆曲就是遵守《中原字韵》的①，昆曲中闭口韵"m"和抵颚音是分得很严的，而"声"、"春"等字亦皆按《中原音韵》切音；但即使《中原音韵》对昆曲这样地权威，在演员的演唱中要想完全避免当地方音的影响也是不可能的，把某部韵书的语音定为一宗，作为绝对标准，是不可能的。事实上，昆曲不但有入声字②，甚至像闭口韵和抵颚音这样的区别，也有人主张取消了③。当然，戏曲字韵不等于生活语言，但总是要植根于生活语音，《中原音韵》当时确有生活根据，但艺术更需要活的生活语言，自然不能不受方言的影响，死守《中原音韵》就没有出路了。

从历史上看，京剧受昆曲字音的影响也是很明显的。不少有成就的京剧演员都会昆曲，由于昆曲在舞蹈、音乐（特别是打击乐及牌子曲等）方面之助，方促进了京剧的诞生。京剧小生这个行当，尤受昆曲影响，如徐小香原就习熟昆曲，从龙调（娃娃腔）基础上结合着青衣、老生、花脸等嗓音、声腔，创造了现在的小生的声腔。徐小香甚至通过昆曲，带来了一点吴音。如今有些小生嘴里"战"字还念合口呼④，恐亦为徐小香之遗音（其他如"人"字，亦有苏州音的味道）。

由于昆曲对京剧的影响，决定了通过昆曲，京剧必然吸取了一些《中原音韵》的字音；但又由于《中原音韵》在昆曲中已有变化，京剧就不可能通过昆曲全盘接受《中原音韵》，所以就出现了部分吸取或个别吸取的现象，特别是接受了《中原音韵》中与苏州音相合而为昆曲固有的字者，如尖团字，如"我"、"熬"等字。

京剧曲调与徽调固然有着密切的关系，然而京剧中安徽字音是比较少

---

① 后来昆曲名家曹心泉据范白民《中州全韵》制《剧韵新编》，南化倾向固很明显，但仍为《中原音韵》一个系统。
② 《洪武正韵》这个系统，已有入声分立，故南曲多遵《曲韵骊珠》等，与《中原音韵》已不完全相同，但闭口韵与抵颚音亦有严格区别。
③ 见赵景深《读曲小记》。
④ "战"字在《中原音韵》入"先天"韵读"栈"。吴音读法在"欧""于"之间，京剧小生读知乌安切是把吴音京音化，似不应再念此音。"战"与"半"、"般"等上口字不同。

的（但并非没有）。程长庚虽是安徽人，但据说也不按安徽音咬字，而京剧字韵中有与安徽音相近的，也往往与湖北音相会，即使有些字音（如"数"、"争"、"楚"、"初"等齿音，后来也减少成"个别的情况"了。因此，大体上可以说，京剧字韵是在湖北音（西南官话的系统）的基础上吸取了安徽、昆曲和北京音而形成的。

从历史来看，京剧是湖北、安徽两地声腔结合了昆、梆等剧形成，其字音受湖北、安徽方音的影响是很自然的；但光承认受湖北音的影响是不够的，必须得承认是在湖北音的基础上形成的。也有人认为京剧中湖广音只是指在字的四声调值上根据湖北方音，我觉得这也不尽准确。

现在，我们再根据京剧实际读音的一些情况来说明一下这个问题：

1. 关于"庚青"（其中开口、齐齿二呼）、"真文"、"侵寻"不分。"闭口韵"在现代汉语中，除两广、闽浙部分地区外，已无此区别，周德清《中原音韵》严格加以区分，可见当时北方音系尚有此区别；现在北京音"庚青"、"真文"尚有明显区别而苏州语、湖北语、安徽语都无区别，所以京剧究竟受哪处方言直接影响，很难确定。有人认为是受安徽音影响，有人认为是受苏州音影响；按湖北音也无此区别，就京剧字韵的总的倾向来看，受湖北音影响似乎更大一些。但在花脸演唱中，因为艺术表现需要的缘故，已有京音渗入。如袁世海、裘盛戎诸名演员都有此倾向，这说明，从表现感情的需要上（因"庚青"收鼻音易表现雄壮感情），改变字音是可能的。

2. 关于"书"、"主"、"舒"问题。《中原音韵》原是"鱼、模"不分，放在一个韵部，李渔才有"鱼、模"当分之议。但京剧中"书"、"主"等都是以湖北音为基础的。其证据主要在于字头声母，湖北此类音声母皆为"基、欺、希"，而不是"知、吃、诗"，湖北音中"知、吃、诗"无齐齿和撮口呼的音；在有些京剧老演员中，"书"、"主"等字声母大多还接近"基、欺、希"，而不是"知、吃、诗"，试听周信芳同志的唱念就可以得到证明。这种情形后来因为受北京音的影响（或者是通过昆曲受《中原音韵》的影响，因《中原音韵》此类字，声母与北京音相同，而韵母则与湖北音相同），舌头部位向后挪了，就接近于"知、吃、诗"，但比起北京的"知、吃、诗"来，舌头部位还是要前一点，就是在湖北基础上变化的痕迹。

3. 与上述有关的，即"知、吃、诗"的舌尖后音，在京剧老演员中绝大多数是舌叶音，即舌叶摩擦硬颚与齿龈之间的部位，这种音与北京音的舌尖后音初听区别不太明显，但细辨却大大不同。像余叔岩《搜孤救孤》"我只得双膝跪"的"只"字，周信芳念白"我知道了"的"知"（不上口）等等，比比皆是。有的人不能解释这种情形，认为这是"半尖半团"（或"尖团之间"）的字，并认为北余（叔岩）南周（信芳）念得最好，其实，没有什么"半尖半团"的字，只是北余南周这些字最接近湖北音而已，但这些字音也逐渐在变化，大都受京音影响。与余叔岩同时的言菊朋，已绝无这种音，而是完全按京音的舌尖后音念；后来谭余二派的老生大多还保存这种舌叶音，但马（连良）、谭（富英）、杨（宝森）、奚（啸伯）也已在不同程度上渐受京音影响，不完全是湖北的舌叶音了（其中以奚最无此音）。武生因杨小楼遵守湖广音，而且这种音多刚劲气氛，故保存甚多；而青衣以柔为主，已绝无此音了。这一点，过去论京剧音韵的似乎都很少注意。

4. 关于"白"、"北"、"等"问题，这类字与京音显然不同，而《中原音韵》，则与京音相同，京剧读法，亦从湖北而来。说京剧音韵直接来自《中原音韵》这一点也不容易通过。

5. 关于尖团字问题，已如前述，说京剧尖团是从《中原音韵》和吴音（通过昆曲的环节）来看，似乎比从河南来较为可信。"精清从心邪"母的齐齿和合口二呼皆为尖字，而北京音中并无尖团的区别；但京剧中齿音亦有受安徽音影响者，如"楚"、"争"等字，京剧中原皆舌尖前音（与尖字同样发音），但为合口呼（"楚"）与开口呼（"争"），而在京音与《中原音韵》中为"穿"（"楚"）、"照"（"争"）二母；此类音也渐有些演员不按安徽音念的。

6. "飞"、"未"等字，在京音念 fei、vei，而《中原音韵》因"回归"、"齐微"不分，皆入"齐微"。京剧有些流派如汪（桂芬）派、麒（周信芳）派等皆念 fei、vei，而谭派这个系统则多念 fi、vi，我认为这也是从昆曲传来的《中原音韵》的读法或吴音的读法，因吴音与《中原音韵》相同。

7. 关于"日"、"知"等字。在京剧中这类字的念法与《中原音韵》相同①，但《中原音韵》还有"尺"、"赤"、"入"、"剧"等字亦为"齐微"，如此，京剧直接以《中原音韵》为准，并无理由只取"日"、"知"、"吃"（"喫"）等少数字，故我觉得，这些字只是受昆曲影响，间接接受《中原音韵》读法，但因京剧是在湖北音的基础上吸取昆曲读法，所以"尺"、"赤"、"入"、"剧"诸字仍按湖北音读。京剧字韵常有这种个别吸取现象，并无很强的系统性，就是因为它是在湖北音的基础上兼取安徽、北京、昆曲的读音，才有这种现象。

8. 还有一种音，是以前研究剧韵的不常注意的，即"娘"、"女"、"宁"等字的声母，表面上与京音相同（《中原音韵》亦与京音相同），实则不同。在吴音中"脓"、"浓"分别很为明显，而京剧中则一概统一。这是因为在京剧中"n"母后面的"i"音被略带过去了，"ni"结合念，是为吴音的"浓"，而带过了"i"，则"n"突出了。所以京剧演员念这部分字都有点"大舌头"。这种音，据我初步设想，似乎是从湖北和安徽来的，因为在与京剧有直接关系的方音中，只有湖北和安徽部分地区有这种音。这种音在京剧中已成习惯，演员自然发出，甚至梅兰芳的《宇宙锋》（"牛头马面"的"牛"字）中都有此音。

9. 最后来谈谈京剧四声调值问题。阴阳上去的京剧调值大体按湖北音念，后渐受京音影响，特别是青衣中，京音的调值最多。阳平字高唱在老旦中似乎已取得稳固的地位，有些接近老旦（某些方面）的老生流派［如汪（桂芬）、刘（鸿声）、高（庆奎）等］中，也多阳平高唱的例子。四声调值中成问题的是入声字。有人认为，京剧中入声字按湖北音皆归入阳平，我觉得在最初可能是这种情况，湖北音占很大势力，入声则按阳平唱（在余叔岩的唱片中有明显的证明）；但后来则也大受京音的影响，这种影响也

---

① 见赵萌棠《〈中原音韵〉研究》注音部分。

是很明显的。言菊朋已经大体按入声归平上去三声来唱，如《上天台》"郭娘娘"的"郭"字，是按阴平唱；而一般唱《武家坡》"军营中失落了"的"失"、"落"二字皆按阴平（"失"）和去声（"落"）的湖北调值唱。杨宝森的《碰碑》，"宁失千金不失寸铁"的"铁"字，特为改成上声的湖北调值高扬，这些都说明京音的曲折的影响。另外也有些演员愿意保存一些入声字的唱法，如周信芳《四进士》念白"回得家去，吃得饱饱的"的"吃"字近乎入声；马连良的"不"字常受人攻击，其实程砚秋在文章中公开主张保留一些入声字的唱法，以增强表现力。这里当然又涉及生活与艺术的关系问题，不纯是音韵方面的问题了。京剧音韵之所以既受京音影响，又保留湖北土音，兼收一些《中原音韵》和吴音，不但有生活的根据，也还有艺术的根据，艺术的根据也是不能忽视的。从京剧演员在处理声韵方面问题的态度上，我们也可以看到艺术创作与实际生活的联系和区别。

现在，我们已经把京剧实际读音的一些现象罗列了一下①，看来京剧音韵似乎自成一套，而在实际上好像并没有什么固定的系统可循。本来语言的具体运用就是约定俗成的，往往是具有历史的必然性，其变化也是逐渐的，不可能一下子很有系统地起一个质变；京剧字音更受到腔调、演员籍贯以及艺术表现上的需要等复杂原因限制，变化更是复杂的。但从以上这些现象我们可以得到下列几个看法：

首先，京剧音韵不是根据某部韵书设计出来的，而是有生活根据的，从民间来的，后来才在一些音韵学家研究下，根据《中原音韵》改变某些（很少）字音（如余叔岩和程砚秋等对"世"字的处理）。

其次，按京剧字音与方音接近程度来说，次序应当是这样：湖北第一，《中原音韵》和苏州音第二，安徽音第三。

再次，京音的渗入，已是历史事实；而且不可避免地会发展下去，就丑角、青衣、老旦来说固然如此，就是最讲究"中州韵"和"湖广音"的老生来

---

① 罗常培（罗莘田）先生在《旧剧中的几个音韵问题》（《东方杂志》，33卷第一期）举出京剧"上口字"十一类，分析精辟，是从科学上探讨京剧字韵的重要著作之一；但罗先生也说尚有"个别例外"（如"脸"字），未能穷尽。

讲，也是如此。但，这个过程是缓慢的，而且是曲折的，因为这里有个字音与腔调的矛盾问题，也还有群众欣赏习惯问题。多少年来，京剧在北京落户，为什么不但不能完全京音化，而且还有些演员发展了湖北音（如青衣的程砚秋，花脸的袭盛戎），这里也有其深刻的艺术上的原因，这一点我们以后还要来详细讨论。

第四，也是最重要的，从以上分析，可以看到京剧字韵并不是生活语音的翻版，不是纯粹的湖北音，而是在湖北音的基础上，兼取北京、昆曲、安徽等语音加以选择加工的艺术语言，所以它既都来源于生活，又与生活语音有所不同。这一点对于京剧作为一种古典艺术来说，是很有意义的。它可以使它的语言与实际的生活保持一定的距离，从而不但形成"生活的幻觉"，而且形成"历史的幻觉"。京剧演汉朝的事，不必说汉朝的话，也不必考据汉朝的语音，但自然有一种"历史感"，不能不说与京剧这种综合几种语言系统，自成一套的咬字规则有一定的关系。

二　京剧咬字的技巧

我们以上初步研究了京剧语音的各种来源，这些来源互相融合，基本上按照一定的路线结合起来，又逐渐定型化，成为一种比较固定的语音标准，这就是京剧中"中州韵"和"湖广音"结合的具体含义。

但是，京剧虽然逐渐有了一个比较固定的语音标准，因为它的来源是复杂的，不是单一的，因而，这个标准也是有相对的灵活性的，这种"灵活性"，表现在两个方面：一是纵的方面，京剧语音本身也还有一个发展变化的历史；一是横的方面，京剧各个行当、各个流派有不同的咬字方法，有自己不同的语音标准。忽视这两种"灵活性"，刻板地执着自己主观设定出来的一种标准，凡不合者一律斥之为"倒字"，这是过去有些研究京剧字韵的人最根本的毛病之一。这种研究方法，固然有点形而上学的味道，而他们所研究的成果也不是历史的、发展的，而是静止的、片面的。古典京剧必须有自己的语音标准，否则甚至难于成为一个独立的剧种，这一层的艺术上的理由已如前说；但京剧语音来源的多方面性，又为艺术家提供了别的地方戏不太具备的灵活性，提供了多方面的条件和手段为演员创造自己的表演风格服务，这一点也是不能忽视的。所以，京剧语音的标准只能历史地去理解，才能既不是毫无标准的相对主义，也不是静止、孤立的绝对标准的形而上学。

关于京剧语音在历史方面的变化、发展，是一个复杂的问题，这里想指出的是：古典京剧虽在北京形成，但它是由几种声腔汇合起来的，不是北京固有的，因此北京的方音对它也只是起到影响作用，而未曾由它统一。马连良先生生前虽有"京剧姓京"之说，乃是一种有针对性的感发，他自己的演唱，没有也不可能完全（或基本上）按北京音咬字。这里同时想重复指出的还是那样一种艺术上的理由：语音方面的多样性，有助于京剧作为一种古典戏剧形成"历史的幻觉"而又不失自身的统一风格。

京剧各个行当的语音标准并不是完全相同的，而其中语音标准比较固定的则是老生行当。老生从谭鑫培以后，讲究形式美的规律，相对地固定了语音标准，发展到极端则有陈彦衡、言菊朋等人把京剧咬字固定为用湖广音念"中州韵"。从语音标准方面我们也可以看出它的作用。一方面，把语音标准固定了，使京剧演唱有一种完整的形式，统一的语音，也给京剧演唱带来许多光彩；另一方面，由于固定了语音，也产生一种形式主义的倾向，过去，语音问题成为京剧演唱评论的唯一标准，"倒字"似乎成为演员最大的忌讳，从而忽视了京剧作为戏剧艺术的一种，它的再现因素，它的表现感情的真实，人物性格的真实，而一些形式主义评论家没有也不可能看到，注重人物情感真实的艺术家，必不可免地会突破京剧这种语音的形式的框子，因为京剧的语音，是在多种生活语音基础上综合提炼出来的一种艺术语音，它的写实因素受到表现因素的局限，因此，不可能很充分地反映人物的真实感情①，所以强调人物情感真实的演员，往往是要"破格"的。

老旦行当的语音，虽然基本上仍然按照"中州韵"和"湖广音"结合着念，但老旦的咬字，京音的成份显然是很重的。

在京剧发展的初期，老旦和老生的关系是很密切的，而嗓音则更近于女声本音；后来老生经谭鑫培按照自己的道路发展了，而老旦仍然较多地保存了早

---

① 但可以通过这种语音，把人物提高到理想的境界。

期老生的语音（和演唱）的特点，这并不是老旦停滞不前，相反的，正是这样，老旦和老生的区别愈来愈明显了，从语音、唱腔到胡琴伴奏①，目前老旦已经形成一套独特的体系，老旦这个行当已经独立发展了，将来会在剧目、做工等方面大大丰富起来，前途是未可限量的。

老旦的语音，其中最大的特点，是阳平字高唱，和北京音完全一样。这本来也是早期老生的特点，如汪桂芬、孙菊仙（甚至近期的余叔岩）大都是阳平高唱的。谭鑫培后，随着音乐曲调的复杂化，湖广音的影响反倒加重，阳平字大都按照湖北音低唱了，但老旦仍保持《中原音韵》北京音系这个特色，与后来的老生形成鲜明的不同。这和老旦这个行当本身艺术上的要求分不开。

对于灰堆辙的字，老旦行者也有不同的念法，这与早期老生演员也有很大的关系。老旦凡遇灰堆辙字，重音都在"乌"、"衣"，而老生后来都是略为加重了"爱"的音素。老旦这种发音，基本上还是《中原音韵》的系统，因为《中原音韵》中"灰堆"是合在"齐微"一起的，推想起来，如果重音在"爱"，那与"一"、"七"诸字的区别就很大了，想必重音是在"乌"、"衣"，中间"爱"几乎很不明显，就比较接近于"齐微"了。和上面的阳平字的念法一样，老旦对"灰堆"的念法，也有一种艺术上的原因，它有老年人一种饱经沧桑、深沉持重的态度，有时甚至给人"咬牙切齿"之感。

从这个角度说，老旦的语音标准，北京音是比较多的，或者说，老旦的语音，还较多地保存了《中原音韵》这个系统的念法，这是值得重视的现象。

京剧行当中，青衣和老生的语音标准也是不同的。青衣自王瑶卿、梅兰芳后，大量吸取了花旦的表演艺术，加强了个性，增加了写实因素，在语音标准方面，京音自然就加重了。青衣中一般还保存了阳平高唱的北京音系；但青衣中也还有不同的流派，如程砚秋派因受到老生（主要是余叔岩）的影响，在四声方面，大量用湖广音（入声则从昆曲），在声母方面则吸取了昆曲的念法（如"知、吃、诗"舌尖要靠前一些），显得顿挫有致，和梅（兰芳）派形成鲜明的对照。

小生的咬字，在京剧中也有独特的风格。京剧小生不但在唱法、动作舞蹈

---

① 早期老旦胡琴过门和托腔与老生的区别不大，这种情形，甚至在早期青衣演唱中也同样存在过。

上大量吸取了昆曲的表演程式，在咬字方面，更是深受影响。其最大的特点是"知、吃、诗"这些卷舌音，舌尖都要靠前一些，形成一种独特的风格。顺便提到，这种念法在武生及后来的老生中也有。同时，早期老生演员（如汪桂芬）有所谓"毛音字"，即卷舌音的字首念得特别重，但舌尖还是很靠后，但从某一方面来说，这种"毛音字"很接近昆曲的"知、吃、诗"的念法。因为苏州官话念"知、吃、诗、日"这类声母的字（如"人"）虽舌尖靠前，但发音是很重的，在戏曲演唱中很有韵味，所以京剧演员以北人（北京音系）来学它，舌尖还很靠后，但发音较重，如汪桂芬《文昭关》的"愁人心中似箭穿"的"愁人"二字就是用的"毛音字"①，因为汪派是直接继承程长庚，而程长庚最初学昆曲，用昆曲的唱法来唱京剧受到欢迎，从这一点推测起来，"毛音字"和昆曲的这种关系，是有可能的，所以有人也管小生这种念法，叫"毛音字"。

小生咬字与昆曲的关系，还表现在一些字的特殊念法方面，如前说"战"字，它的念法就不合《中原音韵》，这种念法也许是从昆曲来的。昆曲虽遵《中原》，但它又是南化了的《中原》，而吴人读"战"归"于"，从这个基础念《中原》的"战"，当然会把它归入"桓欢"，念成"知乌安"了。其实这在京剧来说，应该说是念错了，可是至今绝大部分京剧小生演员还这样念，并且还以为这样念才"上口"，从这也可以看清昆曲对小生语音一个明显的影响。

花脸咬字，也有许多"破格"的地方。花脸的崇高的风格，往往突破形式美的局限，因而它就不太在乎一些人苦心设定出来的标准。在二花脸中，为了加重调侃气氛，甚至还夹杂着用一些北京纯粹的方音。花脸行当咬字总的特点也是京音较重。这一点特别表现在可以分别庚青、真文之韵，庚青韵可以按北京音收"音"，这在京剧恪守"十三辙"庚青真文不分的情况下，可说是一种特殊现象，这种特殊现象，一方面说明了花脸艺术的真实，朴实的情感，需要接近生活的语言，同时也是符合花脸崇高风格要求的声音上的特点，即按北京音来收庚青有一种凝重庄严的气势。当然花脸行当内部也还有不同的流派，如裘（盛戎）派受老生影响很大，大量采用湖广音，并从麒派那里学来昆曲

---

① 这种字周信芳加以继承了，他管这种念法叫"切音"。——见《周信芳的舞台艺术》第151页。

"知、吃、诗"的念法，形成特殊的风格。由于裘盛戎过多采用老生的语音，采用湖广音，相对地削弱了花脸的崇高风格，因而他虽在美的方面跨进了一步，但花脸特色减少，这是一个值得深思的问题，这个问题涉及湖广音在京剧中历史地形成的作用，就是它有助于美的风格，但不太有利于崇高的风格。因此，很明显地，即使在老生行当中，偏重于韵味的，湖广音多一些；偏重于气势的，则少一些。这种由京剧整个历史发展表明了的特点，需要我们进一步的探讨。我们现在先研究这种现象的历史过程和事实，至于这种现象的理论上的原因，我们留待下一部分去集中讨论。

京剧老生行当流派是最为繁荣的，这说明了这个行当在艺术上的成熟。老生行当最讲究咬字，但整个老生行当的咬字也并不是统一的。京剧老三派程、张、余，其语音标准就不统一，程长庚脱胎于徽调二黄，虽不用安徽音来念字（因为他最初是学昆曲的），但徽音的影响肯定是有的，如今老生演员还常遵守的字音（如"挷"字的念法）恐怕就是安徽音的影响。我们对比一下如今京剧中吹腔、高拨子的唱法，发现上声字并不按湖广音接近阴平，而是按京音有时加上滑音唱才能合调，而京剧早期演员（如汪桂芬，以及后来继承豪放派的周信芳等）都有这种特色，这种情形，恐怕也是徽音的影响。据记载，张二奎的京音就很重，而余三胜还更多地保存了湖北的土音。这三条路线，后来虽然渐渐综合，特别是在谭鑫培身上，形成一种比较完整的体系，到言菊朋则完全定型化，但在京剧舞台的实际演唱中，仍有许多具体的语音标准。京剧是一门技术性很强的艺术，形式的创造和不同往往是形成不同流派的重要因素。因此，语音标准和咬字技巧的不同，也会对不同的演唱风格起很大的作用。于是，我们在京剧领域里看到这种现象：不同的流派，往往在语音标准上是不尽相同的。

我们评价一件艺术品，除了大的标准（如思想性、内容与形式总的关系等）外，还有一些小的标准，换言之，除了艺术内容的标准外，还有艺术形式的标准；而艺术形式的标准也有大小之分。雕像要符合雕塑的规律，绘画要符合绘画的规律。这是艺术形式的大标准，在这个大标准之下，即在各种不同艺术样式的规律之下，还有不同流派的标准。在绘画中有各种流派，在雕塑中也有各种流派，它们除了服从绘画、雕塑的一般规律外，还有自己一系列的特点，而属于这个流派的艺术家，一般都要具备这些特点。这些特点，不是任意的，不是个人主观的不同，而是符合该部门发展规律的产物。个人的风格，必须服从一定艺术样式发展的需要才有价值，因此，风格是流派的核心，风格的主观性和流派的客观性是统一的。各艺术部门发展的历史，也就是风格发展的历史，也就是流派发展的历史。因此，我们对于艺术流派内部的一些特殊标准是不容忽视的，之所以要重视它，并不是提倡主观任意性，而正是因为这些个人的、主观的创造是符合客观规律的。

正因为如此，所谓大的艺术形式标准才不是抽象的，而正是历史地体现在各个时期的小标准之中，大标准和小标准是统一的。但是，就整个艺术发展的历史来看，小标准不是固定不变的，甚至在同一个时期也不是统一的。在同一个京剧发展的历史时期，可以有多种多样的流派（当然其中有主导的流派），它们的小标准可以是不同的。这在京剧咬字方面表现得是很明显的。为什么有所谓"门户之见"？其原因当然很多，但其中在方法论上，主要原因之一，就在于混淆了大标准和小标准，把一个流派的内部标准当成唯一的标准，以此衡量其他的流派，从而贬低其他流派，这就是"门户之见"的实质。

京剧各流派语音标准，之所以有出入，也有其历史的和现实的根据。从历史上说，有的流派较多保存徽音（程长庚的系统，当然只是相对而言，程的基本语音，并非徽音，这一点前面已说过了），有的较多保存京音（张二奎的系统），有的则较多地保存湖北音（余三胜的系统）。余三胜的系统，由于开启了京剧向柔美方面发展的先河，湖北音逐渐保存和定型化。余三胜的湖北音是很重的，因为京剧从汉调而来，所以也是自然的事；但到了北京，则首先与徽调二黄合作，又吸取京中诸腔才形成京剧皮黄，因而从余三胜以后，就汉调角度说，湖北音是渐渐减少、淘汰，而它与京音、徽音的关系也逐渐定型化，湖北音主要只在京剧四声方面保存了自己的地位，因为这与曲调关系最为密切，同时，有些字音，与北京元代以来的语音（以《中原音韵》为代表）不太矛盾（即与北京的古音不太矛盾），如"梭波"、"姑苏"诸辙，则也得到了保存。这种复杂的关系，意味着京剧的成长和成熟，但这种发展也是曲折的，因此，在发展过程中，有某些流派侧重于某一种音系是完全自然而合理的现象。

这种逐渐统一而又保持一定区别的情况，在以后的发展中看得是很清楚的。谭派这个系统，虽然竭力统一语音，但区别仍然存在。余叔岩湖广音甚重，尤其是入声字，基本上按湖北音统统归入阳平；但是这样一来，阳平字多了，按湖北音的调值，阳平是要低唱的，这样低音字就多了，在一定的场合下，余叔岩唱一般阳平字（不是入声字转化来的阳平字），则有时用京音高唱，这种出奇制胜的偶尔用"阳平高唱"的办法，就使余派显得刚劲些。不仅如此，余叔岩有时还大胆采取一些京音，甚至北京土音，最著名的是《搜孤救孤》里的"我只得双膝跪"的"只"字，而且按上声北京调值唱（可能是"我"字也为上声字的原故）①。余派于京剧史之地位，当然决非一字一音的变化，但由此可见余叔岩总是在尝试革新，而又不离规矩，这是古典艺术一条颠扑不移的法则。

和余叔岩同为谭派系统的言菊朋，力图用自己的艺术创造出一套完整、固定的京剧语音标准，在字音上费了许多苦功，取得了很大的成就。言派的特点是力图自觉地根据《中原音韵》的语音系统，并基本上按照湖北音的四声调值，比较彻底地完成了"中州韵"和"湖广音"相结合的原则。言派和余派不同，阳平字一律按湖北音低念，而上声字也努力接近于湖北音。在字的声母和韵母方面，则力求接近《中原音韵》。在声韵母方面，言菊朋表现得比较突出的是"车遮"韵，不少字带有不太明显的"爱"音作收音。这当然是按照《中原音韵》系统读音，而"齐微"韵比一般京剧演员更多上口字。但言菊朋对入声字变化的词类，却既不按湖北音完全派入阳平，也没有按《中原音韵》的归派办法，而是按照当时北京音派入平（包括阴、阳平）上去三声的办法，这也是随着北京音变化的痕迹。其中与《中原音韵》最大的不同即入声归平声时，不但有阳平，而且也有阴平，如《上天台》"郭娘娘降下罪由孤担承"的"郭"字即是入声归入阴平。当然，据言菊朋演唱实践情形推测，言当年大概没有看过赵荫棠标音的《中原音韵》，或者看过而不同意他的观点②，因此，对照一下，言菊朋的演唱也还不完全根据周的《中原音韵》，还是很受当时京音的影响。不论有什么不同的意见，像闭口韵这样的音，在言菊朋那里也是完全消失

---

① 余叔岩《搜孤救孤》唱片中"我只得"的"只"字，我一直以为只舌尖靠前，是所谓"半尖半团"的字，承苏少卿先生指教，乃按北京土音念，而余并无舌尖靠前的"知、吃、诗"音，细听余的唱法，确为苏老先生所言。
② 因为过去京剧界大都认为周德清《中原音韵》是代表河南洛阳音的。

了的。如果言菊朋要完全按照《中原音韵》念字，那末就更有"怪"的感觉了。因为《中原音韵》的字音，本来处在变化发展的阶段，其中有许多念音是很复杂的，从《中原音韵》（元代北京语音）到现代北京语音，我们可以看出一条自然变化的线索。譬如"弱"字，在《中原音韵》归"歌戈"，而这种发音是很不自然的，变化的趋向，有两种可能：一种是把声母改为"衣"声母，即，"尧"，或者是把韵头"衣"取消，念成"日乌熬"切，我们看到，北京附近的某些地区（东北有些地区），的确有把"弱"念"尧"，而"日乌熬"已是现代北京音了。这种变化是很自然的，"日"声母与"衣"韵母结合发音不太自然，因此京剧中就不可能大量保存这种"古音"，所以像"知"、"吃"、"日"这类的上口字在京剧中只是个别的，而不是大量的，可见，戏曲语音总是要受到生活语音的制约的，完全忽视现代语音的变化，将会使戏曲脱离群众，即雅如言菊朋，也不能完全按周德清《中原音韵》来设计京剧字音。

由于语音标准的不尽相同，加强了各流派的不同风格，如果用这个流派的特点去要求另一个流派，将会在艺术形成的小标准上发生分歧，各各相峙对立，形成了"门户之见"。

同时，语音标准的"灵活性"，还不仅表现在孤立的语音标准不尽相同，而且要照顾到字与字之间的关系，顺着语音自然之势，灵活地变化某些字的读音。古人对这一点已有深切的体会，如王骥德在《曲律》里就有"上上去去，不得叠用"的说法，京剧中也有"两去则一平"的经验。其实，这是戏曲演唱的经验，也是生活语言的经验[①]，不但四声调值如此，声韵母也有这种情形。《奇冤报》"刘世昌祖居有数代"，据说余叔岩因"世"字上口，与下面的"昌"的声母有点拗口，所以想改成"刘士昌"，"士"字是"支思"，念起来比较顺口。京剧唱词中常有的"昔日里"的"日"字在这里就不上口，因为"里"字也是"齐微"，听起来就重复了。京剧中这种"灵活"的情形是非常之多的，这只要明白语音的自然规律是不难解决的。

在京剧演员中，许多前辈演员都很善于处理字与字之间的关系，余叔岩为了解决这个问题，有所谓"三股韵"之说，实际上也是处理字与字关系的一种

---

① 李思敬同志告我，"两去一平"即北京方言之变，调如"站队"、"看戏"、"大会"等。

方法。譬如遇到三个都是低音字，或者中间那个音就要比较高一点，或者前后的字音念得高一点，形成一种波浪形，使字音有所变化曲折。所好的是京剧字音博采湖北、北京、安徽甚至昆曲的个别南音，伸缩性是很大的，只要与其中一个方音相合，就算是有一定根据的，有的句子按湖北音念不顺口，用北京音也许就顺口了，或更好听了，这全靠演员仔细揣摩音理，熟能生巧。余叔岩之所以常用"阳平高唱"法，也是因为湖北音调值低音较多的原故[1]。

言菊朋对于字与字的关系方面注意得就不很够，常常是孤立地强调一个字的准确，而相对忽视与其他字音的音乐性的关系，所以言派咬字听起来就显得起伏、顿挫过多，而连绵、贯气则不够。这一方面是身体气力的原因，一方面也是一种艺术创作的方法问题。言派是要想把京剧字音全都固定下来，形成不移的定则，因此灵活性就较少，当然更谈不到由于感情的表现需要而突破形式的地方。

京剧的咬字技巧，当然还不仅限于语音的标准和变化灵活的问题，要把字咬正还需要一系列的技术的训练。话是人人会说的，但不一定都符合歌唱艺术的要求。京剧演唱的语音标准，如上所说，是综合了湖北、北京、安徽及昆曲南音诸语音，自成一个系统，因此，任何地区的人学唱京剧，首先遇到的问题是纠正字音。北京人要学湖北的四声调值和尖团字（因为现代北京音已没有尖团的区别）；湖北人要学尖团字和北京的卷舌音，京剧演唱不能按一地的方音为语音标准。

纠正了语音，这还只是咬字的极初步，京剧演唱作为一种歌唱艺术，它要求念字要有一定的特殊训练。为适应舞台歌唱的要求，演员要对每个字的声母和韵母都要略加夸大，一来使听众字字入耳便于理解剧情，同时也是为了把字的每个部分都组织到曲调音乐中来，使本来只是很短的、字的首尾的音素也成为歌唱艺术的一个有机部分。

京剧演唱是整个京剧作为戏剧艺术的组成部分，它的唱词，不仅有抒情的，叙事的，而且也有对话的，如果不把唱词字音念清楚，听众就不能很好地领会剧情，达到应有的戏剧的效果，因此，舞台语言总要比生活语音夸大一

---

[1] 湖北音四声调值，阳平、去声、入声（归阳平）都是较低的。

些,尤其是不太响亮的字的声母和韵尾,在生活语音中因为距离近,模糊点并不影响交谈,但到了台上,要对成百上千的观众说话,不强调一下声母和韵尾是不容易听清楚的。这是一切舞台语言艺术的共同要求。因此,古代论唱的,强调要交待清楚字的首、腹、尾①。京剧演唱艺术中也很讲究发音和收音。发音的尖团,开、齐、合、撮,这是京剧演员最讲究的,对于开、齐、合、撮,都有一定的口形,需要经常的锻炼,才不至于在唱快板或慢板时因口形变化而跑了正音。京剧演唱对于收音也非常注意,尤其在长腔结尾时,绝不允许错了韵尾,尤其是腔调的顿挫,大都在字尾的收音上,正如徐大椿在《乐府传声》里说的,"收声之时尤必加意扣住,如写字之法,每笔必有结束,越到结束之处,越有精神,越有顿挫,则不但本字清真,即下字之头,亦得另起峰峦,益觉分明透露,此古法之所极重而唱家之所易忽,不得不力为剖明者也。"

字的发音和收音,轻重缓急,要看曲调、曲情而定,当重者重顿,当轻者轻勒;但就不同演唱流派来说,也有不同的技巧②。

一般说,气势派的发音和收音都是比较重一些的,如汪派有名的"切音",就是发音重;而韵味派则比较轻一些,讲究藏而不露,以含蓄为尚。这是一个一般的现象,而我们已经说过,中国的古典艺术,崇高和美的风格是结合得很紧的,气势派也讲究韵味,因此在字的发音、收音方面则重中有轻,汪派也有把字"吞"下去的地方;韵味派则是轻中有重,余派也有字咬得重的地方。我们以言菊朋为例,更能说明问题。言菊朋崇尚花腔,以纤巧曲折取胜,这是他的优点,也是他的缺点,为了补救这个缺点,他利用自己的音韵学的知识,在咬字上特别下工夫。言派咬字"切音"是很多的,因此,就出现了这样一种现象:即以韵味取胜的言派,咬字却很重、很紧,真正是"字重腔轻"。这是和余叔岩不同的地方。余叔岩因为本来嗓音就有一点清刚之气,而腔调也是于秀美妩媚中透出英武俊挺的气概,因此,他没有必要像言菊朋那样在咬字上来补救他腔调之不足,于是余派咬字就比言派更含蓄一点。与言派有点类似情形

---

① 沈宠绥《度曲须知》、李渔《闲情偶寄》、徐大椿《乐府传声》等书在这方面都有很好的经验,值得我们研究。
② 我对西洋歌唱的声乐原理所知甚少,曾有一种感觉:西洋歌剧演唱注重"元音"训练,以求声音宏大,而京剧则更注意首尾发音收音之吞吐。多年前曾与沈有鼎先生谈到此意,他说意大利歌剧也很注重发音收音,录此备考。

的，像马（连良派），由于他的腔调比较花①，因此咬字方面也就需重一些，如马的"中东辙"收音就相当重。这些都要看演员自己的条件和风格的特点而灵活处理；但是在大的风格方面是不能混淆的。言派虽也讲究"切音"，但如果照搬汪派"切音"，那末其效果就不堪设想了。

三 京剧咬字的艺术性

京剧演唱艺术为什么对字音这样一个看起来是纯粹形式的问题赋予这样重要的地位呢？为什么许多前辈演员为字音问题付出了这样多的劳动从而积累了这许多丰富的经验呢？的确，历来的京剧演员重视演唱的字音，这样一个客观事实，值得引起我们的深思。同时，这样一个看来是纯形式的问题，还能引起理论的趣味，是因为研究京剧咬字的艺术性时，必然涉及一些重要的理论问题。在这一部分里，我们就要来讨论一下这方面的问题。

如前所述，一个字②由三个组成部分，即字的声音，字的形状，字的意义。就一个字来说，我们也可以分成内容和形式两个方面，字的声调和形状属于字的形式方面，字的意义属于内容方面。字的组合就形成语言或文字。语言文字是交流思想的工具，这是语言文字的本质。就这方面的功用来说，语言文字所代表的实际客观"意义"是起决定性的作用的，思想中的概念借一种物质的外壳（声调和字形）传达出来，达到交流思想的目的。因此，语言文字的形式（声调和字形）只是一种"符号"的作用，各个国家、民族甚至地区是不同的，但所交流的思想内容却是互相可以沟通的。当然，语言文字的内容不仅交流思想，也还交流感情，但在交流感情方面，语言文字的形式（声调和形式）就起着很重要的作用了。在日常生活中，同样一句话，由于语气的不同，而代表了不同的感情，这是屡见不鲜的。艺术和美，不能离开形式，必须内容和形式达到和谐，因此，语言文字的形式方面，在艺术中，就自然地占有极重要的地位。语言艺术最典型的形式是"诗"，诗的内容（意义）和形式（声调）应

---

① 马派的腔花和言派当然不同，马派要比言派凝重些。
② 这里所指的"字"，是指汉字而言。

是力求和谐的。中国诗词讲究声韵，对语言形式方面非常重视。进一步我们看到，由于对形式的重视，也限制了内容，诗的内容（语言的意义），由于前面说过的多层次的关系，就不仅是抽象的概念或复杂的推理过程，而应该是引起想象活动的"意象"，正因为诗的内容的这种特殊性，小说（现代意义下）这种形式才能从叙事诗中分出来。小说并没有诗的形式，并不太讲究语言的声韵起伏，但它的内容也不仅是赤裸裸的抽象的概念和推理，而应该有诗的意象，引起读者想象活动；但小说毕竟打破了诗的形式的限制，它可以传达比诗复杂得多的思想。诗剧不同于叙事诗或抒情诗，它有故事情节，但没有或很少作者直接叙述的部分①，但剧中人物却有抒情的台词，而不一定完全集中地表现人物的性格②。因此，按照黑格尔的说法，戏剧（诗剧）是叙事诗和抒情诗的结合，中国戏曲当然是诗剧的范围，京剧词句诗意少一点，但仍然是诗的形式，因此，对于语言的形式的规律按照中国诗、词、曲的传统，也得到了充分的重视。

我们看到，字既然由声调、形状、意义三个部分组成，这三个部分在不同的艺术种类中就起着不同的作用。在书法艺术中，字的形状起主导作用，在小说中，字即代表着形象和意义起主导作用，而在歌唱艺术中字的声调则起主导作用。

但是，歌唱艺术并不是一种单纯的艺术，而是综合了音乐和文学的综合艺术。它有歌词所含的意义，也有音乐的声音，而歌唱艺术的音乐性就在于美化了语言的声调，音乐性就在语言声调之中。因此，我们应该把语言声韵当成音乐来处理，才能起到歌唱艺术的效果。中国古典戏曲的演唱艺术，遵守着一条原则，即"因字设腔"③，这就是说，声腔的音乐性必须和字的自然（生活）声调基本符合，并且在自然声调的基础上加以夸张和美化。音乐性和自然声调在京剧唱工艺术中是处于对立的统一之中的。

---

① 现代戏剧的发展，突破了诗剧的形式，发展了话剧，我们看到，现代话剧剧本的叙述部分加重了，有的戏剧流派（如布莱希特派）甚至把这一部分发展到舞台表演上。
② 如元曲中李逵唱"轻薄桃花逐水流"等。
③ 李思敬同志指出早期应是"因腔设字"，"因字设腔"是后来的事。我想这里"因腔设字"可能指的是"填词"，但词牌也是按语音的声韵设定的。京剧中也是先有各种曲调板式然后填具体唱词的，但推想最初的曲调板式的设定，大都应与语音自然声调（不一定是具体的字句）有关，才会出现声腔系统与方音系统比较对应的关系。录此备考。

语言声调，作为一种歌唱艺术的形式，并不是没有内容的。一方面，它要服从语言意义的内容，同时，就艺术来说，它本身也具有相对独立的内容，这一点前面已经说过了。我们区别艺术形式本身的内容和语言代表的意义（或形象）内容是很重要的。艺术形式本身的内容按其实质来说，要比它代表的意义和形象内容广泛而概括。我们欣赏齐白石画的虾，其境界要比虾这样一种动物所给予我们的广阔得多，从齐白石的笔墨（体现为线条、颜色）中，我们能体会出一种虽然朦胧（因为它概括）而深刻的情绪，而这种形式本身的内容和对象（虾）的形象的结合，就达到了绘画艺术的特殊效果。同样，在歌唱艺术中，作为音乐重要组成部分的语言声韵其本身的内容要比语言实际意义的内容广阔概括得多，而这两种内容的凝结，也将是歌唱艺术的特殊效果。

我们古代的唱论中，也有"词情"和"声情"的原则①，提出这种区别是很有价值的。"词情"是文学的内容所给予的感情，而"声情"则是语言声韵本身所给人的音乐的感情。

中国的戏曲艺术，其性质是古典主义的，它是非常注重美和崇高、内容和形式、表现和再现的结合的。我们应该面对这样一个简单的事实：话剧没有诗的形式，它是以内容的真实性感动人的，而戏曲的形式的因素就要比话剧艺术重得多。因此，按照莱辛的说法，话剧可以说是真实的艺术，而戏曲则是美的艺术②。从这个观点来看，京剧艺术为什么重视咬字这样一种形式问题，就不足为怪了。同时，如果我们不想破坏美的艺术的规律的话，那末也就不能忽视形式规律的探讨，而这方面，我们有着优良的传统，但似乎发扬得还是不够的。

实际生活中用语言来交流思想，对于语言，我们常常是迅速地穿过形式，立即掌握语言的思想内容，我们对于一切事物的实用的态度，都有这个特点。譬如我们面对一张桌子，当我们要利用它放东西时，我们很快地通过桌子的形

---

① 见王骥德《曲律》。
② 莱辛处于德国古典主义向浪漫主义过渡时期，他在绘画等造型艺术中强调美，强调保持古典主义的传统，而在诗的领域中，他就指出要给人一种真实的、精神的力量，诗可以描写丑的东西，可以反映美和丑斗争的复杂性，给人以真实感。莱辛的思想影响到以后的康德、席勒和黑格尔，可以说，整个德国古典美学都是遵循着古典主义到浪漫主义、美到真实、造型艺术到诗的艺术这个发展的历史看法的；在德国古典美学看来，美是精神和物质的和谐，而精神性强的作品，已是超出美的领域，主要的是给人真实、崇高的激情。当然德国古典美学本身也处在历史之中，现在又有了许多更为新鲜的理论来解释艺术现象，但它对那个时代转折的历史特点的看法，还是有参考价值的。

式，考虑它的坚固、平稳等实用因素，而很少注意它的颜色、装饰等因素。但是，当我们对事物采取欣赏态度时，那末事物的形式（以及形式本身的内容）就将起着更为重要的作用。欣赏正是结合着事物的形式来"品味"事物的内容，来捕捉内容。由于这种特点，欣赏就比科学认识更执着于感性、情感和想象力，而科学认识则侧重于理解力。同时欣赏对于事物内容的把握就不像科学认识、实用态度那样有概念的普遍性，但却比科学和实用态度更有形象的深层性。

由于欣赏对形式的这种特殊要求，于是专供欣赏的作品形式因素往往是突出的，突出了形式因素以便于人们易于采取欣赏的态度。舞台语言的夸张，京剧咬字的技巧，本来也有实用的目的——为了让广大听众听得清楚，但其结果则是获得了欣赏的效果，因为语言声调的形式因素突出了，再与曲调结合，音乐性加强了，形成了一种艺术的语言。

以上的分析，最适用于美的艺术的范围，至于真实的艺术，如话剧，其情形就不大相同了。话剧是采取接近生活的形式，形式上是比较素朴的，其作用是不在形式上过多地吸引观众，而让观众很快地透过形式，捕捉到戏剧的内容。话剧艺术是以戏剧内容的真实性取胜的。当然，话剧属于艺术的范围，也还需要美，它的内容也还需要诗的意象，而不是抽象的概念公式，但话剧的形式美的因素要比戏曲少一些，它基本上是用生活本身的形式，但在戏剧内容上却更强调矛盾的冲突和思想的哲理性。话剧以内容感动人，而戏曲则欣赏、品味的效果更多一些。因此，话剧的语言，个性要强一些，音乐性相对地弱些。

由于戏曲与话剧两种戏剧形式的不同，它们在技巧的训练方面，也有各自不同的特点。不言而喻，对于任何艺术形式来说，技巧的训练，都是必不可少的。从理论上来说，"技"和"艺"不能完全分开；从历史上说，最初"技术"与"艺术"也是不大分得开的。因为熟练的技术本身就是人的能力的一种表现，人能驾轻就熟地克服坚硬的材料，这种创造力，可以给人以创造性的喜悦。所以原则上应是"技"不离"艺"、"艺"不离"技"的。但是随着人类文化的发展，技艺种类日益繁多，社会技艺也就有所分工，一部分实用性强的，成了手工艺或工艺，与狭义的"艺术"分了开来，侧重各有不同，但最终仍不妨碍对高级工艺品作真正的艺术观，至于我们平时说个别演员在台上卖弄技巧,"洒狗血"之类,那是因为他的技巧脱离了人物、剧情,是没有处理好戏曲作为一种综合艺术的各种因素之间的关系,发生了矛盾。这种情形,在工艺品的实用与美观的关系上,也会发生,而并不是说"技"跟"艺"本身应该对立起来。比较单纯的艺术,这方面问题就比较少一点,如书法艺术,就很少听说"技"和"艺"有多大的矛盾,也不大能听到人批评某书家"卖弄技巧"之说。

然而,也正是因为戏剧是一种综合的艺术,各戏剧形式在处理各种组成因素之间关系的原则不同,因而对技巧的要求也就有所不同。话剧要说话,在咬字上也要下工夫,比生活语言要夸张些,所以才有"舞台腔"之说。但它的"舞台腔"主要目的是要让观众听清语言的实际内容,以了解人物性格与剧情,当然其结果必有欣赏朗读之美在内;但一旦有别的方法可以使观众听清台词之后,这种"舞台腔"不免显得做作,这也许是电影演员不需要舞台腔的原因之一。话剧演员要表演,要动作,因而也重视形体锻炼,斯坦尼斯拉夫斯基在这方面有一套完整的训练方法,但他的演员艺术的最高任务是要把角色的性格训练成演员的第二天性、第二自我,表演要求自然、真实。就这方面来看,载歌载舞的中国戏曲就很不相同。

京剧的咬字,就不仅仅是一种语言的要求,而且还有一种音乐的要求,在这方面,它和西方的歌剧的要求,在原则上应是相同的,只是它作为中国的一种古典歌剧形式,把无伴奏的道白也巧妙地纳入整个歌唱系统,所以比较而言,又比西洋歌剧更加接近戏剧。虽然,中国戏曲演员有自己的一套练声方法,与西洋的很不相同,但为了把字唱清楚,唱得动听,而符合角色的心情,这个总的要求是一致的。与西洋歌剧一样,中国戏曲的技巧性是很强的,需要长时间的锻炼才能达到熟练的程度,这里涉及表演艺术的一个基本范畴,即"工力"的概念。"工力"是技巧熟练的标志。概括起来说,是时间与效率的统一,"工"是时间,"力"是效率。光花时间不讲效率,只是虚度年华,而光求效率,而不付出一定的时间,也见不出"工力"。"工力"要把复杂困难的技术变成第二天性。咬字的吞吐工夫,不仅京剧要求,各种戏曲要求,曲艺相声都要求嘴上的工夫。

就古典京剧而言,所谓"语言的技巧",不是指作家的遣词用字,因而实际上是一种"语音的技巧",而这种技巧,是要把字唱出来,在音乐的形式中表演出来,因而与诗人运用语音韵律,又有所不同。因而,咬字的技巧,是声乐艺术的一个组成部分,京剧演员对于发音收音的训练,是一种声乐的训练,与话剧演员在这方面的训练,就艺术要求上来说,是不相同的。

既然古典京剧音韵并不完全依一地的方音为准则,那末就演员的咬字技巧训练来说,就不是在自然的方音土语的基础上稍加训练就能完成的。古典京剧的语言系统是综合几种方音而成的一种自成体系的"艺术语音"——也许,正是这个原因,我们才始终不能把"京剧"当成一种"地方戏"来看待。对于"艺术语音"的掌握,就不像自然语音(方音)那样似乎是"天然的",从小就会的土语,而是要有意识地加以学习的。这是古典京剧演员的一个很特殊的问题,其他剧种的演员——包括昆曲演员在内,都可以在原则上避免这个问题,即除异乡人外,都是在早已掌握所需语音之后才来学戏的,但古典京剧演员却毫无例外地都要学习这种特殊的"艺术语音",虽然在学习时,不同地区的人有不同程度的方便之处。

也许,我们还可以大胆地说一句,这种独特的"艺术语音",不仅在中国是独一无二的,而且在世界歌唱艺术中恐怕也是相当特别的。世界各国的歌唱的语音系统,大概都离实际自然语音系统不远,独有我国古典京剧在自然的历史的发展中形成了一种既有生活根据,又自成系统的独特的"艺术语音",我想似乎不必过多地打破它,使它退回到某一种方音上去,相反,应该爱护它,使它在创造"历史的幻觉"方面继续贡献它的力量。

无论如何,古典京剧演员面临的任务是很艰巨的。为了艺术的需要,他要重新学认字、正音,熟悉这套"艺术语音"的规则,而这又需要一定的文化的素养,要有一定的语音的知识。

当然,古典京剧演员不仅要读"正"这些字,并有吞吐自如的训练,而且还要结合着剧情人物把"字"、"句"唱出来,这已是很困难的一种技巧训练了。然而,做到这一步,还不能成为具有独创性的演员,他还得灵活地运用这些技巧,唱出自己的风格来,这就更加难能可贵了。古典京剧史上许多大流派、大演员艺术风格之形成都与他们在咬字技巧上的工力和创造有相当的关系。

古典京剧艺术咬字技巧与艺术风格的密切关系是和这门艺术的古典性质分不开的，因而是由京剧艺术的根本特点所决定了的。我们说过，古典京剧作为一种戏剧艺术，本来是再现的艺术，因而它要采取一定的生活的形式，在一定程度上引起生活的幻觉。因此，京剧的语音始终是以生活语音作为基础的，它以湖北方音为基础以及现代京音的渗入，就是一个很好的说明；但是，京剧艺术同时又是一种美的艺术，它要求塑造一种理想的典型的境界，因而就不能完全采取生活本身的形式，它需要歌唱、舞蹈（虚拟动作），它要与生活形式有一定的"距离"，有一定的区别。在这种双重的要求下，京剧演唱艺术在语音问题上很巧妙地、很自然地解决了艺术美和生活真实的矛盾，形成了比较定型的自成系统的京剧语音。

同时，京剧艺术作为一种戏剧艺术是古代社会的产物，它主要是反映古代生活。而在中国古代生活中，艺术、科学、实用的分化并不是那样地明显，尤其是在上层阶级中，艺术、美的因素是渗透到生活的一切角落的，理想的言、行，理想房屋用具等，就是美的，因而在那语音和动作都比较缓慢和谐而缺少个性的古代生活中，这种古典式的美的艺术的产生，是有生活基础的。古代人的理想的生活语言，也是讲究音韵的，是缓慢的，和谐的，有诗意的[1]，在这种生活基础上产生的美的戏剧艺术，在语音方面也就带有自己的特点。

京剧的语音在湖北、北京、安徽等生活语音的基础上，综合起来，形成一种理想的、比较定型的艺术的语音，正因为它有生活的基础，使听众有亲切的感觉，能引起一定程度的生活的幻觉；同时也因为它不同于任何一地的方音，使听众又有新鲜的感觉，声调的不同，引起听众对语音形式更多的注意，而又不立即联想到某地的方音，这更增加了京剧语音的欣赏的性质。人们为什么能在咬字的音韵中做到欣赏的满足，道理是和从花脸的脸谱中得到欣赏的满足有同样的艺术上的原因。

我们前面说过，在京剧咬字中，艺术的美和生活的真实是处于矛盾的统一中的，由于处理这种矛盾的方式不同，也形成了不同的咬字风格。

---

[1] 这在西方古代也是如此，参考亚里士多德《诗学》中关于悲剧语言的论述。亚里士多德认为悲剧应用抑扬格以接近生活用语，而六步格则适用于舞蹈。可见古代希腊的艺术语言也是有区别的，当然不是在语音系统上，而是在用韵节奏上来区分的。

戏曲艺术中再现与表现因素的关系，是决定戏曲风格的本质的原因，而戏曲中偏重于生活真实的可以有两种效果：一种倾向于崇高的，一种则是倾向于滑稽。这也就是说，离开了美的理想境界，转向现实中美与丑的斗争，即丑的因素进入艺术，可以有两种效果，一是崇高，一是滑稽。这本来是美学理论上的一个很深奥的问题，但却是艺术实际中一个相当普遍的现象，我们甚至在古典京剧的咬字技巧中也可以看得很清楚。

作为崇高风格在京剧艺术中的比较集中的表现——花脸，它在咬字上京音是比较多的，有着更多的生活形式，因此，花脸的现实性就比较强一些；虽然这个行当仍是在古典的艺术原则之下，它不容许有真正的完全破坏形式的崇高的风格，但它还是在一定范围内极尽夸张之能事，甚至也采取"变形"的手法，因而就有一种象征的意味。于是我们总可以看出，花脸艺术是更多地吸取了一些生活形式的。如果这种现实因素不断增加，则将由象征的崇高风格转化为滑稽，如京剧的二花脸中间用纯粹生活语音（京白），造成滑稽的效果。

在老生的气势派中，我们也可以看到它们的语音更多是京音的，人们指出周信芳的咬字接近生活语音，不是没有根据的。京剧中许多讲究气势的，如早期的张二奎，后来的孙菊仙、刘鸿声等，京音是比较多的，这就是我们前面提到的，为什么在老生中京音较多而形成气势派，而湖北音较多则形成韵味派的原因。

但是在青衣中，情形就不太一样了，梅兰芳的京音较多，给人以亲切、实在的感觉，而不那样咬文嚼字、文绉绉的；而程砚秋多采用了湖北音和昆曲南音，一方面加重了韵味，一方面又拉长了字音的距离，使人有"冷艳"的感觉。之所以形成这种韵味和崇高的结合，其根源当然还在于古典京剧本身的艺术的特点。

在古典艺术范围内，崇高的风格也还是局限在美的领域内，受到美的限制，而过多地采用生活的形式，将只能造成一种滑稽的效果。而这种喜剧式的戏剧，往往在民间小戏中表现得最为突出，因此，在一切戏曲种类中，丑角都是用当地的方言。京剧的丑角用京白，昆曲的丑角则用苏白。当然，这种方言也还是夸张了的，以期符合喜剧的要求；从中亦可表明，为什么在京剧中，严肃的人物大都用韵白，而诙谐滑稽的人物则大都用京白。

接近于生活的民间小戏,歌舞的场面就比较少一些,因为它是力求接近生活的口语,或者说,是直接从生活口语中加以夸大的;所以丑角的唱工是比较少的。丑角也有念韵白的(如《审头刺汤》的汤勤,《群英会》的蒋干等),他们的韵白有意运用了不适当的对比夸张手法,以造成喜剧效果;丑角也有整段唱的,他的演唱中的字韵,也是经过夸张的。但值得注意的是,这种夸张手法的基础往往得力于老生的气势派,京剧当代名丑萧长华老先生的唱念中,有许多孙(菊仙)派的技巧,这事实也许可以从古典艺术中崇高与滑稽的辩证关系中去找,因为二者都是夸张的,只要在崇高(气势派)的基础上再夸张一步,似乎就可以得到喜剧式的效果,曾经被誉为细如游丝、低如沉雷而博观众喝采的孙派唱法,甚至到孙菊仙晚年也只能引起哄堂大笑了,而萧老先生正好把这种夸张的唱法吸取到自己丑角的唱工中来,形成独到的滑稽风格。

说到这里,我们似乎已经离开了单纯咬字的技巧,而进入到行腔的领域内了。不错,用古典京剧的传统语言来说,完整的演唱艺术当包括咬字、行腔两个主要的部分,因而从艺术上来研究古典京剧行腔的技巧,就是我们下一步的任务。

第四章　古典京剧之行腔

所谓"行腔"是"人的声音运行"之意，因而就是"歌唱"之意。谁来"使""腔""运行"？当然是歌者，是演员，所以"行腔"的主体是演员。声腔要运行，当有一定的规律，要有一定的"调"，在语言为"声调"，在歌唱则为"曲调"。中国古典戏曲没有真正意义上的"作曲家"，也许是集体的作曲家。在晚近一点时候，有一些文人帮助演员设计唱腔，解放以后各大剧团更有专门的唱腔设计人员，但一来是相当晚近的新现象，二来似乎也不能算严格意义下的作曲者。但是曲子一定是有人（不论一人或数人）作出来的，所以从这一点看，中国戏曲的作曲家比剧作家的命运似乎更为不济。中国古典戏曲史上有一批赫赫有名的剧作家，已载入史册，无人不知《窦娥冤》是关汉卿所作，但〔新水令〕曲牌为何人所作则鲜有人晓，似乎也不易考出它的来龙去脉。造成这个"不幸"的原因很复杂，古代曲调全靠口口相授，曲牌唱法本身都不易留存，更何况曲子的作者？这方面可以说有各种历史的实际原因，但也还有艺术上的原因。

艺术上大凡个性强的作品，除特殊情况佚失作者姓名外，大都可以指出其作者，因为它必定出自独特的艺术家之创作，但我们平时所谓的"民间艺术"，则往往难于指出它出自何人之手。"民歌"、"民间工艺品"，往往也难于指出它的具体作者。这种情形，形成了"民间艺术"一些特殊的艺术风格，也提出了一些很有兴趣的理论问题。譬如民间艺术往往有一种"共同性"、"程式性"的特点，它把特定的艺术内容，凝集在相对稳定的形式之中，艺术家就在这些相对稳定的程式中，发挥自己的创造才能。

推广开来看，中国的许多古典艺术形式似乎都有这个有趣的特点。譬如中国引以为荣的独特的书法艺术，就很能体现这个特点，虽然它是文人的艺术，而绝非属"民间艺术"之范围。中国书法艺术按照相对地规定好了的"字形"运动，谁也不去问这些"字形"是"谁"创作的。我曾经说过，中国字的结体，就像音乐的乐谱，所谓"八法"，大体上可以看作组成乐谱的"音阶"，书法家就按照这些乐谱去表演，所以我曾不无惊讶地发现，中国书法竟也是一种表演艺术①。从这一点再推广开去，中国的古典艺术似乎大都不重在"作"，而重在"演"，在"表演"中"创作"，所以中国古典艺术才能化腐朽为神奇，把本来似很刻板的"程式"，灌注以生气，使其成为真正的艺术品。没有比汉字的结构更为刻板的了，但谁又能否认书法那种跃然纸上的舞蹈性的艺术效果呢？就连以状物擅长的绘画，在中国古典绘画中竟也要以临摹范本为基本入手的训练之一，而不太强调实地写生，但是人们在中国画中所体验到的又不仅是人物仕女、山水花鸟之类，而且是画家笔法之运用。

这里，也许要说一句相当武断的话，就是中国古典艺术的艺术家，似乎都要有一种"演员"的气质，要有一种"表演"的才能。他们的艺术，似乎都可以作"表演艺术"观。

回到古典京剧来，我们就更可以看出演员的重要性了。古典京剧的曲调是有一定的程式的，只有演员的表演能使它们"活起来"。所以在古典京剧史上，没有或很少有剧作家、作曲家的名字，而有群星灿烂的许多大演员的名字。事实上，古典京剧的演员，已集剧作家、作曲家……于一身，而一切其他艺术因素，都以"表演艺术"为核心而凝聚起来。

一　京剧声腔的源流和特点

声腔是演唱艺术的核心，也是作为戏曲剧种特色的核心，欧阳予倩就曾说过："中国各地方戏曲的分别，主要是在声腔方面，至于演出的形式并没有什

---

① 参阅我写的《中国书法艺术的特点》一文。

么根本的不同点。"① 又说："几乎每个剧种都是这样：先有一种曲调，然后又接受了另外一种或一种以上的曲调，这些曲调互相影响，就发生变化，又因各处方言的影响，使同样的曲调形成不同的风格和韵味……"② 这个意见是很有根据的。声腔是区别不同剧种的主要标准，也是形成不同艺术流派的主要创造园地，因此，演员对声腔的研究和创造，是十分重视的。

京剧的声腔，已经形成了一个比较完整的体系，它能成为近代中国古典戏曲的主要剧种，取得剧坛主帅的地位，当然不是偶然的。京剧的声腔吸取了各主要剧种的声腔，加以熔炼创造，符合了一定时代的趣味，深受群众欢迎，反过来又影响了其他各剧种。

乾隆五十五年伶人高朗亭（一名月官）带领徽班入京，开始了昆、秦、弋、徽诸腔在北京竞争的局面，据齐如山《中国戏剧之变迁》说："乾隆以前，昆弋腔与乱弹腔，乃截然两事，绝不会合奏，嘉庆以后，昆腔与皮黄，合作的时候，已经很多，所以道光咸丰年间，梨园行所抄的戏本，有很多是昆腔皮黄合唱的。"高朗亭入京后，徽班又陆续入京，有所谓"四大徽班"之说，但当时徽班的地位并不很高，故程长庚有"徽伶依人门户"之感慨③；但是后来徽班的地位逐渐提高了，特别是徽调和汉调在北京结合后，形成了京剧，几乎取昆、弋、秦诸腔而代之，其间有着深刻的社会原因。

京剧声腔的形成决定性的因素在于楚调之入京。粟海庵居士《燕乡鸿爪集》："京师尚楚调，乐工中如王洪贵、李六，以善为新声称于时。"王洪贵、李六的事迹和艺术皆不可考，但这里所谓"新声"，正像一些戏剧史家所指出，乃是"西皮调"。汉班西皮调与已在北京的徽班二黄调的结合，形成了京剧的西皮、二黄两大主要声腔，奠定了京剧艺术的基础。徽班进京最早在乾隆年间，而汉调西皮则于道光年间才传入北京，所以京剧声腔的开始形成，应在道光年间，而汉调西皮与徽调二黄的互相渗透，当还有一个过程，早期的京剧演员，如程长庚和余三胜，才可能因偏重不同，而形成流派。

汉调西皮，乃是梆子腔的系统，为什么乾隆年间徽班入京不直接和在京的

---

① 《中国戏曲研究资料初辑》序。
② 《中国戏曲研究资料初辑》序。
③ 见张肖伧:《燕尘菊影录》。

梆子腔结合，而要等到汉调西皮来呢？周贻白在《中国戏剧史长编》中是这样解释的："'西皮调'是根据'吹腔'参合'秦腔'而成，先形成于湖北襄阳，然后由鄂籍伶工输入京师而称'楚调'，换言之，'西皮'、'二黄'的合奏，是先在湖北形成，因为北京已经有'二黄调'，故鄂籍伶工以'二黄调'为基础把'西皮调'也带到北京，使北京亦成为皮黄合奏的局面。"[1] 这个意见是很重要的，既然"西皮"、"二黄"合奏的局面在嘉庆末，道光初年汉口剧界已是如此，那末京剧声腔的最初的基础，在湖北已经奠定了。于是，道光年间汉调的入京，似无理由只传入"西皮调"，这时汉调的"二黄"想必亦随着入京，因为西皮与二黄既已初步结合，当会互相吸收、影响，汉班二黄与徽班二黄当大同中有小异，故亦可是一种"新声"。这样，擅长汉调的余三胜，因为有深厚的二黄基础，才有可能创造"反二黄"曲调[2]，从这里又才有可能解释，为什么此后京剧发展，从演员的籍贯到字音的念法都显示出汉调的巨大影响。

同时，我们还可以看出，为什么京剧声腔能很快得到广大群众的承认和欢迎。北京本来是诸腔杂陈的局面，这些腔调在北京都有严格的系统，比较难于进行大规模的相互吸收和改造工作，都有一定程度的片面发展和分化，可以想见当年一定是各守门户，戒备森严的；而汉调西皮二黄结合的传入，显示了一种综合的、新的局面，使京都观众感到又亲切又新鲜，看到汉调西皮和二黄融合了在北京所不能融合的声腔，于是打破了北京诸腔对峙的局面，使京都剧坛，发生了一次变革。本来门户很严的（如昆弋乱弹不合作的情况）诸腔系统也开始合作起来，于是汉调这支新的队伍，在北京就活跃起来，大量吸取原来的徽调、昆曲、梆子等，加以丰富改造，形成了蔚然大观的京剧。

为什么京剧声腔一定要在北京形成？因为北京是诸腔杂陈的局面，汉调的西皮、二黄有可能直接吸取各声腔的特点，而这种条件在襄阳或汉口是不具备的。

于是我们看到，京剧声腔的形成，必定会在北京，而又必然在汉调入京以后。

汉调到北京后，首先找到了它最接近的腔调——徽调，建立了亲密合作的

---

[1] 周贻白：《中国戏剧史长编》，第519页。
[2] 见王梦生《梨园佳话》。

关系。徽调本来和昆曲一样是用笛子伴奏的，由于汉调的传入，开始也用胡琴来拉二黄[①]，同时也还保存了一部分吹腔、唢呐腔（后来京剧中唢呐腔除小生外，亦用胡琴拉二黄伴唱）等徽调本色。

昆曲在乾隆年间已逐渐变得过于高雅起来，逐渐出现了曲高和寡的局面，但终究是传统的典范，京剧要进一步在艺术上提高，必须要吸取昆曲的唱法（以至排场、曲牌等）。昆曲的历史久，在唱法上经过许多演员的创造和文人的研究，的确积累了许多经验，作为一个新兴的剧种，京剧演员大量吸收了昆曲的唱法，京剧早期演员大都擅长昆曲。程长庚是昆曲坐科，用昆曲唱法来唱皮黄，成为京剧一代宗匠。京剧小生的奠基者徐小香，久居苏州[②]，初演昆曲，后入程长庚的三庆班，才演皮黄。以后老生余叔岩，武生杨小楼，青衣陈德霖，以及当代戏曲大师梅兰芳、周信芳、程砚秋等，无不精于昆曲。

昆曲对京剧的唱法有极大的影响，但京剧唱法毕竟与昆曲不同，这种不同，最深刻的地方还在于写实的因素在京剧比昆曲加强了。京剧来自民间，带着民间豪迈、朴实的特点，其声腔最初是比较豪放的。从其源流看，徽调是沉雄浑厚，汉调则激昂高亢，都是相当有力度的风格，与昆曲绮丽缠绵的风格迥然不同。与昆曲比起来，京剧已加强了内容的力量，由词（指戏剧，不是指文学、诗）情少、声情多的昆曲变为相对地声情少、词情多的京剧，反映了时代趣味的变化。

但是，由于中国社会的特殊发展，京剧作为一种古典艺术的性质决定了它不可能向话剧方向发展，而京剧的进一步发展，必然在形式上要求进一步加工。于是，我们看到，昆曲的影响，后来对京剧不是削弱了，而是加强了。本来京剧没有入声字的，程砚秋则主张适当地加以运用，甚至特别强调写实的周信芳也深受昆曲的影响。

京剧唱法受昆曲的影响最深的当是咬字的方法，行腔上讲究抑扬顿挫，而在嗓音、气口的运用上，京剧演员也向昆曲学习到不少东西。但是在生、净等各角色行当的唱法上，京剧显然有了较大的发展。

---

① 据《戏剧丛刊》总第三期《戏中角色的规则》一文说，初用胡琴者为张二奎，但为胡琴、笛子同用，后程长庚始用胡琴与月琴伴奏。
② 徐小香有人说是苏州人（曹心泉著《徐小香专记》及张肖伧《燕尘菊影录》）；有人说是常州人后迁居苏州（俞振飞《关于徐小香》1961 年 11 月 10 日上海《新民晚报》）；又见《菊部群英》。

京剧也吸取了梆子剧的许多表演技巧,但主要在身段动作及武功伴奏方面,梆子的唱法,始终保持着粗犷朴实的民间风格,其真实性是要高于京剧的,但却不如京剧柔和。所以人们常说,昆曲太雅,梆子太俗①,而京剧介乎二者之间,故深受欢迎,这在艺术上也是有道理的。昆曲太讲究美而流于形式,不合我国传统趣味(美与崇高的结合,内容与形式结合,不允许过分的分化),而梆子太讲究真实,与古典的戏曲体系有一定的矛盾,而且也不尽满足传统的趣味,于是京剧应运而生,大有必然取而代之势。梆子唱法,无论男声、女声,都讲究高亢尖厉,其实质是要用情感的真实感动人,而昆曲则是要用美的形式来悦人,其作用是不同的②。梆子的形式比较朴实,内容比较有力,昆曲形式比较优美,作为戏剧观,内容则比较单薄,而京剧最初正是要调和这两种倾向而产生的。京剧唱法的嗓音已不像梆子那样尖厉,男声因吃调太高而失音的现象在京剧是不多了。青衣的唱法,也逐渐趋向和谐,这种风格的变化,是一种很大的进步。所以京剧一方面大量采取了梆子的剧本(内容),一方面学习昆曲的形式使美与崇高、内容与形式在新的基础上更进一步和谐起来。

嗓音吃调太高,给人以激昂慷慨的气势,吃调太低,嗓音宽厚,也给人以沉雄的气氛,从艺术上说,这两种嗓音,都有一种崇高的风格,它们的内容形式是矛盾的,内容想突破形式而感人,于是它们都比较适合演悲剧性的人物。但正因为这种崇高的风格,是暂时地打破一种和谐,是和谐的中断,所以必然要求向更进一步的美的过渡。因此,就声乐来说,高音和低音都适合于表现一种崇高的风格,高中音则更适合表现出一种柔和的美的境界。因此,从梆子到京剧的唱法,是有规律可循的。

从上面的分析来看,京剧声腔的出现是合乎规律的现象,一方面,京剧中各种声腔都有其历史根源,如〔南梆子〕显然是从梆子调改造而来;另一方面,每一种先前的曲调到了京剧中在形式上更精致了,在性质上也有所改变,

---

① 当然,这是就历史情况而言,梆子后来的发展,也在形式上大大加了工,就像昆曲在通俗方面有所进展一样。
② 这里涉及美学的一些基本问题,如艺术的教育和娱乐作用,梆子与昆曲比较起来,梆子教育作用大些,昆曲的娱乐作用大一些,但美与崇高在古典艺术中始终是结合在一起的,只许有所偏重,不能有偏废,中国艺术的变化,始终不出这个范围,太偏了就会有新的形式来纠正,京剧正是这种发展的产物。

变化加多了，复杂了，更和谐了，内容和形式更统一了，总之，京剧的诞生，意味着中国古典戏曲日趋成熟，更加优美。

由于声腔的发展，在唱法上京剧演员也就有了不少的创造。衡量京剧演唱的标准，有四个大字"字正腔圆"，这个标准显然是继承昆曲的"字重腔轻"的传统而来，但比较而言，昆曲这个说法似乎过于具体，因而容易太刻板地来理解，而京剧把这个标准更艺术化了，因此在掌握上就更灵活些。所谓"字正"，我们在咬字部分已经讨论过了，如今的问题是"腔圆"。"腔圆"的"圆"是从别的感觉里借来的，到了京剧声乐里成为艺术欣赏的概念，它与触觉的"圆"当然有着本质的区别，它不仅是一种感觉的快感，而是美感；但这种美感与触觉的快感有着深刻的联系，在日常的语言里，人们之所以用"圆"、"润"等快感来形容听觉的美感（而且人们至今还没有找到更好的听觉概念来代替它们），就反映了这种联系。

美感与快感是有深刻的、历史的联系的，许多美学家都提出过美是感性和理性的统一、形式与内容的统一这样一种说法。德国古典美学如康德、席勒、黑格尔都曾论述过这个思想，席勒从康德的哲学、美学立场出发，广泛阐述了形式、快感在审美中的意义，到黑格尔就明显提出美是感性与理性的统一这一命题。这些哲学家的哲学立场都是唯心主义的，但他们对美感特点的研究成果，是不能忽视的。英国大生物学家达尔文从另一个角度揭示了美感与快感的联系，达尔文的美学观点是素朴的，有些论点是不正确的，但他对美感与快感的关系的科学研究也是不可忽视的。达尔文指出，在文明人那里，美感不过是快感与其他复杂的观念（如道德等）结合在一起罢了。普列汉诺夫曾经批评过达尔文这个观点的局限性①，但也指出美感与快感的深刻联系。"腔圆"的"圆"，并不是不要抑扬顿挫，而是在变化中有统一，是一种有规律的变化，就像"圆"不是"直线"，它是有变化的，但却是有规律的变化，失去了规律的变化则不可能"圆"。"圆"还有一层意思，就是包括"自成体系"、首尾相接、左右逢源这类意义在内。在这个意义下，"圆"则指艺术风格而言，演员的演唱要有自始至终的一贯的风格，不能把不同的风格"杂凑"起来，而要把不同

---

① 在《没有地址的信》中，普列汉诺夫曾批评达尔文把与复杂观念结合的现象只归诸于文明人，而在普列汉诺夫看来，在原始人那里，美感也是与复杂的观念联系在一起的。

的因素统一在一个原则下，贯穿始终。

就演唱艺术的行腔而言，"抑扬顿挫"与"圆"是对立的统一，无"顿挫"则无精神，不"圆"则不和谐，无"抑扬"则无变化，不"圆"则不统一。在"抑扬顿挫"与"圆"的对立统一的关系中是可以有所偏重的，偏于"抑扬顿挫"的则重在"气势"，风格上比较有力；强调"圆"的，则讲究"韵味"，风格上比较美、和谐。但我们已经说过，这两种因素（美与崇高）在中国美学思想中是不能分割的，因而"圆"和"抑扬顿挫"始终是演唱艺术中两个统一的标准。

在京剧唱工艺术中还有一个重要的概念，即"韵味"，以上我们作为既定的概念提到了它，现在我们应该集中地分析一下这个概念。"韵味"是一个欣赏的概念，要用科学的语言充分说明它是不容易的，因为它指的是一种音乐上的境界，这种境界具有相对的不确定性，它的内容是不可限定地丰富的，不是一次经验能够穷尽的，因而过去有些顾曲家也体会出它是"可以意会不可言传"的特点，应该承认，这种看法是有一定的客观原因的。因为"韵味"本来是欣赏经验中的概念，用逻辑的分析显然就会把经验的活的内容窒息了，因而总觉得一"言传"就没有味道了。解决这个困难的唯一办法，就是我们在作科学研究时，把"现象"与"本质"暂时相对地分开，通过现象发现它的本质，事物的本质当然没有现象丰富，但却是现象的根据。对待"韵味"，我们任务也就是要发现它的本质，而不是要用理论来代替具体的欣赏经验。

有人把"韵味"归结为"声韵"，这是不全面的，"韵味"与字的"声韵"有密切的关系，但并不等于"声韵"，它不是一个技术概念，而是欣赏的概念。唱工艺术中的"韵味"，就是唱工艺术的"美"，就是内容和形式、感性与理性、悦耳与动人的统一。我们这里的"美"，用的是美学上通常承认的严格意义的"美"，"美"是与"崇高"相对起来看的。"崇高"是内容与形式、理性与感性的矛盾，是内容突破形式，"韵味"既是美，是内容与形式的和谐，是在形式中品味内容，而不是内容直接感动人，故是含蓄的，"崇高"则是奔放的。从这个意义上说，古典京剧流派上"韵味"派与"气势"派的对立就反映了美学上美与崇高的对立。听"韵味"派的演唱（如言派）偏重于品味，如欣赏轻音乐，而听"气势"派的演唱（如汪派）则偏重于感动，如听贝多芬的英雄交响乐。"韵味"派讲究含蓄，"气势"派讲究奔放，一是内向的，一是外向的。"韵味"派偏重形式，"气势"派偏重内容。

但，我们还应该指出，"韵味"在京剧唱工中并不是衡量一家一派的独特的标准，而是京剧演唱的普遍的标准，"气势"派而无"韵味"，则终不为人所欢迎；就像"韵味"派亦讲究"气势"一样。这里又涉及中国艺术思想深刻的古典精神的问题，即"美"与"崇高"紧密的结合的特点。

京剧唱工艺术讲究"韵味"，一方面要注意内容体现，一方面要注意形式的创造，才能达到优美的艺术境界，因此，正如我们前面所说，在京剧艺术中，掌握特定的形式美的规律，成为演员重要的课题之一，从而造成京剧演员特重基本训练的基本原因。

前面我们已经谈过"工力"问题，这里再把它与"灵感"对应起来讨论。"工力"和"灵感"是艺术创造中不可缺少的因素，但在不同的艺术种类中，二者可以有所偏重。以京剧和话剧比较，按前面提到过的莱辛在《拉奥孔》里强调的思想，我们可以说京剧是美的艺术，话剧是真实的艺术，京剧形式的因素要比话剧重得多，因此，作为典型的话剧表演流派——体验派就特别强调灵感，而京剧则特别强调"工力"。的确，"工力"在京剧中已成为衡量演员艺术重要的标准之一，这不仅反映了京剧艺术技术性强这样一个简单事实，而且反映了两种戏剧艺术（戏曲与话剧）的内在的、本质的区别。

就唱工艺术来说，要达到京剧的"字正腔圆"，有"韵味"，有"气势"，就不能不下一番苦功。这种"工夫"反映了掌握特定形式美的规律的程度，本身就有欣赏的（审美的）意义。当然，京剧唱工要求一条好嗓子，也就是要求一定的"天赋"，以便顺利地、更好地掌握这套特定的美的规则，在京剧中主要是"才能"方面的天赋，而"天赋"的发挥仍需一定的苦功。任何优越的天赋，也不可能完全充分地克服京剧艺术材料（人的身体有关器官）的障碍，总要经过刻苦的锻炼，才能得到"自由"。而天赋不够的人，也可以经过锻炼，加以弥补。余叔岩、言菊朋在唱工方面，嗓音条件都不算太好，但余叔岩的苦练，却练出一条"云遮月"的、富有韵味的嗓音，言菊朋则在咬字上下工夫，以弥补晚年嗓音之不足。孙菊仙因为天赋嗓音太好，反倒唱法有时有"油滑"之感①。

　　前面在谈技巧时，我们说过"工力"是时间与效率的统一，这是指演员的技术训练。现在我们还可以推而广之说，"工力"就是经验之积累，这个"经验"就演员来说，不仅是理论性的、知识性的，而且是实践性的、操作性的；而作为欣赏者来说，只要有理论性的知识就可以称得上有一定欣赏水平了。当然，这种理论性知识和实践性训练的区别，对中国的古典艺术精神来说，只是相对的，只是从理论分析上来说的，而在实际上常常是结合在一起的。古典京剧中有"内行"、"外行"之分，就职业的区别言，是相当明确的，"票友"的水平无论如何高，也是"外行"，或是"圈子外的"，但就艺术修养言，许多名票则决无人敢目为"外行"。中国古典艺术精神理论与实践这种朴素的同一性，在京剧表演与欣赏中也有所体现。读诗的大都会作几句诗，听戏的大都也会哼上几句，"观"与"作"必有一定的结合，否则就难免被取消发言权。但欣赏者毕竟不是演员，他的欣赏水平包括了更广泛的理论知识的经验，却不要求有更多的实际的技术训练，因而"工力"主要是指表演性的，而不是观赏性的。

二　京剧角色行当的唱工艺术

　　京剧继承了中国古典戏曲艺术的传统，把剧中的人物用艺术概括的手法分成许多角色行当。中国戏曲艺术之所以能够分成各种类型的行当，也正反映了中国戏曲艺术本身的艺术特点，同时也是植根于中国的古典艺术精神的。中国戏曲与话剧比较起来，是偏重于理想、共性的，因此，它首先强调理想的、典型的人物性格，它这种典型，不像西方近代的典型概念比较强调个性，而是具有很强的代表性，如"忠"、"勇"、"义"等，这个特点，决定了中国戏曲人物的共性很强，人们可以从人物中把这些普遍的共性概括出来，形成一定类型的角色。这种角色的类型，也像表演程式一样，在具体演出中，也要与具体的人物个性、剧情联系起来，但这种角色类型的特点却是非常重要的，它是贯串人物的始终的。这一点与写实的话剧是显然不同的。

----

① 见时慧宝：《谈孙派老生》，时为孙派传人，所言当为可信。

可以对这种类型性行当有所褒贬，但这种划分，当然不是毫无根据的。我们知道，心理学按照科学可以把人的性格分成各种类型，而各种类型，又都有一定的生理的根据。当然，就连这种心理学上的分类，也不免被批评为僵死的割裂，把活生生的人割成概念的碎片，成了"死"的"物"。戏剧要演"活人"，把"活人"划分为各种类型，更会令某些西方艺术理论家瞠目。我们对待这个问题的态度是与对待"一曲多用"、"程式化"这类问题一样的。"角色行当"固然是"死"的，但通过演员的表演就会"活"起来。就像汉字本是"死"的，但在书家笔下，却个个如生龙活虎一般；乐谱原也是"死东西"，但通过演奏家的演奏，就成了"活东西"。这方面的道理是很深刻的，但也是很清楚的，并没有特别费解的地方。至于这种角色行当形成的历史原因当然与中国当时社会的等级制度有关，但我们说过古典戏曲中的行当的划分标准，既不单纯是以社会地位，也不是单纯以道德伦理，而是综合了各种标准的一种艺术性的分类，所以"丑"并不全是下等人，其中的关系是很复杂的，不能一概而论，我们只想指出这种分类在艺术上并不是毫无理由的，这是和我们对艺术及古典艺术精神的根本的理解分不开的。

京剧的角色行当分很多类，而且也不是完全固定不变的，其种类的增多，也反映了写实因素的增加，过去概括的类型不利于个性的表现（我们并不否认它们之间的矛盾），于是在大的分类下，又增划出新的类型。但这种趋势始终没有打破中国戏曲艺术的角色体系，因而仍然是古典艺术的体系。我们就以与唱工艺术关系比较密切的几个行当，来研究一下它们在唱工艺术上所反映出的艺术特征。

提到行当，首先使人想起的是老生。的确，老生行当在京剧史上有过一段光荣的历史。在京剧中，它是发展得最快、最早的一个行当。从明清传奇，昆曲中以坤伶旦角为主，到乱弹中京剧以老生为主，反映了戏曲艺术内部发展各角色行当的不平衡性，也反映了时代社会趣味的变化。

与旦角比较起来，老生的演唱自然要刚强一些，特别是京剧初期的老生演员，大都以嗓音强劲高亢为尚，使听惯旦角纤回柔媚之音的听众耳音为之一变。

但就京剧各行当之间的关系来说，老生的演唱还是比较平和的，它比青衣旦角刚劲些，比花腔又柔和一些，因而它能一个时期在京剧中成为居首位的行当，也不是偶然的，因为它是比较完美地适应了中国古典趣味的特点：刚柔相济、美与崇高的结合。

就老生演唱技巧来说，它也有比较多方面的要求，并不过分突出哪一个方面。老生需要高音，也需要低音，需要脑共鸣，也需要胸腔共鸣；老生的唱腔，则一般都比较大方朴实，但又比花腔复杂一些。因此，老生基本上是属于优美的范围的。

当然，在老生内部，仍然有个变化发展过程，从程、余、张的粗犷朴实到谭鑫培以后婉转柔美，意味着在唱工形式上的丰富加工，正是从豪放到婉转的变化，也反映了京剧艺术的成熟和优雅化。

老生演唱风格向优美、柔和方面的发展，其变展动因之一（当然不是唯一的）就是老生大量吸取了青衣腔。优美派的创始人谭鑫培就是善于融化青衣腔的能手，这反映了京剧各行当特点的相互渗透在形成不同的演唱风格中的作用，谭鑫培以后的优美派大量吸取青衣唱法的有杨宝森、奚啸伯诸人。当然，豪放派也有吸取青衣腔的，如周信芳的唱腔反倒缓慢，正是调剂一下他的粗犷的风格。但这在豪放派不是主要的一面，而老生豪放派在早期（程、余、张等）是与老旦接近，故汪桂芬等人都能演老旦戏，而后期（如刘鸿声、周信芳等）则与花脸比较接近，故周信芳能演包公等人物。

京剧老生艺术的发展，特别是在优美派大量吸取青衣腔的情况下，促进了青衣唱工艺术的发展。

青衣对唱工艺术本来是很重视的，但早期的唱腔，也都是比较简单朴实的，根据一般研究者的意见是刚多于柔，即使在梅兰芳早期也还可以看出这个特点。京剧青衣从王瑶卿，特别是梅兰芳以后，的确是向着成熟、优美的方向发展了。

梅兰芳是京剧青衣旦角艺术的典范，也是整个中国古典戏曲表演艺术的典范，因为他典型地体现了古典艺术的特点。梅兰芳的出现，意味着青衣艺术上的成熟和高潮，他与老生中的谭鑫培、武生中的杨小楼三人乃是京剧艺术中的三个里程碑，都是在一个行当中典型地体现了中国戏曲艺术的美的规律的代表人物。

青衣的唱腔，自然以柔美为主，腔调比老生更要柔和曲折，它所表现的一切喜、怒、哀、乐的具体的心理感情，都是在青衣范围之内，即皆不失古代女子的温柔贤淑的风范。

青衣和老生所用的曲调大致相同（也有青衣与老生不同的，如梅兰芳改造的〔南梆子〕，老生没有），但演唱风格却迥然不同。不但如此，京剧各角色行当所用曲调也都大致相同，但唱起来风格都不同。我们发现，京剧的程式是一步一步地具体的，由大的程式（西皮、二黄等曲调）到角色行当，到行当内部的流派再到流派内部的演员个人风格，最后才是舞台上演出的个性共性统一的具体人物。而作为一个演员，却是从最一般的规律掌握起，下苦工锻炼，一步一步创造，最后对台上具体人物的处理，则由演员把大小程式和生活的体验统一起来，他演的角色才能在舞台上"活"起来。这里也可以看出戏曲作为古典艺术与话剧在表演体系上的不同。典型的话剧流派是体验派，它的出发点是活生生的人的体验，即使经过训练以后，在舞台演出过程中斯坦尼斯拉夫斯基也特别强调活生生的人的体验；但典型的戏曲流派，则是表现派，表现派不是不要体验，也不是绝对排斥活生生的人的体验，而是更强调"程式的体验"，或者说，由"程式"到"体验"，把"程式"与"体验"结合起来。京剧演员在舞台上的体验是离不开程式的，就像音乐家的体验离不开乐曲的曲式一样。京剧青衣演员用"喂呀"来哭，就像音乐家用一定的曲调表现喜、怒、哀、乐一样；而且京剧的训练也是从掌握"程式"开始的，而不是从"规定情景"中"人物内心的体验"开始的。

梅兰芳、谭鑫培、杨小楼都要在舞台上创造一种美的典范，美的理想的境界，如果硬要与话剧表演体系比较，则相对话剧的体验派言，他们都更接近表现派[1]，而他们都是中国戏曲表演艺术的代表者。

但是，青衣行当本身也有发展变化的过程。老生行当接近青衣的，成为老生中的优美派，而青衣行当接近老生的则成为青衣行当内部的豪放派。青衣中

---

[1] 关于体验派和表现派的问题，常常有种误解，以为一强调体验就成了体验派，其实要看在舞台上强调的是什么性质的体验，因为表现派并不是不要体验，正像体验派并非不要表现一样。区别在于，一个是强调"程式的体验"，一个是强调"活生生的人的体验"。中国戏曲演员，如上所说，经过大程式（基本曲调、动作等）到小程式（角色、流派等），到人物的体验，中间这些环节，决定中国戏曲演员必然是程式的体验，是要在舞台上创造美的理想，而不仅仅是活生生的、真实的人。

的程砚秋，就是一个典型的例子。程砚秋早年曾比较长期地跟老生余叔岩配戏，余派本是谭派以后优美派的中坚分子，但程砚秋借鉴、吸取了余的唱法，增加了青衣唱腔中的清刚的因素，形成青衣中偏重于豪放的风格。听梅的唱觉得亲切柔和，而听程的唱则就比较刚劲有力，有时竟有一股肃杀之气。

与青衣唱法比较接近的是小生，关于京剧小生的唱法近年来有很多不同的意见。

京剧小生的唱法，得自于昆曲的地方很多，小生用小嗓唱亦是来自昆曲。但京剧的小生与昆曲小生唱法还是有很大不同的。从总的风格来说，京剧小生的唱法是比较刚强的，虽有幼年的稚气，亦有少年的盛气。其原因，想来是与小生初期的"龙调"有关的。关于"龙调"的说法亦不一致，有说是一位龙姓的伶工创造的，有说是一种接近于高腔的声腔，但其基本特点则是用大嗓唱娃娃腔，其中吸取了老生、花脸的腔调，亦是为了增加清刚之气，在这个基础上，形成京剧小生的唱工特色。

京剧小生用小嗓来唱，是有一定的艺术上的根据的，因为这种用嗓与它的行腔的风格是一致的，它比青衣要刚，比老生要柔，介乎这两个行当之间，因而嗓音也处于一种过渡的状态，要把宽、响、亮、细、尖等因素结合起来，因而它需要很高的技术锻炼，否则很不容易受到听众欢迎。但作为小生这个行当的独立性来看，保存这种嗓音似乎还是有艺术的理由的。

许多人引证历史，说明京剧历史上许多演员都是用大嗓唱小生的，有先例可循，现在不妨恢复，这固然不失为一种主张，但如果按照历史的规律来看，为什么小生由唱大嗓的龙调以及早期演员的大嗓变为现在的小嗓，这里似乎也有它的必然性，即每一个独立性较强的行当有它一定的用嗓特点。小生唱工艺术要区别于其他行当，用嗓的特点，不能不是一个重要的因素，而考证出来历史上的用大嗓唱小生的现象，也只能说明这个发展趋势的必要性，这种考证越多，越足以说明那些被扬弃了的唱法对某一角色行当的局限性。

小生在京剧中最初是次要角色，有时候甚至可以用旦角应工，直到现在，《孝感天》的共叔段和《天水关》的刘后主，也还保存着这种传统。但小生经过徐小香、王楞仙、程继仙、德珺如、金仲仁等先辈演员的创造，已经有一个完整的表演体系，逐渐树起了独立的旗帜，大量吸取各行当（特别是老生、花脸等行当，以加强刚劲的气氛）的优点，丰富了自己的唱腔。

在注重唱工的行当中，老旦也是值得重视的。老旦这个行当，在京剧中本来也不占重要的地位，但经过谭叫天（谭鑫培之父）、谢宝云、龚云甫诸前辈演员的创造，在唱腔上自成一个体系，使老旦唱工艺术得到了进一步的发展。老旦和小生一样，其演唱风格亦是介乎老生与青衣之间的，但小生用小嗓，唱腔更接近于青衣，老旦用大嗓，唱腔更接近于老生。老旦固然是女性，当龚云甫吸取青衣调，并在身段上加强了女性的因素时，创造了如今老旦唱工的韵味。但老旦毕竟不是少年女郎，在"老"字上，京剧演员是相当重视的，因而老旦的唱腔基本上是老生的路子，而腔调较花，变化较多；但气势方面却有甚于老生。一方面，老年妇人的生理特征是嗓音比青年妇女粗，说话时气促而重，另一方面老旦的民间粗犷的风格很重，老旦中有些唱腔，确系一个多话的老太太在数说自己心中之事。因此，许多老生中的气势派则常利用老旦的嗓音和气势。

因此，老旦在演唱风格上并不见得比老生柔弱，而是相反，要比老生更"泼辣"些。对老旦演员嗓音的要求应该是很高的，他既要能唱很高的调门，尖脆可听，而且还要响要宽，才有老旦"泼辣"的气势。老旦唱工要求气力很足的喷口，行腔气要"冲"，转折处也要奔放。

然而从京剧史看，老旦艺术显然也是向柔婉方向发展了，龚云甫是一大转折，但龚还注意念和做，而到李多奎，纯以唱工取胜，而在唱上，也吸取了老生韵味派的讲究含蓄，在收音时颇有韵味。但，李的唱工仍然相当"泼辣"的，有老旦的干、横的劲儿，嗓音尖、亮、宽都有，实际应是老旦行当中划时代的演员。

但是，从现在老旦艺术的更为晚近的发展看，柔媚的因素又在逐渐增加。如今青年的老旦演员都以女演员担任，这当然是为了更真实的原故；但因为女演员一般嗓音较细，气力不如男演员足，因此，现在有的女老旦演员常有一个特点："嫩"，但"嫩"与"老"是相对立的，因而女演员演老旦要防止一个"嫩"字。艺术的处理是很困难的，顾了性别的真实，又不容易顾上年龄的真实，不过即使真的让七八十岁的老太太上台演老旦，也未必真能演出那种"老"劲来。

还有一个有趣的行当值得我们仔细研究的，这就是花脸行当。京剧花脸从净发展而来，以勾脸（最初是揉脸）为特色，脸谱在古典戏曲中是个值得研究的问题。从艺术角度来说，花脸可说是古典戏曲中最具有崇高风格的了。这种崇高风格不仅体现在脸谱上，也体现在唱、做、念、打等一切表演因素方面。

这里，我们打算暂时把问题扯得远一点，以便把这个问题说得深入一些。

在前面的论述中，我们把"美"、"崇高"这一对概念，当成一个现成的概念引了进来，事实上它们是古典美学中的两个很重要的范畴。我们一些研究艺术的文章中，常提到美，认为美是艺术重要的因素（或者认为美是艺术的本质），这当然是很对的，艺术而不美成什么艺术呢？但我们对美的对立面——丑，及其在艺术中的作用，却很少从美学高度来研究它。其实，丑的因素在艺术中也是很重要的。

"丑"作为美学范畴，西方也是近代才发展起来的，在典型的古典美学中，"丑"不是一个独立的美学范畴，直至浪漫主义艺术兴起，强调个性、冲突，丑在艺术中的作用才发展起来，与美发生了矛盾。就古典的美学范围言，美与丑的一种矛盾斗争成为崇高，另一种性质则是滑稽。

产生于宋元时期的中国戏曲也有丑的因素，这种因素比较突出地表现在两个行当中，一是丑角，一是净角。净角主要的风格是崇高，丑角则是滑稽。

崇高的风格其美学特点在于内容压倒形式，因此，它在感性形式上是比较朴实的，不能太雕琢，而要为内容让路，同时内容以压倒形式的力量出现，感性的形式好像容纳不了丰富、矛盾的内容，故有夸张甚至"歪曲"的形式，破坏了美的形式的规律，显得"笨拙"、不和谐。这些丑的因素，给人以可怖、压抑的气氛，因而有崇高的感受。崇高给人的感受不同于美，不是品味，而是感动。

这些崇高的美学特征，在花脸艺术中也是有所体现的。花脸的动作夸张，有些地方有"笨拙"之感，如钟馗、周仓、巨灵神，那种"丑的形象"，给人以敬畏的气氛。花脸的脸谱本来是性格和外形的夸张，后来又具有图案象征的意义，也是给人崇高的风格，有些脸谱，多少有些"怕人"。这些过分的夸张、变形，也多少破坏了美的形式的规律。

就唱工艺术来说，花脸行当同样具有崇高的"丑"的因素。花脸的唱腔是比较粗犷的，不能过花，以朴直为本色，形式为内容让路，便于使内容直接感动人，而不太讲究曲折的形式，收含蓄之功；故花脸唱腔以奔放为尚。花脸的"嗓音"以实大声宏为特点，而声如洪钟，太响的声音，给人以一股压力，震动人的心弦。花脸的声音达到最高的强度，再发展下去，就成了"炸音"。"炸音"在比较朴素的地方戏中，仍占重要的地位。"炸音"初听的确不受听（丑），但是一种崇高的丑的风格，为什么"炸音"也能有艺术的效果？因为"炸音"破坏了感性的形式规律（嗓音），显示了巨大的内容的力量，似乎这种力量把感性的形式"摧毁"了。花脸的"炸音"似有一种不可阻挡的力量，胸臆中有一股不可抑制的气势，冲破了人声的限制，真有爆炸时摧毁弹壳的力量。

但是，我们已经说过，古典艺术的精神，是美与崇高的结合，尽量使丑的因素加以美化，仍要遵守一定的规则，因而在丑中亦有一定的和谐感。所以花脸仍然要遵守戏曲艺术的一般程式的规律（形式美的规律），脸谱也要图案化。唱腔在豪放中有一定的约束，不能一放而不可收拾。验之以花脸艺术的发展，也仍是加强了优美的成分。京剧中"炸音"在铜锤花脸中已经极少用；只在架子花中较为多见，试听裘盛戎的演唱，可说在花脸行当中已是很为柔和的了。

裘派花脸，在形式上不那样粗犷朴实，它讲究咬字、音韵，行腔也比较委婉动听。裘派吸取了老生艺术中许多演唱技巧，特别是在老生中比较豪放的周信芳的唱做，形成了花脸中的优美派①。在花脸唱工艺术中，裘派是以韵味胜的。

裘盛戎在形式上丰富了花脸艺术，讲究韵味，讲究形式美的规律，这是他的功绩，也是他对花脸行当的新的贡献。实在说起来，京剧花脸这个行当应该说到了裘盛戎才真正地达到成熟的程度。他以前的花脸都"去古未远"，有的接近梆子，有的接近昆曲。

当然，花脸行当总是要讲究崇高的风格，要力求在形式上朴实大方有力，以便强烈地突出人物的内心性格。花脸这种崇高风格，主要任务在于感动人，即使在令人隽永的品味中也要有一股豪气逼人，才能收到应有的艺术效果。

---

① 我们看到，花脸接近老生成为优美风格，而老生接近花脸成为豪放派。

但是，笨拙、夸张、歪曲又可以是滑稽的手法，崇高里有丑的因素，滑稽里当然更有丑的因素，美丑矛盾的性质不同，形成了崇高和滑稽两种形态，崇高和滑稽有千丝万缕的联系，也许只有一步之隔。崇高中美丑矛盾发展的结果必然是滑稽。"忠厚"是值得尊敬的美德，但"忠厚"片面发展成"笨"，则成为滑稽了。

花脸的崇高风格中，也具有某些滑稽的意味。周仓的笨拙的动作，多少有点滑稽，因此京剧花脸中又分成铜锤花脸和二花脸，二花脸（或架子花）就具有更多的滑稽的意味。张飞在《回荆州》里学孙尚香的"三弟免礼"，调笑的意味很明显。司马懿自叹胆量太小，《空城计》被诸葛亮开了一次玩笑。这种例子是很多的。所以，我们看到，京剧中大花脸、二花脸、三花脸的排行，似乎也隐含着崇高到滑稽的转化。这是很有趣的现象。这里就应谈到京剧中"丑"这一角色行当，这是一个不以唱工见长的行当，本不在我们讨论的范围内；但是，我们前面说过，古典京剧的音乐性质主要在唱，但仍可以包括"道白"在内。在古典京剧中，不仅"韵白"有音乐性——这一点是容易为人公认的，而且"京白"也有音乐性。

"丑"是一种喜剧角色，在中国古典戏曲中占有很重要的地位，是不容忽视的，在川剧为"三小"之一，在京剧也是五分之一的地位（生、旦、净、末、丑。实际上"末"在京剧中不是独立的行当）。不仅如此，"丑"作为一个古典戏剧行当，还有相当大的理论意义。一方面，由"丑"这个行当的独立，表明了中国古典戏剧在喜剧方面的重要性，因为并无一个特别的行当专演悲剧；另一方面， "丑"行本身说明戏曲角色分类不完全是社会的、道德的，——虽然是以它们为基础——，而是艺术的。"丑"行的"丑"，固然有外形的意思，这可能是它的原初的意思，但更主要的是一个艺术的概念。"丑"角中既有坏人，也有好人，既有贫民，也有贵人……但它们都有一个共同的特点——它们都是喜剧人物。

用音乐来表现喜剧性，这在拥有更多表现手段的西洋音乐中也是一个很难的问题，中国的古典京剧却找出了自己的一套方法。

表现"丑"角的喜剧性方面，古典京剧在文武场面和演员演唱方面都有一系列特殊的要求，以种种方式烘托一种"不谐调"而又轻松的气氛。武场以小锣尖音为主，道白以京白为主，唱腔则不忌荒腔走板，这一切似乎那样"杂乱"，但却又不是"无章"；相反地，"丑"角的"章法"就在表面的"杂乱"之中，演员要有一种与众不同的嗓音，常常是反其道而行的唱腔，不经特殊的训练，是做不到的，一般来说，顺其自然，随大流，并不难，但故意地、艺术地逆潮流而行，断非易事。人们必须把习以为常的事熟悉透了，才能突破它，反着唱，反着说，因此古典京剧的"丑"角在戏班里往往是全能冠军，生、旦、净、末全都能演。

古典京剧历史上著名"丑角"不乏其人，同光十三绝中有杨鸣玉，据说技艺高超。就整体来看，这个行当的成熟可能早于古典京剧的形成，但京剧丑角的最杰出的代表当推萧长华，他与梅兰芳的合作，美丑相托，堪称中国京剧史上的光辉的一页。

最后，我们还要总起来说一点意思，即就中国古典戏曲的历史发展言，一般来说，只是在京剧阶段，戏曲各行当的表演，才达到成熟的程度，这个关键，仍在于：只是在古典京剧中，各行当才形成各自独特的声腔艺术。

曲调是相对稳定的部分，就像字韵有固定的系统一样，但演员在处理这些曲调程式方面有相当的灵活性，也像前面说过的字韵方面的情形一样。有的大演员不仅可以改变，而且可以创造和引进一些新曲调，成功的例子如裘盛戎在《赵氏孤儿》中引进汉调大段唱腔，已是如此脍炙人口，堪与京剧传统曲调并驾齐驱了。① 但无论如何，除了在活用声腔曲调外，演员在用嗓、行腔等唱法上的技巧的成熟，对一个剧种角色行当本身艺术上的成熟有密切的关系，就像各行当要有大体相同但各有特点的语言规范一样。以用嗓来论，包括昆曲在内的一些剧种，除男女声有明显的区别外，生中的小生（冠生、巾生）与老生尚可辨别，但净的用嗓与老生比来，犹如冠生与巾生的区别那样细微，而在京剧中，特别是经过裘盛戎，花脸已有自己独特的用嗓方法，"净"这个行当终于完全成熟了。

---

① 裘盛戎这种尝试，初用于新编《赤壁之战》中，但这个戏在编剧穿插方面未能完善，所以"黄盖下书"（以及袁世海的"横梁赋诗"）独立来看虽然很好，但于全剧似少有机联系，故未能流传。但新编《赵氏孤儿》则无论在剧情冲突、场次穿插、唱腔设计，以及演员表演上大大超过所传折子戏《搜孤救孤》，所以裘盛戎、魏绛的汉调，在京剧爱好者中成了有口皆碑的了。

三　京剧流派的唱工艺术

京剧的唱工艺术不仅表现在各角色行当的成熟上，而且表现在各表演流派风格的形成上。京剧经过许多先辈演员的创造，在各角色行当内部创造了许多独具风格的表演流派，如果我们从艺术的高度，从历史和逻辑统一的观点，来研究一下京剧史，我们就可以发现，这些流派的出现，决不是偶然的，而是合乎规律的现象。京剧史上主要流派的创始者都是京剧史上的里程碑，他们的艺术创造，符合了京剧艺术本身发展的内部需要，也符合了一般的社会的欣赏需要。京剧流派的历史发展，清楚地说明了在京剧内部再现派与表现派的相互影响、相互矛盾、相互促进的线索。这种再现派与表现派的关系，表现在唱工艺术上就是气势派和韵味派的关系。

关于气势派和韵味派的含意，从我们以上的分析研究，其实质应该说已是明确了的。这就是说，从美与崇高、美与丑的关系来揭示这两大流派的艺术本质。如果我们说出麒派属于"壮美"，但只是朦胧地感到风格刚硬的就是"壮美"，而没有进一步研究"壮美"在艺术上的实质如何，它与"崇高"、"表现"、"再现"这些范畴关系，以及麒派（气势派）如何由"壮美"这个风格产生其他一系列的艺术特征，那末我们还远没有把问题弄透彻。这些看起来比较抽象的概念却是一切有关现象的本质，不理解这些范畴的艺术内涵，就不能深刻地理解各流派的历史地位。

我们现在就要来研究一下这些艺术特征，是如何贯串在各个主要流派的演唱现象中的。

研究京剧流派史有一个很大的困难，就是比较早期的演员的表演艺术，我们现在已无法得到感性的欣赏经验，而作为艺术的、美学的研究来说，光靠文字的记载，是不够的；有些较近的流派，我们还可以从当今的老艺人、老票友那里得其仿佛，而有些流派，除了利用现有的文字记载，已经没有其他的依据了。因此，对于有些流派，虽然它们在京剧史上占有重要地位，但我们只能有一些概括的印象。我们相信，历史上的大演员的表演风范，我们虽已不能得观全豹，但一定能在当今诸家中得其仿佛，因为真正的艺术是不会被历史遗忘的，必定会有人学，有人演，在自觉不自觉的代代相传中，保存其精华。何况整个来说，古典京剧去古未远，还不过二百多年历史，从谭鑫培起已有录音、摄影，尚有一些"死学"的票友灌有唱片留存，足资参考，所以我们研究京剧唱工艺术的发展规律，还是可以看出一点线索的。

在京剧历史上，老生是最早以流派丰富见著的，这从明代以旦角柔美为重看来，本身也可以说，反映了社会趣味的变迁，故京剧老生初期，创始之音，以气势为重。

程长庚（1811—1880）在京剧史上是早期的权威之一，他是安徽潜山人，为四大徽班之一"三庆班"的主持人，他是当时剧界的领袖（曾主精忠庙）。程长庚不但艺术上有极高的成就，他的为人也是常被人称道的。

程长庚对京剧艺术曾有巨大的影响，但他的成名却不是很早的，他最初唱昆曲，后来在徽班中常"愤徽伶之依人门户"①，而据张次溪《程长庚传》（《戏剧月刊》第一卷第三期）："长庚初不能唱，登台演戏，每为众讪笑，长庚以为耻，下帷三年，不履歌舞一步，艺成。"据说，后来程以《文昭关》一举成名。程的唱腔渊源，据老艺人说："脱胎于徽调，取法于汉调，兼收昆、秦、晋诸腔之长，熔于一炉，匠心独造，而成'皮黄'。"②而张肖伧（《燕尘菊影录》）则说是"镕'昆'、'弋'声于'皮黄'中，匠心独运，遂成大观"。程的唱腔，得徽调二黄处甚多，故陈彦衡《旧剧丛谈》里又说程是徽派。

关于程长庚这一派的演唱特点，我们在谈到汪桂芬的时候还要详细研究，因为汪接近于程，而材料又比较多，便于分析。但这里我们应该谈谈一个基本的特点，这就是说，我们想指出，程长庚的唱腔是气势派，但在气势中有韵味，故符合了中国民族的趣味的特点，即总是结合着美来进行艺术创造。尤其应该指出的，是作为创始之音，程的演唱（汪桂芬也一样）是比较全面的，即既重气势，也讲究韵味（当然这都是在初级的阶段上，不像以后那样丰富），后来经过各有偏重的发展（有的在气势上下工夫而有时忽视韵味，有的则在韵味上下工夫，而不及气势），每一个方面虽然都有所发展，但比起大家的风范气度来，不免偏了些，片面了些。程长庚的比较全面的风格，在吴焘的《梨园

---

① 见张肖伧：《燕尘菊影录》。
② 徐兰沅：《京剧老生唱腔的衍变》（《文汇报》，1961，12，20）。

旧话》里说得比较明确，他说："程伶昆剧最多，故其字眼清楚，极抑扬吞吐之妙。'乱弹'唱'乙字调'，穿云裂石，余音绕梁，而高亢之中，又别具沉雄之致，视他伶之徒唱高调，听之索然无韵者，殆有霄壤之殊。"吴焘又说，"程伶无派"，从某种角度来说，这个看法是有一定深度的，凡艺术大家，都有一种综合性的承前启后的作用，以博大精深为特点，不以一技之长出奇制胜；从历史方面来看，这个说法，正说明了程长庚的艺术风格是比较全面的，他把气势和韵味、崇高与美结合起来，而于气势中见韵味。就京剧唱工的发展（向着优美方向）来看，他固然是气势派，但比后来某些气势派演员的发展趋向来看，他的韵味又是很突出的。这一点在我们分析汪派的时候，还要谈到；但我们要记住这个特点，以便了解以后唱工艺术发展的线索。

与程长庚同时的还有张二奎（1814—1864）。张二奎成名大概比程长庚还早一些，似乎艺术生涯并不长①。据齐如山《中国戏剧之变迁》说："张二奎号子英，系前清工部水司经丞。"他是票友出身，所以做工稍拙；但仍然以唱工与程长庚、余三胜抗衡，甚至在"老三鼎甲"中取得"状元"的称号。

张二奎的唱腔奠基于京腔，取法于徽、汉、昆、秦诸腔，所以他的皮黄在当时能别成一家，独树一帜。据一些记载，张二奎的嗓子在老三派中最响，唱工艺术的风格则比程长庚更为激亢，更少花腔，更朴实②。张这种演唱风格，以后奎派传人如杨月楼、许荫棠等还有其遗风，而许则是以"大嗓"著名的。

老三派中最后一位是余三胜（1802—1866），湖北罗田人（穆辰公《伶史》说"皖人"，不可信），但久居北京，曾于同治二年搭广和成班。余三胜的唱腔奠基于汉调，兼取徽、秦、昆、京，但如上所说，这时的"汉调"，西皮与二黄实已结合，所以余三胜在京剧的奠基人中是非常重要的人物。只有把他放在

---

① 《都门记略》："二奎今日已沦亡，三胜由来没准常，若问词场推巨擘，个中还让'四箴堂'。"又据波多野乾一《京剧二百年之历史》，张自"二十四岁现身剧坛，以至主宰和春双奎两班约十五载，年尚未逾不惑，而于咸丰十年病卒"。
② 徐兰沅早年有一篇文章说到张二奎的嗓子："论艺术资格，程为第一（真正徽调），论口齿音韵，余为第一（据余为黄陂人氏，皮黄出于本乡），张二奎嗓音为最佳，真宽，真亮，真脆，真大，他乃纯京腔大戏，字正腔圆，公推张为状元，程为榜眼，余为探花。"（见《立言画刊》第290期，《论腔调之根本》）其中有些看法，值得商榷，但所论张之嗓音，当属真实情况。又，波多野乾一《京剧二百年之历史》："彼（指张二奎）较诸程长庚，更不尚花腔。"

这个位置，我们才可以理解，为什么余既以激昂慷慨之西皮擅长①，又以婉转曲折（在那个阶段上）的风格见胜②。因为二黄早已由徽班入京，虽未马上有很大发展，但已渐露头角，汉调入京当以西皮见长，但西皮在汉调中已与二黄结合，故又有二黄之沉雄逸致，不像张二奎那样激亢了。

但是，余三胜在当时剧坛上固然以婉转柔美取胜而开谭鑫培向韵味派发展之先河，但终究是"创始之音"，故声音仍有"黄钟大吕"之称③，所以他可以说是于韵味中见气势的代表。

当时的名演员当然不止老三派三位，有人认为王九龄亦应以"派"称，而成为四派。流派不是偶然出现的，既非自封又非别人硬加上去的，而是有规律的现象。并不是每一个有特点的演员都能自成一派，而要看他特点的性质，也并不是每个有成就的演员都能自成一派，也要看他成就的性质，是否代表着京剧艺术本身发展的一个方面。当时有成就的演员甚多，像卢胜奎、孙小六、王九龄等，对后来的影响也很大，为什么都不以派称？这个问题光看现象是解决不了的，而只能是向历史的规律请教。

我觉得，就京剧发展史的规律来看，老三派的地位是完全可以确定的，它们各自代表着京剧艺术的一个方面，不仅反映出京剧声腔发展的过程，而且反映着作为古典艺术的京剧的发展规律。现在我们要来研究一下，老三派的特点是如何在后三派（汪桂芬、谭鑫培、孙菊仙）体现并发展了的。

汪桂芬（1860—1906）字砚庭，安徽人④，名武生汪连宝⑤之子。初学老旦⑥，后因失音随程长庚操琴多年，因此颇得程长庚唱工的神髓。程长庚死后，汪桂芬嗓音恢复，清朝慈安太后死后，"国丧"期满，搭春台班，开始了他真正的演剧生涯，也奠定了他在京剧史上的地位。

我们研究汪桂芬的历史，发现他的艺术风格，和他的性格有着密切的联

---

① 见王梦生《梨园佳话》："其（指余三胜）唱以'西皮'为最佳。"
② 波多野乾一《京剧二百年之历史》："以幽微婉转之音，与奎派为正反对，而又与程长庚大异其立足地，以成谭鑫培先驱者之余三胜，为湖北罗田县人。"
③ 见穆辰公《伶史》。
④ 一说湖北人，又说北京人，皆不可信。
⑤ 据齐如山《中国戏剧之变迁》："汪年宝，系大头之父。""年"、"连"音相近。隶春台班，艺术极佳，当时虽俞润仙、黄月山不敢轻视，殁于同治十一年。
⑥ 波多野乾一《京剧二百年之历史》说穆辰公《伶史》谓学老生，查《伶史》并无此意，而从汪的艺术风格来说，初学老旦，较为可信。

系。汪桂芬幼年是春茂堂私寓弟子，"私寓"在最初可能只是比较特殊的训练弟子的地方①，但后来的发展，却成为污秽买卖的黑暗场所，汪桂芬在这种私寓中，"背低头大，营业不佳"②，在幼小的心灵中，已经种下了对这种丑恶现实不满的种子。据说后来汪桂芬一生桀骜不驯，只"殊畏俞菊笙，而敬田际云"③。之所以敬田际云，其原因之一，大概就是田曾不顾陷害，几次呼吁取缔私寓的缘故。汪桂芬的一生，在艺术上虽极享盛名，甚至博得清朝皇室的赞赏，但仍是颠沛流离，最后死在一座古庙里。汪的言行，过去的记载常常强调一个"怪"字，这是事实，但只是现象，不是本质。汪桂芬的性格，是有深刻的社会根源的。他不畏权势，常常为保持艺术家人格，虽"皇亲国戚"也不放在眼里。王瑶卿在《我的中年生活》④中记载的一段事，很有典型性。据说名票乔荩臣于北京魏家胡同设票房，想请汪唱戏，但怕汪推托，事先托与汪友善的善二爷（肃亲王的兄弟）转约，当时汪是答应了，但演出之日，却寻不着汪桂芬，只见他给这位贵族一便条，写道："昨天我在前台看戏，他们没有怎么招待我们，您是一位爷呀！不要受他们的愚弄，拿我们唱戏的去送礼露脸！我万不能给他们唱了！"当人们读到这几行字时，汪桂芬的倔强而朴实的性格，跃然眼前，不觉使人想起，在那通向颐和园的大道上，有一位不屈的艺术家，因杨小朵嫌他"寒蠢"，一怒而步行至颐和园演出⑤，现在我们还能仿佛听到他的坚强的步伐踏在那阴雨泥泞的路上。

很显然，汪桂芬这种性格和他的演唱的风格有很密切的关系。

汪桂芬有一条好嗓子，尤其是他的"脑后音"，是常为人称道的。什么叫"脑后音"？说法很不一致。中国艺术中有些传统的概念，往往缺乏确定的含义，只是一种感性的、经验的、欣赏的概念，而不是理性的、逻辑的、科学的概念。譬如我们常说的"龙音"、"虎音"、"鹤音"、"鬼音"、"立音"、"横音"等⑥，正因为这些概念是经验的，是把每个演员的音色特点都考虑在内的，因

---

① 见齐如山《戏班》，"起阄"条，但齐纯为"私寓"制度辩护，却是不符合真实情况的。
② 波多野乾一《京剧二百年之历史》。
③ 穆辰公《伶史》。
④ 《剧学月刊》第二卷，第四期。
⑤ 见穆辰公《伶史》。
⑥ 据精忠庙十二音神壁画（其实只十个，见齐如山《戏班》），还有鸟音、云音、风音，其区别之细微，只有当事人的经验可感了。

而他们之间当然有一定的区别，于是脑后音既不同于龙音，也不同于立音、鬼音；但又因为在科学的发音原则上很难区别它们，于是又出了一些等同起来的用法①。有些音，大概是人的幻想的产物，是一种感受性的概念，如"龙音"、"鬼音"，谁也没有真听过"龙"或"鬼"的声音。明朝朱权的《词林须知》中说："李良辰，涂阳人也，其音属角，如苍龙之吟秋水。"并说："歌声一遏，壮士莫不倾耳，人皆默然。""鬼音"大概是指一种幽怨呜咽之音，是"屈死鬼"的声音。从这种形象的描述中，我们发觉，在大的方面已很难和"脑后音"区别了。脑后音是一种凄厉的声音，所以说它适合于悲剧。于是脑后音和鬼音就很接近。如果我们说，"鬼音"是说的音的形象（幻想出来的），而"脑后音"则说的是共鸣的部位，这样也许可以勉强说得过去。

"立音"是一般的脑共鸣，其音高亮；"横音"是一般的胸共鸣，其音沉雄；脑后音则是一种特殊的脑共鸣，它高亢激越，但又和鼻音结合起来，于激越中不失含蓄的韵味，它的力量是内在的、深刻的。

汪桂芬的脑后音运用得特别好，但我们却不能认为只有汪桂芬才有脑后音，我们不能把个别演员发音的特殊性和发音的科学原则混淆起来。大概就是因为汪桂芬脑后音太好了，才使有些老顾曲家有"曾经沧海难为水"之感。

汪桂芬在演唱艺术上还有一个特点是运用切音（有人叫做"毛音"），这种念字法是把字头特别夸大，如《文昭关》"仇人心中似箭穿"的"仇人"二字，形成一种特殊的风格。这种"切音"，在表现慷慨激昂的情绪上是很有感染力的。这一点我们在谈咬字时已经讨论过了。

汪派唱腔比较朴实，花腔不太多，以古朴的风格见长，但汪派也有韵味，也讲究美，还要具体指出，汪派行腔中不是没有装饰音，而是具有与他整个演唱风格相和谐的特殊的装饰音——擞音。

汪派的擞音大都用在行腔的转折处，如《文昭关》〔二黄三眼〕"仇人心中"：

---

① 梅兰芳在《追忆砚秋同志的艺术生活》中说"砚秋的脑后音特别强……这种音色和这种唱腔演悲剧是具有极大感染力的……"，而马少波在《漫谈程派》中又说，程"倒仓"之后，"出现了一种'立音'，即所谓'脑后音'，内行叫作'鬼音'的"。

```
| 5  6761  16 1  23 | 2  1216……|
| 仇    人              |          | ①
```

又如《取成都》里〔西皮原板〕"好一似狼牙箭穿心"的"箭"的腔：

```
| 25 32 | 6 161 2 2 | 1 — |
|  箭   |    穿     |  心 |
```

这些颤动的声音，在汪派的体系中，的确可以动人心弦。

这种装饰音，增加了汪派的韵味，使得汪派不但具有豪放的气势，而且有深沉的韵味。汪派之继承程长庚，具有古调的典范，气势和神韵两个方面，在初级的阶段上，结合得是很好的。

谭鑫培（1847—1917）标志着京剧艺术的历史高峰，他开辟了京剧向优美、成熟、韵味方面发展的道路，他在京剧史上是具有划时代意义的。

谭鑫培名金福，湖北江夏人②，11岁入金奎科坐科，初学武生，后改武老生，最后转为老生，③ 出科后，甚不得意，曾充三庆班武行头目，后在燕郊、下店、东陵一带"跑大棚"。至30岁以后才转入正班唱戏。50岁左右在同春、同庆时代，才逐渐为人所知④。

谭鑫培师法程长庚，兼取名家（如王九龄、余三胜、孙小六等）之长，在演唱艺术的音乐性上大大发展了一步，使京剧演唱形式日益丰富起来，成为韵味派的创始人。《梨园佳话》说谭的唱"以神韵胜"，这是很恰当的。

汪桂芬以脑后音著名，脑后音尖厉激昂，在汪的体系中很重要，谭鑫培没有汪那样好的脑后音，但以"云遮月"的嗓音与汪对立。⑤ 所谓"云遮月"，当是指一种比较含蓄的嗓音，它没有脑后音那样豪放的崇高风格，但确有着耐人寻味的美的韵味，这种嗓音是优美的，所以程长庚才对谭说："菊仙之声固壮，然其味苦，味苦者难适人口，非若子之声，甘能醉人也。"⑥ 这是切中要害的经验之谈，是很有道理的。

---

① 有"〰〰〰"者为擞音。
② 又说湖北黄陂人。
③ 波多野乾一《京剧二百年之历史》。
④ 《梨园旧话》："鑫培于光绪八九年，始渐以演须生戏著名，驰誉二十年之久。"
⑤ 《京剧二百年之历史》引燕山小隐之评论："其唱工集诸家而大成，其喉音呼为'云遮月'，与程长庚之脑后音，大异其趣。"
⑥ 见穆辰公《伶史》。

谭鑫培处在京剧大发展的阶段，初生不久的京剧从各个方面都需要进一步丰富起来，许多演员在一个或几个方面作了努力，谭鑫培则集诸家之长于己身，加以融会贯通，符合了京剧发展的规律，谭派逐渐成为京剧发展史的一个光彩夺目的里程碑。在唱腔方面，谭一变古调之朴实单调，而增加了旋律的变化，花腔显然多了。他这种改革，当然也受到一些阻力①，但终于在历史上立于不败之地，其原因在于谭派是合乎规律的产物，不是胡乱"创造"出来的。谭鑫培的腔调比起程、张、余来，的确是纤巧了，形式的因素重了，但京剧不能老停留在初级的朴素的阶段，它客观上要求在形式上丰富起来，因此，不管部分保守的人的反对，谭派还是"应运而生"了。

与汪派的撅音相对立，谭鑫培创造了"疙瘩音"。谭鑫培的"疙瘩音"也是常为人所称道的，因为它比撅音更柔和，更有韵味，不像撅音的节奏那样紧，而是在撅音的基础上略加放松的结果。谭派的"疙瘩音"也常用在行腔转折的地方，与汪派的撅音，形成鲜明的对照。

谭派是京剧史上诸典型流派之一，它的成就和风格是比较全面的，因为它在京剧向韵味优美方向发展的初期，谭鑫培是创造者，所以仍然有气势派的深刻的影响，因此谭鑫培的唱工艺术并非不要气势，而是在韵味中见气势。

研究谭鑫培的唱工艺术，我们还应该思考一下这样的问题，即谭鑫培唱工韵味与京剧本身发展规律和当时社会趣味的复杂现象。这种复杂现象，常常使人对谭的演唱风格得出相反的评价来。

据前引《梨园旧话》，谭鑫培成名于光绪八九年后，那时候，中国人民与帝国主义和清朝封建统治的矛盾已经很尖锐，在社会斗争复杂尖锐的时候，人们往往喜欢并需要崇高的风格，这是因为崇高的风格比较符合人们为社会斗争所决定了的人民的激昂的情绪。于是，看起来，谭派演唱风格似乎又不能很好地适应这种社会的趣味，这就是一部分人否定谭派的社会原因。

中国近代社会，受到帝国主义的侵略，破坏了中国社会缓慢的内部进展，改变了中国社会的性质；于是，社会趣味也出现了复杂的情形。一方面，作为古典艺术的京剧，按其本身内部规律来说，它需要向优美、韵味方面发展；另

---

① 齐如山《中国戏剧之变迁》："光绪初年，北京的街谈巷议，以及前门外老掌柜的言论，总是讲程长庚、余三胜、张二奎，有人一提谭鑫培，大家都很鄙视，说他唱得纤巧没有出息。"

一方面，社会性质的改变，社会趣味又倾向于崇高、豪放的风格。于是，对谭鑫培一方面不得不承认他符合了京剧作为古典艺术的规律，是一代巨匠；另一方面，又被人说成是"亡国之音"。这种矛盾现象，反映了中国近代社会的特殊性，也说明了，为什么在韵味派发展以后，又有孙（菊仙）、刘（鸿声）、汪（笑侬）等豪放派的崛起，仍以气势、内容（其中特别是汪笑侬）来感动广大的观众，为气势派的巨匠周信芳奠定了基础。

孙菊仙（1841—1931）原为天津票友，为人刚直豪爽，急公好义，在剧界颇受人尊重。孙为考武试至京，"载三百斤大刀于车，附琴师一人，来京应试"①。后拜程长庚为师，初入嵩祝成班，后为四喜班班主，一切悉按程长庚规矩办事。

孙菊仙虽师法程长庚，但未像汪桂芬那样在唱工方面比较完整地继承程的风格，而是兼取张二奎诸家之长，向粗犷、豪迈方面发展了程的风格。所以汪、谭、孙三家虽皆师法程长庚，但谭、孙从不同的方向发展了程的艺术，遂自成两大派。

孙菊仙的嗓音条件非常好，据说连程长庚都自叹弗如，因此孙派重在感情的真实，气势的豪放。穆辰公说他"虽能善变其声，而声声皆极悲壮淋漓之致，无柔声无嫚语也"。孙派传人时慧宝说："孙所唱之腔调，真是圆滑之极，放宽时真能震动台上之尘土，细小时不亚如丝线之细，腔调中带有水波浪之音，此波最为好听。"这种"水波浪之音"，恐怕接近于谭派的疙瘩音，也是擞音的变化，而又接近于老旦转折处的唱法。这种音也是装饰音，为的是"好听"，但也符合孙派整个风格。因此我们看到，具有特殊艺术风格的演员，总要把各种演唱技巧放在自己体系中的一定的地位上，与腔调、咬字等别的因素相和谐，而不是把在别人体系中好听的音搬过来用，因为在别人体系中好听的音，机械地搬到自己体系中来，可能就不好听，甚至破坏了自己的体系，这样风格就不会统一。

孙菊仙年资比谭鑫培老，活到九十一岁，应该影响比谭大才合乎情理，但事实上却相反，谭派对后来的影响，要大大超过孙派，而只有到了周信芳的时

---

① 穆辰公《伶史》。

代,孙派才部分地在他身上复活,并得到发扬光大。这个现象也是值得重视的。

我们已经说过,谭派的出现是符合京剧作为古典艺术的规律的,因此,谭派艺术能在京剧中有如此深远影响,不是偶然的。但孙派的艺术并未销声匿迹,它仍有着深刻的社会心理的基础,孙派的崇高风格,慷慨激昂的情绪,符合了当时复杂、矛盾的社会趣味。中国近代社会的矛盾斗争,使京剧气势派这条线,始终也占有重要的地位,直至周信芳则大有取韵味派而代之之势,也是有深刻的社会原因的。随着社会趣味的矛盾变化,京剧发展的动向也变得复杂起来。

如果说,谭鑫培是韵味派的创始者,那末余叔岩则是韵味派发展中的高峰。

余叔岩(1890—1943)是名旦余紫云子,余三胜之孙,初未业伶,只在堂会中粉墨登场,后来正式唱戏,因身体不好,并不常演出,但他的影响却极大,艺术造诣亦极高。余初随吴连奎学文戏,又随姚增禄学武戏,20岁后倒嗓,则集中力量练习武工,因此,余派虽属韵味派,但演唱带有英武之气,这是很难得的。

余叔岩很钦佩谭鑫培的艺术,但最初并未得入谭门下,而拜谭后,得谭亲授之戏无多,倒是谭派名票王君直、陈彦衡为余说了《打棍出箱》、《失街亭》、《天雷报》、《捉放宿店》等戏。余之学谭,完全是靠自己苦学出来的,或许也正因为此,他能取法乎谭,而又不限于谭,能自成大家,在韵味方面发展了一大步。

余的韵味,谈得已经不少了,在这里,我想谈一下他的总的特点。为什么我们说余是韵味派的典型的代表?这是因为余一方面固然在韵味上发展了谭派,极尽含蓄之能事,经得起再三的品味欣赏,但是难得的是他的唱腔并无过多的花腔,在韵味中透出一股清刚之气,故而风格上是比较全面的。这种韵味中见气势的特点,在余叔岩身上体现得很明显:余叔岩一方面在咬字上是比较含蓄的,字的首尾常用虚音带过,而气力充沛,隐隐有一股内在的力量贯串其中,在用气和行腔咬字方面刚柔相济,配合得很好。余派在咬字、行腔方面的韵味、柔美,有用气方面的气势、刚劲相济,就不会显得阴盛阳衰,在总的风格上就较全面了。而这种美和崇高相结合的风格，又正是符合古典艺术的要求的，因此，余派《战太平》、《鱼藏剑》、《战樊城》等剧成了古典京剧史上的典范作品。

韵味派到言菊朋（1890—1942）又有了一个新的面貌，出现了新的问题。言菊朋出身于书香门第、官宦之家①，多少带有一些士大夫的趣味，他的风格偏于华丽典雅，亦在所不免②。

言菊朋早期以模仿谭派著名，据说当时地位在余叔岩之上③，可能与他的文人票友的身分有关。他随陈彦衡研习谭派，于字音上有独到的研究，对京剧唱工艺术贡献颇多，在腔调方面，崇尚花腔，曲折委婉，变化多端，在京剧范围内，大大扩大、加强了唱工艺术的音乐性。他的唱腔，于抑扬顿挫、吞吐呼吸方面变化莫测，处处显出精心刻画的意思，也还不失自然的气度，这是和他对京剧艺术技巧的钻研和对中国古典艺术的领会、修养分不开的。言菊朋本人工力很强，有谭派的底子，同时因为他精通古典曲律，遂在京剧中恢复了昆曲"字重腔轻"的原则，用"字重"来弥补腔调的柔媚，仍不失为"字正腔圆"，而兼收昆曲雅致之功，可谓很聪明的办法。

但是，我们从言菊朋的演唱中也看到了古典京剧发展中的一个问题，即由于在曲律形式上的侧重，慢慢地滋长了一种形式主义的倾向，由于这个倾向的发展，引起了相反力量的复兴，气势派则又以新的姿态出现，强调真实，不尚花腔，以内容感动人为目的，是为周信芳所创造的麒派兴起之必然趋势。

以上是老生流派在演唱风格上发展的线索，它反映了京剧唱工艺术的一般发展特点，可以说是京剧唱工艺术发展的雏形。

京剧旦角流派在较晚的时期，同样经历了这些阶段。京剧旦角早期的唱工艺术，也是刚多于柔，这个特点，至陈德霖仍然如此。陈德霖（1862—1930）字漱云，北京人，三庆班坐科，习花旦，后拜田宝琳习皮黄，晚年练就一条童子似的嗓音，清脆动听，但咬字不太清楚，风格也比较刚硬。京剧旦角从王瑶卿起，一方面加强了青衣的做派（兼演花旦，写实因素加强了），一方面又向

---

① 曾祖任礼部侍郎，祖父做过粤海优差，父与伯叔辈亦均系三四品京卿。
② 言菊朋后期因身体不好，才创低回曲折之言腔，这固是原因之一，但主要的却不在于身体的原因，而在于趣味的倾向。
③ 在春阳友会票社，言之戏码，常在余之后。

柔和婉约方面发展，这是符合规律的现象。

梅兰芳之所以成为当代卓越的表演艺术家，京剧史上具有划时代意义的流派创始人，也正是他在旦角行当中，既加强了形式美的因素，又加强了内容真实的因素，既符合京剧内在的发展规律，又符合一般的社会趣味。梅兰芳之所以始终立于不败之地，其原因即在于此。

在更晚的阶段上，京剧花脸唱工艺术，也正在经历着这个发展的步骤，裘盛戎正是在加强花脸唱工韵味方面有巨大贡献的人。但因为它的时期更晚，而中国社会又经过翻天覆地的变化，社会趣味离古典艺术精神日远，群众对写实艺术的要求尚未很好地满足，同时花脸本以崇高的风格取胜，因此裘派艺术在这样一个特定时期，其地位及影响就远不如谭、余、梅诸大家。京剧各行当发展的时间上的不平衡性，由于中国社会条件的变化，也影响到演员创造的性质的不同，这也是应该引起深刻重视的问题。

第五章　古典京剧唱工艺术的历史发展

一　京剧演唱发展的社会基础

从美学的高度来研究古典京剧艺术不是一般地研究古典京剧艺术的现象，不是停留在表面的具体现象的研究上，而是用我们对古典戏曲艺术的基本观点把这些丰富多彩、表面上复杂纷繁的现象贯串起来，以便让京剧艺术史上的主要现象，京剧艺术各主要特点在历史的发展过程中显示自身发展的内在规律，成为本质的现象。

在我们研究京剧演唱特点时，是努力结合着具体的社会趣味的变迁来看它的变化发展的，我们不是把京剧唱工艺术看成一种孤立的永恒的现象，而是根据历史唯物主义的原则来分析、揭示京剧艺术的社会根源。

但是，我们也不是要把历史唯物主义的原则生硬地套到京剧艺术上来，而是力图紧紧抓住艺术和审美的趣味这个环节来看各种艺术问题的，这就是说，社会的性质和变化，是通过社会趣味来影响包括古典京剧在内的各种艺术的。

在一切具体分析中，贯串一切的基本想法是：认为京剧艺术是一种古典的艺术，它应该是按着古典艺术的规律发展，而京剧演员也正是按照古典艺术规律来创作的。

但在古典艺术内部，由于京剧艺术产生于中国清朝初年，它的写实和再现的因素已经很强。其实，宋元时代，戏曲艺术的诞生，已经意味着中国社会的趣味不再满足于诗、词、舞蹈、音乐这些概括性很强、特别强调境界的内容的表现艺术了。由于社会的发展，对于个性、真实的要求不断有所加强，典型的古典趣味如理想的美的境界等等，已经开始变化，人们开始从理想的和谐的境界逐渐转向现实的矛盾的人生，于是小说、戏曲这样在古典艺术内部生长出来的再现艺术发展起来了，尤其是戏曲艺术，在近代中国艺坛上占有重要的地位。

但是，包括古典京剧在内的戏曲艺术产生的时代毕竟是古老的封建社会，中国社会的长期的封建主义性质，对社会的趣味及中国艺术的影响是非常深刻的，忽视这个主要的事实，将会在理论上和实践上陷于错误。由于社会趣味仍然停留在古典的范围内，京剧艺术的根本性质仍然是在一种古典主义的艺术精神笼罩之下。但是它已经不是很纯粹的古典艺术，而是一种再现艺术内部的（戏曲艺术内部的）表现艺术。

我们认为，这是贯串京剧艺术一切现象的根本性质。通过以上各环节的分析，我们这个看法应已不是一般的、抽象的概念，而是愈来愈具体的历史事实了。

正当戏曲（京剧）艺术作为古典艺术的最后环节①按照它本身的规律发展时，中国社会发生了巨大的变化，改变了京剧作为古典主义艺术的正常的进程，开始了一个复杂曲折的局面。西方艺术的流入以及随之而来的西方趣味的大量泛滥，正像使中国社会性质变成半封建、半殖民地的混合物一样，使近代中国艺术趣味出现了古典式的与西方写实、再现性的混合物，话剧与戏曲两种体系的混合物。我们前面说过，这种混合物自然以受帝国主义侵略最深的上海为最，于是就出现了"海派"。

海派艺术有许多方面也是合乎作为古典艺术的京剧艺术发展规律的产物，它强调真实、个性、火炽、内容，这些都是合乎当时社会趣味的，因为中国社会内部也已经有了变化和发展；但帝国主义的侵略，使得这种倾向，带有一种明显的外来的因素，使问题变得复杂起来。

就唱工艺术来说，当韵味派登峰造极，以言菊朋为代表倾向于形式主义的时候，海派（特别是它的杰出的代表周信芳）的兴起，可以说是京剧艺术中的

---

① 我们把戏曲艺术作为中国古典主义艺术的最后环节，主要理由有二：一是戏曲艺术是综合了我国以前一切艺术的因素，它是最综合的艺术；二、它是古典艺术中再现、个性因素最强的艺术。

革命的序幕。周信芳之所以成为当代表演艺术大师不是偶然的。

周信芳（1895—1975）是京剧历史上早熟的天才演员之一，他是麒派的创始人，初学武生，后兼学老生，于15岁时北上天津就被人们与余叔岩并为一时瑜亮。周信芳针对当时京剧舞台上形式主义的倾向，树起了革新的旗帜，加强了京剧的内容，改革演出形式，强调了真实动人，鼓吹京剧的教育作用，反对作为单纯娱乐消遣的装饰品，这些都是符合当时时代趣味的变革的。在唱工艺术上，周信芳主要吸取了汪派和孙派的艺术（以及与这个风格相近的汪笑侬），讲究气势奔放，不求形式雕琢。虽然由于嗓音条件的不同，麒派和汪、孙二家唱法亦不同，但我们可以明显地看到，早期的气势派，在周信芳身上以新姿态又得到复兴。

但由于社会条件的变化和个人条件，周信芳在唱工艺术上也受到一定的限制。周信芳在唱工艺术方面吸取韵味派的成果不多，这在当时可能是一种矫枉过正。这当然不是周信芳的过错，而是反映了京剧作为再现的古典艺术内部的深刻的矛盾。如何在古典主义艺术内部处理再现、表现、美与崇高、个性与共性、理想与现实、内容与形式的矛盾，始终是一个最困难的问题。

于是，我们看到韵味派和气势派到了后来的阶段，似乎都有点片面发展，以至使这两派之形成一种尖锐的对立之势，这是过去未曾有过的现象，而这种现象慢慢地竟危及京剧作为一种古典戏剧的体系本身，危及古典艺术精神本身。要使京剧作为一种古典艺术的体系得以保存，今后京剧唱工艺术在风格上的发展，当是气势和韵味这两种因素，美和崇高这两种风格，在新的基础上重新结合。

这里，还有一个问题应加以补充说明的，就是在讨论西方文化（戏剧）对我国古典文化（戏曲）影响的时候，我们往往自然地就看到话剧与戏曲的关系，其实，我们还应该研究一下西方的歌剧和舞剧对中国古典戏曲有何影响。说也奇怪，这个被研究者不太重视的问题，似乎正是戏曲演员们的态度的一种真实的反映。中国古典戏曲艺术家们感到了话剧的压力，但对我们如何从西洋歌舞剧中吸取一些有益的东西却并无深切之感。对于这一事实，也许可以有两种解释：一是由于近代中国社会的动荡和斗争，在戏剧中，对于歌、舞的因素感到是反映这种矛盾斗争冲突的内容的一种束缚，而写实的话剧在这个方面自有其优点；另一方面是：歌、舞这种音乐性、时间性的艺术本身的民族性是很强的，各民族之间往往自成系统，不易沟通，在最初的时候，人们就像听不懂外国话一样听不懂西方的音乐和看不懂西方的舞蹈，而我们本已有自己的歌剧和舞剧，在那里我们已能怡然自得，则不必外求于他邦，这两点也许就是西方的歌剧与舞剧最初不容易在中国一般演员和观众中产生较大影响的主要原因。

古典京剧的歌舞仍在走自己的路，在自己的内部调整各种关系，以适应时代的不同的要求。

二 京剧演唱风格的发展趋势

我们已经看到，京剧唱工艺术的发展，一方面取决于京剧作为古典主义艺术发展的内部规律，同时取决于为社会生活决定的社会趣味，这两种因素本来是相互适应而且后者是决定性的，但因为中国近代社会发展的特殊性，即近代中国社会的艺术趣味中的新的因素，被打上了深刻的外来的西方的烙印，而中国古老的民族文化的传统与这种外来文化的烙印是格格不入的，这就造成一个时期中国艺坛和中国剧坛上的复杂的纷繁的局面。

中国戏曲艺术发展到京剧，写实因素加重，戏曲艺术内部的再现与表现的因素已有分化迹象，但京剧仍然按照古典主义艺术规律来发展，并没有破坏古典主义的体系，但按这种趋势发展下去，随着社会条件的变革从京剧（或古典戏曲）艺术内部可能分化出一种特殊的写实的戏剧艺术来，那时京剧艺术将会突破古典主义的体系；但是，当古典主义的京剧正在循序渐进地发展时，随着西方国家政治侵略，西方文化大量流入中国，话剧（以及与其对立的歌剧、舞剧）亦传入中国，这种西方写实的话剧的影响，打乱古典戏曲发展的程序，带来了两种后果：一种是话剧体系深入戏曲，两种体系发生了深刻的矛盾；一种是中国戏剧再无从古典戏曲艺术中直接分化出写实的戏剧来的必要与可能，因而反倒得以仍作为古典主义艺术按自己的规律去发展。不仅如此，这种按古典艺术体系继续发展下去的趋势，得到了一部分对西方文化影响抱有反感（这在当时被侵略的中国是有正当理由的）的观众的保护，并加以推波助澜，以致中国的古典戏剧，在特殊的社会条件下得以保存并发展，这也是一件值得庆幸的事。无论如何，在当时来说，我们看到，这两种影响，形成了中国戏曲（京剧）艺术后期发展的两条线，一条是"海派"，一条则是"京派"。

按照古典主义艺术本身规律来发展的风格，在后期也产生不少派别，分析这些派别，我们可以发现一些重要的现象和发展的线索。

在这些流派中我们要提到的首先是余派。余叔岩本人继承谭派，在韵味方面大大跨前了一步，可以说，谭是韵味派的创始者，余则是完成者。在余的身上，也体现了古典艺术的特点，讲究韵味，但不忘气势，强调了美，并不偏废崇高。这是比较典型地体现了古典艺术精神的风格，因此，余派对后来京剧老生行当的影响才非常深远。

在余叔岩之后，出现了许多人材，如孟小冬、李少春、王少楼等，我们现在要特别谈一下余派的另一个继承和发展者杨宝森，在杨宝森身上，我们也可以看出古典艺术精神后来发展的特点。

杨宝森（1909—1958）为京剧花衫杨小朵之侄，幼从陈秀华学老生，后宗余派，虽不是余门弟子，但晚近以来真正能以余派特色活跃在京剧舞台上的，只杨宝森一人。

杨宝森的演唱风格，在余派的基础上，又有所变革，这种变革的主要原因，当然包括了嗓音条件的不同——杨比余嗓音宽，无高尖音，但杨宝森的变革之所以自成一家，不能仅归结为嗓音条件，而还有一些艺术上的原因在。就像言菊朋之变法谭鑫培，其最直接的原因，也是嗓音，但言派之所以独树一帜，却有其必然的理由，是代表了京剧发展的一种趋向。这一点可能演员本人并不自觉到，但它却是客观存在的。我们分析余、杨两派的特点，发现有共同处，也有不同之处。

杨追步余叔岩，仍以韵味见长，练就"云遮月"的嗓音，听来涩中有圆，味在其中。但在气势方面，即在古典主义要求美与崇高结合的这一点上，杨、余两派则有风格上的不同。研究这一点对于了解京剧演唱艺术的特点和发展是很重要的。我们看到，在气势方面，余派是"清刚"，而杨派是"沉雄"，余是清的，杨是浊（无褒贬之义）的，在杨的演唱中，悲剧意味加重了，也就是说，崇高的风格加重了。用韵味派的特点来适应悲剧气氛的需要，这是杨宝森的一大贡献，也反映了古典艺术精神的一种变化发展。

我们这里所说的"悲剧",是广泛的艺术意义上的悲剧,主要指的是杨宝森的演唱本身的悲剧意味,而不仅指剧本的内容,因为由于中国戏曲剧本的特点,很少有在西方严格意义下的"悲剧"。在西方美学史和艺术史上,"悲剧"的概念经历了很长的历史变迁。悲剧早在古希腊已经很繁荣,现存的亚里士多德的《诗学》大部分在讨论悲剧问题。但悲剧作为一个一般的美学概念(不是一种戏剧体裁),在近代才得到明确的规定,而近代的悲剧概念,是和崇高密切相联的,悲剧具有崇高的一切基本特征,正如车尔尼雪夫斯基所说,悲剧是崇高的集中表现。显然,崇高与悲剧之所以在近代提高到美学的高度,也是由社会斗争和人的精神面貌的发展所决定了的。京剧有两条路线增加崇高的因素,一是麒派,另一是按照古典艺术内部规律来发展的,则是杨派。

杨宝森有一条悲剧意味很重的嗓音,它用宽、低的音来给人以一种压抑、沉雄的感觉,而这种嗓音是正适合悲剧需要的。杨派的"宽音"(主要是把胸共鸣和脑共鸣结合起来用),是值得一提的悲剧性的用嗓方法。

但是正因为杨是按照古典主义传统来发展的,因此,他在运用"宽音"时又竭力避免太浊,用余派的含蓄来缓冲一下压抑的气氛,因而杨派给人的感受是哀怨多于悲愤。与麒派比较起来,杨派的崇高气氛,显然仍然在古典主义的范围之内,因而比较符合古典主义艺术内部的要求。

杨对余在崇高风格方面的发展,也形成了剧目上的发展,譬如出现了这样一种特殊的现象:余叔岩绝少演《文昭关》[①],而杨宝森则常以《文昭关》为号召,正是因为杨演唱的悲剧性加强了。

同时,我们从杨的演唱风格中可以看到,也只有在古典主义艺术内部悲剧风格和美的和谐才能统一一致,使矛盾斗争的东西,尽量达到和谐,压抑的东西在一定程度上需要缓解,而不像西方近代浪漫主义的悲剧,纯以矛盾斗争之决裂,以热炽的激情为尚。

关于京剧唱工艺术后期崇高(写实)因素的增加,我们在旦角行当中,可以看到明显的迹象。

京剧旦角行当近几十年的发展,花旦的因素加重了,那种抱着肚子傻唱的

---

① 据说在清光绪、宣统年间,余叔岩曾在天津演出过《文昭关》。

"青衣",已不再受群众的欢迎。而且以京剧旦角最近发展的动向来看,花旦这个行当显然拥有广泛的群众基础,而其中具有代表性的流派是四大名旦之一的荀(慧生)派。

荀慧生(1900—1968)初艺名白牡丹,习秦腔花旦,后改学皮黄,以花旦著名,揣摩人物心情,做白力求逼肖真实,名剧如《卓文君》、《红娘》等,荀演来痛快淋漓,深动人心。在京剧艺术中,花旦这个行当写实因素是相当重的,荀慧生(以及花旦行当)之所以能够兴起,和近代整个社会趣味总的趋势倾向于写实是密切相关的。但是,京剧毕竟是古典艺术,花旦的发展也只能按照古典主义艺术的规律进行,从而写实因素,受到古典趣味的限制,于是就出现了这样的情况:以写实因素为重的花旦艺术以演出喜剧为主,具有鲜明活泼的民间风格。于是荀的艺术虽然是重写实的,但却不是悲剧性的,或者说崇高的风格受到很大的限制,写实的因素向喜剧方向发展了。这种情形,正是古典主义的一个特征。

这种崇高、壮美和悲剧性的风格,我们却在青衣这个行当中看到更明显的发展。这里不能不使人想到程(砚秋)派。

程砚秋(1904—1958),字玉霜,初为刀马旦荣蝶仙的弟子,改习青衣后曾拜梅兰芳为师,并深受王瑶卿的影响。在程派的演唱中,我们看到按照古典主义原则发展京剧演唱的很好的范例。程砚秋的演唱,在梅兰芳的基础上,发展了清刚的一面,但同时也强调了韵味柔美的一面。程砚秋在用气上比梅兰芳刚劲沉着,但在腔调上又比梅曲折多变。在总的风格上,程砚秋是加强了崇高的气氛,所以他比梅更多演悲剧,程派新编剧目的思想内容也是很突出的;但程砚秋咬字、行腔却又讲究刚中有柔,所以他常说对唱工艺术,不仅要唱得有感情,也要唱得有韵味,这种见解,是和梅兰芳完全一致的,他们都是深刻地体会到京剧艺术的内在规律,对韵味和气势两个方面虽有所偏重,或在表现方法上有所不同(如梅的气势在行腔,程的气势在用气、咬字),但始终是强调二者不可偏废的。这是发展京剧唱工艺术的一个正确的方向,是非常值得我们重视的。

古典京剧的演唱风格的发展趋势,将会按照气势和韵味相结合方向逐渐丰富起来,这并不妨碍不同流派"百花争艳"的竞争。因为艺术的发展是有规律的现象,而并不能说,任何自标的"革新"都是符合规律的现象。在京剧唱工领域中,个人的特点也是无穷尽的,但并不是每一个人的特点都是必然的、合乎规律的现象。理论的力量正在于从这些大量的现象中,找出事物的发展规律,从而有意识地掌握规律,促进事物的发展。从我们以上一系列的分析可以看出,京剧唱工艺术按其内部的发展趋势来看,是要在韵味派的基础上,向气势方面发展一步,或者在气势派的基础上,向韵味方面发展一步,以便使韵味和气势这两种因素,在更高的阶段上结合起来。

三 京剧演唱技巧的发展趋势

在大的风格方面,我们看到京剧唱工艺术的发展趋势,这种趋势将表现在一系列的技术因素上,因此,我们对京剧唱工艺术的技巧的发展,也可以作一些设想。

首先是嗓音问题。京剧自谭鑫培以后,高亢的嗓音逐渐少了,嗓音向着宽亮而低回方面发展,这符合京剧唱工向美的方面发展的规律,是一种进步的现象,谭派这个系统的演员,嗓音天赋都不是最好的,他们不重天赋而重训练,以训练求天然。如余叔岩、杨宝森就是一条工夫嗓子。他们在嗓音上只能达到一定的水平,而主要是以腔调的优美取胜。在早期,气势派(如汪、孙、刘)嗓子天赋都很好,他们是重自然而不重人工(当然也要经过相当的锻炼,如汪桂芬,但与韵味派比较起来,则的确重在天赋)。这似乎也是一条艺术的规律:崇高的东西往往强调自然、天赋(如灵感、天才,都是自然而然来的,不是故意制造的),而美的东西,往往重在人工、技术、训练。

京剧唱工艺术在经过谭鑫培这个系统的精雕细琢以后,又会出现一种"工后之拙"的阶段,即在人工锻炼的基础上,也相对地重视天赋的嗓音条件,以实大声洪为尚,在沉雄激越中收天然之趣。同时,京剧在谭以后的气势派,嗓音也都不像早期演员那样好。周信芳是由高亢转向沉雄,这自然有他独到的地方,但正因为他是从沉雄中见激昂,所以他在气势方面就有一种苍劲沉重的特色。

谭富英是现代京剧史上少有的嗓音条件很好的演员,他是谭鑫培的孙子,家学渊源，本是遵循谭派和余派这个系统的，唱工很有韵味，但由于他天赋嗓音嘹亮，所以使他的唱工艺术接近气势派，形成一种难得的朴实豪放的演唱风格，这种在韵味派基础上强调气势，这种进一步的尝试，是非常值得我们重视的；尤其他晚年的演出，在演唱方面又经过一番切磋，脱尽早年以嗓音清脆、嘹亮为倚仗，而又重在咬字、吞吐，在嗓音的运用上，竟有随心所欲、左右逢源的炉火纯青的境界，凡听过他最后几张唱片录音的，莫不赞为佳品，并承认他才是真得余叔岩神髓的人，只是早年被他那条好嗓子遮盖过去了。

在京剧界长期缺乏响亮的嗓音的情况下，我们对于培养青年演员适当地提倡一下嗓音高亢，并且适当地注意一下嗓音的天赋条件，我想这还是符合京剧唱工艺术的发展规律的。

嗓音问题，一方面是天赋问题，同时也有个学习方法问题。古典京剧与其他古典艺术一样，当然都重视学习，揣摩前辈表演艺术家的典范，就像习字临帖、绘画临摹范本图谱同一个道理；但一般说，由于过去的客观条件，青年演员所听所见，是大演员们后期作品，而这些老演员，由于年龄和气力的关系，无论工夫多深，在嗓音气力方面，自然受到一些局限，因而青年演员如去模仿这种嗓音，显然是不但没有充分发挥自己的天赋，而且是抑制了自己的天赋，是非常可惜的。二十多岁的青年演员，要模仿六十岁老演员的调门和嗓音，人们不禁担心，这些青年演员自己到了这个年龄又如何应付基本的音量效果。当然，这种情形，以后有录音、录像，基本上可以解决，但学习技巧方面应本着取法乎上的精神，这是不能不注意的。

在演唱技巧方面，汪派和孙派的一些唱法，应被继承、发扬光大，或者说，在新的基础上应会出现汪派和孙派等气势派的某些技巧的复兴。从古典京剧现在的情形来看，汪桂芬有些技巧还是可以继承的。汪桂芬在《文昭关》里用的脑后音，杨宝森继承下来了，但杨已经加以改变，杨的"爹娘啊"的"爹"字，没有汪派的激越凄厉的劲头，所以显得弱一点（有人指出，杨把"爹"字归"依"，这是倒字，这从字音来看当然是很对的，因为"爹"字韵尾是"爱"，并无"依"音，但杨未必不明此理，他之所以故意改音，当有艺术上的原因）。如果有演员能练习一下脑共鸣和鼻音的恰当配合，发出一种凄厉尖锐的脑后音，在表现伍员愤怒悲哀的感情方面，当会更有力量。汪派还有一个技巧也是现在少用的，这就是"擞音"这种音在表现气势方面还是很有作用的，它比谭鑫培的疙瘩音要紧张迫急些，而且也并不破坏形式美的规律，使气势派的朴直的演唱风格中增加点曲折波浪。这种音曾经风行过一时，但后来被韵味派的疙瘩音所扬弃，至余叔岩后，行腔转折处则更圆润流畅，而汪派这种音只在少数演员中稍有保存，也许在武生（如杨小楼）、老旦（如龚云甫）以及萧长华的丑角的演唱中还可以明显地听到"擞音"。我想，在余派圆润光滑的行腔以后，出现汪派比较见棱角的"擞音"，将会使听众耳音一变，舞台的形象也会一新。

当然，这种吸取，不是简单地把汪派、孙派等原封搬用，而是要在韵味派的基础上加以结合、吸取，才能是"工后之拙"，而不是"倒退"；"倒退"则不能立于不败之地。要做到这一点，除了思想上的自觉性以外，还需要艺术家的才能和修养，要经过不断的尝试和努力，而这已不是一个理论问题，而是一个实践问题了。

为了表现演唱的气势，注意掌握呼吸和气口的技巧在古典京剧唱工中也是十分重要的。"气势"就是"气"的运动之"势"，武术里有"外练筋骨皮，内练一口气"之说，就戏曲演唱说，咬字是外在的训练，而呼吸则是内在的训练。大演员的演唱，常使人觉得他胸膛中之气似乎用之不竭、取之不尽似的，听来游刃有余，实际上演员唱得还是很费力的，有时也会满头大汗，但听来却从容不迫，所以并不是真的"气"比别人多，而是运用得当，吞吐自如，在轻重、缓急上自有安排，才不会力竭声嘶，作为一个欣赏者听演员的唱工，一看嘴上的工夫，二看衷气的运用；而且还可以说，"用气"是贯串于咬字、行腔的全过程，不仅戏曲要注意用气，相声也重视吞吐运气，因此按照咬字行腔的要求来自觉地安排气口的吞吐，是演唱艺术中最核心的技巧训练。

四　京剧咬字的发展

字音问题在京剧演唱艺术中，是一种重要的形式的因素，它是属于形式美的范围，而在这个领域内，我们要说的是：人对形式美的欣赏是历史的产物，人对形式的趣味是有历史性的，只有从历史发展的角度才能说明为什么人的趣味那样复杂纷繁。但是，形式美的构成因素，按其本质来说，和形式本身的自然的规律是密切相联的，因此，在形式美的领域中，我们不能不涉及许多本是自然科学的问题，必也会涉及语音学上的问题。形式美的问题综合了社会学和心理学各个方面的因素，因此，对于形式美的问题，我们相信是能找到普遍、共同的规律的，这种规律反映了艺术欣赏和创作中，也存在着与科学思维不尽相同的艺术思维本身的规律；但是，形式美的具体形态又不是一成不变的，作为某个时代对某些形式的集中的趣味，又是历史的产物。因此，我们现在的研究，就要结合这两个方面，来考察京剧咬字现代变化的历史规律。

我们知道，艺术中任何的创造和发展，首先是内容的发展变化，但最终总要引起形式上的某些发展变化，以期形式适应于内容的要求。因此，作为一个艺术家来说，他的创造最终总要体现在形式的创造上。如果谭鑫培的创造，最终不体现在声腔咬字的变化上，如果梅兰芳的伟大，最终不体现在表演艺术本身的各个领域里，那末他们那些卓越的思想，终是空洞的、没有艺术价值的。

京剧咬字与声腔创造的关系极为密切。京剧咬字的历史发展，从偏重方音（或偏重北京音，或者偏重湖北音等）到综合这个系统的方音成为一种比较定型的艺术语音，经过了漫长的阶段，这种大创造，可以笼统地说是由谭鑫培的艺术实践完成了的。谭鑫培以后的各个流派，都在这个大的系统中分别在不同的方面作了发展，直到现在，古典京剧咬字还是大体上遵循着这个系统。

在京剧各个行当中，现代演员由于风格的不同，在咬字上有些不同，但总还是按照"中州韵"和"湖广音"结合的系统，稍有偏重不同而已。马派的创始者马连良，在咬字方面似乎倾向于多用北京音，但在去声和上声的调值上大体仍用湖北音，而且仍然保留不少上口字；但马派重视京音，是值得肯定的[①]。但是，正因为马派唱工艺术较多地采取了现代北京音，所以造成他风格上比较全面的发展，马派艺术，不仅有华丽优美的一面，同时也还有一定的气势豪迈的地方，这正是马派艺术难能可贵之处。所以马派艺术是既讲究美又讲

[①] 马派咬字不像余、言那样讲究，常有"破格"的地方，有些的确是"倒字"；但在京剧这样一种综合的艺术中，也反映了字音和曲调音乐的矛盾，马派是比较重视音乐的美，而有时在语音标准上就显得不太统一；但马派咬字是有许多特点的，马连良在咬字上下过功夫，尤其是念白，有值得吸取的经验。

究真实的，这样，就不难理解，为什么马连良能从孙菊仙那里吸取一些有益的东西，而带孙派的味道。

马派道白，很有独到之处，他的道白发音清楚、吃调高，有感情，同时有音乐性。马派道白与马派的演唱风格已融为一体，既有优美，也有气势，这就说明为什么马派道白有时很有气魄，有时又很诙谐，有时很接近生活，情感很真挚，有时又很讲究韵味，悦耳动听。

谭富英的咬字一向是被认为不太讲究的，因为他天赋好，以嗓音响亮取胜；但实际上他在咬字方面也有很扎实的基本训练，与他的天赋嗓音结合起来，仍是大有可观的。在风格上，谭富英在某种程度上继承并发展了余叔岩的清刚之气，谭的咬字的特点也是比较朴实的，字的首腹尾交待得很清楚，最突出的要算属齐齿呼的字，如"家"字，字首总是很突出的，这是遵循古法的体现。在语音标准方面，谭富英基本上按照传统的念法，但有时为了突出音响，则也有"破格"的现象。这种"破格"现象有的是对字音缺乏严格一贯的标准，有的则是有相对的艺术上的理由的。

"破格"在艺术创造里是很重要的一步，它是"创格"的基础，艺术上的天才总是首先"破格"，然后再慢慢地形成一套新的规格，这就是新的流派的诞生。从一个艺术家的成长过程来说，常常可以有"遵格"、"破格"和"创格"三个步骤，现今一切艺术部门的天才艺术家，总是要经过这个过程，才能自成一格的。"破格"不是胡思乱想，而必须建立在"遵格"的艰苦锻炼基础上。"破格"是在熟练地掌握了原有的规格以后，由于新的内容和感情的需要，在某些方面突破了陈法，这就是我国古代所说的工后之拙，或"意多于法"的意思，同时也是西方美学思想中的"精神突破物质材料原有的规格"的意思。任何大艺术家都有"破格"的现象，因为原有的艺术程式对他已成为第二天性，同时在某些方面也由于陈法的固定性，限制了新意境的创造，所以需要"破格"，而这种"破格"的创造，自己又会形成了一个系统，成了一个体系，那末，新的规格就诞生了，这就是为什么西方美学上常说，艺术天才为艺术立法[①]。因此，谭富英和马连良等艺术家的"破格"，我们应该以发展眼光去分

[①] 这是康德的一个思想，它有唯心主义的一面，以为艺术规律是艺术家创造的；但也有合理的一面，即特定艺术部门中一些具体规则，是天才的艺术家所奠定的为后来的艺术家所遵循的。

析它是否合乎规律，而不应该用旧的框框去套。

在京剧流派中，咬字有突出成就的还应该提到周信芳，对周信芳的咬字，也有一些不同的意见，因为他也有许多"破格"的地方。

周信芳的咬字，基本上也是根据京剧艺术的语音系统来念的，但是他在这个复杂的语音系统中，有一些偏重，因此就有自己的特色。

首先，周信芳的上声字常用滑音，或用现代京音的调值，譬如《徐策跑城》中"叫家院带过了爷的马能行"的"马"字，就用了一个比较长的滑音，这基本上是为了保存徽调的风格，因此，在周信芳的保留节目中，徽调传统节目，还占一定的比重。其次是在周信芳的咬字中吸取了不少昆曲吴音的念法，这以周信芳经常活动的地区来说，当受了方音的影响。这种影响表些在：一是在声母"知、吃、诗、日"上，周信芳的舌尖都比较靠前，有的甚至接近"机、欺、西、依"，如"朱"、"书"、"住"等字，这一点是与京剧传统的咬字法不尽相同的。同时，在尖团字上，周信芳的念法是特别清楚的，他在念尖字时（如"将"、"请"、"小"等字），不像余叔岩以及一般演员那样常用喷口带过，周信芳的尖字的确很少用喷口，念得清清楚楚，这种尖团分外清晰的念法，北方演员中，能与周信芳比美的，只谭富英一人。于是，我们看到，周信芳的咬字，也还逃不出南方人学念尖团字的一般优缺点：团字不如北方人清楚，而尖字则比北方人清楚得多，而北方人的情况则正相反。

但是周信芳"知、吃、诗"的念法，由于有昆曲的根据，因而随着麒派整个风格的影响，许多京剧演员也竞相学之。

南方的气势派，即海派在咬字上部分接近南方的吴音（体现在昆曲中），以给人接近生活之感，而北方的气势派，亦同样有此特点。在北方，由于古典主义的趣味比较占优势，占统治地位的唱工流派是韵味派；但气势派仍然有相当的发展。早期三大流派中有张二奎，后期则有刘鸿声。

刘鸿声（1879—1921），北京人，号子馀，字泽宝。票友出身，工老生，亦能演《华容道》等红生戏，以唱工著称，做工稍差。刘鸿声嗓音洪亮，使当时韵味派首领的谭鑫培自叹弗如；但由于他讲究气势真实，于形式美方面就不甚雕琢，行腔以朴实刚劲为尚，咬字亦多用京音，因此一般剧评家都觉得他韵味不够①，正是由于这个原因，刘鸿声这个路子的演员，除后来的高庆奎外，并没有很多杰出的人材。这也反映了北方观众趣味的倾向；但研究刘鸿声的唱工艺术，对我们却有另一方面的意义。从刘鸿声的唱工艺术中，我们可以看到，北方的气势派必然地充实以现代北京生活方音，以给人接近生活的感觉。这种情形，与南方气势派相形对照，使我们在京剧唱工领域中，能够看出一点历史发展的线索来，能使我们了解京剧唱工艺术气势和韵味两派在咬字方面的具体的表现，这对了解本书的基本思想，也是有一定的帮助的。

自从四大名旦兴起，京剧老生发展的高潮让位于旦角艺术后，在京剧旦角艺术中，又出现一些在咬字方面值得注意的现象。

我们已经说过，梅兰芳以优美风格树立了京剧旦角艺术的典范，但他的咬字京音较多，故又有亲切、活泼之感；程砚秋以冷艳刚劲为尚，但他的咬字，多湖北音，多取法乎老生余叔岩，故行腔又有含蓄不尽之趣。这两位艺术大师，在韵味和气势结合方面，各有千秋，是中国京剧史上屹然矗立的典范。但旦角艺术中还有荀慧生一派以做工念白为主，表演风格接近生活，讲究感情真实。荀慧生最初学梆子，咬字稍有河北土音，这也还适应他所要创立的艺术风格；荀派以后的发展，显然在现代京音方面大大加强。

在旦角行当的推动下，老生行当中也出现了增强京音的尝试。京剧咬字京音化的问题已经作为一种有力的主张提出来了。这种主张在理论上和实践上都作了一定的尝试。

京剧艺术在字音问题上的种种尝试，当然是有一种社会趣味的根据的，但是京剧并不能完全满足社会倾向崇高、真实的要求，人们也迅速感到，这种古典的歌舞形式与戏剧的内容存在着相当深刻的矛盾，而古典戏剧与现代社会趣味的矛盾会首先通过古典戏剧内部的音乐性与戏剧性的矛盾迸发出来。因此，虽然韵味派为我们设立了许多程式规格，总结了一系列美的规律，但是，京剧艺术自身的发展和社会趣味的变化，将在这种美的基础上，向真实和崇高的方面发展，终将突破这些规则，于是，不论在谭鑫培时代是多么美好的程式，不论这些程式有过多么巨大的历史的光荣，也终将为新的发展让路。

---

① 罗瘿公《鞠部丛谈》："刘鸿声嗓音之高亢，一时无两，然恃其喉音，不求韵味，故不足悦耳。"

在这种发展中，我们还遇到一个有趣的理论问题，这就是个性、真实和美的矛盾问题。这是我们现在不常接触的问题，但历史上的美学家却为它绞过不少脑汁。在西方美学思想的发展中，由古典主义向浪漫主义过渡的时期，尖锐地发生了个性和美的矛盾的问题。德国大艺术史家温克尔曼就曾尖锐地意识到个性、表情的夸张是会要破坏美的。这是一个很重要的发现。因为经验的事实也告诉我们，一个演员（一幅肖像画）如果突出了人物的表情，那末将破坏面部的那种理想的美的境界，这在古典绘画里是不容许的；但在浪漫主义的文学中却是重要的手法。因为诗是没有直接的视觉形象的，它可描写各种个性强烈的情欲，于是，我们就看到莱辛在著名的《拉奥孔》里提出的画和诗的区别的原则。莱辛指出，由于艺术所用的媒介不同，在绘画中不大能够表现的个性和强烈的表情，在诗里却是重要的方面。莱辛的理论反映了浪漫主义的运动初期在诗的领域中的表现，同时也揭示了诗和画这两种不同艺术的本质。画是美的艺术（即内容形式统一，理性感性统一……），而诗是真实的艺术（即以内容取胜），这将是颠扑不破的理论，在古典主义的范围内部，诗和画是区别不大的，所以无论中国或西方，在古代都有"诗中有画，画中有诗"的说法，当然，他们也不是没有意识到这两种艺术的形式的区别，因为这些区别是只要具备正常的常识就会发现的；但是，在古典主义范围内，它们却在艺术上没有本质的区别，即它们同样是美的；但到浪漫主义发展了，诗和画就显出本质的不同来，画适合于美，诗适合于真实。由莱辛启发的德国古典美学这个思想是贯串整个历史时期的，以后席勒、黑格尔甚至到叔本华等人都是按照个性、真实和美的矛盾统一这个线索来思索的。西方艺术后来的发展，也有想把真实、个性和美尽量调和起来的，因为艺术总是艺术，总是要美的；也有的主张以个性为美的，或者根本不要美而只要个性、表现的；在绘画的范围内，就出现了后来西方那些形形色色怪里怪气的绘画流派（立体派、抽象派等），它们完全违反了莱辛所揭示的原则，要想在本来是古典主义的绘画领域内，搞彻底的表现派，于是必然破坏整个绘画的美的规律。西方的戏剧情况也不见得好一些，按他们的理论，戏剧与绘画当然在艺术原则上是不同的，戏剧比绘画更容易表现人生的矛盾冲突，因而势必要揭示更多的人生的丑恶的一面，但这种倾向到现在的荒诞派戏剧已发展到非理性的程度，不但破坏了美的艺术的规律，而且破坏了戏剧本身的规律，甚至把一切艺术的规律都荡涤无遗了。

我们传统古典艺术，在解决个性、真实和美的矛盾问题上，是有丰富的经验的，中国古典艺术总是力图巧妙地把这两者结合起来；中国的艺术家善于以古典艺术内容来调整美与丑斗争的关系，所以能够在各种力量的冲击中立于不败之地。

当京剧中气势派强调感情的真实的时候，必然地在形式上就要用比较真实的生活的朴素的形式，而音乐性和舞蹈性就相对地减少，原来为了加强音乐性和舞蹈性而设立的许多美的规则，有时就不免要突破；因此，从理论上看，京剧语音标准加强生活的气息，突破原有的一些规则，也是一种必然的趋向；但是这种"突破"和"破格"最终不是古典艺术体系的彻底扬弃，而是在变化、发展中得到保存，古典京剧的语音决无不可调整、改变之理，但作为一种古典的艺术语音系统，却也不易用这种或那种方言去代替它，所以尽管不少人提倡京剧京音化，但无人有规定京剧艺术语音的"规范化"的任务。

艺术家的创造性最终总要体现在艺术形式的进步方面，尤其是中国古典艺术，每一个大艺术家总要跟随着一系列技巧上的革新。一种艺术发展的前途，就要看它为今后艺术家的革新留下多大的创造余地。艺术形式是某种艺术所利用的物质媒介，在某种特定的艺术范围内，这种物质媒介变化的可能性并不是无限的，以现在的水平看来，有些艺术部门的形式上的变化的可能性甚至是可以用数学的方法计算出来的。我们还是要引用一下表现得最单纯的书法艺术。书法艺术由于字形的限制，每一个字的结体是有限的，由于纸墨笔砚这些工具的限制，用笔方式的大的方面的可能性也是可以穷尽的，因此，这种艺术，发展到一定阶段，就需起质的变化，创造出新的形式来。这就是为什么中国由诗至词至曲至乐，一变再变的主要原因之一。诗的形式的可能性穷尽了，于是有词，词的可能性穷尽了，有曲，这是一种自然的规律。这就是说，当一种形式完善了以后，就会有一种新的形式出现。

京剧咬字在传统的范围内也已是很完善了，咬字技巧的语音标准在传统的范围内，可以说在大的方面已经定型了。谭鑫培强调了楚音，这是一大变化，在京剧咬字系统中，还有各种偏重，都已取得相当的成就，就像有些工具（如弓箭、十八般武器等），它们的效能古人已经把它们捉摸透了，要想变革它们的效能，只有变革工具本身。京剧也正面临着这种局面。要想在京剧咬字方面有进一步的创造，只有变革京剧语音标准本身；就像书法要想变革技巧，只有变革字形本身（如简化字）和工具本身（如钢笔、圆珠笔等）一样。

简短的结束语

讨论到这里，问题已经不是一个咬字的问题，不是一个艺术语音标准的问题，而是整个古典京剧演唱艺术和古典京剧表演体系，甚至是整个古典艺术体系的问题了。

如今的中国是一个开放的中国，是以社会主义四项原则为立国之本的对外开放的国家，与一百多年前受侵略、受欺侮的中国不可同日而语。多少年来，西方的一些艺术形式，如油画、交响乐、歌剧和舞剧等，当然包括话剧在内，都已在中国生了根，更不用说电影、电视这样一些可以用作艺术的媒介技术工业本无中外之别，业已成为新的中华民族文化形式的一个不可分割的组成部分。在这样一个开放了的世界，在这样一个文化交流已逐渐摆脱政治、经济、军事侵略的阴影的世界，中国古典艺术往何处去则更是中国艺术家们最为关心的问题之一。

如果说，西方近代文化的发展，从戏剧中分化出来的话剧尚没有替代歌剧和舞剧而独霸剧坛，甚至发展到现在，仍不能与歌、舞剧抗衡，那末中国的古典戏曲如果保存自己的歌剧的特色，当可以自己的民族的风格，屹立于世界之艺坛，放出其独特的光芒。中国古典京剧所到之处受到各国观众的欢迎，已是十分普遍的现象，现在的问题是如何贯通中西歌剧之技巧，使西方观众不只以"异国情调"或"古老文化"对待，而且也能逐渐成为他们喜闻乐见的一种艺术形式，这当然还要做出很大的努力才行。

相比之下，中国古典京剧在国内的一般公众中，却有被冷落的危险，这里有真实的一面，也有假象的一面。真实的一面是指：古典京剧的形式不能完全满足现代中国观众（特别是青年观众）的需要，不太适合他们的欣赏趣味，因为首先在节奏上古典京剧就跟不上现代生活的紧张和效率观念，这是毋庸讳言的。事实上，这是好现象，正像历史的发展把"过去"抛得愈来愈远一样，古典京剧与现代生活的距离也会越来越大。我们说有假象的一面是指：我们之所以有"危机"感是因为我们总想着古典京剧在现代生活仍要像在一百多年前那样家喻户晓地普及，才觉得"安全"，这是不可能的，就现在来说，也是没有必要的，所以说它是一种虚假的"危机感"，似乎也可以说是"杞人忧天"吧。

我觉得，现在的问题不在于改革这个古典体系去适应现代普遍的趣味而使它与电影、电视抗衡，而要认清它在现代文化生活中的恰当的地位，从而维护它作为古典艺术的永恒的青春。

一个时代有一个时代的娱乐。一百多年前中国没有电影，更没有电视，上戏园子听戏是非常普及的娱乐活动，如今玩的东西越来越多，上剧场看戏也就不显得那样迫切，每家有个电视，如果屏幕大一点，似乎每个家庭都可以有个小剧场，——从前王公贵族的特权，现在普通百姓也可以享受了；但剧场并不会消亡，不过会变得少而精起来。一切古典艺术形式，在现代生活中都会出现一个由普及到提高，由数量到质量的过程。这就是说，古典艺术形式由当年的娱乐性发展为鉴赏性，并由鉴赏性更进而发展为研究性的阶段。包括京剧在内的古典艺术形式，应像西方的歌剧、舞剧一样，成为一种高级的鉴赏对象，而不是流行的艺术品种。古典京剧的欣赏，应是一种高级的文化享受，而不是流行歌曲。它曾经是流行过，但现在不是，不必是，也不该是。

"古调虽自爱，今人不多弹"，"不多弹"不等于不弹，只要有人弹，"不多弹"就很正常，很应该，如果"多弹"了，反倒显得"滑稽"而不协调，试想，如果我们现在也像一百年前那样满街都是"杨延辉坐宫院"，成何体统！怪不得如今电视剧里凡哼京剧者大半不是正面人物，或者不是一个严肃的人物；但如果我们设想这个规定情景是在历史学或文学教授家中，则立即会严肃起来。所以，我们觉得，"古调"不在弹的人多少，而在于要"自爱"。当然，"曲调"不能真的自己爱自己，而是要人来爱护它，把它放在适当的土壤、气温中，给适当的阳光、温度，使它生根发芽，开绽出自己独特的花来。

马克思说，古代希腊的古典艺术有永恒的艺术魅力，但并不是说要每个剧场每天晚上都演希腊的悲剧，而是说，希腊的古典艺术并不因失去昔日的普及性而失去艺术的魅力。古典艺术的魅力的根源在于：人不仅是现实的，而且是历史的。于是我们又回到本书一开始说过的那些道理。

后 记

这本书的基础是二十多年前的一部旧稿子，当年我正醉心于美学，想以戏剧作为艺术方面的基地，对中国古典戏剧中的问题作一点探讨，但书稿完成不久，京剧竟成了特大的禁区，我已经发表了的文字已被认为"离经叛道"，这部书稿当然也就不能出版问世，幸好它还没有和我的一部看戏的笔记一起烧掉，保存了下来，今天才有修改的基础。

二十多年后的今天看这部旧稿，觉得十分幼稚，本应随时代进步而淘汰，但承读过这部书稿的朋友曹其敏的敦促修改出版，于是增写了第一部分，较多地删改了原来的旧稿，遂成现在这个样子。岁月沧桑，近十多年来我的兴趣主要致力于西方哲学和文化的研究，对于中国古典戏剧，实在并无长进，仍是过去的一些想法，可谓"抱残守缺"已极。这次新写和修改部分，偶尔有一些新的看法，但因体例和我目前工作重点关系，不能尽情发挥，异日如有机会，当写一本以中国艺术为背景的"艺术哲学"，以更充分的理论形式，讨论本书涉及的一些问题。

另外还有一点需要说明，即本书京剧咬字部分涉及专门的语音学问题，我自然是没有发言权的，原稿这部分有两个底稿，一份较为详细的底稿在十多年前曾请李思敬学兄过目，他是语言学专家，他的那些认真细致而又严格的批评，我一直十分感谢，但要在这个专门的问题上改得他满意，是我的水平所不能做到的，这次原想略去这一部分，但京剧演唱讲究字正腔圆，如果完全避而不谈京剧咬字，也说不过去，于是就选用了一个比较简单的底稿为基础，删改而成，这个底稿他并未看过，错误当然会更多。

这本书既有新写的部分，而大半又是旧稿，虽尽量使之新、旧统一，前后衔接，但毕竟事隔二十多年，修补的工作是很难令人满意的，全书文字风格不一，意思重复和结构上的毛病一定还是不少，请读者多多指正。

关于书名，我想说明一点，所谓"古"，不是计时、分期上的概念，而是取其本源性的意思，所以这个题目可以理解为"历史的歌声"，或"历史性的歌声"。

最后要感谢朋友们的鼓励，没有这些鼓励，这本书是不会出版的。

作 者

1986 年 2 月 6 日

于中国社会科学院哲学研究所

| 思 · 史 · 诗 |

——现象学和存在哲学研究

引 言

20世纪以来，西方哲学由近代转向现代，这是一般史家的概念，这个概念当然并不是完全按照外在的计时方法来区分的，近代和现代之间，在哲学上不像在现实的历史中有一条明确的时限可划。哲学之所以能划分为近代和现代，是因为在这两个时期中，哲学有各自不同的特点和不同的问题，虽然这些问题之间也不是可以完全分割开来的。以问题来分，我们也许可以用"古典"和"现代"这两个概念来概括这两个时期的问题特点更为清楚一点，这就是说，哲学问题中，有"古典的"问题，也就有"现代的"问题。这样，在哲学里，时间的划分并不是绝对的，时间较早，也可能出现思想较新的哲学家，如基尔克特，与其说他是"古典的"，不如说他是"现代的"；而休谟，莱布尼兹，从另一个系统的眼光来看，则似乎要比康德更具有现代意义。因此，"古典哲学"与"现代哲学"的划分，自有其哲学理论上的意义所在。

以欧洲为核心的西方民族是一个哲学的民族，哲学根源于一种对象性的思想方式，即把世界作为一个客观对象来把握，因而归根结蒂，哲学是建立在科学认识的基础之上的，古代希腊哲学意识的觉醒意味着科学意识的觉醒：人们摆脱了原始神话"物我不分"思维方式的束缚，进入到观察、分析、推理、研究的方式，以认识世界，掌握世界的规律。古代希腊哲学是和科学的发展分不开的。以泰利斯为代表的自然哲学（广义物理学）和以毕达哥拉斯为代表的数学哲学（广义的数学）奠定了欧洲人思想方式的基础，而赫拉克利特把二者综合起来的所谓"活火"中之"度"（logos）的思想，使欧洲民族得益匪浅：世界是"活"的，但又是有"度"的，是可以掌握的。古代"ἄπειρον"（无定形，无度）与"λόγος"（πέρας 有边限，有度）的辩论已是感觉方式与逻辑方式互相渗透的一种原始的表现。感觉时常是混乱的、自相矛盾的，而逻辑则又往往是空洞的，只有二者结合起来才能得到真知识，于是，人们所能获得的确定的知识形态就是因果性的知识形态，以"因"求"果"，以"果"知"因"，一种既有感觉材料又有推理形式的知识。我们看到，对于感觉材料与逻辑形式相结合的因果关系最初的理解是相当朴素和表面的，泰利斯以"水"为万物之"始基"（原因性物质或物质性原因），就是一个例子。

因果性知识，是一种追根求源的知识，对于哲学和科学来说是共同的，哲学的追根求源精神来自科学的综合和分析、判断和推理。这种因果性知识向人们所提出的问题以及它本身所包含着的相对性，已为苏格拉底所揭示。苏格拉底所谓"认识你自己"固然有其丰富的哲学意义，但最根本的，尚在于揭示因果知识之相对性，因而揭示经验知识之相对性，从而在经验知识之"外"，或之"上"，提出"理念性"知识。"理念"是一种思想性、概念性的"知识"，在于探求事物之共同的本质，最初和"种"、"属"的特征分不开，所以亚里士多德才说苏格拉底关于"理念"和"定义"的概念是"归纳"出来的；而按胡塞尔的解释，所谓"理念"则不是先有个别感觉然后"归纳"出来的，而是早于具体感觉"直接""命名"的，因而"理念"是最为本源性的、最为纯粹的知识。

然而，即使在古代，为求确定知识，与"理念论"对立的尚有"原子论"。不可分之原子与不可分之理念形成了古代哲学上唯物主义和唯心主义两大阵营之对立。从西方哲学思想方式的本质言，唯物主义与唯心主义的对立是植根于它的内在深处的，也是西方哲学家自己有明确认识的。

古代希腊从柏拉图以后出现了一位百科全书式的哲学家——亚里士多德；西方科学式思想方式在亚里士多德那里得到了很大的发展。一方面，亚里士多德研究了多种的经验科学，总结了这些科学部门所积累的材料；另一方面又着重地研究了作为工具的逻辑形式，他所加工过的这个逻辑工具，被西方人用了近两千年，至今并未完全失效。除此之外，亚里士多德还系统地奠定了西方哲学的理论基础，以至我们可以说，西方的传统哲学，其问题虽早为泰利斯提出，但其体系却是亚里士多德建立的。在这里，有趣的是：西方哲学上第一个成体系的哲学形态——亚里士多德哲学是"存在论"，而非"知识论"——既非"理念论"（理性主义），也非"原子论"（感觉主义）。

亚里士多德提出"存在之存在"作为哲学研究之第一性原则，是在古代巴门尼德"存在"观念的基础上发展了一步，成为专为哲学思考提供的一种"对象"，他研究这个"存在"的书，被编在他的《物理学》之"后"，叫作《形而上学》。从物理的意义上来说，"存在之存在"是在各种具体之"存在"的研究（包括分析与归纳）基础上概括出来的，因而是"后物理学"，但这种"概括"比起具体的物理学来，又是更为根本的，因而是"元物理学"。

于是，我们看到，从亚里士多德开始，西方的"语言"就产生了一种"麻烦"：他们只有一种"语言"（希腊语、拉丁语、德语、英语、意大利语……），但却有两种含意：一种是科学性的，一种是哲学性的。譬如我们常说的"本质"（essence），就既可以指"人、手、足、刀、尺"这样一些"具体事物"的"本质"，又可以指一个最高的本质——"物质"。西方人只有一种"语言"，却有两种"范畴"：科学性"范畴"，以掌握经验的对象；哲学性"范畴"，以掌握第一性原则——

存在之"存在"。

在某些现代西方哲学家眼中,亚里士多德终于提出一种"本源性"的"存在"论,这是他的巨大贡献,但是他又是用一种科学的态度来对待这种"存在",则成了千古的"罪人"。亚里士多德奠定了下面这种哲学思想方法的基础:即"存在"也是"对象",必须像科学一样,用逻辑范畴去把握。哲学就是把握"本源性存在"的范畴体系。于是,哲学即形而上学。

与其他"学科"一样,"哲学"也是一门"学科",不论是在其他学科之外,或在其他学科之上,它本身仍是一门学科。其他学科研究"存在"的具体形式,哲学研究最本质的"存在";其他事物(存在)都在因果系列之中,本源性"存在"则是因果系列的"起始"或"终结",对"第一因"的知识,使人们回到巴门尼德心目中的真正的"铁板一块"的"存在"。

亚里士多德这种"存在论"哲学在近代受到两方面的批评,而这两方面都是来自"知识论"的。首先培根对亚里士多德的逻辑工具提出了批评,建立了他自己的"新工具"。培根所开创的事业,在现代科学哲学的不断进步中逐渐显示了它的意义;而19世纪以来"数理逻辑"的发展,使被亚里士多德搁置一边的"数学",重新恢复了它与"logos"的关系。在哲学方面,亚里士多德所建立的哲学体系,为康德所动摇。根据亚里士多德提出的分析论和范畴论,康德哲学建立了一套严格的科学知识论体系,但指出"存在"本不可"对象化","存在"不是"宾词",从而以知识论上否定的态度提出,所谓"本源性""存在",不过是一种"理念",于是,在康德思想中,柏拉图之"理念"与亚里士多德之"范畴",是分属两个原则上不同的领域,前者为"本体",后者为"现象"。

我们看到,当代西方哲学的主要思潮都可以在康德哲学中找到自己的立足点,但我们也不无兴趣地发现,这个立足点,就现代来说,主要竟都是在康德《纯粹理性批判》的"分析篇"中，当代分析学派固然如此，当代现象学派也是如此，这种情形的出现，不能不说与现代哲学对黑格尔哲学的运动有关。

从康德经费希特、谢林到黑格尔，西方哲学完成了自己"古典"的历程。黑格尔克服了康德的二元论思想，以"理念"论为基础，发展成一个庞大的"绝对"哲学体系。"知识"之"范畴"已完全为理性之"绝对理念"所"吸收"，"对象性"思想方式已为"绝对性"思想方式所扬弃，"哲学"由表象性进入"思辨性"。"绝对"是为"无对"，是为"有对"之"母"，"一"生"二"，"二"生"三"，"三"生"万物"，"真理"（真实性）为"绝对"自身之"显示"。黑格尔的"绝对"自身有着深刻的矛盾，"绝对"是为"无对"，但却又是"理性"之"对象"，"绝对"好像一个"东西"（"存在"），为思辨理性所"把握"。"绝对"是显现了的"本体"。

黑格尔的"绝对"似乎注定要成为现代西方哲学攻击的目标，因为它似乎把为康德所揭示为"不可能"的传统"形而上学"，在另一种形式下肯定了下来，原来反对形而上学的古典式代表人物黑格尔在现代哲学家眼中竟成了形而上学最重要的代表，其原因就在于现代哲学根本不承认这个在"现象"后面的"物自身"（本体）的存在，不管对这个"本体"与"现象"的理解是僵硬的对立或是辩证的转化。

"思辨哲学"保留了自己的独特的"范畴"，但仍建造不出一套自己独特的"语言"，它还得用"本质"、"存在"、"可能"、"现实"、"必然"等这些词汇来论述自己的思想，于是，同样一个词，仍分为"通常经验的"和"哲学超越的"两种"意义"，而后一种"意义"，遭到了实证主义的强烈的反对，指出那是人类日常语言的含混引起的误解，是想象的产物，因为"绝对"就像"上帝"和"魔鬼"一样是既不可证明又不可证实的。这一派思潮，从 G. E. 莫尔发起对"绝对唯心主义"猛攻以来，经过了许多发展，到维特根斯坦早期《逻辑哲学论》

有了一个类似康德《纯粹理性批判》"分析篇"那样完整的分析性"语言哲学"理论。研究这一条思想发展线索是一个很有意义的课题。

否定"绝对唯心主义"尚有另一条思想路线，这就是现代现象学的路线，这是本书所要集中研究的课题。

毫无疑问，现代现象学的奠基者和创建者是胡塞尔，但正如本书表明的，它的直接渊源也可以通过黑格尔上溯至康德。

康德的思想对于欧洲哲学传统来说有一个格格不入的地方，即"限制知识"，这对于自古代希腊以来就崇尚"知识"的西方人来说，是不易接受的。黑格尔和新康德主义者们的努力都在于"扩大"康德"知识"的范围，或者说，把"理念"部分"知识化"，不过，在这被扩大了的"知识"的部分，新康德主义与黑格尔有不同的理解，他们扬弃了黑格尔的"绝对"观念，使"绝对知识"成为一种"本源性知识"，即比各门具体学科更为根本的"原始"知识。对于这种本源性知识来说，"世界"就是它向我们显示的那个样子，"事物"的"背后"并没有什么其他的东西存在，因此"回到事物本身"，就是"回到现象本身"。现象学一个最基本的原则在于："世界"不仅仅是我的"对象"，因为我原本是"世界"的一个部分，主体和客体原本是"同一的"，"世界"如何呈现在我们面前，是和"我们"如何对待"世界"相应的。这就是新康德主义的文化哲学和人类学哲学、胡塞尔的"意向性对象"的"显现"、海德格尔的历史性 Dasein 的存在哲学所共同坚持的基本立场。

在这种理解下，我们所谓现代现象学思潮就以胡塞尔现象学为核心，上溯新康德主义者卡西尔的符号论现象学，下接海德格尔的存在论现象学。

卡西尔的"世界"是"文化（符号）的世界"，海德格尔的"世界"是 Dasein "历史性世界"。从理论上来说，不外乎胡塞尔的"生活的世界"。这个"生活的世界"，既不是我与之作实际交往、维持生命的物质的世界,也不是作静观的"对象"研究的思想的世界,即既不是实践的世界,也不是思想的世界,既不是实践理性的"对象",也不是理论理性的"对象",而是在这两种方式分化之前的完整的、活生生的世界。我并非纯粹的"主体","世界"也不是纯粹的"客体","世界"不是我的概念的"对象";"世界"就是"我""看到"的那个样子。"世界"之所以成为我们的"对象",是因为我在"看"它,因而不是"客观的""对象",而是"意向性的""对象";"世界"之所以是"活"的,是因为"世界"是"我"的,也是"你"的,也是"他"的,"世界"首先是"他人"所组成的,而"他人"是和"我"一样的"活人"。从这样的基本前提出发,卡西尔的现象学是文化性的;胡塞尔的现象学是知识性的;海德格尔的现象学是存在性的。"现象学"与"存在论"相结合也就是知识论与存在论的结合,而这种结合,表面上看是回到了亚里士多德的传统,但实际上是对这个传统的真正的超越,即对西方哲学传统本身的超越。存在性的知识和知识性的存在这样一种思想方式是对欧洲固有的以逻辑形式与感性内容相结合的科学性思想方式的突破,当然更是哲学-形而上学思想方式的一种突破。

这种突破带来了一系列观念上的变化。首先,"人"不被分割为"感性"与"理性"两大部分,不被认为是"有理性的动物"或"一半是天使,一半是魔鬼"。"人"是一个统一的整体——"人"就是"人"。"人就是人"这样一个重要命题,在普通逻辑中由于不能提供"新知识"被认为没有"意义"。在黑格尔绝对哲学中,虽然承认了这种命题的意义,叫做"同一命题",但只限于"上帝是存在(的)"这类"绝对命题"(思辨命题)的范围内。但在现象学中,这一命题则被赋予了普遍的"意义"。作为一种"本质直观"的"理念"来理解,"人"的"世界",正是这种"理念"的"世界",作为一个完整的"人",正是这样"本质地""看""世界",看"万物"。这是"××",而不是先分析了这个"××"的各种"属性"以后再"综合"起来的。

"人"的完整性，提示（证明）了这种"不可分析性"，"人"是"分析方法"的"界限"，而由"人""看"出来的"世界"，就其本源性意义来说，无不具有这种特点，这就是最为"纯净"的"本源性""知识"的特点，也就是胡塞尔晚年所指出的不同于广义"自然科学"的"人文科学"的特点。

随着"人"的观念的变化，一些与"人"有关的重要观念也发生了深刻的变化。胡塞尔的现象学已经奠定了一个基本原则："人"在"世界"中（生活于"世界"之中），而"世界"向"人""显现"出来；生活于"世界"之中，就是生活在"历史"之中，"人"是"历史"的创造者，于是，"历史"与"人"的关系就值得进一步明确。这个工作，以现象学来说，是海德格尔做的。

不错，"历史性"观念，已为黑格尔所强调，他哲学的那种"逻辑的"与"历史的"相统一的方法已为列宁所肯定。巨大的"历史感"，是黑格尔哲学的一个贡献。新康德主义者扩大康德的"知识"范围，同时也扩大了"时间"、"历史"的范围，"时间"不再限于"物理学"，而同时也包括了"人文学"，因此，哲学成为一种文化学或人类学。同时狄尔泰对"历史"的强调，当然也是有相当影响的。现象学、存在论与这种思潮结合起来，把"历史"提高到本源性真实的高度，"人"不再像康德所认为的那样是抽象的"我"主体，而是在"时间"之中的"那个""存在"（Da-sein）。但"人"作为"Dasein"并不是经验的具体存在物，不是生物学、医学、心理学那个"对象"的"人"，而是本源性的实实在在的"人"，所以"历史"也不是作为经验科学的"历史学"，不是把"人"的"活动"作为客观经验的"对象"来研究它的必然规律，而是把这种"活动"如实地当作"人"的有意识的、自由的创造来"看"，来"思考"，来"理解"。"时间"是"人"的"存在形式"，而不是人的计量工具。"人"不是运用这些"工具"（包括计量、计时等）的抽象"主体"，而是活生生的、生活于"世界"中的

Dasein。

　　与"人"的实际活动（历史）相对应的尚有人的思想（语言）形式。"思想"的形式规律，是西方传统哲学的重要课题，而对"语言"的研究则是现代哲学的共同特点。"语言"有一种外在性的特征，便于人们理解。"语言"不光是本身（语音、音节）的形式结构，"语言"要有"意义"，正是对"意义"的理解，西方现代诸哲学派别有不同的见解。"说话"，总要"说"些"什么"（胡塞尔），重点不在"说""声音"本身，而在于"什么"，是这个"什么"使"声音"成为"语言"（话）。"语言"必有"所指"，这一点是毫无疑问的，问题在于如何理解这个"所指"。"所指"是要"指"一个"东西"，这个"东西"就成为"对象"，"对象"离不开"实物"，把这个"实物"理解为"对象"，这是一种经验的看法，于是语言的"概念"与"实物"相对应，二者的"符合"则成为"真理"。但是，现象学"括出去"了这种经验性、逻辑性的理解，认为这个"对象"不是"实物"的"对象"，而是"意向性"的"对象"，"人"作为"实物"的"对象"，是由血、肉组成的"动物"，或有特殊功能（如语言功能）的"动物"，但作为"意象性"的"对象"，"人"就是"人"，"人"作为一个"对象"是完整的，不可分割的。因此，"人"作为意向性对象（noema）与"人"作为实物性对象（signified）是不同的。在现象学看来，"人"既不是一个"实物"，也不是一个"概念"（不论有"所指"，或无"所指"）。我们平时所说的"人"，并不总是经过科学（人种学、医学、生理学等）研究之后的"意义"，而是一种本源性的"意义"，这种"意义"是"生活中"的"意义"，不是"生活"之外的作为"观察者"的意义。

　　在这种理解方式下，"语言"就不是外在于"生活"、外在于"人"的"工具"，而是"生活"和"人"的"存在"方式；关于"意义"的理论，就不是"语言学"，而是"解释学"。"解释学"就是研究非对象性思想中（非"所指性""语言"中）"意义"之间的关系。从现象学基本立场来看，一切经验性、对象性、所指性的关系，都可以归结于"物"的关系或"概念"的关系，这种"关系"或者可以"证实"，或者可以"证明"；但现象学所谓的"意义"的关系，则既不能"证实"也不能"证明"，而只能"解释"。

  本源性"语言"、"语词"的"意义"，既非实物对象镜子般的"映象"，也非主体制定出来的"概念"，而是"事物"本身的"显现"。我们作为有意识的人所视、所听的"世界"，就是这个"意义"的"世界"，正是在这个本源性的"意义"基础上产生出包括人类学等在内的各具体科学，产生出科学意义下的"意义"。从实际上来说，"世界"（万物），当然不是"看"出来、"说"出来的，但从"意义"来说，我所生活的世界，正是我"看"、我"说"的"世界"；"人"并未把一种什么古怪的"意义""灌输"到"世界"中去，但我们生活的世界的"意义"只对我们生活的人才打开。"世界"这本大书的意思，只有生活在这个"世界"中的人才能"读懂"。

  当代解释学之所以值得人们重视是因为它似乎真的接触到了那个"现象学的剩留者"——本源性的"意义"，这个"意义"不能为事物的表象和逻辑的概念所完全吸收，因而解释学有其自身独立的问题。

  "解释学"按这个词的原意，是把"人"理解为"传信者"。"传信者"首先不是"知识"的"传达者"，因而"人"不是"话筒"，不是机器。"传信者"的本意不在于告诉人们"1+1=2"，或"玫瑰花是红的"，而在于"预示"着一个"新世界"的到来，这个"信"是"雷电""预示"着"暴风雨"、"彩虹""预示"着"晴朗"这样一类"信息"。人们常说"燕子是春天的信息"，"似曾相识燕归来"，"燕子""预示"着"春天"的来临，所以海德格尔才说，"信息"不是"知识"，"传信者"是"预言者"，"预言"着一个"新世界"的来临。"燕子"的"意义"不在于它作为一种鸟类的特征。燕子南归固然是气候变化的自然现象,但这种自然现象却构成了人的生活的世界,构成了这个世界的变化,构成了"时间"和"历史"。"大地"哺育人类,而在人类的世界中显示它自身的"意义"。人们吟诵着"似曾相识燕归来",感受到大地回春的温馨,诗句表现了诗人对"大地"意义的"理解",他"读懂"了这本书,"领略"了它的"意义",用诗句(语言)把这种"意义"揭示出来。

于是,一切语言,从其本源性上来考虑,都有这种诗的意味——即"揭示"一个世界,"预言"一个世界,传达一种"信息",而不是传达一种"知识"。"诗"不是"自然"的模仿,也不是"诗人"的表现,而是把"世界"的真理、"大地"的真实性揭示出来,"诗人"是"大地""意义"的"领略"者,同时又是这种"意义"的"传达"者。"传达"给"谁"?"传达"给"他人",使"他人"也"领略"到这种"意义"。然而,"他人"之所以能够"领略"这种"意义",正因为"他人"也是"诗意地"存在于"世界中"。这样,"似曾相识燕归来"遂成千古绝唱。

"语言"是"诗意的","思想"同样也是"诗意"的。"思想"不是"知识",不是逻辑形式和实物表象的"结合","思想"要把握一种"意义",是对"意义"的理解。"科学家"不是"思想家","思想家"是"传信使"、"预言家",他揭示一种"信息",揭示一个"世界"。

"诗人"和"思想者"所揭示的"世界"是"新"的,同时也是"旧"的。即将来临的春天,不是去年的春天,今年归来的燕子也未必是去年的燕子,但却"似曾相识"。"思前"、"想后","思想"不是抽象的,不是公式化的,而是"历史性"的,因为它所领会的"意义"不在"世界"、"生活"之"外",而就在"世界"、"生活"之中。"过去"(前)、"未来"(后)作为表象性、对象性知识来说,似乎离"我们"甚"远",但作为历史性的"意义"来说,又似乎如此之"近"。"古人"虽然死去,但他们的"工作"(包括语言的作品)却总在向

"我们""说"些"什么","告诉"我们"什么";"来者"尚未出生,但"我们"也以我们的"工作"(包括我们的语言作品)向"他们""说"些"什么","告诉""他们""什么"。"我们"总是在"前人"的"指导"下,"为""后人"工作,总是"缅怀"着"曾在","设计"着"将在",而努力工作于"现在"。

"我们"只有"生活在""世界中",才能体会到这种活的"意义";但欧洲的现实却是"人"为之奋斗的是要做"世界"和"生活"的"主人",即要凌驾于"生活"和"世界"之上,也就是"权力"的"意志"和"知识"的"意志"凌驾于一切之上。欧洲现代"思想家"们忧心忡忡地看到,欧洲社会过于注重科学和技术的发展,过于热衷于对自然的"控制",以致忘记了生活和世界的意义,用海德格尔的话来说,是"'存在'的遗忘",即忘记了"存在"的意义,忘记了"意义"的存在。在这些思想家看来,"人"当然不是"自然"的一部分,不是自然的"奴隶",但也不是"自然"的"主人",而是"自然"的"意义"的揭示者。"人"使"大地"显示其"意义",亦即"大地"通过"人"显示其真正的意义。"大地"由"自在的",成为"自为的"(萨特)。所以,海德格尔才说,"人"是"存在"(意义)的"守护者","人"的存在,"大地"才不失去其"意义","人"使"大地""存在",并不是"人"像上帝那样"创造"了"大地","人"使"大地"成为"大地",显示出自身的"意义"。"人""守护着"(保持着)"大地"的"意义",不使其"丢失"。

我们看到,现象学、存在论、解释学揭示了生活、世界的一个方面——在他们看来,这是基础性的、本源性的、真实的方面,这个方面的"意义"的确不能完全归结为抽象概念或具体表象,即不能归结为逻辑学或经验科学;但从这些思想家对这种"意义"的"遗忘"所表现出来的关心来看,也说明这种"意义"与"知识"(科学与技术)有相当的关系,因为如果是不相干的两个方面,那么一方面的"过分"

发展，并不一定会引起另方面的"遗忘"，那么他们所表现出的那种"悲天悯人"的态度或是一种虚假的说教，或是思想不清楚的表现。

的确，人类永远不可能"全知全能"。告诉人类这条真理的不是对"上帝"的迷信，而是健全的哲学。这是欧洲人自己的祖先——古希腊的哲人们已经揭示过的、而在近代又重新为康德揭示过的真理。这就是说，建立在健全的科学思想方式上的哲学本身可以确定无疑地告诉人们科学知识的无限发展性，而不可能达到一种"终结性"的"全知全能"。并不是科学思想方式使人遗忘了生活的意义，而正是这种思想方式使这种"意义"摆脱宗教迷信和原始朦胧观念的束缚。

我们之所以能对生活、世界的"意义"有所"体会"和"领悟"，不是因为我们"无知"，而正是因为我们"有知"。正是"知识"扩大了我们的"世界"，开拓了我们的"生活"，丰富了我们在其中的"世界"和"生活"的"意义"。

"知识即力量"，"知识"来源于"实践"，又复归于"实践"，"实践"即改造世界的"力量"。科学和技术转化为生产力，推动着人类社会的发展。"物质生产实践"不断把"世界""人类化"，同时也不断把"人类""世界化"。人在改造客观世界的同时也改造自己。早从康德的思想中人们已经知道，只有科学知识是建构性的，而理念的概念只是规整性的。只有在科学知识（不论如何低级）基础上的生产实践，只有"有知的"实际活动，才是"力量"。所谓"力量"，即创建一个"世界"的"力量"。"世界"不是"空中楼阁"，而是我们实实在在生息于其中的"社会"。"我在世界中"，即"我在社会中"，"社会"是联结"我"、"你"、"他"的"世界"，联结"人"与"自然"的环节，联结"主体"与"客体"的环节。"我的""世界"不是"死的"，而是"活的"，是"社会的"。海德格尔所谓"世界"为"世界化"，实际上是"世界""社会化"，即随着物质生产的发展，"人"把"世界""社会化"。于是，"我"的"世界"不是"孤独的"、"封闭的"个体的世界，而是社会的世界。"世界"是"我"的，也是"你"的，"世界"是社会的。

"社会"不仅是生物学或人种学的概念，"人"不仅是"群居的动物"。任何动物为适应环境都可以有一定程度的"经验"，"群居"的"动物"更有一种"普及性"的"经验"，并将这种"经验"世代保存下来，成为一种"本能"。老鼠生来会打洞，蚂蚁生来会存粮。这种"社会"是种族性"社会"。只有"人"才有不断扩大、发展的能动性的"社会"。动物永远是"井底之蛙"，只有"人"才能在智慧的大海中破浪前进。"智慧"之所以"可爱"（"爱智"），人类之所以离不开"爱智"，正因为它是"破浪"的"力量"。现代的思想家们不是常常提醒人们不要忘掉了"家"，忘掉了"根"吗？如果没有"科学"，那末为了不"失去"这个"家"，只能终老于户牖之下，碌碌无为地做一个"井底之蛙"。没有中国人发明的"罗盘"，那末西洋人只好漂泊于江海之中，"回"不了"家"。然而，不论东方人或西方人，"罗盘"总是会发明的，人总是"爱""智"的。科学知识不断扩大人的世界、人的社会，也不断扩大人的"家"。有了科学知识，人类才能"四海为家"。

古人说，"仁者乐山，知者乐水"，我们与古人同是生活在这个地球上，但我们与古人不在一个"世界"中，因为我们与他们不在一个"社会"中，而"社会"是有不同层次的发展阶段的。首先，社会自进入阶级社会以来，山山水水的"意义"对主人和奴隶来说是不同的。这不是"阶级的偏见"，而是山山水水所显现出来的（社会）意义本身有所不同。贾府里的焦大"看"不出林妹妹的"美"，"读"不"懂"大观园里风花雪月的"意义"。同样，现代的城市生活对原始人来说是"封闭"的，他们"看"不出任何好处，至今还有一些印第安的部族到华盛顿去游行抗议白人破坏他们传统的生活世界。

然而，即使这种"社会"阶级和层次上的对立，也还会随着生产的发展，随着"有知的""物质实践活动"的发展，不断地打破界限，扩大"社会"层次的范围，从而开阔人们的眼界。

随着社会实践的发展，东方和西方的"传统"，对双方都不再是"神秘的"，不再是"秘密"。如今，东方人逐渐地能"读"西方"社会"这本大书，西方人也逐渐地学会了"读"东方社会这本大书。从前不"懂"的"意义"，渐渐"懂"了，双方逐渐地不以异国情调的"猎奇"来对待对方。双方的眼界在扩大，因为双方的世界在扩大。

人类的任务不仅仅在于"理解""世界"，而且在于"创造""世界"；不仅仅在于"读""书"，而且更重要的在于"写""书"，西方当前像德里达（Derrida）这样一些学者已经意识到"说"与"写"的关系，把研究的重点由"说"转向了"写"，是一个值得重视的倾向，当作进一步的研究。

世界在进步，科学在发展，西方人和东方人都在增强相互的了解，努力去"读""懂"对方的"书"，并已经开始携手"写"新的"书"。这是我们在"写"这本"书"时常常感到欣慰的地方。

第一部分　卡西尔的符号现象学

整个"新康德主义"运动说明了在变化了的历史条件下康德哲学顽强的逻辑力量,虽然所谓"新康德主义"者对康德哲学的理解并不尽合康德本意。然而从这个"运动"中我们同样可以看出,保存一个哲学学说的最好方式,并不能光喊几个口号或者抱残守缺地去啃死的书本,而是要在发展了的思想体系中保存、发扬前辈大哲学家的思想之菁华,是要在解决新问题、创造新思想中留存过去哲学思想之精神,这种精神则是世代相通的。所以严格来讲,"新康德主义"的口号"回到康德去"在实际上固然是一种倒退的做法,在理论上也并无多大价值。因为事实上哲学思想的活的精神是活跃于整个哲学思想发展的历程中的,我们不仅要时常"回到康德",而且要时常"回到亚里士多德",但我们是在新的时代以新的立场、观点、方法来重新考虑历史上哲学大家们向我们提出的问题的。在这个意义上说,哲学的训练和哲学的创造是完全不可分的。毫无疑问哲学已有数千年历史,有自己的专门的训练,但哲学史的外在知识的介绍所能起到的作用和"名著简介"同样不能代替对著名文学作品和艺术品的亲自的欣赏。与其无数遍地重复呼喊"回到康德",不如认真思考康德所提出之问题,作创造性的解决。这也许就是为什么卡西尔在整个新康德主义学派中成为佼佼者的主要原因。

恩斯特·卡西尔 1874 年 7 月 28 日生于德国布莱斯洛城。他的学历反映了当时德国流行的博学的风气和他自己的广泛的兴趣,这为他日后创造一个大的哲学思想体系打下了深厚的基础。他在 18 岁那年进柏林大学学法律,后来转学于莱比锡大学和海德堡大学,学习过哲学史、数学、物理学、生物学以及哲学和文学等多方面的学科。

1896 年,在新康德主义者柯亨(H. Cohens)的指导下,开始写作《莱布尼兹体系之科学基础》(*Leibniz' System in seinen wissenschaftlichen Grundlagen*),出版于 1902 年。这个著作表明他接受了新康德主义马堡学派的原则,即把康德哲学的逻辑结构与人类文化领域结合起来,在这个原则下,于 1899 年他完成了他的学位论文《笛卡尔对数学和自然科学知识的批判》。

在他的早期著作中,四卷本《新时代哲学和科学中的知识问题》从 1906 年至 1920 年共出三卷,最后一卷在他死后于 1950 年出齐。在这部著作中,卡西尔已经显示了自己的哲学特色,当时数学对物理学的影响给了他深刻的印象,他觉得整个物理世界似乎可以从一些符号形式系统来加以理解和再造,他这个基本思想在《实体概念和功能概念》(1910 年)中得到进一步的发挥,这部著作中的许多观点是他以后经常重复引用的。

第一次世界大战后,卡西尔在新建的汉堡大学任教,这时他开始致力于编辑康德全集,1912 年出齐 10 卷,并于 1918 年出版他的名著《康德之生平与学说》(*Kants Leben und Lehre*),成为研究康德哲学之必读著作。1916 年卡西尔又出版了《自由与形式。对德国精神文化史之研究》,在这期间并有《论爱因斯坦之相对论》一书问世。

卡西尔从 1917 年开始致力于自己哲学体系之创造,即致力于建立一个符号哲学体系,这就是 1923—1929 年出版的三卷《符号形式的哲学》。

希特勒在德国掌权后,卡西尔应牛津大学之聘到英国任教。1936—1942 年之间,卡西尔出版了《现代物理学中的决定论与非决定论》和《论文化科学之逻辑》。

1941 年夏天,卡西尔应耶鲁大学之邀请以该校客座教授身份到美国,由于第二次世界大战的爆发滞留美国,1944 年应哥伦比亚大学聘于该校任教,1945 年 4 月 13 日死于美国。

在美国逗留期间,卡西尔对于沟通欧洲大陆与美国哲学思想之间的交流是有很大贡献的。他的符号哲学体系曾在美国有相当的影响,因为他把人类文化作为人类经验之总体来思考、研究,与美国的实用主义、功用主义对待经验之态度,有许多可以沟通的地方,卡西尔本人也必定是认识到了这方面的内在的联系,他在美国用英文写的名著《论人》(An Essay on Man)(1944 年)被认为在一定程度上受实用主义之影响,而他用英文写的、死后(1946 年)出版的另一本著作《国家的神话》则似乎在现实的政治生活中找到了他的哲学原则的归宿。

卡西尔的符号哲学体系,以经验的人文主义现象学为基础,对人类的经验、文化从"符号形式"方面进行了批判和解释,似乎离开康德哲学已经很远了,但这种人文主义同样是德国的文化精神的深刻表现。在前一个阶段,这种精神曾经表现在谢林、黑格尔等人的唯心主义哲学中,如今这个传统,又与康德哲学的基本前提相结合,找到了一种知识学的、科学的现象学的表现形式。卡西尔的哲学表现为康德知识论原则的扩大和发展,由于他以文化为领域和基点,而以科学的现象的分析为方法,所以又不同于胡塞尔以科学为基点的严格的现象学,是一种文化的现象学,人文主义的现象学。

一、 卡西尔与康德的哲学遗产

康德哲学的主要贡献之一,在于他强调了主体意识的能动作用,把感觉的被动性和思想的能动性在原则上严格地区分开来,但又在实际上结合起来。在主体的能动作用中,康德又进一步区分"构建性的"(constitutive)和"调节性的"(regulative)两种功能,指出主体之构建性功能只适用于经验的对象,因而所谓知识、经验只限于科学所能规范的领域。主体构建作用,只发挥在经验可能的领域中才是合法的。这就是说,在康德看来,理性只能对经验的对象制定构建性的规则,只有知性可以为经验立法,而且知性也只能为经验立法。理性当然也可以为道德立法,可以制定道德的法则,即自由的法则,但这已不是哲学理论的范围,而是实践的领域,不是知识的对象。我们当然也可以有自由的观念,道德的学说,理性为它们制定的规则,不是构建性的,而是调节性的,即调节主体各功能之间的关系,而不涉及客体对象,因而调节的功能并不树立一个客观的世界。我们面对的只有一个客观世界,即自然的世界,才是我们的科学知识的对象。

在这个前提下,康德对"现象"和"本体"作出了自己的界说,所谓"现象"是自然的客体,是我们知性的唯一合法的活动场所,在这个领域内,自然向我们提供原始的感觉材料,理性则向我们提供同样是原始的知性形式;而"本体"不能向我们提供感觉材料,我们对于它的思想,不可能形成科学知识,因而它是不可知的。

康德以后德国唯心主义的发展,从费希特、谢林到黑格尔以"现象"为"本体"之显现的历史辩证观点,解决二者之关系,企图通过"现象"捕捉"本体",以辩证的、思辨的范畴,代替康德的知性范畴,企图以此来挽救哲学,挽救对"本体"的把握。

新康德主义以科学概念使康德知性功能得到稳固的基础,从而与辩证的思维方式尖锐对立起来,但他们又不愿恢复被认为无可救药的形而上学,因而他们要回到康德,即回到康德之现象的科学知识论,而干脆扬弃不可知的"本体"。

康德哲学以后的"现象学",显然与黑格尔的《精神现象学》有密切的关系,但在哲学精神上,却是对立的:黑格尔是辩证法家,他的"现象学"是"本体"之历史显现,而胡塞尔则是科学家,他的"现象学"则是"具体本质"("观念",ideas)之体现,一为辩证之体系,一为科学之体系。

卡西尔的符号哲学体系,则可以看成是介乎辩证、历史的现象学和科学现象学之间的一种独特的表现,有的人把它说成是介乎新康德主义和胡塞尔现象学之间的学派①。卡西尔与胡塞尔现象学一致的地方在于:他们都扬弃了"本体"论的问题,只研究经验、知识、现象;而不同处在于胡塞尔认为科学是囊括一切的知识形态②,而卡西尔则认为人的经验、知识不限于科学体系,而包括了一切人类文化形态,这样,在他的符号哲学中,蕴含着一种历史的观念。

就后者来看,正如卡西尔自己说的,他扩大了康德的主体能动的思想③,即将它推广到整个的人类的文化领域。在人类一切文化领域,人心不仅起着调

---

① 参阅斯帕克(Speck)编:《大哲学家之基本问题》,《当代哲学》Ⅱ(1981年,哥廷根,收纽曼(K. Neumann)的文章《卡西尔·符号》,第103页。
② 同上书,第106页。
③ 卡西尔:《符号形式的哲学》,第2卷,英译,耶鲁大学出版社,1955年,第29页;第3卷,英译,耶鲁大学出版社,1957年,第13页。

节作用，而且起着构造的作用，一切文化的创造，都是历史不同时期的经验和知识，都是一个客观的世界，只是不仅仅限于自然界而已。

从这个立场，卡西尔回顾了哲学发展的历史。他认为，欧洲的哲学起于对存在（being）的思考，康德的哥白尼式的革命在于把哲学的方向由"存在"、"客体"转为"思维"（thinking）、"主体"，从被动地（对"存在"）的观察、反思，到对主体思想的自我反省，认识到主体思想的能动性，思想是一种"活动"（action）①，这种能动性表现在理性的构造作用（constitutive, formative）。

在卡西尔看来，康德哲学体系中，"形式"与"质料"的关系是以"形式"为主导的作用，质料是感官提供的，这本与动物无异，但人心有一种"赋形"作用，即理性有一种制定规则的作用，由于有了这种作用，同时也使人类的全部感官发生了性质上的变化。理性的这种赋形作用，固然有它的历史发展的过程，但从理论上来说，它的作用是与感觉的关系完全不同的，它是一种逻辑的能力，即抽象的能力，使个别的感觉上升、转化为普遍性的思想或文化。这样，我们面对的世界，就不仅是可感的，也是可知的、可以理解的。

思维的逻辑规则，从古代希腊以来，就是一种纯形式的、必然的规则，本与感觉对象可无一定的关联，但康德哲学的特点就在于要把这种纯形式的逻辑规则与感觉的对象结合起来，因为作为人类文化主要工具（媒介）的逻辑，本是为了运用于感觉世界获得知识的。这是康德的所谓先验逻辑。康德的先验逻辑实即他的认识论，但在他的认识论中，知识的逻辑部分和非逻辑部分始终是两极，这个思想也是卡西尔坚持不放的。正因为有了两极，才能有"结合"问题，混沌一片，无分无合，或将感觉材料归于逻辑形式，或将逻辑形式还原于感觉材料，皆为经验主义、理性主义之失，所以卡西尔也致力于研究感觉材料和逻辑（理性）形式之间的具体关系，按康德的用语，也就是在"先验哲学"的道路上走下去。

这样，无论在卡西尔或康德，"先验论"和"现象学"是一致的，先天知性范畴只能用于经验可能的领域，即只能用于现象界，才能获得知识，而人对"本体"决无知识可言。表面上看，这种"现象学"的知识论，介乎经验主义

---

① 卡西尔：《符号形式的哲学》，第1卷，英译，耶鲁大学出版社，1952年，第80页。

和理性主义之间。但问题在于在现象学看来,先天的逻辑形式,只能与感觉材料结合,因而绝不同于黑格尔以理性形式通过"现象"把握本体的真正理性主义哲学。这就是说,大多数经验主义者并不否认逻辑形式的作用,相反,逻辑作为一门工具学科,正是在真正的经验主义者手中发展起来的(如米尔以及当代的许多逻辑家);而大多数理性主义者也都不否认感觉现象的作用。因此就卡西尔循康德知识论之路线,强调理性形式之经验的运用言,他的哲学仍不出现代经验主义之范围。

然而,卡西尔感到,康德的知识论范围太狭窄了些。卡西尔一眼看了出来,康德的哲学是以实证(或精确)科学(exact science)为基础的,而他认为,哲学应有更为广泛的天地。

严格说来,卡西尔这种对康德哲学的自觉的发展(扩大)并不是十分独创的,它的直接来源可能是与整个新康德主义马堡学派的思想倾向有关。他的老师柯亨已经把康德先验哲学精神与整个文化发展结合起来考虑过。同时,这也是康德以后的哲学发展的一个特点,许多人都把康德的哲学只看作一种"引导"("导论")(Prolegomena),当作一种哲学"方法",而不看作一个完成了的体系。于是,首先就有费希特的发展,直到黑格尔,是在哲学本体论精神上将整个精神文化与历史发展联系了起来。不仅如此,赫尔德从历史方面,洪堡特从语言方面,都对康德哲学有所补充,这都为卡西尔所深切注意到了。事实上,在卡西尔的哲学体系中,经常表现出他在历史、语言等文化现象方面所受的影响。

卡西尔这种对康德知识论的补充和发展,首先表现在打破了(或取消了)康德所强调的理性之"构造性"和"调节性"功能上的区别。康德为"形而上学"留下的"调节性"功能的余地被摧毁了,理性对整个世界只有一种功能,即"构造性"的功能,即使是神话、魔术所构造的世界,也都是"真实的",而不是"虚假的",因而都是人类知识、经验的一个部分,虽然它是和实证的科学知识有区别的。

卡西尔这一转变,使他在方法上的"现象学"跨出了一大步,虽然在内容上并不相同。这就是说,卡西尔在原则上(在哲学上)取消了理性自身创造的"虚构的"世界,人类文化所构造的一切世界(神话的、艺术的、宗教的)都和科学的世界一样是实实在在的,是人类实际生活的一个部分,是一种实际的活动,因而也都是人类积累下来的实实在在的经验,是文化,是知识。哲学就是对这一切知识、经验作本质的、总体的探讨,分析、批判它们的条件和形式。这样,卡西尔就把康德哲学中只有在科学知识范围内才具有的"真实性",扩大到整个人类文化领域,从而取消了对"本体"问题所"构想"出来的纯"理想"式、纯思想式的精神世界。在卡西尔哲学中,没有纯"思想"、"理想"的世界。"理想"(ideal)总要和"现实"(real)相结合而成为人类文明的"现象"(phenomena)。这里,我们看出了一个不同的侧重点:在康德,强调"理想"之所以为"理想"就因为它不同于"现实",因而"绝对"为最高之理想,而永无"现实"相适应;在卡西尔,"理想"本为"实现",则永无一个"绝对"之"理想"(本体)。后者正是"现象学"之主要立足点之一。所谓没有绝对之理想(本体)就是没康德所谓的"物自体"(thing-in-itself),这一点又是经验主义现象学(卡西尔、胡塞尔)与黑格尔现象学之区别所在。在这方面,黑格尔对康德的批判在于:"物自体"、"自在之物"是可知的,因为它可转化为"为我之物";卡西尔则说,果真有"物自体",当如康德说,是不可知的,但事实上并无"物自体",一切本质都是现象的,而一切现象也都是本质的,并无超现象的绝对本质,因而一切都是可知的,都是知识、经验可及之处。①

从这样的立场出发,卡西尔扬弃了康德哲学中陈旧、僵死的部分,在他的哲学中,没有给上帝、灵魂不灭和意志自由这些问题留有余地。不错,卡西尔的哲学既要囊括人类文化的一切领域,当然包括了宗教和艺术,但我们将会看到,他对原始宗教的研究,完全是从原始生活实际的角度来考虑,因而是原始人实际活动的一个部分,而不是从信仰的角度来考虑的。这就是说,宗教、社会、伦理道德等对卡西尔来说,都是历史的、实实在在的实体(entity),有点像中国人说的"宗庙社稷"那样,有迹可循,而不仅仅是理想性的、意识形态性的东西。对于人类的这些活动,哲学可以、而且只能作科学的解释(hermeneutic,explanation),而不应作形而上学式的玄思(speculation)。这

---

① 参阅亨德尔(W. Hendel)为卡西尔《符号形式的哲学》第1卷英译所写之引言,见该书,第34页。

样,也许我们可以说,卡西尔的立足点始终没有离开过康德哲学的知识论,紧紧抓住康德《纯粹理性批判》中"先验感性篇"和"先验逻辑篇"两个部分,因为在这两个部分中,康德讨论的"时间"、"空间"、"因果"等都是些实实在在的问题,即客体世界的基本形式、因而是自然界之所以转化成为现象界的问题,同时也就是我们常说的"存在"的基本形式和规律问题,离开这些问题,客体就成为混沌一片的"自然",就不是真实的、可感的、可理解的世界。卡西尔的新的发展在于他从这个立足点,即康德用以解决科学知识的原则和方法推广到其他文化部门,消除了自然与道德的对立,把在康德那里相对神秘(对科学而言)的道德律、至上命令、意志自由等统统"还原"为普通的"现象",还原为历史的、社会的现象,还原为文化的现象。

人类自身创造了自己的文化,人类的历史本质上即人类文化的历史,而这从根本上来说,又是人用以创造文化的工具、能力的历史,因而思想的历史和现实的历史是一致的,因为思想(ideation)本与人类的实际活动不能分开,是实际活动的一个部分。所以,从这个方面来看,卡西尔是以统一的文化现象学和文化人类学代替了康德的对整个人类活动的二元看法,卡西尔只是在统一的文化活动内部贯彻康德的二元论,坚持感性与理性的不同原则。

卡西尔既然以康德的知识论为立足点,他的哲学当然是反对形而上学的,他并不认为有什么本体,也就无所谓有没有关于"本体"之知识,一切知识、经验都是现象的;同时,从本质上说,卡西尔也是反对辩证法的。不错,他有时也从正面用"辩证法"或"辩证的"这类词来说明自己的观点,因为他要从总体上来把握人类知识和经验,常不可避免地要遇到矛盾的事实和相互转化的问题,但从根本上说,卡西尔既然坚守现象学,取消了"本体"问题,同时也就"取消了"在这个问题上"知性方式"和"辩证方式"的对立,"取消了"形而上学和辩证法的对立,因为,我们知道这两种方式的对立,只有在涉及"本源"、"本体"、"第一性原则"问题上才是有意义的。康德否定了知性方式对本源问题把握的可能性,从而否定了形而上学作为科学的可能性,并从消极的方面提出了辩证方式的问题,这一切,对现象学来说,都是无意义的。现象学不承认除知性以外还有一种具有辩证方式的"理性",即不承认除了经验的学问外,还有什么超经验的学问存在,一切表面上看来属于超经验的问题(如宗教、艺术、文学)都可以"还原"为现象,得到现象学的"解释"(或"诠释")。

于是,康德的批判哲学,在卡西尔手里也就具有了胡塞尔的意义,成了现象学的"诠释学"。不错,卡西尔说过自己的哲学是把"理性的批判变为文化的批判"①。一些研究者也把卡西尔的哲学叫做"语言的批判"②,但我们认为都是一般意义上的"批判",也许可以理解为替各文化形态的功能划界限的意思,但仔细分析起来,又还不是康德意义上的"批判",因为康德意义上的"批判"主要是指"分析"、"确立""理性"之"合法权力",含有"正确认识理性之合法权限"的意义,因而重点在于强调理性的"界限",而不能"僭越"(trespass),是针对传统的形而上学而发。卡西尔既然扬弃本源问题,因而并不需要为理性划合法之限界,只须对理性的活动作正确的、科学的解释,因而他的哲学,属于从康德批判哲学以来的解释学系统,与分析学系统当是有区别的。这样,在当代哲学的两大系统中,卡西尔的地位也就有一个明确的概念,虽然具体到卡西尔哲学的具体学说来看,其中还有不少交互影响的地方。

二、卡西尔的符号论

人作为动物之一种,以各种感官与世界交往,世界是可感的,世界既是有用的,也是有害的,但人与世界的交往,不仅仅是一种单纯的动物的、自然的交往,人是有意识的、有理性的,人以自己的理性能力与动物区别开来,也与周围的世界区别开来,这是西方的一种根深蒂固的信念,于是,探索理性的秘密就成了西方哲学的重要工作之一。

康德对于理性学说的意义在于:他不满足从培根以来的英国经验主义者把理性的作用局限于"经验之总结"这样的水平,也不赞成休谟那样把逻辑作为工具撇在一边与经验无关,而把理性能动性本身看成一种能够结合逻辑形式与感觉材料的能力。这就是说,理性本身有一种按照规律构造感觉材料的能力,一句话,有结合感性与形式的能力。这种结合的能力,是科学知识的必然的要求,科学要求把感觉之杂多与规律之统一结合起来,才能既有经验之内容(综

---

① 卡西尔:《符号形式的哲学》,第1卷,英译,第80页。
② 参阅《大哲学家的基本问题》,当代部分,第2卷,第137页。

合)又有普遍之形式(分析),既非私人之感觉,又非空洞之形式,则人人得而学之,又有益于人的实际生活。

理性这个作用,也许可以用一句话来概括,即可以把"多"与"一"统一起来,结合起来。"多"就是各种感觉材料,而"一"则是理性的形式。卡西尔曾引用莱布尼兹的一句话来说明理性的作用:"把'多'表现于'一'"中(multorum in uno expressio)①。理解这句非常精辟的话,重点似乎应在"一"字上。"多"在理解上当无问题,是指感觉材料。所谓"一",当指理性的最基本的形式,而不是它的各种表现,这就是说,理性的基本形式和基本规律为"一",中国人所谓的"其理也一",归根结蒂,是一种逻辑的规则,各种感觉材料组合于逻辑的规则之中,或表现于合逻辑的语句(包括各种公式)之中,则成各种科学命题,或科学知识。这个思想,康德虽为二元论,但仍然是承认的,即各感觉材料要按理性的统一的原则(原理)组织起来,②反过来说,这种理性的统一的原则,也必然体现于感觉材料的组合(现象)之中。

在这里,卡西尔标出"符号"(das Symbol)来说明理性的统一原则与感觉材料相结合的特点,这正是与康德所谓"先验哲学"("知识论")一脉相承的。

对于感觉材料的研究,属于具体的经验科学的范围,如对感觉之研究,属心理学范围。近代从培根开始,把它与哲学混同,走到了巴克莱的主观唯心主义和休谟的怀疑主义,而在卡西尔之前,更有马赫在理论上的教训。就思维的逻辑形式来说,对它的研究,当然很不同于对感觉之研究,连休谟也无法否认它的必然性(a priori),这是人心(理性)之重大的功能,是无法否认的;但逻辑只提供形式之规律,不提供知识,因而只能是工具,即获得知识之工具,本身后来被认为是同语反复,而并非科学知识。这样,为寻求欧洲从古代希腊以来所向往的"真理",必须设法把这二者结合起来,使万流入海,万众归一,这是康德的"先验哲学"之本意。但康德似乎并没有为这种"统一"铸造出一个概念,来满足于知性范畴、感性直观以及"先天综合判断"这类说法,而卡西尔则为这种统一和结合,寻找出一种特殊的理性功能,即"符号"。在"符

---

① 卡西尔:《符号形式的哲学》,第1卷,英译,第100页。
② 康德的二元论主要表现在本源问题上,即知识与道德实体的分立上。

号"中，既有感觉材料，又有理性的意义，二者是统一不可分的。

不错，康德哲学中，在感性直观向知识概念过渡中有一个中间环节——"图式"（das Schema），应该说，康德的"图式"论与卡西尔的"符号"论有着不可分割的联系，这是许多研究者都已指出的事实①。而实际上，康德的"图式"论常为后人所讨论②，因为它包含了哲学知识论所不可回避的问题，但抓住这个思想发展成为一个哲学体系而卓然成家的，卡西尔当是重要的一个。

我们知道，康德不仅以"图式"来沟通感性直观与知性范畴，而且用过"符号"这个概念来沟通知识与道德。我们看到，康德在他最后一个批判（《判断力批判》）中曾有一句名言："美是德性的符号"（中译为"象征"），研究一下其中的关系，对理解卡西尔哲学与康德哲学的异同是有好处的。在康德哲学体系中，"德性"是绝对的、无条件的"善"，本不属于理论理性的范围，它是一个无条件者，绝无相应的感性直观存在，因而不能用知性范畴去认识它，但这种本源性的德性，也并不是虚无飘渺、完全不可捉摸的，它虽然没有感性直观与它结合，因而永远是"理想的"，不能成为真实的，但却可以在"美"（艺术）中显示出来，因为通过这种方式显示出来的不是真实的世界，所以它是象征性的世界，也就是说，是那个真实世界的一个摹本（附本），一个符号。我们还记得，在解释这种"符号"时，康德为把它和知识论中的"图式"对应起来，指出"符号"（象征）不是"图式"，因为它不能像"图式"那样把感性与理性实际地结合起来形成科学知识，勾画世界的真实图景和描述它的规律，而只能在理性与感性之间显示出一种理想的和谐关系，以塑造一个虚拟的世界（艺术），在这个世界中可以体会出德性与幸福的统一。这样，对康德来说，"图式"是在理性的"构造性（建构性）功能"中起作用，而"符号"则在理性的"调节性（规整性）功能"中起作用。

于是，不难看出，卡西尔既然否定了理性的"调节性功能"，否定了"本源"和"本体"问题，同时自然也就否定了"符号"与"图式"的区别。道德、知识、宗教一切都是"符号"的不同形式，它们所构造的世界，都是真实

---

① 参阅《符号形式的哲学》，第1卷，亨德尔与英译本写的序，见该书，第15页。
② 如我们熟悉的，为恩格斯批判过的杜林的世界图式论。

的世界,因而对它们的研究,也就是对整个人类历史文化的研究,对整个人类经验的研究。

同时,卡西尔以"符号"统一康德的"图式"与"符号"的分别,或者说,扩大康德的"图式"论成为统一的符号论,当然也有当时科学思潮的原因。卡西尔在构思他的哲学体系时,数学与逻辑已有很大的发展;在实际生活中,由于科学的发展,人们愈来愈倾向于把感性的世界简化、抽象化为各种"符号"系统来认识并指导人们的行动,事实上,除了语言、文字外,人们用各种记号来说明、指示事物,卡西尔的哲学在某种意义上也可以说是这种倾向在哲学上的反映。

"符号"的基本特点在于把感性的材料提高、抽象到某种普遍的形式,以代表一定的意义。"符号"本身,是个别与一般相结合的产物。一方面,"符号"是感性的,它有物质的外壳,甚至有外物形象的模仿,但另一方面却又具有普遍的意义,这种意义可以为别人了解,可以交流,因而它是社会的(public),不是私人的(private)。这就是说,"符号"不是孤立的、个别的,而必定有自己的系统,有自己的规则或逻辑结构(logical context),这种规则的形成,有的是不太自觉的、自然的(如语言),有的则是非常自觉的(如度量衡,为统一尺度,要通过协商后发布"命令")。

我们说过,在西方的哲学传统中,普遍性是理性的能动性,即不同于感性直观的一种抽象能力,这种能动性当然离不开最基本的逻辑规则,但自康德以来,理性的能动性已发展为"先天综合判断"即结合先天形式与后天材料的能力,而卡西尔则更进一步把这种结合能力具体化为制造并运用"符号"的能力。

在这里,人们在探求理性的秘密方面似乎又跨进了一步,理性不仅仅是逻辑形式的力量,也不是笼统地作出"先天综合判断"的能力,而是一种运用符号的能力。既然符号本身是看得见摸得着的,于是对于理性本身的研究,即对符号的研究,则也是有迹可循,是人类的经验的一个部分,对"符号"本身的研究也就是"现象学"的一部分,或者说是它的核心部分。从这个观点来看,哲学本身也似乎没有什么神秘之处,哲学就是符号学,亦即现象学,是对各符号系统作出解释,同样是人类的经验、人类的文化。

"符号"本身是"现象",不是"本体",不是"绝对",因而它在哲学上是属于认识论范畴,而不是"存在论"的概念。不错,"符号"当然是存在的,但它是现象的存在,不是本体的存在,是历史的、经验的现象,不是超时间、空间的绝对理念。"符号"是人类对客观世界的一种把握方式,是人类作为主体的一种能力,或者说,是一种根本性的能力。在某种意义上可以说,人的特点正在于它是一种能制造、使用"符号"的动物。这样,在卡西尔的哲学中,整个的世界不是某种精神的外化,不是"符号"观念的外化,相反,"符号"只是把握世界的一种特殊方式,是人把握世界的一种特有方式。

把感觉世界"符号"化,是人的意识的特有的功能,通过这种活动,人把感觉世界提高到规律的层次,从而体现出人的主动性:不仅适应感觉世界,而且干预感觉世界的进程,使之适应自己。正因为人与世界的关系是相互适应、相互调节的过程,所以"符号"本身也不像黑格尔的"理念"或康德的"道德命令"那样"绝对",而是历史的、经验的,因而是相对的。整个人类历史的发展,并不体现什么"绝对理念"的进程,而是实实在在地表现为"符号"形式的变化过程,是人类把握世界的方式的变化过程。研究各符号形式变化、发展的过程,就是研究人的本质,理性的本质,同时也就是研究了历史的本质。正是从这基本的哲学立场,卡西尔进一步研究了神话、语言和科学三大符号系统。

三、神话·语言·科学

在卡西尔的哲学体系中,在他的文化形式(即符号形式)的历史发展中,神话处于最基础的地位,正如有的研究者说:"一切文化形式在神话意识中都有其原始形态。"[①] 所以,我们按照卡西尔的思想实质,而不是按照他写作和出版的先后,首先研究他关于"神话"形式的理论。

1. "神话"作为一种符号、文化形式

把神话提高到哲学上来研究,并不始于卡西尔,在这方面,卡西尔本人常

---

① 参阅《大哲学家的基本问题》,现代部分,第2卷,第114页。

引用谢林作为他的学说先驱,但谢林是唯心主义者,不是现象论者,他认为在神话的神秘性中体现一种绝对的东西,而卡西尔认为神话是一种思维方式,是早期人类与周围环境的一种真实的关系。也就是说,"神话"并不是人们"创造"出来要体现什么"超现实"的精神,而是人类的生活的必需,是早期人类认识世界的必然的方式。"神话"的世界,不是幻想的世界,而是真实的世界,对后世来说是历史,对当时来说则是现实。

应该说,卡西尔这种对待神话的基本态度是颇具特色的,他不是从艺术的角度,不是从文学的角度来看待神话,而是从历史的角度,从哲学的角度来看待它,他指出:

> 我们看到,我们回到了这样一个领域,在那里无论个人或民族都没有时间去虚构……①

我们认为,卡西尔指出这一点是相当有力的,这就是说,在原始民族为实际生存作艰苦斗争时,如何有"闲暇"去虚构出那样一些无稽的神话传说来,始终是一个难解释的问题。我们都知道,社会上阶级的分化,有闲阶级的出现,即社会上一部分人为另一部分人的劳动所养活时,脑力劳动才真正得到相对的独立性,才有客观上的可能进行思想的创作和虚构。然而历史的事实却处处告诉我们,时代越远古,人们的思想方式不仅离我们越远,而且似乎幻想的成分越大。和其他"神话哲学"一样,卡西尔从自己的哲学立场破除了这一个假想的"矛盾",他指出,"神话"与其他文化形态一样,同样是一种符号形式,它不是幻想、游戏的产物,而是远古生活的实际,用这种符号构建出来的世界,在我们眼里当然是虚幻的,但在当时人们的眼里却一定是真实的,因此,"神话"在原始社会,不仅有思想的必然性,而且有现实的必然性。

当然,这并不是说,卡西尔否认"神话"的虚妄性,"神话"带有虚构性这是谁也否认不了的;卡西尔只是指出,"神话"在原始人中是一种真实的思维方式,原始人用它来认识世界,并非为了游戏或欺骗,而是必不可免的。这

---

① 卡西尔:《符号形式的哲学》,第2卷,英译,第6页。

就是说，人类对感性世界作出抽象思维的第一步，即人类第一次运用的符号形式，必定是一种带有相当的虚幻性的"神话"形式，也就是说，人类对世界作思想上的把握首先运用的是神话符号，这种神话符号不仅包括语言的传说，而且包括图腾等后来发展成艺术、宗教的各种手段。神话的形式，同时也是实际的活动，因而还包括了祭祀和魔术的活动。哲学的任务不在于指摘这些符号形式的虚幻性（这是很容易的），而在于解释这些符号的历史必然性从而揭示它们的特点。

在卡西尔看来，"神话"符号的一个最基本的特点应是"存在"与"非存在"不分，或者更确切地说，在"神话"思维方式中，没有"非存在"（μηὄν）的观念①。一切都带有感性存在的特点，符号的世界就是真实的世界，这也可以说是人类初创时期的一个普遍的特点，思维的东西、模仿的东西都有直接的现实性，思维与存在的转化虽然事实上需要实际的中间环节，即使到嘴的食物，也还需要咀嚼吞咽，但却被认为不需要任何中间环节。按其实质来说，可以看作是在人类初创阶段，思维与存在的分化处于原始的阶段，感性存在对抽象思维的统治和笼罩是到处可见的一种状态。这种状态，可以看作对符号的迷信，也可以看作是感性存在或思维形式的滥用。

在这个阶段，一切符号都是直接的存在，都有实体性（substance body）。事物的"意象"（image）就是事物本身，事物的名字（name）也是事物本身，"名"、"实"不仅相符，而且相合。人的名字，与人本身的人格（personality）是不可分的，像歌德说的，名字不是外套，而是人的皮。② 在神话思维方式中，绝无"名存实亡"的地位，在原始人看来，不但名随实亡，而且实随名亡，因而这种思维方式，正是一切原始魔术和祭祀仪式的思想根源。在卡西尔看来，原始人的祭祀仪式，最初并非模仿活动，而是一种真实的实际活动，舞蹈者不是模仿神，他就"是"神③。同样，魔术中的诅咒、伤害仇人的影像等，都可以用这种理论得到解释。

从这个角度看，卡西尔认为在古代哲学中，真正脱离神话方式的是巴门尼

---

① 卡西尔：《符号形式的哲学》，第2卷，英译，第63页。
② 同上书，第40—41页。
③ 同上书，第39页。

德，因为他首先严格划分了"存在"和"非存在"的区别，这一点当然是很具特色的，因为一般史家都认为巴门尼德的问题是针对赫拉克利特所发，是从"变"与"不变"的对立着眼。但无论如何，古代希腊哲学去古未远，巴门尼德从理论上概括哲学、科学思维方式从神话思维方式脱离出来的意义，当然也是不可抹煞的。

思维与存在的不分，实际上是主体与客体的不分，这种含混的统一的意识，不仅影响了人们对主体的认识，也影响了人们对客体的认识。这种影响，不仅仅在于万有灵论、物活论和动物崇拜图腾式的"物亦即我"、"我即是物"式的"天人合一"思想，而且分别对主体、客体的认识带来特点。

卡西尔用了很大的力气研究了神话方式对客体把握的特点，因为在这方面，他可以依据康德《纯粹理性批判》分析篇中提供的框架，研究各直观和范畴形式在神话形式中的特点，他的主要问题集中于空间、时间和因果关系上。

作为一种符号形式，神话思维中当然已经有了空间、时间和因果联系的种种观念，但是因为这种思维处于一种朦胧的感性阶段，因而有不同于后来科学思维的特点。例如，就空间部位而言，在神话思维中，部分和整体往往是不分的，"一滴水见大千世界"，在神话中并无"比喻"的意味，而是实实在在的，不是"寓意"而是"现实"，即一点水真的就"是"大千世界，原始魔法中，以摧毁仇人的头发、指甲来摧毁整个肉体的做法比比皆是①。这就是说，神话思维中的空间部位观念是不固定的、含混的。与此相应，在时间问题上，也同样如此。

卡西尔认为，"时间"观念比"空间"观念更为复杂，发展得更慢，因而常借助空间观念来作说明。原始人中已经有"过去"、"现在"、"未来"的观念，但这种区别常常是混乱的，他们认为"过去"的"祖先"和"神"，"现在"也还是"存在"于某个地方，而"未来"也常在"现在""存在"许多"征兆"。

按照康德的理论，时间的序列性，已有因果的联系在内，因而原始人重视"过去"和"未来"本身就含有因果观念在内，而这在神话思维中，表现为

---

① 因而卡西尔认为，泰利斯以"水"为万物之"始基"，是一种"半神话的思维方式"（《符号形式的哲学》，第2卷，英译，第50页），也是富有启发性的。

"命运"。

卡西尔指出，起源（origin）问题是为原始民族普遍重视的问题，在希腊为"ἀρχή"。这是后来哲学意识在原始神话方式中的萌芽，原始人之所以重视它，是因为它决定着"现在"和"未来"。所以卡西尔说，比较而言，原始神话思维更加重视"过去"和"未来"。[①]

在因果联系问题上，神话思维方式还有一个特点就是对这关系的滥用与夸大，即不仅时间序列中有因果，而且在"同时"与"并列"中也有因果[②]，这样，在实际上就把因果的必然性与偶然性混同了起来，形成一种"命运"观。这就是说，神话思维方式把任何变化都和整个的因果联系的必然性联系起来，因而任何细小的偶然性，对原始人来说都可能具有整体的严重性。按照卡西尔的意见，这种观念在理论上被打破，也是从古希腊的巴门尼德开始的。[③] 巴门尼德以逻辑上的无时间的必然性，揭示了时间变幻的虚妄性，从而使命运（Δίκη）转化为"必然"（'Ανάγκη）。[④]

与康德的认识论相比，卡西尔更加突出了对"数"（number）的研究，把它标出与空间、时间并列。在卡西尔哲学中，"数"并不等于一般的计量（measure），而是相当独立的观念。"数"就本身言已是相当抽象的观念，它反映了事物之间的量的关系，而不仅仅是单纯的感觉；但在原始神话思维中，"数"不仅与直觉观念有关，而且与实体不可分。一方面，"数"本身可以有实体性，可以具有其他实体所具有的特性，甚至可以有关于人事的吉凶，[⑤]这是一切原始卜算的思想根源；另一方面，数与实体不可分的联系还表现在：具有相同数目的不同实体，可以被认为是同一种实体，卡西尔说：

> 在感觉表象上不同的事物，由于有同样的数目，在神话方式上说，就是"相同的"：是同一本质，只是穿了不同的外衣，隐藏于不同的形式

---

① 卡西尔：《符号形式的哲学》，第2卷，英译，第127页。
② 同上书，第45、48页。
③ 同上书，第129—130页。
④ 同上。
⑤ 这种现象，有一种解释为：古代曾以字母记数，某些数字的字母拼出后代表一种意义，以辨吉凶（参阅阿西莫夫：《数的趣谈》，中译，上海科学技术出版社，1980年，第6—8页）。

之中。①

饶有兴味的是：在我们考祭神话方式中空间、时间、数和因果关系等观念上的基本特点以后，我们发现，这些特点与我们在"梦"中所体验到的各种关系的特点大体上是相同的，也许可以说，"神话"的逻辑与"梦"的逻辑，有一种理论上的相似性，这对于沟通两门学科（历史、社会学和心理学）是有益的，而事实上，正如卡西尔说的，在神话思维方式中，的确也没有"醒"与"梦"的区别②。

神话思维方式对人的主体的认识则是更为原始的，尚缺乏后来的那种物我分化的自我意识。卡西尔说，一般流行观念认为神话重视人的"灵魂"及"我"，事实上，"灵魂"与肉体是不可分离的，"我"与"他人"也是同一的③，因为"他人"也是"物"，因而是物我同一的。④"灵魂"作为一种"精细"之"实体"的观念，在古代希腊哲学中，直到苏格拉底才最后打破⑤。

在这种思维方式之下，卡西尔指出，人们对于神话传说的观念和对于历史的观念是没有区别的，他说，"印度、希腊等民族的全部历史都表现在他们的诸神中。"⑥我们知道，在古代原始神话传说中，"神"和"人"是完全可以沟通的，因为任何"东西"都是"存在"，因而"神"也和"人"一样有肉身的存在，和人一样有七情六欲。他们住在某一个地方，通常都在天上或地下，或者在高山上，和世人只有空间、时间上的某种"距离"，因为他们比人活得更长些，他们有时也会"死"掉，像人一样，但常常可以"复生"。不仅如此，原始民族常常真诚地相信即使是"人""死"了也会继续以某种方式"活"着，因为在神话思维方式中，"生"（"活"）、"死"的界限仍然是不明确的，"死"同样是一种"存在"方式。正是从这个基点上，后来发展为各民族不同的宗教观念：中国的祖先崇拜，埃及的死而复生，希腊的"神"、"英雄"、"人"三级

---

① 卡西尔：《符号形式的哲学》，第 2 卷，英译，第 142 页。
② 同上书，第 38 页。
③ 也许在原始社会是以"族"而不是以"个人"为单位，因而一个人有罪过，同族人都得受罚。
④ 卡西尔：《符号形式的哲学》，第 2 卷，英译，第 155—156 页。
⑤ 参阅拙著：《苏格拉底及其哲学思想》，人民出版社，1986 年。
⑥ 卡西尔：《符号形式的哲学》，第 2 卷，英译，第 5 页。

观念等等。

事实上，在原始神话式的观念中，凡"过去"的（死了的）人都是"神"，他们离开了这个地方，到另一个地方去继续存在（活着），在这方面，卡西尔同意斯宾塞的意见，认为中国早期的祖先崇拜表现得最为典型[1]，因而在这个意义下，"神话"自然就是历史[2]。在这里应该指出的一个不无兴趣的事实是：古代希腊荷马关于特洛伊战争的传说，居然在19世纪为考古挖掘所证实，长期被人们认为古代文学作品的史诗，成了具有历史文献意义的作品，而荷马著作中所反映的历史事件，则构成了史家称作"荷马时期"的一个历史阶段。

这里还需要说明的是：卡西尔所谓"神话"，并不是后来的"宗教"，"宗教"是意识形态性的、思想性的，而"神话"则是实际性的，"神话"与"宗教"的分化是后来的事。宗教与神话的最根本的区别在于神话的世界是真实的，宗教的世界是虚构的。卡西尔说：

> 在神话世界观逐渐发展过程中，开始了新的分化，正是这种分化，促成了具有独特性的宗教意识的产生。[3]

宗教观念，是一种单纯信仰的观念，它虽然实际上离不开经验，但它的目的是要构造一个超经验的世界（天国），在严格的宗教观念中，"神"与"人"的区别是很分明的，而真正的宗教仪式，也就失去当下直接现实性的特点。

不仅宗教，艺术更是从神话方式发展出来并始终保持这种方式某些重要特点的一种文化形式。然而艺术与原始神话思维方式仍有一个最本质的区别：神话是实际的世界，艺术则是意象的世界，前者是"实"的，后者是"虚"的，前者是"原型"，后者为"模仿"。[4]

2. 卡西尔的语言哲学

关于卡西尔的语言哲学，我们首先应该明确的是：卡西尔并不把语言当作

---

[1] 卡西尔：《符号形式的哲学》，第2卷，英译，第176页。
[2] 中国由于早期这种典型的祖先崇拜观念，导致后来历史意识的早熟，中国古代对历史学的贡献，与古代希腊的哲学成就相辉映。
[3] 卡西尔：《符号形式的哲学》，第2卷，英译，第238—239页。
[4] 关于这方面的联系与区别，参阅拙著：《古代希腊的艺术观念和艺术精神》，《外国美学》，第2期，商务印书馆，1986年。

人类最基本的特有的能力，而是把它和"神话"、"科学"并列起来考察一个文化现象，一个符号形式。当然，在卡西尔的哲学体系中，语言问题占有重要的地位，在他的心目中，并没有怀疑语言作为人类特殊能力的核心作用，也不否认"语言"可以贯串、渗透于"神话"和"科学"这两种符号形式之中。我们在这里想指出的只是：要理解卡西尔的语言哲学，必须首先明确语言是一种独立的符号形式，它和"神话"、"科学"一样，也有自己的"世界"，即日常语言的世界，它既不同于"神话"，也不同于"科学"。

不过，也许我们可以这样来理解"语言"在卡西尔符号哲学中的地位：语言是人类从"神话"思维方式到"科学"思维方式的过渡环节，即"神话"是"前语言"的符号，语言是"前科学"的符号。在三种基本符号形式中，"神话"符号最富感性色彩，最具体；"科学"则是概念系统，最抽象；"语言"则得乎其中而兼有二者之特点。

语言离不开声音，就物质材料言，语言所创造的是一个声音的世界，但这个声音的世界，又是一种符号系统，是充满了"意义"的，控制人声来表达意义，这就是语言的基本特点，所以卡西尔把"语言"叫做"语音的符号"（phonetic symbol），他说：

> 把语言定义为语音符号系统似乎就很足够了——艺术和神话的世界是完全由我们面对的特殊的、可感觉的形式组成的。①

而"科学"则是由不可感的"概念"系统组成的。比起"神话"方式来说，"语言"在抽象化、普遍化的道路上又跨出了一步，但比起"科学"思维来，则尚有许多为感性（语音）所束缚的地方。所以，从这个意义上说，"语言"又是从感性到理性的过渡环节，卡西尔说："语言是人类精神的基本工具之一，通过它我们从单纯感性的世界进入直觉和观念的世界。"②

为了展开对语言的研究，卡西尔首先相当详细地叙述了语言哲学的发展历史，这是关于这个题目我们知道的从古代希腊直到卡西尔时代的最概括、最全

---

① 卡西尔：《符号形式的哲学》，第1卷，英译，第86页。
② 同上书，第87—88页。

面的历史大纲。他指出,早在古代希腊赫拉克利特的"逻各斯"中,就有语言哲学思考。赫拉克利特的"逻各斯"一方面尚有神话的残余印记,但另方面已经有普遍规则的意义,是一种"正当",一种"尺度"(measure)①,此后并涉及古代智者苏格拉底、柏拉图及亚里士多德②。

　　近代关于语言哲学的研究,则从英国培根经验主义开始,下迄霍布斯、洛克、巴克莱,卡西尔认为,这一系统的贡献在于把"现实性"的问题转化为语言问题,从感觉主义立场引向符号论。与此相应的,在法国有启蒙主义者贡弟亚克、狄德罗等,而与此相对的则有所谓"语言"起源的"情绪表达"说,如维科、赫尔德等。这一派的意见认为,语言是反思的工具,但不是反思的产物。人类之所以有语言能力是一种不自觉的产物,是自然的过程,所以维科、赫尔德、谢林诸家都将语言之起源从"反思的形式"推向"机体的形式"。从这里,卡西尔过渡到介绍他深受影响的洪堡特。他指出,洪堡特认为语言不是一种(有意识的)"作品"(ergon),而是一种(无意识的)"活动"(erergia),因而语言的规律不是历史的,而是自然,即语音的规律(phonetic laws)。我们看到,洪堡特这一基本立场,卡西尔是完全接受了的。不仅如此,卡西尔并将这种立场扩展开去,包括了整个的符号形式,都被看作是一种必然的产物,而不是自由的产物。如果用现代的语言说,符号这种形式的"游戏"(games),不仅其规则是必然的,而且这些"游戏"之所以产生,就人类而言,也是自然的、必然的,不是"约定俗成"的。这就是卡西尔关于"语言"(以及其他符号形式)起源的基本看法。为了进一步说明这种"语音规律"的自然性,卡西尔还继续介绍了冯特·赫尔姆霍茨、沃斯勒等人从物理和心理两方面对"语言"现象的研究,然后进入陈述自己的意见。

　　卡西尔首先认为,"语言"是一种"表达"(expression),人要把情绪(emotion)表达出来,这是自然赋予人类的天然禀赋。这个思想,本是马堡新康德学派柯亨的思想,同时也是意大利唯心直觉主义者克罗齐的主要学说。据卡西尔的介绍,柯亨在《纯粹情感的美学》中首先提出"活动的先在性"

---

① 卡西尔:《符号形式的哲学》,第1卷,英译,第119页。卡西尔把赫拉克利特的"逻各斯"理解为"尺度",与拙著《前苏格拉底哲学研究》中的看法相合(见该书,三联书店,1982年,第103页)。
② 应该说,卡西尔的这部分论述,在学术上也有许多欠缺的地方,许多明显的材料(如智者学派关于语言本质的著名残篇)并未涉及。

(primacy of movement),而克罗齐以"直觉"即"表现"为核心直接与"语言"结合起来,构成他的哲学体系的一个重要部分,则更是影响很大的一个学派。卡西尔在概括这一理论的基本思想时说:"情绪及其表现(或表达),内在的积郁及其发泄,二者是同一个活动,在时间上是不能分的。"①

在"语言作为表达活动"这一前提下,卡西尔把它进一步分为"记号语言"(sign language)和"声音语言"(sound language),前者为初级阶段,后者是前者的发展。

在"记号语言"中,又可以分为两种形式:直指式的或指示式的(indicative)和模仿式的(imitative)。在解释"指示式语言"时,卡西尔引用冯特的一个例子。冯特指出,"直指"的动作,是由儿童抓远处之物(而不及)发展而来的。

卡西尔说,"指示"远处之物,是人的天性(天赋)之一,动物可以抓物,但却绝无指物的事,"动物决没有从抓物活动到直指的姿势这样一个转化过程"②,这样一种机能上的事实,卡西尔认为正体现了一种普遍的精神活动的因素。

指示式语言尚有明显的直接的目的性,由这一活动进一步发展为"指示性语言"(demonstration der Beweis),于是"指"(indication)、"示"(showing)、"说"(speaking)三者就有一种密不可分的内部的联系。"指"和"示"都已经蕴含了"说"的意味在内。卡西尔说:

> 在印欧语系中,大部分"说"的动词都来源于"示"(showing)的动词:(拉丁文)dicere(说)的语根源于希腊文 $\delta\varepsilon i\kappa\nu\nu\mu\iota$(示)……③

至于"模仿性的语言"则是向"再现"(representation)功能过渡的,即把世界的表象再现出来;但就其本源说,"模仿"同样和"表达"不可分,"模

---

① 卡西尔:《符号形式的哲学》,第1卷,英译,第179页。
② 同上书,第181页。
③ 同上书,第182页。这里顺便谈到,卡西尔在这里的看法和后来维特根斯坦的看法是不同的。维特根斯坦说凡不可说的,必须保持沉默,但又说,不可言说者,可以"指(显)示"(to show, zu zeigen)。

仿"活动本身就是一种"表达"活动,因此它与"记号性语言"本是同源的①。

但是,无论如何,"模仿性语言"在内容上是再现的,是对世界的描述(describe),这种语言通过"类比"(analogical),达到符号的阶段②。

说明了语言的基本哲学特点后,卡西尔进而论述语言是怎样"构建"自己的世界的。这一部分的工作,是从语言符号的角度,重新研讨康德知识论所提的一系列问题。康德哲学的知识论是要研究时、空以及知性的诸范畴是如何构建一个经验的自然现象界的,卡西尔的问题则是人如何运用语言符号来构建这个世界。

首先是语言符号与空间关系的内在联系。在这里,卡西尔认为,空间方位的观念首先还是以人的身体为标准,"'内'、'外','前'、'后','上'、'下'都是与自己身体的特殊部位相联系的",因此,在一些原始民族的语言中,身体某些部位的名称可以作方位讲。③ 逻辑方位和语言的方位是以感觉的方位为基础之④。这种方位观念,首先意味着"我"与周围的环境已有了相当的分离,"我"、"你"、"他"的人称代名与地点状语"这里"、"那里"(近称)、"那里"(远称)(hic, iste, ille＝meus, tuus, eius)之间有一种对应的关系,这些语言学家的研究成果,都被卡西尔纳入了自己的哲学体系⑤。

至于语言符号中体现出来的时间观念则是一个更为复杂的问题,就意识的发展过程言,时间观念要晚于空间观念。卡西尔认为,由语言符号反映出来的早期时间观念是一种"质"(quality)的关系,而不是"量"(quantity),最初以"现时"为分界,作"现时"(now)与"非现时"(not-now)的二分法,并无"过去"、"现在"、"未来"的三分观念。由"现时"与"非现时"进而为"完成"(completed)与"未完成"(incompleted)的二分,事实上仍只是"有"与"无"的区分。这就是说,在原始语言中,时间观念与事物的观念是不可分的,在儿童的语言中,"今天"和"明天"也是当作"事"来说的⑥。也许,我

---

① 波兰美学家塔塔尔凯维奇主张"模仿"为"表现"说,参阅前引拙作《古代希腊的艺术观念和艺术精神》中对此说之评论。
② 卡西尔:《符号形式的哲学》,第1卷,英译,第190页。
③ 同上书,第207页。
④ 同上书,第209—210页。
⑤ 同上书,第213页。
⑥ 同上书,第218—220页。

们这里可以补充一句，原始语言比原始神话进步的地方，正在于出现了"有"（存在、现时、完成）与"无"（非存在、非现时、未完成）的区别。

把"数"（number）与空间、时间分开来考虑是卡西尔不同于康德的地方。卡西尔引用数学家狄德坎德的意见，认为不是时空直觉使数成为可能，而是"数"的观念使时空直觉更加清晰，因此，卡西尔认为"数"的观念是时空直觉的进一步发展，是直觉世界的最后一个环节①。

卡西尔指出，"数"的观念和空间直觉一样，都起源于人的身体②，而且最初的"数"也和时空一样，是一种"质"的观念，因而是和事物的"类"观念，而不是和"个体"观念相联系的，因而有的原始语言中，对同样数目的不同种类的事物，有不同的语词③，据卡西尔介绍，美洲印第安人对人、兽、鱼等，甚至非或是，都有不同的数群语言来说明④。这就是说，在语言符号的初期，"数"是与"事"不可分的，随着思维能力的发展，数的观念的抽象化，是"科学"的影响，而在日常的、普通的语言符号系统中，"数"的观念仍然执着地常与具体事物的实体相联系，这也许影响到不同事物的度量单位（如"条"、"块"、"a piece of"、"a cake of"等），虽然在卡西尔看来，"数"与度量单位是不可混同的。

对于"主体"（"我"）的语言，最初是作为一类"客体"相对独立地发展起来的，因为在语言中，无论"主体"还是"客体"，都是"存在"。"主体"也要被"客体化"（objectification），才能被语言描述（表达）出来。这样，在原始的语言中，"我"是与人自己的身体和肢体的名称相联系的，据卡西尔说，吠陀梵语中，有时用"灵魂"（ātmàn），有时又用"身体"（tanu）来指"我"。⑤

卡西尔认为，在日常语言中，"我"是很具体的，并没有达到哲学上高度抽象的地步，"我"并不像康德以来的哲学家所说的那样与客体绝对对立，是一种绝对的自我统一体，而只是客体的一个种类，这种特点，表现在早期语言

---

① 卡西尔:《符号形式的哲学》，第1卷，英译，第226—227页。
② 同上书，第229页。
③ 同上书，第233—234页。
④ 同上书，第234页。卡西尔说到有不少语言缺乏名词"单数"、"复数"之分，认为要有不同之词来说明同种而不同数之物（第235页），事实上不分名词单复数之语言，如汉语，正是将"数词"与"实词"截然分开之好典型。
⑤ 同上书，第251—252页。

中以"所有代名词"（possessive pronoun）代替"人称代词"（personal pronoun）的倾向，"我走"（I go）就意味着"我的走"（my going）①，而且以不同的词来表达不同的所有关系，如"有手"和"有小孩"有不同的表达方式②，说明在语言中"我"的观念是很具体的。

毫无疑问，语言符号是一种抽象，它的语词都蕴含着抽象的概念（concept），而它的语法当然体现了抽象概念之间的逻辑关系。但是，我们前面说过，在卡西尔看来，语言的基本规则是语音的规则，因而语词和概念、语法与逻辑之间是有一段距离的，所以，在表达抽象的概念关系，即"思想"方面，语言有自己的特点。在研究这些特点时，卡西尔心目中要解决的问题，则由康德的"先验感性"篇，进入"先验逻辑"篇。

首先是语词（字，word）与概念的关系，卡西尔引用新康德主义者洛宰（Lotze）的看法，认为造字早于概念之形成。这一点，从上面卡西尔对于语言的基本观点来看，也是不难理解的，因为既然语言最初突出了"指示"和"模仿"的意义，与具体所指对象不可分，则当然还未达到抽象概念的层次。当然，语言并非所指对象的复印品（copy），而语音与对象之意象之间并无联系，因而它是一种"表达"，但这种表达并不纯是"意义"的体现，而必须遵守语音的自然规则。所以语言按本质来说，是一种实际的"活动"，而并不是单纯的"思想"。

然而，"语言"比"神话"毕竟进了一步，"字"与"句"有了不可分割的联系，即通过"字"与"字"之间的语法关系，更进一步接近了思想的逻辑结构，而不像"神话"的"意象"之间的联系那样任意。卡西尔认为，语言的特点之一是语词不仅必须与句子结合，而且必须存在于句子之中，因而在语言符号中，"全体"是先于"部分"的。③

在语言的语法结构上，卡西尔也指出一系列的特点。如他认为，早期的语言系统，大都不用联词，是一种"罗列"（parataxis）语言，这可以验之于儿

---

① 卡西尔：《符号形式的哲学》，第1卷，英译，第260页。
② 同上书，第263—264页。
③ 同上书，第303—304页。卡西尔说，有些"孤立语系"（isolating language），主要是汉语，以词为单位不是最初之状态，而是后来的发展（第305页），事实上，汉语早期"字"、"句"相合，可以一字一句，似并不与上述理论相矛盾。

童的初期语言现象①。同时，对于"系词"（copula）的看法，向来是与哲学有相当的关系的。卡西尔认为，早期语言中的"系词"仍具有明显的"存在"的意思，他说："语言在开始的时候是和实体客观存在的直觉完全结合在一起的，所以'是'（being）作为关系的纯粹超经验的表达是后来经过许多中间环节才达到的。"② 从"X 是 Y"到费希特的纯系词的同语反复（A＝A）经过了无数的中间环节，才达到那样高度的抽象。

从以上所说可以看出，"语言"在卡西尔那里是一种符号形式，而并不是基本的符号形式。"神话"并不是"语言"的初级阶段，"科学"也不是"语言"的发展，因而，从整个来说，卡西尔的符号哲学体系虽然蕴含了"神话"、"语言"、"科学"之间的过渡的思想，对三者作了比较的研究，但对三者的内在的联系，并无清楚的说明。这种基本的哲学上的缺点，使得卡西尔的语言哲学过于偏重于对原始语言现象作专门的、历史的分析，而对语法逻辑结构的分析，显得过于薄弱，与他的整个哲学思想一样，他的语言哲学为后来的解释学派、文学批评家所重新重视，但常不为分析的语言哲学家所道及。

3. 科学作为概念之符号

以科学概念（范畴）来把握世界是卡西尔符号哲学的最后一个部分，它是"神话"和语言之后的一个最高层次的符号系统。

"科学"问题在西方哲学传统中的核心地位是非常明显的。古代希腊苏格拉底、柏拉图学派以求概念系统的"真知识"来区别智者们的"假知识"，第一次把主体的能动性（"自我"）提到哲学家面前。近代哲学的苏格拉底——康德在新的形态下发展了主体能动性的概念，以先验哲学为科学之必然性辩护，使科学之宫殿不至因经验主义之怀疑主义而崩溃，同时也不至为理性主义之空洞体系而徒具躯壳。

卡西尔以"符号"更进一步具体化康德之先验哲学，在"神话"、"语言"两大系统中已经体现了自己连接客体与主体的特殊功能，并在抽象的层次上不断前进、提高。在"神话"的世界，思想受感性存在的束缚，在日常"语言"

---

① 卡西尔：《符号形式的哲学》，第1卷，英译，第310页。
② 同上书，第314页。

的世界,思想受语言自然规律的束缚,而在"科学"的世界中,"符号"则具有一种"纯意义"的形式,因此,只有在这个领域,"存在"与"意义"、"存在"与"真理"达到高度的统一,"真理"已不是"现实"(真实)的某种表现方式或某种相应物,而就是"现实"出身①,因而,"知识"问题,归根结蒂是一个科学真理问题。

科学真理以概念体系的形式存在,但并不是一组空洞的逻辑公式,科学的问题仍然离不开康德所提出的"先天综合判断如何可能"这一基本问题,即在科学体系中,理性如何体现把感觉提供的材料与理性的形式结合起来的能力,正如卡西尔自己说的:

> 自由如何与必然相合,纯内在的思想的自我决定如何与客观的价值相合:这是康德理性的批判的全部核心问题。②

这就是说,表面上"任意的"(自由的)和私人的(private)、内在的思想活动怎样转化为必然的、公众的(public)和外在的科学知识这一问题,在符号哲学的最后部分表现得更为突出。

任何知识都需要以感性、感觉材料为基础,这是近代从培根以来的不可颠扑的信念,但这一经验主义的经验表明,恪守这一前提,却走向一个相反的结论,即我们的一切科学知识问题,归根结蒂,不过是"记号"(signs)问题,一切科学概念都是感觉的记号,于是一切"物理学"问题,都可以归结为"心理学"问题,我们知道,这是从巴克莱到马赫、阿分那留斯等人的思想路线。卡西尔认为,这是对科学的一种"幻觉"③,而他本人是要按照康德先验哲学的路线,坚持"记号"(signs)后面的实体(bodies)的,因而不承认自己是"经验主义",而只承认为"现象学"④。

卡西尔这种"现象学",首先表现在对"感觉"(或"知觉",perception)的分析,与马赫等人持有不同的立场。卡西尔并不否认对"感觉"作心理学研

---

① 卡西尔:《符号形式的哲学》,第3卷,英译,第2页。
② 同上书,第5页。
③ 同上书,第29页。
④ 同上书,第30页。

究的可能性和必要性，但认为这种研究是不同于哲学认识论的，因而不能代替后者。①

从这里，卡西尔把他在研究"神话"和"语言"时所运用之方法，引入对"科学"的"研究"。他首先指出，在科学和知识体系中，"知觉"并不纯然是被动的，而是和在"神话"和"语言"中一样，首先是一种"表达"的要求，然后逐渐增加"再现"的因素，这两种因素的结合，形成作为知识对象的"空间"、"时间"以及"事物"和"属性"的观念。在这里，较富有特色的是卡西尔利用了一种叫"失语病"（aphasia）的医学材料，说明人如果在机能上发生"运用符号的障碍"（"语言障碍"，或理解障碍〈agnostic〉，或言说障碍〈apractic〉），对感觉世界的反映，就有许多失常的地方，如在有些病例中，病人虽非色盲（即感觉器官并无问题），但区别颜色的办法却相当原始②。这些病例，从反面说明了人对世界的感觉，已经有了某种"结构"，而并非单纯地被动接受。这就是说，符号的作用，不仅渗透于思想中，而且也渗透于感觉中③。

于是我们看到，在感觉问题上，卡西尔很重视所谓"（先天）统觉"（apperception）的作用，并以勃兰塔诺（Brentano）以及胡塞尔（虽然在某些方面卡西尔反对胡塞尔）的"意向性"（intentionality）来加强康德的"统觉"式的"综合"。④

由知识的感觉论进入概念论，卡西尔首先强调了概念与对象的关系，即发挥了康德的先验逻辑思想。概念当然是思想创造、建立的，是思想的能动性的表现，但却与客观的对象有一种内在的联系，因而就认识论言，逻辑不能没有内容，不能不涉及"真理"。与康德一样，卡西尔认为，所谓"逻辑学"就应是"知识学"。这是卡西尔知识论的基本立场。

"科学"作为一种高级的知识体系和"神话"的符号体系当然是对立的，站在科学知识的立场来看"神话"，觉得只是幻想的产物，虽然在实际上，如前所说，神话也是一个现实的世界，但却不是真理的世界。"科学"和"神话"形成

---

① 卡西尔：《符号形式的哲学》，第3卷，英译，第58页。
② 同上书，第224页。
③ 同上书，第207页。
④ 同上书，第196—199页。

了人类符号系统的两极。然而,"科学"与"语言"的关系则是非常密切的,卡西尔甚至说,这两者之间始终有一种"秘密的联结"①,指出科学概念的形成与语词的形成过程是一致的,前者是后者进一步抽象化、思想化(ideation)的结果,"语言止于命名(denomination),而科学则要求定义(definition)"②。所以,卡西尔十分强调地指出,"科学"与"语言"是"同种"的,即并没有原则上的区别:

> 虽然科学概念会超出语言概念之上,但它们之间的转换,并不是从一"种"变为另一"种"($\mu\varepsilon\tau\acute{\alpha}\beta\alpha\sigma\iota\varsigma\ \varepsilon\iota\varsigma\ \mathring{\alpha}\lambda\lambda o\ \gamma\grave{\varepsilon}\nu o\varsigma$)。③

严格意义上的"科学知识"以数字和广义的物理学组成,它们是在"数"与"空间"、"时间"直观形式观念基础上组成的概念体系。在这里,卡西尔从自己的哲学立场,讨论了数学和物理学中相当专门的问题。

在数学方面,卡西尔首先讨论了现代数学理论中形式主义与直觉主义的对立,并企图以康德主义立场来调和这种对立。卡西尔认为,现代数学理论的路子早已离开康德而更接近休谟或莱布尼兹,在他看来,直觉主义者布鲁威尔(Brouwer)固然被指责为把一切知识归结为"算术"(arithmatic)的唯心主义,弗莱格和罗素的理论则也不免落入经院主义现实主义即新(奥康的)唯名主义④。

为了解决这个矛盾,卡西尔进一步发挥了他的"符号"的功能性的学说,他认为,"数学"(涉及数的演算公式)与"物理学"(涉及感性之世界)的区别,不是"事"(things)的区别,而是"功能"(function)的区别,这就是说,"数学"和"物理学"所涉之"事",并无区别,即二者都既要有感觉基础,也要有理性之抽象,而在"功能"上却各不相同。"逻辑的世界、数学的世界和经验对象的世界:因为它们都植根于纯粹关系形式的同一个原始的基层,所以都有一个共同的基础。"⑤ 归根结蒂,在卡西尔看来,"我们只有退回到'直觉',才能掌握'意义',同样,只有通过'意义','直觉'才能为我们

---

① 卡西尔:《符号形式的哲学》,第3卷,英译,第329页。
② 同上书,第17页。
③ 同上书,第334页。
④ 同上书,第378页。
⑤ 同上书,第384页。

提供出来。如果我们坚持这一点,我们知识中的符号因素就不再会有分裂为'内在的'(immanent)和'超验的'(transcendent)之危险。"①

至于在"物理学"领域中,卡西尔则进一步从符号论的立场发挥了康德的范畴论思想,并以此考察各种物理学理论。

物理学当然是以经验世界为对象的,因而离不开对象的感觉。如我们前面说过,在科学知识中,"知觉"对卡西尔说来仍是一种"综合",带有"意向性"。在物理学中,卡西尔以勃兰塔诺的"间接的知觉"(indirect perception)为基础,认为"红"、"蓝"等颜色之感觉不再(像语言中那样)只是个别颜色经验的名称,而是表示一种确定的颜色范畴②。从这种观点推广开去,物理学中的"物体"(body)和"事件"(event)并不表示"存在",而只表示"秩序"(order)和"规律"(law)③,因而是一些结构性、功能性范畴。

卡西尔认为,他的这种"科学观",就和当时流行的实证主义完全不同,因为实证主义认为物理学只是要描述(describe)物理过程,而符号哲学则要进一步讨论描述的手段——符号的问题。

于是,问题又回到了康德哲学的基本立场:知识结构中的"两极"(polarity)问题。"符号"并不在真正的意义上消除知识中的两极,而是连结它们,卡西尔说:

> 如果我们不是把对立的因素联系起来,而是要把一个归结为另一个,则这种两极就被破坏了。经验主义把概念结构解体为给定的(感觉材料),理性主义则相反,把任何感觉材料都归结为其概念的规定形式,它们都破坏了这个两极。④

在卡西尔看来,所谓"符号"(symbol),既不是感觉的记号(sign),也不是完全没有内容的概念,而是联结感觉与概念的中间环节。在最低级的符号("神话")中固然有概念的、普遍的、抽象的因素,在最高级的符号("科

---

① 卡西尔:《符号形式的哲学》,第3卷,英译,第385页。
② 同上书,第426—427页。
③ 同上书,第429—430页。
④ 同上书,第414页。

学"）中也同样要蕴含着感觉材料的内容。

这样，从符号哲学的观点来看，我们人类的整个经验，由"神话"、"语言"和"科学"三种符号系统构成，三者之间有一个历史过程，也有一个逻辑过程，这样一个发展过程，又构成完整的符号"现象学"体系。

四、哲学与文化之批判

前面已经说过，康德的"批判哲学"其具体含义是在于审核理性各种功能的界限，发挥理性正当的、合法的权益，防止"僭越"或"滥用"，其主要矛头是针对传统的形而上学的，因而在知识论领域内，康德是与理论上的现象学相容。然而康德哲学为本体留下了余地，把它变成了理性的单纯的一种"悬设"，在知识范围里只有消极作用，而只有在"实践"中才起着一种不可知的"第一因"的作用。因而，我们说，从理论上来看，康德是否定形而上学的，因为形而上学是一个关于"第一性原则"即"本体"的知识体系，这样的学问正是康德所谓的理性的"僭妄"。

卡西尔的哲学，与康德相比，是一种历史的现象学，而不是严格意义上的"批判哲学"。"第一性"问题，"本源"问题不仅在知识领域里，而且在实践领域里被完全取消了。这就是说，在卡西尔的现象学看来，并没有什么涉及"第一性原理"的"实践哲学"，一切哲学都是理论性的，因而同样是人类的经验和知识，"第一性原则"最后从"不可知"的"悬设"领域也给赶了出去，因而从这个意义说，"哲学"就又从康德知识论中消极防范的"批判"作用，回到它发挥积极作用的广阔天地——包罗万象的现象界。"形而上学"不是在理论上被改造、被扬弃，而是在实际上被完全抛弃了。

作为方法论来说，不仅"形而上学"被抛弃，而且"辩证法"也同时被抛弃，因为"本源性问题"、"第一性原则"被抛弃了，解决这个问题的对立的两种方法也必定被抛弃。然而，比较而言，"现象学"从"形而上学"得到的可借鉴之处要多于"辩证法"。"形而上学"是用科学的（知性的）方法去解决一个非科学的问题，但作为一种"总体式的"、"体系式的"抓握方式，为"现象学"提供了方便。这一点在卡西尔哲学中表现得特别典型。

用卡西尔自己的话来说，哲学是"文化的批判"，是对整个人类文化领域作整体的、体系式的把握，而不像康德那样仅仅局限于"科学知识"，这样，卡西尔就把整个人类的活动组织成了一个包罗万象的"大全"，而这个"总体性的"全"，仍然是现象，是可以用科学的方式把握的。这样，哲学在卡西尔心目中与科学就没有什么重大的区别，它们在原则上是完全一致的了。卡西尔说："自然科学对自己特殊领域的掌握与纯粹哲学在方法上是一样的"①，因而"哲学之概念只有当表现在语言和神话中的对世界的观念已经积累大量材料并在原则上被克服以后才能有足够的力量和达到足够纯净的境界"②。

就卡西尔哲学观来看，哲学应是人类思维成熟的一定历史阶段的产物，是人类文化发展的一定历史阶段的表现，这就是说，哲学产生的前提是人类思维成熟到这样的程度，能够对人类整个文化的历史本身进行思考。所谓"文化的批判"，就是文化的反思，对文化的本质的认识。

康德认为，理性只能树立（建立）两个对象，一个是经验的对象，一个是超经验的对象，前者是自然，后者为自由，前者是理论的，后者是实践的；卡西尔则认为理性只能建立一个统一的对象，一切对象都是经验的，因而是历史的③，这种历史性表现在"神话"、"语言"和"科学"三个阶段。

应该说，以历史的观点对现象（经验）作分类的做法是近来哲学后期的一个相当流行的方法。康德同时代人赫尔德用过，康德以后，费希特、谢林、黑格尔用过；这是个系统哲学的方法，是和康德的"批判哲学"在精神上不太相合的。从分类的具体情况来看，卡西尔的分类与实证主义者孔德非常相似，因为孔德把历史分成"人类儿童时期的神学"，"青年时期的形而上学"和"成熟时期的物理学"，初期和后期都是相同的。当然，卡西尔的分期是建立在他的符号哲学基础上的，在历史上，符号由侧重表达（表现）（神话）到侧重再现（语言），最后进入纯意义的科学领域④，而在每一个历史阶段，每一种符号形式的形成过程中，又都有从表现到再现再到抽象概念三个阶段，从而形成不同程度和不同类型的思维的抽象和普遍化。

---

① 卡西尔：《符号形式的哲学》，第3卷，英译，第17页。
② 同上书，第16页。
③ 参阅《大哲学家的基本问题》，现代部分第2卷，第110页。
④ 卡西尔：《符号形式的哲学》，第3卷，英译，第448页。

就哲学体系来说，卡西尔已具有历史的兴趣了[1]，他的现象学体系中关于科学知识这一为西方近代以来所热衷的问题，没有胡塞尔那样详尽而严密的论述，而他关于语言的论述，如前已提到，又过多地执着于历史和社会的材料，没有逻辑实证主义、分析哲学那样强有力的逻辑性，但他关于"神话"的基本论述却对美学、艺术理论和文学理论有较深的影响。他用符号理论来解释原始神话和宗教的原则方法，对当代结构主义文学批评流派的影响是不可否认的[2]。

---

[1] 参阅《大哲学家的基本问题》，现代部分第 2 卷，第 140 页。
[2] 同上。

第二部分　艺术·神话·历史
——卡西尔的《论人》

卡西尔在西方现代思想史上有一个比较特殊的地位，就美学而言，他之所以更为值得重视是因为他有一个能发扬他的思想的女学生苏珊·兰格（Susanne K. Langer）。这位世界少数杰出的女哲学家于1985年7月18日以89岁高龄在纽约逝世，第二天《纽约时报》就发出长篇报导，悼念她的逝世，介绍她的学术成绩，可见她在欧美有相当之影响。兰格的哲学和美学思想基本上是在卡西尔哲学的基础上发展起来的，她所用基本概念大都来自卡西尔，当然是在更为广泛、更为细致的范围内来运用了它们。从60年代以来，我国美学界已有人谈论兰格的美学，近年来文章多了起来①，所以自然地就联系到她的老师卡西尔及其在美国的影响，而这种影响又是离不开他在美国用英文写的《论人》的。

我们已经知道：卡西尔是新康德主义阵营中的佼佼者，他在康德研究方面所做的工作是不可磨灭，也是不可代替的。他的《康德生平和学说》（1916年）一书当然是研究康德哲学必不可少的参考书。在他的体系的三部著作中第一部是讲"语言"，第二部讲"神话"，第三部讲"知识"。在整个体系中，"艺术"似乎不占主要的地位，而与"神话"并列为"感性的符号形式"；当然，

---

① 本书作者写过一篇论兰格美学的文章（《符号哲学与符号美学》），发表在天津出版的《美·艺术·时代》集刊（1986年，天津百花出版社），因与现象学关系较少，本书未收此文，有兴趣的读者，可参阅。

在这个体系中,"艺术"地位也已确定,基本的思想业已形成了。

1941年夏天,卡西尔应邀至美国耶鲁大学作客座教授,这件事虽然发生在他的思想已经成熟、体系已经建立以后,但对他的学术生涯,仍具有重要意义。一方面,他得到扩大自己思想影响的机会,美国的学术界得以通过他进一步了解德国哲学的精神,加强了自身的思辨的训练;另一方面,美国本来的哲学——由美国经验主义派生出来的实用主义思潮向卡西尔袭来,使就德国哲学而言本就更多倾向于经验的卡西尔哲学更加充实了这方面的内容。就是在这种情况下,卡西尔用英文发表了《论人》(An Essay on Man, 1944年)。在这本书出版后不久,1945年4月13日卡西尔死于纽约哥伦比亚大学的教席上。

《论人》一书至今仍是美国大学生喜爱的参考书,而且在学术界保持着相当的权威性。比起他那三大部哲学著作来,《论人》有它无可否认的优点。首先,它篇幅较小,文字清晰,论述平实,适合于不同程度的人阅读等等。但正像该书前言指出的,自从《符号形式的哲学》出版以来,作者"学到了许多新事实,遇到了新问题。即使老问题也已从新的角度来看待因而有了新的心得"[①],我想,这里当然也包括了他到美国以后所接触到的实用主义思潮,因而在《论人》中我们常常可以看到他要把自己的思想体系与杜威的经验主义协调起来所作的努力。

与我们现在的论题有关的是,在《论人》中,卡西尔已将"艺术"作为单独的章节标出,与神话(宗教)、语言、历史和科学并列作为一种符号形式。我们现在的任务就是要通过与神话和历史的比较看卡西尔是如何解释"艺术"作为一种"符号形式"的特点的。

一、"符号"作为解释世界的"形式"

首先应该指出的是,卡西尔《论人》不是专讲"艺术"的,而是全面讨论"人"的文化诸形态的,事实上,《论人》是他的三大卷《符号形式的哲学》的浓缩和发展,因此,我们在讨论这本书的某些特点时,也应对他的思想全貌,

---

[①] 卡西尔:《论人》,耶鲁大学出版社,1972年,第vii页。

有一种复习,因为有些问题,我们在前部分已经讨论过了。

哲学从古代起就有过一次经历:从认识自然回到认识自身。苏格拉底以德尔斐神庙上的格言"认识你自己"为哲学之核心任务,开创了一个新的时代;这个转变,在近代又经历了一次,而近代的苏格拉底就是康德。康德的"哥白尼式的革命"意味着新形式的"认识你自己",即认识理性的功能。这样,康德晚年越来越感到他的哲学的核心问题是:什么是人。这个思想线索,被新康德主义者明朗化了。卡西尔多次强调"认识你自己"的重要性,并认为,在这个意义下,所谓哲学,即是"人类学"。

那末,什么是"人"的本质特点?有一个比较普遍的答案是:人是有理性的动物——这句话是从古希腊"人是会说话的动物"中"Logos"发展成"理性"(rationale)而来。

在现代一些哲学家(包括卡西尔、海德格尔)看来,这个回答不能说错,但很不明确。首先"理性"就是一个相当含混的概念。"什么是理性"?又需要进一步的答案,而这个答案又往往引起分歧。为了进一步规定"理性",卡西尔提出一种"符号形式"说,这就是说,在卡西尔看来,人的特点在于能以符号的形式来"解释"世界,因而在这个意义上,与其说人是有理性的动物,不如说人是使用符号的动物(animal Symbolicum)①。

其实,在我们看来,这个定义以"符号"代替"理性"仍不可避免有进一步的追问:什么是符号?在回答这个问题之前,有一个界限要明确。

卡西尔并不满意康德的二元论,认为就哲学体系来说,应有一个统一的原则,但就问题的基础来说,又必须把感性世界与理性世界区分开来,否则将谈不到任何经验、知识。人一方面是一种动物,属于自然界,另一方面又有一种思想性的功能,即不仅与世界有物质的、感觉的交往,而且有思想性的交往,可以从思想上把握世界。因而我们要严格划分"事实"和"思想"的界限。同时还应该进一步明确,"思想"只是"功能"(function),而不是"实体"(substance),哲学理论上的许多纠缠大都起于二者的混淆。

大概说来,在卡西尔的心目中,"人"是一种特殊的动物,它具有一种别

---

① 卡西尔:《论人》,第 26 页。

的动物所绝对没有的功能——运用"符号"的功能,"符号"不是"事实性的",而是"思想性的"(ideality),因而不是"实体性的",而是"功能性的",由于有了这个特殊功能,"人"才不仅仅是被动地接受世界所给予的影响作出事实上的反应,而且能对世界作出主动的"解释";用包括艺术在内的不同符号形式对世界作出的各种解释,就形成了人类的"文化"(culture)体系。这是卡西尔哲学的一个最基本的思想。

这样,我们进一步就可以看到所谓"符号形式"的规定性。

在《符号形式的哲学》中,卡西尔曾把"符号"理解为由特殊提高到普遍(universal)的形式①。"符号"不是"事实"的"复制品"(copy),而是由"多"到"一",由感觉到思想的升华②。因而"符号"不是"意象"(image)③。在《论人》中,卡西尔进一步指出,他的"符号"不是一般的"标记"(signal 或 sign)。在作这种区别时,卡西尔提到巴甫洛夫所作的著名的狗的第二信号系统的实验。卡西尔认为,铃声作为"食物"的"信号"(signal)不能和人的"符号"(symbol)系统同日而语。"铃声"作为"信号"是物理世界的事实,而人的"符号"则只有功能的价值,前者是事实性的,后者是思想性的,他并根据莫里斯(Ch. Morris)的说法,认为前者是"工作者"(operators),后者是"指谓者"(designators)④。

这些说法并不好懂,但我们如果从理论上作进一步的展开,他的思想就清楚了。这里,我们要提出一个散见于他的著作中但实际是一个很核心的思想:意义(meaning)的问题。卡西尔的"符号"不仅要问"所指"的"对象",如"铃声"与"食物",而且更重要的要问"所谓"的"意义",这两者的关系是不同的。按卡西尔的意思,"所指"("信号"、"标记")既是物理事实的事,那末它与"对象"的关系本质上是一种"事实"的因果相续关系,有了"铃声"作"因",就会有"食物"的"果";但"符号"作为一种"思想性"的媒介,则本质上是一种"意义"的关系。研究因果关系我们有广义的物理学,研究"意义"关系,我们则有广义的"语意学"(semantics,或"意义学"),这

---

① 见卡西尔:《符号形式的哲学》,第1卷,英译,耶鲁大学出版社,1953年,第77—79页。
② 同上书,第100页。
③ 同上书,第50页。
④ 卡西尔:《论人》,第32页,及该页注⑭。

是两门完全不同的学问，涉及两个完全不同的领域。

　　这里，我们要涉及目前颇为流行的概念——"解释学"（或释意学）。所谓"解释学"从狄尔泰以来有许多的派别，但其基本的思想是要与自然科学的方法划一个界限：自然科学问事实之间的因果，而解释学问意义之间的结构。"解释学"这个词虽然古老，但作为科学则是一门新学问。过去休谟曾经区分事实（因果）的联系和思想的关系，前者是"经验的"，后者是"先天的"（a priori），而归根到底，在休谟看来，所谓"先天的"，只是"数学"和"逻辑"的形式分析的规则。康德把"经验的"和"先天的"结合起来，提出一个"先验的"（transcendental），已经为"意义"关系奠定了一个哲学基础，即在物理的和逻辑的之外，尚有一个"先验的"（意义的）领域，这个领域里的问题，既不是事实性的，也不是纯形式性的，而是"意义"性的。现代哲学中从先验论谈解释学的应是胡塞尔的现象学。我们看到，在某些方面卡西尔很接近胡塞尔，只是他的"符号"不是"本质的直观"，不是直接性的生活体验（Erlebnis）。

　　在卡西尔看来，"符号"就是问"意义"，"意义"是"符号"的问题。用"符号"来把握世界，就是"解释"世界的"意义"，就是"释义"。在《论人》中，他发挥苏格拉底、柏拉图"认识你自己"的思想，说道，"人的本性就像一本难读的大书，要哲学来解释它的意义"[①]。引申开来说，包括艺术在内的整个人类文化，从符号哲学的眼光看，与整个物质世界的关系，不是事实的因果关系，而是一种思想性的意义关系，无论艺术、神话、历史、宗教、科学，都像一本本大书（texts），要哲学来解释它们的意义。

二、艺术与神话

　　《符号形式的哲学》第一卷是谈"语言"的，第二卷才谈"神话"，可是按卡西尔的思想体系来说，"神话"是处于整个文化结构的最基层[②]，因而在

[①] 卡西尔：《论人》，第 63 页。
[②] 参阅诺伊曼（K. Neumann）：《卡西尔：符号》，《大哲学家的基本问题》，现代部分，第 2 卷，第 114 页。

《论人》中,卡西尔首先谈到的文化形态就是"神话"——在这里,我们看到的次序是:"神话"、"语言"、"艺术"、"历史"、"科学"。我们感到,这种次序的变化,不是偶然的,也可以说,反映了思想上的一种矛盾:在卡西尔文化体系的基础上,"语言"和"神话"的关系常常有含糊的地方。也许我们可以作这样的理解:广义地来说,"语言"是卡西尔"符号"的核心,因而一切文化形态都可以说成是不同的语言形态,因为作为卡西尔意义下的"符号"来说,"语言"是最基本的。所谓"语义学"(semantics)即既非研究事实之间因果关系,也非研究概念之间的逻辑关系,而是研究语词之间、语义之间的句法关系、结构关系。然而,卡西尔在大多数场合并不在这种广泛的意义上运用"语言"这个范畴。他的作为文化形态之一种的"语言",是指介乎"神话"和"科学"之间的一种日常的、普通的"语言"。就发展层次言,这种"语言"不像"神话"那样带有原始宗教魔术的色彩(如符咒等),也不像"科学"那样有严格的概念性。这样,在这个意义上,卡西尔的文化形态、符号体系的基础部分就成了"神话"。

我们前面说过,在三部《符号形式的哲学》中,"艺术"和"神话"都是作为"感性的符号"出现,但在《论人》中,艺术与神话的区别得到更进一步的明朗化。不可否认,艺术形态和神话形态的确有许多基本的共同点,研究它们之间的关系是很有兴味的课题,而且当代西方也有一些很大的思想家认为原始的思维就是诗(艺术)的思维,晚于卡西尔的海德格尔就持这个观点,的确也是很有见地的;但在卡西尔看来,艺术与神话还是应该有所区别的,我们感到,把艺术和神话在符号形式上作一定的区别还是必要的。

对于原始的思维形式的研究,对人的原始状态的研究,是当代西方思潮中的一个重要方面,因为它直接与哲学的一个基本命题:思维与存在的同一性、主体与客体的同一性有关,所以这个问题对哲学家就有特别的吸引力,同时又由于这种同一性与感性的形式不可分离,因而对艺术家也同样具有吸引力。

刚才提到了海德格尔,应该说,卡西尔的"神话状态"与海德格尔的Dasein[①]所面对的是同一个对象,所讨论的是同一个问题,尽管他们二人在理

[①] 关于海德格尔的"Dasein"一词的翻译,请阅本书海德格尔部分。

论上有很大的区别。卡西尔的"神话"和海德格尔的 Dasein 面对的都是"人"的一种"原始性、本源性"的状态，在这种状态中，主体与客体、思维与存在尚未得到分化，而处于本源性的同一之中。海德格尔因此得出一个看法，本源性的语言不是后来主客分化以后的概念式、科学式、逻辑式的语言，而是诗的语言，这种语言不是"说"一个"对象"而是"说""Dasein"，因而是"Dasein"的表现，是作为 Dasein 的人感到有一种"意思"（意义）非表现不可，因而是存在性的、在存在意义下的语言。对比之下，卡西尔的思想要更加经验化得多。不错，他也认为，原始的人，即处于"神话"文化阶段的人，既不是理论的（theoretical），又不是实践的（practical），这就是说，理论与实践、客体与主体、存在与思维还处于原始的同一性之中，是一种物我不分的本源状态。但是，这时候"人"毕竟还是"人"，不是"物"，"人"已经有了自己的初级的文化形态——神话、巫术和宗教，主体与客体虽未分化，但已有一种关系，这种关系卡西尔叫做"通感性的"（Sympathetic）[①]。

这就是说，在原始神话宗教阶段，人和世界已经开始有种能动的、构造的关系，人已经开始用神话的符号形式来解释世界的意义，一句话，人已经有了自己的文化。

一些人类学家、艺术史家常用实际的目的来解释原始巫术和原始宗教仪式（rites）的作用，譬如原始的狩猎舞或原始洞穴狩猎画似乎都有一种实际的、现实的作用，似乎真的可以捕获野兽；但原始人并不真的把画上带箭的野兽煮来吃掉，而只是"相信"会成真的，因而狩猎的舞蹈、绘画和真的狩猎行动仍有所区别，从而前者仍只是符号，是一种文化，而不是事实。但这种原始的神话文化，的确具有"当真"的特点，卡西尔甚至说，就要求现实性（reality）这一点来说，与其说神话接近艺术，倒不如说它更接近科学[②]，只是科学采取概念的形式，而神话采取感性的形式。

从这里，我们可以进一步说，就其采取感性形式来说，神话很接近艺术，因而原始的宗教活动似乎都可以作艺术观，但就其追求"真实"而言，又与艺术有原则的区别。这里，卡西尔援引康德的观点，认为审美之无（直接）利害

[①] 卡西尔：《论人》，第82页。
[②] 同上书，第75页。

关系,从而使它的观照与对象的存在与否无关①。古代画家的葡萄画得再像,也只有飞鸟来啄,马儿再逼真,也只有真马与之共鸣,观赏者(人)不但不会去吃它、骑它,也不会"信以为真"。然而,原始神话的态度就不是这样,"敬神如神在",虽然是"如",但还是"在"。一切神话,都有一种"如在"的态度,因而一切原始宗教活动,都是"认真"的,即"认作""真"的。

作为人类文化基础形态的神话形式,同样是对世界的一种把握和解释方式,譬如原始人的宗教仪式、巫术以及祖先崇拜和各种图腾崇拜,都是一种"符号形式",表现了原始人对宇宙人生的看法,我们的任务就是要"解释"这些现象(形式),指明它们的"意义"。

譬如对于原始人的墓葬仪式有各种的解释,大都与"不朽"的观念相联系,而这个观念对于诗、艺术和哲学是这样的重要和基本,并不因为我们已脱离原始阶段而消失。在这个问题上,我们不无兴味地发现,卡西尔和海德格尔在解释"死"的观念上是完全对立的,但他们谈的却是人类的同一个原始的阶段。我们都知道,"死"在海德格尔思想体系中占有重要的地位,他的"Dasein"的最本质的特点就是"有限性"、"时间性"即"有死性"(mortal)。一般都认为,"死"是自然的现象,所谓"皈依自然",但海德格尔却认为,"死"是"人"作为 Dasein 的现象,只有"人"才死,所以原始时人死了有"仪式",这当然是一个很值得研究的问题;但这个问题在早于海德格尔多年的卡西尔已经以相反的态度提了出来,而在 1944 年这本书中说得更为简明。卡西尔说,不错,"死"对原始人来说,的确不认为是"自然的",但这个意思只在于:"死"不是"必然的"、"自然的",而是"偶然的",是一个"事故"(accident)。"人"之所以"死",总是被什么魔鬼或妖精"杀害"了,否则"人"会和山川日月那样"不死"的。于是,卡西尔说:"'人是要死的(mortal)'这个观念,就其本质来说,是和神话、原始宗教思想格格不入的"②,并以此来解释了墓葬仪式和祖先崇拜等原始现象,从史料上来看,似乎也言之凿凿,而且还可以从人类学角度为"不死"的观念,提供一种解释。

---

① 卡西尔:《论人》,第 75 页。
② 同上书,第 83—84 页。

从卡西尔的理论来看，既然已经指出原始人处于一种主客不分、物我不分的同一状态，那末人的生命和生活就像一切自然现象是绵延不断的统一体，"死"不过是改变了一种存在形式，"死"不是"无"、"不存在"，"无"的观念直到古代希腊爱利亚学派还是格格不入的。因而，在原始人看来，"鬼"是确实存在的。过去、现在、未来也都是在混沌一片中，"已死"的祖先，仍然"存在"，它们时常还要回来，像活着的时候一样，干预着现实的生活。在原始人眼里，一切都是现实的、眼前的，一切都是"存在"的，只是形式不同。在卡西尔看来，原始人有一种神话式的时间、空间观念，和后来科学的时间、空间观念不同，我们已经看到，他在《符号形式的哲学》中对时空观念在神话、语言、科学知识诸形态中的不同特点作了详细的考察。

我们还看到，卡西尔和海德格尔从"不朽性"和"有限性"两个方面接触到了原始文化中的一个矛盾。从某种意义上我们似乎可以说卡西尔所说的状态比海德格尔的要更为远古一点，因为这种对"死"的"哀思"（angst）只有在"个性"已有一定发展以后才有可能，这就是说，在 Sein 有了 Da（在那里，那一个）以后才有可能。无论如何，对于"不朽"的讴歌和对"死"的哀思，都在"艺术"这个文化形态中得到了保存。

艺术本是人类的一种活动，最初的确是与宗教活动结合在一起的。阿波罗石像本是膜拜的对象，庙寺是神的住所，原始的舞蹈最初是宗教的仪式，神庙里的神谕，也许是最初的"朦胧诗"。由神话宗教的作品到艺术的作品、由神的制作者（myth-maker）到艺术家，需要文化的进一步发展。这个变化发展的关键在于分清真、假，分清真实的世界和意象的世界。艺术作为一种符号形式的出现，意味着人类文化的进步。艺术固然保持了存在的本来的感性形式，但毕竟不把它"当作""真实"的事实，而是"当作"思想性的产品，即把本是思想性的东西当作思想性的东西来看待，这在人类自己认识自己的道路上，确是前进了一步。

三、艺术作为一种符号形式

艺术终于从原始宗教神话中解脱出来，不再真假不分，而成了一种真正的意识形态、文化形态，对这种形态的内部特征，卡西尔也根据自己的总的哲学原则作了考察。

首先，卡西尔否定了艺术的模仿论和表现论，认为它们都有片面性，而且都没有说到艺术本质的要紧的地方。在这里，我们要根据卡西尔的符号哲学基本原则来理解他对这两个对立学说的态度。因为批评这两种学说的人很多，因而我们理解的重点不在对这两种学说的否定，而在这种否定的根据。从根本上说，在卡西尔看，艺术是一种符号形式，是对世界的把握方式，因而它的问题就既不是"模仿"，也不是"表现"，而是"解释"。"艺术"同样是人类的一种能动的结构活动。

卡西尔指出，从根本上说来，艺术中的模仿（再现）和表现是不可分的，模仿论者不能否定抒情诗的存在，不能禁止情感的表现；表现论者也不能否认艺术中客观形象的再现因素。但在卡西尔看来，艺术的本质也不仅在于这两种因素的简单结合，艺术有自己的独特的领域。卡西尔说，艺术"既不是物理世界的模仿，也不是强烈情感的流露。它是对现实（reality）的一种解释（interpretation）——不是通过概念（concept）而是通过直觉（intuition）；"不是通过思想的媒介，而是通过感觉的形式"①。从这个基本立场来看，模仿和表现都是不够的。

艺术既然要以感觉的形式来把握世界，当然离不开世界本来的现象，但这里的"形象"只具有"媒介"的意义，即它只是"符号"，是用以"解释"世界的"符号"，因而艺术的问题不在于它所用的"形象"如何"像"真的现实，而是在于要弄清这些"形象"如何"解释"现实的"意义"。这样，艺术家与他面对的世界的关系，就不是"模仿"、"再现"的被动关系，而是要从他所面对的现实世界中获得一种新的意义，看出世界的新意蕴，作出一种新解释，因而是一种结构的能动的关系。卡西尔说过一句很有意义的话："像一切其他符号形式一样，艺术不仅仅是再现现成的、给定的现实……它不是现实的模仿，而是现实的发现。"② 艺术家用现实的材料，按照现实本身的形状，塑造一个意象的世界，这个世界是现实世界的一种"解释"，因而是一个新世界，一个

---

① 卡西尔：《论人》，第146页。
② 同上书，第143页。

新发现,一个新创造,因为它展现了一种新的意蕴。

卡西尔把艺术和语言相比,"语言"固然是"说"这个现实世界,但没有人在严格意义上认为"语言"是现实世界的"模仿",因为"语言"的形式,不是世界的感性直觉的形式,而是语词和语句的形式,人们用这个形式来"解释"现实世界的意义。就基本的一点而言,艺术和语言是一样的,只是形式不同,所以卡西尔说,"语言和科学是现实的缩简(abbreviations);艺术则是现实的强化(intensification)"①,因为艺术要以现实本身的感性直觉形式为媒介。而无论语言、科学或艺术,它们所创造或结构出来的世界是一个新世界,不是原来的物理世界的翻版,而是一个思想性的世界,就艺术来说,是一个意象的世界。

从另一方面来说,所谓感情的发泄或表现更只是物理、生理的事实,不是思想性、文化性的活动。人有七情六欲,这些情感和欲望的发泄是生理现象,人类文化的任务就是要对这些现象的意义作出解释,而不是机械地自然地表现这些现象,或让这些情感和欲望发泄出来。卡西尔说,"单纯为情绪所支配只是多愁善感(sentimentality),而不是艺术。"② 艺术需要的不是发泄情绪,而是要对情感作出解释,因而同样是一种赋形性的结构工作(formative constitutive power)。艺术中的情绪同样属于意象世界,而不属于物理生理世界。艺术是自然的"镜子",不是自然本身,"情绪的意象不是情绪本身(But the image of a passion is not the passion itself)"③。

从艺术作为一种符号形式来看,它就有一种结构、功能、文化的性质,因而是公共的、社会的事,不是艺术家纯粹私人的事。和语言、科学一样,艺术同样具有一种普遍性,按照康德的说法,卡西尔把它叫做"审美的普遍性"(aesthetic universality)④,因而艺术同样具有一种可传达性、可交流性。

这里我们可以看出,艺术问题的复杂性在于:它既是一种思想性的文化形态,又具有生活本身的形象,因而常被看作是物理世界的组成部分。原始宗教活动常常和现实生活不可分,是原始人物质生活的一个组成部分,但它本质上

---

① 卡西尔:《论人》,第143页。
② 同上书,第142页。
③ 同上书,第147、145、151页。
④ 同上。

仍是一种思想性、意识形态性的活动，而不是物质活动本身；艺术当然也是实际生活的一部分，人的实际生活中无不渗透着艺术的因素，衣食住行，无不可以（或应该）艺术化。然而，从本质上来说，它是与物质生活不同的精神生活、文化生活。正是这种生活，使人的生活区别于动物的生存。人不仅生活在物质的世界中，而且生活在意义的世界中，生活在文化之中。不错，艺术要求生活本身的形式，要求一个活的世界，但这个活的世界，"不是活的事物，而是'活的形式'"①，艺术对实际物质生活言，只是一种"形式"，在卡西尔说，是一种象征性的符号的形式，人们用这种活动形式、感性的直觉的形式来探索人生宇宙的意义。

卡西尔还进一步指出，这个"意义"并不是像费希特、谢林、黑格尔所说的是"先验的""无限"、"绝对"，而是在经验之内的，因为人类的文化形态，就是经验的形态。艺术是一种文化形式，所以也是一种经验形式。在这里，卡西尔显然是把他自己的文化哲学和杜威的经验主义结合了起来，而以符号的形式作为这种经验主义和现象学的理论核心。就某种意义说，卡西尔这里对艺术的解释，与杜威的《艺术即经验》不无沟通之处，这同时也说明了康德哲学为经验知识寻求根据这一思想与整个经验主义哲学思潮的相容性。从沟通大陆理性主义和英国经验主义的角度来看，卡西尔所做的工作是很有意义的。卡西尔在艺术问题上反对先验论的绝对主义是和他的整个哲学上的现象学倾向有关的，但也正是由于他反对先验论，所以他的"（知识）现象学"和胡塞尔的现象学又是迥然不同的。卡西尔说，艺术"要在线条、布白，在建筑和音乐的形式中寻求我们感觉经验本身的某种基本的结构成份"②。

不仅如此，卡西尔还从文化哲学的立场，批评了当时的一些艺术心理学的理论。心理学如果理解为研究人的心理机制的活动过程，那末，实际上它是一门自然科学，多年以来，所谓实验心理学在美国学院中始终占统治地位，这是很自然的现象。对"心理"（psyche）还有一种先验现象学的理解（胡塞尔），那是一种哲学。康德以后，对于心理现象能否归结为物理现象有过一番争论；但除了上述胡塞尔那种理解外，心理学作为一门自然科学的地位是确定了的。

---

① 卡西尔：《论人》，第147、145、151页。
② 同上书，第157页。

从这个意义来说，卡西尔既然把艺术看作一种文化现象、思想性的现象，因而在理论上，心理学是不能穷尽艺术的本质的。我们不能仅仅从艺术的心理活动的特点来看艺术的本质，而是要从艺术作为一种文化形态的特点来解释艺术心理活动的特点。这应是卡西尔在这个问题上的基本态度。

就艺术心理学来看，美给人以一种愉快之感，这是无可否认的，但对这种感觉的进一步解释就有不同的见解。在这方面，美国现代思想史上出过一位哲学家桑塔耶那，他的《美感》一书至今美国学术界仍引以为荣。桑塔耶那的思想，的确是由审美经验上升到哲学高度的一个范例，他的"美是愉快的对象化"的说法在卡西尔到美国的时期是颇为流行的，因此卡西尔首先就来评论这个论点。卡西尔说，美是愉快的对象化，那末就意味着创作艺术品的目的是为了愉快，而这是不可能的。因为绝不能想象米开朗琪罗建造圣彼得大教堂、但丁或密尔顿写他们的诗是为了"愉快"。在卡西尔看来，这种美感理论上的快乐主义，仍滞留在物质的世界，因而所谓愉快，只是一种被动的反应，而不是一种能动的创造。他说："从古至今的一切审美的快乐主义的共同缺点在于他们为我们提供审美愉快的心理学理论时完全没有考虑到审美的创造性（aesthetic creativeness）这一基本事实。"① 在这里，卡西尔提出一个看法：审美如果是一种愉快的话，则不是对事物（things）的愉快，而是对形式（forms）的愉快。因为说到"形式"，在卡西尔的哲学中，不像在桑塔耶那哲学中那样只是被动的感觉，而是能动的结构。"形式"不会自动地印入人的心中，而要经过人心之构建，因而审美的、艺术的愉快，实际上是一种创造的喜悦。卡西尔认为也只有这样，才能正确地理解所谓"对象化"（objectification）的问题。

与快乐论相对立的还有一种理论，这种理论源于德国的浪漫主义者，他们认为，艺术的境界是一种非理性的梦一般的境界。由于艺术境界似乎可以"摆脱"一切羁绊而得到一种"自由"的放纵，因而可以叫做"白日梦"（awaking dream）。与这个理论相联系，卡西尔还批评了柏格森的直觉主义，柏格森把艺术境界描述成类似于催眠状态（hypnotic）。在这条思想路线上，卡西尔还

---

① 卡西尔：《论人》，第160页。

一直追溯到尼采。他认为尼采早期著作《从音乐的精神看悲剧的诞生》一文针对文克尔曼古典理想主义而发，强调希腊悲剧起于极端强化的激情，因而是酒神崇拜的产物。卡西尔认为这些理论都有一种片面性，因为就这些理论来看，艺术归根结蒂只有一种被动性，而没有人的心智的能动的构建作用，因而不能在两个极端中求得平衡。卡西尔说："艺术的灵感（artistic inspiration）不是醺醉（intoxication），艺术的想象不是梦幻（dream or hallucination）。任何伟大的艺术品都是以深刻的结构的统一性为特征的。我们不能把这种统一性归结为两种完全杂乱无章的状态，如梦境和醺醉状态。我们不能用无定形的成份（amorphous elements）来构建一个结构整体。"①

然而，卡西尔指出，并不是任何能动的活动都是艺术的活动，艺术理论中的游戏说与被动的快乐说不同，抓住了能动的特点，因而游戏的确也给人以创造的喜悦。游戏同时又伴随着想象活动（imagination），也提供意象（image），但卡西尔认为，游戏不是艺术，区别在于儿童的游戏只给人以幻觉的意象（illusive image），而艺术却给人以真实的意象，虽然这种真实性只是形式的，而不是实质的②。

卡西尔认为，我们应区分三种不同的想象活动：一种是"发明的力量"（the power of invention），一种是"人格化的力量"（the power of personification），一种则是"产生纯粹感觉的力量"（the power to produce pure sensuous forms）。儿童游戏具备前两种力量，但却缺少后一种力量。和对待审美快乐论一样，卡西尔说，如果一定要把艺术与游戏联系起来，那末儿童是"玩"事物（play with things），而艺术家则"玩"形式（play with forms），即在线条、布白、韵律和节奏的自由运用中得到乐趣③。

从这里，我们可以看出"形式"不仅在卡西尔的哲学中，而且在他的美学中占有十分重要的地位。在这里，"形式"不是"外形"，而是"结构"，是人心能动的产物。事实上，所谓人心的能动作用，或"组织"（organization）、"构造"（articulation）的作用，就是"理性"的作用，因而卡西尔在《论人》

---

① 卡西尔：《论人》，第163页。
② 同上书，第164页。
③ 同上。

的艺术部分几次批评克罗齐的直觉主义，认为他只强调直觉的表现，而忽视人心的一种有组织的形式构造的作用。当然，卡西尔并不否认艺术的直觉性的特点，认为这正是它与语言、科学相区别的地方，而恰恰是坚持艺术——直觉——表现公式的克罗齐，把艺术与语言完全等同起来，而在卡西尔看来，艺术不但与科学，而且与（日常）语言在符号形式上是不同的[1]。但无论如何，艺术不仅仅是直觉，卡西尔概括说："任何艺术都有一种直觉的结构（intuitive structure），这就意味着，有一种合理性的特征（a character of rationality）。"[2]

总起来说，在这一点上卡西尔和杜威是一致的：艺术同样是一种文化，一种组织，是对世界的一种"解释"，但艺术不是用理论形态来解释世界，而是用一种"同感性的视象"（Sympathetic vision）来解释事物[3]。卡西尔说："科学给我们的思想（thoughts）以秩序（order）；道德给我们的行动（actions）以秩序；艺术给我们对于可视、可听现象之知觉（apprehension）以秩序。"[4]

这样，在卡西尔看来，艺术就和其他符号形式一样，有一种结构，因为它是符号的形式，因而它的结构是一种意义的结构，于是像语言一样，艺术也有一种"语意学"（或意义学，semantics），从这个角度来看，艺术家和哲学家所讨论的"想象的逻辑"或"想象的规律"，就有了一个新的基础。

四、艺术与历史

历史作为一种文化形态、意识形态在西方成熟得比较晚[5]。在远古时代，"历史意识"是东方人的事，所以直到亚里士多德还认为"诗"比"历史"高，"诗"更接近"哲学"。从古代希腊的历史看，荷马要比希腊历史学之父希罗多德早大概三百多年，所以我们也许可以说，在西方"艺术"（包括"诗"）这种文化形态要比"历史"作为一门学科早得多。

不仅如此，在古代西方，"诗"与"历史"常常是不可分的，最远古时期

---

[1] 卡西尔：《论人》，第168页。
[2] 同上书，第167页。
[3] 同上书，第169—170页。
[4] 同上书，第168页。
[5] 卡西尔明确承认了这一事实，见《论人》第172页。

往往以"诗"代"史",荷马的史诗就是一个很典型的例子。至于是否用韵文,从实质上来说并不是很重要的①。这就是说,在西方,从对"人事"的主观的"抒发"态度到宏观的"描述"态度的发展,有一个相当长的过程;就西方文化来说,"历史意识"是人对自己认识(对自我的知识)更为成熟的标志。然而近代以来,西方对"历史"本身的研究,倒也出现过不少的流派。卡西尔把它与神话、艺术、语言结合起来从文化形态方面来考察,也还是别具特色的。

首先,"历史"是一种"时间"的意识,时分过去、现在、未来,一般说,"历史"是对"过去"的描述,因而按卡西尔的说法,在"神话"阶段原始人既然分不开过去、现在、未来,所以也就没有"历史意识"②。历史以"过去"为对象,但又要求客观的真实性,这里就产生了特有的矛盾,这个矛盾是"艺术"所没有的,因为艺术容许"虚构"和"想象",因而"艺术"是"假"的,而"历史"是"真"的;混淆这两者,以"艺术"作"历史",则是"神话"的特点。"历史"面对"过去"③,而"过去"一去不复返,所以"历史"必须借助于"回忆"(remember)。卡西尔这里的"回忆"不是心理学概念,而是材料学概念,即包括了一切遗迹、文献。现在的问题是,面对这些材料,历史家要做什么?卡西尔认为,像艺术家面对它的素材一样,历史家并不是要把历史事件通过这些材料"再现"、"再造"(reproduce)出来,而是要通过这些真实的史料"解释"历史事件的"意义",从而认识这些事件,也就是认识"人"自己过去的活动;就像艺术不是"模仿"对象,而是"解释"对象的"意义"一样,历史也是人类自我认识的活动方式之一。卡西尔说:"诗不仅仅是模仿自然;历史不是描述死的事实和事件。和诗一样,历史是我们自我认识的一种工具(organon),是一种为建立我们人类世界(human universe)的不可缺少的媒介(instrument)。"④

于是,我们看到,卡西尔认为,"历史"仍然是一本大书,历史家的任务就是去"读"这本大书,向人们"解释"这本书的"意义"。历史的史料(遗

---

① 当然"吟咏"一件事与"描述"一件事在心理效果上是不同的。
② 卡西尔:《论人》,第173页;海德格尔从"Dasein"的有限绵延的"时间性"出发,则认为正是在这个最本源的阶段,存在着"真正意义上的历史性"(eigentliche Geschichtlichkeit)。
③ 在这一点上,卡西尔与海德格尔又完全不同,海德格尔的Dasein的历史性面对"未来"。
④ 卡西尔:《论人》,第206页。

迹和文献）是"死"的，历史家要使它"活"起来，就要看出它的"意义"，因而这些遗迹和文献和艺术品一样，同样是一些"符号"，等待着人们去"释义"。

从这个基本立场出发，卡西尔研究了历史作为一门学科本身的问题，如历史中的特殊性与普遍性问题，决定论与非决定论问题，因果性与自由等问题。卡西尔认为，这些问题之所以没有得到解决，是因为没有从"解释学"的角度来看待历史，而把历史看成单纯的"科学"。历史不仅要发现新的"事件"，而且要把这些事件看作一些"符号"，它们蕴含着人的活动的内在特性和意义，因而还要把这些隐藏着的"意义"揭示出来。历史不仅仅是编年史，不是历史事件的登记簿，而是要揭示这些事件之间在"意义"上的内在联系，就像揭示"语词"之间意义上的联系一样。从这个意义上，卡西尔说，历史学家更多像语言学家而更少像科学家[1]。譬如古代希腊修昔底德记载的伯利克里的葬礼演说，未必一字不差都是当时说了的，但却是公元前五世纪雅典生活和雅典文化的最生动的描绘；公元49年卡图的自杀，不仅是一个曾经发生过的物理事件，而且是一个伟大的性格的表现[2]，在表现"意义"方面，历史家与艺术家是一样的：历史家要"读出"史料的"意义"，需要与艺术家同样的才能，因此卡西尔不无同情地引用大历史家孟生（Momsen）的话，这位历史家本人认为历史家或许属于艺术家之列，而不属于学问家（scholars）之列[3]。

当然，卡西尔并不否认历史家与艺术家之间的区别，因为历史家要求历史的严格的真实性这一点和科学家是一样的。历史家要给人们描写一个真实的世界，而艺术家则创造一个意象的世界。艺术家用想象的材料，而历史家要用真实的史料，但他们在要解释这些材料（符号）的"意义"的任务方面是一致的。因而卡西尔说："艺术和历史是我们研究人之本性的最强有力的工具"[4]，"在伟大的历史和艺术作品中，我们开始看到在通常的人（conventional man）后面的真正的、具有个性的人的面貌"[5]。

---

[1] 卡西尔：《论人》，第177页。
[2] 同上书，第205、199页。
[3] 同上书，第204页。
[4] 同上书，第206页。
[5] 同上。

＊　＊　＊

　　从上面的简单的介绍，我们说明了"艺术"在卡西尔整个文化结构体系中的地位，和他是如何从"符号哲学"的立场来解释"艺术"的本质的。我们看到，在基本的方面，苏珊·兰格是接受了的。她的《哲学新解》和卡西尔的《论人》在"符号释义"这方面是一致的。当然，应该说，卡西尔的主要注重点在于对整个文化体系、符号结构的建立，而兰格则着重在艺术方面做了大量的工作，大大丰富了卡西尔这方面的思想。他们之间在理论上的区别我觉得主要似乎有这样一点：卡西尔在谈到"历史"时曾明确指出，不存在什么特别的"历史逻辑"，如文德尔班所说的个别性的逻辑（会意的逻辑，idiographic logic）①，历史家发明不了"新语言"、"新逻辑"②，这就是说，人类只有一个统一的逻辑，即科学的逻辑；但兰格则似乎认为艺术有自身的逻辑，因而她的"情感的形式"，则大体上可以看作"情感的逻辑"。我觉得，之所以引起这个分歧的关键应在本文一开始就提到过的"语言"地位的含糊。在卡西尔文化体系中，"语言"有时是基本的，有时又只是诸符号形式之一。

　　在西方现代思潮中，卡西尔属于比较早一点阶段，他的哲学，特别是他到美国以后，带有很明显的经验性的特点，这一点使他的（知识）现象学和胡塞尔、海德格尔所谓的现象学很不相同。他的符号哲学是一种文化结构的哲学，"艺术"是一种"符号形式"，因而是一种文化和意识形态，是一种知识和经验的组成部分，因而也是"真理"的一种形态。新型的现象学则已超出文化的范围，甚至要超出"结构"的范围，亦即超出经验、知识的范围，他们所追求的已非"真理"，而是"真在"，或者说，是从"真在"来揭"真理"（Wahrheit, truth）的本意，因而在海德格尔那里，所谓"诗"，已不是文化的范畴，而是存在的范畴。这个思路，就西方思潮发展的进程来看，当然比卡西尔更加深入了一步。然而，以我个人的看法，卡西尔那种以大量材料（包括原始氏族的材料）为依据的科学方法，比起海德格尔的思辨方法来，仍有一种吸引力。也许正因为这种原因，卡西尔的思想能有兰格这样一位在艺术哲学方面的发扬者。

---

① 卡西尔：《论人》，第186页。
② 同上书，第187页。

第三部分　心理（精神）[①]世界的探索
——胡塞尔的现象学

康德以后，哲学中"本源性"问题似乎逐渐失去了意义，不可知的"物自身"的悬设，被认为是"多余的"，至少是"不经济的"，早期的新康德主义者已经撇开了这个"只可意会，不可言传"的"本体"（"本质"），使康德的思想，向实证主义、经验主义靠拢。这个动向的结果之一就是一些自然科学家在康德哲学中找到了哲学理论基础。于是，马赫以物理学家身份开辟了一条物理经验主义的方向，从而不可避免地导向了感觉主义。因为从物质交往的角度看，人的知识，当完全以感官为基础。这样，在德国这样一个具有深刻唯心主义传统的哲学基地上，重新活跃起经验主义、感觉主义的思潮，人们不仅想起了康德，而且追溯到洛克、巴克莱、休谟。

康德哲学是近代欧洲哲学的分水岭，但谁也不可能在"分水岭"上停留多久。从费希特、谢林、黑格尔，以新的形式回到了传统的本源论的哲学系统，以辩证法与形而上学在本源问题上坚决地对立起来；另一条路线是与这一条路线针锋相对，从根本上否定了所谓"本源"问题，因而他们的正面问题，总是围绕着康德"先验分析篇"展开。然而"先验分析篇"本身也是矛盾的，在康德的认识论中，感觉材料和规整这些材料的形式，形成了两个极，因而如何将它们统一起来，始终是一个问题。新康德主义从感觉经验主义改造康德，否定

---

① 胡塞尔的 Psychi 原应如实译为"心理"，因为他研究的是一种不同于普通心理学对象的"纯心理"，但为与古典哲学相衔接，不妨理解为"精神"。

绝对唯心主义，喊出"回到康德"的口号，但事实上，"回到康德"就是"回到休谟"。因为康德的分析论，如果撇开了先验的形式，则立刻不得不接受休谟哲学的挑战。因为休谟的经验主义在理论上已强有力地表明，从感觉的事实中得不出自然界的规律性概念（因果律），人们之所能称作"必然性"的，只是一些逻辑的（也许还有数学的）形式的规则。

我们看到，英国人由于自己的哲学传统，真的接受了这一挑战，满足于逻辑和数学的必然性，然而德国人（也许应除去奥地利）也是因为自己的哲学传统的缘故，不甘心停留于这种纯粹经验主义的立场，企图另辟蹊径，仍以康德的"分析篇"的精神为基础，但文章不做在感觉材料上，而是做在"先验的逻辑"上，不做在作为感觉的人上，而做在作为理智的人上，不做在物质性的人上，而做在精神性的人上。

大概，怀疑论对德国人是非常格格不入的，他们坚信，追求可靠的、绝对的、不可动摇的"知识"，是西方哲学从古代希腊以来的正宗。"绝对"固然不是像传统的形而上学（包括黑格尔在内）那样理解为"本源"、"物自体"，但也却不能像实证主义那样把它一笔勾销，我们不但有绝对的"逻辑形式"，而且也有绝对的"知识"，既然"知识"只能是对"现象"而言，那末，我们也就有绝对的现象。从这里，我们看到胡塞尔建立现象学的理论背景。

胡塞尔（1859年—1938年）是现象学的创立者，由他的学说，带动了当代蔚然大观的"现象学运动"。这个学说的影响，尤其是它在欧洲大陆的影响，使他完全可以被看作与分析哲学并驾齐驱的当代两大主导的哲学学派。最初胡塞尔是学数学的，后来参加勃兰塔诺（F. Brentano）的哲学课，而决定致力于哲学的研究。应该说，他是一个书斋式的哲学家，一生只是教书和著述。胡塞尔是犹太人，晚年因为希特勒纳粹政权的迫害而退隐，他的著作幸被友人运到比利时而得以保存，战后，在比利时卢汶大学成立胡塞尔学术档案馆，成为研究和宣传现象学的重要基地。他的学说在战后受人重视，也许与政治的因素不无关系。但是，胡塞尔的思想确实代表了西方现代哲学的一个重要方面，它的发展，是有其学理上的深刻理由的。

应该说，胡塞尔的著作是非常难读的，也可以说，他的书像康德那样是相当晦涩的，但在那些艰深的，有的是生造的词句后面，却跳跃着一颗活的心，闪烁着敏捷的思想,体现着一种一丝不苟、永不止息的探索精神。他不仅给我们留下了不少完整的出版了的著作,而且留下了大量的未出版的手稿,作为他理论探索的记录。许多研究者都指出胡塞尔一生思想的发展和变化,并据这些变化的特点分成各不同的时期。在我们看来,他的哲学思想的发展和变化,并没有出现维特根斯坦那样一种巨大的"改宗"式的突变,但他那种循序渐进、逐渐深化的进展,同样体现了一位大思想家的巨大的理论勇气和思想的彻底性。从他那诸多的著述中,从《逻辑研究》到《哲学作为严格的科学》、《笛卡尔的沉思》,到《论观念》,直到死后编辑出版的《欧洲科学危机和先验现象学》,可以看出一个思考的线索,看出问题的逐步明朗,同时也逐步地暴露出各种矛盾,并使之明朗化。我们不无兴趣地看到,胡塞尔的主要著作(《逻辑研究》、《论观念》)都以"导论"作副题,说明作者心目中尚有一个更大的研究计划等待进行,这和康德说他的《纯粹理性批判》是研究他的哲学的"初阶"当是同一种心情。

我们通常说,"哲学"是研究最根本的问题,所谓"根本",不是一件具体的东西,找到了"它"就万事大吉,因为个别的、具体的东西总是要变的,依附于它(们),是不安全、不可靠的,因而不能令人满意的。古代希腊人对这种区别,经过了几代人的思考,这个体会,借苏格拉底的嘴说了出来。苏格拉底说,他年轻时想获得知识,学习"自然哲学",研究事物之间的因果联系,追根寻源,由果溯因,求万物之"根本",结果大失所望,因为因果序列是没有"头"的,永无满意的时候;于是他读当时的新学说——阿那克萨哥拉的"奴斯"说,觉得深有所得,似乎可以执"奴斯"而御"万物",但不久即发现阿那克萨哥拉不过"冒叫一声",在具体解释各种自然现象时,仍逃不出"因果之轮回",为求真正之知识,不得不另辟蹊径,于是乎提出"理念"说。苏格拉底这段自述,应是西方人哲学思考之核心,古代希腊如此,当今西方亦复如是。胡塞尔是自觉地以现代的形式接续了这一传统。

西方的哲学以求真知开始,把"知识"与"意见"区别开来是古代希腊人对哲学思维的贡献。"意见"是个别的,随时间、地点、个人而变化,"知识"则是不变的,永恒的,放之四海皆准的,然而人食五谷杂粮,受七情六欲支配,何由能得到"真知"?这是哲学所要解决的一个核心问题。古代希腊从苏格拉底开始，把感性的人与理性的人作原则之区分，使"理念"论与"主体"论结合起来，于是哲学求真知则由外求诸万物（包括人与万物之关系）转向了求诸己（"认识你自己"），这是西方哲学史上第一次确立了与"客体性"相对立的"主体性"①原则。这就是说，理念性的知识，即真知，不能外求万物，而要内求于己——"主体"。这种主、客分立的原则到康德那里更为明确起来，所以苏格拉底和康德成为西方哲学史上两大划时代之人物，在西方人眼中，正在于他们在古代和近代树立了一个绝对的、主体性的原则，使人们沿着这个方向寻求真知识。

胡塞尔正是在这样一个确定了的道路上探索前进的。在这个思考的历程中，有两点在胡塞尔心目中是很明确的。首先，在他看来，这是一条西方哲学所特有的道路。他认为，为古希腊奠定了的这条哲学思路与东方的传统是截然不同的。在他看来，只有西方哲学才明确以探求绝对的知识为自己的目标，而东方如中国和印度，则只限于人类学的知识，所以东方哲学所达到的不是"观念"（理念），而只是"类型"②。我们下面即将具体研究胡塞尔"观念"论的内容和它对苏格拉底、柏拉图"理念论"的发展，这里只想就"哲学"这门学科，作一点分析。首先我们要指出的是胡塞尔关于"哲学"的概念是从自己本人的哲学思想来发挥的，初并非古希腊人之原意，但他却武断地说他的理解就是希腊之本意："哲学在其古代起始阶段就要成为'科学'，成为关于'普遍的存在'的普遍知识；它不是模糊的、相对的日常知识——δόξα——而是理性的知识——ἐπιστήμη。"③胡塞尔当然不会不知道"哲学"原意为"爱智"，"爱智"不等于"智慧"本身，在希腊人心目中，真正的"智慧"只有"神"才有，人不能全知全能，而只能"爱"（"不断""追求"）这种绝对的境界。人所能达到的唯一的"绝对"知识，即对普遍的"理念"的知识，而不是无穷无尽的具体知识，这样，我们将会看到，胡塞尔这个"哲学"观念，正是从古代希腊开始的西方"哲学"观念的引伸，而这与东方直截了当地讲"智慧"自然

---

① 作为理性之人（subject）本无"体"，所谓"精神实体"（spiritual substance）正是胡塞尔所反对的，或用"主观性"稍合原意，但又不合中文意义，故作此说明。
② 胡塞尔：《欧洲科学危机和先验现象学》，英译，美国西北大学出版社，1970年，第16页，第284—285页。
③ 同上书，第65页。

是不同的①。

其次，在胡塞尔心目中，他的哲学又是现代的，在形态上又与古代、近代不同。

胡塞尔晚年的手稿《欧洲科学危机和先验现象学》是他一生的思想总结，以自己的现象学为立足点，纵论古今各大哲学流派，对研究哲学思想的发展史言，是很有价值的。他的一个总的思想是认为近代哲学常常偏离古代希腊哲学的传统，所以他要在新的立场上恢复古代的哲学传统。在我们研究他的思想的结尾，我们将会发现，既然他否定"本源"问题，而执着于"现象"，尽管他精细地将各种矛盾在他的"精神世界"（心理世界）结合起来，但总还是游离于古代哲学传统之外，而是一种现代哲学。

在整个近代哲学史中，不言而喻，胡塞尔最为重视笛卡尔和康德，认为他们是"主体性原则"即"精神性原则"的建立者，但还都是不完善的。

我们要寻求真知，首先必须排除怀疑，将一切可疑的成分都（暂时）排除出去，然后看看还剩下什么，这是胡塞尔现象学的基本方法，而这种方法，当然来自笛卡尔。笛卡尔"我思故我在"的著名命题，在胡塞尔看来，一方面固然体现了"主体性"原则的不可怀疑性，另一方面也暴露了笛卡尔把"主体"当作"实体"的二元论的不彻底性。把存在"加于""主体"之上，实际上即把"主体"还原为"客体"。

其实这一点，早已为康德所指出过。以思想证存在，本已是混淆两种不同"原则"的错误做法，因而在康德哲学中应没有这种不彻底性。然而，胡塞尔毕竟是现代的哲学家，他的现象学与康德哲学仍有不同，这种不同，也正是反映了现代哲学与近代哲学的不同，即对待"本源"问题的不同态度。

康德建立了以先天形式和后天感觉材料相结合的知识论，但他限制了知识的领域，为"本源"性问题留下了余地，把它归于实践理性的范围。康德提出"实践理性"的理论根据在于：人的有目的的行动在于在许多可能性中选择一种可能性，而既然人不是全知全能，则这种选择的最后根据就不在于知识上的智慧，而在于一种超乎知识的道德命令。在这种命令面前是无可选择的，绝对

---

① 关于东西方"哲学"观念的不同，不在本书范围内，从略。

的。不仅如此,这种命令本身还是不可知的,即它是"不给理由"的,人只能根据这个命令去行动,而不能用知识的形式(范畴)去套。这就是说,对于"本源"性问题,只能在实践中去体会,而不能在理论上、知识上去把握。一切旧形而上学正是在知识与实践问题上犯了混淆概念的错误,这种错误又必然导致"二律背反"。在康德看来,实践理性当然也是一种概念式的把握方式,但它不是知性的概念(范畴),而是理性的概念(理念);前者适用于现象界,以便取得知识,后者适用于本体界,以指导行动。我们看到,康德区分知性与理性的做法,为费希特、谢林、黑格尔继承,但却受到现代哲学家的批评。胡塞尔认为,康德这种区别带有某种神秘性[1]。既然在现象学中,本质与现象是统一的,所以知性与理性也是统一的,可知的必定是存在的,存在的也必定是可知的。不承认现象与本体、知性与理性的原则区别,是现代哲学的共同立场,而强调现象本身的绝对性又使胡塞尔的现象学与黑格尔的现象学区别开来。

我们在以后的研究中将会看到,胡塞尔的现象学与黑格尔的《精神现象学》有相当的渊源关系,因为在肯定本质与现象的同一性这一点上,它们是共同的;但就哲学的基本精神和基本方法言,它们又是很不相同的。对这个区别的最简单的解释也许可以说是:胡塞尔不但否定本质与现象的鸿沟,而且也否定理性与知性的鸿沟,这样,他对"现象"的解释,就决非黑格尔的"绝对精神之显现"所能概括的。我们将会看到,胡塞尔对"现象"和"理性"有他自己的解释,这种解释是与现代哲学的精神,即科学的精神紧密结合的。如果我们说,辩证法与形而上学的对立,是对同一个问题、在同一个领域中的不同立场、态度的话,那末,科学精神与思辨精神的对立,则是不同领域里的不同问题。

现代现象哲学要使哲学摆脱传统的思辨精神的束缚,使自己的学说建立在科学的基础上,而又要使哲学与具体的经验科学有所区别,不同于具体实证科学,则是一项艰巨的任务。

在现代现象哲学中,哲学的基本任务并没有变:寻求一个确定的、必然

---

[1] 胡塞尔:《逻辑研究》,第1卷,哈勒,1922年,第214页。

的、绝对的知识。这个任务，本是与科学的最高任务完全一致的，但具体科学本身并不能完成这个任务，因为以感觉材料和经验事实为基础的实证科学面对的是一个变动不居的感性世界，建构一个必然的世界的任务，落到哲学身上。只有哲学才面对着一个普遍的"理念"的世界，哲学研究"理念"之间的关系，建构起"理念"（观念）之间的逻辑关系，而只有在这个世界，"本质"与"现象"才真正是同一的。一切具体科学的建构都是"可以怀疑"的，通过不断的怀疑，不断地取得新的科学知识和新的进步，只有哲学的建构是"无可怀疑"的，是绝对的。"本体性"的形而上学的传统哲学问题被取消了，但"绝对性"却在新的意义下依然存在，所以哲学依然存在。现象学没有脱离西方哲学的传统，相反地，只有现象学才恢复了这个传统——以主体性求绝对性。

"我思故我在"在现象学中被理解为："我思"固然不能证明"我在"，但"我思"本身则是无可怀疑的，因而"我在思想"，"我经历（验）着"也是无可怀疑的。作为客体的"我"是容许怀疑的，但作为主体的"我"则是无可怀疑的。思维着的"我"，是一个绝对的开始，我们要经常回到这个"绝对的开始"[①]，历来哲学的任务就是"从头开始"。

这样，胡塞尔就要用一种不同于古典哲学的方法，以现代的、他所谓更为精密、严格的态度来研究这个纯思想的"我"。

一、 反对心理主义——严格划分逻辑、心理、物理的界限

现象学的核心问题仍然是对作为理智性主体的人的探索。康德哲学已经表明人的两重性，即人是感觉与理智两个方面相互结合、渗透的实体。就感觉言，人与动物是共同的，人的特点在于具有一种从理智上按逻辑规则构建知识的能力，于是研究这个逻辑的能力的特性，就成为不可忽视的重要问题。

康德指出，逻辑的形式和规则是先天的，同时又是可以运用到现象界、经验世界使人们得到科学的、经验的知识的，这些逻辑形式和规则本是为了规整经验而提出来的，因而逻辑本身又不仅仅是形式的、空洞的，而是有内容的、

[①] 胡塞尔：《欧洲科学危机和先验现象学》，第133页。

知识性的，这是康德先验逻辑不同于旧形式逻辑的地方。从这个意义上说，胡塞尔在两卷《逻辑研究》中所理解的"逻辑"，根本上也还是沿续康德先验逻辑的思路，因而对胡塞尔说，逻辑就是知识学。

然而逻辑毕竟是一种工具，它本身是一些思维的形式上的规则，它可以运用于经验，但又不同于经验，如何理解逻辑规则的超经验性，就成了一个必须解决的问题。

康德哲学本身当然很强调先验逻辑的纯粹性，绝不允许夹杂经验的成份，但是以经验为内容的先验逻辑常常要借助经验的科学，知识论不仅涉及形式逻辑，而且也不可避免地涉及心理学，认知过程本身就是一种心理过程。这一点，从新康德主义以后，就不再故意回避。康德、黑格尔以后，德国哲学的实证化，与英国经验主义更进一步地汇合，逐渐使这样一种思想明朗化：逻辑是以心理活动为基础的，逻辑学是心理学的一支。

逻辑和数学一样，本身是一门形式的学科，因而都具有一定的工具性；而实质性的学科，就是物理的与心理的两种。

心物的区别，本是哲学上的一个根本性的问题，近代笛卡尔和康德都是心物二元论者，但笛卡尔认为"心"乃是一种与"物"不同的"实体"，而康德则是从纯粹理性的角度来理解"心"与"物"的原则上的对立。然而心与物的区别始终是哲学的一个问题。

随着科学的发展，实证心理学在近代迅速地日渐成熟，它以科学实验的方法研究人的实际的心理过程，取得了许多积极的成果，这些成果需要从理论上加以解释，这样势必也向哲学家提出了新的挑战。

实验心理学的发展尖锐地提出了这样的问题，即一切心理的东西，都可以还原为物理的东西，心理的过程可以用物理的（包括化学的、生物的等）过程来作出科学的、相当精确的解释，于是，"心理的"与"物理的"、心物之间的原则的区别似乎泯灭了。在这种思想指导下，逻辑也取得了相应的地位：它是心理的一种功能，是为了思维的方便设计出来的一种工具，就像算术是为了计量方便设计出来的工具一样。逻辑本身不是知识，逻辑学不是知识学，就像数学不是物理学一样。

胡塞尔在创立自己的现象学时，面临的正是这样一条经验主义的路线的挑战。在1900年—1901年出版的两卷《逻辑研究》中,胡塞尔一反他八年前(1891年)出版的《算术哲学》中所接受的经验主义立场,以"心理主义"为主要批评对象,奠定了他的现象学的基础。

在《逻辑研究》第一卷中,胡塞尔以大量的篇幅批评了逻辑问题上的经验主义、心理主义,对从洛克、休谟、米尔以来至冯特、汉米尔顿诸家都作了比较详细的分析。当时围绕逻辑性质问题的争论:一方面认为逻辑为心理学之一支,一方面认为逻辑是一种规范学,即"思维道德学"。在胡塞尔看来,这都是从经验主义立场出发的理论,前者明确把逻辑归结为心理学,后者则把逻辑仅仅当作了一门技术(思维术)和工具,而胡塞尔则要沿续康德先验逻辑的路线,明确自认要寻一种"中间的道路"①,即既非心理学一支,又非空洞之形式,而是一种纯粹的、必然的知识学。

在阐述自己的纯粹先验逻辑的观点时,胡塞尔面临着复杂的三重关系:逻辑、心理和物理三者的关系。然而,我们将会看到,这三者之间的关系,归根结蒂,就严格意义来说,恰恰就是"心理"与"物理"的关系,也就是说,仍是哲学上的老问题:"心"、"物"的关系问题。

"心理活动"是一个复杂的过程,其中当然包含了物理的、生物的过程,人的感觉系统、情绪系统,甚至欲求的功能,都可以作自然科学的研究,因而在一个意义上说,"心理的"(psychic)的确可以还原为"物理的"(physical,广义的)。然而,胡塞尔指出,"心理"的特点,不在于它的"活动过程";知识性质,更不是"认知活动"所能代替得了的,知识还有其内容。胡塞尔指出,我们所谓对、错,是指"判断内容"(Urteilsinhalte),而不是指"判断活动"(Urteilsakte)②。

"心理活动"是一种自然的现象,遵守自然的规律,而"心理内容"则是思想领域里的事,遵守着思想的规律(即逻辑的规律),这二者是有原则区别的③。

在这里,胡塞尔通过康德,直接与休谟的理论联系了起来。休谟从经验主

---

① 胡塞尔:《逻辑研究》,第1卷,第164页。
② 同上书,第151页。
③ 同上书,第178页。

义立场出发,严格区别了"事实"(facts)之间的关系和"观念"(ideas)之间的关系,前者是物理性的,受自然的因果律支配,而后者则是思想性的,它们之间的关系不是因果的关系。在休谟看来,自然事实之间的因果关系,不是绝对必然的,总是不可避免地带有偶然性,而只有观念之间的思想关系,如逻辑和数学,才具有绝对的必然性,但它们又是纯形式的关系,只是知识的工具。康德的工作是竭力把这两种关系结合起来,以绝对必然的关系来规范事实的关系,故有"先天综合判断"之说。胡塞尔并不认为纯粹思想的关系只能是纯粹形式的关系,但也认为康德那个"先天综合判断"只是使感性与理性暂时结成的同盟,因而绝不能保证它的必然性。所以,胡塞尔的办法是:第一步,先根据休谟的说法,严格区别事实之间和观念之间两种不同的关系,而如果将心理的活动还原为一种特殊的物质的交往,则仍是一种事实的关系,受因果律支配,如某种刺激产生某种结果,某种光线作用于人之眼球,产生某种颜色,等等,而这种自然的因果律,是有条件的,不是无条件的,如果变换了眼球的结构,则产生色盲,因而不是绝对必然的。这就是为什么胡塞尔一再强调,"心理的"不能归结为"心理的活动",因而不能归结为"物理的","心"和"物"仍有原则的不同,是两个范畴的事,把"心"归结为"物"是犯了混淆"种类"的错误("μετάβασις εἰς ἄλλο γένος"[①])。只有避免了这个错误,才能确立"心理"自身的独立性,才能使"心理"不致陷入有条件的自然因果律,而保证自身的绝对必然性。"心理"固然离不开"物理"的活动,但却不等同于这个活动,而有其自身的规律。"心"之"理",不同于"物"之"理",就像观念的关系不同于事实的关系一样。哲学既要寻求一个绝对的必然性,就只能以"心"之"理"为自己的坚实的基地,因而弄清这个不同于具体"心理活动"的"心理",则是哲学的首要任务。

然而,"心理"既非"物理",那末作为心之功能之逻辑是否只是一种抽象的、形式的工具,或者只是一种思维的"范则"(Norm)呢?也就是说,在坚持思想关系与事实关系之原则区别的前提下,是否一定要完全回到休谟的立场,把思想的关系简单地归结为形式的逻辑关系?胡塞尔的回答是否定的。以

[①] 胡塞尔:《逻辑研究》,第1卷,第6页。

西方哲学传统的恢复者和接继者自居的胡塞尔,并不满足于把绝对的必然性归结为一种形式的关系,他是在追求一种绝对的、可靠的、永恒的知识,在追求"真理",因而他所理解的"逻辑",不是形式的逻辑,而是在康德意义下的"先验逻辑",所谓"心"之"理",在胡塞尔来看,就是"知识","逻辑学"亦即"知识学"。

这就是说,胡塞尔的逻辑,与康德的先验逻辑一样,不仅是形式的,而且是有"内容"的。然而,如何理解这个"心理"的"内容",却是很费一番周折的。我们知道,按康德的"先验逻辑",其"内容"则是感官提供的,归根结蒂,是一些感觉材料,无非是具体的感觉、印象等等,离不开物理的刺激。把物理的刺激与非物理的先天的形式结合起来是很难做到绝对可靠的,因而这两个因素来自两个不同的源泉,不是同源的,因而康德在知识论上也是"二元"论的。这种拼凑起来的知识,在胡塞尔的眼里当然既不是纯粹的,也不是绝对必然的。胡塞尔既然不愿意完全回到休谟的立场,像分析哲学那样承认经验内容和逻辑形式的分离,则不得不在这个"内容"上着实下一番工夫。我们看到,正是在这个方面,展示了现象学的全部新东西。

胡塞尔出版了以"破"经验主义、心理主义为主旨的《逻辑研究》第一卷后,紧接着过了一年又出版了以"立"自己的新学说为主的该书第二卷。在这一卷中,胡塞尔展现了在解决"心"、"物"问题时自身的独特性,为从现象学立场解决"心"之"理",构建一个"心理世界"奠定了全面的基础。

胡塞尔现象学的主要目标是要建立一个纯思想性的精神世界,在胡塞尔心目中,这个世界是真正的不同于"物理世界"的"心理世界"。胡塞尔并不否定"物理世界"的存在,他只是认为这个世界所提供给我们的不可能是必然性的知识,要寻求必然的真理,只有在纯粹精神的、思想的世界才能得到。然而除了"物理世界"之外,究竟有没有这样一个思想性的世界,这个世界存在的必然性以及它与"物理世界"的关系问题是需要加以说明的。

"心理世界"既不是"物理世界"的一种特殊形态,也不是数学式的纯逻辑形式,它是有客观(对象)内容的思想性的世界,而这个"内容"又不是物质世界的刺激、反射或反映的结果,而是理性主体的一种"建构"(constitution)。这是一个纯粹思想的世界,在这个世界中主体与客体、内容与形式、现象与本质、概念与直观、思想与存在等关系都是与"物理世界"很不相同的,因为在"心理世界"它们之间是一种观念的、思想的关系,而不是事实的关系。

那末,在"心理世界"这种既不是物质活动又非纯粹形式的"内容"究竟是什么?胡塞尔告诉我们,就他所理解的逻辑学而言,这是一种"意义"(die Bedeutung)。

人的思想离不开语言,语言由语词按语法规则组成,语词是人为了掌握客观世界自然设计出来的符号,但胡塞尔认为,语词符号本身具有两方面的意义:一方面它是有"所指"的,是一种标志(Zeichen),指一个具体的事实(对象);另一方面则又是一种"表达"(Ausdrück),描述一个普遍的思想①。胡塞尔说,前一种作用是经验性的,后一种则是思想性的。从这里,胡塞尔引伸出一个重要的观念:"所指"与"对象"有关,而"表达"则与"意义"有关,二者是有原则区别的。

为了说明这种区别,胡塞尔从反面举出了例证。胡塞尔说,我们通常所谓"无意义"(Unsin),也有两种意思:一种是对象上不允许,一种是意义上不允许,如"圆的四方形"就属于前者,而"'人''是''或者'"则是属于后者②。

应该说,胡塞尔强调这二者的区别,对于现象学来说,是相当重要的,在这个问题,现象学采取了与分析学派不同的态度和立场。我们知道,分析哲学重视"所指",认为"所指"决定"意义",当然,维特根斯坦后期也强调"意义"由语词在句中之地位决定,但"无所指",也就是"无意义",这是分析学派的基本信念。然而,这个问题在胡塞尔这里,却得到另一种方式的解决。胡塞尔明确指出,"圆的四方形"这句话,只是在"客观对象"上不允许,而在"意义"上是允许的。从这里,就产生了"意义"与"客观对象"之间的一种"游离"或"浮动"的关系③。这就是说,"意义"在胡塞尔的现象学里,具有一种独立性。

从"意义"的独立性,我们开始进入胡塞尔现象学的核心部分。这里需要注意的是:在胡塞尔看来,"所指"与"对象"的关系,归根结蒂,仍是一种

---

① 胡塞尔:《逻辑研究》,第 2 卷,第 30 页。
② 同上书,第 326 页。
③ 同上书,第 46 页。

"事实"的因果关系,从这个角度,我们可以说,语词内容所反映的,正是"客观对象"之间的因果联系,但"意义"与"客观对象"的关系就不是这种事实的关系,而是思想的关系①。

胡塞尔说,语词就其"所指"言,具有实证心理学的意义,它起到的是一种"传达"的作用,说话者互相交流提供"知识性信息"(Kundgibt),譬如言者告诉听者"我头痛",听者绝不能体验到"头痛",但却"懂得"言者的情况,这就说明,"我头痛"这句话还有一层更为确定的深刻的含意,即纯知识的意义,胡塞尔叫做"意谓"(bedeuted)②。就实证心理的意义说,"我头痛"只能是个别的、私人的,因而是不完善的,而就知识意义言,则这句话是普遍的、公共的、完善的。严格来说,"私人的"东西是无法传达、交流的,只有它的"意谓"才是人人都能懂得的。可是"我头疼"这句话的"所指",又是别人绝对体验不出来的"私人的"事,但却能为听者所"理解",这一事实就足以表明,语词之"意谓"和它的"所指",即其"所指"的"客观对象"(在这里是某人之疼痛过程)是完全不同的,因而语词之"意谓"、"意义"是可以独立于"所指"对象的。

这样,我们看到,胡塞尔所要建构的纯粹的"心理世界"的精神大厦,正是以这种独立的"意义"系列为砖瓦的。

"意义"的发现,在胡塞尔看来,无异于揭示了整个西方哲学的最后秘密,找到了从古代希腊哲人开始要寻求的东西。

人们不是老在寻找绝对的、永恒的"本源"(始基)吗?人们不是老在追根求源探索那"第一性原则"吗?人们不是一直在谈论"原子"、"单子"吗?人们这种探索精神常为物质世界的变动不居、无穷分割和感觉之幻灭而受到挫折,殊不知人们要追求的这个"本源",既不"在"物,也不"在"心,而就"是""意义",是一种"思想",或"思想性的对象"(idealen Gegenstande)③。纯粹现象学逻辑中的"意义"就像算术中的"数"、几何学中的"空间"一样,

---

① 胡塞尔:《逻辑研究》,第2卷,第391页。
② 同上书,第32页。
③ 同上书,第110、121、126页。

是"最小的单位"①，世上万物都可无限分割，但"意义"却不能无限分割②，因而它正是"原子"、"单子"的真实的含意所在。

当然，语词的"意义"也有大、小之分，在这个意义上可以说有"部分"与"全体"之分，"红"是"颜色"的一部分，但作为"颜色"意义本身是不可分的，"红"的"意义"也不是从"颜色""意义"中"分割"出来的，它们只是在思想上、意谓上的蕴含关系，而不是事实上的从属关系。譬如我们用不定冠词说"ein 'A'"，就不仅指"全体"之"A"，而且指"一种""A"，不仅是"全"，而且是"一"。在"事实"上，"一"不是"全"，但在"意谓"上，"一"即是"全"，"全"亦即是"一"。

从这里，我们看到，在这个独立于"客观对象"的纯思想的"意义"领域中，原来坚硬对立的双方，无不得到最终的、彻底的、绝对的统一。

首先，在这个领域里，思维与存在是同一的，思想与思想的对象是同一的，因为这个"对象"，不是"所指"的"物质对象"，而是"思想的对象"，即"意义"本身，是一种"意谓"。"山妖"既不是物，也不在心，它不"存在"，但却仍有自己的"意谓"，在思想的意义上说，它也有自己的"对象"，也有"所指"，不过这个"对象"与"所指"，是思想自己建构的，因而就是思想本身，所以我们才能以它为单元组成"有意义"的语句。

其次，从这里我们也可以看到，在"意谓"中普遍性与个别性也是完全统一的。上述"我头痛"的例子说明，我们可以没有感觉光有理解③，推而广之，我们可以没有"表象"（die Vorstellung）而理解语句④。

"表象"得自于"客观的物质材料"、"客观的对象"，"意义"既然可以与这种对象无关，当然也就可以不借助"表象"而直接思维。思维的实际过程，当然也可以与某种表象相结合，但这是思想的一种"填充"作用，因而这时的"表象"，既可以是真实的，也可以是幻想式的、想象式的，因为就思维的有意义性、即可理解性而言，只需要"象征性的表象"（symbolischen Vorstellung）。

---

① 胡塞尔：《逻辑研究》，第 2 卷，第 18 页。
② 同上书，第 296 页。
③ 同上书，第 51 页。
④ 同上书，第 67、68 页。

然而，思维可以没有与直接客观对象相联系的"表象"，但却必须有"直觉"（Intuition），即，思维可以在客观对象上"无所指"，但在思想上却必须"有所指"，这就是说，必须有自己的独特的"对象"。这里，胡塞尔就以现象学立场来解决概念与直觉的关系，在现代哲学的精神下，把这二者结合起来，重新肯定了这个有名的命题：理智的直觉。

我们知道，理智与直觉的关系问题，在西方哲学史上是有很久远的渊源的。在古代希腊，有智者学派和苏格拉底（柏拉图）学派的对立，在中世纪有唯名论和唯实论的对立，托马斯·阿奎纳把理智与直觉的最终结合归诸神的本性，发展成后来在欧洲颇具影响的亚里士多德主义。哲学发展到近代，康德非常明确地在理智与直觉之间划了一条不可逾越的鸿沟。一方面，他同样认为只有"神"才能达到真正的理智与直觉的统一，因而只有"神"才是全知全能的，而人的理智被一分为二：理性与知性。人的知识，只在知性可能的范围，以先天直观及范畴诸形式来统摄直觉材料，因而只有知性范畴才有相应的直觉，而理性概念（如自由、上帝、不朽），因涉及"本体"，则无直觉可言，是为"纯概念"，由这些概念组合不成知识。从费希特、谢林到黑格尔这条哲学路线，将最高"神性"化为人的精神发展的无限长河，在无限的发展中，显现出理性概念（绝对理念），这就是说，理性概念的确没有当下直接的直觉与其相应，但无数直觉的历史积累，当与理性概念相适应。这是在一个辩证的发展过程中恢复了中世纪的神学思想，与现代哲学精神不合，因为它归根结蒂仍是将"概念""实体化"（hypostatization），是一种唯实论哲学的翻版和变种。

胡塞尔早就说过，思想就是思想，事实就是事实，思想不能实体化，只有从纯思想的立场，才能真正解决理智与直觉的关系，因为在语词的"意义"中，理智与直觉、共性与个性、普遍性与特殊性本来就是同一的。

纯粹的思想领域，真正的"心理"领域，既然不是"物理"世界，当然有自己不同于后者的独特的规律，这一基本态度，是近代自笛卡尔、莱布尼兹、康德以来不移的信条，只是各家的具体的解释和彻底的程度有所不同。譬如，在康德哲学中，所谓"物理"界、自然界，是受因果的必然律制约的，而思想领域、理念世界则是受"自由"律支配的；但胡塞尔则不认为自然的因果律有什么绝对的必然性，这一点他同意休谟而不同意康德，因而他认为受因果律支配的物理自然界，总不免于偶然性，而只有理念世界、精神世界才有绝对的必然性；至于"自由"这个概念，在胡塞尔哲学里并没有多少地位，或许可以说，按照他的哲学基本观点，在思想性的世界里，必然与自由也是同一的，这一点我们在后面还要讨论，在这里我们要指出的是"心理"与"物理"这两个不同的世界，不但有着不同的规律，而且有着相反的规律，这当然可以说是近代以来西方哲学的共同信念，而胡塞尔的特点则在于他更进一步"纯化"这个思想界，将它严格地限制在（或"控制在"——按照他后来"括起来"的说法）精神的领域，而完全与物理世界无涉。

从这样一个基本精神来说，也许我们可以作这样的进一步的区分：在物理世界，本质与现象的统一是一个过程，由于这个过程是无尽的，所以它们之间总有一定的区别；但在胡塞尔的纯粹"心理世界"，在精神世界里，本质与现象的统一是直接的，本质就是现象，现象就是本质①，这个统一"单元"即是"意义"，即是前面所说，既不同于单纯逻辑形式，又不同于经验内容的"先验逻辑"的内容与形式之统一②。

任何语词（名词）都有普遍、概念的意义，它不是单纯的直观，同时它又具有自身所"意谓"的"对象"（intentional object），"想"，总是要"想"点"什么东西"，而不是完全空洞的，这是胡塞尔从他老师勃兰塔诺那里接受来的一个重要思想，但他说这个"意谓的对象"又不同于"客观的对象"，"意谓的对象"和思想的普遍形式是不可分的。数学与几何学仍是现象学的最好的例释，虽然胡塞尔的现象学绝不等同于它们。几何学中的"点"、"线"、"面"，都既是具体的，又是抽象的，它们都不是简单的，像语词那样的符号或标记，因为它们的直觉不是可有可无或随便替换的，但它们又都是普遍的，是普遍的"点"、"线"、"面"。在胡塞尔看来，"语词"本身固然是一种"符号"，可以有不同的语言系统表达同一种意思，在同一个语言系统中也可以有"同义词"，但"意义"本身却不是"符号"或"标记"，就像几何中的"点"、"线"、"面"

---

① 胡塞尔：《现象学和哲学危机》，劳尔（Q. Lauer）之译序，火炬丛书，1965年，第11页。
② 胡塞尔在后来的《欧洲科学危机和先验现象学》中肯定了《逻辑研究》的新贡献在于提出既不"在"物，也不"在"心的"cogitata"（第234页），当即此处所谓之"意义"或"意谓"。

一样，它的直觉的内容是必然与它本身联系在一起的，这就是说，它的直觉内容与它的普遍形式不但在事实上，而且在思想上也是不可分的。因而，如前所说，"意义"是一个"单位"，是一个"元"，它是"全"，也是"一"。

从这个立场，胡塞尔更进一步说，在"意义"领域，即在"心理世界"或"精神世界"，不但"个别性"有"对象"，而且"普遍性"也可以有"对象"，可以"对象化"。这里应该马上指出的是：胡塞尔这里的"对象化"，决不是唯实论的"实体化"。这就是说，胡塞尔并不像后来的柏拉图主义者那样，认为普遍的概念具有实在性，有一种普遍的存在，好像物质世界真有"红"存在，这当然是现代科学所不容许的；但现代实证科学却不能否定在一个精神的世界，在"心理世界"，"红"有自己的"意谓的对象"，如果没有这种"对象"，那末"心理世界"除了一些空洞的逻辑符号形式外，只有一堆杂乱的感觉印象材料（sense-data），但我们要强调的是：既不是空洞的形式，也不是杂乱的sense-data，而是人类理性所建构的"cogitata"（思想之对象），才使人类的知识有一个可靠的、必然的基础。

"意谓的对象"，思想的对象，既是普遍的，又是特殊的，既是现象，又是本质，这样，我们的思维，不但可以有理智的直觉，而且必然地是理智的直觉；我们不但可以"理解""现象"，而且也可以"直观""本质"，因为在"心理世界"，在"意义"系统，"现象"原就是"本质"，"本质"也就是"现象"。

从这里，我们看出，胡塞尔是如何要在黑格尔式思辨哲学之外，另辟一条途径，使本质与现象、理智与直觉统一起来，而使哲学成为一门严格的科学。

这样，从现象学的观点来看，"逻辑学"所涉及的就不仅是"概念"，而且也涉及"直觉"，现象学所谓的"本质"（essence），也就不是单纯地由经验"概括"或"推理"得来，不是从"知觉"（perception）推导（infere）出来，而同时也是一种"直觉"（intuition）[①]。现象学的逻辑，不是思维形式的逻辑，而是思维内容的逻辑，或者说，"纯粹心理"、"纯粹思想"的逻辑，在这个意义上，也可以说是"精神"的逻辑，因而胡塞尔的现象学，也就是"精神现象学"（不是在黑格尔意义下）。人在思想，即人在"经验"（experience，体验），

[①] 胡塞尔：《现象学与哲学危机》，劳尔译序，该书第22页。

"体验"到,"意识"到什么,因而,现象学同时也是使"经验"(体验)、"意识"理性化,是"经验"之逻辑,"意识"(consciousness)之逻辑,也许我们可以补充一句:"意义"之逻辑。

然而,尽管胡塞尔在《逻辑研究》中强调了并贯串了"逻辑的"与"心理的"一致性,但"逻辑"毕竟离不开形式的推理规则,因而现象学有待于进一步明朗化:"现象的世界"毕竟不完全是"逻辑的世界",于是在《论观念》中,胡塞尔找到了更为明确的语言来表达他的思想。

二、观念(理念)的世界

思想的世界不是纯形式的世界,思想的科学——在严格的、纯粹的意义下的思想科学也不是单纯形式的科学。就逻辑学来说,纯粹思想科学以"意义"为单位,"意义"已超出形式范围之外,涉及自身的对象和内容,因而对于"思想"、"意识",就不仅可以运用逻辑学,而且本身就可以建立一个严格的科学体系。这样,胡塞尔就从研究纯粹思想的逻辑意义,进而研究它的科学内容,并建立一个关于纯粹"思想"、"意识"、"精神"的严格的科学体系。适应这个发展,胡塞尔的现象学的核心,就由逻辑的"意义"成为哲学的"理念"(观念)。于是,在《逻辑研究》之后,通过《哲学作为一门严格的科学》(1910—1911年)这篇论文,于1913年胡塞尔发表了《观念——现象学通论》,意味着他的现象学不仅是一门新的逻辑学,而且也是一门新的科学。

胡塞尔着重地标出"观念"显然是有意识地把他的现象学与古代柏拉图的哲学接续起来,相信他的学说为贯通古今哲学之关键,得古代哲学之真谛,甚至说他的现象学是古今一切哲学的"依归"[①],这一点我们觉得是需要加以分析的。

古代希腊柏拉图(苏格拉底)提出"理念论",在西方哲学的历史发展上是有重大意义的。我们知道,希腊人从泰利斯起提出一个"本源"问题,就问题本身说,并不是新的,因为"探本寻源"原是人类思维的本性,是与人俱在

---

① 胡塞尔:《论理念》,英译,第142页。

的，但以科学问题形式提了出来，并力求以科学形态（即理论形态）来解决这个问题，却可以说是从古代希腊伊奥尼亚学派开始。希腊早期哲学的发展历史表明：以自然求本源，乃缘木求鱼，不得其果，于是苏格拉底反躬自问，以"自我"求本源。然而，苏格拉底的"自我"如系感性之存在，则又与"自然"无异，所以苏格拉底、柏拉图的"自我"乃是具有思维能力之理性存在。这同时就意味着，人作为理性的存在，不是以感觉来掌握世界，不是以感觉来思考，而是以概念、判断、推理来理解世界。这就是说，人是以一种普遍的、抽象的概念系统来认识世界。在这个世界中，或者说，组成这个世界的"单元"，就是所谓"理念"。"理念"在最初有"种"、"属"的意思，实际上就是后来所谓"名称"的意义，因为最初所谓"种"、"属"亦非严格的科学上的意义，在原始的意义上，"种"、"属"观念，蕴含于"名称"之中，所以从这个意义上，也可以说，人的理性的基本的功能在于"命名"。感性、物质的世界，一旦有了"名号"，就可以被抽象出来，具有相当的稳定性，于是，在古代，苏格拉底（柏拉图）就可以缓解赫拉克利特所指出的矛盾，在"理念"世界中找到"安身立命"的"坚实"基地。柏拉图、苏格拉底这一基本思想，为亚里士多德批判地加以发展，并改造成为认识上的范畴论，在大的方面使"理念"更为稳定。

然而人的理性不是"理念"的"名号"所能框得住的，"追根求源"的精神使人们感到"理念"本身虽然在具体的、经验的思维过程中是有效的，但同样经不住"刨根问底"的检查。首先是"名"、"实"之间的关系究竟如何？"名"不能尽"实"，"名"也会随"实"异，故"名"亦有"新"、"旧"，有"大"、"小"，那末，人们既要求最小之原子，也要求最大之理念，最根本的、最高的"理念"何在？如果有，它（们）与其他具体之"理念"又有何种关系？这种"至小无内"、"至大无外"的"理念"是否只能是"有名无实"？即有概念，没有直观？

于是，"理念"又在理论上、原则上被"一分为二"，一种是经验性的，一种是纯粹理性的，这种划分，在康德哲学中得到进一步的明朗化。他把经验性的"理念"称作经验的概念（由亚里士多德的范畴和时空直观统摄），而纯理性的"理念"则是理性的概念，就经验世界和经验科学来说，正是"有名无实"。

这样，如我们所知，康德就把古代希腊柏拉图的"理念"论，与当时欧洲的日常语言中"idea"的用法衔接了起来，即"idea"一词意味着"名"、"实"（经验的、客观的对象）之间一种"游离"的关系——我们看到，这也正是胡塞尔所要加以利用的一点。

我们看到，胡塞尔的"理念"论和康德的"理念"论是不同的，而他认为，只有他的理论才真正体现了古代希腊"理念"论的真义。理解胡塞尔和康德在"理念"问题上的区别，关键仍在于现象与本质、知性与理性之间的关系问题。康德把这二者分开，因而在康德哲学中，现象是与物质世界有联系的，只有理念世界，才是纯思想的，但这只限于"本源性"的概念，如"上帝"、"意志自由"、"不朽"以及形而上学中的"第一因"、"本源性存在"等。从胡塞尔的思想看，康德的"现象界"、"经验世界"——因而康德的"知识论"仍是不可靠的，是拼凑起来的，不是纯粹的，这一点休谟已经先于康德指明了，倒是那个"理念世界"，接触到了问题的实质，但这个世界不像康德那样理解的是一种神秘"实践理性"的不可知的领域，而恰恰正是真正的知识的领域。康德不是说纯粹理性概念没有"客观的"、经验的对象吗？事实上如胡塞尔在《逻辑研究》中已经说明过的，一切"理念"所要考虑的都不是这个客观的、经验的对象，而只是需要"意谓的对象"，因而，本来"理念世界"就是自成体系，可以与实际的物质世界无涉的。所以他一再强调他的"理念"，就是康德意义上的"理念"。① 正因为"理念"与客观物质对象有这样一种"游离"的关系，才能不受物质世界变幻不居的表象的影响，使人类的知识达到一种绝对性。所以，从这个意义上来说，胡塞尔的"理念"论是把康德的"理念"论拉回到现象界来，使"本体""现象化"，同时也使"现象""本体化"，这样，"现象"、"知识"才能绝对地可靠。这样，胡塞尔就否定了康德的不可知论，所谓"物自身"只是不是"事实的知识"，即"上帝"、"意志自由"、"不朽"只是不是具体科学的对象，但它们在人的想象、幻想里却是可能的对象，而且作为思想的对象，作为意谓（意向）的对象在思想中更有着必然的根据，因而

---

① 胡塞尔：《论理念》，英译，Martinus Nijhoff 出版社，1982 年，第 185、342 页。

我们不但经常"言说"它们,而且也经常"讨论"它们。从这里,我们也可以看出,至今教会与新托马斯主义哲学很重视现象学的某方面的原因。

从这个基本哲学前提出发,胡塞尔就来进一步论证他的"理念"概念。

首先,他的"理念"就是"本质"(essence)。"意义"是与"语词"联系的,"本质"则是与"存在"相对应的,由"意义"到"本质",就由"逻辑"进入到了"科学",因为"科学"常被认为是对"本质"的掌握。

在通常的意义下,"本质"是由"概念"来掌握的,它的对象是物质的感性事物,但胡塞尔所理解的"本质",是思想性的本质(eidetic essence),亦即"理念",它与物质的感性事物是"游离"的,就其本性来说,与那个物质的感性世界无涉,而是可以自满自足的,所以胡塞尔的"本质"本身就既是概念性的,又是直觉性的。

这样,胡塞尔就从现象学的立场,讨论了"概念"(观念)的起源问题,在这个问题上,他提出了一个著名的论点:"本质"(的概念或观念),不是从知觉(perception)中"推论"出来的,而是"呈现"(或"显现")出来的。① 在这里我们也可以看出,从逻辑的"意义"论到科学的"本质"("理念")论,在胡塞尔的现象学来说,有学说上的内在的必然性。

在实际的经验中,"直觉"都是个别的,都是由个别的、物质的、事实的对象通过知觉产生出来的,但在思想的经验(eidetic experience,或译"体验")中,我们却有一种普遍的直觉,即对一种普遍的对象产生直觉,"事实"是个别的直觉,"理念"是普遍的直觉,在"理念"对"本质"的把握中,普遍性与个别性是不可分的,普遍性本身就具有个别性,个别性本身也具有普遍性,因此,在这个意义下,"本质"就不是经验的事实的本质,而是"思想的本质"、"理念的本质"(eidetic essence)。

在一般的经验事实意义下,"概念"、"语词"只是客观对象的符号(symbols),它们与客观对象的关系虽然是相对应的,但却永远不能做到完全的同一,因而,这些符号之间的关系,归根结蒂,也只能从形式上的逻辑关系中求得必然性;但在现象学意义下,即在思想性的意义下,"理念"就不再是

---

① 胡塞尔:《论理念》,第93页;《现象学与哲学危机》,劳尔译序,第22页。

单纯的"符号",而是一种"本质"的"呈现"。任何人都能分辨出:作为语词概念的"红"和作为一种性质的"红"之间的明显区别。作为语言符号的"红"固然是约定俗成的,但人们心中之"红",却是必然的,因而,在人的理性的功能中,"符号化"(symbolization)和"呈现"(presentation)是不同的。①"符号"标志着另一种别的东西;但"意义"(Sinn)则"意谓着"自身(sign for itself)②。

这样,胡塞尔就把自己的现象学建立在(就哲学史来说,是重新建立在)一种肯定"理智的直觉"或"普遍的直觉"之上。

胡塞尔指出,他的"理智的直觉"既不同于经验主义的单纯"感觉",更不同于唯心主义的单纯概念,而是一种真正的"纯粹的直觉"(pure intuition)③。

这里还需要指出的,胡塞尔这里所谓"理智的直觉"与黑格尔在"绝对理念"下肯定的"理智的直觉"也是有所不同的。我们知道,黑格尔的"理念"与康德一样,是一个"本源性"概念,它的自身统一,有一个现实的发展过程,因而在最高"理念"中,"现实性"和"必然性"是统一的;但胡塞尔既然截然地划分了"事实"与"思想"的界限,而在现象学中"理念"自身的统一,就不需要任何过程,"理念"——"理智的直觉"永远是一个理想的(ideal)、思想的必然性、绝对性。在他看来,"绝对的现实性"就像"圆的四方形"那样不可理解④,他认为,只有这样,才能避免柏拉图式的"实体化"(hypostatization)⑤。

因此,在胡塞尔看来,"思想性的存在"(idealite being),不是"实体性的存在",不是现实的存在;思想性的对象,并不是物质的对象、实际的事实,而只是代表一种"价值"(validity),即思想本身为从"绝对性"、"普遍性"方面掌握世界设定的一种对象,所以这种对象的"存在"本身就与"本质"一致,是一种"理想性的存在"(ideal being),至于它实际上存在与否,则与"本质的存在"无关⑥。这样,思想对它自身的对象(思想的、理想的、普遍

---

① 胡塞尔:《论理念》,第93页。
② 同上书,第121页。
③ 同上书,第39页。
④ 同上书,第129页。
⑤ 同上书,第41页。
⑥ 参阅劳尔:《主体性的胜利》,纽约,1978年,第21页。

的对象）就仍然是能动的，而不像在通常经验心理学的知觉（perception）中那样是被动的；所以，现象学的"直觉"，是能动的，不是被动的，它是思想、理性的能动的、创造的结果，而不是被动的"印象"，在这个意义下，也许我们可以称它作"原始意识"或"原觉"（original consciousness）。

总之，人们对"本质"的把握是一个创造性的过程，它是普遍的，又是特殊的，从这个意义说，每个人心中的纯粹的"心理世界"、"精神世界"都要经过自己的创造，既不能简单地接受外物的印象，也不能简单地接受别人的"意见"，而必须经过自己的消化、理解、体验，才能成为自己的"内在的世界"（immanent world），成为自己的"精神世界"。这样，在胡塞尔看来，所谓"知识"、"理解"，是一种"活的体验"（vital experience, Erlebniss）①，而这个创造性的知识，才是绝对的、必然的。

然而，这并不等于说，以纯粹精神世界、心理世界为对象的现象学与各门具体科学不发生一点关系，相反地，在胡塞尔看来，现象学固然不依赖于具体实证科学，但实证科学却必定要以现象学为理论基础，因为"任何关于事实的科学（任何实证的科学）都以'思想性的存在论'（eidetic ontologies）为自己的理论基础"②，而我们知道，所谓"思想性的存在"就是思想本身，因而"思想性的存在论"也就是现象论和"精神（思想）论"。实际的存在论（具体实证科学）研究事实的因果联系，而思想的存在论则研究"理念"的关系，前者研究"事物如何（相互）作用"（how things do），后者则研究"事物是什么"（what things are）③。从这里我们看到，在胡塞尔的现象学中，知识论（epistemology）和存在论（ontology）是完全同一的。

为了进一步说明理性主体的独立性，胡塞尔在《论理念》中还进一步发挥了"意谓者"（noesis）和"所谓者"（noemata）的关系问题，前者是说人心有一种"赋意"（sense-bestowal）作用，从"自我"引向对象，而后者则为意识所"意谓"之对象，这个对象与"赋意"的对象不同，它完全是"内在于精神过程"（inherent in mental processes）的④。胡塞尔以园中硕果累累之苹果树为

---

① 参阅劳尔：《主体性的胜利》，第38页。
② 胡塞尔：《论理念》，英译，第17—18页。
③ 参阅劳尔：《主体性的胜利》，第118—119页。
④ 胡塞尔：《论理念》，英译，第213—214页。

例：果树给人以愉快之感，通常在真实的人或真实的知觉与真实的果树之间，有着一种真实的关系；但如果苹果树并不是真实的存在，但愉快之感觉仍然可以产生，一幅画着苹果的画也可以引起愉快之感，而这二者之间的关系就不再是一种真实的关系，而是一种"纯粹内在的关系"（relation in pure immanence）[1]。

的确，我们在欣赏一幅画时，对"所画之物"是否真实存在，并不关心，这就是说，它可以真实存在，也可以实际上不存在，我们当然不能肯定它实际上存在，但也不积极地否定它的存在，我们采取的是一种"中立的态度"，而只能说，在这种"中立的方式"（neutrality modification）下，"所画之物"为"类（乎）存在"（quasi-existence）[2]。

从这里，我们引出现象学的一个重要概念——"存疑"（epoché）。

希腊文"ἐποχή"有怀疑、搁置之义，胡塞尔这一思想显然直接来自笛卡尔。笛卡尔对于事实的、经验的世界采取怀疑态度，这与古代希腊苏格拉底对早期"自然哲学"和智者学派的感觉主义采取的怀疑态度具有同一性质的哲学根据。所以对经验世界的怀疑在哲学史上是达到绝对可靠的知识的必然前提。笛卡尔以后，康德甚至黑格尔虽然不以"怀疑论"为自己哲学的出发点，但他们的哲学立场却蕴含了对单纯事实世界的怀疑态度，所以胡塞尔说，普遍怀疑实为人类之自由[3]。然而，在哲学体系上把"怀疑"提到相当核心的地位，成为一个重要的哲学范畴的，在哲学史上当推笛卡尔、休谟，而胡塞尔则更进一步从积极方面把"怀疑"（存疑）与他的现象学紧密联系起来，成为现象学的重要核心范畴。

在胡塞尔现象学中，"存疑"首先不是一种方法，而是一种态度，是现象学、哲学对经验的事实世界采取的一个根本立场。

在通常情况下，人对客观世界采取的态度是"自然的态度"，即把"自我"当作自然的一个部分，去感受这个世界，与这个自然的世界融为一体；但理性告诉人们，这个世界是变动不居的，"自我"也是变动不居的，因而用这种态度得来的知识，无论多么"抽象"、"概括"，归根结蒂，都受制于感觉的变幻，

---

[1] 胡塞尔：《论理念》，英译，第215页。
[2] 同上书，第262页。
[3] 同上书，第58页。

人们要得到必然的、绝对的知识，必须要超越（transcendent）这个自然世界，在纯粹精神的、思想的世界去寻求其根源，这就需要另一种态度，即超越的态度。这种超越的态度，首先是"摆脱"前面所说的自然的态度；然而，"自然"和"自我"都是真实存在的，我们不能在"事实"上"超越"、"摆脱"它们，我们的知识，无法完全脱离物质的物理过程和物质的心理过程，于是，解决这个矛盾唯一办法就是暂时把这个自然世界"括起来"（der schaltung Parenthese），即"搁置"起来"存疑"。我们知道，"存疑"之物并非不存在，只是我们不置可否，因而对"存疑"之物采取"中立"态度。

我们看到，说到这一步，似乎还不是胡塞尔的新东西。我们知道，从古代希腊开始，就有一些哲学家把"理智静观"当作对"实践欲求"的一种"解脱"，这一点近代在叔本华哲学里表现得很为突出。叔本华以"静观表象"与"实践意志"相对立，认为人可以在哲学、音乐等理智性活动中暂时摆脱实际意志之骚扰。从基本精神来说，胡塞尔的"存疑"，同样也是通过一种"解脱"求得绝对之知识；但他却进一步提出一个问题：在"排除"（excluse）了一切"自然世界"之后，还留下什么？他指出，经过完全的"排除"后，所留下的，则正是他的现象学的真正对象——所谓"现象学的剩余者"（phenomenological residuum）[①]，这个"剩余者"是想排除也排除不了的东西。这就是说，排除一切偶然的杂质之后，剩下的就是必然之物，这个必然之物胡塞尔叫做"绝对意识"（absolute consciousness）[②]，对这个"绝对意识"的研究就构成"现象学"，所以"现象学"是排除一切自然科学之后出现的一门新的知识、新的科学[③]，这样，胡塞尔的"存疑"，侧重点就不在于"解脱"，而在于"建构"一门新的学科。

由此可见，"存疑"在胡塞尔现象学中占有一个基本的核心地位，从这样一个表面上消极的态度，却产生出整个现象学的知识论体系，在绝对意义下的"意识"，正是"理念"的结构，"括起了"整个的偶然的世界，立即"呈现"出一个必然的思想性、精神性的世界。

---

① 胡塞尔：《论理念》，英译，第 65 页。
② 同上书，§49 标题，第 113 页。
③ 同上书，第 65—66 页。

三、"人文科学"之建立

经过这一番历程,我们似乎真的又回到了一个"开端",不仅是理论上的、逻辑上的,而且也是历史上的,我们不再在"事实"的经验的汪洋大海中飘泊不定,我们发现了坚实可靠的基地,回到了我们的立足点、出发点——理性、人性自身,我们回到了哲学的历史的起点——古代希腊哲学,也回到了逻辑的起点——理性,"本源"与"始基"、"原则"毋须外求,就在自己,于是现象学的建立在胡塞尔看来是又一次的、在完整意义上的"文艺复兴"(renaissance),即古代哲学的"复兴":不是把"人"、"理性"看作"自然",而是看成纯粹的"心理"、"精神",即"理性"、"人"本身。

胡塞尔心目中要建立的这个"心理"、"精神"的世界,这个现象界,是一个活的、能动的世界,而一切实证科学所面对的则都是死的、自然的、事实的世界,现象学面对的则是真正的人的自由的精神世界。在这个意义下,哲学现象学作为与死的自然科学相对立的科学,乃是活的人的科学,"人文科学"。

应该说,胡塞尔建立"人文科学"的路线是一贯的,是他的现象学基本目标,晚期如此,早期(《逻辑研究》开始)也是如此。我们知道,在《论理念》中,胡塞尔就曾将笛卡尔的"我思故我在"改为"我生故我思"(I am living; cogito)①,这和他强调知识为一个活生生的"体验"(Erlebnis)的思想是分不开的。然而,胡塞尔晚年的确更加把他的现象学和"人性"(Humanity)联系起来,更加强调现象学为一种"人性之复兴","人性之重新发现",这也是很明显的事实,这个事实也可以说是他的哲学思想的进一步发展和明朗化的一个结果。在这个问题上,胡塞尔晚年未完成的著作(死后发表)《欧洲科学危机和先验现象学》一书及他留下的一些演讲稿,对全面了解胡塞尔的思想是非常重要的材料。

这里似乎应该首先提到的一点是,从把哲学当作"严格的科学"到把哲学当作"人文科学"表面上似乎有一点矛盾,因为"严格"似乎与"自由"不太

---

① 胡塞尔:《论理念》,英译,第100页。

相容，而"人性"之自由乃是近代以来欧洲哲学的基本信条之一。

应该说，在胡塞尔的大的哲学体系中，"自由"似乎不占什么地位，他追求的"知识"是绝对必然的，这种知识的对立面是偶然的经验事实。然而，整个来说，胡塞尔的"严格的科学"正是"自由的科学"，是一种摆脱了偶然性的"理性的自由"，因为它把一切自然世界排除了出去（"括了起来"），因而它的"自由"不是相对的，而是绝对的，而且这种"绝对之自由"更不像黑格尔那样，推在无限现象发展之长河中，而是就在当下的思想之中。所以在《欧洲科学危机和先验现象学》一开头，胡塞尔就指出，一切自然科学都与人的自由无涉，而只有现象学，才像古代哲学那样以"人性"的自由和自主（autonomy）为基础①。

在《欧洲科学危机和先验现象学》这本书中，我们看到胡塞尔晚年从现象学立场出发，对欧洲哲学的历史发展作了一番全面的思考。在书中，随着他的哲学问题的展开，指点古今各家学说的得失，他的意见，对研究欧洲哲学史当然有许多参考的价值，不过他的主导思想，我们似乎可以一言以蔽之：哲学为了摆脱自然科学经验事实的束缚，求得自身之自由和独立，付出了许多代价，走了许多弯路，终于在"先验现象学"中找到自己的归宿。

表面上看，自然科学所面临的世界，是一个千变万化的世界，似很"活动"，但事实上却是一个"死"的世界。不错，这个世界给我们提供生动活泼的"感觉"，但这些"感觉"在自然科学系里里，都要加以"符号化"。首先这个世界是可以计量的，即要掌握这个事实世界，必须运用数学和几何学，这样，我们有一个空间、时间和数的符号体系，而这是一个形式的体系；物理世界则受因果律支配，因果的推理，同样只有形式的必然性，在内容上是偶然的，因而因果律没有绝对的必然性。一句话，在物理的世界，人的感觉（直觉）与"理智"是二元化了的，因而自然科学的知识，只能把世界分割开来，加以形式化。

与这个形式化了的死的自然界相对立的则是"心理世界"、"精神世界"，即"理念世界"，才是真正绝对而自由的活的世界。在这个世界中，存在（现象）与本质、内容与形式、直觉与理智的同一性，不但是可能的，而且是必然的，

---

① 胡塞尔：《欧洲科学危机和先验现象学》，英译，第6—8页。

达到这种同一性甚至不是一个困难、艰苦的问题和过程（如黑格尔理解的那样），而是最为基本的"生活"，最为基本的"经验"，即具有一种"直接性"。在这个世界中，"我"直接地"看到了本质"，"本质"直接地呈现于"我"的面前。

这个纯粹的、自由的而又必然的精神世界的发现，是全部哲学发展历史的结果。胡塞尔把哲学摆脱"自然的态度"（natural attitude）的历史概括为"先验哲学"（transcendental philosophy）与"客观哲学"（objective philosophy）的斗争的历史，他说：

> 自从"知识论"（epistemology）① 的出现和严肃地追求先验哲学以来，全部哲学的历史就是客观的和先验的哲学之间的激烈斗争的历史。②

所谓"客观的哲学"即指以自然的态度来对待哲学，是一种经验主义的哲学；所谓"先验的哲学"则指"超出"经验、客观之外，追求一种必然知识。"先验哲学"一词，当来自康德，但也包括了笛卡尔和休谟等人，因为他们同样提出了与"经验"对立的"先验"的原则。但是历史上的先验哲学，在胡塞尔看来都是不彻底的，也就是说，包括康德在内的先验哲学家都没有能够把"自然世界"和"自然态度"彻底、干净地统统排除出去。

笛卡尔提出"我思故我在"，以为找到了无可怀疑的"自我"，实际上这个"自我"仍然是一个"实体"，是一个血肉之躯（"肉身"），因而仍是与"自然"同类，是"自然"的一种。休谟严格地划分了"事实的"与"观念的"之间的界限，对先验哲学有很大的启发作用，但他对"观念的"理解，是一种形式的、符号式的，因而是空洞的。只有到了康德，"先验哲学"才取得了自身应有意义，所谓"先验的"（transcendental）是既有形式又有内容的，并不是空洞的形式，而是与"材料"（materials）有关的。应该说，康德的先验哲学是最为接近胡塞尔的先验现象学的；然而，即使如此，在胡塞尔看来，康德的先验主义仍是不成熟的、不彻底的。在这里，弄清胡塞尔对康德的批评，无论对了解康德和了解胡塞尔本人都是很重要的。

---

① 即古代希腊哲学中与"意见"对立之"知识"科学。
② 胡塞尔：《欧洲科学危机和先验现象学》，英译，第70页。

我们知道，康德是个二元论者，他认为人的知识有两个来源：一个是感官提供的感觉材料，这是与外部物质世界同质的，另一个是理性提供的法则，理性为知识立法，所以它的范畴形式本是为了规整感觉材料建立的，所以康德认为即使人的感觉受外部偶然性的支配，但经过先天形式整理规范之后，我们仍可建立关于自然世界的必然的普遍的知识。康德这种观点，在胡塞尔看来，并没有解决休谟的问题。不错，他比休谟进了一步，承认先天的形式可以与后天材料结合为科学知识，但后天材料既与先天形式不同源，那末它始终停留于"个别性"，因而康德所谓"知识"的普遍性是不纯的，其中杂有"个别性"的因素，因而他所谓"知识"，也不是纯粹的普遍性的知识，所以胡塞尔批评康德的"灵魂"（soul）"自我"的观念，与笛卡尔一样，仍是经验主义的[1]，因为它还保留了"血肉之躯"即感官的被动性；从这个立场，也可以理解为什么他抱怨人们往往对休谟重视不够[2]。

在这里，我们再一次不无兴趣地看到，当代两大哲学思潮：分析学派和现象学派都从康德退回到了休谟，因为他们都共同强调"事实"与"思想"（观念）的彻底的对立，但在对"思想"（观念）的理解上，他们又是不同的，前者同意休谟把"观念"的必然性归结为逻辑形式，因而反对先验哲学，而后者则要引入内容，使先验哲学成为一门新科学——人文科学。

这个新型的科学与自然科学有截然不同的领域。自然科学领域是客观的、物质的世界，而人文科学的领域则是"活的世界（life-world），亦即精神的世界（spirit-world）[3]。这个世界，是"排除"一切自然世界的"剩余者"，这就是说，在"括起"一切客观的科学后，"活的世界"仍然可以是门科学，即我们不仅有逻辑的（客观的、形式的）先天性（a priori），而且对"活的世界"也有一种先天性[4]，这是一种更为根本、更为彻底的先天性，因为这门科学不

---

[1] 胡塞尔：《欧洲科学危机和先验现象学》，英译，第115页。
[2] 同上书，第195、207页。
[3] 同上书，第130页。所谓"活的世界"，并不是"物活论"意义下的"活的自然界"；当然也可以如实地把胡塞尔的"life-world"译为"生活的世界"，但必须在"我在世界中"的意义下来理解，而不是一般意义下的"生活环境"；但"我在世界中"这层意思是海德格尔发挥出来的，而且"我在世界中"的"世界"，也同样是"活的世界"，因为这个"世界"首先是"他人"，"我在世界中"的核心为"我在他人中"，而这一层意思又是雅斯贝斯和萨特发挥出来的，所以在讨论胡塞尔时以"精神世界"意义下理解"活的世界"为宜。
[4] 同上书，§36标题。

是关于个别性事实的知识，而是关于普遍性理念的知识。

在这里，我们还应该进一步指出胡塞尔先验现象学与康德哲学的另一重大分歧：我们知道，"理念"在康德哲学里不是知识的对象，而是实践的对象，但在胡塞尔的现象学中，关系正好是颠倒过来的。在胡塞尔看来，"实践"是一种物质性的交往，属于"事实"、"自然"范围，而"理念"则是思想范围的事，因而正是知识的对象。

我们知道，康德哲学指出，把"理念"当作科学对象，以科学、经验范畴来套"理念"正是一切旧形而上学失误的地方，但在胡塞尔看来，只有把"理念"当作"事实"来对待，即只有采取自然的天真朴素的态度来解决精神、思想领域里的问题，才产生形而上学。

于是，我们看到，与康德不同，胡塞尔的人文科学中的"人"，是一个静观者（spectator），而不是实践者，是一个理论家，而不是道德家。胡塞尔认为，人之所以能从朴素的自然态度中摆脱出来，正因为人是以对立面的一方来对待客观世界，才能在"心理"、"精神"中"建构"一个本质的世界①。从这种态度出发，主体与客体的关系，首先是主体不是作为一个自然科学家，而是作为一个"人"来对待客体，即作为纯思想、精神性的"人"来建构"世界"②。这并不意味着"自然的"人被消灭，而只是"摆脱"、"排除"一种态度——自然、朴素的态度，采取了一种新的态度——现象学的态度。这是胡塞尔"先验存疑"（transcendental epochē）的第一步，也是最重要的一步，不是作为"客体"的"科学家"，而是作为"主体"的"人"来对待问题③，然后才能从"活的世界"取得真正"经验"（体验）和"知识"。因为在胡塞尔看来，以"科学家"态度看问题，只能把世界当作单纯的逻辑结构，这种结构不可能将客观世界转化为主观世界，即转化为"经验"。胡塞尔说，客观世界是无限的，因而要"经验"这个世界，取得真正的知识是不可能的，就像要"经验"一个"无限远的几何结构"和"无限的数的系列"一样，这里只有抽象概念，

---

① 胡塞尔：《欧洲科学危机和先验现象学》，英译，第179页，为克服这种两极分化，于是海德格尔把现象学知识论引向现象学存在论，或存在论现象学。
② 同上书，第135—136页。
③ 同上书，第135页。

没有"可经验的""直观"①。所以,要取得真正的经验,取得绝对的知识,首先要把这种"自然的态度""括起来"、"排除掉"。

胡塞尔指出,跨出这一步,对哲学来说,具有划时代的重大意义,他甚至说,应该从摆脱朴素的客观态度来理解康德所谓的"哥白尼式的革命"②,是人的一种新的使命(vocation)(出自费希特)③。

这个"革命"为人所提出的"新使命"就是人的真正的"自我"、"存在"的发现:人不是作为血肉之身,作为"human being",来对待世界,而是作为"意识"(consciousness)的主体,作为"存疑"的一端(a pole),来对待这个客观的世界④;只有采取这样的"超越"的"静观"的态度,"自我"才能从"自然的一部分"摆脱出来,使"自然"成为"自我"的对应物(correlated),成为"人"的"环境",从而使"人"有可能对它进行"建构"。

随着这种基本态度的转变和明确,也带来一些新的问题需要从新的态度加以解决。

我们知道,康德哲学已经提出"经验知识"如何可能的问题,我们也已经知道,在胡塞尔看来,康德在回答这个问题时有一种二元论的不彻底性,因为他把感觉材料或"经验直觉"容纳进"经验"之中来,因而没有把"纯粹直觉"坚持到底。现在,胡塞尔把客观的世界与"活的世界"严格分化开来,对于"客观世界"可以有科学知识这一事实已为康德所指明,于是现在的问题是:对于"活的世界"如何有必然知识之可能? 康德对这个问题的回答是否定的,而胡塞尔的现象学的新使命就是要在被康德所摧毁了的废墟上重新建立起科学的宫殿。

那末,这个"活的世界"和"死的世界"(事实的、自然的世界)又有什么关系呢? 胡塞尔认为,这两个世界的关系,不是互相决定的关系,而是"相应"的关系,即"死的世界"是"活的世界"的对应物。同一个"事实",同一个"自然对象",可以有不同的"判断",并不是"事实"决定"判断","意识"有自己的独立性。"死的世界"和"活的世界"之间的关系只是一种"索引"(index)关系⑤,

---

① 胡塞尔:《欧洲科学危机和先验现象学》,英译,第 129 页。
② 同上书,第 199 页。
③ 同上书,第 136 页。
④ 同上书,第 183 页。
⑤ 同上书,§49,第 172 页。

因此哲学现象学和各具体自然科学之间虽不能"过渡",却可以相互"参照",相互"对应"。

于是,我们看到,所谓"活的世界",在胡塞尔现象学中实在相应于康德哲学中之"本体的世界","本源的世界"即"理念的世界",不同的地方在于:在胡塞尔哲学中,这个"本体的世界"是一个"显现了、呈现了的本体的世界",因而这个"理念的世界"同时也是一个"直觉的世界",它不是"感觉的、感官的世界",而是"纯粹直觉的世界"。从现代哲学精神来看,胡塞尔这个"活的世界"有两方面的意义:一方面,就其普遍性而言,它完成了一切旧形而上学的任务,找到了一个绝对普遍的真理体系;但另一方面,它又是科学的,反形而上学的,因为它所谓的"理念",是理智与直觉的统一,而不仅是空洞的范畴形式。从这里,现象学强调了自己的"直接性"的特点。

我们说过,现象学的"本质",不是靠逻辑推演出来的,因为它直接呈现出来,所以只需要"纯粹直觉";现象学的"理念",也不仅仅是"理性的概念"而无直观与其相应。从这个意义说,现象学与分析学派采取了截然相反的立场:现象学不需任何"工具",不需单纯的、形式的"抽象",不需要任何"符号",不需要任何形式的推理。"形式的逻辑"只对各具体自然科学才有重要作用,现象学则强调"理智的直觉",强调"看到了""本质",强调"真理"的"直接性"。

这样,我们看到,在胡塞尔的现象学中,"先验的逻辑学"和"纯粹的心理学"就具有同一的意义。"先验逻辑"研究"心理"(与"物理"截然对立)的必然性(a priori),所以劳尔说,胡塞尔的哲学是把"经验"理性化,或者是一种"经验的逻辑"[①],如果像胡塞尔本人那样,经常把"经验"(体验)理解为纯粹"直觉",则的确是胡塞尔哲学的一个重要特点[②]。在某种意义上说,康德哲学也同样是将经验理性化,企图建立一种含有经验内容的"先验逻辑",但正如胡塞尔所说的,康德的"经验"并没摆脱感官的接受性,是受制于客观的自然界的,因而他所谓的"逻辑",仍不免为一种形式的逻辑,只有现象学,才真正把康德那里分裂了的"理性概念"(理念)与"直觉"结合起来,这种

[①] 劳尔:《主体性的胜利》,第74、76页。
[②] 因为在某种意义上说,康德的知识论也是要把"经验"理性化,只是在胡塞尔看来,不够彻底、成熟而已。也许,对胡塞尔来说,"经验"本就是"理性的","理性"也就是"经验的"、"直觉的"。

结合在事实的死世界是不可能的,只有在"心理的"、"意识的"、"活的经验世界"才有可能使理智和直觉真正同一起来。

正因为如此,关于"理念"的学科,就既不是旧形而上学,也不是与知识对立的"实践","理念"同样构成一个"世界",而且是最为真实的世界,"活的世界",因而关于这个世界的知识,同样包括了"存在论"(ontology)。现象学的"存在论",不是"材料的"、"物质的"(material),因为它已将"事实"的存在"排除"出去,也不是单纯的形式的,并不是理智"赋予"某种形式,而是意识本身提供一种"纯粹的直觉"(即不杂感觉被动性的直觉)以作为理智的"材料",所以"材料"与"形式"在现象学中是同一的,"存在论"与"知识论"从而也是完全同一的。在这个意义下,我们也可以说,胡塞尔晚年已经把现象学与存在论联系了起来,虽然进一步的工作是海德格尔做的,但胡塞尔的现象学知识论(现象学先验论)和存在论之间的理论上的关系,已经被意识到,而且作过一定的研究,这一点也是不可否认的。

这样,与"自然的事实世界"相应,"活的世界"对人的意识来说,同样也可以说是"给定的"(pregiven),是一种"存在",而且在胡塞尔看来,对这个既定的"活的世界"的经验(体验)是早于各具体自然科学的[①],因而是一种原始的、最初的经验。

由这种强调"直接性"的立场所决定,胡塞尔认为现象学不是"解释性的"(explanative),而只能是"描述性的"(descriptive)。如具体自然科学,以逻辑范畴来规整感觉材料,对"事实"作出"解释";现象学缺乏这种(感觉)内容与(逻辑)形式的分离,因而只能对一个活的世界进行"描述",而不作任何外在的、附加的"解释"。我们看到,这种由胡塞尔早期就提出的"描述性现象学",正如劳尔所说,与后期所谓"先验性现象学",在基本精神上是完全一致的[②],所以,即使在胡塞尔晚年的《欧洲科学危机和先验现象学》中,仍然给"描述性心理学"(descriptive psychology)以重要的地位,指出它与"直觉"有相同的地位[③]。

---

① 胡塞尔:《欧洲科学危机和先验现象学》,英译,第69页。
② 胡塞尔:《现象学和哲学危机》,劳尔英译序,第3页。
③ 同上书,第237、239、270页。

人把"自然世界""括了起来",摆脱了"自然科学"的态度,就回到了自身,把"自我"当作"自我",而不是当作"自然"来对待。这样,我们就回到了"心理的"与"物理的"绝对的界限,划清这个界限,按胡塞尔说,是整个欧洲哲学的核心任务。我们已经知道,在古代希腊这个欧洲文明的摇篮,已有"自然哲学"与"理念哲学"之对立;在中世纪有唯名论与唯实论之对立;在近代,有经验主义与先验主义之对立。哲学按其本性来说,在胡塞尔看来,一定是先验主义的,但历史上的先验主义都不够彻底、不够成熟,连笛卡尔、康德这样的先验主义大师,都不免陷入心、物二元论,即从一种抽象的、孤立的观点看心与物的区别,归根结蒂,把"心"归结为一种"物"(实体),或"物"之功能。在前辈中,胡塞尔特别推崇勃兰塔诺,因为他要建立一门不同于"物理学"的"心理学",指出"心理"的一大特征为"意向性"(intentional),通过这个概念,才使"心理世界"成为一个有自己对象、自己的内容与形式的独立科学,但胡塞尔在总结这个历史阶段时指出,即使在勃兰塔诺那里,"心理学"仍是不成熟的,仍是一种"自然科学"。胡塞尔说,在勃兰塔诺的心理学中,"灵魂"(soul)仍被理解为与感觉材料不可分,而只是把感觉分成了"内在的"(inner)和"外在的"(outer),因而"心理-物理的因果性仍被认为有效"①,而只有到了他的《逻辑研究》,欧洲哲学史上才第一次使"灵魂"、"精神"、"心理"完全摆脱物理学、自然科学的影响,建立了先验哲学的绝对性。

这就是说,只有现象学,才把欧洲哲学上的先验主义贯彻到底,"心"才完全摆脱了"物"而独立出来,成为一门严格的科学。这样,"人"也才真正摆脱了自然的个别性,成为普遍的绝对的精神。

我们已经说过,"精神"不能成为"实体",它不占空间、时间,不能"体现"(实现)出来,不能成为感觉的对象(客观的对象),在这个意义上,它永远是内在的(immanent);"精神"、"理念"之间也不可能是一种因果关系,这是先验的逻辑已经揭示了的。

从这个前提出发,我们可以看到,在胡塞尔的现象学中,每个人的"精神

---

① 胡塞尔:《欧洲科学危机和先验现象学》,英译,第234页。

世界",将是一个"独立的王国",是真正意义上的"单子"(monads),就其本身来说,它们之间是没有"窗户",不能交流的。当然,在实际上,我们都在互相交流,有各种各样的方式用以交往,这就形成社会,形成历史,形成文化之积累,在胡塞尔看来,所有这一切,都属于扩大了的"自然科学"的范围,因而都属于"括起来"、属于"摆脱"之列。现象学的态度是彻底地、完全地、绝对地"独创性的"(original)。每一个"人"都是"本源"、"始基"、"开始者",所以胡塞尔说,哲学的研究常常迫使我们"回到"这个"开始"。哲学的研究是完全独创的,独立的。

关于这样一个独立的、自成系统的"始基"的研究,就形成一门绝不同于任何"自然科学"(包括历史与文化在内)的"人文科学",对这门科学的向往、追求与努力,胡塞尔认为,是欧洲文明的核心部分。

"人"作为"自然科学家",是人人共同的,人们可以通过感官、可以通过约定俗成的符号(语言、文字)或非约定的记号(文物、遗迹、纪念品等)来互相交流;但作为"人文科学家"的"人",就缺乏这种"因果性"的交流,因而就存在一个"主体之间"(intersubjective)的问题[1]。按照胡塞尔的观点,"主体"之间,"精神"、"心理世界"之间,不能是因果的关系,同时也不应是一种纯形式的逻辑推理关系,而是一种"同情"(empathy)关系[2]。与对待"自然"一样,我们对待"他人"也不能采取"自然的态度",而要将这种态度"括起来",采取"超越的"、"静观的"(detached)、理智的态度,把别人的"精神"通过自己的思考,转化为自己的"精神"和思想。这种关系,使"自我"与"他人"处于完全独立平等的地位。"命令"可以指挥我的行动,但不能指挥我的"思想","巧言"可以使我"口服",但不能使我"心服"。"自我"的这种独立的关系,胡塞尔叫做"先验的主体之间的关系"[3]。

当然,胡塞尔这种"人文科学"的态度完全是理论上的,事实上,人们不断地可以退回到"自然科学"的态度[4],"自我"是"自然"的对立物,但又是"自然"的一个部分,这是不能否认的。欧洲的"人文科学"传统,强调

---

[1] 胡塞尔:《哲学作为严格的科学》,见劳尔译《胡塞尔:"现象学与哲学危机"》,第103—104页。
[2] 同上书,第106页。
[3] 胡塞尔:《欧洲科学危机和先验现象学》,英译,第185—186页。
[4] 同上书,第210页。

"人"的独立性,强调"精神"的自由、平等,并不否认人在事实上的社会、历史关系。就事实来说,人必定要服从因果性的自然律,但胡塞尔认为,人有没有这种"超越"的态度的自觉,是很重要的,因为正是这样一个"理念的"、"精神的"世界,把"自然界"当作一个"环境"来加以建构,使一切"自然科学"的知识,得到一个可靠的、绝对的基础。现象学是一门"理念的科学"、"理想的科学"(ideal science)[①],它不给人以新的知识,但却可以对原有的知识加以新的、不断加深的理解[②]。

然而,胡塞尔认为,欧洲文明当时所面临的问题是以泛滥无边的"自然科学"的态度代替了"人文科学"的态度,混淆了这两门科学的特点,也就是抹煞了"人文科学"的独特性,以实证的、自然的、物理的方式取代了哲学的、人的、心理的方式。应该说,胡塞尔这种批评,当也是"有感而发"。19世纪以来,欧洲自然科学大发展,与这种形势相适应,数学与逻辑学得到了广泛重视与重大的突破,欧洲的文明整个地被"物质化"和"工具化"了,在这个繁华似锦、肉欲横流的世界,"人"的独立价值何在?这就是孤独的胡塞尔的内心的呼声,这种呼声在他的晚年显得越来越强烈了。

同时,我们也应该看到,胡塞尔这种"有感而发",是以他的整个现象学理论为基础的,他站在现象学的"绝对的知识"的基地上发出的这种呐喊把被康德推到遥远的彼岸并被黑格尔归入无限的历史辩证发展长河的"理念世界",拉回到当下直接的"现象界",重新树立了古代希腊哲学对"知识"的绝对信念,因而我们在胡塞尔的呼声中听到的是一种坚强的、不动摇的信心。

作为哲学家的"人",应摆脱一切"现成的"前提,是一个绝对的自由的创始者,这是先验现象学赋予"人"的"使命"。然而,不幸的是,即使胡塞尔也不得不承认"人"作为思想超越者和物质存在者这样双重的身份,要求这二者之间一劳永逸、当下直接的同一始终是欧洲哲学的一件麻烦的事。胡塞尔的现象学为"理智的直觉"所设计的一套理论,当然有许多发人深省的地方,但要求一个"思想的存在者"就如同要求一个"物质的超越者"一样不免仍带有神秘的性质,离开了感觉材料的直觉,同样也不免带有某种神秘的性质,虽

---

① 参阅劳尔:《主体性的胜利》,第28页。
② 同上书,第38页。

然我们不能简单地一笔抹煞他的"理智的直觉"在理论上的意义。

"人"不仅是"理智的动物",或者会使用语言、符号的动物,而且具有"理智的直觉"的能力,所以,在这个意义上,"人的确是一个神的形象"[①]。胡塞尔现象学强调"先验哲学"的直接性和心理世界的独立性,不但使它通向了各种类型的存在哲学,而且也使它找到了与新托马斯主义沟通的地方。

就欧洲哲学在现代的发展来看,胡塞尔的现象学固然不能说是一种新的形而上学,但它不像分析哲学、实用主义那样完全否定形而上学问题的意义,而是要用现象学的方法来重新解决这个"本源"、"绝对"的问题,因而从根本上说,现象学反对把"本源"问题抽象出来,孤立地提出这问题,而认为"绝对"就在本质的现象之中,归根结蒂,是在"精神"、"心理"、"理念"世界之中,当然也就不是传统意义上的形而上学。

无论变幻多少种词句,问题还是在于康德所指出的范围:"本源"问题,不在"事实"之中,而在"理念"之中,"理念"不能成为"事实"的知识,至此胡塞尔与康德是一致的,只是胡塞尔进一步说,"理念"虽不是"事实"的知识,但自身却可以成为一门知识,而且只有"理念"的知识,才是最严格、最可靠的绝对的科学,这里的关键在于胡塞尔认为"理念"本身不是抽象概念,而同样是一种直觉,在"心理"、"精神"世界,在"事实"上被分割了的"理智"与"直觉"得到了统一,现象学的全部工作就在于论证这种统一如何使"理智"与"直觉"双方都不同于在"自然科学"中表现出来的特点。

然而问题仍然在于:这种理智与直觉的同一,只能在思想、精神世界得到肯定,因而所谓"绝对知识"只是理想本身的统一,而现象学绝不许诺这种"绝对知识"使"理想"与"现实"(事实)达到一个一劳永逸的统一。在纯思想领域求"绝对",这的确是欧洲文化的基本特点,胡塞尔对于这一点,是有相当的自觉性的。

[①] 胡塞尔:《欧洲科学危机和先验现象学》,英译,第66页。

第四部分　现代现象学思潮与黑格尔哲学

  黑格尔《精神现象学》的出版离我们已经有 180 年了，如果说，60 年前发表《存在与时间》的海德格尔已需要另一个马克思不以"死狗"来对待①，那末我们现在谈论黑格尔《精神现象学》的意义，就似乎更加有点过于遥远了。

  不错，像欧洲的整个文化精神一样，欧洲现代的哲学离开它们的古典精神已经很远了。现代西方的哲学家把他们传统的、古典的哲学，一概斥之为"形而上学"，认为从古代希腊——有的认为从柏拉图、亚里士多德以来，有的则将时间向后推移，但无论如何，长时间以来，欧洲的哲学，完全受制于"形而上学"，好像在沉睡了几千年后，逐渐地醒悟过来：原来过去的哲学似乎都在做它不该做的事情。

  西方哲学的这种"觉悟"，实际上说明了他们哲学的"危机"：哲学已经不能像别的学科那样，在自己的基本问题的研究基础上，取得进一步的成果，哲学的发展似乎非要摧毁这个学科自身不可，因此，像西方文化中"反戏剧"、"反小说"等思潮一样，事实上在哲学中也蕴藏着一种"反哲学"的潜流，这股潜流，在左右当代西方哲学的某些大家中早已涌现了出来，所以维特根斯坦才有"登楼撤梯"之说，而海德格尔则更将哲学已"终结"看作"思"之开始。可见，当代西方，无论在分析的或综合的（现象学的）思潮中，传统的哲

---

① 参阅加达默：《黑格尔的辩证法》，图宾根，1971 年，第 85 页。

学,都是"形而上学"的同义语,因而像古代炼金术一样,本是一门"伪科学"。

然而当代"反哲学"的勇士们(至少其中现象学系统的勇士们),似乎应该重新考虑这样一个问题:作为德国古典哲学集大成者,黑格尔早于胡塞尔的《逻辑研究》近100年,就写了《精神现象学》,不但提出了"现象学"的基本原则,而且强调了"辩证法"的历史过程,从当代现象学思潮来看,至少首创之功不可泯灭,更不用说黑格尔的辩证法仍是一个活的问题,对当代西方哲学思潮言,仍是一个强有力的挑战。

然而当代现象学历史研究的权威施比格伯格却对法国某些现象学家把自己与黑格尔接续起来的做法表示不理解的惊讶①,因为他从他那广博的有关胡塞尔史料的知识中,没有发现这位当代现象学奠基人受过多少黑格尔的影响。

施比格伯格这种态度是和他只重史料而缺乏思想深度的整个治学方法分不开的,而正因为他的这种治学方法,使得他对待史料的运用上也显得十分死板,时常抓了芝麻丢了西瓜。事实上,胡塞尔的学生、现象学的中坚而又有自己特点的海德格尔就曾在1942—1943年间专门开了黑格尔《精神现象学》的研究班,并留下了他对该书《导论》的逐段讲解,收在他的著名的《林中路》中,也许正因为它是尽人皆知的材料,博学的施比格伯格反倒不予重视了。

然而海德格尔重视黑格尔《精神现象学》不仅表现了一个思想家应有的眼光,而且是和他的整个思想进程不可分离的。无论从哪方面讲,黑格尔显然是海德格尔主要对手之一,他与黑格尔在思想上的交锋,就从他的这个课程——以"黑格尔关于'经验'的概念"为题发表——的内容也可以清楚地体会得出来,而且我们甚至可以说,海德格尔在这里独独提出"经验"这个概念来研究黑格尔《精神现象学》的基本精神也是很有眼光的选择,而这个概念正是"现象学"的基点所在,也是胡塞尔与黑格尔沟通的地方,尽管他们之间有着公认的原则上的对立。

依我们看,欧洲的哲学思想,从近代以来,特别是从笛卡尔、康德以来,朝着分析与综合两个方面已有了长足的发展。从分析方面说,康德的"批判哲

---

① 见他的《现象学运动》"全书导论"及第8章有关部分。

学"以"批判"理性之功能为科学思维廓清道路，防止理性之"僭越"，当今分析思潮在这方面已有不少收获；从综合方面来说，康德以后，有费希特、谢林、黑格尔这一古典唯心主义系统。我们这里要指出的是：从这个系统发展（叫"否定"也可以）下来，必定走现象学的路子，这种必然性，从康德经费希特到谢林的发展已见端倪，黑格尔《精神现象学》是把现象学与辩证法结合起来，一方面反对谢林的无矛盾混沌一片的绝对，同时也是对康德"现象"学说之变革与扩充，把"现象"之"分析性"与"本源"（本质）之综合性、经验性与超越性结合起来，以"现象学"统帅整个哲学体系，只是黑格尔强调思辨理性和思辨概念之辩证法，所以后来由"现象学"发展成"逻辑学"（思辨逻辑学），也许这正是现代现象学之所以不满于黑格尔的真正原因所在。

然而，现象学的思考从未中止过，胡塞尔的思想既非从天而降，也非限于勃兰塔诺之"意向性"一些鲜明的直接影响；他以反心理主义起家，而这个问题本身就有着新康德主义整个思潮的背景，而且正是在新康德主义系统中，现象学的趋向已十分明显，这个学派中一个承前启后的人物艾·卡西尔就也是以"现象学"自称的重要人物，他的基本目标就是要扩大康德的"现象"的范围，以他的"符号"体系来贯串整个哲学的领域。

哲学思潮的发展常常也有一种历史的讽刺，经过几代人的接续，有时竟失去了创始时之虽然粗犷但却强有力的探索精神，独创性的思想有时甚至成为一套表面精致而内容空洞的技术，分析的思潮如此，现象学的思潮也如此。据施比格伯格说，现象学由胡塞尔奠定以来已历经三代了[①]，现象学已深入人文学科的各个领域，其方法日趋严格，现象学之推演也有自成体系之一整套步骤，这方面情形和分析学派也已相差无几。

在这种趋势下，我们觉得不仅胡塞尔、卡西尔和海德格尔诸家之得失值得重新温习，而现象学在其最早的形态——黑格尔的《精神现象学》中是如何表现自己，对于我们了解这学派的基本精神和它的真义似乎就不仅仅是一点点历史史实的意义了。

---

① 参阅汉姆立克（W. S. Hamrick）编《现象学的实践与理论》（1985年，马丁努斯·尼霍夫出版社）中施比格伯格之后记。

一、"绝对的精神"与"纯粹的心理"

近代的西方哲学,在康德有一个划时代的进步,他综合了欧洲大陆笛卡尔的理性主义和英国休谟的经验主义,而以德国自身的莱布尼兹-伏尔夫学派为背景,提出了"批判的哲学"和"先验唯心主义",奠定了德国近代哲学的基础,而这个哲学的影响所及又大大超过了德国的范围。

就康德哲学本身来说,它是十分强调"先验性"、"纯粹性"的,它的目的主要是为知识奠定普遍的、必然的原则。然而,康德是二元论者,他承认感觉的原则与理性的原则虽然可以相容,但却有不可相通性。康德认为,知识作为确定的科学经验来说,有两个不能相通原则,因而有两个不同的来源,一是感觉提供的材料,另一是理性提供的形式,这二者虽然可以而且应该在科学的知识中相容地结合在一起,但最终是两个原则;这就是说,在科学知识的经验中,感觉材料是经理性形式构建过了的,理性的形式是由感觉材料充实了的。从这个意义来看,康德所谓知识的"先验性"(transcendental),实际上是由理性逻辑形式的"先天性"(a priori)来保证的,而理性逻辑形式的先天性,只是工具的必然性,只是知识形式的必然性,而不是内容的必然性。在康德的知识中,内容和形式就像在亚里士多德那里一样,只是质料和形式的关系,因而他的知识论,就像把许多糖块装在分隔开来的盒子里或者许多不同的家庭住在一幢公寓里那样,表面上是一个整体,内部却仍是分散的。康德这种偏于形式必然性的知识论,在黑格尔看来,并没有揭示知识的内容、意蕴和本质。所以,尽管黑格尔的《精神现象学》的"序言"部分主要针对谢林的直觉主义而发,但"导论"部分则仍以对康德哲学的批判为全书立论之基础。

不错,康德这个二元论立场,已经受到费希特、谢林来自综合方面的批判。费希特已在大"我"的基础上建立起统一的知识论体系,谢林更进一步地把先验主义与"绝对"的原则结合了起来,正是很为重要和很有意义的尝试。然而,与黑格尔《精神现象学》比起来,费希特和谢林的"先验主义"仍是一个逻辑的形式和框架,仍是一个"先天性",而不是真正的知识的必然性。因此,问题仍然要从康德说起,即仍然要廓清康德这种由二元论带来的逻辑工具主义和形式主义的影响。

由康德向哲学家提出的挑战似乎清清楚楚地摆在面前的是：要末老老实实只承认逻辑形式的"先天性"，从而不得不退回到休谟的立场，否定一切经验科学（广义的物理学）的必然性，要末坚持更为困难、复杂的道路，贯彻"先验性的"原则，使知识本身具有必然性。分析哲学选择了前一条道路，而这后一条路则正是由黑格尔承继费希特、谢林而开辟了现象学的道路。所以黑格尔以《精神现象学》开始他的创造性的哲学生涯，并不是偶然的。

什么是二元论？在二元论各种对立的范畴中，主体与客体的对立、思维与存在的对立是最为基本的，而这种对立和分离又被现代的某些哲学家认为是一切形而上学的根源。主体与客体的对立和分离曾被认为是科学思维的进步，从古代原始的混沌状态解脱出来的一种觉醒。当古代希腊的泰利斯宣布水为万物之本源时，西方的哲学就以科学的形态对世界采取了理智的态度。人不再与万物仅仅限于物质的、感觉反应的交往，而且有一种理解的、理智的关系。人不仅生活于具体的感性的世界，而且有一个共相的普遍的世界，即科学的理智的世界，这个知识世界的结构正是那个万千世界的本质。由柏拉图的"理念"向亚里士多德的"范畴"的过渡，说明了这种理智意识向着经验科学的意识发展的明朗化。

然而，以科学为自己的形态的哲学本身有着一种内在的矛盾：哲学所追求的"本质"，所追求的"本源世界"，似乎在经验的、科学的"彼岸"，以科学的范畴来把握这种本源性的问题，则无疑把"本源性问题"当作一般"事实"问题，这正是一切形式的传统形而上学的症结所在。反对这种传统的形而上学，原本是康德哲学的主要目标之一，在他的哲学中作为经验知识的"范畴"和作为本源性的"理念"是有严格的界限的。在知识范围内，主体与客体是对立的两个原则，主体以自己的逻辑必然性（先天性）为客体立法，即给客体制订规则，以求经验知识之先验性，而"理念"则是一种纯主体性原则，但已非知识的范围，而是由实践道德法则支配下在理论理性中的一种"幻象"。涉及本源和本质的"理念"在康德哲学中不是真知识，知识只能是现象的、经验的。这就是说，在康德看来，只有在主体与客体对立、分离的前提下才有知识的问题，因而知识只能是现象的、经验的、科学的，而所谓本体的、超越的、哲学的知识，只是形而上学的独断。我们看到，康德这种知识论是和现代分析学派在基本精神上一致的。

然而，康德的知识论显然留下了许多难以解决的问题。我们固然可以像"批判哲学"和"分析哲学"那样把本源性问题干干净净地从知识中剔了出去，但却必须面对这样一种困境：既然知识以主体与客体的分离为前提，那末这种知识只能是抽象的概念式的知识，就活生生的现实过程而言，是一种割裂了的理智形式，因而这种知识，则不是真知识。主体与客体之间固然可以得到相对的结合，但却永远有一条不可逾越的鸿沟。于是这种知识论，就自己否定了自己，陷于自相矛盾的境地。康德本人并没有回避这个矛盾，而是径直地宣布一个"不可知"的领域，因而在"现象"与"本质"之间设立了一个不可超越的界限。打破这个界限，就必须打破主体与客体僵硬对立的这一形而上学思维方式。我们看到，在这方面，黑格尔和当代现象学派的基本精神则是一致的。为了打破这种对立的幻想，黑格尔强调了"绝对精神"作为哲学的最高方式，而胡塞尔则为"纯粹的精神世界"作了不遗余力的辩护。

以主客体分立的康德知识论，把知识的必然性，建立于主体性原则之上，理性为自然立法，由这个思想发展为，现代分析派以"博弈论"说明逻辑为知识结构提出规则，正如海德格尔所说的，"主体性"原则为现代技术意识的一种表现①，靠这种技术，人们只能得到工具性的知识，这种知识以事物的"表象"为起点和归依，永远不能窥视"物自身"。从新康德主义以来已经提出而为现象学所倡导的口号"回到事物本身"正是要克服这种主体与客体的分立局面，黑格尔的"绝对"，卡西尔的"符号"，胡塞尔的"体验"（Erlebnis），海德格尔的"Dasein"，都是为了适应这需要而提出来的学说。

"现象学"的基本原则，就是思维与存在"同一性"的原则，在黑格尔为"绝对"原则，在胡塞尔为"纯粹"、"超越"原则，在海德格尔为"存在"原则，总之是一个本源性的原则，这个原则是现象学的共同原则，而与传统意义下或康德意义下的主体性原则是根本对立的。在包括黑格尔在内的现象学立场来看，是真正的"先验性"（transcendental）原则的发展，而不是主体的逻辑

---

① 海德格尔：《黑格尔关于"经验"的概念》，见《林中路》，第177页。有趣的是，萨特也说康德哲学是工程师的哲学，请联系维特根斯坦的工作来考虑。

立法或给出规则的作用,即不是"先天性"(a priori)原则。从这里我们也可以看出,为什么黑格尔和胡塞尔都批评了康德哲学的不彻底性。

在《精神现象学》中,黑格尔批评了康德在认识之前考察认识工具的界限的做法,指出这蕴含着认识与存在分立这样一个前提,因而才把认识和理性当作工具,以考察它是否适应存在这个对象;而事实上,在黑格尔看来,思维与存在本是一个统一的过程,主体与客体不但有相容性,可以作知识性的结合,而且有相通性,主体必定转化为客体,客体也要通过人的实践转化为主体,这种交往和沟通,是一个统一的现实过程,有着自己的发展阶段。正因为如此,主体和理性所拥有的知识才不仅仅是工具和媒介,知识的必然性,才不仅是空洞的逻辑形式(a priori),而且是有内容的,是一种先验的(transcendental)必然性。这种主体与客体相沟通的境界,黑格尔叫做"绝对"。主体与客体"相对",客体也与主体"相对",而"绝对"是为"无对",自身同一,因而虽包容一切经验,但却不超出于一切经验,于是这种"绝对",就只能是"精神"。

作为工具的理智知识,总是与存在和对象相对的,因而不是真正的超经验的,而是仍受制于感觉和经验。理智知识所拥有的"先天的"逻辑形式原是为感觉经验而设,在这个范围内要求真理或真知识,则必定要求以存在的对象作检验,看看我们主观的概念是否符合客观的对象。因而这种知识和真理只能是表象性的;而哲学则要求真知识,这种知识固然不是与外物直接交往的感觉,也不是限于主体性抽象的概念,而是"精神"在各个历史环节中显现自己,黑格尔说:"精神在现象学里为自己所准备的是知识因素,有了这种知识因素,精神的诸环节现在就以知道自身即是其对象的那种简单性的形式扩展开来。这些环节不再分裂为存在与知识的对立,而停留于知识的单一性中,它们都是具有真理的形式的真理,它们的不同只是内容上的不同而已。它们在这种知识因素里自己发展成为一个有机整体的那种运动过程,就是逻辑或思辨哲学。"[①]

在这段纲领性的话中,黑格尔已经提出他的现象学和逻辑学完全一致,这种逻辑,不是形式的逻辑,而是先验的逻辑,只是康德在先验的逻辑的道路上走得不够远,因主客体之分裂而受制于感觉材料,从而使他的知识论走向自己

---

① 黑格尔:《精神现象学》上卷,商务印书馆,1962年,第24页。

的反面——不可知论,黑格尔的任务就是要克服这种二元论,使先验原则贯彻始终,以绝对精神统摄知识各个环节。"绝对"既非单纯客体,即不是感觉,也不是单纯主体,即不是逻辑之工具,而只能是精神的实体。在黑格尔看来,"精神"比一般的"理智"更为根本,更为原始,因为"理智"是主客体分化以后的产物,而"精神"则是"绝对"的本源境界。既然理智受制于感觉材料,只有"精神"才是彻底"超验"的,从而只有"精神"才是最为纯粹的,即不杂任何感觉经验的。

我们看到,这个基本态度,胡塞尔与黑格尔是一致的。胡塞尔的现象学同样是康德知识论的变革和发展,即把"先验性"的原则贯彻到底。胡塞尔甚至说,先验性是欧洲哲学的最终依归。在这一点上,他同样认为康德的知识论在感性篇中容纳了感觉的杂多性,是一种不彻底的表现,他的《逻辑研究》,特别是该书第一卷,主要是反驳包括康德在内的心理主义的不彻底性,因而他此时所谓的"逻辑"正是"先验逻辑"。不错,胡塞尔扬弃了黑格尔的"绝对",而从"精神"、"心理"与"物质"、"物理"世界的原则对立入手来论证"逻辑的"与"经验心理的"区别,从而确立"精神"和"心理"世界的"纯粹性"。正因为这样,胡塞尔的现象学有时被人解释成是对一种与客体完全对立的纯粹主体的阐发,从而被称作"主体性的胜利"①。这在某种意义上来说,当然是符合胡塞尔现象学的实际的;但是我们认为,"主体性"原则固然是胡塞尔批评康德先验论杂有心理主义和确立自己的现象学的论证方法,但他的"主体性"并不是通常所理解的与客体相对立的一种抽象理智的工具性实体。胡塞尔的"主体性",实际上就是"精神性",是与物理性完全不同的"心理性",它是一个世界,而且是最为纯粹,即不杂任何感觉经验的世界,他把这个世界叫做"思想"的、"理念"(ideas)的世界,正是这个世界,才是唯一的本源性世界,在这个世界中现象与本质、主体与客体、思想与存在是同一的。这个世界固然有一个物理的世界作为背景(situation),但自身却是同一的,不需要一个"客体"来与它对立。所以从本质上来看,胡塞尔这个"纯粹的心理"世界,正是黑格尔的"绝对的精神"世界。在他们看来,这个世界比那种以主客

---

① 参阅劳尔:《主体性的胜利。对先验现象学的一种解释》,纽约,1978年,第1版。

体分立为特点的抽象理智世界是更为本源性的。

如果说，因为黑格尔和胡塞尔都强调"精神"和"心理"则应称作"主体性"的话，那末海德格尔的"存在性"就可以更清楚地看出这种扬弃主客体对立的现象学精神的特点，而海德格尔这种执着于"思维存在同一性"的"存在性"原则，正是胡塞尔现象学的直接发展。

这样，我们可以说，消融主体与客体的僵硬对立，回到更为本源性的同一的世界（无论叫"绝对"也好，叫"心理"也好，叫"存在"也好），是当代反传统形而上学两大系统中现象学派的基本立场，而这个立场的基石，当是黑格尔在《精神现象学》中提出的各种原则。

二、理智的直观与本质的显现

康德的二元论立场导向他在知识论中否认有理智的直观和直观的理智的可能性，因为在他看来，直观来源于感觉经验，而理智则是一种先天的给出规则的作用，二者是有原则的不同的。在这个前提下，我们所谓经验的知识，只能是表象性的，即对象只能是我们所看到的那个样子，而不是事物本来的样子。想直接把握事物本来面目的"理念"，只是理性的一种幻象，而不是经验的、可靠的科学知识。现象学要回到事物本身去，则首先要在知识论上恢复理智的直观和直观的理智的合法性，这是康德以后这个综合发展系统的主要工作。

应该说，康德这个立场从在经验范围内求先验性来说，即以经验求先验来说，当然是有根据的。经验离不开感觉材料，同时也离不开先天的形式，这二者的关系由于来源不同只能是相对的，因而只能是一种"结合"，而不是"同一"。在这个意义上说，我们的知识只是表象性的、相对性的，谈不到什么"绝对真理"。从这个思想路线来看，我们固然可以找到相应于"杯子"、"鞋子"等的直观现象来，但推衍下去，却找不出与"全世界作为一个主体"、"上帝"、"意志自由"相应的直观对象来，这说明，我们的理智的概念，原本与直观的对象之间就有一条不可逾越的鸿沟，"杯子"、"鞋子"因在经验的范围内，尚可有与之相应的对象，但超出这个范围，就暴露了理智概念的问题，因而反过来看，事实上"杯子"、"鞋子"作为概念，与"这鞋"、"那杯"之间是有原则区别的，因而知识既然是概念的体系，则事物的本身对这个概念体系来说，是不完全适应的。同时，在这个意义上来说，我们的理智概念只能是经验的范畴，只限于用于经验的表象。黑格尔在《精神现象学》中把这种思维方式称作"表象性思维方式"，他的哲学就是要"打断以表象进行思维的习惯"①。对于这种思维方法，黑格尔作过很深刻的批评，他说："表象思维的习惯可以称为一种物质的思维，一种偶然的意识，它完全沉浸在材料里，因而很难从物质里将它自身摆脱出来而同时还能独立存在。"② 这种表象思维与一种与其相反的"形式推理"结合起来，这种推理表面上看它因完全脱离内容而显得很"自由"，但实际上它只能服务于"表象"，离开了"表象"也就失去自身的价值。

我们看到，批评"表象性思维"（representive thinking）同样是现象学的基本原则之一。"表象"成了"事物本身"与我们的思想之间的障碍，而不是桥梁。在现象学看来，思维与存在之间既然有一种本源性的同一性，就不需要"表象"的中介，甚至不需要任何中介，"同一性"本身就是"直接性"。在这个问题上，如同在哲学的基本体系上一样，我们将看到黑格尔与当代现象学之间存在着许多的区别，但在承认理智与直观的同一性这一现象学基本原则上他们是共同的。就黑格尔来说，理智和直观在本源性意义看本不是"二"，而是"一"，是"绝对"，即既非单纯主体，又非单纯客体，或者说，既是主体，又是客体。这个基本精神，黑格尔、胡塞尔、海德格尔都是一致的。

黑格尔的"精神现象学"就是精神发展为绝对的过程，这个过程就是精神克服自身的异化，克服主体客体、思维存在、理智直观对立的过程，精神回到自身，是为绝对的理念，从而在正面的、积极的意义上肯定了康德作为幻象的"理念"，以求"具体共相"之真理。

胡塞尔的现象学强调了本质的显现，本质的直观，因而同样是一种"具体之共相"。他的这种本质的显现，是以"意义"的理论为核心来论证的，这里采用了包括勃兰塔诺这些前辈在内的研究成果，以"意向性"为知识之出发点，把"意义"所指之对象与"表象"所指之对象加以区别，以"意义"为单位，作为科学之核心。"意义"既是本质，但又是直观，"意义"与现实对象之

---

① 黑格尔：《精神现象学》上卷，中译，第39页。
② 同上书，第40页。

间有一种"浮悬"的关系，因而"意义"自身同一，有自己的独立性。为了显示"本质"和"意义"，胡塞尔从笛卡尔那里采用了怀疑论，并将它发展为"悬搁法"，将一切感觉经验的表象成份"括起来"，然后问"剩下了什么"。经过现象学"括起来"后所"剩下的"，就是"本质"，就是"意义"，它不是单纯的感觉，也不是单纯的概念，它不是形式推论出来的，因而有一种直接性，但又是普遍的，因而正是一种理智的直观或直观的理智。

海德格尔出自胡塞尔门下，他的思想基点仍是胡塞尔的现象学，但以"存在"（Sein）为依归，而"存在"又要以"Dasein"显现出来。表面上看，他的"存在"既不同于胡塞尔的"本质"，更不同于黑格尔的"绝对精神"，他很尖刻地批评了包括黑格尔在内的一切旧哲学形而上学为"忘了存在"的哲学，但实际说来，他的"Dasein"还是一种"前主客体分化期"的"绝对的""本源性的"状态。在"Dasein"中，思维与存在是"同一"的，"思维"是"存在的思维"，"存在"是"思维的存在"，海德格尔把它叫做"心境"，也许可以理解为人全身心地来"理解"世界。"Sein"既然有"Da"，则已是一种"觉悟"，一种"意识"，但这种意识和觉悟不是单纯感觉的，也不是单纯理智的，而是感性与理性尚未分化之前的那种本源状态，因此仍可从"理智的直观"或"直观的理智"来理解"Dasein"和"Sein"。"Sein"只对"Dasein"显示出来，所以一旦"人"离开了Dasein而采取功利的或抽象理智的态度，"Sein"则立即隐去，人们所听所见，则皆为"事实"，都是"Seiende"。因而，Sein就是具体的共相，而Dasein则是理智的直观，或直观的理智。从这个线索来看，海德格尔的思想和黑格尔以及胡塞尔岂不是可谓一脉相承了？我们甚至可以说，在当今的大哲学家中，没有一个像海德格尔那样在基本方面更接近黑格尔了，尽管我们将会看到他们在很多方面是非常对立的。

承认"理智的直观"和"直观的理智"就必须承认有"直接的理智"和有"简接的直观"，这就是说，"直接性"和"间接性"也是"同一"的，没有分立的。从"直接的理智"说，现象学似乎接近直觉主义，但从"理智的直观"来说，现象学又似乎接近理性主义，事实上，在胡塞尔、海德格尔这些人看来，"现象学"比"直觉主义"、"理性主义"这些"主义"更具有本源性，是在这些"主义"分化之前就坚实地存在的真理。从这个真正本源性的立场出发,现象学反对知识的任何符号论,这是胡塞尔这个系统与卡西尔很不相同的地方,但就卡西尔"符号"的本源性因而涵盖了主体与客体之"同一"言,基本精神还是相通的。这就是说,一切现象学都认为知识本身不是工具,也不需借助任何外在的工具、媒介、符号来达到真理。这一点表面上看似乎是与黑格尔的哲学格格不入的。的确,我们将会看到,我们并不完全否认黑格尔现象学与胡塞尔这个系统的现象学在这方面所表现的明显的区别;但是,我们认为,就一切"符号"都具有"表象"指示的特点言,那末黑格尔的现象学,同样是不借助任何知性表象的符号的。事实上,这个思想在康德划清知性范畴的合法权利时,已经表现了出来,即在本源性的世界中,一切知性的范畴、符号都是不适应的。黑格尔则更进一步指出,包括康德企图用以沟通感性与理性的"图式"在内,都只能使知识支离破碎,他说:"我们在整个考察研究过程中必须牢牢记住,概念和对象,为他的存在与自在的存在,这两个环节都在我们所研究的这个知识本身之内,因而我们不需要携带我们的尺度来,也不需要在考察研究的时候应用我们的观念(Einfalle)和思想;由于我们丢开这些东西,我们就能够按照事物自在的和自为的样子来考察它。"① 黑格尔这段(以及接着的另一段)不太引人注意的话,却是很值得推敲的,它一方面明确告诉我们,要按事物本来的样子来进行考察,不需要任何外在的偶然尺度,因而我们为掌握事物本身所应用的各种外在的"符号",是没有多大哲学意义的;不仅如此,黑格尔甚至还告诉我们,为了能按事物本来样子掌握事物,我们还要"丢开"一些东西。

在这里,我们看出一切现象学的一个共同的重要思想:真理要排除一些东西才能显现出来。现象学这个关于真理的思想,是在真理论上采取了另一个角度,提出了一个新的方面。

通常的真理观念是:真理是人类知识财富的积累,是新事实、新理论的发现,是新技术的发明,康德著作中的"真理"就仍具有这种意义;但是现象学却告诉我们,真正意义上的"真理",却不是让人"得到"些什么,而是要人"丢掉"些什么! 这样一种古怪的思想,却倒也不完全是故作惊人之论,而是

---

① 黑格尔:《精神现象学》上卷,中译,第59页。

与现象学的根本思想紧密相联的。

首先,在现象学看来,"真理"不是得自于感性的归纳,也不是得自形式之推论,既不是要我们的感觉材料适应逻辑形式的规则,也不是要我们的概念符合我们的感觉的检验,因而真理既不是归纳出来的,也不是推演出来的,既不是综合构造起来的,也不是分析推论出来的,"真理"是"显现"出来的。认真说来,"现象学"不是"假象学"、"表象学",而是"显现学",这个字的希腊文动词原意就是"显现"出来的意思。"现象学"就是研究"真理"如何"显现"出来的学问。在这方面,现象学主要想告诉我们的是:必须摆脱、丢掉一些东西,真理才能显现出来,因而现象学的着力点主要是在否定方面,在破的方面,胡塞尔的"排斥、括起"法,海德格尔对"真理"概念作"揭隐"($ἀληθή$)的解释都充分地说明了"真理"这种否定(希腊文的 á)意义。真理不是首先要人"得到"点什么,而是首先要人失掉点什么,把该"丢掉"的都"丢掉"(黑格尔),把该"括起来"的都"括起来"(胡塞尔),把该"否定"都"否定"掉(海德格尔),"真理"就由隐到显,自然地出现在你面前。

该"丢掉"、"括起"、"否定"些什么东西?当然,那些没有根据的偶然的念头、胡思乱想、贪欲和野心……都应该丢掉,以明心见性,但归根结蒂,要丢掉那个表象的、抽象的片面的世界,排斥、括起那个为抽象理智概念割裂得支离破碎而又以形式的规则编织起来的世界,否定那个五光十色令人眼花缭乱从而令人玩物丧志的技术世界。人生活在这个肉欲横流的物质世界中,忘掉了自己的根本,现象学就是要人能透过、摆脱这些纷繁的假象,看到自己的根本,看到"绝对",看到"本质",看到"存在"。

在这个意义下,"真理"就不是抽象的、被割裂的概念(即使成了体系也罢),而是活生生的东西,是可以而且应去"看"到的,这个"看",就是"理智的直观"或"直观的理智",就是胡塞尔所说的一种活生生的"体验"(Erlebnis)。

现象学的"体验"不是康德著作中的"经验"(Erfahrung)。康德的"经验"是由感觉材料提供,并经过先天时空和范畴规范过了的知识,在现象学看来,这种"经验"是不纯粹的、片面的、抽象的,而胡塞尔的"体验"则完全是纯粹的、内在的、意向性的,是对世界(事物)本质的整体性的把握,因而胡塞尔的现象学是排斥任何"经验"的。

然而,"经验"在黑格尔的现象学中却有关键性的地位,这一点,虽然黑格尔因要强调他的现象学的超经验性而取消了一个"意识的经验科学"(Wissenschaft der Erfahrung des Bewuβtsein)标题,但却被海德格尔抓住,因为黑格尔《精神现象学》导论正是以"精神现象学"从而必以"意识的经验的科学"①为依归的。

应该说,抓住"经验",的确是抓住了黑格尔现象学的特点,也就是说,黑格尔在绝对唯心主义的基础上改造了"经验"的概念,并使它与整个人类精神文化的"历史"结合了起来,这一点也正是海德格尔本人十分感兴趣的问题。

不错,胡塞尔并没有忽视"历史",特别在晚年,他思考了欧洲哲学思想和精神文化的普遍特点,提出了欧洲文化"危机"的深刻见解,现在也还有一些研究者重视这个问题,作了对比的研究②,但就胡塞尔现象学理论本身来说,则并没有多少"历史"问题的地位,把这个问题提到原则的高度,并在现象学方面对它作了重要发展的是海德格尔。海德格尔与胡塞尔之间的关系,有点像黑格尔与康德的关系;海德格尔把胡塞尔偏重于内在性的"体验"发展为存在性的"心境",而黑格尔则将康德的知识性的"经验",发展为本体性的"历史"。正由于黑格尔的这种发展,黑格尔《精神现象学》中的"Erfahrung",也许真的可以像海德格尔所指出的那样:不是一种"知识"(Erkennens),而是一种"存在"(Sein)③。因而我们可以说,黑格尔所谓"意识的经验"中的"Erfahrung"是一种"经历"④。

不言而喻,"经历"是一种"活动",意味着"运动",这样黑格尔的现象学就比胡塞尔更具有一层能动性的特点。"精神"不仅是一种内在的"体验","外在的现象"不仅是内在的"理念"或"本质"的"分有"——像胡塞尔指

---

① 黑格尔:《精神现象学》上卷,中译,第62页。
② 参阅比默尔(W. Biemel)编《今日现象学》中帕扎宁(A. Pažanin)的文章《胡塞尔、黑格尔、马克思论历史问题》(1972年尼霍夫,荷兰)。
③ 海德格尔:《林中路》,第166页。
④ 英文以"Career"或"itinerary"来译最妥切。

出的那样，从"内在"（immanence）到"先验"（transcendence）的过渡必如柏拉图指出的那样，是一种"分有"（participation）①，而且是精神和意识自身的积极的表现。在黑格尔那里，精神和意识的能动性是现象学的根据和基础。

在研究这个问题时，海德格尔问精神为什么会有能动性？精神能动性本身的根据何在？海德格尔说，黑格尔的回答只能是"绝对的意志"（Wille des Absoluten），即精神有一种趋向于"绝对"的"意志"。"精神"永远不满足于既成的状态，而要趋向于一个尚未形成（Noch-nicht）的状态②。因此在黑格尔看来，"精神"和"意识"是一个过程，而既不是一个"事实"，也不是一种"灵感"。

这里，我们涉及黑格尔《精神现象学》的主要矛头所向，即谢林的"同一哲学"。

谢林哲学在许多方面是黑格尔哲学的先河，他对"绝对"、"同一"等概念的阐发，对黑格尔无疑是有启发作用的。然而黑格尔所借以从谢林"同一哲学"体系中脱颖而出、自成一家者是一种发展的、矛盾的辩证观点。这就是说，黑格尔认为"精神"和"意识"不仅仅是一种内在的状态，而且要转化为外在的现实的东西，"精神"本身就具有"现实"的特点；不仅如此，在黑格尔看来，"精神"这种由内及外的过程，并不是一个神秘的直觉过程，而是一个历史的过程。"精神"的本质为"绝对"，但有一个"尚未""绝对"的过程，所以"精神"为一种"趋向绝对"的意志，要实现这个意志，精神要付出"额外的劳作"（Zutat）③，有自己的"经历"。

从这里，黑格尔在积极的意义上提出了"辩证法"的问题，他说："意识对它自身——既对它的知识又对它的对象——所实行的这种辩证的运动，就其替意识产生出新的真实对象这一点而言，恰恰就是人们称之为经验的那种东西。"④ 这里所谓的"经验"或"经历"就是意识的辩证运动。

在近代哲学，"辩证法"原是康德重新提出的。康德以分析、批判的精神来限定经验知识的领域，把传统哲学中关于本源性问题的学说，首先划为形而

---

① 胡塞尔：《论理念》，英译，第124—125页。
② 海德格尔：《林中路》，第167页。
③ 同上书，第175页。
④ 黑格尔：《精神现象学》上卷，中译，第60页。

上学，指出以只适应经验之范畴来建构超经验之知识体系，乃是理性之僭妄，以知识之命题来对本源性问题下判断，则必然引起二律背反。所以，我们可以说，正是康德在近代第一个指出了："理念"（Idea）领域，不是一个理想的太平世界，而是充满了矛盾重重的荆棘。不过在康德看来，这个世界不是真实的世界，而只是理性幻想的产物。康德这个理论，当然是消极的，他认为辩证的矛盾的境界是人们应避免而不能完全避免的一个问题。

在这里，康德的意思是说，从知识论来说，"经验"之"全体"，只是一个悬设，而在理论上是无法把握的，但是黑格尔却认为，意识之"经验"、"经历"不仅是可以把握的，而且是哲学知识之根本目标。黑格尔说，"精神"和"意识"本身就是"绝对"，这个"绝对"和"全"不只是"经验"之终点，而且同样也是起点，所以并不是在"经验"发展至极致时才出现二律背反，而是"精神"在它一开始自身的"经历"时就已有二律背反，所以黑格尔经常强调"矛盾"是无所不在、贯彻全过程的。不错，黑格尔在《精神现象学》序言中说"真理是全体"[①] 时，强调的是真理在过程的"终结"时才是一个"自我形成"，而"最初直接说出来时只是一个共相"，只有在"终结"时，这个"共相"才是具体的。黑格尔在这里是针对谢林而发，事实上，黑格尔的"终结"又是"起点"，只有这样，所谓"绝对"才能是一个自身同一的"圆"。从黑格尔的哲学体系言，"矛盾"不是"经验"到某个阶段或最后才出现，而是一开始就出现的。"经验"或"经历"本身就是矛盾的辩证运动。

把握在辩证法问题上黑格尔与康德的区别，仍然在于把这个方法论问题联系到他们各自的哲学根本立场来考虑，关键问题还在于"主体""客体"、"思维""存在"的关系上。康德的二元论，使他强调二者的原则区别，思想的就是思想的，存在的就是存在的，"知识"是思想的事，不容许任何"矛盾"，所以康德的知识论的必然性，虽号称"先验的"，但根底里仍是"逻辑的"、先天的；黑格尔在强调思想的同时也是存在的，在"同一性"原则下，"精神"本身就是现实的。康德已经无可辩驳地指出了"绝对性"就是"矛盾性"，因此"同一性"不等于"无矛盾性"，恰恰相反，"同一性"肯定了"矛盾性"，所

---

① 黑格尔：《精神现象学》上卷，中译，第12页。

以，只有在黑格尔的意义下，所谓"先验的"必然性才得到了它自身真正的意义：即完全不同于逻辑形式的无矛盾性，而是一种矛盾的必然性，辩证的必然性。于是，在这个意义下，"先验性"与"经验性"也统一了起来，"绝对"是一个矛盾的过程，因而"经历"这个过程本身正是辩证运动的过程。"经历"已非单纯的"知识"，不是单纯"理智的"，而且同时也是存在的、现实的。

"精神"这种"经历"的过程，虽然不是"知识"的理智过程，这个过程不是"在""思想"中，不是"在"头脑中，头脑中找不出"精神运动"这样一个"事实"，而就"在""世界中"（in-der-welt），但也却不是随意地变换形态，而是像"知识"一样，有"新"的东西出现，这就是说，在黑格尔看来，意识的辩证运动是一个发展和前进的过程。

我们前面提到过，黑格尔认为意识的辩证运动为意识产生出新的现实的对象，这个新的对象，黑格尔接着指出，就是"自在的为意识的存在"，而这个"新对象乃是关于第一种对象（即自在的对象——引者）的经验"[①]。在这里，黑格尔的意思应是：意识及其对象的关系具有双重性，即对象既是自在的——第一种对象，又是为意识的——第二种对象。第二种对象是以第一种对象的意识为对象，因而是一个新的对象。第一种对象为意识提供的"知识"，这时成为第二种对象，就这个第二种对象来说，前面那种"知识"，就又是"自在的为意识的存在"[②]。于是，在这个（第一和第二）对象的不断转化过程中，我们同样也看到了思维与存在的同一性，看到存在向思维和思维又向存在的转化，而正是在这同一个过程中，我们看到"新"对象、"新"事物的出现，看到"精神"的发展，看到它的进步。

在这个意义上，我们看到，黑格尔现象学中"绝对"的"显现"和"意识"的"成长"（erfahren）是一致的[③]，黑格尔说："像这样地来考察事物，乃是我们的额外做法（Zutat，即指"精神"必须付出额外的劳作"——引者），通过这种考察（应是"通过这种劳作"——引者）意识所经历的经验系

---

① 黑格尔：《精神现象学》上卷，中译，第61页。
② 同上。
③ 参阅海德格尔：《林中路》，第180页。海德格尔解释道，存在的实体（οὐσία desŏn），即是"显示"（φαίνεσθαι），即是"生长"（φύσις）。

列,就变成一个科学的发展进程……"①,因为这种"额外的劳作"(Zutat)即是"绝对的意志"(Wille des Absoluten)②,"经验"的"过程"也就是"绝对""成长"、"显现"、"到达"的过程,所以"经验"或"经历"是"意识""归于"、"到达"其"本质"的方式,用海德格尔的话来说,犹如"猎人离家,泰兽归山"③ 各得其所,走各自该走的路。

由此可见,像胡塞尔一样,黑格尔认为"精神"和"意识"的"经历"的系列,是一个科学的体系,因而只能是知识的体系,只是不是一般理智的知识,而是哲学的知识,或纯粹的、绝对的知识。

现在,严重的问题在于:既然是知识体系,则无论如何必以概念的系统组成,但由于这种绝对的知识体系应是理智与直观的同一,因而绝对的概念则完全不同于理智的概念—范畴,绝对的概念就是"理念",是在知识体系中的"理念",这就是黑格尔进一步要阐述的,思辨的概念本身如何能够是一个"具体的共相",是一个"具体的概念",因而将理智与直观统一起来,以适应"绝对"这样一个本源性问题的要求④。

三、辩证思维与精神现象学

辩证法的肯定,已经蕴含了一个新的逻辑学,黑格尔的精神现象学已经孕育了他的思辨逻辑学的诞生⑤。

改造旧的传统的逻辑学,这是康德的宿愿,因为他感到那种形式的逻辑缺乏经验的内容而流于空泛,他建立了一套由各种范畴组成的"先验逻辑"。康德"逻辑学"从大的方面来说,也就是他的"知识论"。我们看到,康德这一改造传统逻辑的事业也为黑格尔继承、发展了。

然而黑格尔的逻辑学与康德的逻辑学虽然在方向上是一致的,但黑格尔在这条道路上所达到的深远程度是康德无法企及的。我们看到,康德改造传统逻

---

① 黑格尔:《精神现象学》上卷,中译,第61页。
② 参阅海德格尔:《林中路》,第175页。
③ 同上书,第170页。
④ 我们看到,胡塞尔则以"意义"体系来建立一个严格的(strenge)、纯粹的人文科学。
⑤ 现象学包含了逻辑学,参阅海德格尔:《林中路》,第184页。

辑的结果是仍限于知性的范围；所以他的"先验逻辑"也只是一种"知性逻辑"，是只适用于经验知识的范围的。就这个逻辑本身而言，仍以"先天的"，即三段论的前提、结论推论形式的必然性为基础，所以严格说来，只是旧逻辑的新运用，而尚未形成完整的新逻辑。这个缺陷明显地表现在他执着地把"辩证法"排除在他的"先验逻辑"之外，因而他的逻辑不是思辨的，仍是形式的、抽象的。在这里，黑格尔要做的工作是继续贯彻"先验主义"的精神，在一个新的哲学立场上，把"辩证法"与"逻辑"结合起来，成为一种思辨逻辑。这个逻辑当然还像康德先验逻辑那样是知识论，但已不仅仅是单纯的理智性的知识论，而同时也是以现象学为基础的历史观。

对于"绝对"的把握，既然是一种知识，一个科学体系，则必定要以"概念"为自己的形式，但黑格尔的"概念"，不是经验的概念，也不是知性的普遍的范畴。"Begriff"来自动词 begreifen，本身就是"把握"、"掌握"的意思，和"concept"的意思不同。"Begriff"与其对象的关系，不像"concept"与其对象为一种单纯"反映"的关系，而是一种"沟通"的、"转化"的"同一"的关系。"概念"是普遍的，又是具体的，是"具体的共相"。哲学要把握的对象是"绝对"，因而不可能用一群抽象、片面的知性概念去把握它，因为它本身为"绝对"，所以严格说来它本身不能是一般意义上的"对象"，本无其他的东西来与它相"对"。从这个意义上说，这个能把握"绝对"的"概念"，也就是"绝对"本身，是"绝对"、"精神"的自身的把握，而我们已经知道，"绝对"、"精神"自己是运动的，这种自身运动，就是自身的把握，因而"概念"也就是使绝对、精神自己显现出来。"概念"对"绝对"的把握，就是"精神"自己显现自己，自己发展、生长自己的过程，"精神"自己完成自己的本质，就是真理，就是哲学，就是科学，也就是历史。

我们看到，正是从这个立场，黑格尔强调了"概念"与"表象"、"思辨"与"推理"、"陈述"与"证明"的区别，一句话，强调了理性的、哲学的知识与知性的、经验的知识的区别。

就逻辑的形式言，"绝对"既然要以"概念"来把握，当然不能舍弃"命题"的形式，但思辨的命题与普通的命题却有着原则的不同。普通的命题是一个主宾结构，宾词包含于主词之中，是主词的属性（偶性），如"花是红的"、

"桌子是方的"等等,"红"、"方"是花、桌子的属性。这种命题本身蕴含着一个否定的方面,说"花是红的",就意味着"花不是绿的",说"桌子是方的",就意味着"桌子不是圆的",但却没有任何理由说"花"一定不是"绿"的和"桌子"一定不是"圆"的。胡塞尔说,"圆的四方形"在"意义"上并无矛盾,"方"、"圆"、"红"、"绿",按胡塞尔的说法,都是可以独立的性质和语词,因而自身有独立的特性。然而哲学的命题则显然有另一种面貌,以黑格尔的例子说,"上帝是存在",这里的"存在"就不是"上帝"的偶性,而是"上帝"的本质,在这里,宾词与主词是同一的,"存在"实际上又由宾词的地位回到了主词的地位,所以黑格尔经常强调"绝对"、"真理"、"精神"是"主词",用命题形式来对这些最本源性的概念作出进一步的规定性,并不是指证它们的具体的偶性,而是揭示、陈述它们的本质;思辨的命题使"绝对"的本质显现出来。这样,黑格尔在谈到"思辨的思维"时指出:"在科学研究里,重要的是把概念的思维努力担负起来。概念的思维努力要求我们注意概念本身,注意单纯的规定,注意像自在的存在、自为的存在、自身同一性等等规定……"① 因而,所谓"思辨命题",实际上是"同一命题"②。

当然,所谓"同一命题",并不是"同语反复","上帝"不等于"存在",但"存在"却是"上帝"本质的展示。"同一命题"也并不是要取消命题的主宾结构,而是要从一个新的角度来对待这种结构,即要在哲学的思辨命题与推理的非思辨结构之间划一条原则的界限。所以黑格尔说:"哲学命题,由于它是命题,它就令人想起关于通常的主宾词关系和关于知识的通常情况的见解。这种知识情况和关于这种情况的见解,却为命题的哲学内容所破坏了,旧日的见解,现在经验到,情况与它原来所以为的大不相同,而旧的见解既已作了这种修正,知识于是就不得不回到命题上来,以与从前不同的方式来把握命题。"③

于是,"命题"本身并没有被思辨所消灭,而是一分为二;一种是非思辨的推论式的命题,另一种为思辨的同一命题,前者是一种自然的意识,后者为

---

① 黑格尔:《精神现象学》上卷,中译,第39页。
② 同上书,第42页。
③ 同上书,第43—44页。

绝对的知识①，而思辨思维的进程，就是推论式命题之扬弃，而这种扬弃也就是"概念"确立自身的过程。黑格尔说："命题的形式，决不能仅仅以直接的方式予以扬弃，即是说，命题的形式之被扬弃，不应该仅只通过命题的内容而已；这个相反的扬弃的运动，也必须被表示出来，这个运动不应该仅限于是那种内在的阻抑而已，概念的这个返回自身的运动也必须被表述出来。这个担当着通常应由证明来担当的任务的运动，就是命题自身的辩证运动。惟有这个运动才是现实的思辨的东西，"只有对这个运动的叙述才是思辨的陈述或外观"②。这就是说，思辨命题必须在克服推论式命题即经验知识命题的过程中陈述出来、显现出来。

知性经验的命题都是相对的，不是自身同一的，按海德格尔的话来说，不能满足"绝对的意思"，因而才有自身的扬弃，这种"绝对"克服"相对"的过程即思辨思维的辩证过程。海德格尔从字源上来讨论"辩证法"，他说，"δια"有两个意思——分立和贯穿，"绝对"与"相对"分立，贯穿二者的对立，则复归于"绝对"，"λέγει"乃按古义"集合"、"综合"来解，因此"Dialektik"实即"对立之统一"或"对立之综合"。

由于推理式命题含有否定的意义，"绝对的意志"对其采取怀疑的态度，所以思辨思维是以对经验知识的否定和怀疑作为自身的起点。海德格尔说："辩证的怀疑就是思辨哲学的本质。"③

然而，我们看到，黑格尔尽管强调了"绝对"乃主体客体之同一性，但他强调概念式的逻辑把握方式本身已将自己的立足点确定于"主体性"之上，在现代发展了的现象学者眼中，黑格尔的"绝对性"就是"主体性"④，因而以概念方式来把握"绝对"所必然产生的辩证的矛盾仍不免康德所谓的"幻相"之讥。在某些人眼中，真正的"绝对"、真正的"同一"是早于"逻辑"的，是早于一切可以称得上"科学"的"知识"的，这就是一种"存在"的状态。这是从胡塞尔现象学发展出来的海德格尔的存在论观点。他在研究黑格尔经验

---

① 参阅海德格尔：《林中路》，第182页。
② 黑格尔：《精神现象学》上卷，中译，第44页。
③ 海德格尔：《林中路》，第182页。
④ 同上。

概念的课程中集中反对了黑格尔的辩证法，认为是"以死水求源头，离活源头甚远"①；海德格尔之"活源头"乃是他的"Dasein"，微言大义俱在那个"Da"字之中，"Da"使"Sein"明亮起来，自无"分立"可言。当然，海德格尔的"Sein"后来被"遗忘"了，"Dasein"入了世，就有各种幻相，以为把握住了世间万物，就可逃避与生俱来的烦恼，求得一时之安逸。各种经验科学都像种种麻醉剂一样，只有"思"和"诗"才是如一道青光，照亮了 Sein，使人返回家园，这个家园又绝非安乐窝，而是 Dasein 命定的归宿。

　　黑格尔说，感性的确定性和自我意识的确信，表面上十分可靠，但在更高的思辨思维来看，却是最空洞、最不可靠的。"这是桌子"，当你背过身去时，立即就被否定掉了，"此时"、"此地"如此这般的命题，都有这种情形，因此，在最简单的命题中，就已包含了自身的否定，包含了辩证发展的动力。在这里，黑格尔正是揭示了"概念"的普遍性与感觉的特殊性之间的矛盾，否定这个矛盾，势必否定"概念"本身，这也正是海德格尔的真正的命运。海德格尔的"Dasein"，是感性确定性与自我意识之自觉性的一体，是一个朦胧、混沌的状态，既在"逻辑"之前，当也在"辩证法"之前。

　　在海德格尔眼里，黑格尔固然是现象论者，但他的哲学充其量为现象学的知识论，或知识论的现象学，而不是现象学的存在论，或存在论的现象学。的确，黑格尔以概念作"绝对"的把握方式，以概念的辩证法代替现实的辩证过程，建构起一个绝对唯心主义的哲学体系，以"绝对精神"的显现作为真理之本质，很容易产生把"绝对"误解为"事实"的"具体实在"；而所谓"概念"的把握，也时常与理智的形式的把握划不清界限，从而思辨思维与推理式思维之本质区别常处于一种纠葛之中，从这方面，尽管黑格尔最为强调辩证的运动发展，却仍被现代的哲学家批评为形而上学。本源性的绝对，不应是一个"对象"，不应像其他客体一样，由一个主体以"概念"来把握，"绝对"是思维存在之同一，因而"概念"也是存在的，存在的也是"概念"，是"一"而不是"二"，所以在这个意义上说，对"绝对"思考或把握，不能成为"科学"，"哲

---

① 海德格尔：《林中路》，第 168 页。

学"不是某种形式甚至不是最高形式的科学,对这个本源性的"绝对"只能"观"(Gesehenhaben)①,这种"观"包括了"诗"和"思"两种方式。

然而,人们不禁要问,这种"诗"、"思"有什么凭借?如果说,现象学摒弃一切"凭借",那末可以换一种方式来问:这种"诗"、"思"以什么形式"显现"出来?

黑格尔的精神现象学如实地揭示了这样一个道理:以概念求真理,则科学和知识的发展必定是一个辩证的、矛盾的过程,而科学知识除概念的逻辑把握外,别无他途,因而辩证法是必然的,也是唯一的哲学思维方式。

我们不想否认现代现象学比黑格尔的精神现象学已走得更远,从而提出了不少新的问题,揭示了不少新的问题;但比起海德格尔来,黑格尔的精神现象学所表现的那种理性和科学的乐观精神仍对我们有较大的吸引力。在某种意义上说,黑格尔的现象学与海德格尔的现象学正走着相反的道路。我们在黑格尔《精神现象学》中看到"绝对"的辩证运动,以斗争的精神克服各个阶段的矛盾,达到统一,以扬弃在过程中出现的"苦难"、"奴役",把由"绝对意志"不满足而引起的"烦恼"(Angst)引向积极的追求,以确立理性和精神的真理性;但在海德格尔的存在论的现象学中,我们所看到的恰恰相反:人生而"忧患",在入世的过程中,恰恰产生自我陶醉式的"安慰",忘却了"存在",也就忘却了"忧患",自喜于物欲之满足,到头来——即死亡的来到,一切皆空。"诗"、"思"教人明心见性,摆脱的不是尘世之烦恼,而是一个花花世界,皈依的不是宁静之自然,而是从娘胎里带来的、与生俱在的"忧患"。所谓 Dasein 即是"死的恐惧"、"人生之有限",以及由此而来的"一切皆无"、"四大皆空"的"心情"。

黑格尔精神现象学矛盾发展的高峰在一种绝对之知识(在写作《精神现象学》时,黑格尔认为是宗教之知识),精神回到自身,不免有一点怡然自得、自我陶醉的毛病,但海德格尔排除五光十色的技术世界要人们看到的却是一个忧患的"吾身"(Dasein),而他偏偏要把这种境界叫作真在、真如、真理,二者相较,健康与不健康的倾向不是十分明显的吗?

---

① 参阅海德格尔:《林中路》,第 178—179 页。

第五部分　海德格尔在"思想"的道路上

一、海德格尔的哲学的"变革"

海德格尔毫无疑问地是当代西方最重要的哲学家之一，他是当代少有的几个能配得上笛卡尔、康德、谢林这些大家而且有独创见解的思想家。看得出来，他力图在思想穿透力的层次上超过他的前人，甚至超出欧洲一般哲学传统范围之外，特别是近代传统之外（或之上），吸取东方的思想方法，直接最远古的希腊宗续。这种思想路线，固然在他的老师胡塞尔那里已见端绪，但海德格尔显然在这条路上走得更远，想得更深。从这个角度看，有些研究者指出，从柏拉图以来的许多大哲，都只是西方式的，而海德格尔则是世界性的、国际性的[①]。

的确，海德格尔在哲学上的"变革"，不是枝节性的，而是向某种传统发动的一次总体性的进攻，也就是说，他是对整个西方哲学思想发起的一次挑战，对柏拉图（苏格拉底）以来西方传统哲学作了一次总清算，统统都作为"形而上学"加以否定。就西方传统范围来说，他努力跳过（穿透）这漫长的岁月，直追远古（或前苏格拉底）原始思维的本意，以求得"真"和"本"。从上溯的方向来说，前苏格拉底是海德格尔的宠儿，从前面的远景来说，则是向东方的思维方式靠拢。他后期和日本哲学家的讲话记录（《在通向语言的路

[①] 梅达（J. L. Mehta）：《马丁·海德格尔的哲学》，火炬丛书，1971年，第247页注㉑，这部分问题，将在第六部分讨论。

上》),流露出他对"非概念性语言和思维"的一种偏好,以为在这种诗的语言中可以得到归宿。据说他晚年对我国老子思想感兴趣,这是不奇怪的。可惜,海德格尔对东方的学养不如他某些前辈(叔本华、尼采)深厚,他除了在语言学方面懂得一点梵文外,主要学养还是得自从古代希腊以来的西方文化。所以我们觉得他是从纯西方文化传统中脱颖而出的一个怪杰,在"本源性思维"的高度上接近东方。事实上,谈到"本源性"的"初民",大概全世界各民族都有更多的共同点,因为那时并无多少"文化"的差异。这项工作,从哲学上来说,卡西尔已作了不少,海德格尔显然受到他的影响,只是他们的哲学基本思想不同,道不同不相与谋而已。

不难看出,海德格尔思想的出现进一步加深了西方哲学的危机。西方哲学的传统,在当代已经受到两个方面的挑战:如我们已经看到的,一是来自分析哲学系统的挑战,把哲学降为"方法论";如今海德格尔又以现象学为基础,要"挖""形而上学"的"根子",一旦挖出这个根子,形而上学也就"寿终正寝"。总之,传统意义上的"哲学"——"爱智",真的要"完成历史使命"了。海德格尔的注意力就集中到"哲学"出现之前的原始性思维上,或叫"前哲学"时期。而东方没有"爱智"意义上的"哲学",这对海德格尔这样的思想家来说,当然就具有相当的吸引力。

然而,事情不仅有远渊,而且有近源。海德格尔的思想又是他的时代的产物。

大学时期,海德格尔的主科是"神学",——按照他自己的理论,这个"历史"("曾在")真的给他以后的思想方式以极深的影响,似乎是"命定"地要他写那样晦涩的文章,造出那许多奇奇怪怪的"字"来要后人"诠释",而他的思想深处又是那样崇拜一种"神谕"式的扑朔迷离境界,陶醉于"原始的""天人合一""物我两忘"之中,无"我",无"物",心中只有一个"喏!"(Da)。海德格尔的这种思想旨趣,和他的哲学老师胡塞尔当然是大相径庭。

胡塞尔是学数学出身,他建立的现象学是从"严格的"(不是"精密的")科学方法的内部来说明"本质显现"的先验根据,在他心目中,"现象学"是最最严格的、晶莹的、纯粹的(不杂任何经验)的科学宫殿。他认为"人文科学"虽然不同于"自然科学",但仍为科学;虽然不依赖于经验之范畴,但仍具有语词"意义"的内在的、先验的逻辑联系。现象学的"意义"不是普通逻辑概念的抽象的"内涵",而是直觉性的事物本质的显现,所以,所谓"逻辑",也就不是普通所说的意思,而是现象学的逻辑。

我们看到,胡塞尔的思想的确有一种矛盾,他要把"人文科学"弄得纯而又纯,用"括起"、"排斥"法,把一切经验成分都排除出去,以为这样一来,他的"现象",他的"本质"的"显现"就既不是僵死的抽象概念,又不是变幻不居的感觉,唯其如此,方显出事物之本来面目,"回到事物本身去!"然而,"本质"、"意义"不都是很容易与抽象的经验科学概念相混的吗?所谓"直觉性的意义",不有点像把古典哲学的"理性的直观"颠倒一下的意味吗?关键问题似乎仍然逃不出"抽象概念"和"感性直观"矛盾的圈子。

海德格尔显然是看到了老师的这些矛盾,但现象学的基本原则不能放弃,这就是说,现代哲学的最基本的精神就是不承认主体与客体的分离和对立这样一种形而上学传统,是一定要坚持的,既不能"先分后合",也不能"先合后分",因为事物的本来面貌是没有这种分合的。

许多研究者都指出,海德格尔吸取了胡塞尔现象学的方法,这固然是不错的,但似乎说得还不够,应该说,海德格尔是坚持了胡塞尔现象学的基本原则,是把它和"存在论"① 结合起来思考问题的。

无论胡塞尔也好,海德格尔也好,对于普通意义下的"经验"和"经验科学"是完全排斥的,这是现象学的基本原则,是我们研究这一派思想时刻应牢记的特点。在现象学看来,经验科学并不是事物的真实的反映,因为它要用概念,而概念是一种抽象,以这种抽象概念组成的科学体系不是事物本身,而是

---

① 这里涉及译名问题,需要说明一下。"ontology"一般译成"本体论",在海德格尔哲学中应与他的主要用语"Sein"、"Dasein"衔接起来考虑。"Sein"目前有多种译法,"在"、"有"、"存在"比较普遍。如"ontology"译为"本体论",则"Sein"相应地该译为"本体",而"Seiende"可以译为"具体",但"Dasein"就难译了,——有人建议译为"身体",但易与"肉体"混。如"Sein"译为"有",则"ontology"应为"有论"。这是一个很好的也很中国化的译法,许多地方很合原意,如海德格尔说"Sein"是"给出来的"(es gibt,见《存在与时间》,图宾根,1927年,第7页)。但这样译,"Dasein"就不好译,"限有"不太妥,同时,"有论"与"知识论"不易对应,除非把"epistemology"译为"识论"。考虑再三,我们把"Sein"译为"存在",把"Seiende"译为"具体存在",所以"ontology"应为"存在论"以与"知识论"相对应。剩下"Dasein"我们觉得熊伟先生的译法较好,他译为"亲在",但为行方便,我们常直接用"Dasein"。海德格尔许多用语非常难译,因为他的语言要向东方非概念性靠拢,而我们的用语却日益科学化、西方化,真是"反其道而行之"了。

片面的，只是为了人的实际用处才设计出来的。科学所涉及的世界是客体的、对象的世界，而这个世界本来是主体建立起来的。这个世界是经验的世界，归根到底，并没有什么必然性，哲学的任务就是要超出这个世界（超验），追根寻源，以达到纯净的先验境界，这个境界在胡塞尔是"主体性"的"心理世界"。

海德格尔觉得，这种"心理"、"物理"，"主体"、"客体"的对立，仍有笛卡尔心物二元论的痕迹，他要寻求的不是"主体性"原则，而是一种真正超乎二者之上的"存在"。在某种意义上说，胡塞尔的思想有点像近代古典哲学中的康德，而海德格尔则更像黑格尔，虽然海德格尔并不承认什么主客统一的"绝对理性"。事实上，自康德把哲学拉向知识论后，黑格尔曾在古典的水平上回到存在论，而海德格尔则在现代的水平上又一次回到这个立足点。

然而，"存在论"ontology 这个词固然出现得较晚，但可溯源于亚里士多德的《形而上学》（或"原物理学"、"超物理学"），因而海德格尔重新起用这个字，就要说明它的新意，这就是海德格尔的"存在论"经常围绕着反对"形而上学"问题的原因。

海德格尔说，"存在论"只能在现象学的立场来加以理解①。什么是"现象"？胡塞尔说，"现象"是"本质的显现"或"显现的本质"。海德格尔认为，"essence"（本质）如果不是具体存在性的一个个小本质（Seiende），则拉丁文"esse"就是德文的"Sein"②。"本质"尚有知识论的痕迹，而"存在"就与知识论无关，因为康德早就指出过，"存在"不是宾词。"存在"就是"存在"，"有"就是"有"。"存在"、"有"与"显现"、"现象"是一个意思，"存在"、"有"就是"让"（Lassen）事物"呈现"出来，自己让自己呈现出来（Zeigen selbst）。于是胡塞尔现象学的最精髓的观念"显现"，被保存了下来。

根据现象学的原则，"存在"不是"对象"、"客体"，不是"事实"，因而严格区分"存在的"（ontic）"事实"和"存在论的"（ontological）"存在"，就是一条最基本的思想界限。

---

① 海德格尔：《存在与时间》，第35页。
② 海德格尔：《形而上学引论》，英译，纽约，1961年，第72页。

存在的事实是知识、科学的对象，或者说是主体建立起来的对象，它本身是间接的，由概念来把握。但人们要追问，主体何以能够建立这个对象性的事实？因而就事实范围来说，主体性原则不是最后的、直接的原则，知识的无穷尽性，不能是知识本身建立自身体系的根据。人们在确切认识"这是什么？""Was ist das？"的"Was"（什么）以前先已有"ist"的确切用法。这个"ist"不是"是"，而是"存在"，是"有"。我们说"这是人"时，并不见得已具有"人"的物理、化学、生物和人类学的知识，而只是说"这'人'存在"，"有这'人'在。胡塞尔说，这是"人"这个词语的"意义"（Bedeutung）在起作用，但"意义"也不是绝对的，它仍然是一个知识性概念，只有"存在"、"有"是最根本、最直接的一种显现。在海德格尔看来，只有这个"存在"是无可怀疑的，这就是说，在知识论范围内不能向"存在"提问题，它不是这个范围里的"事实"，而是存在论里的问题。反过来说，在（具体）存在上、知识上的"事实"，到了存在论上（ontological）都成了问题。"是什么"（Was）的问题是知识论问题，它是相对的、无穷无尽的，任何完满的回答在"存在论"看来都是不够的；"存在论"不问"什么"，而只问有无[①]。事实上，在现象学来看，"是"和"什么"这两项，是"一"而不是"二"。"杯子""是""什么"？"杯子""就是""杯子"，但在存在论来看，"是"与"什么"应有所区别，"是"比"什么"更根本。

这样，动词"ist"就不是系动词的作用，而是不带表语的"有"或"在"的意思。"ist"由"有"、"在"到系动词的变化，反映了存在论到认识论之间的沟通关系[②]。"X在"，成为"X是X"，原始的存在性判定，成为主系表的知性、科学性语句结构，这种结构变化的结果就容易混淆"to be"的两种用法，把存在性判定当作知识性的语句来看，从而把"Being"当作"What is it"，当作"What"（某物）来看待[③]。而在海德格尔看来，"Sein"这种存在性用法，早于系表结构——即知识性用法。

---

① 海德格尔：《存在与时间》，第143页。
② 同上书，第160页。
③ 包括汉语在内，有些语言最初没有系动词"是"，但有存在性动词"有"、"在"、"есть"（俄语）等。但汉语中"是"与"在"的明显的区别，使我们不可能产生"to be"、"to exist"、"to have"在用法上的混淆，因而也不太容易把"有"、"在"当作"某物"（"什么"、Was、What）来思考。

混淆存在性的"Being"和"What is it"（What、Was）应是海德格尔所谓的西方传统形而上学的根源之一。

形而上学的根本错误，海德格尔（以及胡塞尔）认为，在于把"存在"（在胡塞尔为"本质"）与事实混同。我们看到，这种说法当然是从康德那里承继、发展下来的。康德哲学的主要任务之一就是要严格区分科学知识的对象和实践的对象，指出知识对象是经验的，而实践对象则是超经验的，前者为知性范畴，后者为理性概念，而旧形而上学把理性概念看作知性范畴，把实践理性等同于理论理性，就把本是理念性的东西当作事实性的知识来对待，陷入二律背反。理论理性与实践理性的分别是客体性原则和主体性原则分离的必然结果，以主体性原则建立对象化、客体化的世界，是康德哲学变革的核心。沿着主体性原则发展下去，继续探索理性、心理之先验功能，有逻辑实证主义的分析（理性）学派，也有胡塞尔开创的现象学派。他们的目标都是追求一个纯而又纯、绝对必然的理性功能（或为逻辑、数学、语言之规则，或为直接之生活体验），然后以此为基础再来解释"事实世界"、"实证科学"何以可能的条件。黑格尔走了另一条路线，从积极方面发展康德理性概念——理念的学说，把辩证法置于哲学思维之中心，创立了以思辨理性为核心的世界观大体系。但这种超乎主体与客体、实践理性与理论理性之上的"综合"（绝对、绝对理念），本身仍是一种理论理性。黑格尔的哲学表面上客体性原则占主导地位，实际上仍以主体性原则为核心。理念为事物之全体或总体、总和，仍是"事实"。因此，黑格尔的绝对哲学把一个生动活泼的、在他说是"辩证"的过程纳入了最形式化、最僵硬的逻辑系统。旧形而上学的虚幻性和内部的不可调和的矛盾，在黑格尔哲学中暴露无遗。

然而，黑格尔反对主体与客体、实践与理性的分离这种精神还是继承下来了。克服这种主客体分离的在黑格尔那里正是他的"现象学"。但黑格尔的现象学是绝对的精神（理念）在事实的历史发展过程中"显现"出来，因此，要克服主客体分立的二元论，又要不落入黑格尔哲学体系之窠臼，就需要另一种"现象学"。这种现象学一旦摆脱了黑格尔那个冷冰冰的思辨理念的支配，而让事物的本来面目生动活泼地呈现出来（所谓"回到事物自身"），自然就有了一番新的面貌。

然而胡塞尔、基尔克特尽管都在"直接性"这一点上与黑格尔尖锐地对立,但他们所遵循的原则是主体性的,以所谓活生生的体验(Erlebnis)为基础,以此来与包括黑格尔在内的旧形而上学对立,是克服不了它的。海德格尔觉得,要真正克服一种倾向,不是从外部用另一种倾向代替它,不是要找出对立的另一方面与之对立,不是在各种对立关系中来回颠倒①,不是你说"东",我说"西",而是要找出它的"根源",使之"过时"②。

这样,海德格尔就在现代的条件下,接过旧形而上学的传统概念"存在",给予了崭新的解释,以使旧形而上学"过时"。

要真正弄懂海德格尔的"Sein"是非常困难的,也许简直是不可能的,既然我们只能借助于日常的语言和概念来"理解";也许,他的"存在"正是像我们中国人所说的"可以意会不可言传"的那种境界,因而对科学知识言,本如维特根斯坦所说的那种可以"指明"而不可言说的"神秘"的东西。就海德格尔说,关于"存在",他只告诉我们它"不是什么",而没有告诉我们"是什么",因为"是"原本比"什么"更为"根本",因而人本可以在"无关乎'什么'"的情况下,思考"是"的问题。这在他本人来说,是言之成理的,因为"是什么"是一个知识问题,是不能向存在论的"存在"提出的。

"存在"不是"事实",既不是个别的事实,也不是一般的事实,即不是事实的抽象,也不是事实的总和,因为这一切都是从"具体的存在"(Seiende)来理解,而正是旧形而上学的基本立场。从这个方面来说,"存在"不是在空间中有广延的事物。

"存在"也不是"自我","我思故我在"已被康德、胡塞尔批评过。"自我"与"存在"没有因果关系,否则,"自我"和"存在"都又归于"事实"之间的关系。这又是旧形而上学的错误。从这个角度来说,"存在"又不是在时间之中。

这就是说,我们通常所谓的时间和空间,已经使"存在"成为一个"对象"、"客体",成为知识性的"什么"(Was)。而"存在"是最原始的,先于一切知识,先于主体与客体之分化,也先于理论理性与实践理性之分化,也

---

① 海德格尔:《论人道主义的信》,收《柏拉图的真理观》,伯尔尼,1954年,第72页。
② 海德格尔:《论文与演讲集》,奈斯克出版社,1954年,第71页。

许，从积极方面看，我们关于"存在"所能说的只能是这样一句话，即它是一种最原始的状态①。

在海德格尔看来，Sein 既不是知识的，也不是道德的，因为它不是理论理性的对象，也不是实践理性的对象，它根本不是"对象"化了的东西（事实），我们将会看到，这个 Sein 正是胡塞尔所追求的"纯粹"的"心理"的状态。不是知识的，也不是道德的，而是心理的；但按现象学原则，所谓"心理的"，不是心理活动的"事实"，而是它的内容、它的意义，在这个意义上，也许我们可以把这种现象学，理解为"原心理学"（metapsychology），以与"原物理学"（metaphysics）对立。

旧形而上学说，"存在"是万物之"全"，是"诸存在"的"存在"，"万有"之"有"，以为这样一来，就可以把自己与具体科学区别开来。康德已经指出过，这个"全"、"存在之存在"不是知识之对象，旧形而上学要用知识之范畴来套它，必陷于自相矛盾的境地。海德格尔进一步指出，如果旧形而上学研究一下与这个"全"、"存在之存在"相对应的"无"，那末它的体系则不攻自破。这就是海德格尔为什么多次集中讨论"无"的原因。

"无"（"非存在"）不是一般的"否定"，因为在经验的事实领域，任何的否定都意味着某种肯定，"否定"是一种"规定性"，它正是科学知识的对象。但，唯有"无"，绝不能成为知识研究的对象。科学从不研究"无"，这是巴门尼德早已指出了的。这样，我们只有在存在论上才能真正谈到"有"与"无"的对立。海德格尔责问旧形而上学者，为什么一定要从"有"、"存在"出发，而不从"无"、"非存在"出发？在他看来，"有"、"无"之辩，正说明了现象学存在论之必然性，是存在论的真正的基础和根据。

海德格尔常常喜欢对他的前辈的思想作一些"引伸"，说是揭示前人想说而又未说出的想法，那末借用他的方法，为了便于理解，我们不妨在这里也把他关于"存在"的想法从积极方面作一些"引伸"。

"存在"不是在时空中的"事实"（客体），也不是超时空的"自我"（主体），因为"事实"也好，"自我"也好，无非是在主体与客体分化之后、对立

---

① 有时海德格尔很强调"原始体验"（《存在与时间》，第22页），但他既反对胡塞尔的 Erlebnis，那末也许用"状态"更切他的原意。

之后的片面的知识范畴；"存在"是在知识之前，即在主体与客体尚未分化之前的一种状态。这样，所谓"存在论"作为一门学科就是在物理学、伦理学、逻辑学出现以前就早已有的一门最为原始的学问。物理学、伦理学、逻辑学之所以能产生，正是先有了这一门学科的原故。

"存在"不是抽象，不是事实的概括，哪怕是"最高的"概括也不是，因为抽象、归纳、概括，都是随着科学知识、主客体的分化才出现的。事实之所以成为对象，主体之所以能与客体分化，正是因为人最初有一种"存在"的意识。

不错，把"存在"与"意识"联系起来说，或许海德格尔要加以否认，似乎是后来萨特的一种影响，而海德格尔自己则明确说过，"存在"不是"思想"的产物，而"思想"反倒是"存在"的产物。① 这句话，抽象说来，实在主义、经验主义、唯物主义都会感到高兴，但事实上，海德格尔的意思并不是要维护反映论，他的意思只是说，"存在"不是科学、知识意义下的"思想"的产物，即不是抽象、概括、归纳的产物，相反，科学思维却是"存在"这一原始意识的产物。

于是，我们这里觉得非要把海德格尔的"存在"与"意识"联系起来，"存在"是人的"原始意识"的产物，我们觉得，这比他后来说的"心境"（Befindlichkeit）要容易接受点。这也许就是为什么后来萨特又重新强调"意识"的原因。事实上，海德格尔自己对"思想"（denken）这个词的用法，后来也有很大的变化，已完全不是指科学之思维，而有更为原始也更为深层的意义，在这个后来的意义下，他上面那段谈"存在"与"思想"的话，就不能成立，而不可避免地要承认，"存在"正是这种深层的、原始的"思想"的产物；或者至少二者是不可分的，"思想"与"存在"是"同一"的。

从这个意义来说，我们对"形而上学"这个词可以有另一种阐述。"Metaphysics"，一般理解为"后""物理学"，这是根据后人编辑亚里士多德著作之传说而来，没有多少理论意义；后来不少人在"元"的意义下来用"Meta"，"Metaphysics"，"元物理学"，意谓着要寻求物理学之深层根据。海德格尔则

---

① 海德格尔：《什么是形而上学》，霍夫曼，英译，见他的《存在主义——从妥斯托也夫斯基到萨特尔》，新美国书库，1975年，第261页。

强调"Meta"的"超越"的意义，谓超出"物理学"之外，"Sein"在"Seiende"之外。事实上，按海德格尔的意思，我们不妨说"Metaphysics"正说反了，不是"后物理学"，而应是"前物理学"，不是"Meta"，而应是"πρo"。

依我们看来，这就是海德格尔想说但尚未清楚地说出的意思。这个意思也的确没有什么玄妙，正如他说的，因为它太简单了，反倒不易为人理解。我们去古已远，生活的环境是一个科学技术支配的时代，最原始、最根本的问题被掩盖、被歪曲了，具有无比穿透力的思想家要做的工作，就是要"去伪存真"，把真理揭示出来，而不是像过去的形而上学家那样用概念来构造一个体系，把"存在"变成一个"对象"，似乎可以放在显微镜下看出来，或者用高速加速器分离出来。"存在"是原始的、混沌的"有"，这个"有"不是自然，既不是自然的归纳、概括，也不是逻辑的推论和悬设，而是一种"呈现"，像太阳光照射下的水晶石那样通体透明，用不着技术加工去作物理、化学的分析研究。所以，海德格尔的问题不是如何理解"存在的存在"、"存在的本质"，也不是存在的总和，而是存在的意义（Sinn der Seiendes）。这个"意义"，由于人事之纷繁，是被掩盖着的，在西方主要是被形而上学所掩盖了的，它被各种抽象的概念体系包裹得严严实实，要捕捉它的真义，需要很强的穿透力和洞察力。但是，"存在"既是最根本、最原始的状态和体验，则也是最强有力的，是包括形而上学在内任何人为的力量所压制、掩盖不了的，所以"存在"的问题又是人人不可避免的，只不过人在纷繁的世界中暂时"忘记"它，因而现象学存在论的最基本的方法不是"学习"，而是早为柏拉图所指出过的"回忆"。经验知识需要"积累"、"学习"，但对"存在"的理解（体验）却只需要"启发"，使人们穿透一切知识，摆脱一切抽象概念，不以世界为对象作静观的思考，也不以实际活动与自然作物质之交往，而是体验于世界之中，与世界同在。

这就是海德格尔所追求的最原始的、最根本的境界。对"原始状态"的追求，并不自海德格尔始。卢梭把道德与科学对立起来，以科学昌盛来说明道德之沦丧，已是在理论上对一个"原始状态"的构想，而且蕴含着这样一种意思："原始状态"不等同于"野蛮状态"，前者是一切后来的发展之"始基"，而后者只是实际的历史发展的一个低级阶段。海德格尔说，前者有"未来"，而后者是没有的。这就是说，所谓"原始的状态"无论怎样被掩盖，都还是占支配地位的，它是一切知识之根本，科学技术只能掩盖它，但不能消灭它。果然，胡塞尔的现象学揭示了比科学知识的世界更为根本的世界：真正的精神的世界。在这个世界中思想摆脱了一切抽象的概念，语言不需要任何外在的符号，精神回到了自身的根基处，不杂任何非经验的成分。这种前所未有的"直接性"，正是一种"原始性"。胡塞尔已经用这种思想为指导，指出了欧洲哲学的危机，海德格尔就是要在胡塞尔指出了的方向下进一步清算西方哲学的传统，使它返朴归真。

海德格尔对西方哲学的历史发展有他一套特殊的看法，这些看法，都是以他的反对抽象概念式思维方式的干扰为基本前提的。他认为，希腊哲学精神从柏拉图（苏格拉底）开始向形而上学变化，柏拉图的 idea（理念），已开形而上学的端倪，这和他的老师胡塞尔对历史的评价就很不相同。胡塞尔的"直接性"在"本质"，所以重视柏拉图的（理念），而海德格尔以"存在"为原始的直接性，故把重点更往前推移，以前苏格拉底的"φύσις"为"存在"之本意，由这个字的"生长"、"生成"引伸到"呈现"，以求与他的"存在"相合。他的这种解释，虽然并没有得到古典学者的普遍接受和重视（一般理解为"自然"），但他以"φύσις"为一种物我未分之浑然统一体，却还与远古希腊文化初期的"χάος"（chaos）创生万物的思想相合，只是"φύσις"正是针对"χάος"而发，是把"生长之物"作"对象"来观察、研究的产物，因而是已经脱离了初期神话境界的标志。卡西尔的研究已表明，前苏格拉底阶段尚有许多神话思维方式的痕迹，像"水"、"火"、"气"都有原始物质崇拜的意味，所以，所谓"自然哲学"阶段，只是一个极初步的向科学思维发展的阶段。看来，海德格尔显然是接受了这一研究成果，在自己的现象学存在论中加以利用，并从这个角度，对"φύσις"重新作了解释。按这个思想，海德格尔认为直到柏拉图的 idea，虽仍有"看出"（Aussehen）的意思，但 idea 成为最高的"存在"，"存在之存在"，"理念之理念"，所以存在问题（Sein）就转化为神学问题（θεῖον），即"看到"一个具体的"本质"——神，这一点，他认为，黑格尔与柏拉图是一样的[①]。

---

① 海德格尔：《柏拉图的真理观》，第 48 页。

然而，无论如何，希腊哲学直到亚里士多德，都还去古未远，尚保存了一部分"存在"的真义，但到罗马人把希腊哲学著作，特别是亚里士多德著作译成拉丁文之后，古意尽失，形而上学变成不可救药的顽症。关键性的字，如希腊文的ὄν, οὐσία，被译成 substantia，就成了"实体"（substance），这个实体占有空间，似乎像个"事物"，但又是"永留"的，没有时间性。这样一种奇怪的意义结合的概念，成了西方哲学的主要概念，统治了许多年，直到康德出来才被粉碎。

在整个西方哲学史上，海德格尔固然很看重尼采，认为他是最后一个形而上学者，预示了形而上学的终结，而他自己思想中与尼采相呼应的地方比比皆是。但在早期，在他奠定他的思想基础时，他心目中的核心人物似乎是康德。所以，在他出版他的未完成的大著《存在与时间》（1927 年）后，接着出版的大的著作是《康德和形而上学问题》（1929 年），因此有人认为，可以把这部著作看作未完成的《存在与时间》的续篇①。

海德格尔的确对康德的哲学下过很深的工夫。考虑到他对古代希腊哲学的研究和观点，尚借鉴了卡西尔的一些研究成果，但对康德的研究，则与卡西尔采取了完全不同的立场，而他的这部著作，与卡西尔这样一位康德嫡传专家比起来竟毫不逊色，足见他功力之深。

海德格尔对康德的研究采取了与新康德主义完全相反的立场，而与他自己的思想紧密结合。当然，人们可以批评海德格尔对康德的诠释不尽合或完全不合康德之原意，但在海德格尔看来，所谓"原意"有两层意思：一是按著作原文死扣；一是指出康德想说但尚未说的意思。无疑地，海德格尔是要通过前者而以达到后者为旨归。

譬如说，康德自称他的学说已使哲学有一个哥白尼式的革命，即过去是主体围绕客体转，而他要使客体围绕主体转，以主体的先天立法权为核心，使知识、经验有一可靠之基础。海德格尔说，这仍是一种主客分立的形而上学态度，反映了康德自己不了解自己学说的真正意义。在海德格尔看来，康德学说哥白尼式的变革的意义在于由存在的（ontic）转向存在论的（ontological）②，

---

① 希洛弗（Ch. M. Sherover）：《海德格尔，康德和时间》，印第安纳大学出版社，1971 年，第 6 页。
② 海德格尔：《康德与形而上学问题》，梅茵·福兰克富，1951 年，第 26 页。

他把康德先验哲学称作"存在论的知识论"。

康德的知识论之所以得到海德格尔的重视，其主要原因之一是在于康德把"时间"引入先验论的知识论，成为具有先天综合性质的知识的条件；同时，由于康德强调"经验的条件同时也是经验对象的条件"，因而，"时间"不仅是经验知识（在康德是先天综合性的）的条件，也是经验对象（即"存在"）的条件。这就是说，知识的对象已不是超越时间的"实体"，也不是纯感觉性的"事实"，而是具有时间性的"存在"。从这个角度，海德格尔认为康德的知识，作为存在论的知识言，不涉及具体的存在，而是一种先验的、一般的对象（X），即存在论意义下的"存在"[1]。

我们看到，海德格尔揭示出康德把知识与时间相结合的意义是很有见地的。一方面，时间已不再是一个框框，而是一种先天的综合条件，另方面，知识也不是抽象的永恒真理，而是受一定层次（Horizontes）制约的。

就知识的主体能力言，感官已不纯是一种接受性、被动性，知性和理性也不是一种抽象空洞绝对的创造性，整个人的认识能力，则是一种有限的自由、接受性的自发性[2]。这就是说，在知识论中，康德是把感性、理性，主体、客体结合起来考虑的，因而就没有落入旧形而上学的窠臼，不像笛卡尔那样，把"存在"（在康德为知识之对象）归于"实体"。这样，康德的知识论，就不是存在的（ontic），而是存在论的（ontological），即它不是一般的形式逻辑和感觉材料的拼凑，而具有"原始性、先天性综合"的优点，所以被称作"存在论的知识论"。

海德格尔认为，这种"原始性"、"先天性"的综合的关键在于"想象力"——"图式"（Schemata）。想象力沟通感性与知性（verstehen），使这个知识不仅仅有知识论意义，而且有存在论意义[3]。但是，在海德格尔看来，正是在这样一个关键性问题上，康德却步不前。在《纯粹理性批判》第二版中，削弱了"想象力"的地位，而把抽象的理性（知性）不适当地加以夸大。这种倾向，得到了新康德主义的推波助澜，致使康德哲学失去应有的光辉。

---

[1] 海德格尔：《康德与形而上学问题》，梅茵·福兰克富，1951年，第113、114、115页。
[2] 同上书，第142页。
[3] 同上书，第210页。

尽管海德格尔对康德哲学作了深刻的研究，提出了发人深思的问题，但他们两位在基本哲学精神上是完全不同的。康德一生对自然科学有浓厚的兴趣，他的批判哲学在当时德国体现了一种清新的科学精神，他把理论理性和实践理性严格区分开来，为科学知识奠定了坚实的"事实"和"逻辑"的基础，同时也为"信仰"留下了余地。他在《纯粹理性批判》中首次从哲学高度批判了混淆"知识"与"信仰"、企图把"信仰""知识化"的形而上学传统，他的出发点及立足点和海德格尔是完全不同的。海德格尔是从自己的立场对康德哲学作了"各取所需"的批评，他对康德其他两个批判采取完全不理睬的态度，固然有自身理论上的原因，但也不能不说是一种极大的偏见的表现。按理说，海德格尔的确有理由对那个只讲先验的、绝对的道德命令的实践理性批判置之不顾，因为他的确深深地厌恶把主体与客体、实践与理论对立起来的形而上学的做法，但他却似乎并无理由忽视康德的《判断力批判》，至少在这一部分中，康德重新强调了"想象力"的特殊作用，而且曾着重地讨论了海德格尔很喜爱的艺术性思维的特点。我们看到，康德的这个批判，讨论艺术与自然中的问题，启发了谢林的自然哲学和艺术哲学，正是在这一部分，康德把理论与实践、客体与主体结合起来考虑，在原则上，不正是海德格尔所要追求的"原始的统一"状态吗？

无论如何，康德的哲学不能使海德格尔满意，当然也不是没有原因的。这里，海德格尔指出了康德哲学的一个根本的不足之处：康德并没有把它的先验哲学的知识论奠定在 Dasein 的基础上，而事实上，只有弄清了 Dasein 的意义，康德的哲学才有新的面貌，才不局限于"存在论的知识"，而达到"存在论的存在"。

我们前面说过，海德格尔的"存在"是一种"原始意识"的产物，因为"存在"离不开人，离不开"能理解"（verstehenkönnen）的人。但海德格尔所绝对要坚持、要强调的是：这个"人"不是二元的，不是天使和魔鬼的"结合"，而是"精神"与"肉体"尚未分化的统一体。我们引伸为"原始意识"，并不是说，这时"意识"与"存在"已经分化了、对立了，而是统一在一起的一种状态。处于这样一种状态的"人"，海德格尔叫做"Dasein"。康德哲学的缺点就在于对这种状态的"人"缺乏认识，因而他只把"时间"与经验和经验的对象结合起来,而把"我思"仍看作超时间的、绝对的精神性[①]。康德在反对笛卡尔"我思故我在"时走到另一个极端,"我思"与"我在"完全无关,即康德在正确地反对了二者之间的逻辑证明关系后,也否认了它们之间有一种存在论的关系。

这样,康德因为缺乏"Dasein"观念,他的"现象"就超不出知识的范围,是一种借助于符号(知性范畴的语言)表现出来的判断、陈述,而不是事物本身的"显现",因而归根结蒂是"概念",而不是"存在"。于是,在海德格尔看来,刚刚与时间相结合的活生生的东西,又被范畴概念限制为僵死的东西,因而康德虽然竭力反对传统的形而上学,但仍没有跳出形而上学的圈子;海德格尔认为,要彻底让旧形而上学"过时",就必须揭示它所绝未理解到的"Dasein"这样一个问题。

二、"Dasein"与本源的时间性

旧的存在论抽象地研究"存在",但一个最为明显的事实为:只有人才能提出"存在"意义的问题,因此理解"存在"的关键在于如何理解这个问题的提出者:"人"。

一个传统的看法是:"人"是"能说话的动物"。这个从古代希腊留传下来的说法(sῶον λόγον ἔχον)也被拉丁文译成"animal rational"失去原意[②],把"人"一分为二:肉体(动物)和精神(理性),然后再拼凑起来。事实上"人"是统一体,不是二元的。作为肉体言,"人"是诸"具体存在"之一,他之所以能超越万物,不在于他有作为工具用的思想、语言、理性,而在于他是一种很特别的"存在",他是最初"显现出来的存在",因而是一切存在论"存在"显现之根据。——这个最初显现出来的存在就是"Dasein","亲在"或"在那里"、"那(这)存在"。

"Dasein"比"Sein"多了一个"Da",如前所说,既然"Sein"是存在论要研究的主要问题,而 Dasein 又是这个问题的提问者,因此理解这个"Da",

---

① 海德格尔:《康德与形而上学问题》,第157、174页。
② 海德格尔:《存在与时间》,第165页。

就是理解"Dasein"和"Sein"的最关键的地方。

"Dasein"本是康德、黑格尔哲学中常用的一个词,初本无深义,一般指具体存在而言,海德格尔把它用来专指"人"的一种现象学存在论的意义,这个意义,简单说来,是指"人"的一种主客、物我、思维和存在不分的原始状态。在这个时候,意识是非常朦胧的,但又是非常清晰的——所谓"朦胧"是相对于经验的科学知识而言,所谓"清晰",是因为它不杂任何外在的经验,而只意识到自身的"存在"。这个"存在"不是抽象的,不是概念的概括、推演或经验的归纳,但也不是具体的,不用说没有"我"这个观念,连"人"作为一个科学概念的观念也未必产生。因此"Da"这个意识就与"Sein"绝对不可分。

从知识论来说,我们对"Dasein"一无所知,既没有抽象的概念,也无具体的感觉,惚兮恍兮,无以名状;但就存在论言,"Dasein"又是非常实在的,不可否认的,而且这个实实在在的"在那儿"是一切知识的根据。"Dasein"对知识论来说是"神秘的"、"疏远的"、"朦胧的",但对存在论来说却是近在眼前、清澈如镜,非常亲切的,是为"亲在"或"现在",总之,正是胡塞尔现象学所说的"显现"。

我们前面说过,海德格尔思想中存在论与知识论的对立,不是古典哲学中实践理性与理论理性的对立。在海德格尔看来,真正要在思想上扬弃理论理性的片面性,不能用同样片面的另一端——实践理性与之对立,而应立足于它们分化前的统一性的基础上,从而找出这种分化、对立的"根源"。然而,这种"统一性"又不是黑格尔的"绝对精神",因为"绝对精神"仍是一种理性的、思辨的东西,而应是现象学的、存在论的。现象学的存在论或像海德格尔在《存在与时间》中常用而后来不常用的"根本性的(基本的)存在论"是古典哲学思辨理性和实践理性分化的根据。从这个角度看,"Dasein"就既不是思辨的"自我"(我思),又不是实践的自我,因为此时根本没有物我的对立。

然而,我们又不能说这个"Dasein"就跟其他万物一个样子,是万物之一种,这样毫无意识之自然,混沌一片,何来"Da"?既然有"Da",就必有一种"朦胧的"意识在,只是这个意识尚未与"存在""分化",是一种真正意义上的"思维与存在"的"同一性"。这时的"人",处于"前知识"、"前科学"

阶段，同时也是处于"前道德"阶段。

于是，摆在海德格尔面前的艰巨任务就是：要从"思维存在同一性"这种混沌初始的状态中揭示人的特点。这个任务之所以艰巨是在于：我们已经习惯于科学语言的抽象概念，用这种语言来理解"Dasein"，就会像卡西尔那样，把"前科学"阶段的"人"，当作"人类学"的一部分来作客观的研究①，事实上，我们对"Dasein"的理解本身应是一种直接性的把握，这一点是我们在研究海德格尔的思想时要经常记住的。

"Dasein"是一个活的东西，不能被科学概念肢解为死的东西，对它的理解，也就要求我们全身心地去把握它。旧形而上学把活生生的"人"分割为精神与肉体，肉体是感觉性的，精神是纯理智的。被感觉到的是自然，被理解了的是概念的意义，这二者永无"同一"之日。"Dasein"要摆脱旧形而上学的二元论，要找出这种分化的根据，在"Dasein"中感觉与理智不是不可分的，而是根本没有分别的。不是像黑格尔那样先设定一个绝对的精神，然后外化万物，可感的外物成了"理念"的体现；"Dasein"不是什么"绝对理念"的显现，而是它本身的显现，是"Da"。这个"Da"的自觉，要比黑格尔的"绝对理念"远古得多，根本得多，它既是意识又是存在。这种尚未分化的朦胧的意识，海德格尔叫它为 Befindlichkeit。

像许多海德格尔书中的词一样，Befindlichkeit 不但难于寻找对应的中文，连英文也不易译得妥切。一般译为"Mind-state"，中文译为"心之状态"、"心境"，但海德格尔很快指出，"Befindlichkeit"虽然是一种"Stimmung"（情感），但却不是心理学的对象。因为"心理学"是一门具体科学，它把"心理过程"和"心理状况"原则上作"事实"来进行客观的研究，因而只是以具体存在（Seiende）为对象，研究人的具体心理特点，但存在论要求的则要比心理学原始得多、根本得多。它要把握本源性的 Stimmung，这是一种概念、情感、感觉尚未分化的状态。"Befindlichkeit"与"Da"，因而与"Sein"是"一"②。

"Befindlichkeit"来自动词"befinden"，基本意思为"发现"，引伸为"感

---

① 海德格尔：《存在与时间》，第 50—51 页注①。
② 同上书，第 132—136 页。

觉",名词 das Befinden 则衍化为"状态"、"情况"之意。"Befindlichkeit"是"发现"一种"状态",即发现了"Da",也可以说是"意识"的最本源性的状态。

"人"本是"万物"之一种,对这个"种"的认识是科学（人类学）的事,在这种科学认识之前,人有一种"Da"的意识,即"发现"了"自身的存在","在那儿","我在那儿"和"物在那儿"是一回事,因为尚无"物"、"我"之分,但"人"已"在那儿",以超越了"万物"（具体之存在物）。这是一种原始的感觉,也是一种原始的理解（verstehen）,"人"终于"在那儿"了。有了这个"发现",有了这种朦胧的"觉悟",有了这个 Befindlichkeit,"人"就脱离了"万物",成为"出现的存在"（ex-sistenz）①。这种"觉悟之情"（Befindlichkeit）真正使"人"成为"人",使人"出现"了。这不是"自我意识",因为此时尚未有"自我",也不是普遍的概念,因为普遍与个别也未分化。

与这种"觉悟之情"俱生的是一种真正意义上的"时间性"（Zeitlichkeit）,海德格尔把它称作 Dasein 的"意义"（Sinn）②,所以,在某种意义上说,他的主要著作《存在与时间》,实际上也可以理解为《存在与亲在》（"Sein und Dasein"）。如前所说,关于"Sein",已有康德从存在论的知识上作为"先验对象"（X）论述过,康德所缺乏的是从关于"Sein"的"知识"直追"Dasein",以完成现象学意义下的存在论的变革,这部分的工作,海德格尔引为己任,因为他的《存在与时间》大部分的篇幅是在讨论"Dasein"的问题,亦即"Zeit"的问题。

我们也已经指出过,康德曾把"时间"与"经验"、"经验对象"联系起来考虑,这就是说,在知性范围内,康德承认人是有限的,有时间性的,但谈到纯粹的"自我",谈到"我思"和"理性",康德仍按旧形而上学的办法把它当作超时间的、永恒的。然而,在海德格尔看来,康德应该把这种"有限的知性"、"有限的理智"观点贯彻到底,承认"人"、"Dasein"是有限的,因而"时间性"不仅是知性认识的条件,而且也是 Dasein 的条件。

---

① 参阅海德格尔:《论人道主义的信》,第 66—71 页。
② 海德格尔:《存在与时间》,第 17 页。

应该说，海德格尔把"人"与"时间性"联系起来的观点，对西方哲学思想言，的确是划时代的，我们将会看到，这种观点的确"超越了""西方"的传统，向东方的"历史意识"靠拢。不过，这种"靠拢"、"接近"，不是"学习"、"借鉴"或"比较"的结果，而是从西方传统本身产生出来的，这种观点，仍带有西方哲学发展整个历程的痕迹。

按西方的传统，"人"最初的觉醒是"理性"的觉醒，而"理性"是以科学知识为核心的，理性的能力把"人"和"万有"分开来，对万物（自然）采取观察、研究的态度，即人以静观的（contemplative）态度把自然当作客体来考察，这是"人"在自己的独特的历程中跨出的第一步。海德格尔在胡塞尔现象学的立场上，推翻了这种看法，指出这一步是后来的、派生出来的事，真正的决定性的一步不是超时间的抽象的意识（理性），而恰恰正是"时间性"的意识（如果可以用这个词的话）。

"万有"中有这样一种"存在"，它首先意识到、发觉到（befinden）自己的"有限性"、"时限性"，这就是"人"，就是"Dasein"。

这样，海德格尔指出，他所谓的"时间性"（Zeitlichkeit），就和日常经验中所说的"时间"不同。平常所说的"时间"，是科学知识产生之后，以某种"尺度"把"时间"当作"事实"或"事实"属性、方式来划分过去、现在、将来的一种对象，而存在论的"时间性"，则是与"存在"不可分的，就是"Da"的特性，是一种直接性的"发现"和"觉悟之情"，是一种"发觉"（Befindlichkeit）。"人"作为一种"出现了的存在"（Ex-sistenz），"人"对"Da"的第一个"觉悟"或"发觉"，就是这个"Da"是有限的。只有在这个有限性的基础上，把一个个有限性的"Da"作为对象来思考，以科学知识形态研究它们的前因后果，这时的"时间"，才是无限的。这就是说，在海德格尔看来，有限的、以"发觉之情"来把握的时间性要比通常理性概念的时间更为原始，更为根本。

当然，这个"Da"也有空间性，这个空间性也不是后来几何学的度量学问，而同样是与"Dasein"不可分割地结合在一起的，只是比较而言，时间性比空间性更为根本，因为空间性的"远"、"近"虽以 Dasein 为基准，但已与具体的存在（Vorhanden 与 Zuhanden）有一定的关系，而时间性则更加发自

Dasein 内心的一种"觉悟"。

无论如何,"时间"和"空间"不像知识论所理解的那样是一个框框,万物在其中;也不是度量万物变化的手段和工具,他们是与"人"俱在的一种"意识",是思维与存在同一性这一命题的最初的规定性。

原始的存在论的"时间性"(和"空间性")就构成了 Dasein 的"世界"(Welt)。"世界"不是"自然",也不是通常意义下的人及其环境。"世界"是 Dasein 的"天地"(范围)(Horizonte)。我们很凑巧地发现以"世界"译海德格尔的"Welt"颇为妥切,或者甚至可以说,海德格尔这个意思,以中文的"世界"来表达比用德文的"Welt"似更充分。中文之"世界",初本无"自然界"的意识,"世"是指人的"一生",所谓"一生一世",本来是"时间性"的意思,所谓"世界",是"一世"之"界限",正是海德格尔 Dasein 之时间性、有限性的主要意思。"世界"是"Da"的"天地"(范围)(Horizonte)。

人生"在世","时间性"并不能分割为人为的过去、现在、未来,"一世"的时间是"绵延"不断的,因而"时间"、"空间"对 Dasein 言,本无"间"隔可言,只有对另一个 Dasein 言,才有空"间",只有当"一世"终结对另"一世"来说,才有时"间",因而,"人"不像"万物"那样在无限的时间"当中",而是生活于"世"(一代,一世,一生)之间。在这个意义上说,海德格尔把 Dasein、"人"理解为"In-der-Welt-Sein",一方面主要当然是指"(我)在世界中",即不把"世界"当作"我"的"对象"的意思,这是从"空间"意味上来说当作如是观,但另一方面,就"时间"意味来说,又可以把这个"在世中"理解为"在世间","世"非无"间",而是有"间"的,"(我)在世界中"亦即"(我)在时间中","世"也"有限",当"人"终结其"一生"、"一世"时,他就"去世"了①。

这里,我们就已接触到一个新的重要问题——"死"的哲学意义问题。这个问题,似乎早已为哲学家所"忘掉",只有在诗歌、艺术中才能找到这种从远古传说以来的惆怅和沉思。在哲学史上,大家还记得苏格拉底在《费多篇》

---

① 这里,我想我们已把海德格尔关于 Dasein、Zeitlichkeit、Welt 的主要意思说清楚了,只是译名当然还可以斟酌,譬如 inderwelt 的万物,如何与 In-der-Welt 的 Dasein 在译名上对应起来很不容易,但意思的区别还是可以掌握的:Dasein 在世界中而有"间",Seiende 在世界中而无"间","自然"为"充实"——巴门尼德的"铁板一块"。

中关于人生老死和灵魂不死的描述，这是一种早期的灵魂与肉体、精神与物质分化对立的观念，把"死"归于灵魂与肉体的分离，然而，灵魂只是肉体的功能，所谓"灵魂不死"是在精神与物质对立的基础上理性本身作出的一种假设性推论；既然灵魂与肉体对立，肉体要死（分解），则与其对立的灵魂就不会死。这种态度，在海德格尔看来，显然是一种形而上学的片面观点。以后的哲学家，大都沿着这条形而上学的路线奢谈灵魂、精神的超时间性（不朽），但这种观点，恰恰和实证科学的观点是完全矛盾的。在这个问题上，形而上学笼罩下的思维方式内部发生了深刻的矛盾。解决或避免这个矛盾，只有扬弃这种思维方式，从现象学存在论的立场上重新研究这个问题。

表面上看，"死"是一种自然现象，医学家对"死亡"的"临界点"可以给出各种定义，以确定"死"的限界，但"死"却是在任何医学成熟之前甚至产生之前就已很清楚、很明白地呈现出来的"现象"。"死"不是自然的现象，而是"人"的现象。任何具体事物都有其产生、发展、消亡的过程，但我们并不说一条河死了，一幢房子死了，至多我们说一只猫死了，一棵树死了，这种说法是与"人"比附得来的，其根源也在于"人"的"死亡"。这就是说，具体事物（Seiende）都有"终结"（verenden），只有人才有"死"（Sterben）①，"死"是"人"的终结。

"人"死了，并不意味着它的具体存在（作为 Seienden 的 Vorhanden、Zuhanden）终结了，一方面他的肉体即使化为灰烬，仍在大自然中；另一方面他的思想可以见诸文字、录音，他生前的活动可以形诸文字（史籍）或形象记录（文艺作品）作为"原因"的环节继续发生作用，即继续"存在"。但他毕竟"死"了。考古的挖掘为我们提供了大量的文物、古董（Antiquity），绝大多数供我们研究和观赏，但家传的器皿，有的作纪念品收藏，有的仍在使用，就连挖掘出的文物，也不是绝对不可"使用"。那末，作为具体事物言，它们仍然存在，甚至尚可使用，则它们"古"在何处？海德格尔说，它们之所以"古"，就因为它们所属的"世界"已经终结，制作它们的"人"和使用它们的"人"已经死了。所谓"物存人亡"、"人去楼空"，令人思"古"、睹物伤

---

① 海德格尔：《存在与时间》，第 234、245、250 页等处。

情者，不在"格物"，而在"念人"。

对"死"的思考还揭示这样一个重要现象：人的一切言行，甚至某些思想的"一闪念"都可以经过知识的媒介"传达"给别人，唯独"死"是绝对不能"传达"的，非亲身体验不可，而当人体验到"死"时，他已无法传达出来。这就是说，"死"绝不能真正对象化成为知识。事实上，"死"的问题说明了人的最深层的体验是无法对象化、知识化的，而正是这种不可传达的"世界"，才是知识的基础。不错，每天都有成千上万的人死去，我们可以把别人的死亡当作对象来作医学的、社会学的、伦理学的、人类学的研究，但我们无法通过别人的"死"真正认识到死的"现实性"，因为我自己还未死，我们不能通过别人的死亡"事件"来真正体验"死"[①]。这一现象向我们表明：我们的科学知识，把"存在"对象化，以抽象概念体系来传达给别人，实际上是非常片面的，在根子里，我们的"世界"，我们的 Dasein，对知识来说，始终是个"谜"，是个"神秘的境地"，是个"限界"，像"死"一样，只有自身能体验到，但这种体验又是不可传达的。我们的 Dasein 从事实来看，从自然来看，处于各种关系之中，但就存在论言，则是一个封闭的世界，是一个"单子"。"死"是没有窗户的。这种不可传达的东西，是"私人的"（private），但却不是琐碎的、偶然的"内心情感"，而是整整一个"世界"，是"生"、"死"的大问题。

哲学不是要研究"全"吗？旧形而上学把这个"全"也当作知识对象，当作一个"事实"，企图以科学的概念体系来"把握"它，康德说这个"全"只是一个"理念"，是理性的悬设，事实上，在海德格尔看来，旧形而上学或康德都没有挖到"全"这个观念的根子。"全"不是归纳出来的，不是演绎出来的，也不是推论出来的，即不是靠"逻辑"、"思想"（理性）"构成"（constitute establish）的，而是"发觉之情"体验出来的。这就是说，作为 Dasein 的"人"，由"生"到"死"构成了"全"，"死"就是"终结"、"大全"[②]。由于"死"即是"全"，所以这就是为什么"全"绝对不能为"对象"作知识把握的根据，而这正是一切旧形而上学失足的地方。

---

① 海德格尔：《存在与时间》，第264、265页。
② 同上书，第242、373、437页。

于是，这里发生一个问题：既然包括"死"在内的一切最深层的与存在同一的"心情"都不可成为对象作知识传达，怎么人人都有"死"的观念呢？胡塞尔遇到了这个问题，他简单地归于"移情"（Einfühlung），海德格尔认为只有在存在论的前提下才能进一步理解这种"移情"，因为"人"与"他人"的关系是一起存在、共同存在（Mitsein）的关系，因而通过他人的"死"虽不能得到真正的"死"的知识，但却可以得到一种"提示"（index）。最根本、最原始的Dasein之间的关系，是各个"世界"、各个"单子"之间的"感应"、"提示"的关系。"人"与"人"之间的关系，归根结蒂，不是"因果"的制约关系，Dasein是自由的，是自身的创造者，每一个Dasein都可以有独立的独创性，但这种自由和独创又是有限的，因为它的"世界"是有时间性的。

不仅如此，Dasein同时又是一个具体的存在，它可以而且必然要在他人（Mitsein）中失去自己，成为自然历史的一个环节。正是这个"他人"，使本是统一在一起的思维和存在、主体与客体分离开来，语言成了交往的工具，思想也可以对象化，成为"事实"的一个方面，甚至"死"，也成了别人的"事实"。正是这种形而上学的分离倾向，人才可能在成千上万的人的死亡中苟且偷生，暂时忘记自己的命运，保持内心的平静。

然而，暂时被遗忘的Dasein并没有消失，它总是要表现自己，在根底里支配着全部的人格。

于是，海德格尔就要进一步指出在哪些方面Dasein表现自己。我们将会看到，Dasein是通过一些特殊的"心境"表现出来的。

作为本源性的"人"的Dasein，处于混沌初开的状态，本无理智和情感的分化可言，片面的、抽象概念式的知性已被斥为形而上学，而以"情感"、"心理状态"、"心理活动"为对象的心理学，更是一门具体科学，仍是以抽象概念作客观研究为目的的，但这种本源性的"人"，总要有个规定性，因为它是"Da""Sein"，"Da"是一种状态，是主客不分的一种状态，但毕竟还是一种状态。原则上来说（按照海德格尔的原则），这种状态用我们的日常语言是"说不出来的"，因为一切"描述"、"推论"……都属抽象理智范围，而我们目前还无法"退回"到"原始语言"的阶段，这样，就需要对日常语言的概念加许多限制，以迫使人们从一个特定角度——即思维和存在同一的混沌角度来领悟这些概念的不同寻常的意思。这就是海德格尔存在论所要做的事，也是胡塞尔现象学所谓"回到开始"的意思。

从这个基本角度出发，对海德格尔所用的有关人的主体方面（请原谅这种用法）的问题，凡涉及情感的，我们要多用理智方面去体会，凡涉及理智的，则要多从情感方面去体会，以求二者的统一。

譬如 Dasein 一个基本的特点即是所谓"忧思"和"思虑"（Sorge 对 Sein 而言，Angst 对 Dasein 而言），本是人们对某种心理状态的描述，但经这样一描述，就客体化、对象化了，失去本源性的意义，要从存在论的本源意义上来理解，"Sorge"和"Angst"就和一般心理学上所说的意思不同，不是"骇怕"（Furcht），而是既有"思"又有"虑（忧）"，中文叫"思虑"或"忧思"（哀思）似乎还说得过去。

"人"作为"万物"之一，要与自然发生物质性的关系，故有七情六欲、喜怒哀乐，指的都是一种实际的、现实的关系，对这种关系，我们可以作自然科学式的研究，就像研究动物对外界的反应一样。"人"作为"理智的动物"，对自然还可作静观的观察、研究，以概念的方式"反映"自然，以概念体系的方式把握自然的规律，并利用这些规律，为自身的利益服务；同时也可以把"人"，包括它的七情六欲和喜怒哀乐作自然或社会科学式的研究，如人类学、生理学、心理学所做的那样。就前者的关系来说，"人"是自然的奴隶，对自然作被动式的反应；就后者关系言，"人"是自然的"主人"，是自然的"立法者"。但实际上，这两种关系都不是基本的，不是本源性的。本源性的"人"，这两方面是不可分的。

"人"的实际力量是逐渐壮大起来的，对超过自己的事物，人常感到"骇怕"。在平常的意义下，"骇怕"是对一个或多个具体的事物，如怕风、怕雨、怕老虎、怕狼等等，但有一种"骇怕"是很特别的，这就是"怕死"。

风、雨、虎、狼是人人所见相同，很实际的东西，而"死"，如前面所说，是不可能有真正的体会的。虎、狼当前，看来是很"近"的事，而别人的"死"，虽然成千上万，对自己确可以是遥"远"的事，但虎、狼尚可设法逃脱或制伏，但"死"却是无可摆脱的，在这个意义上，则虎、狼远而

"死"近。对这样一种自己不可体会而又不可避免的"威胁"的特殊"心境",海德格尔叫"忧思"(Angst)。"忧思"不像虎、狼当前那样是情感式的,也不是对别人"死亡"作科学研究后的概念式的,而是理智、情感兼而有之,是一种浑然的"心境"。"骇怕"是有对象的,对一个或几个具体事物,感到威胁,但"忧思"是没有对象的,因为本源性的Dasein浑然一体,没有"对象化"的问题,不是对具体对象"忧思",因而这种"忧思"常常是无名的、茫然的。如果一定要说"对什么东西""忧思"或说是对"死""忧思"的话,那就是对"无""忧思",因为"死"不能成为真正的"对象",而"无"则永不能成为理智(科学)的对象。"忧思"是Dasein对自身的有限性、时间性、必死性的一种特有的"心境"(Befindlichkeit),"忧思"是对"Da"的发现。对洪水猛兽的"怕",虽不同于对"死"的"忧",但却是以这个本源性的"忧"为根底的,即对具体对象的"怕",归根结蒂,都是对非对象的"无"的"忧"。

"忧思"固是Dasein的一种特殊状态,在"死"的问题上表现得最突出,但"人"如果不作万物之一,或"理智动物"观,而从现象学存在论的立场来看,则"人"作为"Dasein"与自然万物的关系无不如此。"忧思"是"骇怕"的基础,就像存在论是知识论的基础一样,人为什么感到虎狼骇怕?追本寻源,人不是怕虎狼,而是怕"死",虎狼对人是一种"威胁","威胁"什么?"威胁"人的"生命"。人为什么接近"愉快",避开"疼痛"?扩而大之,人为什么要利用、改造自然的一切?为求"生",为维持"生"。人的一生的活动,由"生"到"死",就是要维持这个Dasein的"全",但人不可能避免"死",即使在求"生"时人不可避免地萦绕着"忧思",这种"心境"是存在论问题,不是知识论问题。从实际上、现实上来看,"人"与"万物"自然是一种利用的关系——人"关心"(besorgen)自然(Vorhanden, Zuhanden),但从存在论来看,人与自然的关系是"萦怀"(Sorge),就是因为Dasein在根子里有一种不可避免的"忧思"。"萦怀"的态度不是直接实用的,也不是静观的,而是一种复杂的、茫然的、忧心忡忡的"心境"。

从这里我们可以看到,海德格尔所谓"思维与存在"的同一性,并不是"天人合一",人与自然的合一,而是Dasein本身的同一,是"Da"的意识与

"Da"的存在的同一，是一种理智与感觉尚未分化的原始的状态。从"忧思"和"萦怀"来看，"人"与"自然"仍是异己的，或归根结蒂是异己的。这种异己的本源性的"人"为与自然打成一片，就发生感觉与理智的分化，以抽象的概念体系来涵盖一切，从而失去人的本意，"人"本身也成了抽象理智的对象，成了"物"，或一种特殊的"物"，这就是人的"降格"（verfallen）[①]，这里我们清楚地看到了海德格尔神学训练的影响。作为 Dasein 的"人"，被"降"到这个物质的世界中来，在这个世界中度过一生，但它与这个物质的、事实的世界本是异己的，它早晚一定要离开这个世界，要"去世"，这种"去世"，从经验的观点看，固然可以理解为"皈依自然"，但从存在论观点看，"人"与"自然"迥然不同，永不能把"人"归结为"自然"，所以是"皈依"不了的。"人"死了，"皈依"了"自然"，则已"不是""人"，而"是""物"，是为"物化"。所以"人""死"叫"去世"，因为它本是"在世间的存在"，人不是无限的、不死的，因而它与外部世界的一切认知的、实用的关系，在深处仍受着这种存在论的支配。人的一生，也许大部分时间都忘掉了这个"本"，忘掉自己是"Dasein"，忘掉了自己的时间性、时限性，但在某些条件下，人不可避免地会有"忧思"、"哀思"之感，有时人不可避免地有"死"的萦绕。在哲学的沉思中，在诗歌吟诵中，人们可以体会到这种境界。

当然，最重要的还是经过海德格尔的启发，经过他的思想的洗礼，那末"人"作为 Dasein 的意义——时间性、时限性（Zeitlichkeit）就昭然若揭了。这种时限性，就是最原始的、本源性的"历史性"（Geschichtlichkeit）。

海德格尔把"历史性"与"历史"（Historie）严格地区分开来，指出前者是后者的基础，这是和他严格区分存在论与知识论的基本思想分不开的。"Historie"一词来自希腊文"ἱστορία"，这个词的动词形态为"ἱστρέω"，意谓"询问"、"探知"和"描述"，因而"Historie"是一门知识，一门具体学科，把人的活动作为对象，作客观的描述，或传诵于口头，或录于文字。这种科学性、经验性的知识，按胡塞尔现象学的原则，是要被"严格地""括出去"的。历史作为一门具体知识，出现较晚，尤其对欧洲人来说，历史学的成熟是相当

---

① 海德格尔：《存在与时间》，第222—223页。

晚的事。希腊的希罗多德和修昔底斯的两部大著，比起中国古代浩如烟海的史籍言，不啻三尺童稚。但是，无论哪个民族，海德格尔的"历史性"却是无可比较地最为原始的，是与人俱生、俱在的。

德文"Geschichte"与"Geschehen"、"Geschick"、"Geschenk"都很接近，它也正好有"发生"、"注定"、"派送"的意思。"Geschichte"不是把人的活动作客观的观察和记录，而是"人"作为 Dasein 的最本质的意义，是 Dasein 的状态，也是理智与感觉尚未分化的一种"心境"。"历史性"就是"时限性"，因而"历史性"是"人"最为原始、最为基本的一种"发现"，一种"意识"。本源性的"人"，全身心地体验到这种"历史性"，是一种活生生的体察。

通常经验意义下的"时间"，分为过去、现在、未来，这是理智运用了一定的计算标准以后的观念，就像年、月、日、时等标准一样。本源性的"时间性"不把"过去"看作与"现在"、"未来"完全不同的"世界"，因为"时间""本来"就是一种绵延，不可分割为三截的。人的理智之所以能将"时间"加以分割、度量，其根据在于"人"本来是"Dasein"，本是有时间性的、有限的，它可以"在世"，也可以"去世"，于是形成了"间隙"。本源性的时间，在绵延中有各种不同之状态，"过去"不是"现已不在"的东西，"未来"也不是"尚未存在"的东西，"现在"不是点，不是"Jetzt"，"时间"不是一个一个点（Jetzt）连起来的，而是连续性中的一些不同的状态，即"人"作为 Dasein 的不同的状态。

这样，"时间"的最本源性的基础在 Dasein 的"世界"之中，人的一生有"过去"、"现在"、"未来"，"过去"并非"现在没有的东西"，"现在"是"过去"的延续，"未来"又是"现在"规定、设计了的，Dasein 是一个时间的统一体，只是 Dasein 的时间性、有限性，才分出了"过去"、"现在"、"未来"，这种"状态"与我们后来经验抽象思维中的"过去"、"现在"、"未来"的观念是不同的，而之所以有后来的发展，正是因为 Dasein 本身的意义就在于这种本源性的"时间性"的原故。所以，对于本源性的时间性，我们最好起一个相近的名字"曾在"（Gewesenden）、"现在"（Augenblicken）和"将在"（Zukunft），以区别日常的"过去"（Vergessenden）、"现在"（Jetzt）和"未来"(Zukunft，这里海德格尔用的是同一个词，但意思不同)，不是对一个客观过程的计量，而是表现"存在"的一种状态，其根基在于表现 Dasein 的状态，是"人"作为"人"的一种存在状态。这种状态，海德格尔说是一种"ἐκστατικόν"("出世")，即 Dasein 离开（ἐκ）自身的"存在"，进入经验的物质的世界的过程。① "出世"即"来到这个（经验）世界"。在"心境"方面，"曾在"、"现在"和"将在"表现为"情感"（Stimmung，对于"曾在"）、"降格"（Verfallen，对于"现在"）、"理解"（Verstehen，对于"将在"）②，而这种"心境"的总的根子在于"忧思"或"萦怀"（Sorge）。

　　日常意义下的时间由于已把本源性的时间性作为客观对象来对待，所以它面对的是"过去"。通常的历史，对过去发生的人事代谢作客观的描述和记录，但本源性的、真正的（eigentlich）"时间性"（Zeitlichkeit）则以"将在"为重点。这是因为，本源性的"时间"和"历史"以"忧思"为基础，实质上是对"死"、"全"、"无"的一种意识，只是这种意识是全身心的，永不能与 Dasein 分开。这样，Dasein，"人"在"事实"上是一种现实性（Wirklichkeit），但在存在论来看则是一种"可能性"，是一种"存在的可能性"（Seinkönnen），因而它是面向未来的。"死"固然是确定无疑的，但这种确定性充其量是经验的确定性（empirische Gewißheit），而不是理论上的必然性（theoretischen apodiktischen）③，所以伴随着一种确定性同时存在的，"死"尚有一种"不确定性"，谁也说不上"死"的准确时间，所以日常经验不能使"死"在理论上"透明"④，人的"现在"，总还是一种可能性。这种可能性高于眼下的现实性，但又不是理论上必然的，所以 Dasein 又是自由的，Dasein 的"忧思"已揭示自身的本义上的可能性⑤，因为这时的 Dasein 尚未产生自由和必然、可能与现实的最后的分化和对立。"人"受"曾在"的支配，"降格"于"尘世"，但"设计"着"将在"，"人"不是命运的"主宰"，也不是命运的"奴隶"，主奴尚未分化，而作为 Dasein 的"人"本身就是"时间性"、"历史性"、"命定性"

---

① 海德格尔：《存在与时间》，第 328—329 页。
② 同上书，第 346 页。
③ 同上书，第 257 页。
④ 同上书，第 258 页。
⑤ 同上书，第 188 页。

的"存在"。

本源性、本义性的"历史性"（Geschichtlichkeit）本身就是一种"命运"（Schicksal），但并不是神学意义下的"命定"，也不是经验意义下的"必然"。神学的命定和经验的"必然"都是"死"的，而本源性的"命运"是"活"的，规定方向下的运动。

然而，Dasein"运动"（Bewegtheit）不同于一般的经验事物的运动，它是 Dasein 本身的一个"圈子"（Erstreckung），Dasein 就在这个范围里活动（Geschehen），存在论意义下的"历史性"就是指 Dasein 的"活动结构"（Geschehenstruktur）以及它可能的条件①。"人"不是活动于既定的"历史"框框之中，就像不是活动在既定的空间、时间框框中一样，"人"之所以是历史的，是因为 Dasein 本身就是"时间性的"、"历史性的"。

Dasein 本身既然是"时间性"、"历史性"的，它的"出现"（existenzial）就是要有活动，要有过程，要做点什么（Geschehen, Ereignen），它"来到"这个世界，就要有一种"决断"（Entschlossenheit）。由这种"决断"规定的 Dasein 的"活动"就要求"人"在生命的过程中对"死"采取一种自由的态度（frei für den Tod），把自身只当作一种可能性，这样他的活动就既是"继承下来的"，又是"可以选择的"②。

"历史"是"人"创造的（geschehen），"人"创造了"世界"，创造了"世界历史"（Welt Geschicht），自然（Natur）史只是世界历史的一个部分。本源性的"历史"是"人"作为"Dasein"的显现，它同样作为一种可能性面向"未来出现之事"（Herkunft）。

这样，我们可以看到，海德格尔的 Dasein 不是知识所能掌握的，而只能通过"忧思"（Angst Sorge）、"死"、"时间"、"历史"来体验③，这一切都与 Dasein 共存亡，与 Dasein 具有同等的原始性（Gleichursprünglichkeit）。

作为 Dasein 的"人"从出生以后，"降格"为"有理智的动物"，与"自然"与"他人"为伍，失去了本源性的意义，忘了自己的"根本"，只有在

---

① 海德格尔：《存在与时间》，第375页。
② 同上书，第384页。
③ 同上书，第311、385页。

"忧思"的"心境"中才能体察到一点自身的根本意义，但这个意义毕竟没有也不可能完全消失。

三、语言、诗和思想

我们前面说过，从存在论来理解 Dasein 包括了两个部分。一方面把"人"的"情感"的部分以"理智"来充实，使"情感"有一种"觉悟"、"理解"，"人"不是一般的 Sein，而是 Dasein，这个"Da"是离不开理解性的，这种特殊的"心境"（Befindlichkeit）即"理智性的情感"，海德格尔以"忧思"和"思虑"为基础。从这个基础上，把"人"的一切心理现象都从存在论的立场加以审定，从而奠定了现象学存在论关于"Dasein"理解的基础。现在，从另一个方面，存在论还要对于 Dasein 的理智部分，给出新的解释，使理智与情感本是统一的、同等原始的本源显现出来。这一部分学说，是海德格尔完成《存在与时间》和《康德与形而上学问题》两部大著后集中着力的部分。

研究者一般认为，1936 年发表的关于荷尔德林诗的解释是海德格尔后期思想的转折点，事实上，他的思想是一贯的，正像他的 Dasein 的时间性是一种绵延一样，他对荷尔德林诗的解释是他前面工作的继续和发展。实际上，除了个别用语（有的当然是关键的用语，如"Denken"）外，他的思想已在《存在与时间》、《康德与形而上学问题》这两部著作中完成。正如他后来在《在通向语言的路上》中向日本学者指出过的，他认为，对于语言的理解，人们应该重视《存在与时间》第 34 节的意见。的确，在这一节（以及后面的几节）中，海德格尔已经奠定了从存在论理解"语言"的基础，只是在用语上有所不同。

在这里，海德格尔所要扭转的一种看法是把语言当作工具（Instrument Zuhanden），是人为了交往而发展起来的一种功能。这是当时很流行的观点，语言是一种交往手段似乎是不言而喻的。可是海德格尔认为，这和说"科学"和"理性"只是一种工具同样不合理。应该说，反对把语言单纯当作工具也是由胡塞尔所恢复了的洪堡尔特的观点，海德格尔的工作是把这种观点和存在论联系起来。

胡塞尔说，语言不是符号，而是一种引向内心深处的"引得"（Index）。海德格尔说，语言是引得，但是它引向 Dasein，它像"时间性"、"历史性"的"思虑"一样，是 Dasein 的意义，而并不是一个单纯的事实。所以，海德格尔说，在存在论意义下的"语言"（Sprache）就是"说"（Rede Sagen）。①

"语言"当然是理智性的，是分音节的（Artikulation），但我们说过，Dasein 的"理解"（Verstehen）又是和"情感"（Stimmung）不可分的，同是一种"心境"（Befindlichkeit）。这样，"语言"的本质，不是一种符号系统，而是存在系统，胡塞尔早就认为运用符号的语言不是本义性的。

另一方面，语言当然离不开交往，但这种交往，是不同的 Dasein 之间的沟通，是一种如胡塞尔说的"感应式的"（Einfühlung），而不是简单的"接受式"的。"说"（Rede）当然离不开"听"（Hören），而"听"本身就包括"理解"在内。海德格尔以风声、马蹄声为例，说明我们听到的不光是"音响"，而是一种"可辨认的"声音，即使一种我们"不懂"的"语言"，但我们也能辨认它是一种"语言"②，原则上是"可能的"。所以，"听"不仅不是听"音响"，而且也不是"听从"，而是一种"理解"，我们"说话"，是让你"懂"，只有"懂了"，才是"听了"。③

由于"说"和"听"有这样一种存在论的理解作基础，所以我们才可以解释这样一种现象：为什么在某种特定场合，"沉默"（Schweigen）甚至是一种真正的理解④。"沉默"的理解，说明了"听"本不需有"字"（Wort），因为说者与听者都是 Dasein，在 Mitdasein 之间有一种原始的"听懂"的可能性，深刻的理解，尽在"无言"之中。

在这里，我们体会海德格尔的基本意思是想说，本源性的语言，并不在于描述"身外之物"，不是说"事"，像一种科学的判断或公式一样，而是"说" Dasein，"说"本是作为 Dasein 的"人"的本性，它"说"出来的，既不是客观的状态，也不是主观的状态，更不是情绪的流露，因而既不是"描述"，也不是"表现"，而是 Dasein 的状态的呈现或显现。用一个不恰当的但比较好懂

---

① 海德格尔：《存在与时间》，第 160 页。
② 同上书，第 164 页。
③ 同上。
④ 同上书，第 165 页。

的引伸的话来说,就是 Dasein 的"说"既有了描述,也有了表现,二者是不可分的。"说"出的是有情感的理解,或有理智的情感,说出的不是外物,但如坚持胡塞尔的说法,总要说点什么(Sage von etwas, say of something),则说出的是"心境"(Befindlichkeit)。

从这个基本分析来看,我们看到当代西方哲学两大主流的主要代表人物在语言问题上采取了多么不同的态度。我们说"态度",是说他们在基本的规定性的观念上是一致的:无论是海德格尔或维特根斯坦都认为抽象的、概念的语言是有限的,局限于这种语言,则我们必须承认,有许多"事"是"不可言说的",是"神秘的"。只是维特根斯坦——特别是他的早期——止于此,而海德格尔则要进一步,把立足点跨到更为原始的状态,认为"语言"本是"人"作为 Dasein 的存在方式(Seinsart)①,而不是抽象的语词体系。所以,我们尽可以对此两家作出褒贬,但他们是站在同一水平上,讨论、思考的是同一个问题,只是"态度"不同。

在海德格尔看来,维特根斯坦所指出的语言的特点,只是科学概念语言的特点,是作为一种工具来看,以"博弈规则"来理解语言的法则,从而解释我们对"事实"的规律的知识。然而,海德格尔指出这并不是"语言"的真正的本质,真正的本源性的"语言"是和"人"的原始状态不可分的。"语言"不是"人"的功能之一,而是"人"的本质,是与"人"作为 Dasein 不可分的。

应该说,海德格尔这种观点,是受了卡西尔的深刻的影响的,只是他的表达方式(这种方式当然与他和卡西尔的不同的哲学观点有关)使人们不易发现他们的关系。

我们知道,卡西尔认为人的本质就在于能够使用符号,这和海德格尔(以及胡塞尔)是完全针锋相对的,海德格尔所要进一步探索的正是胡塞尔所谓不需要、不借助任何符号的语言和思想。但是,在卡西尔的哲学体系中,最为引人注目的是他对于原始思维和原始符号的研究。在这方面,卡西尔以大量考古和民族学的材料揭示了原始人对"现实"和"思想"、"象征"和"被象征者"之间的朴素的、幻想式的"同一性"。这种现象的揭示,应该说,已给海德格

---

① 海德格尔:《存在与时间》,第 168 页。

尔的"Dasein"的"思维存在同一性"奠定了"事实的"、"科学的"基础。

当然,海德格尔是从完全不同的角度来看这种现象的。与卡西尔相反,海德格尔不是从科学的、历史学的角度来研究这些材料,而是从现象学存在论的立场来思考这些材料所说明的问题。这就是说,卡西尔是站在当代科学的水平来研究这些事实,而海德格尔则要人们"设身处地"地以"原始的心境"来"体验"这些原始的状态,并认为这才是对"语言"本质的真正的把握。

这就是他在《在通向语言的路上》所想说的主要意思。所谓"在路上"(Unterwege, on the way)就要"亲身"去"体验",去"体察""语言"的特点,而不是把"语言"作"事实"对象来"静观"。只有这种亲身的体察,才能掌握"语言"的本源性意义,而不至于把它以抽象概念分割得支离破碎。

我们对语言的体察,使我们认识到,"语言"原本不是一种抽象的、概念式的东西,并不是为了交往而互相商量好"规则"的一种"博弈",而是自然产生的 Dasein 的存在方式。按照洪堡尔特的理论,"语言"是一种"活动",海德格尔说,这种"活动"既是感性的,又是理智的。"语言"既不是客体的知识,也不是主体的行动,而是主体与客体未分化时的一种活动。

"语言"是"说"的活动,"说者"与"听者"本是"一",都是 Dasein,因而,作为 Dasein 的说者和听者要比作为普通人更为原始。作为普通的人来说,作为万物之一的人(Seiende)来说,先要有"说者"才有"听者",但作为 Dasein 的"人"看,"听者"是"说者"的条件,即我们是"说"我们已理解了的(即已听到了的)东西。因而"言之有物"的"说"(sagen)和"言之无物"的"谈"(sprechen)是不同的。人可以滔滔不绝地"谈"(夸夸其谈),但什么也没有"说"。"言之有物"这个"物"必在"言"先,是为"言"的条件。那末这个言中之"物"从何而来?这里我们接触到海德格尔《存在与时间》中用过、后来不常用而在《在通向语言的路上》重新申述的"解释学"(Hermeneutik)。

海德格尔说,"Hermeneutik"一词来自希腊神话中的神 Hermus,他聪明,智慧过人,所以是神的"传话者(传信使)"(messenger),向人们传递神的"话"[①]。人是"传话者"。这就是说,"话"是早已有了,用人之"口"传

[①] "message"一般译为"消息"或"信息",但不是"信息论"的"信息"(information),后者是知识性的。

出来，使神的意思明朗化。在海德格尔看来，所谓本源性的"语言"（说），就是把已经听到的"话""说"出来，因而"语言"就是"说""话"。按这个意思来看，所谓"语言"，其本质在"话"，本源意义上的"说"与"话"不可分，或者甚至可以说，"说"就是"话"（即 Reden），声音和方式是次要的。"话"可以说（sprechen）出来，也可以不"说"出来，因而"沉默"中也有"话"。平常我们所谓"良心"，就是无言的呼声，就是未说出的话。胡塞尔说，"想"总要想点什么（etwas）；海德格尔说，"说"（sagen）总要说点什么，这个"什么"（etwas），就是"话"。"话"既不是再现式的（representative）知识，也不是情绪的发泄，因而不是先有"说"（sprechen），后有"话"，而是先有"话"，后才"说"，是"话"让人"说"；人之所以"说"，是因为有"话"要"说"。因为"话"与 Dasein 俱在，所以"说"出了"话"也就是"说"出了 Dasein，使 Dasein 显现。

"说话"离不开"字"（Worte），"字"的本质在于为事物"命名"，(benamen)。"命名"并不要等到对"事物"完全认识清楚以后才能做，"字"与"事"之间也没有什么因果联系。"命名"有"命令"的意思①，"命名"使"事物"有"存在"的意义②。事物的"存在"的意义在"话"中，"话"使"事物本身"呈现出来。"语言"（话）改变了人与环境的关系，使人成为 Dasein，使事物成为 Sein；何处有语言，何处为世界，何处为世界，何处有历史③。

"存在"并不是抽象的思想的产物，不是人头脑里想出来的，不是抽象的概念，不是从"万物"中归纳、概括出来的。但"存在"离不开本源意义上的"语言"，"存在"在"语言"中，这就是海德格尔在《论人道主义的信》中说的著名的但非常难懂的话："语言是存在的家"的基本意思。

"存在"不是"住在"人的脑子里，不是在"思想"的概念里，而是"住在""语言"、"话"、"字"里。所谓"住"（wohnen），要有一个房子（Hause），要去建造（bauen），建造是为了"住"，"语言"、"话"、"字"为"存在""建

---

① 海德格尔以"在神的名义下"说明有"命令"之意。中文"命名"已有"命令"之意。
② 海德格尔：《在通向语言的路上》，英译，第62页。
③ 海德格尔：《对荷尔德林诗的解释》，1963年，梅茵·福兰克富，第35页。

造"了房子,"存在"就住在那里。"存在"与"建造"在德语中是同源的,"bauen"与"bin"相近,"Ich bin"、"Du bist"("我在"、"你在")就是"Ich wohne"、"du wohnst"①("我住"、"你住")。

"人",作为 Dasein,是"话"的"传递者",因而离"存在"最近,人像守护"神谕"那样守护着"话"、"存在",和"存在""住"在一起,是"存在"的邻居,守护着"存在"。这些意思看起来很费解,但实际很简单,就是"存在"也好,"话"也好,"说"也好,都同源于一种特殊的"存在"——Dasein,同源于"人"的最初的一种"觉悟"——"喏,在那儿"。没有作为 Dasein 的"人",则没有"存在"的意义,一代一代的"人",把这种"意义"传下去,"看守住"这种"意义"。"人"是"存在""意义"的"保持者"。

在《在通向语言的路上》里,海德格尔与日本学者讨论,日本学者说,"语言"本身就有形而上学的意义:一方面是感性的,另一方面又是超感性的。海德格尔问东方有无相当于西方"语言"(Language)这个字的词,日本学者说有"Koto"(言葉)。实际上,从上面分析看,汉语的"话"是很接近海德格尔的"语言"的,不过他们的讨论没有提到,却提到为西方人比较熟悉的老子的"道"(Tao),但是在"Wege"的意义下提到的。

事实上,汉语的"道"同样有"说"的意思,它和"路"的联系,可能是谐音的关系。"道"从"走",它的初意当是"路"的意思。但"道"与古代希腊的"λόγος"又十分相近。

按照海德格尔的意见,希腊语 λόγος 来自 λέγειν,最初的意思为"综合"、"集合"②,所谓"说",就是把感性与超感性"综合"起来,并不是说出什么抽象的命题和判断。所以 λόγος,不能光作"理性"(rationale)解,或更有甚者,作"逻各斯"、"理性和规律"解。"λόγος"就是"道",就是"说",就是"话"。"话"与"划"(画)在汉语同音,"说"就是"画道道",刻痕迹,因此"道"又与"轨迹"、"纹路"相通。海德格尔说,"话"不是抽象的"精神"、

---

① 海德格尔:《论文与演讲集》,第 147 页。
② 我在《前苏格拉底哲学研究》中根据英国古典学者的意见,λέγεω 的初意读成"拣出"、"提出"之类,虽"分"、"合"不同,但初不作通常的"理性"和"语言"讲是与海德格尔一致的。以后对"λόγος"作"尺度"讲,似也与海德格尔相合。(参阅该书论赫拉克利特部分)

"思想",而是在万物中留下(刻出)"存在"的"痕迹"①,使事物本身"明朗化"②。我们想,如果海德格尔懂得汉语,不知道又要发挥出多少意思来。

"话"、"语言"不是抽象的概念式的(conceptual)命题组合,但也不是"羚羊挂角无迹可循"于虚无飘渺之中,相反地,它有迹可循,这个"迹"还清楚得很,是一种闪闪发光的境界。海德格尔告诉我们,"话"有两种形式:"诗"和"思"("思想")。

海德格尔关于"诗"的议论,起于对德国诗人荷尔德林的诗作的解释,但实际上在《存在与时间》和《康德与形而上学问题》中已经明确指出过所谓"心境"(Befindlichkeit),只能在"诗的语言"(dichtenden Rede)中表现出来③,这本是海德格尔坚持从本源的、最为原始的意义上理解"语言"的必然结论,和卡西尔以及他的学生苏珊·兰格注重艺术符号的"非推理性"和"原始性"是一样的意思。

海德格尔推崇两位诗人:荷尔德林和特拉克(Trakl)。特别是前者,海德格尔认为他不同于当时一般的浪漫派诗人,而"道出了""人"作为Dasein的真谛。所以,海德格尔实际上是以荷尔德林的诗来借题发挥,或者说,以自己的基本哲学思想对荷尔德林的诗作一种独特的解释,因此我们也必须以他自己的哲学前提来看他关于"诗"的意见。

我们看到,根据海德格尔的基本哲学观点,他必定要把"诗"放在他的哲学或他的思想的核心的地位。事实上,他的前人已经提供了这方面的经验。欧洲近代哲学从笛卡尔分裂主体与客体以来,也曾经有过几次大的综合。在德国,康德提出理论理性和实践理性的原则区别,经过费希特,到了谢林,以主客体的直接性统一为先验唯心主义的归宿,于是发挥了康德的《判断力批判》中"艺术"与"自然"的理论,使"艺术哲学"与"自然哲学"在他的体系中占核心地位。谢林的体系,被黑格尔批评为黑夜观牛,一切皆黑,批评为缺乏理性的"混沌一片",而以思辨理性的辩证统一代替了直接的统一。但这种统一,仍归于概念式的把握,因而在现代西方人的眼光来看,是先割碎了再拼起

---

① 海德格尔:《形而上学引论》,英译,第104—105页。
② 海德格尔:《存在与时间》,第32页。
③ 同上书,第162页;《康德与形而上学问题》,第85页,等处。

来的，而肢解以后，活东西已成死东西，拼起来也活不了。于是人们又回到谢林的轨道，主体与客体的直接统一性被提到了本源性的地位，但"自然"本不应有泛神论的理解，因为直接的统一性不是什么"绝对精神"的"体现"，因而这种统一性的根源在于"自然"提供了一个特殊的品种——"人"，"人"的超越（自然）性不在于它有"知识"、有"理性"，而在于它意识到自身的"存在"，这种意识不是"自我意识"，因为那时尚没有"自我"的观念，而是"存在"的意识，——是"Da"的"觉悟"，正是这种"觉悟"，使万物都明朗化，为以后的"知识"提供了基础。"人"的这种"存在的意识"本身存在（住在）"话"里。因为"人"有"话"要"说"，才表现了自己，"在那儿"，是Dasein。所以"人"喊出的第一句"话"，是讴歌 Dasein 的明证。所以，几乎一切民族，在自己的"史前"（文字记录以前）时期，都有"史诗"、"传说"时期，而"史诗"和"传说"又正是不作为科学客观记录的真正的该民族 Dasein 的"历史性"的表现。"史诗"是在讴歌中表现这个民族的真实的"存在"。

从这个意义来说，"诗"（史诗）不仅是实际生活的写照，而且是实际生活的一个部分，或者更进一步说，是实际生活的核心部分。当然，"诗"毕竟不是实际生活本身，即"诗"不是万物之一，不是"事实"，不是 Seiende——除非把"诗"当作"事实"来作科学的、静观的研究，但这已不是真正地"体察""诗"的本意，而是一种知识性的把握了。但"诗"又是"某物"（etwas），它用"字"（Worte）把"时间性"、"世界""凝集下来"（bleiben），但并不使"世界"成为"事实"（Vorhanden）。所以，在这个意义上，"诗"的"世界"是"存在"的"存留"（Bleibende），"诗"是"存在"的"呈现"（Stiften），诗"保存"了"在"。

从本源意义上来理解的"语言"，并不需要抽象的符号体系，也不要按什么语法的公式结构起来，而是诗的语言，"诗"使语言可能，"诗"也是最原始的语言。在这种语言中，语词的抽象意义与感性的意义没有什么裂痕，语言的"意义"、"声调"、"韵律"是结合在一起的[①]，这就是为什么在原始民族中

[①] 海德格尔：《存在与时间》，第162页；《对荷尔德林诗的解释》，第38—40页。

"诗"、"音乐"、"舞蹈"常是结合在一起的原故。本源意义上的"人",有"话"要"说",也就是有"歌"要"唱",有"诗"要"吟"。

作为万物之一的人,有一个物质房子,作为身体的归宿,而作为 Dasein 的"人",作为本源意义的"人",也有一个房子,也就是一个家——这就是"诗"。不是说过"语言是存在的家"吗?不是说"人"是"存在"的守护者、邻居吗?"人"真正的归宿、真正的"家",不是砖砌、泥堆的,而是"字"建起来的。这并不是说,人在滔滔不绝的演说中或无穷无尽的公式演算和计算中得到归宿,因为这里所谓的"语言",是本源性的语言,是"话",是"诗","诗言志","人"作为 Dasein,在"说"中,在"唱"中,在"吟诵"中得到归宿,回到了"家"。诗人唱出自己的心声,"话"如鲠在喉,不得不"说",不得不"唱",而所"说"、所"唱",无非悲欢离合,发胸臆之邃思,而归根结蒂,"说的"、"唱的"是 Dasein 的本质的意义——"时间性"、"有限性",因而"诗"虽为"家",但仍是"忧思"、"思虑"(Sorge)之呈现。

抽象的公式、严格的推论,似乎说的是万古不变的永恒的事,但"诗"所"吟诵"的却是人生之短促,世态之炎凉,但只有"诗的语言",即本源意义上的语言"说"的是真正的 Dasein 的时间性、历史性,因而"说"的是"活东西",而不是"死东西"。"人"作为 Dasein,只能有这样一个有限的、暂时的"家",虽然"人"死后化为万物之一,则有一个永恒的"家",但"人"总觉得这个暂时的"家"十分亲切。

海德格尔把这个原则,推广到一切艺术作品中去,认为一切艺术作品都是按诗的原则创造的,一切艺术品都具有诗的特点。海德格尔说,所谓"艺术作品"就是在"作品"(Werk)中呈现一个"世界"(Welt),"制作"(werken)就是要建造(aufstellen)这个"世界",而所谓"艺术"(Kunst),就是使这个"世界""呈现"出来的"技术"(Technik)。艺术作品要利用"土地"(Erde),要利用石头、木头等,这和"诗"在形式上不同,但"艺术"就是要把这些死东西变成"活东西",变为"Da",呈现一个"世界"①,让这些石头、木头"说话"、"吟诵"。

---

① 海德格尔:《论艺术之起源》,莱克拉姆丛书,1960 年,第 89 页。

从这里，我们还应该看到"诗"与"历史"（Historie）的区别。亚里士多德早就觉察到"诗"比"历史"更真实，但他是从另一个角度作了解释。本来，"历史"（Historie）以记述人的活动为对象，但它把人的活动当作"事实"和"事件"来描述，是一种科学的、知识性的记录，因而它记下来的则是"死东西"，是"过去了的""既成事实"。要重现以前的真正的、本源性的"人"，即Dasein，只有通过"诗"，通过"艺术"（戏剧、音乐、雕塑、绘画等）。在"诗"和"艺术"里"说"的人和事，才是真的、活的人和事。这些诗和艺术品虽然"保存"下来了，但却不是万物之一，不仅是"事实"，而是保存了一个活的世界，保存了"人"的"本源"，"人"的"家"，后人在读这些"诗"和欣赏这些"艺术作品"时，才觉得有了"归宿"，到了"家"。"诗"和"艺术品"，严格来说，对我们只是"意象的世界"，但只有通过这个世界，才能体验到真正的、曾存在过的"世界"，而我们"现在"这个"世界"，不过是曾经存在过的"世界"的"重复"（Wiederholung），因为从本源意义上说，Dasein是时间性的、历史性的。这里，我们可以说，真正呈现Dasein的"历史性"的，不是"历史"（科学）（Historie），而是"诗"。

所谓"重复"，不是在"事实"上把曾经存在过的"人"和"事"重新表演（模仿）一遍，而是要从"语言"、"话"的本意上来理解这种"重复"。因为作为Dasein的"人"本就是"有话要说"的，把这个"话""说"出来，就是"诗"，至于用什么形式（口传，或形诸笔墨）那是非本质的。

比"诗"更为深层的是"思"（思想，Denken）。从海德格尔的思想发展的历史看，他是从对"诗"的思考走向对"思想"本身的思考的。我想，这应是海德格尔思想中最为深刻的部分。

海德格尔说，"思想"（Denken）起于思虑（Bedenken），但当今最令人思虑的（bedenklichest）是"没有思想"。"没有思想"比思想错误还要令人不安，思想错误是一种"破坏"，而没有思想则是一片"荒芜"。看来，关于"思想"的思考，是海德格尔接受了尼采哲学以后发挥出来的。

根据海德格尔的思想，我们对他所谓"思想"应有一个基本的了解。我们已经知道，自从胡塞尔以来，严格的"科学""知识"就应是一种切身的"体验"，而不应杂以抽象的、经验的概念。海德格尔沿着这个基本原则研究了

"历史性"、"语言"等问题，而归根于 Sein 与 Dasein。这样，海德格尔就在"语言"问题上有了一个新的角度："诗"是原始的语言形式。根据这个基本立场，海德格尔对"思想"也有了一个完全新的态度。

"思想"当然不能不用语词概念，但思想的本质不在于运用概念、判断、推理的逻辑，也不是以语词为手段去达到一个外在的目的，"思想"不是"科学"。"思想"不是抽象的、概念的、再现反映式的科学知识体系。"科学"根本不是"思想"。① 在这里，海德格尔倒不是故作惊人之语，而是与他整个思想不可分的基本态度。

那末"什么叫思想"？这正是他的一个著名演讲的题目，他对这个题目也有一个发人深思的解释。

"什么叫思想？"这个问题不是要为"思想"下个定义，用概念的语言来一番描述。"什么叫思想"有点像母亲教训顽童时所说的"叫你知道什么叫听话"的意思。在这里，母亲不是要给顽童讲解"听话"的"意义"，而是用巴掌或鞭子让顽童自己"体会"什么叫"听话"。所谓"叫"（heiβen），有"命令"的意味，"什么叫'听话'"，就是"令"你"听话"；"什么叫'思想'"，就是"令"你"思想"。所以，让人知道什么是思想，不是靠证论，也不是靠劝说，而是靠大声疾呼，要呐喊。

一句话，"什么叫思想"，就是"令"你自己去"思想"。

不错，我们有整整一部哲学思想发展的历史，至少欧洲人是如此。前辈的思想家的思想可为我们的楷模。但这些大思想家并不保证我们都能"思想"。对这些大思想家我们可以——而且事实上大多数人都是——把他们当作历史的事实，作为一个个客观对象，作科学的、历史学的或理论上的研究，但真正的"学习"，是要"跟着"（nach）这些大思想家一起去"思想"（nach-denken），亦即你自己再想一遍。这就是说，你要沿着前人的足迹再走一遍。这样，"叫"、"令"就有"请君上路"（unterwege）的意思。于是"在通向语言的路上"，就深化为在"通向思想的"路上。我们永远"在路上"，因为我们永远"在思想"。

---

① 海德格尔：《什么叫思想?》，图宾根，1961 年，第 4 页。

我们不无兴趣地看到海德格尔在《什么叫思想》中同情地引用了黑格尔批评康德的话：要学游泳，必先下水①。海德格尔的意思是说，要知道什么是"思想"，必须自己去"思想"。

在海德格尔看来，"思想"既不是理论性的（theoretik），也不是实践性的（praktik），如前面所说，在人们作这种区分之前，人早就在"思想"了。思想、诗、语言是和 Dasein 同样原始的，语言是存在的家，思想为存在建造了这个房子②，在 Dasein 那里，"思想"与"存在"是不可分地综合在一起的，"思想"既不是"逻辑学"，也不是"伦理学"，"思想"早于一切学科分化之前。

在这个意义下，"思想"就不是概念式的、抽象的、超时间的所谓"永恒真理"。"我思"（Ich denke）就不像康德所说的是一种实践性的超时空的理念，而是"时间性"的。因而，本源性的"思想"就与"追思"（μνη μοσύνη, Gedächtnis）分不开，"思想"表现为"怀念"（Andenken），所谓"追思"是把原已思想过的（bedacht sein）再"思想"一遍③。这样，我们可以看到，只有这种本源性的"思想"，才能真正"知道""Dasein"的"历史性"和"时间性"是怎么回事④。

传统的哲学形而上学常把"思想"与"判断"、"陈述"（Aussagen）联在一起，因而要追问主观的"判断"与客观"对象"符合与否，以此来分辨对错。这是旧形而上学的"真理论"。海德格尔对"思想"的新看法，也引起了"真理"问题的新突破。海德格尔认为，只有从现象学存在论的立场，才能最后真正扬弃真理的符合说。在海德格尔看来，所谓"真"（Wahrheit），并不是两个事物（主体与客体）之间的关系，而是 Dasein 之显现⑤，因而"真"是在主客体分化之前、思维与存在分化之前的"真在"。这个意义是与古代希腊早期本源性的"真理"观一致的。这是他《柏拉图的真理观》的主要意思所在，他从这个角度解释了柏拉图的"洞穴之喻"，以阳光显现一切真相为真理之意

---

① 海德格尔：《什么叫思想》，第 9 页。
② 海德格尔：《论人道主义的信》，收《柏拉图的真理观》，第 111 页。
③ 海德格尔：《什么叫思想》，第 7 页。
④ 同上书，第 57 页。
⑤ 海德格尔：《存在与时间》，第 219 页。

义。古代希腊的"真理"一词为"άληθή",由 ληθή(隐藏)的反义而来,因而,认真说来,要"真正""知道""什么是真理",不是要积累、增加多少"知识",而是要"取掉"、"摆脱"(ἀ) 什么。正像胡塞尔说的,要"括出来"什么。

人类知识的积累、科学之发展已有几千年的历史(Historie),人事纷繁,与日俱增,这固然为人类造福,但却掩盖了一个最简单的真理:人本是 Dasein,是有时间性、历史性的,人是"要死的"、"有限的"。人在沉重的历史包袱和繁华的世界中,常常忘了这个基本真理。也就是说,在现代生活中,人已不会"思想",所以需要大声疾呼,"令人深思"。

"思想"常被认为是深不可测、望而却步的东西,又常常被人将它和复杂的数学公式、众多的物理、生物、化学……著述等同起来,其实,"思想"之所以不大好懂,不是因为它太复杂,而是因为它太简单。人们需要极大的"穿透力"、"洞察力",才能把纷繁的经验杂事"括出去"、"排斥出去"(当然是暂时的),才能真正"走在'思想'的大路上",真正体验到 Dasein 的时间性、历史性,体验到它的"忧思"(Sorge),即与"Dasein"同在,体验到那个"Da"。

在这里,海德格尔就从自己的立场重新解释了尼采的"超人"哲学。"超人"并不表现在"意志"(Wille) 上,因为真正的"Dasein"并无"知"、"情"、"意"的分化。真正的"超人"表现在"思想"上,即它能"摆脱"当前科学、技术的花花世界,而洞察到人作为 Dasein 的意义。

旧哲学作为形而上学已经结束,尼采是西方哲学的最后一位形而上学哲学家。哲学已经过时,代之而起的是"思想"。哲学家只会叫人制造概念的体系,而思想家则"令人""深思",以"超人"的洞察力和穿透力,力排"万物"(无论它们在现代科学昌明下如何五光十色),直接体察到 Dasein 之真义。

第六部分　海德格尔与西方哲学的危机

一、西方哲学之"危机"感与"无"的意识

西方的哲学经过几千年的发展所形成的一套完整的思想体系，曾经给西方人和他们的社会发展带来了很多的益处，但从近代以来不断受到严重的挑战，在批判西方传统哲学的有识之士中，海德格尔是最为有力的一个。

所谓"危机"，并不是我们硬加在西方人头上的帽子，而是他们自己的切身感受。我们知道，1918—1922年斯宾格勒发表了他的《西方的没落》一书，轰动了整个世界。他用了"没落"（Untergang）一词，比"危机"严重得多。这本书所反映出来的欧洲人的那种"心态"（mentality）是很值得重视的。尽管对他书中的历史哲学的观点可以有不同的评价。这本书说，很长时期以来，欧洲人过于忽视对自己的认识，见物不见人，这样的文化，终究会完全成为一种僵化的体系（他所谓的"文明"），从而把"人"降为一部大机器中的组成部分；哲学的任务就是要唤起人对自身的自觉，把自己与僵死的物质世界区别开来。因而他的哲学的主要理论基础，是建立在"历史的世界"和"自然的世界"的严格区分上的。

不错，西方文明早在苏格拉底时代就已经提出"认识你自己"的任务。但这一思想的真实的意义并没有完全发挥出来，希腊人只是侧重于从科学计量的角度来理解"时间"和"空间"。他们所理解的"人"，只是一种具有特殊"理智"这种功能的"动物"，因而"历史"也不过是一种更为复杂的因果系列。

古代的欧洲人没有真正的"历史意识",因为它没有真正的"人"的意识。所谓"真正的"历史意识、"真正的"人的意识,是指"活的"历史意识、"活的"人的意识而言的。斯宾格勒自诩他要在历史学中来一番"哥白尼式的革命",即把"人"当作一种自由"活体"来对待。历史学以自由的活体的活动为对象,因而历史的过程就不是一种类似自然的必然的因果性,活体之间的关系,是一种通过人的自由选择而进入"必然性"的"命定"(Geschick, Schicksal)的关系,是活人"令"它如此。斯宾格勒认为,这种以活体的历史意识为核心的"哥白尼式的革命"意味着西方传统文明的衰落。

然而,西方文化的真正"危机"并不在于它"忽视"了某些"方面",如一般所谓,"忽视"了"人",因而有所谓"科学主义"、"人文主义"之分,似乎前者"忽视"了"人"的问题。这种区分,当然有其自身的意义,但实际上这种区分本身,仍在西方哲学传统笼罩之下,而并非海德格尔的真意所在。

所谓西方哲学的"危机",是一种"思想方式"的"危机",它表现在对待"人"的问题上,也表现在对"世界"的问题上,所以,从这个方面来说,是一个"全面性"的"危机"。这种"全面的"紧迫的"危机感",在海德格尔的老师胡塞尔那里,特别是在胡塞尔晚年,已经很明显地表现了出来。胡塞尔从研究"纯心理"的"人"入手,进而研究一个"理念"的"世界"。"世界"不是静观的对象,而是"人"生活的"环境","人"与"世界"(包括了"他人")的关系,既不是纯物质的交往,也不是纯概念的构建,而是一种活生生的、生活的关系。这样,胡塞尔晚年企图建立的"人文科学",就不仅仅是研究"人",而同样包括了研究"世界"——排除了一切经验科学和形式科学方法的一个最为严格的科学。

海德格尔的思想也不仅仅是为了阐发"人"的特殊地位,他的《存在与时间》固然强调了从"人"(Dasein)来理解"存在"(Sein)的意义,但毕竟是要把"存在"与 Dasein 的时间性、历史性结合起来,强调"人"之"存在性"意义,以至于在1946年他要发表论人文主义的演说,以表明他并无意反对这个主义。但就在这时,他还是指出人们受这些"名称"的灾难已经够多了,他说,"希腊人在他们的伟大时代中都是没有这些名称而有所思的"[①]。

---

① 海德格尔:《论人道主义》,熊伟先生译文。

从这个意义来说，海德格尔在《存在与时间》中强调 Dasein，强调以 Dasein 为依据来理解 Sein，并不仅仅具有"纠偏"的意义，更不是"你说一个'东'，我说一个'西'"，"你（传统）说个 Sein，我就说个'人'（Dasein）"，海德格尔思想的重要之处在于强调 Dasein 与 Sein 在一个层次上，都是 Sein，而 Sein 又恰恰是西方传统哲学存在论的核心问题。

传统的存在论把"存在"理解成"物"之"性"，或者叫做"最本质"的"属性"，这的确是一种经验性、对象性思想方式的产物，这种思想方式，在海德格尔看来，使西方人忘掉了"存在"的真正"意义"。"存在"是"世界"向"人"显示出来的本源性、本然性的意义，正因为"人"是一种特殊的存在（Dasein），所以万物才向"人"显现为"存在"，"存在"只对在 Dasein 意义下的"人"有"意义"。"存在"是"人"的"世界"，而"人""生活在世界中"。"人"与"世界"有一种本源性、本然性的关系，原来不仅是一种物质性交往——这是一切动物都如此的，也不是一种"思想"的关系——这归根结蒂是为物质交往服务的。

因此，在海德格尔看来，西方哲学传统的问题不仅出在忽视了"人"，而且也出在它们对"世界"采取了一种不适合的思考方式。在反驳这种传统时，海德格尔提出了一个"无"的问题，正是在这个问题上，使海德格尔更进一步地超出了西方哲学的传统思想方式，而接近东方的哲学精神。

海德格尔批评传统存在论说，你们只知道穷追万物之"属性"，追到了最后的"存在"（存在的存在），以为达到了极臻，但就这个思路本身来说，传统存在论从不追问"无"（不存在）的问题，因为这种思想方式，从不以"无"为"对象"，我们的思想的"对象"必是"有"，而不能是"无"。不错，人们并没有完全忽略"无"，斯宾诺莎说过，一切的"否定"（无）都包含了"肯定"（有），但"无"不是一般意义上的"否定"，而是"存在"的"否定"，是"不存在"。

"存在"（有）不是经验意义上的"物质世界"，"不存在"（无）也不是经验意义上"物质世界"的"否定"，"物质世界"是"否定"不了的，这一点海德格尔当然也是承认的。传统存在论正是在这一点上混淆了作为"物质世界"的"属性"的"诸存在"与真正存在论上的"存在"的意义，因而归根结蒂，传统存在论仍是从一种知识论的立场来看"存在",把它归结为"物性"的。真正存在论的"存在",是"意义"的"存在",是"存在"的"意义",而这种"意义",只是对"人"这样一个特殊的"存在"(Dasein)才显现出来的。没有"人","物质世界"当然是存在的,但那种只对"人"才显现出来的"意义"确"不存在"。因此,在海德格尔看来,"无"即是"无意义",是"意义之无"。但我们已经说过,海德格尔所理解的"人"(Dasein)是时间性、历史性的,是"有死的",所以"人"不可避免地要面对"无"的问题。本然性、本源性的"无",不是一般的"否定",而是通常意义上"否定"的"根据",就像各种物的属性是以存在论的 Sein 为依据一样,通常意义上的"否定"正导源于那种本源性的"无"的意识之中。

于是,我们看到,在西方传统存在论的思想体系中没有"无"的真正的地位,"有"和"无"只是在有限的意义下相互转化,在"有限的存在"("限有")的意义下,通过质量互变,承认"从'无'到'有'"、"从'有'到'无'"的意义,因而归根结蒂,仍是对有限事物属性的一种"肯定"(有)和"否定"(无)。传统存在论只承认本源性的"有"(存在),而不承认本源性的"无"(不存在)。"有"是绝对的、抽象的,在存在论上没有"无"与其相应,而只有在海德格尔的"基本存在论"(本源性存在论或现象学存在论)中,"无"才和"有"一样,构成了存在论的基本内核。

"'无'是什么"这个问题,不是要问"无"是个"什么""东西"(物)——因为"无"本已是"无物"——而是问"无"是"什么""意义"。"物质世界"是永恒的"存在物",不能从"无"产生,也不能归于"无",正如巴门尼德说的那样"铁板一块"的"必然性"。"有"(存在)是对"人"的一种"意义","无"则是这种"意义"的失落。"世界"只对"人"才"有""意义",如果没有"人"则"世界"就"没有"(无)那种只对人才显现的"意义"。然而,既然"人"总是要死的、有时限性的,那末"人"就始终面临着"无"的威胁。

由此可见,"无"(不存在)的问题,和"有"(存在)一样,都根源于作为"Dasein"的"人"。作为肉体(物质)存在的人,不会成为"无","人"化为灰烬,从自然的眼光来看,不过是物质形态的转换;"人"的"死",也不是因为失去了什么功能（如思想、精神、情感等），就不符合"人"的"概念"，不配叫"人"。从存在论来看，"人"是 Dasein，而 Dasein 本身就具有"无"的意义。"这个有"（Dasein）必定会是"无"。作为"Dasein"的"人"，使世界"有"（存在），也使世界"无"（不存在），于是才出现这样的二律背反："世界"对"人"来说，既是"有""意义"的，又是"无""意义"的。

海德格尔认为，西方哲学传统思想的问题正出在忽视了"无"的意义，从而也歪曲了"有"的意义。"有"（存在）成了"物质世界"诸属性之抽象、总和、概括，"思想"（理性）成了人作为一种物质存在（动物）的特殊功能，从而成为谋取物质福利的工具。归根结蒂，经验上的、知识上的"有"（存在）统治了整个西方哲学的传统，而唤起西方人对"无"的意识，无疑是一付清醒剂，是对由这种思想方式带来的西方文化危机的一种挽救。

我们看到，"无"的意识的强调，是西方文化和哲学矛盾发展的产物，也是这个文化传统的突破。西方的思想家看到，为他们的传统的哲学思想所未能充分认识到的这根本问题，东方的民族，在不同的历史条件下以不同的方式早已思索过了。

近代以来，随着西方人生活的"世界"的不断扩大，他们当中有不少思想家、哲学家已开始意识到不能光局限于自己的文化和哲学传统，对于宇宙、人生的本源性问题，世界上许多民族，都有自己独特的思考方式，仁者见仁，智者见智。并不是为了"猎奇"，而是为了深入思考问题，各民族、各文化类型需要交流；尤其是在西方文化发展到现在使人们有一种"危机"感的情况下，这种交流更加显得重要。

东方的民族，是对"无"的意识觉悟得比较早的民族，古代印度的佛家、中国古代的道家，论"空"论"无"，同样是对"世界"与"人"的本源性关系的一种思考。这种思想在东方也经过几千年的发展，其消极的、虚无主义的色彩也成为东方民族的精神枷锁，所以近百余年来，东方的志士仁人对西方的科学、务实精神趋之若鹜，这种趋向也是我们这个民族的生活的需要。然而西方的文化发展似乎经历了一个相反的过程，在沉湎于数百年声色货利的经验世界之后，想起了那个令人战栗的"无"。

"无"的意识的觉醒，又使人们回到"人"与"世界"的本然性（本源性）

状态。远古的"黄金时代",卢梭幻想的"自然状态"……,都在这种"本然性状态"中得到了依据和净化。西方的传统思想方式使"人"忘记了"本",忘记"存在"(有)的意义,也忘记"不存在"(无)的意义,但这种"意义"只要"人"存在,则总是向"人"开放的,只是西方人的传统思想方式常使他们理解不了那种意义。当代由于海德格尔的启发,西方人终于从根本上正视了"无"的问题,在经过一段冲击性的危机感后,又逐渐找到了这存在论上的"无"与自己文化、哲学传统的沟通之处,这就是我们后面要讨论的萨特的工作了。

二、"形而上学"的否定与"哲学"之终结

所谓"西方传统的思想方式",就是"形而上学-哲学"的思想方式。

"哲学"原为"爱智"之意。海德格尔认为最初见于赫拉克利特的残篇中,而一般哲学史家则认为毕达哥拉斯最早用这个词自称为"爱智者"。无论如何,海德格尔指出了"Φιλοσοφία"这个词要晚于"Φιλόσοφος",后者在赫拉克利特和毕达哥拉斯那里是"人",而不是指一门学问①。"智慧"是对世界的知识,但人不能全智全能,所以对于"智慧"只能"心向往之",努力加以追求,这应是"爱智"的原本的意思。然而"知识"乃是一种科学形态,于是"爱智"本身也就成了一门学问,成了"爱智之学",成了"哲学"。所以古代希腊哲学乃是一种科学思维方式的产物,这种思维方式,把世界作为客观对象加以观察,究其原因,在把握必然的因果联系中求确切之知识。这种根本立场虽经苏格拉底的"认识你自己"将哲学方向由外引诸于内,也未曾有根本的变化,他们总是穷根究底,以求最本源性的"原因"。这种思想方法经柏拉图到亚里士多德得到古代完备的形态——哲学为探究"第一性的原则"。亚里士多德这一部分的著作在一世纪时被人编纂,放在他的"物理学"之后,成为"Metaphysics",这应是"形而上学"的最本源的意思,这时"哲学"与"形而上学"也就具有相同的意义。海德格尔在自己的著作中很强调"Meta"的

---

① "Φιλόσοφος"见赫拉克利特残篇,而"Φιλοσοφία"则最早见于柏拉图的著作。

"超越性"的意思,其实他理应欣然接受这个"之后"的最根本也是最普通的含意。按照海德格尔自己的理论,"形而上学"的的确确不是最本源性的思维方式,而是由"物理学"派生出来的,是"物理学""之后"出现的一门学问,即"形而上学"是研究"诸存在"(万物)之"存在"的学问。这个形而上学意义下的"存在",虽然为"万物"之"本",但仍被科学式思维方式想象为一种"物"(存在),既可直观,也可理解,既是具体的,也是普遍的,像其他的"诸存在"一样,不过它是最高的、最本质的具体共相。对于这种"存在",我们人类居然也能有一套概念体系(哲学)来把握。因而从根本上来说,如海德格尔和胡塞尔所坚持的,"哲学"和"神学"(见神学,theosophy)则常是一个意思。

作为形而上学的哲学在思想史上虽也常常受到挑战,但根基并未动摇过;直至近代到了康德,"形而上学"的问题,才得到认真的对待。康德严格划分科学知识的界限,把上帝、自由意志、第一因这类形而上学问题,干净彻底地排除于经验科学知识之外,可说揭了"形而上学"的老底。但康德是以二元论的方法来作为他的批判哲学的理论基础的。而主体与客体之分裂和对立,却正是形而上学最为根本的态度,把世界作为客体,把"自己"作为"主体",以静观的、抽象的方式把握世界,正是"形而上学"产生的根基。康德是用"其人之道反治其人之身",但要真正克服这种态度,是要把形而上学所产生的结果连同产生它的基地一起"括起来",另辟蹊径,才能达到目的。

由于康德是用形而上学的方法,在形而上学共同的基地上否定形而上学,或者说,他是在承认"物理学"(经验科学知识)和"原('后'或'超越')物理学"之间有原则区别的前提下来否定形而上学,所以他为了保存科学知识的可靠性和纯洁性,不得不武断地宣称本源性问题之不可知。而从根本上来说,真正的"本源性"问题应出现在"物理学"(各门经验科学)和"形而上学"分化之前,在"现象"(表象)与"本质"分化之前。从这个全然不同的立场出发,"存在"的本源性问题不是被取消了,而是在新的意义下得到了肯定。所以,海德格尔的现象学不是简单地否定形而上学的问题,而是在同一个问题上采取了截然不同的思路。

什么是"形而上学"思维方式的特点？海德格尔说，形而上学是以表象的思维方式来把握"诸存在"的"存在"[①]。这一点，当然不是海德格尔的创见，黑格尔早就指出了这一点，而且着重地批判、扬弃了这种抽象、空洞的以表象为内容的形而上学思维方式，因而他首先把自己的哲学叫做"精神现象学"。但在海德格尔看来，黑格尔既从积极的方面发扬了康德的"理念"论思想，形成一个思辨体系的绝对哲学，因而他仍然摆脱不了自柏拉图以来"理念论"的命运：以"(见)神论"为自己哲学的顶峰。海德格尔说，所谓"理念"（Idee, ειδος）本就有"看见"的意思在内。事实上，所谓"绝对"固然是主体与客体、思维与存在、理性与感性的同一性，但"理念"和"精神"的独立性，仍是为物质世界对立、分化的产物，因而所谓"绝对理念"、"绝对精神"，归根结蒂则仍是"绝对主体"。

"主体性"的原则是包括黑格尔在内的一切哲学-形而上学思维方式的固有的特色。在康德的哲学中，"理论理性"无"主体性"可言，虽然理性为自然给出必然的规则，但这种规则是逻辑的，康德的"先验性"的必然性仍建立在逻辑（先天）性的基础上。康德的"实践理性"领域则是纯粹的"主体性"原则，但它只能是一个空洞的绝对命令形式，一旦涉及内容，则又立即成为"理念"（"理想"）。因此海德格尔在研究康德哲学时，对《实践理性批判》和《判断力批判》几乎未置一词，因为在他看来，这种把"理论理性"与"实践理性"分立开来的做法，本已是形而上学思维方式的结果，而这种分立的片面性，已为黑格尔特别是胡塞尔所克服。

的确，康德的"实践理性"并没有解决"物自身"给他的哲学带来的困难，自新康德主义以来，思想家们打出"回到事物本身"的旗号，但表象式的思维方式使这句话成为空洞的口号，"表象"作为"镜子"在思想与存在之间设置了一层帷幕。主体与客体、思想与存在、理性与感性之间有许多永远纠缠不清的问题。胡塞尔批评康德的知识论容许了感觉的接受性，从而夹杂了不纯的经验的因素，使他的"先验论"无法贯彻到底，其结果是：他想追求的目标——也是历代哲学家追求的目标——获得可靠的知识，落了空。胡塞尔的先

---

① 海德格尔：《哲学的终结和思想的任务》，收《存在与时间》，英译，第56页。

验的现象学把康德哲学中最后一点经验因素毫不留情地"排除"了出去,"悬搁"了起来,于是他的现象学的知识就成了"纯而又纯"的"严格的科学",即不杂一点经验成份的纯知识。这种知识由于不是外在感觉引起,因而不承认在感觉引起的"表象"背后还有什么东西,这种知识是"事物本身"显现出来的,因而就是事物本身的知识。本质与直观(表象)、普遍性与个别性……在这种知识中是同一的。

但是以"纯心理"的"意义"(理念)结构为核心的这种知识体系,仍然是主体性的,在海德格尔看来,胡塞尔可以说已经把"先验的主体性"原则推到了极臻,因而成为一个完全内在的内心体验。

不错,按照胡塞尔的现象学,"人"的确是"活"的,而不是被分割成"理性"、"感性"等碎片的"反思者"。但这种"人",毕竟只能在他的"内心"保存一个"活的世界",而不能使整个的人"活"起来。海德格尔的任务就是要使整个的"人"作为"Dasein"活起来。这样,"人"就不仅不是单纯的"反思者",而且不是单纯的"思想者",不是纯粹的知识主体。抽象来说,人的感觉和思想都是"死"的,人的欲求和实际的需要,与自然保持着物质性的交往,而"思想"则是对包括这种交往在内的自然过程加以分析研究,目的是为了控制自然,海德格尔叫作"控制论式"的态度。人作为主体对客体的控制,在科学研究的基础上使自己的愿望(思想)转化为现实(自然),这是科学知识的归宿,也是哲学的内在的目标。因而在现象学看来,这种思维方式实质上是"目的论"的。胡塞尔看出在这条道路上,"人"必定会失去"自己",但他所求得的只是"内在的独立",他的"人文科学"只是"纯心理"的结构,而应该说"原心理学"并不比"原物理学"高明多少,真正本源性问题是在"物理学"、"心理学"、"物理"和"心理"分化之前就已经存在的。

这样,就哲学思想的发展史言,海德格尔就把人们的目光引向更为远古的"前苏格拉底"时期。这个时期的哲学,被亚里士多德称作"自然哲学",亚里士多德的"自然"、"物理",不包括"数学",因此,他的"自然哲学家",不包括以"数"为始基的毕达哥拉斯学派,但无论如何,所谓"自然哲学"理应如实地理解为以一种科学思维的方式来对待"自然",努力探求自然事物之因果联系,追根寻源,以求万物之"始基"($\mathrm{\dot{\alpha}\rho\chi\acute{\eta}}$)。然而,海德格尔对"自然哲学"却有自己的解释。他认为这个时期所谓"φύσις"并不完全是后来拉丁文"Natura"（自然）的意思，而有"生长"、"成形"、"显现"的意思在内，他利用"φυ"和"φα"(ινεσθαι)的语源上的关系来论证这一点。这就是说，在海德格尔看来，前苏格拉底时期的哲学家们——智者们所想的是学科尚未分化前的问题，因此他们所谓的 φύσις 不是学科分化后的"自然"，而是一种本源性的"存在"，是"一"(ἕν)，也是"全"(πας)。在海德格尔看来，这个时期的哲学思想，由于去古未远，尚包含了现象学存在论的一些本源性的思想，而到了苏格拉底、柏拉图创立"理念论"后，以 εἶδος 与 φύσις 对立，则已是名副其实的形而上学-哲学，此后西方哲学之一切发展，无出其右。

我们知道，海德格尔从自己的现象学存在论出发，对古代希腊哲学思想的历史发展，提出了一系列非常独特的见解，这些见解显然尚未得到西方古典学者们的广泛承认，但我们曾经提出认真研究这些见解，应是古代哲学研究的一个重要课题。在这里，与本题有关的是，海德格尔认为，"哲学"从古代希腊发展至今，业已大功告成（"完成"），到了"终结"的时候。

于是，我们的问题又回到了我们的出发点："哲学"源出于"爱智者"，本非一门学问；"哲学"如作为一门学问，已是学科分化以后的事，所以必是"形而上学"，是研究"存在的存在"、"第一性原理"的学问。"形而上学"经过了历代大哲之努力，已臻"完成"，即已"集大成"。哲学的历史发展已昭示"形而上学"与其所追求目标——"本源性"、"存在"或"问题"之不适宜性。然而，问题仍然存在，哲学-形而上学虽已昭揭自身之不适宜性，但并未遏制人们去"思想"，那末这种"思想"是什么，人们又"想"些什么？在这里，海德格尔向人们郑重地提出：在哲学终结以后，"思想"还有什么事情可做？这是他在 1964 年首先以法文译文发表的演讲中的主要问题。这个问题，我们应与他在 1951—1952 年的《什么叫思想》中所谈的问题结合起来看，围绕"思想"问题的全貌应是：在探本求源的道路上，哲学-形而上学已经终结，开始了"思想"的时期，于是如何理解"思想"与哲学-形而上学对立之本源性意义，以及如何理解它的"材料"（想些什么），则就成为一个突出的问题。

我们看到，在古代东方，在古代中国，并没有"形而上学"的传统，没有这样一种很明确的思想方式，把主体和客体作原则性的分离，然后分别作"对象性"或"工具性"的分析研究。因此,中国古代并没有这样一门学问叫做"哲学"——这个词据说是日本人为了翻译西文的"philosophy"而铸造的汉字。或者我们甚至可以说,中国古代在较长的时期,各门"学科"都没有明显分化的界限,从海德格尔的观点来设想,我国古代应是较长时期地保持了原始的、本源的、本然的"思"的状态。东方古代的"哲人"并不是"专门家",而就是在最朴素的意义上的"有智慧的人"。"哲人"并非"百工之徒",以一技之长,作为谋生的手段——"百工之徒"固不可少,但"哲人"却启发人去"思考"那人人不可避免的本源性问题。

三、存在性的思想与对存在的思想

于是,紧接着的问题就是:如何从(自觉不自觉的)东方式的"思"来清理(清算)西方关于"思想"与"存在"相对立这样一个传统的哲学问题。

我们在这里实际上已把"思想"的形式与"思想"的内容分别开来考虑,但就海德格尔本源性的"思想"言,形式和内容是没有分立的,是同一的,因而我们只能从不同的问题,或不同的意义的侧面来分别讨论这个问题。

从现象学存在论来理解"思想",就是要把它理解为在各学科分化之前的本源性的思想,是"思想"与"存在"同一的"思想"。

"思想"不是"存在"的一种"特性","存在"中找不出"思想"这一性质,要像从事物中找出"红"、"黄"……那样来找出"思想",显然是徒劳的,"思想"不是经验知识的对象。

"思想"也不是功能性概念,"思想"不是"逻辑",这一点,胡塞尔(以及早于他的黑格尔)早已指明,本质的直观不需任何外在工具、手段、尺度。

"思想"也不是"绝对","绝对"为"全",为"一",是为思想之抽象,无相应之直观对象,更已为康德所揭示。

一句话,"思想"不是抽象的、空洞的、超(或"非")时间(atime)的"主体","思想"是"存在性"的,即时间性的、历史性的。本源性的"思"不是一种静观的、抽象的、"知识性"的活动——这是学科分化以后的事,而是"存在性"的活动。在"存在"与"思想"同一的前提下,Dasein 的本质意义正在于"思"和"想"。

"思想与存在为一"原是巴门尼德的著名命题，但海德格尔认为与这个学派对立的赫拉克利特在这一点上与巴门尼德是一致的。赫拉克利特的主要概念"逻各斯"并非后来引伸出来的抽象的"规律"、"规则"的意思。λόγος 由 λέγω 衍化而来，原意为"采集"、"说"。"采集"与"说"有相同的词源是一个很有趣的现象，"采集"起来、"集合"起来，使之一目了然，于是"说"也是使"明"的意思。λόγος 是使隐藏的东西呈现出来，在茫茫混沌之中划出了"道道"。正是 Dasein 这种存在性的 λόγος，使 Sein 呈现出来。

这里，我们涉及海德格尔从《存在与时间》一开始就注意到，而后来着意发挥了的本源性"语言"问题。"说"是有声的"想"，"语言"与"思想"的关系尽管有各种不同的理解，但都无法否认它们之间的紧密的联系。

按海德格尔看来，"语言"本不是科学性、知识性现象，而是存在性的现象，"语言"不是逻辑、语法的结构，而是为胡塞尔所说的"意义"的结构。"语言"发自胸臆。有"话"要"说"，如鲠在喉，不得不吐。就"话"与"说"的关系言，"话"是更为根本的；就传达性知识言，"说"以及"说话"的"人"似乎反倒是一种表达"话"的"工具"，是"话"让人"说"。因此，从本源上来说，发之于声是为"说"，无声的沉默也为"说"，而且是更为根本的"说"。有声之"语言"有说者和听者之别，事实上，从本源上来说，听者与说者本是一个人，既然有"话"要"说"，说者是先"听到了"这些"话"，然后才说出来的。所以，就具体的说话的人来看，他只是一个"消息的传递者"，如希腊神话里的"使者"（Hermes）。不出声的"说"，正是"思想"。

因此，就本源上来说，"语言"并非仅仅是客观描述性的、知识性的，而且是发抒性的、存在性的。海德格尔说，最原始的语言是诗的语言，是吟诵性的、抒怀性的。所谓"诗"的语言，就是时间性的语言，历史性的语言，"诗"与"史"在远古的时候是不可分割的。我们已经说过，现象学存在论的"时间性"，不是计量的尺度，过去、现在、未来不是分割开来的"点"，而是"存在性"的绵延，本源于 Dasein 的"时限性"。"历史"是不能"割断"的，"过去"不是作为"不存在的东西"被冷静地反思式地分析、思考，而是作为历史性的延伸来加以缅怀。

于是,"诗"唱出人间悲欢离合,"思"则"追思"、"思虑"宇宙人生之意义,都源出于"Dasein",源出于"史"。在现象学存在论看来,"诗"、"思"、"史"并不是一些不同的学科(诗学、逻辑学、历史学),而其实为"一"。

从这个立场出发,海德格尔坚持说,"科学"不是"思想",这和他批评现代西方社会"忘掉存在"的看法是一致的。在这里,我们也可以看出,他虽然批评尼采为最后一个形而上学者,但尼采的影响却日渐增强。海德格尔说,西方人在形而上学思想方式的笼罩下,一味追求科学之发展,沉溺于物质的世界,以求利用科学满足各种欲望,在沉重的文化的沉积下,醉生梦死,忘掉了"存在",忘掉了作为Dasein的"人"的意义,真的成了一种"理性的动物",以"理性"为工具来谋求自己的福利,以控制自然。而对这种状况,思想家的任务就是要大喊大叫,就是要"呐喊",以发聋振聩。

不错,我们有历代许多思想家写下的"著作",可以从中学会"思想"。但是海德格尔指出,所谓"写",在德文为Schreiben,与"喊"Schreien只差一个字母,"写"和"说"一样,同样是在"呐喊"。学习思想家的"著作",不能代替自己去"想",读这些著作是跟着这些思想家自己再去"想"一遍。这些著作引导你走上"思想"之路。

人们会问,既然现代的人都忘掉了"存在",不会"思想",请你教给我"什么叫思想"。海德格尔说,所谓"什么叫思想",并不能为"思想"给出一个普遍的定义,学会了这个"定义",就懂得了什么是"思想";"什么叫思想"就是"令"你去"思想",或"叫"你去"思想"。"思想"是存在性的,不能像知识那样由表象的描述、定义、公式来传达,存在性的"理解"是在行动之中,要"知道"什么是"思想",只有自己去"思想"。只有走上了"思想"之路,才能"知道"什么叫"思想"。从另外一方面来看,"存在性的思想"既是"本源性的思想",因而就不是学习性、模仿性的思想,而永远是一种创造性的思想,思想者永远是创始者。在这个意义下,我们正是坚持了胡塞尔所谓的我们总是要回到"开始"这一思想。"创造者"不是科学、技术的发明创造和革新者,思想家与科学家在做着不同的事。

科学家的事是永远做不完的,因为他研究"万物"、"诸存在"的奥秘,这是无穷尽的；哲学家的事，在海德格尔看来，已经做完了，因为他研究"诸存在"的"存在"，研究第一因、最高的存在，做来做去，做不出形而上学的圈子。现在，海德格尔的问题是：在哲学家的事已经做完之后，思想家还有什么"事"（Sache, matter）可做？

海德格尔告诉我们，有一件事是思想家的本分：揭示"真实"（真在）——希腊文的 ἀληθής, ἀλήθεια。"ἀλήθεια"是留给思想家唯一能"思想"的"事"。这个希腊文通常都理解、翻译成"真理"，海德格尔很不愿意随俗，因为这样一来，思想家和科学家就在做同一件事——追求真理了，而我们知道，在海德格尔心目中，他们所做的事是不同的。

在通常的理解下，"真理"即"真知识"，是主观的表象与客观的对象相符合一致，这在科学知识的范围内当然是适合的。然而，在本源性的问题上，至少从康德以来，这种对"真理"的理解已被指明是不适合的，因为所谓"诸存在"之"存在"只是一个"观念"、"理念"，并无直观对象可言，于是才有"真理"为思想之自身符合（一致）说，而思想自身之一贯，则又非逻辑莫属。事实上以科学思维的"符合一致说"来理解"ἀλήθεια"本就是错的。这个字的希腊文原意是"去蔽"，即把隐蔽着的东西揭示出来，或让隐蔽着的东西显现出来。这样，通常理解为"真理"的这个字，就和现象学联系了起来，也可以说是从现象学来看"真理"，是现象学的"真理观"。在现象学看来，"真"是本源性的，"理"在"真"后，各门学科的"理"——包括哲学形而上学的"理"在内，都是后来的事，最本源性的"ἀλήθεια"是"理""事"未分、思想与存在未分时的一种状态，这种状态是在"排除"（ἀ）一切"隐蔽物"、"障眼物"之后从而可以达到一切皆"明"的"自由"（Frei）境界。要做到"心明眼亮"，必去陈言、俗见以及一切私心杂念，即"虚"其"怀"才能明心见性。这里我们用中文"虚怀"来翻译海德格尔的"Frei"（open）尚较贴切原意，所谓"虚怀"者，开阔（开放）自由之胸襟之谓，唯其"虚怀若谷"，方可"心明眼亮"，使"存在"显现其自身之意义。这样，在海德格尔看来，所谓"存在性之'真理'"即"存在"之"意义"，亦即"真理性之存在"，是为"真在"或"真如"。

从这个方面来看，思想家不但做着与科学家不同的事，而且简直是做着相反的事。科学家的任务是发现新事实,积累新知识,以增加征服自然的手段与工具,为人类生存造福;思想家则要"透过"这一切,看到更为深远的"意义"。科学家不断地追求"有",不断扩大"诸存在"的范围,而忘记了"本然性存在"(有)与诸实体性存在的区别。思想家与科学家做着不同层次的工作,思想家如实地揭示"无"与"有"的对立,"无"不是实体的某种属性的否定,而是本源性存在的否定。思想家说,科学家所做的一切,只对"人"有"意义",而"人"又是 Dasein,是一切存在中的时间性的、历史性的、有死性的存在。作为工具性的"思想",只以"存在"(有)为"对象",但作为本源性的"思",则同样令人"理解""无"的意义。

思想家告诉科学家:不断发现新事实、积累新知识以控制自然,是"要"做"神"做的事,即向往着"全智全能"。哲学-形而上学则更有甚者,把"诸存在"之"存在"、"最高的存在"、"绝对"作为自己的对象,来为人的奢欲鼓气;但"人"不是"神","人"是会死的、有限的、历史的,人所追求的"真理"永远是相对的,人不能保证不犯错误。科学技术越昌明,人控制自然的能力越大,犯错误的危害也越大。科技发达到一定地步,总会有一天人因微小的失误而酿成大祸,向人们大声疾呼地说破这一切"真情""实况",乃是思想家的责任。在这个意义下,也许我们可以说,科学家的工作在"立",而思想家的工作则在"破"。

这个"破"的含意远可溯诸"ά-λήθεια"的字源,近则已为胡塞尔的现象学所确立。胡塞尔的"排除"、"存疑"、"悬搁"法,其立足点就在一个"破"字。胡塞尔认为现象学的基本问题是:在排除了一切经验的东西之后,还剩了什么?这个问题和海德格尔之"哲学终结之后,还(剩)有什么可'思想'?"这一问题有异曲同工之妙。胡塞尔的"现象学的剩余者"为纯心理之"意义"结构("理念"),海德格尔的"思想的剩余者"则为"存在"之意义——"真在"。

当然,所谓"排除","ά",不是"抛弃",胡塞尔并未"抛弃"一切经验,海德格尔也不是把科学和哲学-形而上学弃为敝屣。思想家无非是要时时"提醒"世人,不要"忘记""存在"的意义,要人们有一种历史的眼光,洞察古往今来,以把握人生之真谛。因此思想家要有一种穿透力,"透过"繁荣昌盛的表象,"看到"本源性的"存在"。

"思想"是"历史性的"。"思想"不是"想"一些新奇的事,"思想"是要把原本已"想过"但现已"忘掉"的东西重新"想起",因而它是柏拉图的"回忆"的真实含义①。"思想"与"Dasein"同在,只是Dasein进入现代社会被分门别类的科学技术弄得"忘了"那个本源性的状态罢了,因此"思想"常表现为"思念"(An-denken)。但是巴门尼德告诉我们,思想与存在同一,思想的东西与存在的东西是一,因此我们不能去想那"不存在"的东西,"思念"不是"想"那过去存在而今已不复存在的东西,历史性的"思想"是把过去、现在、未来统一起来思考,因此,"思想"作为"回忆"是"思念""曾在"的事,过去、现在、未来都是"存在",构成Dasein的世界。所以"思想"虽是历史性的,却是面向未来。过去、现在、未来都不是"历史学"或"社会学"所想象的那样一些分割开来的死东西,而是活东西,是Dasein的活的世界。"曾在"、"现在"、"将在"都是"存在",这个"存在"不是"事实"或"事件",不是因果系列里的一个环节,而是一种可能性,是自由的、开放的,因而本源性的、历史性的"思想"永远面向"将在"。

"思想"——这就是在哲学终结后留给思想者要做的事。

*　　*　　*

我们现在又要回到本文开头提出的"危机"概念。在海德格尔看来,哲学-形而上学的思维方式已走到了尽头,而这个思维方式,却是欧洲人思维方式的本质特点,因而欧洲人的思维方式似乎也走到了尽头。这是海德格尔和胡塞尔心目中的一个重要问题。"思想"已冲出了欧洲的范围,这也就是他们所谓"危机"的主要内容。

从本源性"有"、"无"同一的思想,到西方整个传统哲学思想的突破,使海德格尔晚年深感西方语言在把握(理解)这个本然性、"有"和"无"的意义上的局限性。我们知道,海德格尔晚年在与日本哲学家的著名的谈话记录(《在通向语言的路上》)中对东方诗意般语言所流露出来的兴趣,是和他的基本的思想倾向分不开的。可以相信,如果海德格尔更多地接触中国古代的

---

① 柏拉图的"回忆"说,也可以作逻辑必然之推理知识一种古代神话式的理解。

思想典籍,那末他也许会真的以为他在我们的祖先那里找到了那个本源性的"家"。

海德格尔很遗憾西方的语言离本源性语言太远,过于抽象、过于形式化,害得他要在语源、词根上花许多的工夫,甚至要生造一些字来表述自己的思想。海德格尔一定以为如果他掌握了东方的语言,那末他的基本思想表达起来会更容易一些。的确,虽然我们至今还没有找到适当的中文来译他的 Dasein,但我们东方人在阅读海德格尔著作时确实也时时有许多共鸣的地方,特别他那"思想"与"存在"同一的思想,真可以令人在物我两忘、怡然自得的境界中陶醉一番。然而西方人在科技昌盛的声色货利中呆得太久感到腻味,我们东方人在那个空灵的境界中也有几千年的历史,其中甘苦,也只有我们自己能体会出来。东方人的这笔账,留待我们自己细细地算去;而西方人的账,海德格尔认为似乎已经算清了。

无论如何,海德格尔从存在论上所揭示的"无"的本源性意义,对于西方传统哲学思想的确有相当的震撼作用,对于西方已习惯了的对象性和形式性的思想方式是一种突破。从"无"来看"有",从"不存在"来看"存在",使西方对传统的存在论有一个全新的立场。"存在"既不是"最抽象的""属性",不是一个思想的"概括",也不是一个具体的实在的性质,不是事物的物理的、化学的、生物的性质,"存在"是历史性的、时间性的状态,是世界向人显现出来的"意义";但"存在"的这种历史性、时间性的意义却根源于"无",根源于"不存在",即根源于一个会死的、有时限性的、历史性的存在——作为 Dasein 的"人"。思想家的任务就是要时时提醒人们在追求声色货利的同时不要"忘记"这样一个以"无"为根基的"有",即世界的历史性的、时间性的意义。既然任何"学科"都不能以"无"为"对象",所以对"无"以及由此出现的"有"的问题的"思考",就构不成一门"学科"("科学"),所以"哲学"非"学"。各种"学科"被"排除"、被"括了起来"之后,"思想"并未停止,恰恰相反,只有在克服了所谓对象性、抽象性的"思想"方式之后,真正的、本然的"思想"才闪烁出自己的光辉。

附：在"交往"的路上
——海德格尔的"存在"与老子的"道"

中西哲学不仅需要"比较"(comparison)，尤其需要"交往"（"交流"，communication）；"比较"重在"分析"、"观察"，"交往"重"体会"、"理解"。

欧洲的民族是"哲学"的民族，自古代希腊以来，以概念、判断、推理的结构方式，使"哲学"成为一门"科学"，"爱智者"（φιλοσόφος）成为"哲学（家）"（φιλοσοφία）。中国古代的"爱智者"始终是"思想家"，而不是"专门家"(scholar, scientist)。古老的东西方民族在哲学上遇到的当然是相同的问题——宇宙、人生的本源性问题，但它们的把握方式不同，因而它们的历史发展是不同的。

欧洲的哲学思想，从近代以来，集中反对"形而上学"，即对那种把"哲学"作为一门"科学"而以一般的概念体系来结构，感到不满。于是有康德的《纯粹理性批判》，通过对理论理性的工具的批判，划出知识的界限，揭示形而上学的虚妄性，重新确立"理念"在本源性思想中的地位。康德这个思想路线，经黑格尔的《精神现象学》发展为现代胡塞尔之"纯心理"之现象学。胡塞尔认为他已在根本上揭示并恢复了柏拉图"理念论"的本意，他的"生活的世界"，就是"理念的世界"。

"世界"不是我们"科学研究"的"对象"，我们就是"生活""在世界中"。我们对"世界"的"意识"，不是"对象性"的概念；"对象性"思想方式的克服，也就是"形而上学"思想方式的克服，事实上也是欧洲哲学作为一门学科的传统思想方式的克服。胡塞尔晚年所谓欧洲文化之危机，即对象性思想方式之危机。

然而，胡塞尔的现象学仍以建立一种与一切对象科学完全不同的"人文科学"为目的，因为它排除（括出）一切"对象性"之"经验"，故为"最严格之科学"。

"这是桌子"，固不需明析"桌子"诸经验之属性，"桌子"这个概念亦非由此众多属性归纳而成，故"桌子"并非种属之特性（物之性），而是"理念"（观念）；"理念"先于诸种属特性而出现，但毕竟与"物之性"有多种纠葛。诸种"理念"要构成我们的"生活的世界"，仍需一个"体系"，以"理念"之"体系"代替"概念"之"体系"，终也并非探本求源的办法。人们不要忘记，在"这是桌子"这个命题中，"桌子"之前尚有一个"是"字，它比"桌子"之"理念"更根本。推而广之，它是比一切"理念"更根本、更原始的"是"或"在"（Sein, Being）。胡塞尔说，我们睁眼看到的这个"世界"，是"理念"的世界；海德格尔则说，我们所看到的最本源的世界是"存在"的世界。"世界"向人（Dasein）显现（开放）为 Sein。"理念"固不是经验意义上的"概念"，"Sein"也不是经验意义上的"对象性"或"物质性"的"物"。"物质"是永恒的，但"理念"和"Sein"都是"意义"（Bedeutung），只对人（Dasein）开放。"世界"与"人"同在。

"理念"为"有名"，"存在"则为"无名"。"无名"比"有名"更为本源。

老子说："有物混成，先天地生。寂兮寥兮，独立而不改，周行而不殆，可以为天地母。吾不知其名，强字之曰'道'，强为之名曰'大'。"（§25）

此处所谓"道"，很像古代希腊之"ἀρχή"，但已是"Logos"意义下之 ἀρχή，而不是"水"、"气"。Logos 原意为"度"，但不是计量工具意义下之"度"，而是本源性的"度"，是世界向人显现出来的"度"。

"道"在金文为"𢕬"，为（敌）人走在路上的意思，是"对方"向"我方"显示出来的路，但又非静观之"客体性"（对象性）的，而是要来"攻打"或"偷抢"我们的"路线"。"道"是天地向人显现出来的"度"。"我"所"见到"的"道"为"德"——"德"在金文为"𢔶"，以"目直视"易"首"。

"道"和"存在"（sein）都是"人"与"世界"的一种本源性关系，都是"世界"向人显现出来的一种本源性"意义"。

不错，"天下本无路，路是人走出来的"，但天地也已向人显示了最本源的"路"，人总是依天时、地利来做自己的工作的。

然而，人筑出的路是可以改道的，天地向人昭示的最本源性的"路"却是"常恒"的。

"道可道，非常道，名可名，非常名。无名，天地之始，有名万物之母。"（§1）老子说，流行的、通常的"道"——或主要是指儒家之道，固可曰道，但不是"常恒"之"道"；当时流行的、通常的"名"——或标志社会地位之"名分"，固可曰"名"，但不是"常恒"之"名"。扩大来说，经验的"道"和"名"，都不是恒常的，不是本源性的"道"和"名"。所以第二章说："天下皆知美之为美，斯恶已；皆知善之为善，斯不善已。"经验的美、恶和善、不善是会转化的，王侯将相的名分也不是长久的。天地本无名（分），人"命名"万物以使万物成为万物。天地本无名，所以"道"无名而有。"有"、"无"都与"名"相应。天下万物皆有名，只有"道"无名。所以在老子看来，"名分"不是天生的，也不是永久的，于是"正名"非大道。

"名"为"器"之"名"，"道常无名，朴"（§32）。这个比喻在古代是很有说服力的。"朴"有点像亚里士多德的"质料"，无形（无器形），无名。"朴"非"器"，但却是"器"之本。故"道"为万物之本，无（名）为有（名）之本。

"无"不是"真无"，不是字面上的"无"，不是经验上的"无"，也不是萨特的"意识"。古代原子论的"虚空"（κενός）仍是一个"始基"（ἀρχή），"原子"与"虚空"相生而成宇宙。"道"非"器"而"无名"，"道"为无名之器，"非器"为"空（器）"，是为"冲"（盅）。"道冲而用之或不盈"（§4），因其"空"而能容物。这是古代对于"空"、"无"的想象，是一种比喻的说法。

"无"即"无名"。"道之为物，惟恍惟惚。惚兮恍兮，其中有象；恍兮惚兮，其中有物。窈兮冥兮，其中有精；其精甚真，其中有信。"（§21）"道之为物"，不必拘于字面，但为无名之物，有"象"而无名，"是谓无状之状，无物之象"（§14）。

"物"为经验之万物，万物皆"器"，为我所用；"道"为无名之"象"，似有（物）而无（名），所以说是"恍惚"，但却为万物之本，"我"亦为"道"所"导"。"象"为一种"显现"，"世界"向人显现"象"，显示"度"，指出"道"。"道"固非"器"，故不为人"用"，然"道""引导"人的活动。人既不以主观之好恶（欲），也不以既成之定分（礼）行事，人依"道"而作，故老子倡"无为"之说。"无为"不是字面上的"无所作为"，而是强调非"人"之"为"，乃"道"之"为"。不为宫室、器皿、华服、骏马而为，亦不为"名"、

"位"而为；去人之为，得道之为，去有限之为，得无限之为，故无为无不为。

海德格尔之"存在"为"明"，老子之"道"为"玄"。海德格尔乃是以哲人眼光来看"存在"，"去蔽"得"真"，则"明"，这是从古代希腊以来欧洲人追求的理想境界；老子设以常人眼光来看"道"，则深不可测，玄奥不透。"存在"在知识上无以名之，所以也应是"玄"（不明），知识无法使"存在"的"意义""显现"（明）出来。"无名"，因而用经验之范畴不能把握，"无名"为"暗"，为"玄"，"玄之又玄，众妙之门"（§1），"妙"即"无名"，不可"名""状"。然而，"无名"非"真无"，"无名"而"有"，是谓"妙有"，这当是后人发挥出来的说法，但"无名"之"有"实即为"道"，为"存在"。

至此，可以看出人类在体察本源性问题时的一种相同的倾向："去"（无、否定、使无）一切既定之"道"、"名"，以求各种名分（万物、社会）出现之前之纯然境界。对这种境界"晦"、"明"之别，说明了东西方文化关于"人"的观念的不同。存在和道，对经验的人来说，深不可测，晦暗不明；但对Dasein来说，或对有Dasein意识（觉悟）的人来说，则如柏拉图洞穴之喻所谓，乃是透明、无隔、无碍之境界。"我在世界中"，我与世界同在，"人"是"存在"和"道"的"邻居"，"人"诗意地存在着。"Da"如一道光线，照亮了世界之"道"。人在"道"上。"人"开辟着"道"；"道""导引"着"人"。

对经验的人、普通的人来说，对芸芸众生说，因"存在"和"道"常"无名"，因而是不透明的。世上若无尊卑、长幼、高下、贤愚、善恶……之分，则可谓"玄"。"清"谓"可辨"。"辨"什么？"辨认"万物。如万物无名只有恍惚之"象"，则无从"辨认"，故"无名"实为"无知"。在本源性层次上的"无知"，只有"圣人"能做到，故曰"大智若愚"。《老子书》第20章所述，就是"圣人"与"众人"之区别。

"道"有"象"而"无名"。"象"固不仅是感觉意义上的"印象"、"形象"，而是"世界"向"人"显示的"征兆"（sympton）。"象"指示着"道"。深山结庐，湖上泛舟，秉烛夜读，都是山山水水提示了人，我们才去做渔樵耕读的事。世界不是暴虐之君主要我们服从，世界也不是柔弱之婢女任我们驱使，我们在世界中，我们是世界的一个部分。我们所作所为，并非把自己的意志强加于世界，而是在世界向我们的提示下，做我们的工作。

世界的提示（index）使人做事有"依据"，但"依据"不是"名分"，不是事物的"概念"或"理念"。不是"小人"尽"小人"之责，"君子"行"君子"之事，因为天下本无定名、定份。但人又不是随心所欲的，人的行为要有"法"，即要有"依据"。老子说："人法地，地法天，天法道，道法自然。"（§25）老子的时代，没有"Nature"意义上的"自然"，所以不是说"道"之上（或之外）尚有一个"自然"。这里的"自然"是为"本然"。"道"别无自身以外的"法"，"道"法"自然"即"道"法"自身"，"道"本"自然"。从这个意义上说，即从"道"因"无名"而不是知识对象之 Nature 而言，老子的"自然"与海德格尔理解的"φυσις"相近。但由于海德格尔的思想以 Dasein 中为心，而 Dasein 又是时间性、历史性的，所以海德格尔的"φυσις"为"生长"（φύω）；但老子的"道"则是"不自生"的（§7），不（自）生，故不（自）灭，才能天长地久，才能长生。"道"生万物，而不自生，即"道"不是生出来的。母为子（万物）命名，但不自名，"道"无始无终，是为"自然"。"自然"者，重在一个"然"字。这样，老子的"道"不是从 Dasein 立足点来看，而是从普通人的立足点来看的。"道"比芸芸众生长久。"道"为"无时限性"。"无时限性"的"自然"，而又不是科学性、知识性、对象性的 Nature，所以它是古人带有原始性、想象性、幻想性的思想，而不是今人的思想。从海德格尔的眼光来看，也许问题仍出在 Dasein 的意识不够明确。这就是说，老子已有"存在"的意识，但并未追根于 Dasein，提高到 Dasein 的意识。"道"不是抽象的、概念性的"规律"，也不是由 Dasein 照亮了的世界，但却同是本源性的、"引导"众人生长的"意义"的世界。海德格尔的"存在"，是在"主体性原则"（这是欧洲哲学思想之核心）经过长期发展以后的本源性意义；老子的"道"，则是"主体性原则"未得到充分发展的一种本源性意义。前者是后主体性的存在论，后者为前主体性的存在论。

后主体性的存在论，人为 Dasein，Dasein 与 Sein 属于同一个层次，"世界"与"人"同在，所以 Sein 为明，为显；前主体性的存在论，"人"与"道"不属同一个层次，故"道"为玄，为隐。"道隐无名"（§41）。这里老子的思想使人想起赫拉克利特。"显"、"隐"、"晦"、"明"乃知识论（广义）上的问题。西方哲学以"知识"为发源，中国古代思想，则直接从"存在"问题入手，故在知识论上追求之理想目标，显隐、晦明各异。

老子说"道"，标出"象"、"物"、"精"、"真"、"信"（§21），都是"世界"为我们打开的最为本源之"度"。有迹可循，有象可见，虽精微而为本为真（eigentlich, authentic）之境界，尤其最后一个"信"字，指出"道"为一种"可靠之""信息"（message），"预示"着新世界的来临和万物之生衍不息。宇宙为熊熊之"活火"，Logos 为"活火"燃烧之"度"。天地向我们展现着这个"度"，预报着世界之进程。人要读懂向我们展现的"度"（道），懂得天地这部大书的"意义"，人体会着天地（世界）让我们体会的意思，人的语言"说着"天地（世界）所告诉我们、让我们说的"话"。逐渐地，天地之"道"与"说话"、"言说"、"曰"通用一个汉字，亦并非无因。我们知道，古代希腊的 Logos 来自动词 ελγω，它原意也有"说"在内。

"说"是揭示出、"道出"天地向我们显现出来的"道"，Sein 与 Sprache 是一个层次的事，"道"、"道"相通。"语言"是"存在"的"家"，这是海德格尔的比喻的说法；老子的"道"，却"行无言之教"（§43），是静默的、沉寂的，但在某种意义下，"沉默"是更为深沉的"说"，这也是海德格尔的意思。"道"无言而教化万方，因为天地已向人显现了它的"意义"。天地万物都在向我们"说"些"什么"。

有一点仍然是共同的：人读天地（世界）这本大书，"体会"并"阐发"它所提供给我们的"意义"。古今、中外人人都在"读"这本书，体察它的意义，因此古今中外的人都能够而且需要"交流"读这本书的"心得"。我们与日月山川"交往"，"听"他们向我们"说"些什么；我们与前人的作品（包括文学作品）"交往"，"听"他们向我们"说"些什么，我们也以我们自己的工作（包括文字工作）向后人说些什么。我们总是在与包括前人、后人、洋人在内的"他人""交往"，我们总是在"交往"的路上。

第七部分　哲学之辩护
——雅斯贝斯的"奋争"和"奉献"

一、雅斯贝斯哲学思想之渊源

当雅斯贝斯发表他的三卷大著《哲学》（1932年）时，已是49岁的中年人，他在学术上本已有相当的地位。前十多年，他36岁时发表的《世界观的心理学》表明了他的兴趣已从心理学、医学逐渐转向了哲学。这个大学本科学法学的人，几经转变，最终成为当代存在哲学的代表之一，与海德格尔、萨特鼎足而三。三个人中，从年龄来说，雅斯贝斯最长，从存在哲学学说的内在发展言，雅斯贝斯可能是从海德格尔到萨特的中间环节，但作为整个欧洲思想的历史环节来看，雅斯贝斯似乎又是一个时期的总结性的人物，他把海德格尔的一种开放式的、挣脱欧洲传统式的思想，重新纳入了这个传统，把海德格尔的"离经叛道"破坏性的思想重新与康德、黑格尔的古典哲学调和起来，做了一番综合性的构建工作。就欧洲思想发展言，也许我们可以说，海德格尔的思想是摧毁性的，雅斯贝斯则是建设性的，而深受他的影响的萨特又似乎是介乎二者之间的中间环节。

海德格尔发表他的《存在与时间》时（1927年），雅斯贝斯的《世界观的心理学》已发表了近十年之久，也就是说，雅斯贝斯的思想已经成熟了，因而，他1932年的大著主要不是一部受某种思潮影响的著作，而是阐述自己的主张，批评某种倾向的著作，他的主要批评对象，似乎就是海德格尔。

然而，在雅斯贝斯的著作（包括一些讲演）中，却绝少提到海德格尔。雅斯贝斯蔑视，或更确切地说是由仇视到蔑视海德格尔自有一种政治上的原因，但也还有学理上的原因，这两种原因在雅斯贝斯心目中是很自觉地结合在一起的。雅斯贝斯对海德格尔的沉默，表现了一种真正的态度，事实上我们将会看到，他的三卷《哲学》经常可以读到与海德格尔明显针锋相对的地方，而他的基本的哲学立场更是与海德格尔形成鲜明对照，虽然他们都强调"存在"为自己哲学之核心。

雅斯贝斯所处的时代，从哲学上说，是由物理学转向心理学的时代，传统的形而上学本为"元物理学"，那末"元心理学"就是当时一些哲学家所要做的事情。这种对"主体性"的探索，与历史学结合起来，由狄尔泰提出"精神文明历史"（Geistesgeschicht）的观念，哲学的对象已不再是"自然"之"物理"，而是作为历史存在的"人"的主体之"心理"。"物"之"理"的"本源"为"形而上学"，"心"之"理"的本源是什么？这就是当时许多哲学家思想中的问题。这个问题到胡塞尔建立现象学，以"意义"之直接本质理解主体之本源性，遂使人的主体心理，有了一个先验的归宿。海德格尔的工作是把这个现象学原则推进一步，摆脱"主体"本源之局限，进一步克服心理主义，以"存在"代替"本质"，并从基尔克特的立场来理解"存在"之意义，确立了存在哲学的基本思路。

雅斯贝斯一直是一个医生，从事心理病理的研究，他的主要注意力始终没有离开过人的主体的心理状态，他的哲学思考也同样是从人的主体的结构出发来理解包括人本身在内的世界（自然、社会、国家、伦理、历史等）。这样，从哲学精神上言，雅斯贝斯比海德格尔似乎更加接近胡塞尔的现象学，尽管雅斯贝斯本人强调他只把现象学当作方法来用，而竭力避免得出胡塞尔"本质之直观"的结论[①]。雅斯贝斯这个声明是为了强调他自己的存在论与胡塞尔知识论的区别，但在"现象学"的原则上，他们是一致的；雅斯贝斯不赞成胡塞尔的"本质直观"，说明他不愿把哲学归结为一个知识体系，而要强调一种本源

---

① 雅斯贝斯：《哲学自传》(1953年写)，见西尔帕（Schilpp）编：《卡尔·雅斯贝斯》，斯图加特，1957年，第12页。

性的信仰的作用,但就其主体性言,则是完全一致的。

就存在哲学言,雅斯贝斯更加突出地引进了基尔克特的"Existenz"概念,而这一点又为萨特所发展。不错,海德格尔已经接受了基尔克特的思想,但在海德格尔著作中,"Existenz"是作为理解他的"Dasein"的依据来运用的,因而经常是以这个词的形容词和副词形式出现,"Existenz"不是海德格尔思想中的一个环节。然而,在雅斯贝斯的哲学中,"Existenz"则更为重要、更为突出得多,相应地,"Dasein"的地位下降,被赋予了经验的意义,从而与古典哲学的用法接续了起来。在这里,也显示了雅斯贝斯与海德格尔最为基本的分歧的地方。

"Existenz"在雅斯贝斯的哲学思想中居于核心的地位,是他的哲学体系——如果可以说是体系的话——的中间环节。事实上,雅斯贝斯的哲学是从"Existenz"的基础上发展出来的,"科学"和"形而上学"(在他自己的意义下)是在"Existenz"土壤中生出的两棵树。

然而,雅斯贝斯的哲学还有更深一层的渊源,这就是从康德到黑格尔的古典哲学的传统。在雅斯贝斯的思想中,这个古典唯心主义的传统被自觉地继承了下来,当然,是在存在哲学的原则下加以改造过了的,因而也可以说是这种古典哲学的精神在现代欧洲大陆上的新发展。

在《世界观的心理学》中,雅斯贝斯有一个附录专门讨论康德的哲学思想。这个附录,对雅斯贝斯自己来说,虽然是"新存在哲学"时期的作品,但它的基本思想倾向,对于了解雅斯贝斯的存在哲学的特点,却很重要。

雅斯贝斯这个附录集中讨论了康德哲学的"理念"论,这正是从黑格尔到胡塞尔所走的现象学路子,但雅斯贝斯强调了"理念"不作为知识的对象,而是一种显现,好像一束光亮,明亮一条道路[1],理念的图式(Schema)"好像"(als ob)也是一种"对象"(Gegenstand)[2],这种非知识的对象,人们不能"把握"(begrafen)住它,而只能"生活"(Leben)于其中[3]。我们将会看到,一直到他的三卷《哲学》,雅斯贝斯并未放弃从"生活"中体验

---

[1] 雅斯贝斯:《世界观的心理学》,斯匹林格出版社,1954年,第466页。
[2] 同上书,第469页。
[3] 同上书,第477页。

(erfahren)"理念"这样一个基本思想,而他的存在哲学的整个结构(如果可以承认有这个结构的话),同样离不开康德哲学的三个"批判"。

我们看到,在雅斯贝斯的存在哲学中,被海德格尔舍弃的"超越"(Transzendenz),重新成为重要的核心问题,赋予了存在论上的意义,从而与康德、胡塞尔的思想接续起来。雅斯贝斯的与知识图式相对立的更为本源的存在的"图式",按康德思想确定为非知识的"符号"("象征",Symbol)①,进而发展为形而上学之"密码"(Cipher),而他对于"生活"性的体验与"理念"及世界观的关系,特别是他后来关于本源性"信仰"的学说等,都与被海德格尔完全忽略不计的康德的《实践理性批判》有着明显的学理上的关系;他以非知识的"密码"作为对世界的"思辨"式的把握方式,则又是渊源于黑格尔……这一切,都说明了雅斯贝斯的哲学是在"存在哲学"的基础上,容纳了古典哲学("先验"、"理念"、"符号"、"图式"、"信仰"、"无条件者"、"无条件命令"、"思辨"……)的基本概念,赋予它们以"存在"的内容,从而使古典的哲学精神在新的背景下,得到新的生命力。

雅斯贝斯的哲学,毫无疑问地是存在哲学,不是知识哲学,但他的存在哲学,却不是海德格尔的"存在论"(或本体论 Ontologie),因而他否定了从"存在论"上(Ontologisch)理解"存在"(Sein)与"存在"上(Ontisch)来理解的"存在"(Seiende)之间的区别,更加倾向于"理念论",而这个学说,通过胡塞尔的现象学,又通向了近代古典的哲学传统。被海德格尔所摧毁的"理念论"又随同古典哲学问题的重新提出,引入了雅斯贝斯的哲学思想中。

与海德格尔针锋相对,雅斯贝斯在现代存在哲学基础上恢复古典的精神,同时也是恢复哲学的精神,恢复欧洲固有的精神。"哲学"已被海德格尔宣布"终结",欧洲应开始一种本源性的"思"的历程,一切哲学之解体,也就是文明人的解体,这种思想对技术时代的机械性的"人"说,固然有发聋振聩的作用,但"人"绝不能沉湎于"本源性"的原始状态,"思想"的倾向不是退回到一种混沌的"同一性",而是要以自己的穿透力,洞察到真理的意义,从而从哲学上来理解这个世界。

---

① 参阅拙文:《康德美学在哲学体系中的地位》,《外国美学》集刊,第 1 期,商务印书馆,1985 年。

在哲学危机的时代，哲学要为自己辩护，要接受"反哲学"的挑战，哲学要保护自己①。在《哲学之信仰》一开头，雅斯贝斯就大声疾呼："不能废除哲学，至少今天不能废除。"② 他的三卷大著以"哲学"为书名，当是他旗帜鲜明地针对时弊的一种态度。

"哲学"的任务是无可回避的，是"常青的"，在《哲学》第一卷中，雅斯贝斯就提出了"常青之哲学"（Philosopia perennis）这一口号③，而在三部大著之前，雅斯贝斯已经写了一本以自己的哲学观点论述当代人的书（《时代之精神状态》，英译为《现时代之人》）。该书所论都是当代社会包括科学、技术、政治、文化等具体问题，但是从一种哲学的角度讨论这些问题，被认为是他的三卷大著的准备，但雅斯贝斯却要等他的《哲学》出版后再出版这本早一年已写成的书，可见他是要人们在了解他的基本哲学思想之后再来读这本书，说明在雅斯贝斯心目中，一切具体问题都可以上升到哲学的高度来讨论；一切Dasein，一切既成的确定的事实，在哲学中都成了问题，——即"常青的问题"。雅斯贝斯对社会具体问题的关心，固然是受他所爱戴的马柯斯·威伯尔的影响，同时也是要更进一步从一个与海德格尔不同的角度来理解当代欧洲社会的文化危机：不是以"反哲学"、"反文化"的态度皈依"本源"，而是以科学的态度划清各种"界限"，而把超出"界限"的部分，以"超越的"（transzendental）态度来归于"哲学之信仰"。恪守"知识"与"信仰"的原则区别，以"存在"（Existenz）的立场来理解"信仰"问题，这是雅斯贝斯企图从当代欧洲文化危机中找到的一条出路。

与此同时，雅斯贝斯也接受到"哲学即形而上学"的挑战，在为"哲学"辩护的同时，也为"形而上学"进行了辩护。

大多数研究者认为，雅斯贝斯的"形而上学"有自己的特殊的意义，即不完全是传统意义上的"形而上学"，这一点当然是对的，雅斯贝斯的"哲学"、"形而上学"都和他自己的"存在"和"信仰"有不可分割的内在联系；但是他用"形而上学"这个词，说明他并不要故意去割断历史，他是要以自己的新

---

① 雅斯贝斯：《哲学之信仰》，英译（《哲学之常青的领域》），纽约，1949年，第118页。
② 同上书，第3页。
③ 雅斯贝斯：《哲学》，第1卷，斯匹林格出版社，1956年版，第284页。

意思来发展历史传统的概念。雅斯贝斯并未像海德格尔那样对"形而上学"这个词作多少考证工夫,表明了他一种态度,即在他看来,"形而上学"、"哲学"这类词的基本含义本已是清楚明了的,用不着多费工夫去"挖掘"它的来龙去脉,也就是说,这些基本词汇的基本意义是历史确定了的,现在的问题是要从自己的理论立场赋予它以进一步的、更为深层的意义。问题不在于用词,而在于思想。

不错,雅斯贝斯承认,形而上学的终结可以被看成是哲学一般的终结,但问题是形而上学并未终结,哲学也并未终结。

在雅斯贝斯看来,宣布形而上学终结的理由在于我们并无可能建立一种本源性(本体性)的知识体系,作为知识论的形而上学已被揭示出其虚伪性,但却不能因而就导向一种结论,以为存在论的形而上学也是不可能的。不仅如此,从雅斯贝斯的思想中我们还能进一步体会出这样一个意思:海德格尔在口头上固然否定的是知识论的形而上学,而以对"存在"的"思"来取代形而上学,但实际上他的"存在论"(ontologie,本体论)正是一种形而上学的知识论,即把"存在"(Sein)当作"事"来把握,这样,才把"Dasein"这个本带有浓厚经验意味的具体存在当作"Sein"的根基来看。这种做法,在雅斯贝斯看来,海德格尔必定要降低"Existenz"的地位。"Existenz"("出世"之"在","人"之"存在")不是"ὄν"(一般之"存在"),"Existenzialismus"不是"Ontologie","Existenz"是"εἰδos"(所见之"在",理念),"Existenzialismus"是"Idealogie"(理念论)。这样,在雅斯贝斯的哲学中,把"存在"与"理念"又重新结合起来,从而与古代希腊和近代德国的古典主义哲学精神接续起来。所不同的是:在古典哲学的思潮中,"理念论"是与"知识论"相结合的,但在雅斯贝斯这里,"理念论"则与"存在论"(Existenzialismus,不是 Ontologie)相结合。在这个意义上说,雅斯贝斯已从海德格尔的思路中脱离出来,重新回到胡塞尔的理念论,但不是以"严格科学"的精神,而是以"存在的"(existenzial)精神来理解"理念",通过这个途径,"理念"回到康德的"实践理性"的层次,但已不是限于思辨理性的"幻象",而是真正意义上的实践理性的"信仰"。

作为存在哲学家,雅斯贝斯肯定了哲学的核心在于对"存在"(Sein)的追求,但这个 Sein,既非抽象的概念(Concept),又非具体的事实(Dasein),

而是"理念"(Idee)。"人"不是各种 Dasein 当中的一个，或者像海德格尔说的，是"那样一个存在"（"在那儿"、"此在"），而正是真正的"Existenz"，"Existenz"是"Dasein"的超越，但又不是一个抽象概念，而是"理念"。"理念"在思辨上、理论上是不可知的、不可证实、不可证明的"幻想"，但在"Existenzial"上，在"praktik"（实践上）上却是实实在在的，不仅是"可能性"，而且是"现实性"。

胡塞尔说，我们（人）"看"到的世界是"理念"的世界，"人"、"手"、"足"、"刀"、"尺"并不需要精确的科学知识，就可以得到，但承认这个前提，在雅斯贝斯看来，不等于一定要承认这种"理念"是最为"严格"、最为"纯粹"的知识，恰恰相反，胡塞尔所谓的"本质直观"的"严格科学"，不是"知识"，而是"信仰"、"信念"，是发自"Existenz"的"信念"，这才是"人"之本源性的意义所在。"人"之所以与指点江山，命名万物同在，而无需等待对"江山"、"万物"之"知识"完善之后再有所动作，其根源在于超越知识之"存在"(Existenz)，在于超越知识之"信念"(Glaub)。

雅斯贝斯这个思想很容易使人想起康德"限制知识，为信仰留下余地"的论断，雅斯贝斯是很明确地以这一思想的继承者和发展者自居的。然而，在这种哲学思想结构上明显的一致性中，我们所要注意的，当是他和康德思想之间在哲学精神上的变化和不同，要看到古典精神与现代精神之间在观念上的更新。

随着时代和社会历史的变化发展，随着各门具体科学和技术的进步，哲学也在改变着自己的内容和形式。历代的大哲学家，都善于从实际现实和历史生活中，从各具体科学技术中引进一些较为成熟或较带关键性的思想、观念，引起一些对哲学来说是所谓"新"概念。古代哲学利用了许多数学几何学和物理学方面的概念，中古则引进了不少神学的概念，近代以来，从康德开始，就利用了一些心理学的概念（如"统觉"等），现代科技之发展，使哲学更增加了许多科技的词汇。当然，哲学家自己也铸造一些特有的词汇，如海德格尔的"Dasein"之类。然而，由于哲学是一门追根寻源的学问，如雅斯贝斯所说，它的问题是常青的，因此它的一些基本概念，似乎常常被重复地在使用，如"世界"、"人"、"心"、"物"……，还有"可能性"、"必然性"、"偶然性"、

"自由"等诸如此类的基本范畴，仍为大多数哲学家讨论之对象。但尽管如此，哲学并不在重复，而是在更新。哲学之更新，主要不在名词术语之翻新，而在于对于基本概念理解之更新。

以目前所论雅斯贝斯哲学与康德哲学的关系而言，我们可以发现他们之间在哲学构思上有相当的共同处。如前所述，雅斯贝斯也相当自觉地在运用康德的思想，但这并不使雅斯贝斯的哲学成为古典哲学的简单的回归，而仍然是一个现代的哲学流派。雅斯贝斯哲学与康德三个批判之间形式上的相似性，并不能掩盖它们之间在内容上、精神实质上的差异。

在这里，关键的变化是在于对"人"的观念的更新上。在康德的时代，"人"被普遍地理解为"有理性的动物"，"理性"为"人"之本质。无论人们对"理性"本身的源泉抱有何种看法，——它或是自然产生于感觉之积累或飞跃，或是产生于"神"，但"理性"作为一种普遍的逻辑必然的思维力量，则是确定无疑的。康德的三个批判，为"理性"之合法使用划出了界限，这是他对哲学思想的重大贡献，但他的《实践理性批判》，把道德行为当作比思辨理性更为优越——即层次更高——的理性来理解，使他的"命令"、"自由"成为空洞的形式，从而引起费希特、谢林、黑格尔哲学的进一步的发展；但在"人为理性之动物"这一古典式的"人"的观念支配下，所谓"理论理性"和"实践理性"之间的矛盾，始终是一个难题。现代哲学观念更新的表现之一，就在于对"人"的理解，已不再局限于"理性"的范围，同时又不是与"理性"对立之"反理性"之本能冲动或感性之自我，而是在一切"理性"、"反理性"……分化之前之"存在"（Existenz）。

"存在"（Existenz）不是一个抽象概念，"人"不是"精神实体"，不仅仅是"主体"，同时也不是一个"肉体"，一堆物质，一个单纯的"客体"。"人"是"活体"，是非生物学意义上的"活体"。"存在"先于一切"思想"，先于一切科学，而为一切科学之源。这样，雅斯贝斯的"信仰"或"信念"就不再是康德的"实践理性"意义下的"信仰"，不是一种抽象的、无内容的形式，而是活生生的现实的"体验"。

我们将会更进一步看到，雅斯贝斯与海德格尔的区别在于：后者企图冲出欧洲思想的古典传统，而前者则使这个传统得到新的生命。冲出牢笼往往更容易被承认为有一种"革命"的气概,而发展传统则往往显得步履迟缓,因而雅斯贝斯的哲学初看起来显得有更多的陈旧的气息,拘泥于古典的哲学体系。

"为哲学辩护"听起来似乎只有"招架之功","哲学"好像是一个站在被告席上为自己(或请他人为自己)辩护的女子,因为据说只有"弱者"才需要辩护,而"强者"是不需要律师的。不错,"在位者"从不需要律师,他的"位"已表明了他已永居不败之地,"事实"胜于"雄辩"嘛!"在位者"也不需要包括"辩护"在内的"奋斗"和"斗争","无为而治"嘛!"在位者"更不需要"呐喊","天何言哉,四时行矣"!然而学术上的"强者"如果不同时是"在位者",似乎都要经过"奋斗"、"呐喊"、"辩护"来发展真理的,哥白尼如此,布鲁诺如此,康德如此,黑格尔又何尝不是如此。

雅斯贝斯的处境也并不好一点。他因妻子为犹太血统而受到纳粹的迫害,他的书被当众焚烧。只有等他的最后一批书被烧掉后,才允许他离境避难。那时候,雅斯贝斯的确不可能"辩护"什么,而只能"忍受"。历史粉碎了纳粹统治,雅斯贝斯回到大学的教席,他得到了自由,因此起而"辩护",为自由而辩,为哲学而辩。"辩护"是"自由"的表现。雅斯贝斯说,只有纳粹那样统治才喜欢哲学之终结,因为哲学要人自由思想,"人活着,就有哲学"①。

"哲学"需要为自己辩护,"哲学"既不是"强者",也不是"弱者"。因为"强者"不需要辩护,"弱者"不可能辩护。只有在"平等"、"自由"的前提下,才有"辩护"的可能和必要。"在法律面前人人平等",于是我们有法律的辩护;"在真理面前人人平等",于是我们有学术的辩护。

"哲学的辩护"是为"自由"的辩护,也是"自由"的表现。

二、哲学作为科学之超越

哲学为对"存在"(Sein)之探索。海德格尔认为,要理解"存在"之真义,必先分析"Dasein"("在那")的意义,是 Dasein 使 Sein 明朗化。雅斯贝斯指出,Dasein 仍是一种具体的、经验性的存在,对 Dasein 的分析,应是

---

① 雅斯贝斯:《哲学之信仰》,英译(《哲学之常青的领域》),第 164、165 页。

对它的"超越"。

"Dasein"不仅是"我",而且是"我的世界",是"非我",这样,雅斯贝斯就把海德格尔苦心孤诣构建的本源性的"Dasein"概念,又退回到通常的立场,即传统古典哲学的立场,"Dasein"被理解为"经验性"的存在。

就根本上言,就本源性状态言,"我"和"世界"是不可分的,而"我"与"世界"的分离,"我"成为经验的"Dasein",则必须要与一个"非我"对立[①]。这就是说,在雅斯贝斯看来,海德格尔把"我"(人)作"Dasein"来理解,则必定已把"我"与"非我"对立起来,从而已脱离了本源性的"存在"进入经验世界。

为了克服海德格尔这种实际上已陷入之分离、对立状态,雅斯贝斯的哲学思考就不从 Dasein 的分析开始,而从"世界"的分析入手。

"世界"是"非我",但却又是"我的",是"我的世界"。"世界"当然可以"无我",但"我"却不能没有"世界","我"与"世界"不可分。如果"世界"为"非我",则"非我"可以"无我",但"我"却不可无"非我","我"与"非我"不可分。"世界"是包括"他人"在内的"他方"(Andere),"他"可无"我","我"却不可无"他","我"与"他"不可分。这样,由"我"与"他"构成的"世界",成了雅斯贝斯哲学思考的出发点,"我"与"他"之间的关系,也成了雅斯贝斯哲学中的基本关系。

"我"被驱入(Drängen)"世界",一方面"我"这个 Dasein 被现实化了(Daseinsverwirklichung),同时,这个"他",这个"世界"的 Dasein,也得到了"规范","世界之规范化"(Weltorientierung)就成了作为"我"的 Dasein 与作为"他"的 Dasein 之间的结构关系,而既然 Dasein 已被雅斯贝斯理解成经验的存在,因而这两种 Dasein 之间的关系,也成为经验之结构关系,成为科学。因此,"世界之规范化"(Weltorientierung)就是从科学结构上来把握这个世界。

海德格尔从 Dasein 来理解"世界","世界"很容易仅仅被看成是"我"的"环境"(Situation),但"世界"不仅仅是"我"的"环境","世界"是

---

① 雅斯贝斯:《哲学》,第 1 卷,第 61 页。

"他者"(Andere)①,"世界"被看成"环境",是"世界"被"规范"以后的事,因为"世界"本可无"我"。

"世界"之所以被"规范",是因为"我"有"意识"。"我之存在"(Ichsein)由 Dasein 之经验的存在必定导向意识的存在(Bewuβtsein)②,因此,对 Dasein 之分析必定导致对意识(Bewuβtsein)之分析③。我们看到,在海德格尔那里竭力避开的问题,在雅斯贝斯这里得到了正视,给予了明确的回答。"意识"在哲学里重新确立了自己的地位。"意识"不是与"Existenz"对立,而是与"Dasein"对立,"意识"的普通性,与经验的 Dasein 之具体性、特殊性相对立。"意识"一般又成为普遍的理性的思维形式,成为科学的形态,归根结蒂对"世界"、"他者"、"非我"作"概念"式之把握。

在这样一个以抽象概念方式把握的世界中,康德的主体先天立法的原则重新得到了肯定,科学知识的先天原则使它带有强制性或制约性(Zwingenden),在制约性科学中,雅斯贝斯又分成三类:数学的(形式),现实的(经验科学)和精神文化学(Geisteswissenschaft)④,根据这个原则,还可以细分为:实用的、数学逻辑的、物理化学的等等⑤。而就其材料言,则就是雅斯贝斯经常提到的物质、生命、灵魂和精神,与此相应的则有物理、生物、心理和精神文化。⑥ 在这里,雅斯贝斯显然是把康德、黑格尔以后关于科学知识内容的发展,特别是心理学和精神文化学包括在他的知识体系之内,从而以历史的文明的发展,丰富了科学知识的内容。

自从狄尔泰提出"精神文化学"以后,这个问题就成了哲学家思考的一个新问题。因为从古典哲学的角度来看,"精神"固然是一切科学得以有普通必然性的先决条件,但"精神"本身却不是科学所能囊括得了的对象。"精神"按其本性言是"绝对",是"理念",因而"精神"是哲学的对象。然而,这种古典式对"精神"的理解,仍是把它奠定在一个普遍性的共相的基础之上,因

---

① 雅斯贝斯:《哲学》,第1卷,第65页。
② 同上书,第13页。
③ 同上书,第6页。
④ 同上书,第89页。
⑤ 同上书,第137—138页。
⑥ 同上书,第167、185页。

而归根结蒂，"精神"仍是"概念"式的。"精神"的"交往"，固然不是物质的反应式的传递，也不是抽象的、符号式的、形式的概念的推理，但仍需强制性的（Zwingendend）、普遍性的规定性，因而，古典式的精神"自由"，只是一种形式上的自由，而不是现实的自由；"精神"的"历史"，归根结蒂不是真正的自由的历史，而是普遍的、概念式的历史。

雅斯贝斯认为，以这种方式理解的精神历史，仍是一种外在的历史，仍限于经验的文化史的范围之内。雅斯贝斯说，"精神"只是把 Dasein 当作"非反思的生活方式"（Unreflektiertlebensform）来看，因而可以归结为"语言史"（Sprachgeschichte）、"伦理史"（Sittengeschichte）和"宗教史"（Religiongeschichte）①，它们的任务是把各种遗忘了的"精神"再现出来②。

然而，古典哲学早已向我们表明，在"世界规范"意义下的一切科学知识都有"界限"，而"界限"又是新康德主义的一个核心的概念。古典哲学把"精神"之"无限"叫做"理念"，把"理念"当作"客观的实在"（objektves Dasein）看，就必定产生二律背反；新康德主义把"精神"之"无限"叫做"超出界限"，因而"理念"本身为一个"界限概念"，是一个"问题概念"。在经验科学知识领域中，"界限"是不确定的，随着知识积累而扩大，但在"精神"领域中，"理念"作为"界限"，则是确定的认识对象，精神领域中的界限，体现在艺术、诗和哲学之中③。这样，在雅斯贝斯看来，"精神"本身同样成了一个自足的"世界规范"，事实上是把"精神"、"界限"的"理念""绝对化"（Verabsolutieren），使这种以"精神"或"界限"为对象的哲学分化为"实证主义"和"唯心主义"（"实证论"和"理念论"）④。

实证主义和唯心主义表面上相互对立，事实上都把"界限"当作"绝对"来"把握"，是把"精神"的"无限"当作"理念"来看待而引起二律背反的产物。实际上，在雅斯贝斯看来，"界限"既为"超越"，则不占"空间"，因而就无从"把握"（greifen）。爱迪生"把握""自然"，和弗洛伊德"把握""灵魂"具有同样的性质。"自然"和"灵魂"都是"无限"，而把"无限"作

---

① 雅斯贝斯：《哲学》，第1卷，第178页。
② 同上书，第190页。
③ 同上书，第113页。
④ 同上书，第213页。

为"普遍概念"来把握，必定落入"绝对化"的地步。

在雅斯贝斯看来，把"界限"当作"绝对"看，事实上不是"超出""界限"，而是"限于""界限"。"界限"只能"被超越"，而"超出""界限"，就是"超出""世界规范"，"超出""Dasein"，而这才是真正的"自由"。"界限"不是"物"，不是"事实"，也不是把握"物"和"事实"的"概念"，因而"界限"不是科学知识，也不是普遍的"理念"，不能按"世界规范"的方式"规范""界限"，"超越""界限"是"无界"，"无限"亦即"超越界限"，除此以外，别无他意。"界限"不是"绝对"，"绝对"是对"无限"的想象，而"想象"则是把"无限""想象"成"界限"（"有限"）。在雅斯贝斯看来，"世界规范"和"科学"提供、触发"界限"观念，而哲学或形而上学则是对这种"界限"观念的"超越"。

"科学"对于"形而上学"、"哲学"当然是绝对必要的，没有"科学"，则提供不出、触发不出"界限"的观念，因而无从"超越"，"科学"要为"哲学"提供材料，提供空间，而"哲学"、"形而上学"则为科学提供意义①。"哲学"、"形而上学"揭示"界限"观念之可超越性，以及这种超越的不可避免性，促进科学从可能性到现实性之无限发展，所以，雅斯贝斯又说："形而上学是科学（知识）之助产婆（Geburtshelfen）。"② 这样，古代苏格拉底的事业，在现代就又有了一种哲学的、本源性的解释。

科学知识引向"界限"，哲学引向"超越"、超出"界限"，进入自由。"自由"不是科学知识，科学知识是强制性、制约性的。"我"（Ich）作为"Dasein"言，在知识之中，但"我"进入"历史"，则超出了"Dasein"，因而，就其根本言，"我"大于"知识"③。

在"历史"中，"我"面对着一个可能的世界，有待于"现实化"的世界。"我"不是被决定的 Dasein，而是自由的 Existenz。Existenz 面对的不是 Dasein 的世界，而是 Sein 的世界，因为 Sein 没有概念（Begriff）之普遍性，而只是"名字"（Namen），Sein 只是不确定的（unbestimmt）的"是"（ist）④。

---

① 雅斯贝斯：《哲学》，第1卷，第134—135页。
② 同上书，第132页。
③ 同上书，第75页。
④ 同上书，第22—23页。

于是，我们看到，Sein 并不像海德格尔理解的那样，由 Dasein 规定，而是直接由 Existenz 规定。"哲学"为"存在的意识"（Seinsbewuβtsein）[①]，因而在雅斯贝斯这里，Existenz 为哲学之核心，如同在海德格尔那里"Dasein"为哲学之核心一样。在雅斯贝斯看来，对 Sein 的思想，必以形而上学之超越性而立足于可能之 Existenz[②]。

Existenz 不是概念，也不是可为概念所规范的物质感性存在，Existenz 不是知识，既非共相，又非殊相，而是非知识的"个体"，这个"个体"，只有在历史中才能显现出来，而历史有过去和未来，"过去"已既成事实，只能以知识对其进行概括；"未来"只是一种可能性，以"信念"或"信仰"来设计，哲学既非面向"过去"的知识，也不完全是面向"未来"的实际设计，哲学是"当下的现实"（Gegenwärtigen）[③]。"过去"为 Dasein，"未来"为观念（Idee），只有"现实"为存在（Sein）。Dasein 与 Idee 都可能加以绝对化，成为"实证论"或"理念论"，而"现实"则只能是"存在论"。哲学为"存在的意识"（Seinsbewuβtsein），必然导向哲学的"当下现实性"的特点。"过去"与"未来"形成历史的时间性，而"当下的现实性"则是"时间性"中的"无时间性"，因而永恒的"当下现实性"是为哲学的本性，哲学之永恒性。[④]

"当下现实"凝聚着"过去"，蕴育着"未来"，"过去"和"未来"都是"他者"，但又都在"当下现实"之中。作为"他者"，对"自身"（Selbst）来说，当是"对象"，但作为"当下现实"来说，"他者"又是"自身"的"世界"，因此，哲学所理解的"自身"，是对"他者"的"吸收"（"同化"，aneignen）[⑤]。哲学的"自身"、"Existenz"，不是孤立的、形式的、抽象的"普遍"，也不是对周围"环境"的被动的接受，不是作为感性的物质存在受制于环境；这就是说，"自身"与"他者"的关系既非静观的，也非实际（践）的，而是存在性的"吸收"。

在雅斯贝斯看来，"自身"与"他者"构成了一个世界，出现时间与空间

[①] 雅斯贝斯：《哲学》，第1卷，第240页。
[②] 同上书，第277页。
[③] 同上书，第281页。
[④] 同上书，第282—284页。
[⑤] 同上书，第285页。

的关系,"自身"不能没有"他者","自身"既不脱离于"他者",又不受制于"他者","自身"与"他者"这样一种"吸收"的关系,表现了"自身"作为"Existenz"的历史性与原始性的同一。Existenz 是"过去"的产物,又是"未来"的设计者,"过去"通过 Existenz 的设计而规定了未来。但"过去"并不"决定""未来",因为"自身"、Existenz 并不受制于"过去"。"自身"无论对"过去"或"未来"言,都是自由的。"过去"的"自身"(历史上的人物)是被决定的,"未来"的人事,也是被决定的,只有当下现实的 Existenz 永远是"创始者"。因此,思考哲学的本源性,思考 Existenz 之本源性,不必也不应"退回"到远古的时代,因为"过去"是既定了的事实,只有眼下当前的现时性,才是真正的原始性、本源性。这个创始者的 Existenz 正是 Sein 的根子,Sein 不在"过去",也不在"未来",Sein 在"过去"和"未来"之间①。Sein 是"当下眼前现时性"的"不确定"的"ist",既不是具体的经验的 Dasein,也不是普遍性、全体性的"理念"。哲学的意识,就是"当下眼前现时性"的意识,永恒的哲学,就是永恒的"现时"的意识,是历史时间中的永恒性,不是抽象的"无时间性",而历史的永恒性,是历史因果必然中之自由。

这样,从"世界规范"式的知识之"界限"观念,"超越"为 Existenz 之 Sein 观念,就由科学"超越"为哲学。

哲学不是知识,或者说,不是一般的普遍的概念式知识,不是静观的知识,虽然,哲学不能没有科学知识作它的基础(Grundlage)②。哲学源于 Existenz,Existenz 不是共相,而是个体,但这个"个体"又不是纯粹物质性感觉之 Dasein,雅斯贝斯把它叫做"非知识性"的"个体"。哲学不是工具,而是本源性的学问,但就本源性意义言,哲学是 Existenz 之间交往的工具③,是非知识性个体之间交往的形式④。

就知识言,哲学当然要采取"理性的形式"(rationale Form),但哲学却不是一个普遍概念的形式体系,以达到普遍的交流,哲学的交流,只能在"个

---

① 雅斯贝斯:《哲学》,第1卷,第268—269页。
② 同上书,第319页。
③ 同上书,第298页。
④ 同上书,第319—320页。

体"之间进行,从个别传到个别①;哲学的目的是理解 Existenz 作为世界中的现象②,这就是说,从 Existenz 来理解 Sein。Sein 是 Existenz 的世界,是一种本源性的世界,而不是"规范了的世界",不是"世界规范"或"规范世界"(Weltorientierung)。

不错,哲学的"理性的形式",也要采取知识的形式,以语句的形式表达出来,但哲学又是知识"界限"之超越,是"理念"的超越,哲学并不"占有"(Haben)什么,而总是在追求(Streben)什么。从苏格拉底以来,哲学家首先承认自己"无知",由此来引出"求知"之必要。

世界之"全体性",不是我们知识的对象,我们不得而知,但我们又必须"生活"于这个"世界"之中③,这就是说,哲学之智慧(Wissen),要求把"我之存在"(meinen Sein)包括在内,这个"包括在内",雅斯贝斯在《哲学》中就叫做"吸收"(同化)过程(Aneignung Prozeβ)④,后来在《理性与存在》中叫做"包括"(Umgreifendung)。Existenz 之 Sein,既非主体,又非客体,而是"包括者"(Umgreifende)⑤,这里所谓"包括者",即"自身"作为一个"全","吸收"了"环境",同化了"他者",因而可以从哲学之"总体"、"全体"上来理解"世界"。"世界"不是一个静观的"客体"、"对象",而是被吸收、同化、包括于哲学之过程中。因而哲学无对象,而又贯串于一切对象之中⑥;"自身"非"主体",而为"存在"(Sein)。

雅斯贝斯指出,从古代希腊以来,哲学就被认为不仅仅是"知识"(Wissen),而且也不是"实践"(Praxis)⑦。知识是思想的世界,实践是生活的世界,知识为科学,实践为 Existenz,哲学既非科学,也并不是单纯的 Existenz,哲学是 Existenz 的意识,是 Seinsbewuβtsein。哲学要把客观的思想与主观的生活结合起来,成为"科学性的思想"(Wissenschaftlich denkendes)和

---

① 雅斯贝斯:《哲学》,第1卷,第314页。
② 同上书,第321页。
③ 同上书,第80页。
④ 同上书,第324页。
⑤ 雅斯贝斯:《哲学之自传》,西帕编《卡尔·雅斯贝斯》,第58页。
⑥ 雅斯贝斯:《哲学》,第1卷,第319页。
⑦ 同上书,第326页。

"合宜性的澄明"(methodisches Erhellen)①。

科学中的思想是普遍的、概念的、客观的，实践中的生活是私人性的，在这两种情形下，Existenz 都是被掩盖着的，只有把这二者结合起来，Existenz 才能"澄明"，才能被意识到，才能被理解。澄明式的理解，即是"包括性"的理解，是全体的、全面的理解，是"自身"与"他人"相结合的理解，而不是将二者分离作主体与客体式的静观理解。因此，哲学既非纯理论的，也非纯实践的，而是吸收、同化二者的全面的思想。

从这个意义来说，哲学的思想是不能脱离生活的，哲学更使在个人活动中的 Existenz 澄明起来，显现出来，成为一种可以理解的现象，从而产生"存在的意识"。与此相应的，哲学的生活也不是私人的实际生活，而是思想的生活，是澄明了的 Existenz 的生活，是有意义的生活。所以雅斯贝斯说，"哲学的思想即生活，而哲学的生活即思想"②。哲学使生活有思想，有意义，生活使哲学有内容。

哲学以 Existenz 为本源而不同于科学，则与宗教和艺术有相当接近的地方。在这三种思想形式的关系上，我们也可以看到雅斯贝斯在一个新的基础上回复到古典哲学方面去的一种倾向。在古典哲学看来，哲学、宗教和艺术都是面对着"理念"的世界，而在雅斯贝斯看来，则都以 Existenz 为本源，是 Existenz 表现自己的方式不同，而这三者之间的联系和区别，雅斯贝斯叫做"斗争"。

哲学与宗教是非常接近的，就都以无条件的"信仰"为依归言，哲学也是宗教③。但是，宗教是通过"神"的观念达到 Existenz 的澄明的，因而宗教以"权威"为依归，哲学则以"自由"为依归，哲学与权威是对立的。哲学强调"自身"，而把"他者"吸收、同化，把"历史"转化为"现时"，从而使"自身"的非知识性的"选择"和"决定""明朗化"④，使之清楚明白地向"意识"显现出来。哲学不需要想象出一个超越的"他者"来统治"自身"，虽然

---

① 雅斯贝斯：《哲学》，第1卷，第328页。
② 同上。
③ 同上书，第295页。
④ 同上书，第310页。

无论超越的"他者"作为"权威"也好,超越的"自身"作为"包括者"也好,都是无条件的"信仰"或"信念",而不是"知识"。哲学要维护"自身"的独立性,则要与宗教的"权威"作斗争。

同样地,哲学也要与艺术的幻觉作斗争。不错,哲学与艺术都以 Existenz 为本源,哲学以思想的形式把 Existenz 之"现时性"明朗化,艺术则以直观的形式把 Existenz 呈现出来。艺术的直观(Anschauung)以自己的"完满性"(Vollendung)而使人陶醉、满足、怡然自得、心平气和,哲学则是一种永不满足的(unerfüllbaren)的思想的追求(Streben)[①]。

在这里,我们可以看到,雅斯贝斯所谓哲学之斗争也是"有感而发",是有针对性的。我们知道,海德格尔的存在性的"思",强调了"思"、"诗"、"史"之同一性,有一种把哲学推回到原始神话宗教式的诗的思想方式去的倾向,这种倾向是与整个欧洲哲学思想主流完全格格不入的。雅斯贝斯为这种欧洲式的哲学思想辩护,则必定要与宗教、艺术的思想方式划出一条界限,以确定哲学思想之独立性。在 Existenz 的根本上维护哲学之独立性,这就是雅斯贝斯为之"斗争"的目标。

三、哲学作为 Existenz 之澄明

从"界限"观念,从"世界规范"的"界限"导向了"超越"性之"Existenz",这个"Existenz"在"世界规范"之外,是不可"规范"的。科学知识本身提供了"界限"观念,提供了"自身之无知"和"自身"之不可知。"自身"是什么这个问题,如作知识判断言,则是不可回答的,但作为哲学之常青的问题言,则是可以理解的。

我们说过,哲学是"存在的意识"(Seinsbewuβtsein),"Sein"本身也不是知识之对象,如何理解"Sein",是一个哲学问题。我们也已经知道,在雅斯贝斯之前,海德格尔在存在论中做了康德在知识论中做的事:在知识论中,康德把重心从"客体"转向了"主体";在存在论中,海德格尔则把重心从

[①] 雅斯贝斯:《哲学》,第 1 卷,第 335 页。

"Sein"转向了"Dasein"。海德格尔认为，对 Dasein 的分析，是理解 Sein 的关键。但是，尽管海德格尔声称 Dasein 是在各种关系分化之前的"原始状态"，即不分"你"、"我"，不分"物"、"我"的同一体，但这个"Da-"，既然已经"跳了出来"（Ex），使"自身"澄明，而又是"一种""Sein"，则必是"我的 Sein"（Mein Dasein）①。这种"我的 Dasein"，在雅斯贝斯看来，无论如何不是"超越"的，不是"超越"的，则又必定是"经验"的，因而，"Dasein"终究又回到古典的意义上，只能被理解为"具体的存在"。为了理解"Sein"，或人们"意识到""Sein"（"存在之意识"，Seinsbewuβtsein），在雅斯贝斯看来，根本不需要 Dasein 这样一个归根结蒂为经验上之存在来作中介，而直接从分析 Existenz 入手，就可以理解 Sein。

"世界规范"已给我们提供"界限"，"界限"引起我们对"Existenz"之意识，而不是对 Dasein 的意识。"Existenz"是我们一切"超经验"的"是（什么）"的根源或根据；我们"意识到""Existenz""是"（在，ist），但不知道它是"什么"（Was），这就是我们前面已经提到过的这个不确定的"ist"为我们哲学思考的根据。胡塞尔的现象学已经给我们揭示了这个"什么"作为本源性知识（"严格的科学"）是"理念"的知识，是"本质的直观"。海德格尔把这个步骤向前推了一步，已追到了"是"（在）的问题上来，但他的"是"从 Dasein 来理解，仍是一个具体的"是"、经验的"是"，"Dasein"本身就已有"什么"的问题。雅斯贝斯从胡塞尔提出的问题的根源上来考虑，把海德格尔走过的路又重新走一遍，即把胡塞尔的"什么"（本质直观）完全排除干净，"是"（存在）根本没有"什么"的问题。雅斯贝斯说，为"世界规范"提供的"界限"引起的"Existenz"本不是一个"对象"，也不可能成为"对象"，它不是"什么"，凡不作为"对象"之"Sein"，就可以理解为"Existenz"②。

在这里，我们看到，雅斯贝斯又在海德格尔的基础上把哲学思考推进了一步：雅斯贝斯的 Existenz 实际上是海德格尔 Dasein 的"超越"。Dasein 仍是"经验"的，Existenz 则是"超越"的。这样，雅斯贝斯的思想似乎又比海德格尔更深入了一层。

---

① 雅斯贝斯：《哲学》，第2卷，第2页。
② 同上书，第1页。

Existenz 既不是抽象概念的普遍性（Concept, Begriff），又不是具体经验的个别性（Dasein），而是"本源"（Ursprung），对于这个"本源"，我们不能从知识上把它作为"起始"（Anfang）来把握，只能对它作哲学的思考，不使之知识化、对象化，而使之哲学化、符号化（或密码化）[①]。"世界规范"中之思想与对象之分离，"世界之具体存在"（Weltdasein）之分离，使人们对"Existenz"进行哲学性的思考，从而使"Existenz""澄明"。"Sein"不必通过海德格尔褒义上的 Dasein 这个环节才能从"Existenz"（existenzial）来理解，而是直接与 Existenz 结合起来，得到说明。

应该说，雅斯贝斯"超越"海德格尔"Dasein"的"Existenz"产生了一个很重要的成果：即"交往"（Kommunikation）问题被提到了更为重要的核心地位。

我们知道，"交往"或"沟通"问题是整个现象学不可避免而又很麻烦的问题。胡塞尔承认他的"本质的直观"有普遍性，可以"交流"，但这种非经验、非概念的"普遍性"又怎样从哲学上来理解，则成了问题。"别人的心思"（other mind）如作科学知识言是很容易说清的，因为概念本身就是普遍的，而根据经验观点，"语言"本就是为了"交流"而产生的。但这一派观点很难说明"我头疼"这种命题怎样被别人所理解。胡塞尔"本质的直观"也有同样的问题。作为胡塞尔主体间关系的桥梁除了"同情"（Einfühlung）外，胡塞尔未曾提出多少阐述。这种情形到了海德格尔当然已有相当的进步，特别在后期，海德格尔着重于"语言"、"诗"、"思"的存在性的论述，把"说"、"听"等关系从存在论解释学上作了多层次的解释，是已经注意到由胡塞尔主体（就"严格的知识""对象"言）间关系发展到 Dasein 之间关系在理论上必须面对的问题。但"人际"关系作为存在之间的"交往"，仍未提到应有的高度，未着重加以研究。这个工作，是雅斯贝斯当作重点来做的。

所谓"交往"，是人与人之间的本质关系，是"我"与"你"、"他"的关系。Existenz 既不是海德格尔的 Dasein 式的混沌一片，又不是主、客体知识性分化以后的经验关系，"我"、"你"、"他"是一种非对象性、非知识性的关系。

[①] 雅斯贝斯：《哲学》，第 2 卷，第 5 页。

"我"与"他者"(Andere)不是互为对象,"我"不是在世界中的"Da",不是经验中的"那一个",也不是社会中的"我们"(Wir),而是"超越"①;"他者"也不是一个(或一批)外在的"对象",而是"我"必须与之打交道的另一个"自身","他者"不是物,而是人。

欧洲的哲学家不会忘记苏格拉底"认识你自己"这一教导,哲学正是从这一命题开始了自己的真正的历程,因为前此的"自然哲学家"们已经揭示了"世界规范"的"界限","本源性"问题的提出,已经意味着对"超越性"问题的思考。但"认识你自己"即是认识你自己"无知"。"认识你自己"意味着"自己"既非知识的主体,也非知识的对象,但却是知识之"本源"。雅斯贝斯指出,所谓"认识你自己",并不是要把"自己"当作镜子的对象来照,而是要"成为你自己"②。

"人贵有自知之明","自知"者,"自知""无知";"自知"则"明",并不意味着要对自己有许多物理、化学、生物、生命、医学、心理、社会等经验的知识才"明","自知"则"明"是说"自知""无知"则"明",承认知识的"界限",则 Existenz 就会"澄明"。(经验)知识越多,越丰富,知识之"界限"则越清楚,于是 Existenz 也就越"明"。老人知世越深,则理应越有"自知之明"。"我"尽管"学富五车",尽管"战战兢兢,如履薄冰",但我总是"无知","我"的所作所为永远一无"依旁",没有任何因果系列的"理由"可以作为我的所作所为的"借口"。"我"作为一个"超越"的 Existenz,不是因果系列中的一个环节,而是一个"肇事者"、"始作俑者"、"创造者","我"就是"本源"(Ursprung)。并不是"我"的"过去"决定了"我"的"现在","我"的"现在"决定了"我"的"将来",而是"我""吸收"了"过去"和"将来",作为一个"决定者","我"是"自由"。"我是(什么)"(Ich bin)不是"我"的过去决定的,也不是"我"把未来的设计滔滔不绝的"自白"说出来的,或"许诺"出来的,因而"我是(什么)"不是一个知识的问题,不是一个知识的判断,而是一个行动的问题,是一个存在的判断。"我"自己决

---

① 雅斯贝斯:《哲学》,第2卷,第30、48页。
② 同上书,第37页。

定"我是（什么）"①。

"我"怎样会意识到"自身"是"自由"，是"超越"？因为"我"意识到"他人"是"自由"，是"超越"。"他人"对"我"始终保持着它的"秘密"。"我"当然可以根据主客观的条件，"审情度势"地"预测""他人"的思想、感情和可能采取的行动，但"我"绝无可靠的知识来"保证"我的"预测"。"他人"和"我"一样，是"活人"。就知识而言，"他人"比日、月、山、川更加"超越"，更加"不可及"。所以，在原始自然崇拜中，日、月、山、川都是被"人格化"了的。我们不是说"世界规范"的"界限"吗？而实在说来，"他人"对"我"来说，才是真正的"界限"。"人心隔肚皮"，谁知道"他人"怀的是什么"鬼胎"？！

不错，对于包括"他人"在内的这个"世界"，"我"也可以采取几种不同的态度。雅斯贝斯告诉我们，"我"与"世界"（他人）有三种不同的关系：一种是"天真的""同一"的关系，一种是对象性的知识关系，一种则是存在性交往关系②。在这里，我们看到，海德格尔那样混沌一片的 Dasein 或 Mitdasein，被嘲笑为"天真"、"幼稚"。在这种"天真状态"，一切都"没有问题"，"逆来顺受"，"顺其自然"，"无为而治"，以"乐命知天"来对待"人间烦恼"。进一步的意识是迫使"我"提出问题，设计解决方案。"世界"是一个实证的"世界"，是"世界的规范"，可以理解，可以认知，因而可以利用。"世界"（他人），成了"对象"，早晚也成了"工具"。更深层的关系则是存在性交往关系，在这里，"实证世界"确定了的事实，又都成了"问题"，存在性世界是一个"问题性世界"，永恒的问题，但无答案。"世界的规范"是个问题，"他人"始终是个问题。

Existenz 并不意味着"孤独"，事实恰恰相反，Existenz 正意味着"交往"。一个直接的活生生的事实是："我"与"他人"生活在一起，而"他人"不是"物"，而是和"我"一样的"人"。和"我"一样，"他人"不仅要吃，要喝，读书识字，而且也意识到"世界规范"之"界限"，也有"全"的"理

---

① 雅斯贝斯：《哲学》，第2卷，第46页。
② 同上书，第51—53页。

念",这个"理念"的共同性意味着 Existenz 的共同性①。

更进一步说,"我"意识到"他人",因为"我"意识到"界限","他人"对"我"说不是知识对象,是"界限","他人""限制"了"我",而"我"又与"他人"一起生活,"没有他人,则没有我,我是通过他人而存在[bin,'是(什么)']"。②"他人"与"我"是"自身"之间的关系,这种关系既非物质性的感觉,也非理智性的概念,而是"自身"之间的交往,正是在这种交往中,哲学思考着 Sein③。经验的语言是为了知识的交流,存在的语言则是在 Existenz 间的交往中产生。Existenz 的交往是全身心的交往,是活人之间的交往。

"孤独"是存在性的病态,Existenz 是在交往中得到"实现"④。"自身"在交往中确立自己,但不是作为知识对象确立起来,而是作为 Existenz 澄明起来。

这种存在性的交往关系,雅斯贝斯把它概括为"争"(Kampf)与"爱"(Lieb),于是问题又与古代希腊哲学衔接了起来。所谓"争"与"爱",是一种本源性的关系,而不是物质性和精神性分离的关系,既不是"感觉主义的",又不是"柏拉图式的"。

在"爱"与"争"的交往关系中,双方都是"创始者",是"自身"的"现实"的"创造者",因而"自身"对这个"现实"有无可推卸的"责任"。"自身"进入现实世界,进入秩序的世界,是"咎由自取"(负疚,罪过,Schuld)⑤;同时,与"他人""交往"中的"现实",又不是知识性的,不是在做科学实验,而是活生生的现实生活,这种"非知识性的""必然性"就是"命运"(Schicksal)⑥。

"命运"的必然性,乃是"历史"的必然性,于是从"自身"的"交往",进入对 Existenz 的"历史"的思考。

---

① 雅斯贝斯:《哲学》,第2卷,第54—55页。
② 同上书,第55页。
③ 同上书,第60—61页。
④ 同上书,第61页。
⑤ 同上书,第87页。
⑥ 同上书,第84页。

"历史性"问题,曾经是海德格尔着力考虑过了的,一个基本的界限,即"历史性"(Geschichtlichkeit)与"史实"(历史,Historie)的区别,则是雅斯贝斯和海德格尔所共同恪守的。但是雅斯贝斯既然把 Existenz 当作 Dasein 之超越,则他的"历史性"的观点,当也与海德格尔有所不同。

海德格尔曾经提出一个著名的核心思想:Dasein 是历史性的,历史性是有限的、有死的,这是人作为 Dasein 的基本意义。雅斯贝斯说,不错,如"人"真的只是 Dasein 的话,那末当然是有限的,有死的,但"人"并不是 Dasein,Dasein 是经验的、具体的,在时间中的,而"人"则是"Existenz",是超越"Dasein"的。"历史"(Geschicht)固然不是客观的"史实"(Historie),但也不是 Dasein,而是 Existenz 的实现。这就是说,"历史"是 Existenz 与 Dasein 的同一[①]。"历史"有 Dasein 的现实性,又有 Existenz 的超越性。我们已经说过,Existenz 是"自由",为了"实现"这个"自由",把"自由"转化为"历史",则这个"自由"必定要"吸收""环境"的必然,因此,在这个意义上说,"历史"又是自由与必然的同一[②],把必然当作自由对待。在这里,我们又一次看到雅斯贝斯对古典哲学的"吸收"。

从这个思路发展下来,"历史性"又是"时间"与"永恒"的统一。海德格尔说,"历史性"分"曾在"、"现在"、"将在","曾在"规定着"现在","现在"设定着"将在",归根结蒂,都是"存在",三者只是"存在"的不同形式,因而都由"存在""决定",并不是"外在的"机械决定论。然而,雅斯贝斯认为,"过去"是为既成"事实",这一点是不可否认的,"未来"也会即将成为"事实",都是"时间"之绵延,是一个"无终止的绵延"(endlose Dauer)[③],就"事实"言,实是"无时间性"(Zeitlosigkeit);另一方面,如果按海德格尔言,Dasein 是"有时限性"、时间性(Zeitlichkeit),则已产生与上述"事实"的分化和矛盾,而本源性的状态是不存在这种"分离"的。海德格尔之所以强调"历史"之"有时间性"、"有死性",是因为他的 Dasein 本就是"人"作为一个经验的存在才有的状态。雅斯贝斯认为,他的"Existenz"要超

---

① 雅斯贝斯:《哲学》,第 2 卷,第 122 页。
② 同上书,第 125 页。
③ 同上书,第 128 页。

越这个 Dasein，既不是"无时间性"，又不是"有时间性"，而是"永恒性"（Ewigkeit）。

"永恒"既不是"过去"的事实，也不是"未来"的"事实"，而是当下"活的现实"，即 Existenz 的"现实"。Existenz 超越了 Dasein，把海德格尔的"眼下"（Augenblick）转化成"永恒的现在"（ewigen Gegenwart）①。

雅斯贝斯关于"永恒的现在"的思想，也许我们可以说，是把海德格尔的有时限的"绵延"转化为不连续的永恒的"点"的观念。所谓"当下的在"是一种连续性的中断，是因果系列的中断，是"事实"的因果绵延中的"自由"。

我们还可以进一步引伸，从雅斯贝斯的"Existenz"的观念出发，这个"自由"的"点"（现在），才是真正的世界，活的世界，是 Existenz 的实现。过去和未来的"事实"都"已"（或"会"）成为既成的死的物质力量，只有"现在"是活的。海德格尔说，"将在"是一种可能性，这是不错的；但"将在"是由"曾在"、"现在"规定好了的（虽然不是知识上规定好了的）"存在"，是想象中的"事实"。于是，似乎只有"当下的现在"是活的，是真正意义下的可能性；而这种"可能性"又是与"当下现在"的"现实性"不可分的。

雅斯贝斯说，这种"当下的现在"从 Existenz 的观点来看，是"永恒的"。"过去的"人（古人）的活动、事迹，当然已成既成"事实"，记载、分析这些"事实"之间的前因后果，是"历史科学"（Science of History）的事；但当其时也，古人做这些事时，他（们）是"活"的，乃是"当下的现在"。这样的活的"当下的现在"，从 Existenz 来理解，则是"永恒的"、"不死的"，对这种存在性的"永恒的当下现在"的深入，则是"历史哲学"的事②。这就是说，历史科学面对的是历史上的"事实"之间的因果联系，是"死"的"事实"；而历史哲学面对的则是一部"活"的历史，是古人作为"活"的人的所作所为（创造）。

根据这个"历史"观，在"死"的问题上，雅斯贝斯也与海德格尔表现了很大程度的对立态度。雅斯贝斯说，如果把"人"仅仅理解为 Dasein，作为经

---

① 雅斯贝斯:《哲学》，第2卷，第129页。
② 同上书，第139页。

验的存在的"人",当然是"有死的"(mortal),Dasein 的可能性的终结就是"死";但"人"不是 Dasein,而是超越 Dasein 的 Existenz,这个 Existenz 的现实性在"当下的现在"中,而"当下的现在"是永恒的,因而在 Existenz 意义下的"人",则是"不朽的"、"永恒的"。

我们在做"历史哲学"的思考工作时,面对的古人,不是"死"的,而是"活"的,我们读古人的书(听其言),研究他们的事迹(观其行),不是一种客观性的、对象性的知识上的把握,而仍然是两个活人"自身"之间的"对话",是活的交往、存在性交往,与古人"神交",得历史之真义。只是在这个意义上,而不是在经验的、知识的意义上,我们保持着"不朽"的观念。古人的事迹、古代的诗歌、古代的建筑……之所以有"永恒的魅力",其原因即在于:古人在创造它们时,是"活"的,像我们"当下现在"的创造一样。

古代的一切"陈迹",都是它们的创造者的"成果",这些"成果",就存在的观点来看,都是一种"象征"、"符号"、"密码",而不仅仅是一些"事实"。"陈迹"是"活人"的"象征","活人"是 Existenz,是"自由",因此,一切"陈迹"都可以是"自由"的"象征"、"自由"的"符号"或"密码",它们的"意义",不在这些"事实"本身,不是这些"事实"之间的因果联系,而在这些"事实"所"指示"的更深的内容。"事实"是"自由"的"指示者"。

"自由"是 Existenz 在历史中之显现[①]。"自身"是 Existenz,因为"自身"为"自由";而"自身"为"自由",因为"自身"为 Existenz。"自由"出自"意志"(Wille),出自"自由"的"意志",是"意志""自身",亦即"自身"(的)"意志"[②]。"意志自由"本是康德的主要论题之一,"意志"的"自由"选择,乃是一道"无条件"的"命令"。"意志"不是"欲望",也不是"知识","意志"是 Existenz 的表现[③]。雅斯贝斯认为,只有这样,才能正确理解康德所谓"无条件性"[④]。"无条件性"不是"实践理性",不是"绝对理念",而是 Existenz。"Existenz"不能"对象化",不能成为"知识",但也不是"理念",而是"存在"(Sein),是"现时的实在",因而不是想象出来、理

---

① 雅斯贝斯:《哲学》,第 2 卷,第 176 页。
② 同上书,第 150 页。
③ 同上书,第 151 页。
④ 同上书,第 160 页。

想化了的概念式的"无条件性",不是空洞的"无条件性",而是实实在在的无条件性。"无条件性"即是"自由"。

"意志自由"无非是"选择的自由",因而 Existenz 是一个可能性;但"选择"并不是在"物"之间进行,而是使 Existenz 本身得到表现,成为"现象"(Erscheinung)①,因此,作为一个"创始者"的 Existenz 的选择,归根结蒂,是在"自身"之间进行选择,人自己创造着自己的历史,决定着自己的价值,人创造着自身②。

"价值"是"意志"的特性,因为只有"意志"是"自由",因此"意志"分"善"、"恶","善"、"恶"不是"物"的特性,而是"人"的特性。"善"、"恶"不是利害关系,更不是知识之聪颖,本源性善、恶来自由之选择。因此,所谓"选择",又不是在"善"、"恶"之间进行,而是在"选择"中"意志"(人)变得善或恶③。

于是,归根结蒂,"选择"的问题不在于"要什么样的物",而是"做什么样的人",用古典哲学的术语来说,人以自由的意志选择创造自己的本质,创造自己的历史④。我们看到,无论雅斯贝斯如何否认,萨特著名的"存在"先于"本质"这一公式,当来自雅斯贝斯的 Existenz 创造自己的本质这一思想。每个人都在自由地谱写自己的历史,并不是先有"善"、"恶"观念(概念)再来"对象化"为"历史",而是在"历史"中成为"好人"、"坏人"。Existenz 是本源性的,"自由"也是本源性的。

雅斯贝斯承认,"自由"也有多层次的意思:有形式的自由,属于知识范围;有先验的(Transzendental)自由,是为生活之"理念"范围;有存在的(Existentielle)自由,属于历史决定(Geschichtliche Entscheidung)范围⑤。后者介乎前二者之间。"既有"与"应有"的"自由"都带有必然性,合规律性与合目的性都是"必须",都有"必须"遵守之规则,存在之自由同样也是一种必然性⑥,"人"是注定要"自由"的。Existenz 无可逃脱"自由",

---

① 雅斯贝斯:《哲学》,第2卷,第151页。
② 同上书,第182页。
③ 同上书,第171页。
④ 同上书,第182页。
⑤ 同上书,第185页。
⑥ 同上书,第193页。

如同它无可逃脱自然律和道德律一样,它逃脱不了"历史律"——"历史的命定"(Schicksal)。

不错,人们生活在一定的环境之中,受环境的制约,环境把可能的 Existenz 变成现实的 Existenz。但对于知识来说,"环境"(Situation)是规定性的,而对 Existenz 来说,"环境"则是"界限性"的,是一种"界限的环境"(Grenzsituation),这就是说,这个环境是可能而且应该被"超越"的。因此,环境对"人"的规定,就会被"人"的"决定"所吸收,"环境"变成表现、实现"自由"的场所,"环境"成为"历史的环境"。

人生在世,会有各种"遭遇",有"幸"与"不幸"之分,从知识角度看,这种"幸"与"不幸"似乎是被"规定"了的,但从存在角度看,则是 Existenz 的"决定",因而不是外在的、被动的,虽然都是"无可奈何",但前者为"自然"之"因果",后者则为"历史"之"命定"[1]。

生、老、病、死,人生之大不幸,对 Dasein 来说是外在的、必然的。"死"对"物"言,并非"界限",对"生命"来说,固然是"威胁",但按海德格尔说,可以"忘掉"[2];然而对 Existenz 说,则以"超越"的态度肯定 Dasein"死"的确定性,因此"人"作为 Existenz,面对"死"则不需要"忘掉",而需要"勇气"(Tapferkeit)[3]。

福、禄、寿、禧,人生之大幸,对 Dasein 言,是过眼云烟,因为 Dasein 是有时限的;对 Existenz 来说则反倒是一种"威胁",因为它们威胁到"真正的存在"(eigentlich sein),所以仍然需要"勇气"[4]。人需要有勇气来对待不幸,同样也需要有勇气来接受幸福。人需要有勇气来改变"环境","自由"就意味着"勇气",有勇气承担(自己)历史创造者的责任,有勇气"中断"客观环境的连续性。"中断"这个连续性不能靠"思想",而要靠"行动"。"自由"不由"观念"来证明,而是由"行为"来证明。

"人"是有意识的行动者,只有人才有"行动"(Handel)。人把自己的活

---

[1] 雅斯贝斯:《哲学》,第 2 卷,第 218 页。
[2] 同上书,第 220 页。
[3] 同上书,第 225 页。
[4] 同上书,第 232 页。

动从欲望的冲动提高到目的的行动、自觉的行动①。但从 Existenz 来看，人的行动是"无条件的"，这种"无条件的行动"（Unbedingtes Handelns）是"自我意识的存在"（Selbstbewuβtsein Existenz）的表现②。人在有意识的行动中使"自身"与它的经验存在 Dasein 分离开来，"无条件行动"使"自身"超越 Dasein，而动物的活动只是"不间断的存在"（Ungebrochenen Dasein）③，只是一种"绵延"。

如同超越"世界规范"的"界限"而导向哲学一样，超越 Dasein 之活动的"无条件行动"使 Existenz 澄明而同样导向哲学。哲学并不是抽象的思想，也不是物质的活动。哲学是一种"生活"（Leben），是 Existenz 的生活，因而哲学的思想就是"无条件的行动"④。无条件的行动是 Existenz 之实现和证明，正是"存在之澄明"（Existenzerhellung），而"存在之澄明"乃是哲学之轴心（Achse）⑤。

"无条件的行动"赋予人的活动以历史性的意义（价值），哲学则通过"存在之澄明"进入历史的具体性之中。"历史"是"我"之"无条件行动"与"他人"之"无条件行动"共同创造的，因此历史是"多中之一"，可能性中之现实性⑥，这种从可能性到现实性的过程乃是历史之发展、历史之"规律"——"命定"。"命定"是自由之必然性或必然性之自由。哲学则是这种必然性的自由或自由性之必然的生活，所以雅斯贝斯才说，"凡可能存在之人，皆为哲学家"⑦。

哲学既为无条件的行动，而无条件行动为 Dasein 活动之超越，则哲学的生活不在知识之前，而在知识之后，不在主体客体分化之前的"混沌"，而在分化之后之"澄明"。哲学之生活（哲学化，做哲学之工作）使本无疑问之"客观性"（Objektivität）都成了"问题"⑧，使一切既成事实都成了可能性，

---

① 雅斯贝斯：《哲学》，第2卷，第292页。
② 同上书，第293—294页。
③ 同上书，第297页。
④ 同上书，第325页。
⑤ 同上书，第260页。
⑥ 同上书，第334—335页。
⑦ 同上书，第411页。
⑧ 同上书，第336页。

使一切"界限"成为"自由"。

哲学的生活并不是孤独的生活，Existenz 固然为"一"，但 Existenz 的王国则为"多"①，哲学的生活，为群体的生活，是哲学家王国的生活。哲学家不是"王"，而是一个王国。从这个意义说，Existenz 并不是"全"，从而"存在之澄明"的哲学不是"本体论"（Ontologie）。Existenz 既非主体之"全"（Totalität），也非客体之"全"，更非精神性之"单子"，所以真正意义上的"存在论"既非唯实论，也非观念论，而是"原始的多元论"②。

这样，雅斯贝斯概括道，我们对 Existenz 之理解，就有三个步骤：首先是作为"世界规范"之"界限"而进入"超越"；其次作为"存在之澄明"而进入"历史"，"我"在历史中与"他人"同"在"；然后对"历史"作为一个总体（Ganz）来理解，则为"密码"（Chiffreschrift）③，于是就开始了雅斯贝斯哲学工作的第三个大步骤。

四、哲学作为形而上学之"密码"

对于"形而上学"海德格尔已经做过了一番语义的考证工作，他指出"Metaphysik"的"Meta"是"超越"的意思，雅斯贝斯则在这个基础上更进一步说，如果承认了"超越"，也就意味着承认"形而上学"。这当然也是雅斯贝斯的一条新的思路，因为无论康德或胡塞尔，他们都是既一方面坚持"超越哲学"，而又同时反对"形而上学"的。康德把"超验"（transzendental）与"超越"（transzendent）区别开来，把前者限于"形式"加以肯定，而把后者归于"理念"而加以否定，这是在用法上的区别，反映了他的二元论思想。事实上我们看到，雅斯贝斯哲学的这一部分，乃是对于康德的"超越"和"象征"（符号）性"形而上学"思想的真正发展。当然，比较而言，雅斯贝斯是在一个新的基础上在"超越"的道路上走得更远了。

雅斯贝斯认为，从"世界规范"的"世界存在"（Weltsein）必然"超越"至

---

① 雅斯贝斯：《哲学》，第2卷，第420页。
② 同上书，第430页。
③ 同上书，第400页。

"我"作为"可能之存在"(möglich Existenz),这时"Existenzerhellung"(存在澄明),表现为两个"自由"、两个"自身"之间的关系,这一切已如前述。但雅斯贝斯的哲学并未停留在"自身澄明"这一步,因为"超越"并未止于此,进一步的"超越",则是 Existenz 自身的"超越",Existenz 自身成了一个"对象",对这个"对象"的"把握",就是"形而上学",就是"哲学"。

问题在于:Existenz 是不能对象化的,它不能为知识。它不能成为知识的对象,但却可以成为哲学-形而上学的"对象"来进行思考。于是,现在的问题进一步在于:如何理解这个"非对象"的"对象"。

Existenz 的"超越",既不是"存在之澄明",也不是"世界之规范",而是一种"内在的活动","超越"可以"非对象地"把握 Existenz①。

什么叫"内在的活动"?雅斯贝斯说,形而上学的"对象性"是一种"语言的功能","语言"(Sprach)使 Existenz 之"超越"成为"可以理解的"②。

在这里,我们看到,由海德格尔提出的"语言"的"存在"的意义,已从 Dasein 提高到真正的 Sein,"语言"已不是 Dasein 的思想与行为同一的实际本源性"体验",而是形而上学的形式和工具,因此,"语言是存在的家"在雅斯贝斯这里就应理解为:"语言是形而上学的家"。

显然,和海德格尔一样,雅斯贝斯这里的"语言",不是经验科学或形式科学工具性的语言,而是形而上学本源性的"语言",因而不是形式性普遍性(allgemeine)的语言,而是"历史性的语言"(geschichtliche Sprache)。这就是说,"语言"使 Existenz 成为"当下现在"(Gegenwart)③。这种形而上学历史性的语言实际上是一个"第二世界"(einer zweite Welt),由这种语言"对象化"了的"世界",只对"可能之存在"(möglicher Existenz)才可理解④。这就是说,这种语言只能作为 Existenz 的"人"才能"听"懂,因而是两个"自身"、两个"自由"之间的交往(Kommunikation)形式,不是两种"知识"的交流,而是两种"信念"的交流。

反过来说,这种形而上学的"对象",这种"语言的第二世界"对于"没

---

① 雅斯贝斯:《哲学》,第 3 卷,第 3 页。
② 同上书,第 6 页。
③ 同上。
④ 同上。

有信仰"（实证）的"人"或"迷信"的"人"来说，都是"不透明"（opak）的，因为他们都会把这种"对象"当作"幻觉"，而不知道，形而上学的"对象"，对知识言的确是"幻觉"，但对 Existenz 言，则正是"真实"⑤。

这种形而上学的历史性超越"语言"，雅斯贝斯叫它为"象征"（符号，Symbol）⑥，这里我们又看到了康德"形而上学为智慧之象征"的影子。

"象征"是"指向"自身以外的意义，所以作为形而上学的"象征"则使"不可对象化"的东西"对象化"。当然，在某种意义上说经验的语言也是一种"符号"，指示着现实的世界。但形而上学语言的"符号"与经验语言的"符号"在整个"能指"与"所指"关系上有相反的特点。经验语言作为符号性的"能指"是抽象的、形式的、永恒的，而它的"所指"则是千变万化的现实世界，以语言为核心的人的"理性"所以才是普遍的。在形而上学语言中，情形似乎正相反。形而上学超越语言是历史性语言，因而不是僵死不变的，而是永远在"消失"中（verschwindend），而它的"所指"则为"永恒的现时"（ewige gegenwart），所以一切现实的、历史的社会生活，在变化中之生活都成了这个"永恒的现时"的 Existenz 的"象征"（符号），这里的关系，与经验语言比较，似乎是完全颠倒的。"象征的世界"（Symbolwelt）为"经常消失的世界"（Stets verschwindenden Welt）⑦。"说"这个世界的语言，不是经验的、逻辑的语言，而是历史的、具体的语言，把既定的 Dasein 当作真正的"存在"（Sein）之"对应物"（Gleichnis）来把握。

这样，就"象征"作为语言本身来说，从逻辑的观点看，是一种"循环"（Zirkel），既是"重言"（Tautologie）又是"矛盾"（Widerspruch）⑧，就其"对象"言，就一般意识来说是"真实"的"对象"，对 Existenz 则为"不真实的"，而"超越的现象"则是"真实""不真实"、"存在""非存在"的"界限"⑨。形而上学的语言以人在"对象"之变化、消失中体验到"超越"和"界限"。"象征"着的、变化的、消失着的历史性"对象"，并不是我们所看到

---

⑤ 雅斯贝斯：《哲学》，第 3 卷，第 14 页。
⑥ 同上书，第 16 页。
⑦ 同上书，第 17 页。
⑧ 同上。
⑨ 同上书，第 17—18 页。

的经验之现实存在（daseiendes Wirklichsein），而是我们"听"到的 Existenz 的意义①。一切的经验的现实存在似乎都在向我们"诉说"什么，"告诉"我们世界、历史、人生的"意义"，一切经验的现实存在，都是"活的历史"，都是会"说话"的 Existenz，因为这个经验的现实存在是"活人"、"会说话的人"、Existenz 创造的。在经验现实世界的变化、消失中显现着 Sein，消失的是经验的世界、经验的人（Dasein），而不是 Sein。Sein 是变幻的经验现实世界中永存的"现时"的点，而不是变幻的经验世界之"全"，因此形而上学不是"本体论"（Ontologie）。哲学形而上学是"历史性"的，是在变幻中"见"（或"听"）"超越"。

雅斯贝斯说，哲学形而上学有三种方式、三条途径可以达到超越：通过"范畴"（Kategorien）是为形式的超越；通过"存在之澄明"；通过"密码"②。

按照传统哲学的说法，"范畴"原本是知识的形式、思想的形式，以"范畴"来把握"超越"必产生"矛盾"（Dialektik）。雅斯贝斯说，以范畴进行"超越化"（Transzendieren）必在"思想之不可能"（Nichtdenkenkönnen）中进行③，这就是说，在"不可能思想"中进行"思想"。以康德的二律背反为模型，雅斯贝斯提出三种"辩证法"。

首先，以"范畴"来看"超越"，这种范畴如是"确定的"，则"不能应用"（unanwendbar）到"超越"上去，而如果这种"范畴"为"不确定的"，则"超越"不再可思想（undenkbar）；其次，"范畴"当是"对象的"，因而陷于"绝对化"（Verabsolutierung），这样，或者"范畴"为"有"（对象的），而"超越"为"无"（无对象的），于是"无"即是"有"——产生"矛盾"（Widerspruch），或者二者皆为"真"，则"真"即"真"——产生"重言"（Tautologie），这种"象征性范畴"的特点前面已经提到过；最后，"范畴"是一个"网"，是一种关系，一个范畴必与另一个相关，所以是相对的，但"超越"则是没有"另一个"与其相对，于是则有"自己相对自己"——"自因"（Causa Sui）之矛盾④。

---
① 雅斯贝斯：《哲学》，第 3 卷，第 16 页。
② 同上书，第 34—35 页。
③ 同上书，第 38 页。
④ 同上书，第 40—41 页。

凡此种种，都产生于一个总根子：我"思想"必在"范畴"之中，但以"范畴"来"思想""超越"，为"思想""非存在"，则为"非思想"，从"denken des Nichts"到"Nichtdenken"，把 Nichts 作"某物"（Etwas）来"想"，则该"某物"为"Nichts"之对应物①。

然而，Nichts 为"否定"，是一切确定之某物的否定，而否定了一切规定的某物，则正是"真正的存在"（eigentliche Sein）之肯定②。于是，Nichts 作为"否定"言，则为"存在之同一性"（Identität von Sein），作为"无"言，则为"绝对之否定"（absolutes Nichts），前者为"超存在"（Übersein），后者为"非存在"（Nichtsein），经验确定的存在范畴，就介乎二者之间③。

"真正的存在"不是经验的存在，真正存在的范畴只是经验存在范畴的"相似物"，于是"范畴"转化为"象征"。这样，作为"范畴"的"时间"、"自由"、"可能性"、"现实性"等则有多种含义：有经验意义上的"时间"、"自由"，也有"超越"意义上的"时间"、"自由"。如"时间"就经验言，有物理、心理的形式，就 Existenz 言则有自身的意义，而就"超越"言，"时间"不是经验的"无时间性"（Zeitlosigkeit），也不是经验的"时间性"（Zeitlichkeit），而是在"时间性"中之"永恒"（Ewigkeit）④。

通向"超越"的第二种方式为"存在之澄明"。"知识"的"界限"使这种"澄明"成为可能。于是"澄明"首先是使两种态度明朗化："奋争"（Trotz）与"奉献"（Hingabe）。"奋争"与"奉献"是 Existenz 之超越的两种表现。

"奋争"是"人"与"神"的对立，是要在"现实世界"实现"神"的意愿，要"人"做"神"的事，即"人"要追求"无限之可能性"（grenzenlose Möglichkeit），不断地"求知"本身就有一种"神性"的意味。"历史"是"人""奋争"的场所，"人"在历史的奋斗中使 Existenz 成为 Dasein，体现这种"奋争"的精神⑤。

与"奋争"相对的，为"奉献"精神。"Hingabe"为"献出"，则意味着

---

① 雅斯贝斯：《哲学》，第3卷，第44页。
② 同上。
③ 同上书，第45页。
④ 同上书，第57页。
⑤ 同上书，第69—74页。

自身的"放弃","放弃"对"知识"之追求,而皈依"神"。因此,"奉献"是"知识"(Wissen)之"消除",为"非知识"(Nichtwissen)①,故"奉献"意味着"自我否定之英雄"②,只有在历史之自由活动中,才能统一"奋争"与"奉献"的分化③。

"奋争"与"奉献"作为 Existenz 之超越,使"死"与"不死"具有存在的意义。"我"的"生"(Aufschwung)、"死"(Abfall)是时间、历史之"变"(werden),但从 Existenz 言,则不是自然过程,而被赋予了"意义"和"价值"(werten)。Dasein 固有一死,但 Sein 则为"不死"。"不死"(Unsterblichkeit)不是经验的、知识的"变"的范畴,而是 Sein 的"价值",Sein 永远在"现时"之中,是一种对"继续生活"(Fortleben)之"信念"(Glauben),没有这个"信念","人"的一切活动,将如同"行尸走肉",为一种自然的过程,而不是历史的过程。"人""生"而"奋争","死"而"奉献",则何惧之有!

不错"死"为"无",与 Dasein 对立之 Nichts,但从 Existenz 之超越性言,"无"为"真正之有"(eigentlich Sein),"有"不在"死"之彼岸,而就在永恒现时 Dasein 之深处(gegenwärtigen Daseinstiefe),因此在"无"的面前,Existenz 并不恐惧或忧烦④。

"历史"为"存在"(Sein)之确立,为"自由"之"象征"(Symbol),"历史"为"永恒之现时"的意义和价值,"历史"为"不死"。但非知识性的"不死"不能"对象化",因而不能用经验的"语言"来"说",然而,事实上,人们经常在"说""不死",所以"不死"的真谛在"沉默"(Schweigen)之中⑤。"历史"保持着庄严的"沉默",是"人"作为 Existenz 写的一本"无字"的"书",因此,"历史"不等于"历史典籍","历史哲学"不等于"历史科学"。

"历史"这种超越性,使它本身成为一种"密码",即不同于一般语言、象

---

① 雅斯贝斯:《哲学》,第3卷,第78页。
② 同上书,第80页。
③ 同上书,第81页。
④ 同上书,第93页。
⑤ 同上书,第94页。

征、符号的"密码",读"历史"这本"无字书",就是要"解开"这些"密码",把握住历史的永恒的意义和价值。"历史哲学"即"读"历史之"密码",从而"在时间中扬弃时间"[①]。

于是,一切哲学的问题,都围绕着这个"密码"(Chiffreschrift)的问题。这是形而上学哲学的最高的也是最基本的形式。

"密码"是"超越"之"对象化",因而"密码"本身并不是"超越"本身,而是"超越"之"语言",这已在论述"象征"时说过,这里雅斯贝斯更进一步指出:作为"密码"的语言有三种形式:原始的、直观的和哲学的[②]。原始语言为形而上学之"体验"(Erfahren),直观语言为神话,哲学的则为"思辨的语言"(Spekulative Sprache),这种语言与"概念"(Begriff)只有"相似"(Analoge)性。

在这里,我们看到,"密码"介乎"超越"和"存在"(Existenz)之间,它把"超越""现时化",但既不是"客体存在"(Objektsein),又非"主体存在"(Subjektsein),因而"密码"本身有一种同一性和自足性。

"密码"作为"象征",其"意义"本在自身之外,它指向"超越",但"超越"不可能作为知识性对象,不能"对象化",因此"密码"所指之"意义"(超越)又必定在"密码"之中,因而这种"象征",其"能指"与"所指"又为一。

"密码"既非"主体",又非"客体",则无"主"、"客"体之间的关系。我们的知识,"符号"作为知识性"概念",则都处于各种"关系"之中,因而必定是一个"体系","密码"不是知识性"概念",因而自身则无"体系"可言[③]。当然,"密码"又非完全孤立的,"密码"需要"交往"(Kommunikation),但"密码"不是知识性之交流,而是存在(Existenz)之间的"交往",所以是"自由"之间的"关系",是"关系"之"自由"(摆脱)。

Sein 是 Existenz 之"超越",Sein 和"超越"都不是我们的知识对象,我们的知识不能超出 Dasein,因此我们只能"在 Dasein 之中",而不是"在

---

① 雅斯贝斯:《哲学》,第 3 卷,第 99 页。
② 同上书,第 129 页。
③ 同上书,第 150 页。

Dasein 之外",来"读"（Lesen）Sein 的"密码"。雅斯贝斯说，在"规范世界"中，我们通过概念来认知 Dasein，而在"Dasein"之中，我们不能通过概念，而要通过"遐思"（Phantasie）来"读""das Sein"[①]。

"遐思"不是知识性的"幻觉"，而是"存在性的"体验，即把一切既定的东西（Was ist）都作为"自由"来把握[②]。用我们常爱用的话来说，即把一切"死东西"都当成"活东西"来看，把既成事实的"历史"当作"活的历史"来看，通过这些既成事实，看到（听到、读到）它的创造者（人，古人）之"自由"。所以，在这个意义上，雅斯贝斯才说："一切 Dasein 都成了'超越'的现象（die Erscheinung der Transzendenz）。"[③]

我们看到，在雅斯贝斯心目中，这种"超越"的"现象"并不是知识上的"本质"的"现象"，更不是胡塞尔意义上的"本质的直观"，而是存在性的"象征"，表现为两个"自身"、"自由"之间的"密码"式的"活"的"交往"。这种"密码"式的"现象"同样也是一个"世界"，也就是前面说的"第二世界"。就知识言，这个世界是"幻觉"，但就 Existenz 言却是"真实"，甚至可以说，只有这个"第二世界"才是"本源性"的，因为它是一个"活的世界"，是"活人"创造的世界，而"世界"作为"历史"，"本来"就是"活人"创造的。

"历史"是变化的，"密码"式的"现象"是变化的，"第二世界"也是变化的，"变"的历史性正是"超越"的"密码"[④]。"自然"常被想象成"常驻"（Bestehend），"不废江河万古流"，与"天"同寿，与"日""月"共老，但它只有被"历史""吸收"，才能成为"超越"之"密码"。"历史"在不断消逝，"人世沧桑"，但却"显现"出 Existenz 之"自由"，从历史之变幻中人们"读到""超越"之意义。

历史超越之密码中这种"常驻"与"消逝"之矛盾，说明了 Dasein 之二律背反，而既然 Sein 只有"在 Dasein 中"通过"遐思"而"听到"、"读到"、"看到"，那末也只有"在二律背反中""读到"和"听到"。从这个意义上，雅

[①] 雅斯贝斯：《哲学》，第3卷，第153页。
[②] 同上。
[③] 同上书，第154页。
[④] 同上书，第206页。

斯贝斯把哲学之密码叫做"思辨的"。

"思辨的密码"要在"变"中见"驻",在"消逝"中见"永恒",在"必然"中见"自由",这一思想,早已为古典哲学所提示,而被雅斯贝斯运用于存在哲学之中:消逝、失败(Scheitern)显示存在(Sein),在 Dasein 之消逝中,使 Sein 明朗化①。

从知识来看,Dasein 的消逝意味着"无"(Nichts),"沧海桑田","桑田"为"有","沧海"则"无"。但"沧海桑田"之变,并不意味着 Dasein 作为"总体"(Ganz)、"世界"作为"全体"之归于"无"。这个"总体"当然不能由知识来"指出",它是一种"不可指之密码"(undeutbare Chiffre),只有在这种存在性意义上,世界之"终结"(Ende),世界之消逝,才不意味着"无"(Nichts),而反倒使 Sein 明朗起来。

雅斯贝斯以一句容易引起误解的话结束了他三卷《哲学》大著,他说,人们不是在欢庆(Schwelgen)中,而是在苦难和失败中体验到(erfahren)存在(Sein)②。这个意思很容易从悲观方面来理解,但它的重心是要强调 Sein 的意义,Sein 作为一种"信念",使人们不会在消逝的历史中沉沦下去。人们之所以身处逆境,仍然坚强自拔,正是"读到"、"听到"了 Sein 的声音,"看到"、"体会到"Sein 的意义。Sein 不是"本体论"式的"全",不是 Dasein 之概括性知识概念,而是 Existenz 之"超越"。Existenz 为"自由",不仅"我"是自由的,"他人"也是自由的,于是,只要"有人"活着,则"自由"永恒,Sein 永存。没有任何"知识"、"科学"可以"证明"这种"永恒",但存在的"信念"却使这种"永存"坚如盘石。

"信念"与"信仰"迫使雅斯贝斯承认"神"的存在,因此,他的哲学被称作"有神论的存在主义",这是有理由的。雅斯贝斯在 1950 年出版的《哲学引论》中宣称的五条哲学信念中,第一条就是"神之存在"③。不过雅斯贝斯的"神"不是知识性的"神",不是思辨性之"理念",而是"存在性"的"信念",即是 Sein、超越本身。

---

① 雅斯贝斯:《哲学》,第3卷,第226、230页。
② 同上书,第236页。
③ 雅斯贝斯:《哲学引论》,见英译《智慧之路》,耶鲁大学出版社,1954年,第85页。

* * *

雅斯贝斯在他的哲学自传中说,他生平有两大事业,即科学和哲学①,科学有 Dasein 之坚实基地,这个基地随时间而不断扩大,因此并不需要为自己辩护,科学已经用事实为自己作了最好的辩护。但哲学需要辩护,不仅是为当时时势所迫,而且为哲学之本性所要求。哲学需要辩护,也要求辩护。

雅斯贝斯说,哲学起源于要求作"真正的交往"(authentik Kommunikation)的意志②。人与人之间、人与世界之间不是互为"对象"的关系,不是知识性关系,而是存在性关系,是生活的关系,活生生的关系。海德格尔说,"我在世界中"(in-der-Welt-Sein),"世界"对"我"不是"对象",因为"我"就生活在这个"世界"中,并不是"我"是"主体","世界"是"客体"。雅斯贝斯则进一步说,如果我在"思考""世界",我在"体验"世界,则"我"是一个"包容者"(Umgreifender),哲学家为包容者,"我"即"哲学家"。哲学的任务,是把"世界"、把一切"事实"当作"活的创造"来体验,当作活的历史、活的生活来理解。这种理解和体验才是"本源性"的、"真正的"(authentik),因为世界、历史本来是活人创造的。"活"并不是生物学意义下的"生命",而是"自由",是"可能性"。

"自由"并非"随心所欲",意识到了的"自由"是一道"无条件的命令"③,人非"自由"不可。"自由"固然是一种选择的可能性,但又必然向现实性转化。这就是历史。因此历史是"自由"的"实现"。被实现的"自由"对知识言,已成"事实",是一个"对象",但"自由"本身不可能"对象化",因此"自由"的"现实性"——即"当下现时"永远保持着自由创造的特点,于是一切"事实"又成为"超越的对象",把不能对象化的对象化了,成为非知识的"对象"——"象征"、"密码"。"密码"为"自由"、"超越"之"象征"。哲学在可知的世界中见到"无所知"④。

"无知"是"迷信"的根源,科学是反对"无知"和"迷信"的强有力的工具,但科学不能根绝"迷信",因为科学不能消灭"无知"。雅斯贝斯认为,

---

① 雅斯贝斯:《哲学自传》,见西帕斯编:《卡尔·雅斯贝斯》,第 28 页。
② 雅斯贝斯:《哲学引论》,见英译《智慧之路》,第 26 页。
③ 同上书,第 64 页。
④ 雅斯贝斯:《哲学自传》,西帕斯编:《卡尔·雅斯贝斯》,第 840 页。

"迷信"只能用"信念"（信仰）来反对，因为"信仰"的东西只能用另一种"信仰"来克服。思想的批判有助于现实的发展，但改变现实最终要靠现实的力量。改变一种生活，需要另一种生活。不错，哲学的"信念"（信仰）反对"理性"的形式的"逻辑"，因而陷于"矛盾"或"重言"，但雅斯贝斯说，哲学的逻辑并不是"武断"①，即不是"随心所欲"。

哲学的信念不是"迷信"，迷信不是自由，而哲学之生命在于自由。以自由的信念反对盲目的迷信，这正是哲学之首要任务。"迷信"是停滞的、僵死的，"信念"则是探索的、活泼的。海德格尔说，"人"老是"在路上"；雅斯贝斯说，哲学就意味着"在路上"②，一条通向自由的路。天有不测风云，人有旦夕祸福，但这条路是永远畅通的。

哲学不会消亡，但它永远在为自己辩护。"我""在世界中""奋争"而"奉献"，在时光之流逝中见到自由之永恒活力。哲学在辩护中指示"存在"（Sein）。辩护可以"呐喊"，也可以"沉默"。曾经有人喝令哲学家"沉默"，殊不知"沉默"中最能体验永恒之伟大。"沉默"仍是辩护。那"不可言说者"正是在"沉默"中回到了它的"家"，无限的风情俱在不言之中。

当然，雅斯贝斯倒并没有沉默，他说了很长时间的"话"，说了许多的"话"。这些"话"的"意义"现在当然还有不少人在认真地琢磨，也有不少的"话"人们忘掉了，而他的"密码"的思想，似乎也没有结出多少丰硕的果实；然而他那维护自由思想传统，为哲学辩护的"奋争"而"奉献"的精神却仍然鼓舞着欧洲人"上路"，欧洲人对于永远"在路上"的自觉，使他们坚定不移地继续"奋争"和"奉献"。

---

① 雅斯贝斯：《哲学自传》，西帕斯编：《卡尔·雅斯贝斯》，第60页。
② 雅斯贝斯：《哲学引论》，英译《智慧之路》，第12页。

第八部分 萨特的"有""无"之辩

一、萨特与他的前人

当我们在海德格尔"思想之路"上遇到萨特（1905年—1980年）时，或多或少有一种轻松之感。生造的词汇少了，语言变得平易近人起来，在讨论艰深的理论问题时竟时带有一些非常具体的小例子，譬如他的那位朋友皮埃尔，几乎也和我们混熟了。萨特的艺术家、文学家的气质使他的思想更带有生动活泼的亲切性。

对具体问题的敏感本是法国民族的精神世界的特点，萨特是他的时代的产儿，也是法国民族的产儿，在当代，他的思想体现了一种倾向，即把一种艰深的本源性思想与现实的生活结合起来，并不是以现实的生活来检验这些思想，而是以这些思想来发现、洞察生活的真义。在具体的问题上，萨特要比海德格尔走得更远，虽然，在本源性问题上，他们两人的关系有时表现得十分复杂，有时甚至是非常对立的立场，但尽管海德格尔本人竭力否认，萨特的基本方法，紧紧地与现象学结合着，而且紧紧地与"存在"观念结合着，这一点是无可否认的。

在他的主要哲学著作《存在与无》于1943年发表之前，萨特已经受过典型的欧洲大陆的良好教育，就学于法、德两地，对由胡塞尔奠定的现象学思想是很熟悉的，但他的法国式的敏感使他的思想具有一种两栖的特点，一方面他考虑着抽象的哲理问题写了论"自我"、"想象"等方面的著作，另方面他的小说《恶心》、《墙》已为他在文学事业上奠定了坚实的基础。他的文学作品的深厚的哲理性，使得他在文学界不同寻常，而他的哲学著作的具体性，又使他在哲学圈子里别具特色。他后期对马克思主义和共产主义所发表的言论，固然已受到许多应有的批评，但他是西方"正统"哲学流派代表人物中唯一能正视马克思主义和共产主义而不装聋作哑的，这一点未尝不是他作为一个思想家的诚实的可取之处。当然，他这种态度，也是和他的基本思想及理论立场分不开的。

与海德格尔一样，萨特也是胡塞尔的信奉者，尤其是胡塞尔现象学严格划分"知识论"与"（纯）心理学"的界限这一基本思想是和萨特的法国式的敏感性完全适应的。这就是说，和胡塞尔、海德格尔一样，萨特心目中的主要问题不是如何理解主客分化后的知识的对错问题，而是如何理解更为本源性的人的"心理"（精神）的"状态"问题，这是一种"反思前"的精神状态，是把事物当作静观对象作反思式考察之前的一种状态。海德格尔说，这种状态，不是知识性的，而是"存在"性的，这一点，萨特在自己的思想中，是紧紧把握住了的一条基本原则。

以"存在性"与"知识性"相对立，这是海德格尔从胡塞尔现象学发展出来的基本立足点，但这种"存在性"，当然不是"物质性"，不是经验的事实，而是一种由 Dasein 的思维与存在同一状态揭示了的"具体共相"。"这是桌子"这个判断，并不要求对"桌子"有了科学的知识（如物理的、化学的研究）之后才能作出来的，这是一个先于知识性判断的存在性判断，这就是说，这里的"是"的判断是早于"桌子"的科学知识的，于是，这个"是"后面的"宾词"就不是"偶性"（属性），而就是指"存在"，因而这里的"桌子"实际是"主词"，这句话是说"桌子'在'这（里）"。"桌子"的"存在"，是作为 Dasein 的人揭示出来的，这里的 Dasein 就既不是感觉性的肉体，也不是理智性的知识的"主体"，它和"桌子"的关系就不是理解性、知识性的静观的关系，而是"存在性"的关系。这种存在性的关系早于知识性关系，是一切知识之所以可能的基础。

因为 Dasein 是一种思维和存在尚未分化的本源性的状态，所以它和包括桌子在内的周围环境的关系就既不是理论性的，也不是实践性的，而是在这两者分化之前的"存在性的",包括桌子在内的环境,就成了 Dasein 的存在性的"世界"(die Welte)。

这些基本立足点,萨特是完全承认的。然而,萨特还要进一步追问下去,即他心目中还有一个问题:为什么会出现像这种不同于经验事实关系的"存在性关系"?即作为经验事实性关系的基础的"存在性关系"的根据又何在?不错,海德格尔说,这个根据在 Dasein,因为有了"人"这样一种特殊的 Sein,就使一切都 Sein 化了。我们看到,海德格尔为了坚持并强调思维与存在的"同一性",在说到 Dasein 时很少或尽量避免把"思维"(意识、精神)单独提出来说,因为他所说的"语言"、"诗"、"思想"或"心境"都是"存在性的",这当然有其理论一贯性和深刻性的优点,但是为了严格区分存在性的"思维"和知识性"思维",海德格尔就被迫铸造一批生词或在日常词汇中注以"存在性"的意义来与知识性(亦即日常性)意义加以区别,这样也就为自己的理论人为地制造了许多麻烦①。

在这方面,萨特的优点在于他不回避以"意识"(Consciousness)的角度来理解海德格尔的 Dasein。正如我们在研究海德格尔时所指出的,Dasein 之所以有"Da",正是因为它有"意识"。按照现象学的理论,我们可以说,"意识"不是指知识性的、主体性的,而是主客体分化之前的,在知识以前的本源性意识,即可以说"意识"是"存在性"的"意识",而"存在"也是"意识性"的"存在"。其实,这正是海德格尔的本意,是他在某些地方(如后来论语言、诗、思想)已经说出,但又不愿作为基本命题来与 Dasein 结合起来发挥的原意。我们看到,萨特正是在海德格尔犹疑却步的地方跨了出去,继续走海德格尔的所谓"思想之路"。

萨特思想明快的地方在于他毫不犹疑地以"意识"为自己思考的核心问题,因而扬弃了海德格尔那个怪里怪气的"Dasein",而老老实实地称其为"人的真实性"(human reality),"有意识的存在"。"意识"使"人"区别于其他一切"物",而使万物具有一种"存在"的意义。按照现象学基本原则,"意识"不是抽象的理智,而是理智的直观,直观的理智,是"存在性"的,而非

---

① 譬如,幸亏德文"历史"有自己的"Geschicht",可以用来与外来的 Historie 相区别,而英文就无此方便,必须把 History 抽象化(Historicity),甚至连最基本的"Dasein",都无法找到对应的译文。

"知识性"的，所以在这个意义上，萨特承认把现象学的原则运用到巴克莱的"存在即是被感知"上使它带有现象学的意义的合法性①。"存在"是"意识"赋予的，"语言"是"存在"的"家"，也就是承认"意识"是"存在"的家，"存在"就是被"意识"。

从一个方面来看，萨特把"意识"提了出来作为中心议题，常常会被理解成"意识"与"存在"之对立和分化，因而似乎是从海德格尔的立场上倒退了回去，退回到笛卡尔、康德的心物二元论。从这个意义说，海德格尔给人超脱整个欧洲哲学的传统的印象，而萨特则仍又回到欧洲原有的轨道，只是采取了一种新的姿态而已。这也是海德格尔本人对萨特思想的感想。尽管萨特经常把海德格尔引为师长和同道，但海德格尔对萨特则有一种不屑一顾的样子，有时甚至要批评他为形而上学。

实在说来，萨特的思想的确有许多方面是和海德格尔不同的，其中最大的一点，乃在于萨特比海德格尔更重视黑格尔。

我们已经说过，现象学与黑格尔固然有千丝万缕的联系，这种联系海德格尔也是承认的，但对待知识体系、对待绝对主义方面是有原则区别的。这一点，对存在论的现象学来说，尤其是最为重要的。黑格尔是基尔克特直接批判的靶子，黑格尔的绝对主义使基尔克特深恶痛绝。海德格尔当然也毫不犹疑地把黑格尔看作形而上学一流，而殊不知他那个"思维与存在同一性"这个原则在近代正是黑格尔坚持下来的。

为什么海德格尔总是要避免"Dasein"来谈"思维与存在的同一性"？为什么他的这个使"世界""澄清"的 Dasein 本身却是一片混沌？关键在于对"辩证法"的态度。不错，主客体的分立，知性理智式的抽象概念，是形而上学的根源，把本源性问题当作经验知识的问题，把"本质"当作"事实"，则似乎我们可以像"看到""桌子"那样"看到""上帝"，于是这种哲学就必定要转化为"神学"（"见神学"，theology），这是一切形而上学的必然的归宿，这是要加以反对和防止的。但面对这个问题，出路不在于放弃"本源"和"本质"，或者把它归结为一种朦胧、混沌的"心境"。而是从积极方面把"辩证

---

① 萨特：《存在与无》，英译，第19、23页。

法"引进"本源"、"本质"的领域,使思维与存在不像谢林那样处在一种直接的同一中,而是承认这种同一性本已孕育着分化、对立、斗争的种子,这就是黑格尔所做的工作。这个工作的意义是海德格尔、基尔克特所未曾见到的。海德格尔只觉得主体与客体的分立就必定是形而上学的,因为把同一性的"本源"(Dasein, Sein)打碎了,肢解了,而不知道这个"本源"原本是对立的,这是康德已经很强有力地揭示过了的。在这里,我们不无兴趣地又一次看到,左右当代欧洲思潮的两大流派:现象学派和分析学派尽管态度不同,但竟然都是限于康德"先验分析篇"来发挥自己的思想,而完全忽略康德的"辩证篇"以及他的其他两大"批判",也可以说是很能反映当代欧洲人的思想特点的做法。

海德格尔要在本源性的 Dasein 方面反对形而上学当然有其相当的根据,但他忽略了一个历史的教训:除了用一种直接性的同一性来反对主客分立的形而上学外,我们还有辩证法这个武器,这个武器从古代希腊以来,经过正反两面的磨炼,也是相当锋利的。在海德格尔看来,Dasein 既是一种本源性的同一性,就不允许有任何形式的分立,这种"非此即彼"的思想方式,正是海德格尔所要克服的欧洲式的抽象理智式的知识性思想方式的特点。

我们看到,萨特优于海德格尔的地方主要正在于他虽然没有离开存在论的基础,但吸取了辩证法的观点,因而使他自己的存在论与海德格尔的存在论比较起来更有活力,更有社会的意义。

萨特吸取辩证思想的一个最主要的标志在于他承认意识与存在的对立,虽然这种对立不是知识论上的主体与客体、抽象与具体、概念与感觉之间的对立,而是一种存在论上的对立,但毕竟已是一种对立,海德格尔的那个"Da"的"Sein",毕竟更进一步地展现为一种"意识"的"存在"。萨特的这一突破,使他的思想又和整个欧洲思想的传统衔接起来,但仍保存了海德格尔存在论的许多重要特征,所以萨特在肯定海德格尔的前提下,批评他"缺乏'意识'这个度",而他的 Dasein,原应是"前反思性"(Pre-reflective)的"我思"(Cogito),因而虽不设定(Posit)"对象",但仍不失为"意识"[①]。

---

① 萨特:《存在与无》,英译,第 119—120 页。

然而,"意识"如何才能避免一种经验心理学的概念而成为"存在论"的一个核心组成部分,一方面要借助于胡塞尔的"意向性"原理,即把"意识"建立在现象学而不是知识学的基础上,这样,"意识"就不作为一种经验的心理活动的实际过程来看,而着重于"意识"的内容,着重于"意识内容"的"超越性";另一方面,要在海德格尔存在论的基础上跨前一步,把海德格尔的"无"的观念,与"意识"联系起来,从存在论观点来看,"意识"即"无"(Nichts, Nothingness),这样,"意识"作为"无",就成为存在论的一个部分。这是萨特坚持和发展海德格尔的主要贡献所在。

存在论现象学意义下的所谓"无",当然也是海德格尔提出来的,他在批评传统的形而上学时指出他们所谓的存在的"存在",即作为总体的存在的本质的存在,实际上是"无",而这个"无"不是通常意义下的"否定",因为任何的"否定"都包含有肯定,说"这人不是黑人",就意味着肯定他"是白人"或其他肤色的人,但存在论意义上的"无",是绝对的"无","无"早于一切形式的"否定"而成为他的基础。海德格尔说,这种本源性意义上的"无"是由"人"的"忧思"(Angst)证明的,"忧思"不是一般的恐惧,而是对"无"的恐惧。于是,从这里,萨特进一步说,所谓的 Dasein,就其本源性意义来说,就是"无"。Dasein 是"意识性存在","意识"即是"无",因而 Dasein 则是"无"的存在。

我们将看到,萨特的全部思想,就是紧紧抓住这个"无"不放,不但把海德格尔著作中讨论的主要问题从"无"这个角度重新作了考察,而且从这个基点上又把海德格尔的原则扩充开去,从存在论角度讨论了更多的传统的问题,而在这多方面的讨论中,使人们越来越清楚地看出,作为"无"的"意识",如何具有独立的存在论意义,而不是经验心理意义上的"思想意识"。

不言而喻,萨特受雅斯贝斯的影响也是十分明显的。首先萨特接受了雅斯贝斯对海德格尔 Dasein 的扬弃,而复归于重视基尔克特的 Existenz,同时雅斯贝斯强调从存在论理解"人际"问题,理解社会中各种现象,着重人与人之间的"交往",以及由这种"交往"引起的各种"心理"状态,这一些都与雅斯贝斯的存在哲学有关,就连萨特使存在论与欧洲古典哲学传统进一步结合起来的方向,也都是与雅斯贝斯的努力分不开的。

二、萨特的基本问题：(空) 无

海德格尔的主要著作《存在与时间》，着重研究 Dasein 的有时限性，因为 Dasein 才使存在显现出来，萨特的主要著作《存在与(空)无》着重研究"无"如何使存在显现出来，这两个题目之间的对应关系，意味着"无"与 Dasein 的一种内在的联系。

当然，无论海德格尔或萨特都并不认为在经验的时间上"无"先于"存在"，相反地，萨特明确指出，存在早于"无"，"无"并不是"存在"的"否定"，而必定要在"存在"的基础上建立起来①。

从现象学立场来看，"存在"不是某一种具体的属性（偶性），因而"无"也不是某一种属性的"否定"，"无"不是"不存在"，不是"存在"的否定，"无"与"存在"的关系，是"存在"与"存在"的关系，是"存在"之间的关系，所以归根结蒂，"无"仍是"存在"的一种类型②。

"人"是一种存在（Dasein，那一个存在），能作出"是××"，"不是××"的判断的存在，它之所以能作出"是××"的（知识）判断，是因为它是"存在"；而它之所以能作"不是××"的判断，则因为它是"无"。"存在"与"无"是比知识性判断（肯定、否定）更为根本的存在性范畴。所以萨特说，海德格尔的 Dasein，实际上就是隐蔽着的"无"③。Dasein 之所以是"隐蔽的"，是因为 Dasein 是"存在"，但却又是"无"，因为 Dasein 是"意识的存在"或"存在的意识"，而"意识"就其存在论的特性来说，则是"无"。

"意识"作为一个经验的心理学的对象，是实实在在的物质过程，是心理活动的事实，它不可能是"无"，但这个物质的过程，早已为胡塞尔"括"了出去，不在本源性思考之列，作为现象学、存在论的"意识"，是在它的内容，在它的"意义"，而这种"意义"、"本质"或"心境"的内容本身是超越的，它具有一种"意向性"的特点。"想"、"说"，不光有大脑细胞的活动和声音的

---

① 萨特：《存在与无》，英译，第49页。
② 同上书，第38、56页。
③ 同上书，第52页。

震动，而总是要"说"点"什么"，"想"点"什么"，这个"什么"是超越"想"、"说"等物质活动的，但它也不是它所指的那个对象的物质性，我们不但可以"想"、"说"眼下不在的物质东西，甚至可以"想"、"说"根本不可能存在的东西（如三头六臂的妖怪，以及方的圆等等），所以这种意向性的内容，既非心理过程，也非物理过程，从存在论来说，它是"无"。我们看到，萨特这些推论的基本前提，是胡塞尔、海德格尔所共同承认了的。

然而，"超越性"的思想，已经使海德格尔的 Dasein 的本源性的同一发生了内在的裂痕，把胡塞尔"超越性"思想发展下去，必定会扩大这个裂痕：这就是说，Dasein 原本不是像巴门尼德所认为的那样铁板一块，"意识"已经与"存在"相对立。

萨特说，当你"意识"（包括"想"、"说"、"欲求"等等）到"什么"时，已经蕴含了这样一个前提："意识"不是那个"什么"，即主体与客体已经分立。这里，萨特进一步发挥了胡塞尔意向性和超越性的思想，提出"意识"有一个根本特点是：意识是其非是，非是其是。这个意思是说："意识""不是"它说的那个"什么"，它说的那个"什么""不是""意识"。"意识"本身是一个"矛盾"。

那末，这种"意识"与"存在"的矛盾是否又像传统的形而上学那样成为两种"实体"的矛盾了呢？海德格尔为了避免落入这个窠臼，无论如何不承认这个矛盾，倒也有一种理论上的彻底性，但萨特却想出了另一种解决问题的方法。他的基本思想是："意识"与"存在"的矛盾，并不妨碍"存在"是一个"充实的"整体，"意识"不会在存在这个实实在在的实体上打开裂缝，因为从存在论看，"意识"是"无"，于是"意识"与"存在"的矛盾是"存在"与"无"的矛盾，"存在"与"无"的分立，也就是说"没有什么东西"与"存在"分立。在这里，萨特的说法，表面上看似乎有点文字游戏的意味，但实际还是有相当实质性的意义的。我们看到，引进（或"强调"，因为本是海德格尔"引进"的）一个"无"，就可以把现象学与传统的许多问题衔接起来，特别是把各种对立分化的辩证过程，引进自己的思想体系，可以在"存在论"上考察主体与客体、思维与存在的同一性和矛盾性，因为原是"无"把它们"分立"开来，因而分、合的关系原本是"存在"与"无"的关系，而"存在"与

"无"的关系,又是"存在"与"存在"的关系。"存在"真的回到了巴门尼德的铁板一块,本"没有什么东西"(无)与其对立、分立,"意识"与"存在"之分,原来是"无"对"存在"之分,因而本"无"所分。然而,正是这个"无",这个"意识",是"人"这种存在的特点,"人"因为有这个"意识",有这个"无",改变了与其他存在的关系,使自己从存在中脱离出来,成为一个独特的存在(Dasein)。

萨特说,"人"这种存在,不仅是"自在的",而且是"自为的"。所谓"自在的"是指客观的物质的世界,而"自为的"则是意识的存在,所以萨特所用的这两个词固然是从德国古典唯心主义那里借用而来,但意义却稍有不同。在康德哲学中,"自在的"与"自为的"是完全对立的,知识论只解决"自为的"问题,因而在知识论中,以先天(逻辑)形式立法,是一种理性的主体性原则来决定知识的真理性,而在这个知识的领域中,"自在的"与"自为的"是无法统一的,"自在的"是一种"不可知的""物自身",是物质世界的本来面貌。康德这个知识论受到了黑格尔的批评,而将他的知识论的现象中对象与概念的统一性扩大至整个世界观领域,在更为广泛的范围内,对象与概念、客体与主体的统一,就成了本源意义上的"自在"与"自为"的统一,知识的表象就成为现象学的显现。这种自在而又自为的存在在黑格尔哲学中叫做"绝对"。萨特在采用这两个词时保留了语词上的含义,而从自己的哲学立场赋予了它们理论上的意义。萨特是从现象学的存在论或存在论的现象学立场来运用这对概念的。在萨特那里,所谓"自在的"是指物质的存在,而"自为的"则是指意识的存在,因而前者相当于海德格尔的 Seiende(诸具体事实之存在),后者则为 Dasein。萨特把"存在"分为"自在的存在"和"自为的存在",使自己的思想语汇和传统相衔接起来,比起海德格尔的三分法(Seiende, Sein, Dasein)来,有多方面的优点。

在萨特看来,"自在的存在"已然是坚实的物质的整体,是一个"全",但人的理想,如黑格尔所追求、而为海德格尔所批评为一种"意志"的"绝对",则要把"自在的"与"自为的"综合起来,在这种综合以后,才是"大全"。"大全"的过程,是通向绝对的历史和逻辑的过程,也是理想的实现。但是,我们看到,萨特的"自为的存在"是"无",从"无"的角度来看,"自为的"

与"自在的"实际上并"没有"什么可"综合"的,因而,如果只有综合才是知识的话,那末,所谓"绝对知识"是不可能的。就这个意义说,萨特在存在论问题上似乎从黑格尔退回到了康德,但却坚持了"存在"的对立和矛盾,即坚持了自在和自为的对立的特性,而不再采取黑格尔绝对主义的立场。但是,萨特作为现象学存在论者又不同于康德,他所谓的"自在的"和"自为的"对立,不但是两种"存在"方式的对立,而且是"存在"与"无"的对立。这样,在萨特看来,"自在的存在"本已是"全","意识的存在"作为"无"进入这个"全",实际上是起一种"消解""全"的作用(detotality)①。但是,由于"意识"为"无",所以它的"消解"作用,本不会影响"自在存在"的"全",而只能表明"意识存在"自身的一种作用。人使"无"成为"存在"的一种形式②,因而"无"只对人才有意义。

于是,哲学的问题的核心,就成了对"无"的思考。既然是"无",就不是一个"事实",或一切"事实"之总和,因而就既不能用经验科学的方法来研究它,也不能用形而上学的方法来建构它,"无"只能是现象学的对象,只能用现象学存在论的方式来理解它。这样,萨特就在基本立场和方法上与海德格尔完全一致起来。"无"既不是感觉的对象,也不是理智的对象,"无"不可能成为一个"对象","无"不能被"对象化",因而它永远只是与"自为的存在"同一的一种状态,也就是海德格尔所谓的"心境"。

我们知道,海德格尔曾经抓住 Dasein 的"忧虑"(Angst)作为人的存在论的本质特点,并把它与"时限性"、"死"结合起来考虑,对 Dasein 的规定性作了相当深刻的描述。不仅如此,海德格尔还在《什么是形而上学》的演讲中着重阐述了"无"与"忧虑"的关系,指出 Dasein 的"忧虑"是对"无"而发,因而它就和一般"畏惧"区别开来。一般的"畏惧"是对某些具体对象事实作出的反应,如洪水猛兽、战争屠杀等,这些都是具体存在的事实,但 Dasein 的"忧虑"却是"没有"对象的,或者说它的对象是"无"。萨特就是从海德格尔的这一基本立场出发,把"忧虑"通过"无"和"意识的存在"、"自为的存在"结合起来考虑。

---

① 萨特:《存在与无》,英译,第 211 页。
② 同上书,第 59 页。

人是意识的存在，意识是自为的；意识之所以是自为的，就是因为它不能把自己"对象化"，自为的意识永远不可能成为自在的物质，不能成为知识的对象，就这个意义说，它是"无"。"无"不是知识的对象，却是"忧虑"的"对象"或"内容"，因而"忧虑"不是知识性的，不是经验性的"恐惧"，而是存在性的状态。这就是说，我们可以承认"初生之犊不怕虎"，因为小牛尚无"虎会吃犊"的知识，但我们也应该承认，"忧虑"是与"意识"俱在，因为"意识"、"自为的存在"本就是"忧虑"，而无须任何知识的陶冶，"忧虑"在"知识"之前与"意识的存在"、"自为的存在"同在。所以，萨特说，"忧虑"在基尔克特为"自由"，在海德格尔为"无"①，存在论之"无"比知识论的诸具体存在更为原始，更为本质，存在论的"无"早于知识论的"有"。

"忧虑"既与"意识"同在，"无"既然为存在论的范畴，于是人们无论用什么样强大的知识力量也摆脱不了"忧虑"，因为你要摆脱的是"无"，也就是说"无（没有什么）可摆脱的"。摆脱了"忧虑"就是摆脱了"意识"自身，而归于自我否定。萨特说：

可以确定的是：我们不能克服忧虑，因为我们就是忧虑。②

这是一个现象学存在论常喜欢用的句型，这里的"是"要在存在论的意义下来理解，而不是知识论主宾结构的系词，它是存在动词。这种用法，我们已在黑格尔《精神现象学》中遇到过，黑格尔说"上帝存在"的"存在"不是上帝的偶性，而是本质，因而"上帝是存在"这个命题是"同一命题"。萨特的意思则比黑格尔更进了一步，似乎"同一命题"不仅是主词与作为主体的本质理解的宾词的同一，而且就是主词与主词本身的同一，于是"我们"（"自为的存在"）就和"忧虑"直接地同一起来。"我们"就是"忧虑"地"存在着"，"我们的存在"就是"忧虑"；反过来说，如果否定了"忧虑"，也就否定了"我们"，如果"不忧虑"，就"不是我们"。

然而，萨特的辩证法在于早已把海德格尔的 Dasein 分立开来："我们"不

---

① 萨特：《存在与无》，英译，第65页。
② 同上书，第82页。

光是"自为的存在",而且还是"自在的存在","我们"同样也是物质世界的一个部分。这样一种双重的复杂结构,即使把"自为的存在"理解为"无",同样也形成了一个复杂的、错综的局面:"我们"以为按照"自在的规律"办事,就可以适应一种必然性,可以不面对"无",而面对实实在在的"存在"。这样,"我们"的一切似乎都是"自在的存在"的一个环节,我们无可逃避,只能顺其自然,用这种理解来摆脱、逃避"忧虑",摆脱、逃避"无",归根结蒂,来逃避"责任"。萨特把这种态度叫做"恶的信心"。就是说,在这种理解下,可以为人间一切罪恶找到借口。①

这里,我们可以看到,萨特在《存在与无》发表后于1946年作《存在主义是一种人道主义》的演讲竭力辩解他的"无"不是消极无为,而恰恰相反,是要人努力为自己的行为承担无可推卸的责任,这一点倒不是文过饰非之词,而是他与海德格尔思想倾向很不相同的地方。我们认为,萨特的"忧虑",虽然来自海德格尔,的确也有消极的一面,但却的确比海德格尔更富有积极负责的色彩。这主要表现在这样一个重要的理论区别上:海德格尔认为"忧虑"就是Dasein的"死",就是它的"时限性"和"历史性","死"是大全,是"无",因而"死"是Dasein亦即人的事;萨特则要把人的"无"和"时限性"(有限性)、"历史性"和"死"区别开来,认为"死"不是"自为的存在"的事,不是人的事,而是"自在的存在"的事,是自然的事。由这个基本区别就产生出一系列对"时间性"问题的不同的理解。

我们知道,"时限性"的曾在、现在、将在,在海德格尔那里都是Dasein的度,因而"过去发生的事"就不是"现在不在"的事,而是"规定""现在"的事,是"现在"的"命定",而"现在"又面向"将在",设计着"将在",这里隐藏着一种"历史的""命运",这种思想倾向是和萨特格格不入的。萨特宁可接受雅斯贝斯关于"过去"、"现在"和"未来"的理论,但却强调"现时"为"无"。萨特认为,"过去的"就是"过去了的事","过去"都成了"既成事实",因而是"自在的存在",而只有"现在"才是"自为的","过去"和

---

① 我们觉得,萨特的mauvaise foi 英译为 bad faith 尚可,但译 Self-deception 则不妥,因为 mauvaise foi 不仅涉及自身的状态,而且涉及对自己选择的"责任",它不仅是为了"麻醉"自己,而且要"掩盖"自己。

"现在"不属于一个范畴,不是一个来源①。"过去"与"未来"没有关系,因为对"自在的存在"言,根本谈不到"未来"的问题②,是"现在"把"过去"和"未来""分隔"开来,但"现在"作为"自为的存在"是"无",因为是"无"分隔了"过去"与"未来",也就是"没有什么""分割"了时间,时间本是一个绵延。"现在"作为"自为的存在",要把"过去"(存在)转化为"无",又要从这个"无"生出未来的存在来,因此,"现在"永远要对"过去"和"未来"负责,因为"现在"永远是一种"可能性",不仅对"未来"是可能性,而且对"过去"也是可能性,它虽然不能决定过去的自在的存在,但却必定要决定"过去"的"意义",因此,无论面对过去或未来,"我们"作为自为的存在,都有无穷尽的可能性,过去和未来对"我们"永远是开放的,因而"我们"永远是"自由"的。萨特在《存在与无》和《存在主义是一种人道主义》中用了许多生动具体的例子说明了"我们"如何必须对"过去"和"未来"负责,而找不到任何的借口来逃避这种"责任"。我们不能因为穷而一定要偷窃,过去的错误固然可以令人沮丧,但也可以使人奋发,而这个过去的"事实"的"意义"就由坏事变成了好事(教训)。"过去"、"现在"、"未来"不是一个因果的必然系列,而是一个自由的系列,因为"现在"是"无",一切(过去、未来)都从"0"(零)开始,无论多少"客观"的"理由",决打消不了"我们"对自己行动的"责任感",因为我们意识到我们原本可以作另一种选择的。

于是,我们看到,"自由"和"责任"这两个概念在萨特思想中要比在海德格尔那里重要得多。我们可以说,"自由"和"责任"是萨特确立人作为"自为存在"的"无"的核心概念。

"自由"就是选择的自由,因为选择是自由的,所以我们要对我们的选择负责。萨特还进一步发挥道,对于这种"自由"我们是没有选择余地的,我们是非自由不可,"自由"与"自为的存在"同在,所以我们是"被责令自由的"③。我们被作为"无"扔到这个坚实的自在的世界中来,我们被注定要有

---

① 萨特:《存在与无》,英译,第169、174、175页。
② 同上书,第180页。
③ 同上书,第186页。

这种"自由",因而我们要对我们的一切行为"负责",于是我们被责令、被注定要"忧虑"。我们有了自由,我们也有了忧虑,所谓"战战兢兢,如履薄冰",所以在萨特这里,这种存在性的"忧虑",也可以说是一种"责任感",或许我们可以说,类似康德的"敬畏"。

于是,"忧虑"不是对"(自在的)存在"的"忧虑",而是对"无"的"忧虑",是对自由和责任的一种不安感。那末,"忧虑"是否像海德格尔所认为的那样,归根结蒂是对"死"的一种"心情"呢?萨特的回答是否定的,因为在他看来,"死"并不是"无",而是从"自为的存在"永远转化为"自在的存在"①,因而是"存在",不是"无",这样,"死"也就不可能成为存在论意义上的"忧虑"的对象。

于是,我们看到,萨特和海德格尔虽然有着共同的现象学存在论的基本立场,但却在某些更深入的问题上有着完全不同甚至是完全对立的观点。这种分歧的原因,是和他们两人的整个思想倾向不同密切相关的。海德格尔和萨特都看到了人作为一种存在,有一种不可避免的内心状态,即萦绕着一种战战兢兢的"不安";他们都看到传统形而上学本体论所谈论的"存在之存在"原本是"无",理应是现象学存在论的对象,但在"死"与"无"的关系上,却各自有完全对立的理解。在萨特看来,"死"是"皈依自然",是杜绝了一切"可能性"而归于必然的实实在在的世界,"死"取消了一切活生生的意义,因而它不属于"自为的存在"。② 海德格尔认为"死"是人的一种"决定"(Entscheident),萨特指出,这句话说起来倒很容易,但不易让人信服。③ 人不能"自由地"决定"死","死"不是人的自由选择,因而和"生"一样,"死"也是人本身作不了主的事。凡自由的选择都有其选择的"理由",而无可选择则只能问其(自然的)原因而已,而没有(选择的)理由,所以凡无可选择的,都是"荒谬的"(背理的,无理的)(absurd)④,从这个意义来说,"生"、"死"都是"荒谬的"。我们被"生"到这个世界上来,不是我们自由的选择,因而是荒谬的,我们离开这个世界(死),也同样是荒谬的;我们"生"而有

---

① 萨特:《存在与无》,英译,第 169 页。
② 同上书,第 687、688、689 页等。
③ 同上书,第 683 页。
④ 同上书,第 619 页。

"自由",我们与"自由"俱生,我们注定要有自由,所以"自由"本身也是荒谬的,这就是说,包括我们自己的身体在内的整个"自在的存在"都是荒谬的,都不是我们自由的选择,而我们又是注定要自由的,所以这个"自由"就不是(自在的)存在,而是"存在"的"缺空"[1],"自由"是"无",而包括"生"、"死"在内的一切"存在"(有)都是荒谬的。

这就是萨特坚持把"自在的存在"和"自为的存在"分立开来的一个理应被人们指责的结果。我们被"生"在这样一个"无理的"(荒谬的)世界,看起来我们真的无能为力了,我们的一生,到头来(死),仍是"荒谬的",而我们仅有的一点"自由",却竟是"无"!这种思想似乎已经消极到了极点,居然萨特自己还要去参加抵抗纳粹侵略的义战,为它吃苦坐牢,岂不是言行不一?事实上我们看到,萨特的内心有一种毫不妥协、一往无前的"自由感"和"责任感",他那种排除一切借口为"自由"和"责任"树立完全的自主权,正是和他那种把"存在"一分为二(自在的、自为的)和那存在论上的"无"的观念分不开的。

既然"死"堵绝了一切可能性而复归于铁的必然性,那末"死"是否也"阻抑"了人的自由呢?海德格尔说,是的,"死"是Dasein的界限,是"时限性"、"有限性"。萨特则相反。他认为"死"既是"自在的"事实,不是"自为的存在",所以它和"自由"分属两个原则上不同的领域。"死"之所以不能"阻抑"自由,是因为"自由"根本"碰不上""死"的阻抑,在"自在的存在"中,"自由"根本"遇不到"这种"阻抑"[2],"生"、"死"都在"我们"之外。

"死"不能"限制"我们的自由,只能"夺走"我们的自由,我们得来这个自由是"无理由的",不是我们自己选择的,我们失去这种自由,也不是我们自己放弃的,而是被夺走的,因而同样是"无理由的"。只要我们存在,我们注定是自由的,因而我们对自己的一切行动,都是"有责任的"。这种不可推脱的"责任感",就是我们的自由的明证。在这个意义上,我们竟然是在另一个极端上的"上帝";"上帝"被看作"全智全能"而注定要"为善"——即

---

[1] 萨特:《存在与无》,英译,第722页。
[2] 同上书,第700页。

对自己的行为负责，我们（人）则在一无所"知"的情况下（即在知识论之前，存在论的意义下）就被注定要"为善"。世上没有任何东西（存在）能阻抑你的自由，你注定要为你的行为的"理由"负责，这也许就是康德的绝对的道德命定的一种具体表述形式。①

事实上，我们看到，在萨特的意义下，我们不仅要对我们自己的行为负责，因为我们的行为是以我们的"自由"（无）进入自在的存在，从而改变自在存在的意义，所以我们还要对一切自在的存在负责，整个的自在的存在对我们的自由同样是开放的。所以萨特说，我们对我们的"生"、"死"都要负责②。这个表面上看过于严酷的观念，就萨特的思想来说，倒并不难于理解。他的意思是说："生"、"死"作为"事实"当然由不得我们自己作主，但我们的行动却可以决定它们的意义。我可以使我的一生有益于社会，也可以危害社会，可以为忠臣良将，也可以为乱臣贼子，"死"也有无意义的"死"，有轻如鸿毛，有重如泰山。"生"、"死"是我的一生的"全"，在这最初的起始（生）和最终的结束（死）有我的过去和未来，我都要为它们负责。

然而，这样来说，我们的"自由"是不是没有限制了？我们知道，海德格尔自己认为他理解的康德的"哥白尼式的革命"，就是把"有限性"不仅引入"表象"的知识界，而且引入 Sein 和 Dasein 的存在论之中。Dasein 就是有时限性，而萨特既认为"死"不属于 Dasein（"自为的存在"），则这个存在似乎就是无限的。我们看到，从理论上说，萨特原本应得出这样的看法的。"无"本应是"无限"，但事实上，萨特却指出虽然"死"不属于"自为的存在"，因而不能阻抑自由，但"自为的存在"仍是"有限的"，"有限性"（finitude）仍是存在论的基本结构。萨特说，所谓选择，就是要有一个"目的"，"目的"的设计，就意味着有一个限制（end, final）③。萨特甚至说，"人即使是不死的（immortal），人的本性也是有限的"④，"自由"即是"有限性"，因为即使我们永存，但时间是不可逆转的⑤。这就是说，我们不可能把过去做过的事重新做一遍，不可能把过去作过的选

---

① 从这里，我们也许可以进一步体会到苏格拉底、柏拉图"无人有意为恶"这一命题在存在论上的意义。
② 萨特：《存在与无》，英译，第 682 页。
③ 同上书，第 698 页。
④ 同上。
⑤ 同上书，第 699 页。

择,再重新选择一遍。"过去做的事"固然是"既成事实",是"自在的存在",作为这个既成事实,它并不能限制我的自由,但它又曾是自由选择的行动,也曾是一个自由的活动,因而它作为"另一个自由",却可以限制我的自由。从这个角度理解的时间的一向性,就可以与萨特的一个基本原则:只有自由才能限制自由——只有思想才能限制思想(斯宾诺莎)[①] 衔接起来。"自在的存在"不能"限制"我的"自由",但另一个"自为的存在"却可以而且必定"限制"我的"自由"。

然而,人的自由不仅在时间上是受限制的,而且在空间上也是受限制的。时间的限制不是"死",空间的限制也不是世间的万物。世间万物充塞(full)天地,本无"阻"、"隔"问题,正如古代原子论所谓的,原子没有缝隙。人只能受阻于自由领域[②],用原子论的话来说,只有"虚空"(无)能限制"虚空"。人的自由之所以是有限的,在于这个世界上还有别人在,他们也和我一样是自由的。因此,我的自由是受制于别人的自由,受制于另外的自由。

从这里,我们看到,萨特引出了一系列作为自由的人与人的关系的思想,这就是萨特建立在存在论现象学基础上的社会观。不过,在进入这个内容丰富的领域之前,我们应该强调的一点是:按萨特的观点,"自为的存在"本是"无","意识"是"无","自由"也是"无",用"无"来"限制"什么东西,等于说"没有什么""限制",也就是没有限制。这就是说,"自在的存在",按其本性来说,反倒是不受限制的。这个意思,因为萨特要在人与人的关系上进一步讨论更为复杂的"自为的存在"与"自在的存在"之间的错综关系,而没有被明白地揭示出来,但我们认为,这本应是他理论上的一个不可避免的结论,是应该先加以明确的。

三、萨特论"他人"

人与人的关系,从存在论立场来理解"他人",是萨特着力研究的问题,也是他的思想得力于雅斯贝斯而比胡塞尔、海德格尔更为丰富的地方。

[①] 萨特:《存在与无》,英译,第673页。
[②] 同上书,第628页。

从现象学的立场来理解"人",的确比较容易陷入"孤立主义"(isolation)的境地。胡塞尔把人的精神世界归结为一种活的体验,一种直观的理智或理智的直观,而与任何感觉的印象无关,那末作为精神世界的主体的人就很可能被理解为"不可分割的""原子",或莱布尼兹"没有窗户"的"单子"。胡塞尔对于两个精神实体(人与他人)的关系,对于主体间(inter-subject)的关系,仅止于以"同感"(Einfühlung)来解决问题。人与他人的关系是整个现象学系统所遇到的最麻烦的问题之一。人的精神世界不是社会交往的结果,而是一种不借助任何符号、工具的直接性的意义的结构,因此它归根结蒂是一个封闭的系统。海德格尔的 Dasein,虽然在"你"、"我"分立之前,谈不到"唯我主义",但却仍是孤立主义的,即它也不是在社会交往中产生的,而是独立的存在结构。这样一个严重的问题,萨特是深有所感的。为了避免"唯我主义"和"孤立主义",他批评了他的现象学前辈,自己对这个问题作了详细的考察。我们将会看到,他的这番努力,当然不是白费的,在他的考察中,接触了不少他的前辈所未曾正视的重要问题,他对这些问题的理解方式,也是饶有兴趣、值得深思的;但是我们感到,"孤立主义"是现象学派思想方式中带有根本性的倾向,它的反工具主义、反功能主义和反知识论的立场,使它对"精神"、"意识"的理解必定要归于一个独立的"实体",而不是一种工具、功能。"意识"、"精神"不是在社会交往中产生的理智功能,而是一种存在的形式,即使萨特把它机智地叫做"无",它既是一种"存在"(Dasein),则似乎它也有物质世界那种"不可入性"和"充实性",而对穷根究底的哲学家来说,则无疑是一种真正的"原子"。我们将看到,萨特对于"他人"的研究同样也不能完全摆脱这种倾向。

在人与他人的关系问题上,萨特的基本观点是:人本是物质世界的一部分,就这个世界言,本没有你、我之分,"他人"的问题之所以提出,是因为人有"意识",作为有意识的人来说,是个精神的实体;然而,这里所谓的"意识",不是知识论意义上的"意识"(理智),而是存在论意义上的"意识"(海德格尔的"心境"),所以归根结蒂,是"无"把我和他人分别开来[①]。存在论的意识,

---

[①] 萨特:《存在与无》,英译,第 312—313 页。

并不把它的内容设定（Posit）为一个静观的"对象"，是一种非设定性、非对象化的意识，所以在这个存在论的意义上来理解人与他人的关系，就不是知识及其对象的关系，而是存在与存在的关系①。萨特说，人与他人这种存在性的关系，有一个非常直接的证明，就是我们承认有"他人"存在，并不是我看到了"他人"，而是我被"他人"所看，"我被他人所看"这种"不安"和"羞愧"（Shame）感，正是"他人"存在的一个明证。这就是说，"他人"不是作为"客体"被我看到，而是"我"作为一个"客体"被"他人"看到，所以"他人"必是"主体"。我的"羞愧"感证明了"他人"作为"主体"的存在。萨特就是从这个基本的观点和独特的论证方式来批评他的前辈，并使这个观点逐步展开。

在"他人"问题上，我们不无兴趣地看到，萨特认为黑格尔要优于胡塞尔。萨特敏锐地指出，胡塞尔的现象学把"存在"归结为"意义"，所以在胡塞尔的心目中，我的存在和他人的存在之间的关系仍是一种知识性的关系②，而这种知识性的主体之间的沟通就成为更为严重的问题。在这个意义下，萨特指出，胡塞尔的超越的"自我"（ego）和康德的主体（Subjekt）是一个意思。黑格尔则与此相反。在他的《精神现象学》中，黑格尔认为不是"我思"（我知）决定了"他人"的存在，而是相反，"他人"的存在才使"我思"（我知）成为可能。萨特着重指出了黑格尔关于意识的主奴关系对理解"他人"存在的重要意义："我"依赖于"他人"③。

这就是说，在萨特看来，黑格尔的意义在于提出了一个"为他人的存在"（being-for-others）的问题。在这里，我们看到，在"他人"问题上，萨特是力图要把"自为的存在"和"为他的存在"结合起来，而强调一个"为"（pour，for，für）字，而正是这个"为"字，把萨特和海德格尔区别开来了。

我们知道，海德格尔在考察人与人之间关系时，提出一个"共在"（Mitsein）的概念，认为这是从存在论来看最为根本的。萨特说，海德格尔强

---

① 萨特:《存在与无》，英译，第350页。
② 同上书，第318页。
③ 同上书，第318—321页。

调了人与人关系的存在性，固然是要紧的，但他所谓的"共"的关系，却不是最根本的，萨特认为，为了"共"必先有"为"的关系，"为"使"共"成为可能。

我们应该说，把人与人的关系归结为"共在"，这在海德格尔来说，是很自然的事。因为海德格尔的基本思想就是要追求一种主体客体不分的本源性的状态，他的 Dasein，既不是客体，也不是主体，因此 Dasein 之间不可能互为对象，因而就本源性意义来说，没有什么"为"的关系。

但是，萨特坚持说，他的"为"的关系，也不是知识性的主客分立关系，"我"被"他人"所看到，我固然成了他人的对象，但这只是为了说明他人也同是主体，因为我固然只能通过他人的看来"认识"自己，但他人对我来说是一个超越于我之外的主体，这个主体的意识和我的内心的意识一样是不能对象化的，因为我们不能将"无"对象化了，所以他人对我的"看法"对我来说始终是个"秘密"，正像我的意识对他人来说，也始终是个秘密一样。

我被他人看到了，我成了他人的对象，我失去了自由，而却证明了他人的自由，但我又明确地意识到这样一点：他人之看到"我"，和他人看到一片"草地"完全不同①，因此，我"承认"被看到，固然"承认"了"他人"的存在，但就存在论言，我仍然可以保持自身的独立性，我只是承认有和我同样自由的"他人"的存在。所以，萨特承认，这时"我"作为一个"对象"被"他人"所见，这里的"对象"并不是知识性的，而是存在性的，因而是一种"不安"（uneasiness），是一种"生活的疏远"（a lived wrenching）②。事实上，至此为止，萨特与海德格尔的区别并不很大："他人"和"我"一样为有意识的、自由的人，只是萨特在存在论上引进了主体与客体的概念。

然而，萨特思想的特点还在于进一步提出了这种存在论的关系与知识论之间的错综复杂的联系，而不仅仅以指出存在论是知识论的基础这一基本原则为满足。在萨特看来，正因为"我"被"他人"看到意味着"我"为一个"客体"，就为"我"作为一个知识的对象提供了可能性，从而使得"我"也可以

---

① 萨特：《存在与无》，英译，第 345 页。
② 同上书，第 367 页。

把"他人"作为知识对象而递夺其自由来"自卫"①。这就是为什么萨特批评海德格尔的 Dasein 既没有"意识"的度,也没有"实在"(ontic)的度,海德格尔完全忽视了"实在的存在"(ontic being)②,而萨特既然从存在论考察了"意识"的问题,同时也要从这个存在论进一步考察"实在的存在"的问题,亦即从存在论考察某些"事实性"(facticities)问题,通过这些问题,萨特进一步发挥了他从存在论上来理解主体与客体的关系问题,并从这里和人的行动(act)联系起来。

在"我"与"他人"的关系中,我们体会出"我"的"自由",被"他人"的"自由"所阻抑,"我"成了一个"对象",这种"对象感"是一种"不安"、"羞耻"的"客体感"。"他人"的存在,另一个自由实体的存在,使"我"产生的这种感觉说明"我"被"降落"到众人之中,而且似乎是赤条条地降入众目睽睽之中。于是"我"的第一个存在性的感觉就是对自己"身体"的一种羞耻感,从这里,萨特就进一步讨论"身"、"心"关系这一传统的哲学问题。

和从笛卡尔以来的身心二元论相反,萨特认为从存在论来看,身心是一而非二,因为这里的"心",不是知识性的,不是理性的抽象的、概念式的功能,而是一种存在性的"看"③。在这个意义下,身和心不能分割开来成为两门科学(生理学和心理学)的对象,而是统一的存在论的对象。事实上,没有身,也就没有心,身是自由、意识的条件,但不是生理的条件,而是存在性的条件,所以我们同样可以说,"意识使其身存在"④。

这样一种存在论意义的"身",同样永远不能成为"我"的知识的对象,"我"对"我的身"只能有一个"非设定性的态度"(non-positional view)⑤,"我"不能把自己的身"对象化"。我的身,亦即我的存在,只有"为他人"(for-others)才是一个"客体"(Object),所以只有通过他人的"概念","我"才能"认识"我的身,才能有纯知识。固然,不通过"他们",我也认识不到我自身的"病"(illness)、"痛"(pain)。我对自身的意识(自我意识)都

---

① 萨特:《存在与无》,英译,第 359 页。
② 同上书,第 556 页。
③ 同上书,第 417 页。这里也许可以从胡塞尔的"理智的直观"来理解这个"看"。
④ 同上书,第 434 页。
⑤ 同上。

是通过"他人"反射回来的,而他人对我的认识,他人对我的内心的想法,对我又始终是超越的,是一个秘密,我的自我意识就是意识到我的自由受到了阻抑,因而这种"原罪"式的不安和羞耻感,具体到对我自己的身体言,就是一种非知识性的"恶心"(Nausea)感①,我们知道,这曾是萨特一部著名小说的题目。和他的其他文学作品一样,萨特要把人的那种原始的存在性的意识,活生生地呈现在"他人"(读者)面前。"恶心"不是一种纯生理的反应,更不是知识性的概念的结构,而是存在性的意识结构。我意识到,我的身体对他人来说是一个"客体",但却是一个有意识的客体,这个客体本应是自由的,因而本应是一个主体,但却受到另一个自由的主体的限制。我的存在(身体)本应对他人有一种"意义",但这个"意义"不是由我规定的,似乎是"他人"给定的,因为对方是自由的,它对"我"的看法是不受"我"限制的。

不错,"我"拥有一切表现我的"精神"、"意识"、"自由"的手段,以企图左右"他人"的自由,"我"有各种"表情"、"姿势",直到最高级的"语言",这一切对"我"自己来说,是很"神圣"的,因为它们表现了我的"超越性",表现了我的自由,但我不能把这种"自由"对象化为普遍的知识,我是一个活人,而"语言"和我的身体一样,对"他人"来说,总是令人捉摸不透的,要用对方自己的"意义"来"填充"进去,因而似乎有一种难以猜透的魔术(Magic)意味②。

在这里,我们看到,以整个身心相互对峙着的我与他人之间就永远有一层存在论上的隔阂,永远有一道秘密的帷幕,是任何知识不能穿透的。这样,人与人之间的关系的基本点就是"冲突"(conflict)③。

然而萨特却认为他的存在论不是孤立的单子论,而且正和单子式的原子论相反,原子的特点是"满",而自为的存在的特点则是"缺"(lack)④,是与原子相对的另一极。"自由"就意味着"缺","我"因"缺",则需要"占有""他人","他人"也因为"缺"而需要"占有""我",于是形成了一个永远

---

① 萨特:《存在与无》,英译,第444—445页。
② 同上书,第487页。
③ 同上书,第555页。
④ 同上书,第137—139页。

"冲突"的基础①，在这个意义下，各意识之间的关系就不是海德格尔的"共在"(Mitsein)，不是"mit"，而是"为"(pour, für, for)②，在"为"的存在之间，我们发现两种冲突的形式，即"爱"与"憎"。于是，我们看到，萨特在这里虽不同于海德格尔，却进一步贯彻了他的思想，和雅斯贝斯一样，回到了古代希腊前苏格拉底时期的"爱"与"憎"两种对立的原则和力量。这种在存在论基础上来理解的"爱"、"憎"之关系，当然使古代思想更为丰富起来，但它与这种远古思想的沟通，正是海德格尔（以及胡塞尔）所开辟的那条思想之路，一条追本寻源的思想之路。

"爱"与"憎"是两种对立的态度，但却是以相反的方式确定两个存在性主体的特性，来确定两个自由实体的关系。无论是"爱"或"憎"都不是一般对"事物"的占有关系，而是存在性的占有关系，这就是说，是把对方作为有意识的自由的人来占有的关系。

然而"自由"、"意识"，按萨特的观点，都是"无"，占有"无"，当然就不具有像占有一个实物那样的意义，所以这里的"爱"、"憎"也就不是通常意义下的利害关系。在这里，萨特从弗洛伊德的"性爱"观念中得到了所谓存在性爱憎的启示。萨特很同意弗洛伊德关于人的欲望有更为深层的基础这一看法，但并不认为性爱是唯一的存在性的欲望。不过无论如何，存在性欲求在性爱中有明显的表现，这却是无可否认的。性爱不仅仅是生理的现象，而且是心理的现象，是人的现象。恋爱双方都是自由的、有意识的人性，爱占有不是把对方当作"物"来"使用"，而是要占有对方的"自由"。对方的身体，不是作为肉体具有吸引力，而是作为一个"超越的对象"引起我们的欲求③。为了表现恋爱双方的这种存在性关系，但又要克服前面所说的那种麻木的"恶心"状态，于是就像以物质的刺痛来破坏这"恶心"那样，出现一种"虐待的要求"，以显示双方存在性的主体性。但无论双方如何地"变态"，在萨特看来，都无法改变双方都是存在性的主体这一事实，即无论"爱"、"憎"如何交织，都不能把自己或对方变为"物"。

---

① 萨特：《存在与无》，英译，第477页。
② 同上书，第555页。
③ 同上书，第502页。

"我"的"自由"固然是"缺","任何人就其本身言都是不完全的"①,因而需要(for)"他人",但"他人"仍是主体,仍是"缺"、"无","无"加"无"仍是"无",因此,从存在论观点来看,人与人的结合,"我"与"他人"的结合,并不能使人的社会(人的结合)成为"自在的存在",成为"满"。这样,"人"的"缺"是填不平的,所谓"欲壑难填"这种说法,似乎就有了一种存在论上的意义,而这种情形,就形成了各意识之间的斗争永无平息之日。

从这里,我们看到,尽管萨特否认,但他的"自为的存在"的人,仍是一种单子式的原子,因为在人与人之间的关系中,他只承认"我"与"他人"的关系②,"我"作为一个存在论的主体,不可能有多数,不可能有"我们"(we),而只能在存在性客体的意义下谈"我"的多数(us),在这个前提下,就具体形成了萨特的社会的阶级观。

在社会观点方面,萨特后来主要集中在对马克思主义的批评和沟通方面,把存在主义与马克思主义调和起来,企图以存在主义来"补充"马克思主义,这固然是萨特的一种幻想,他批评马克思主义忽视历史和人的个体性原则当然也是一种曲解,他后来在《辩证理性批判》中对马克思主义批评的理论上的基本立场,在《存在与无》中是已奠定了的。在人与人的社会关系上,萨特虽然竭力避免孤立主义、唯心主义的陷阱,但他以现象学存在论为基础的"人的本性"观,却很难使他摆脱这种困境。

按照萨特的存在论,人作为"自为的存在"固然不像胡塞尔、海德格尔那样是一些孤立的"超越的自我"或一个个"Dasein",而不可避免地有一种"关系",甚至人作为"自为的存在"言,其本性为"无"、为"缺",所以必定要一种"关系"来填补。但这种关系就其根本上来说,是一种"冲突",即"我"作为"客体"被他人"看"和"我"作为"主体""认知""他人"是不能"综合"的③,在这个意义下,我们似乎应该说,"人"是没有多数的,"人"不能有"们"。然而,事实上,"人"是被分成各种社会集团的,而萨特

---

① 参阅施罗德(W. R. Schroeder):《萨特及其先驱者》,Routledge & Kegan Paul 出版社,1984年,第185页。
② 萨特:《存在与无》,英译,第555页。
③ 同上书,第400页。

承认，社会是分成各个阶级的，社会的各个阶层从根本上来说，又可以分成压迫阶级与被压迫阶级。

在萨特看来，被压迫阶级形成一个"客体"的"我们"（us-object①），以与压迫阶级对立，但这个"us"之间，仍然是"我"与"他人"的对立，之所以能够结成"们"，是因为就被压迫阶级来说，除了"我"与"他人"的关系外，还有一个"第三者"，而压迫阶级——就现代言为资产阶级，就充当了这个第三者的角色，资产阶级把劳动者推向了一方，成为一个具有共同阶级意识的多数。萨特说，被压迫阶级之所以形成一个共同的意识，意识到自己的自由、自己的可能性受到阻抑，并不是因为生活的艰苦，而是因为有一个第三者的存在。萨特认为，如果没有这个压迫阶级的第三者，那末无论人的物质生活条件如何艰苦，都不会有被压迫之感，而永远为胜利者②。萨特这个说法，固然是指压迫阶级作为一定历史阶段的产物，并没有永恒存在的根据和压迫之所以出现，并非自然的原因，而是社会的原因这一事实，但萨特似乎感觉到，他的这个说法就可以说明这个第三者——压迫者的存在不是永恒的，然而他把"我"与"他人"永远对立起来使双方都不能同时既作主体又作客体，就已经埋下了人类永恒冲突的根子，人天生就是被异化了的，因为"我"必定有一个"他人"与之对立，因而"我"作为"主体"则永远不能有"们"的多数。人只有在受到压迫时才会团结成一个集体（们），因而阶级的意识只有在起来反抗第三者——压迫者，在革命的时期才明显地表露出来。

从这里，从主体性不可能形成一个集体的立场出发，萨特说，压迫阶级也不可能真正形成"我们"（We-subject）的阶级意识③。压迫阶级总是作为"主体的"一方与被压迫者对立，被压迫阶级所处的客体性、对象性因而工具性的地位，使压迫阶级在面对被压迫阶级时竟然没有"被看"的"不安"、"羞耻"之感，但是也正因为如此，对压迫阶级来说，就没有第三者的存在，从而压迫者不可能超出"我"与"他人"之外设定一个超越的第三者，缺少了这个条件，压迫者就不能形成"我们"的观念。不错，作为工具，被压迫者和机器一

---

① 法文 nous 和中文的"我们"一样不分主宾，所以萨特用"nous-object"和"nous-subject"加以区别，译成英文，则只要用 us 和 we 就能有所区别了。
② 萨特：《存在与无》，英译，第543—545页。
③ 同上书，第553页。

样是手段，但作为劳动者，作为物质财富的创造者，它对压迫者来说，仍是一个"他人"。现代资产阶级可以不占有劳动者人身，而只占有劳动产品，但任何人的作品（包括语言、文字甚至路标在内）都指示一个创造它的超越者的存在，因为对压迫者来说，必先要有一个"他人"存在，然后才有这些作品存在①，因此，压迫者仍不能超出"我"与"他人"的关系之外②，一句话，压迫者作为纯主体性的存在，不可能是一个"全体"③。

于是，在萨特眼里，人的社会充满了各种斗争和冲突，被压迫者反对压迫者之间的斗争，压迫者之间的斗争，归根结蒂为"我"与"他人"的斗争。

我们看到，萨特把社会阶级的分化看作是建立在人的存在论本性上的产物，从而使阶级之间的斗争理解为人作为自为的存在的一种表现，与马克思主义的阶级和阶级斗争的观点当然是完全不同的，萨特企图以他的"我"与"他人"的斗争关系"补充"马克思主义社会理论是以一种超社会的理论来解释社会现象，自然也是对马克思主义的一种阉割和破坏。我们只能说，萨特在揭露现代资产阶级人与人之间的不可避免的冲突以及揭露现代资产阶级内部斗争的不可避免性等问题上，反映了现代西方社会的某些真实情况，而他企图把建立在"我"与"他人"之间的冲突作为辩证法的内容，并以此来理解人的社会实践和历史的社会内容，而完全否定历史和人的实践活动的科学性的本质，则是和他的整个的现象学存在论的思想一起理应受到批评的。

四、萨特的存在论和存在的心理分析学

既然萨特的存在性的"我"必定要有一个"他人"与其相对，因而形成一种存在性的客体与主体的关系，于是他的"我"的"自为的存在"，也就转化为"为他的存在"，这种"为他的自为的存在"就是人的社会性的存在论的根据，这就是说，在萨特看来，人既然是"自为的并是为他的"，因此人必定就是社会的，人的本性就是一种存在性的"关系"。萨特说，人不是一种实

---

① 萨特：《存在与无》，英译，第552页。
② 同上书，第555页。
③ 同上书，第553页。

体（substance），而是"生活的关系"（lived relation）①。

然而，这种"关系"不是知识论的，因而不是必然的，而是自由的，"我"是"自由的"，"他人"也是"自由的"，这两种"自由的存在"的冲突是一种"辩证的"，而不是形而上学的，因此在萨特看来，人不能是一半自由一半不自由，一半天使一半恶魔，而是或者完全自由的，或者完全不自由的②，自由为无，没有程度问题。

这样，在这个意义下，"人"的活动不像在莱布尼兹、黑格尔这些唯心主义那里被理解为人的本质的显现。在萨特看来，并不是先有一个规定了的"人"的"本质"，然后通过具体的人的行动逐渐显现出来，恰恰相反，是先有人的存在性的活动，由人的行动本身创造了人的本质。人的行动的可能性，并不是人的本质规定了的，可能性不是逻辑的必然性，可能性就是可能性③。于是，萨特说，"对人的本性言，存在（to be）就是行动（to act）"④。

于是我们看到，萨特就把伦理学与存在论结合了起来，从存在论的立场来理解伦理学的基础，从存在论来理解人的行为。

就人的行为来说，就伦理学来说，从康德以来，一个核心的问题是意志的动机问题。"结果"固然已成为因果系列中的环节，可以用社会科学的客观研究方法加以分析、理解，但"动机"也有先验和经验之分，经验的"动机"是一种知识性的预见，所谓审情度势，以预测未来之结果，这时"目的"就是因果系列中的"原因"，而不是严格意义下的"动机"。康德对这个问题已作了原则上的区别，萨特认为这是向存在论的伦理学跨进了一步。但是康德的"我"是超时空的"我思"，所以归根结蒂是"思想性"、"观念性"的，而不是"存在性"的"无"。既然"我"不是存在性的，而是抽象的"我思"，于是道德问题、伦理学问题也就成了一种逻辑性的绝对必然性——道德的绝对命令。事实上，这个命令仍应是可能性，而不是必然性，并没有什么现成的命令要我们去执行，这个命令就是"无"，人仍是自由的，人是自由选择的可能性。在这个

---

① 萨特：《存在与无》，英译，第735页。
② 同上书，第569页。
③ 同上书，第603—604页。
④ 同上书，第613页。

意义下,自由并不是人的某一种属性,也不是人在行动过程中的某一种境界,而是人的存在的本性,萨特说,"存在就是自由"①。

我们已经说过,在萨特看来,所谓"自由",就是选择的自由,有了这种自由,作为自为的存在的人就否定了自在的存在,也就使自在的存在有了历史,有了时间性,所以萨特说,所谓"自由"、"选择"、"否定(使'无')"和"时间化"本都是一回事②,即人的存在性的本性。

在这个意义下,伦理学的真正的任务并不在于描述人的行为,不在于指导"做"什么,因为"做"(to do)只是一种过渡的形式,根本上还是要对"存在"(是)有所理解,这样,存在论对人的行为的理解,就不能局限于"做"什么,而要通过"做"什么,诠释(decipher)"是"什么,而这个"是什么"又不是知识论的含义,不是用经验科学的方法来阐明事物的属性,而是揭示"存在"的本源性的意义。所以这个从雅斯贝斯那里引入的诠释(decipher)就有一种解释学(hermeneutic)的意义。

萨特认为,在这里,存在论者所要做的工作,与心理分析学家所做工作有相近之处,即都是要找出人的行动的深层的根据,即透过一些合理的、不合理的逻辑的、理智的联系,看出更为本源性的动机。于是,根据与弗洛伊德心理分析学的相接近性,萨特提出了存在的心理分析学,甚至认为,在这门学科成熟以后,"存在论"(ontology)应让位于"存在的心理分析学"③。

我们终究还是没有逃出一种"心理学"的圈子,而我们看到,不同于一般经验的心理学的那种"心理学",原本是现象学的一个基本的依据。胡塞尔的"纯粹的"、"先验的"心理学,海德格尔 Dasein 的"心境",雅斯贝斯哲学性心理学,都是围绕着与"物理学"不同的"心理学"在打转转。

广义的"物理学",以广义的"自然"为对象,是一种自然科学,这种科学的方法,以理智的概念为依据,按照逻辑的规则,对世界的运动的规律给出一个理论体系的知识,就这个意义来说,"经验科学"包括了经验意义上的"社会学"、"伦理学"和"心理学"。存在论不是知识论,它研究的是前知识阶

---

① 萨特:《存在与无》,英译,第566页。
② 同上书,第599页。
③ 同上书,第735页。

段的本源性的问题，过去的思想家认为这就是要研究事物的存在的存在，研究宇宙万物的最大的、最根本的东西（本质、全、上帝等），于是有"原物理学"（形而上学）。但自康德以来，形而上学作为"原物理学"的虚妄性也被揭露，于是只有科学的知识论才有客观的必然性。现象学要在形而上学（原物理学）和科学知识论两极之外寻找本源性的学问，就必定要走一条不同于经验心理学的本源性心理学（原始心理学或与"原物理学"相对立为"原心理学"）的路。

这种"原心理学"研究的不是作为"身"之功能之一的"心"的作用，而是"身""心"统一起来作"存在"考察，"心"不是抽象的知识的概念结构，不是抽象理智的功能，而是理智的直观、直观的理智，是"心境"，是一种与生俱在的"状态"——在海德格尔、萨特来说，为"忧虑"，即一种原始的、本源性的"不安"状态。

就这个意义来说，萨特由现象学存在论发展到存在的心理分析学的确是有理论上的逻辑必然性。萨特说，弗洛伊德提出的是一种经验的心理分析学，目的是要揭示被各种理性的理由（包括公认的道德规范和社会制度等）隐藏起来的非理性的"结"（Complex），把这个"结""解"开（decipher），"病"也就好了。萨特说，存在的心理分析学要揭示的不是无意识或潜意识的"结"，而是有意识的"原始的选择"（original choice）[①]，以揭示"人"的根本性的、本源性的"病"源。这就是说，存在的心理分析学要一直分析到（解出）原始性、本源性"不安"、"忧虑"的根子来，这样，人的最根本的"病"才能得以治疗。

从存在的心理分析学看，一切问题（"病"）都出在这个"原始的选择"是"自由的"。如前所说，尽管我们可以找出千百条"理由"来为我们的行动"辩护"，我们经常处于对这种"辩护"的陶醉之中（恶的信心），但只要我活着，我就不得不（被责令）承认我是自由的，我所作出的"选择"是"创造性的"，因而是"无可辩护"的。我们有了这种"自由"，所以我们"不安"，我们"忧虑"，我们注定要有这个自由，因而我们注定要不安和忧虑。所谓"恶

---

① 萨特：《存在与无》，英译，第728页。

的信心"正是人类的根本大症,只有存在的心理分析才能把人们从这种"自我欺骗"、"自我陶醉"中唤醒,自觉地负起我们行动的一切责任来:我们在"自由"面前无可选择。

然而"自由"是"无",是"缺"("虚空"),它需要"填满",因而"占有"(possession)就是"存在"具有同样的意义,"存在"就是"有"(to be is to have)①,萨特说:"我所占有的一切,反映了我的存在的全部,我就'是'我所有的一切。"②

但是,"我"本是"无",赤条条一无所有,而这个"无"又是"有"的一种形式,于是"我"所占有的一切物质的东西,我的所有物,就是"我"的存在的"价值"的一种象征③。我的所有物,就不仅仅对我有一种实用的使用价值,而同时具有一种存在性的价值,我的所有物就是我的生命。从这个角度,萨特还进一步以原始墓葬为例,指出殉葬品(包括人在内)固然是一种迷信的死后生活的表现,但之所以有这种迷信,仍是有它的存在性的根据,即这些殉葬品被认为是与死人的存在不可分的,活人不会忘掉任何一件死人珍爱的东西——它的生命的象征,就像不会忘掉它的手足一样④。

然而,"我"毕竟还是"无",萨特说,人类的最原始的经验就是感觉到自己"有"一个"(空)洞",因而一切行动的最根本的动机就是要"填"这个"洞",以达到巴门尼德所谓的"铁板一块"的"满实"⑤,但它用以"填"这个"无"的又是"自在的存在",是物质性的万有,"自为的存在"要"否定"它,"使它成为无",这同样是一个不可克服的矛盾,即反映了"自为的存在"与"自在的存在"之间的辩证关系。萨特告诉我们,正因为有这种矛盾,所以"我"与"我所有物"之间始终有一种"胶状的粘合"(Slimy)关系,这就是说,这个物质的世界对"我"说来,总是有一种液体的状态,所以古人称"水"为万物之源⑥。

---

① 所以我们看到,在萨特的意识下,"being"可以译为"有",以与"无"相对应,在中文意义上是通顺的。
② 萨特:《存在与无》,英译,第754页。
③ 同上书,第755页。
④ 同上书,第749页。
⑤ 同上书,第781—782页。
⑥ 同上书,第772—777页。

这就是萨特用存在的心理分析学对原始心理状态所作的一些分析。我们看到，他这些涉及古代原始思想的看法，像海德格尔一样未能得到古代思想研究的专门家们的重视固然有多种原因，但他们都把人的本性归结为理智知识出现之前的一种原始的存在意识（心理）状态，因而与欧洲古代智慧萌芽时的科学精神相对立这样一种态度是分不开的。萨特对原始的、本源性心理状态的分析固然从某个方面揭示了人类理智萌芽状态与感觉情绪未曾分化的特点，但理智使人的感官和情欲所发生的本源性的变革这一巨大的历史意义却是不可抹杀的。各门科学知识的发展成熟，固然是一个很长的历史发展过程，但理智在原始阶段的光辉虽然尚属微弱，但却是一个可以燎原的火种。

第九部分　杜弗朗和现象学美学

一、现象学基本原则与美学观念之变化

艺术是生活的反映，也是生活的一个部分，艺术的原则离不开生活的原则，因而离不开作为生活意义理论体现的哲学原则。美学作为哲学体系内容的一个组成部分的古典传统，在现象学和存在哲学中保存下来并得到了发展。现象学美学仍是在一种哲学的思想原则下对艺术现象的思考和理解，当然是在与古典主义哲学精神不相同的现代现象学原则下的一种现代美学思潮。

和现代西方哲学思潮相适应，现代西方美学思潮大体上也可以分为两个大的方面：一是以分析哲学为指导的美学学派，在修正严格分析理论之后对艺术所表达意义的研究，丰富了这个系统的"语义学"的内容；另一系统则是以胡塞尔所建立的现代现象学为指导，对艺术现象提出自己的理解。由于这个学派的不同于分析的综合性精神，对艺术作追根求源的探索，把艺术活动提到现代意义下的本源性的高度，所以比较而言，和在哲学方面一样，这个学派对美学问题的思考更带系统性。

胡塞尔并没有专门讨论艺术问题，在这一点上，他的工作没有康德做得全面。我们已经看到，胡塞尔和康德生活在不同的时代，有着不同的哲学思想，但他们的哲学，在精神上有一些相通之处，但也有相当的区别。这些区别，除了学理上的之外，还表现在：胡塞尔在哲学的基础工作方面做得多一点，在运用这些基本原则解决其他有关的问题方面，做得少一点。康德从自己的基本哲

学原则出发，系统地研究了真、善、美等诸多的领域，而胡塞尔则基本上限于"知识"方面，伦理、社会方面的问题是由他的学生塞勒（M. Scheler）来做的，而美学和艺术方面的问题则一直等到30年代波兰哲学家和美学家英加登（R. Ingarden）才开始建立，而又经过20多年，至1953年杜弗朗（M. Dufrenne）《审美经验的现象学》的发表，才算是完成了这个学派的美学体系。

在这一段较长的时间中，哲学的思潮已有相当的变化，其中海德格尔《存在与时间》的发表，使现象学改变了方向，兴起了存在哲学的思潮。就美学而言，海德格尔把"诗"提到本源性存在来理解的思想，不能不发生巨大的影响，因此，甚至我们可以说，他是替胡塞尔做美学方面工作的开创者之一。杜弗朗，特别是英加登，固然都坚守着胡塞尔现象学的基本阵地，但却无论如何回避不了由海德格尔首先提出的一些基本观点。

海德格尔关于艺术和美学的观点，源于他的 Dasein 作为 Existenz 的存在论，而更为直接的环节则是他对于语言、历史、世界的本源性理解。Dasein 的历史性、时间性，充实了胡塞尔"生活的世界"的观念，成为 Dasein 的"世界"，"在世界中"，意味着"世界"不是"我的""对象"，"我"与"世界"不可分。"语言"不是"关于"这个"世界"的"知识"，"说"是要说点"什么"，但这个"什么"不是知识之对象，因而不是"关于""什么"，"说"不是工具，不是表达"什么"的工具，而就"是""什么"，"说"与"存在"不可分。因此，按本源性意义看，"语言"本不是"逻辑的"、"抽象的"、"概念的"，而是与此相应的"诗"的。

"语言"不是"主体"的工具，也不是"客体"的反映，而是作为主客体同一性而存在的 Dasein 的"表现"或"显现"，用古典哲学的语言来说，可以理解成"语言"为 Dasein 的本质的存在形式。不是 Dasein 的功能、属性，而是本质，但又不是抽象的概念性"本质"，因而是诗意般的、具体的本质。所以海德格尔说，"人诗意般地居住着（存在着）"。海德格尔这句话正确的理解应是："人诗意般地存在着"可以读成"人活生生地存在着"。这就是说，"人"作为 Dasein，固然不是精灵般的"概念"，也不是仅仅为看得见、摸得着的一块肉，而是有思想、有感情活生生的"人"，生活"在世界中"，它与世界的交往，不仅是对象式的静观（理论），也不仅是物质性的作用与反作用（实践），而这两种方式的交往,都根源于一种更为本源性的关系之中,即历史性的关系之中。"我"不是在世界之外"看"世界,也不是在"历史"之外"看"历史,而是"在世界之中","在历史之中"。因而,"世界"、"历史"和"诗"就成了统一的东西,成了存在性的东西。

1935年,海德格尔发表了他的《艺术之起源》,这篇不大的著作,从存在哲学的基本观点分析艺术之本性,是当代西方美学中少见的精辟之论。在这篇论文中,他首先从肯定的方面论述了现象学的"循环论",指出"作品"(艺术作品)与"作者"(艺术家)之间的循环的关系,然后用存在论的"第三项"——"艺术"来解决这个问题,而"艺术"本只是一个"字",原本是"无"(无物),它之所以成为"有"(存在)而不被看成"无",是因为它具有不同于一般"物"(Ding)的特殊的意义。

"艺术"之所以成为"品"("作品",Werk),并非因为它与别的"万般"之"品"有什么不同的"属性",更不是它有高于"万品"特性之"殊品"或"珍品"。作为"品"(物)来看,艺术品与其他"万品"是一样的,不多一点什么,也不少一点什么,因为"艺术"本是"无",加在任何的"品"上,作实在的观点来看,改变不了这个"品"的一丝一毫。但人们却固执地、不断地、往往还非常明确地指出某物为"艺术品",可见,所谓"艺术品"之"品",与"物品"之"品"本非一个意思,"艺术"本非"品"。

人们把"艺术"叫做"品",是因为"艺术"是人的"作品",是人制造(创造)的。

"人"制造自己的"作品"有两方面的意思:一方面,人的"作品"是为"人"所"用",以符合人的目的,为人服务;另一方面,人的"作品"从物质材料来看,原是自然的过程,来自物质世界,归于物质世界,永远附着于这个世界。于是,"我在世界中"这个"世界",一方面有"为我所用"的意义,另一方面又有独立于我的意义,前者为我生活的"世界",后者为我生活的"大地"(Erde),我的"作品"是这两方面斗争、综合的成果。

我用我的"工作"来创造我的生活世界,这一点是不难理解的,但我的"工作"与"大地"同样也有一种内在的关系,则需要进一步的阐述。在这里,海德格尔比较有意义的观点是他指出,我的"工作"既不是使我们脱离"大地"，也不是使"大地"变成"非大地"（他物），而是使我们"皈依"大地，而且使"大地"成为"真正的""大地"，即使"大地"更加显现它的诸种特性，发挥其物质的作用。"艺术作品"正是更进一步充分地显示了大地的物质的感性的特性。

海德格尔说，石头做的斧子，固然显现了石头的坚硬、割切的特性，但作为实用的工具言，可谓"斧成石亡"，因为这时按现象学的观点，人们"看"（本质的直观）到的为"斧子"，而不是"石头"。但作为希腊神庙建筑材料的"石头"，就不但作了建筑的工具，而且保存了它那"坚硬"、"承受重力"等种种特性，成为"作品"的一个部分，不会消失。人们观赏希腊神庙，不会忽视石质本身的魅力，这时，按海德格尔的说法，"大地"发出了自己的光辉，被遮盖着的"石头"之诸特性显现了出来，成为"真正的""石头"。是人的"工作"，是艺术的创造，才使石头的本来面貌显现出来，"美"是"真"的闪光，这样，古典主义"美"和"真"在"绝对"层次上的统一，在海德格尔的存在哲学和美学中得到了承认，但赋予了不同于古典主义的新意。

"艺术作品"是"真"的显现，是事物显现其本来面目，但"真"并不是"逻辑的真理"，不是主观与客观的符合，也不是事物的抽象本质或"绝对"、"理念"的显现，"真"是人作为 Dasein 通过自己的工作使隐蔽着的东西显现出来，Dasein 作为"那个""存在"，使"存在"明朗化，因而同样是"存在"自己显现自己，是"存在"通过人的活动（工作）显现自己，"美"的尺度，也就是"真"的尺度，人按照美的规律工作着、生活着，人诗意地存在着。

这样，"作品"是以美的形态显现着各"物品"的"真理"，"作品"不是"事物"，也不可能完全退回到"事物"的层次去。"世界"附着于"大地"，但不可能归结为"大地"。胡塞尔不是强调现象学的"排除"法吗？现象学排除了经验世界，留下一个"纯净的""理念"世界；"排除"法在存在哲学中排除了一切"事物"，留下的不是"理念"，而是"事物"的"真理"，"事物"的本源性的"真""存在"，这个"存在"，同样是一个"世界"，是一个"生活的"、"活生生的""世界"。我们将会看到，这一基本的观点，在杜弗朗的美学思想中，得到了相当充分的发挥。

然而，我们前面说过，"艺术品"也是"品"，从一个静观的角度来看，同样也是"物",它之所以不可能被"归结"为物,是因为有"人"这样一种存在(Dasein)。世界上如果没有了"人",那末一切艺术珍品都复归于"物",这一点是毫无疑问的。从这里,海德格尔引伸出对当代现象学美学具有重要意义的一个观点是:艺术作品不但需要艺术家来创作,而且需要欣赏者来保存,艺术作品需要一个历史性的人群来保存,"艺术""同时需要创作者和保存者"。然而这一思想,在海德格尔那里没有得到充分的发挥。

在存在哲学中,作为存在性(existential)的人与另一个存在性的"他人"之间的关系的问题,是在许多方面都与海德格尔相对立的雅斯贝斯所进一步讨论了的。他的"自身"之间的"交往"(Kommunikation),在艺术活动中表现为艺术家、作品和欣赏者之间的关系,则是杜弗朗美学研究的中心问题之一。

我们将会看到,在杜弗朗的主要美学著作中,经常可以发现雅斯贝斯的多方面的影响。我们都知道,他在1947年曾与利柯(P. Ricœur)合作出版过专门研究雅斯贝斯的书《卡尔·雅斯贝斯和存在哲学》,这也许是他出版的第一本书,可见雅斯贝斯哲学对他的重要性。但我们也看到,尽管在他美学思想中吸取了雅斯贝斯的"交往"这一重要观点,但在开列《审美经验现象》所附参考书目中,竟只有雅斯贝斯的一本《斯坦贝格和凡高》,而海德格尔和萨特名下除了他们的艺术方面的著作外,尚有他们的主要哲学著作。好在杜弗朗在书目前言中已说明,他所利用的材料,包括许多艺术家、作家的在内,都由他的书的原文中看得出来,所以我们仍可以十分肯定地认为,他的美学思想即使看成是雅斯贝斯哲学思想的进一步发挥也不算过分。

当然,雅斯贝斯哲学对法国思想界的影响是通过萨特这个环节。杜弗朗是法国人,自然离不开从笛卡尔以来的法国思想传统,特别是梅洛·庞蒂的现象学知觉论和萨特的存在论的心理分析学,尽管他利用前者不厌其烦地与萨特关于"想象"的理论划清界限。

我们知道,萨特不仅接受雅斯贝斯的"存在(Existenzial)哲学",而且把这种"存在哲学"与胡塞尔的现象学明确地结合起来,恢复了"意向性"、"现象的回归"、"存在与本质"等观念在他的哲学思想中的地位,从而把被海德格尔所解体了的欧洲哲学传统又重新接续起来,使人们又有可能从"超越性"的基础,重新考虑主体与客体(对象)之间的关系,并把雅斯贝斯两个"自身"

之间的关系，转化为两个"主体"间的关系，从而在这个关系的基础上来重新理解古典哲学中主体与客体之间的关系。这就是说，经过萨特，胡塞尔的某些被海德格尔"搁置"了的问题，又显得重要起来。

这样，在杜弗朗的美学著作中，像"对象"（客体）、"主体"这样一对为海德格尔和雅斯贝斯所限制使用了的传统哲学的基本概念，又重新活跃起来，恢复了它们的地位，而如何在现象学和存在哲学的原则下来理解这些概念和它们之间的关系，则成为他所要研究的核心问题。

法国人使胡塞尔又显得重要起来，从美学来说，就不能忽视更加遵守现象学存在论立场的英加登的理论，这一点杜弗朗并没有忽视，他的美学思想，同样也是在英加登的影响下发展起来的。但就他们的成果言，尽管英加登在纯哲学问题上有过影响较大的著作，杜弗朗的美学著作中则包含了从现象学到存在哲学这一发展阶段的丰富内容。我们可以明显地感觉到，他是力图在他的美学体系中，自觉地吸收这个系统的诸多思想，并将它们贯通起来，名为解决艺术上的理解问题，实际上也还是一个哲学体系，因而他的著作不仅是美学，而且可以作艺术哲学观。

不仅如此，杜弗朗还替胡塞尔做了一件工作：即更进一步地把现象学与康德哲学联系起来，这件事本该胡塞尔自己来做的，当然他在原则上也是做了的，他强调哲学（人文科学）之先验性、纯净性，是自觉地接续康德的传统，而他批评康德的"我思"之先天性原则为一种抽象之逻辑形式，是和卡西尔一样要把康德强调的超越主义贯彻到底。但胡塞尔对"我思"的批评，显然更主要的是基于笛卡尔的哲学，他似乎觉得问题在笛卡尔那里暴露得更加清楚明白。德国人是不会放过康德哲学的，胡塞尔留下的工作，海德格尔从另一个角度做了。海德格尔的《康德与形而上学问题》可以说是他早年《存在与时间》的姊妹篇，而杜弗朗在开列参考书目时，在海德格尔名下竟然只提前者而未及后者，可见他对康德哲学之重视。

当代现象学本源于康德先天综合之原则，但创始者如卡西尔、胡塞尔都侧重于指出康德之不足，要把他的原则扩大，消融"理念"于"纯知识"之中，因而直至海德格尔，对康德《实践理性批判》和《判断力批判》，仍置于不屑一顾的地位。从现象学原则来研究伦理问题由塞勒做了，而从现象学原则来研究美学问题则由杜弗朗做了。杜弗朗美学中有一个重要组成部分是研究审美经验之先天性问题，这也可以看成是康德先天综合的原则的扩展，是在现象学原则下对康德《判断力批判》的趣味判断中所提问题的重新认识。

对于美学来说颇为重要的一个事实是：杜弗朗扩大了美学或艺术哲学思考的范围，提高了音乐、舞蹈、戏剧等表演艺术在哲学和美学思考中的地位。当然，这些部门自己都拥有各自的理论家，积累了不少的艺术经验，但就哲学家来说，它们还是一些新天地。过去，哲学家思考艺术现象，大多限于文学和造型艺术方面，像狄德罗那样研究演员表演艺术和叔本华着重音乐艺术也属罕见。这种情形，从客观上来说，当然与艺术的传播媒介的发展水平有关。印刷术从我国传入欧洲较早，对于文学、诗作的传播固然不成问题，即如绘画，也可以有较好的复制品，可供大多数人欣赏，雕刻一般也可以有复制品，而建筑则可用绘图或照相代替聊胜于无。哲学家大多本不是专门的艺术鉴赏家，常在艺术传播媒介普及之处思考艺术问题。古代没有印刷术，所以亚里士多德反倒可以同等地总结戏剧诗作及演员表演双方面的经验，思考"模仿"、"动作"等问题，而黑格尔在论戏剧时，则涉及演员的表演处较少，他论音乐的部分与其论绘画、雕塑部分比起来，优劣立刻分明起来。这些当然一方面是个人习性所致，同时也是客观条件的限制。

随着现代科学技术的发展，录音、录像技术和印刷术一样普及起来，原来宫廷供奉们的音乐，寻常百姓家都能听到、看到，哲学家不但很方便地出入剧场、音乐厅，而且可以像文学作品那样把音乐、戏剧演出置于案头，随时可以欣赏。这样形式上、事实上的变化，给人们对艺术的理解带来的变化至今还没有完全显示出来。

至少，我们可以看到，音乐已不像康德那时那样是"一次性"的了，它同样可以在一段时间内反复地聆听，如果说，"一次性"只能给人以一种感觉上（听觉上）的感受的话，那末反复的多次聆听，必定会加深人们对音乐作品的"意义"的"理解"，于是现在再也不大有人相信康德说的音乐只是"感觉的游戏"了。欣赏方式和形式上的变化，也使作曲家起了变化，他们也不再满足于作一些浅显易懂的作品，而也作一些不是"一次性"可以懂的、要求反复体会的作品。巴哈、莫扎特有其不可替代的趣味，但并不影响人们作一些像勋伯格那样"初听"很"怪"的曲子,而且由于反复聆听,人们对于巴哈、莫扎特作品的意义也体会得更深了。

这些实际的变化,在理论上提示了这样一种观念:"听"和"看"一样,不仅是感觉性的,而且也可以是理解性的,"听"音乐也和"看"文学作品一样,具有"读"的性质。音乐作品就像绘画作品一样,其意义不在"娱目"、"悦耳",而在"读"出它所蕴涵的"意义"。这个"意义"不是逻辑性的、知识性的,如果不是像现代分析哲学家那样认为是逻辑、知识意义派生出来的运用,那末这种"意义",就和存在论发生了内在的联系。而弄清不同于逻辑和知识"意义"的那种"意义"之间的关系,正是现象学、存在哲学和当今解释学所考虑的核心问题。

于是,音乐、舞蹈、戏剧这些表演艺术,本被看成技艺性较强而思想性较弱的部门,却立刻具有了哲学的重要性。我们都知道,海德格尔虽然写了《艺术之起源》,但始终认为"诗"可以涵盖一切艺术,而当他说"艺术"时,最多也只是扩大至建筑、绘画、雕刻等造型艺术。但杜弗朗却说,一切艺术都要有"表演者"①。当然,我们将会看到,杜弗朗这里的"表演"(exécution)是泛指"付诸实现"的意思,非专指演员"表演",但他这个思想当是由演员"表演"引申而出,这是没有疑问的。他这种提法,虽不能说有意与海德格尔针锋相对,但实际上已是一种扩展和深化,这应是美学和艺术哲学上的一个新贡献。

当然,各门文学艺术作品在基本精神上是相通的,并不因为海德格尔强调"诗"以涵盖其他艺术、英加登研究文学作品而失去其普遍意义,但正因为各门艺术有各自的特点,在有些部门表现得不很突出的问题,在另一些部门也许就比较突出。譬如艺术家、作品与欣赏者的关系,海德格尔固然从思想的深度上指出了艺术品需要"保存者",但真正把这三者关系展开而与雅斯贝斯的"交往"说结合起来的是杜弗朗。他的这个成绩,固然是思想理论渊源上的进步,他吸收了更多人的思想启发,同时也不能否认与他重视音乐、舞蹈、戏剧演员的表演艺术有关。我们都知道,表演艺术常常更为突出地表现出作者、演

---

① 杜弗朗:《审美经验现象学》,英译,美国西北大学出版社,1973年,第30页。

者和观者之间的关系；而我们还可以反过来印证这样一种看法：海德格尔之所以提出艺术品需要保存者固然与他的整个存在哲学思想有关，但同时也是在这种思想下，意味着并不把"诗"只理解为案头之作，而强调"诗"之吟诵、朗读和诗的语言的音律这种 Dasein "语言"的存在性有关。

就这个意义说，我们读杜弗朗的美学书，似乎在不同的层次上又回到了亚里士多德时代，古代希腊城邦，小国寡民，一切艺术部门对一切公民（奴隶主）都是开放的，公民们对艺术品种的选择，无非是时尚和习性的抉择，像亚里士多德这样博大精深的哲人，相信他会像对待科学部门那样百科全书式地对待艺术部门，只是他艺术方面的作品大多佚散了。那时艺术家、艺术品和欣赏者之间没有多少外在的中间媒介，而有一种相当直接和真切的关系；如今在这种中间媒介高度发展以后，这种媒介本身的作用也就逐渐隐去，最好的音响效果，就如亲临音乐会一样，于是音响器械对欣赏者则不复存在，而存在的是音乐本身。这样，高度发展了的中间媒介手段，与古代所不同的是提供了在更为广大、更为普遍的范围内欣赏艺术的可能性，这样也提供了在理论上比古代希腊更为深刻地认识艺术的可能性，但现代科学技术为我们提供的这种可能性，却使我们又有可能恢复那种与艺术的直接的、真正的关系，这样，我们会发现，生活在现代世界的我们，在对艺术的理解上，不是离亚里士多德更远了，而是更近了。

二、艺术世界之起源及其特点

我们前面已经说过，海德格尔在《艺术之起源》中已经指出，既非艺术家使艺术品成为艺术品，也非艺术品使艺术家成为艺术家，而是"艺术"使它们分别成为艺术家和艺术品。但"艺术"又并非一个抽象的"概念"，或一个"本质"，像"种子"一样慢慢成长为"艺术品"或"艺术家"，所以"艺术"并不是"艺术品"或"艺术家"的"属性"（无论是现实的或潜在的），而是他们的"存在"，"艺术""就是""艺术的存在"。"艺术"，在海德格尔看来，是一个存在性的概念，如同"语言"、"时间"、"历史"一样；就像"语言"让"人""说话"一样，是"艺术"让"人"成为"艺术家"，让"作品"（物品）

成为"艺术品"。"人"之所以"说话",是因为有"话"要"说","歌唱家"之所以要"唱""歌",是因为有"歌"要"唱"。杜弗朗发挥道,一出歌剧,既非"演员"在唱,也非"角色"在唱,而是"歌"在唱①。和海德格尔一样,杜弗朗认为只有从这样一个存在论的原则出发,才能正确理解审美对象与审美主体之间的"循环"的关系,即胡塞尔所指的"所知"(noema)与"认知"(noesis)之间的关系。

对"艺术"的这样一个存在性的理解,是杜弗朗的美学思想的基本立足点,从这个立足点出发,他便进一步引进为海德格尔、雅斯贝斯诸家所不常使用的主体、客体这一对传统概念,但又不完全按胡塞尔排除客体而强调纯粹主体之"意向性"来使"所知"与"认识"、"知识"及其"对象"统一起来。杜弗朗的现象学,是经过存在论洗礼之后的现象学。

在杜弗朗看来,艺术作品毫无疑问地是一个客体,但它又不是一般的物体,而是作为"审美对象"来看的客体。"艺术品"当然也可以被当作一般物品来看、来用。但按其本来意义说,它是"审美的对象"。于是,现在的关键问题在:一般物体如何成为审美的客体,而这种客体又具有何种特征?

作为"物品"来看,任何"艺术品"不会比普通的物品多出什么"特征"来。但是,我们人人都具有一种能力,可以相当准确地指出"人的作品"来。任何"作品"都是人制作出来的,但人却又只能制造出"自然的""作品"来,"人"只能为自己增加财富,却不可能为大自然增添任何东西。人不可能脱离自然来创造,但人的"作品"却永不会被归结为"自然"。人通过自己的"作品","超越""自然","作品"有不同于一般自然物品的"特征"和"属性"。人并没有什么魔术可以使自己的"作品""美"起来,或"艺术化"起来,"艺术"和"美"不是"酵母",但人却能非常明确地指认自己的作品,却可以对"艺术品"的"美"有相当共通的观念,而"美"和"艺术"既不是由知识可以把握的物质的属性,则应是由历史和生活规定了的存在的属性。

"艺术"存在何处?杜弗朗问,瓦格纳的音乐何时开始存在?当他写完乐谱,放下他的笔时,他的音乐是否才开始存在?在他写出乐谱之前,他的音乐

---

① 杜弗朗:《审美经验的现象学》,英译,第10页。

是否存在？存在于何处？① 在瓦格纳写出他的乐谱之前，他的音乐不会存在于他的脑中，因为解剖学或任何更高级的科学不能保证找出在他脑中的"音乐"。就物质材料的属性言，"音乐"是"无"，就像萨特说"意识"为"无"一样，但也像思想家使"意识"的"无"成为"哲学"的"有"一样，音乐家则使"声音"的"无"，成为"音乐"的"有"；思想家使"字"、"语音"成为"哲学"，音乐家则使"声音"成为"音乐"。人们从"字"缝里永远找不出"哲学"，从"声音"里也永远找不出"音乐"，但"哲学"和"音乐"的存在，却是确定无疑的，其确定性甚至超过了"字"和"声音"，写出的"字"可以退色，声音可以消失于太空之中，但思想和艺术却是永存的。

因此，从事实上来说，人的任何"作品"都不能凭空地造出来，不能"无中生有"，但"作品"作为"人的作品"来看，却又都具有不同层次上的创造性，即都有不同层次的"无中生有"。天地间本无"人、手、足、刀、尺"，更没有"音乐"和"哲学"，亦无所谓善、恶、美、丑，这些都是人创造出来的，是人的生活，人的历史，人的世界里的事。所以，瓦格纳的音乐不存在别处，不存在于他的脑中，不存在于乐谱中，也不存在于演奏的乐器中，更不存在于卡拉扬的指挥棒中，而就存在于他的作品中，瓦格纳的"音乐"就"是"瓦格纳的"作品"。

"好东西"、"坏东西"、"美东西"、"丑东西"，所谓"好"、"坏"、"美"、"丑"，都不是装在口袋里的螺丝，加在"东西"上就牢固了，而好、坏、美、丑，就"是"那个"东西"。这就是对"存在"的存在论的理解，其基础为胡塞尔所创立的现象学。

为什么会有这种存在性的概念？海德格尔说，因为"人"本身就是一种特殊的"存在"，Dasein；Dasein 是存在性的——existenzial。

"人"的确是一个很特殊的"东西"。从事实上来看，"人"是一个"活体"，是一种"动物"，本是大自然的一个品类。"人"由"血"、"肉"、"神经"、"骨骼"……组成，就连人的"大脑"，也逐渐被分析、研究出各种组成成份，而人的思想、意识、情感、情绪、印象以及各种高低感官，都有生理

---

① 杜弗朗：《审美经验的现象学》，英译，第4—5页。

学、心理学、病理学、医学等等不断地揭示它们的秘密。当今的遗传工程和人工智能将来可以将"人"复制出来，但不论这些科学如何发达，似乎总还有一个不易撼动的事实：不可能完全把"人"归结为"物"。

人们一眼就可以认出"这是人"，并不需要有多少关于"人"的知识，而我们所认出的"人"，绝大多数都是不认识、不相识的"人"，我们之所以有这种能力，不仅仅是因为"人"作为一个"物"，有自己的形状上的特点，同时还在于它在存在论上的特点，即它正是胡塞尔所谓的"现象学的剩余者"，即"排除法"所不能"排除"的东西。在这个意义上，"人"就"物"来说，是"自然"的一个部分，而在"存在论"来说，"人"又是一个"例外"，只有"人"是不能完全"回归"（皈依）于"自然"的存在。

"人"本身就是这样一种"Dasein"，"Da"固然离不开"意识"、"精神"，但却是实实在在的"存在"，是"时间性"、"空间性"的"存在"，是 Existenz。

"人"在存在论上的这个特点，使人把"自然""世界"化，把自然界变成了自己的生活的"世界"。"世界"是时间和空间的统一，"世"是时间，"界"是空间，而二者都源于"界限"，在想象中的"世界"是无限的，就是自然，而实际的"世界"则总是有限的。有时限性是人的生活的世界的特点，有时限性为历史性，"世界"就是"历史"，这是海德格尔为存在哲学指出的基本观点之一。

人不仅利用自然，而且改造自然，"利用"本身亦是一种"改变"自然的方式，人的劳动创造了世界，创造了历史。"世界"和"历史"是人自身实际活动的产物，广义地来说，"世界"和"历史"是人的"作品"。

只要有"人"存在，"世界"和"历史"就不能完全"复归"于"自然"，人的一切"作品"也都不能完全被"自然"所"吸收"。即使在考古学中，人也还能辨认出那些原始人的智慧的产品和人类早期的遗迹。

然而，在一切人的"作品"中，"艺术作品"又有什么特点？前面说过的，海德格尔在《艺术之起源》中曾指出过"斧成石亡"与"庙成石显"的区别，那末在这个问题上应进一步发挥何种意义？在这里，杜弗朗把海德格尔"返回大地"的思想与梅洛·庞蒂的"知觉"（perception）思想结合了起来，从存在论上强调艺术品作为审美对象的感觉性，对理解古典美学中理性与感性统一提出了一个新的角度。

在杜弗朗看来,审美对象与其他对象的区别在于:审美对象的感性因素,具有一种存在性的意义,而就一般对象来说,对象的感性特征,只是作"属性"来把握。杜弗朗说,任何对象当然都有颜色,一般对象"有"颜色,而审美对象则就"是"颜色,譬如,变了颜色的衣服仍是"衣服",但画上的衣服却与它的颜色不可分,所以杜弗朗看来,在艺术作品中感性的东西已不再只是"标记",而就是"存在"。长笛的声音不是那种"乐器"的"属性",而就是那种声音的"存在"①,所以我们不说"那个乐器在演奏",而是说"长笛在演奏",也不说"一个活人在跳舞",而是说"生命在舞蹈"②,一般的对象使我们"超越""知觉",但审美对象却使我们"回到""知觉"③。

然而,"回到知觉"并不是"回到自然","世界""附着"于"大地",但不能为"大地"完全"吸收",同样,艺术品也不会被它的背景所完全吸收,这是为人们最普通的审美经验所确认了的。绘画需要框架,表演需要剧场,这种办法说明了人们要把审美的对象特别地"划"出来,以示区别。杜弗朗甚至认为,古代希腊的庙宇之所以要涂上颜色,不是为了装饰,而是为了要突出它不同于其他的建筑④。

划分出审美对象与一般对象的不同,已是承认对象的多方面的意义,已多少离开了海德格尔的原意。海德格尔把"诗意的存在"当作最为本源性的真实存在,真、善、美统一在"存在"之中,都完整地展现着一个"世界",如凡高画中的那双鞋,显现着该鞋主人(不论凡高本人或一个农妇)的那个生活的世界,它不像"石斧"那样有当下的"用处",因而"斧成石亡",但那双鞋的确曾经有过"用处",在它的"世界"中,它的"用处"、它的颜色和它的各种质地、结构是不可分的;而作为艺术品看,包括对象的实用性在内的一切属性,都被"艺术"这一存在性属性"吸收"了进来,成为一个"艺术"作品。

然而,对象之所以能有审美的、实用的之分,是因为尚有"他人""保存"着那些人的"作品"。在这里,杜弗朗引进了雅斯贝斯的"交往"观念,我们

---

① 杜弗朗:《审美经验的现象学》,英译,第86—87页。
② 同上书,第78页。
③ 同上书,第22页。
④ 同上书,第304页。

看到，这个观念，在理解"艺术品"在存在论上的意义是十分重要的。

"艺术品"不仅是"自然物"，而且是一个"世界"，但它首先不是欣赏者的"世界"，而是"作者"的"世界"，不是"我"的"世界"，而是"他人"的世界"。杜弗朗说，"作品"早于作者"传记"告诉我们关于"作者"的事①，"作品"是"作者"的"世界"，是"作者"的"世界观"②。两个"世界"的"沟通"，就是雅斯贝斯所说的人际的"交往"。

人际的"交往"，不仅是横向的（空间的），而且是纵向的（时间的），"交往"是历史性的交流。"艺术品"告诉我们"曾经存在过的世界"。"现今的世界"是"曾经存在过的世界"的发展，但雅斯贝斯告诉我们，这两个"世界"的关系，又不仅仅是"事物"之间的因果关系，而是一种历史性的"决定"（"决断"）关系，所以人的世界才不是物理的世界，"过去"和"现在"才是可以分别对待的两个世界，而不是一个世界。

在这里，杜弗朗指出了对于"艺术的世界"，人们不可能把它"用掉"，但他似乎并没有更进一步指出人们之所以不把"艺术品"完全"用掉"，正是如实地保持了两个"世界"的距离。毫无疑问，任何艺术品都可以被无知的人完全"用掉"，即可以把两个世界当成一个世界来对待，因为作为物理事实来看，这两个世界本就是一个世界。我们天天都在用前人用过的东西，但一旦我们把前人的遗物保存起来，我们就承认了前人的世界是不同于我的现今的世界，"我"就由"使用者"成为"保存者"，成为"他人的世界"的"见证"③，而我们天天又都在做这种"见证者"、"保存者"。

我们为什么不仅是前人的"继续（使用）者"，而且是"保存者"、"见证者"？雅斯贝斯提供的一个解释是：人固然生活于必然的物理世界中，但人在工作、活动时却又是活生生的，是自由的，"自由"是在历史的发展中的一个点，是时间的长河中的"永恒性"。承认"他人"的世界就是承认他人的自由，"我"作为"见证者"、"保存者"，是他人的自由的见证者、保存者，是"历史的见证者"。"我"对"艺术品"的欣赏（观赏）是对他人的世界的肯定，也是

---

① 杜弗朗：《审美经验的现象学》，英译，第100页。
② 同上书，第108页。
③ 同上书，第59页。

对自由的肯定，是自由意识的觉醒和肯定。通过肯定他人的自由，同时也肯定了我的自由。所以"我"才不会把"艺术品""用掉"。这就是以艺术观赏的方式实现的人际之间的"交往"。这种"交往"既不是实际、实用的，也不是抽象的、概念的，而是"活"的。

然而，杜弗朗并没有从历史、决定和自由的观点来理解和发挥雅斯贝斯的"交往"，从而使他的美学理论缺少应有的历史感，而是更偏重于主体的经验体会。由于这种法国式存在论的特点，杜弗朗把审美对象的两个世界的特点，归结为"主体性"的保存，所以他虽然很注意运用雅斯贝斯关于"交往"的理论，但却侧重于从"主体性之间"去理解，而对雅斯贝斯关于这种人际"交往"的"非对象性"，则很少涉及。事实上，"人"不仅是"主体"，存在哲学以及现象学的根本立场就在于要打破"主体"与"客体"（对象）的对立，要在非对象性的"交流"中见出人与人之间的本源性、真正的关系。

但是，主体性间的关系这一思想在法国近几十年来似乎已然根深蒂固了，这种现象，当然也是与整个欧洲哲学思潮的渊源有关，回到这个渊源，是欧洲人自身的命运。

从主体性思想出发，杜弗朗提出"艺术作品"为一种"类主体"（quasi-subject）的思想，这就是说，艺术作品固然是客观对象，但却"表现"了"主体"的世界（观）。我们前面提到过，胡塞尔已经提出过"类主体"的思想，但把它用之于"艺术"，则是杜弗朗的发挥。

审美的对象与其他一般对象一样，是存在于时间和空间形式中的物体，但它又不仅仅是物体，它还通过这个物体表现"主体"。杜弗朗说，物体作为一个对象可以有三个方面的意义：一是"材料"方面的，作为一个感觉的存在；二是"意义"方面的，作为观念的存在；其三即是"表现"方面的，作为情感的存在。所谓情感的存在不仅是物质感觉性的存在，而是活的存在，是作为一个生活世界的存在[①]。

作为审美对象的艺术品，既然是"类主体"，而不是单纯的"客体"，因而它自身所具有的客观表象性就要被吸收到这个"主体"的表现性之中。凡高画

---

① 杜弗朗：《审美经验的现象学》，英译，第149页。

中的鞋,就不再是实用品鞋的单纯的模仿,而是通过这双鞋"表现"它所属的世界,也"表现"作者(凡高)所属的世界;演员的表演,不再是演员自身言行、音容的再现,也不是角色生活的模仿,而是艺术的表现,是艺术本身所表现出来的世界,从这种"演员中立论"①引导出艺术作品表现了生活的形而上学和生活的世界观②,当是杜弗朗在融会了海德格尔、雅斯贝斯存在哲学之后的一种美学见解。

艺术品为人们提供的世界,不是表象的、再现的世界,而是表现的世界,这一点原本可从雅斯贝斯的"时间中之永恒性"之"自由"观中引导出来。表象的、再现的世界是历史事件发生、发展的客观世界,而把历史作为活的存留的艺术作品则是历史创造者——人的"自由"的表现,因而是表现的世界。戏剧的演出,不仅再现历史事件,而且要表现历史事件中人的决断,人在创造这些事件时的活的思想感情,活的选择,活的抉择,活的决定,所以戏剧是要表现因果系列中的自由,时间中的永恒,必然中的自由,从这个角度来看,我们才说,艺术(戏剧)比历史更真实。艺术是真正的历史,活的历史。

"他人"的"世界",作为历史的"事件",已是既成事实,是历史因果环节中一个或一些环节,为我们提供"表象",我们也可以从各种不同的关系上来把握它们的必然性,表象的世界是一个现实的世界。但当我们从活生生的角度去体验历史的真实性,"设身处地"地体验创造这事件的人的真实活动时,就能感受到这些人的活生生的真实思想感情,不仅理解他们行事的"动机",而且能捕捉他们作出抉择时的自由选择,因此,我们不仅把这些事件当作现实性来再现,而且把它们当作可能性来再现。艺术中的历史是活的历史,是可能的历史,是必然中的自由,现实中的可能。艺术中的历史事件,不仅是因果系列中的一个必然环节,而且是这个系列中的一个自由,是一个"例外",永远开放着这种可能性。在这里,杜弗朗把雅斯贝斯关于历史现实性和可能性的存在论的关系,理解为艺术中再现和表现的关系③,对于具体美学问题的展开,是必要的步骤,因为通过"再现"与"表现"这样的概念,更自然地把美学问

---

① 杜弗朗:《审美经验的现象学》,英译,第8页。
② 同上书,第177页。
③ 同上书,第185页。

题、艺术问题和哲学问题沟通了起来。但是我们这里需要明确的是：杜弗朗在这方面的论述，其理论的根据正是存在哲学关于历史性、时间性、可能性以及时间系列中活的自由的永存性等这类思想，就连"再现"（表象）与"表现"这一对概念，不仅来自艺术理论著作，而且同样也是自胡塞尔和海德格尔以来对知识和语言问题理解上的重要概念，而对"表象性思维"的批评，可以追溯到黑格尔。

无论如何，杜弗朗的思想和自胡塞尔、海德格尔、雅斯贝斯以来的现象学、存在哲学的思想是相通的：艺术的世界，作为审美的对象看，不是一个既成的事实的世界，而是一个可能的世界，杜弗朗把那个事实的世界叫做"宇宙论的世界"（cosmological world），而把这个活的世界叫做"存在论的世界"（existential world）①，这就是说，艺术的世界是"表现了"人的"存在性"的特征的世界，而不仅仅是一个在历史事件因果系列中的既成事实。

按照萨特、梅洛·庞蒂的说法，所谓"存在性"（existential）即是"主体性"，是永远不能"复归"为"客体"的"主体性"，是永远不能完全"对象化"的"主体性"，因而艺术品作为一种"对象"，只能是主体的一种"表现"，我们面对一件艺术品，就好像面对一个人那样，不可能从它的"表象"的观察、研究，真正把握这个"人"，而要在与这个"人"的"交往"中了解这个"人"，这就是不能完全归结为"知识"的"存在性"关系，也就是"主体间"的关系。

然而，问题的复杂性不在于承认这种"主体"间的关系，问题的复杂性在于"主体"间关系本不能离开"客体"间的关系。梅洛·庞蒂和萨特都注意到了"身""心"之间的一种特殊的不可分性，即"心"和"意识"本是"无"，不可能有直接性的"心"和"意识"的存在，因而主体间关系也不是直接性的"心灵感应"，即"纯精神性"的"感应"。于是，我们看到，所谓"主体间"的问题，是法国存在哲学家自己制造出来的一个"麻烦"，因为从现象学的基本原则来看，"客观性"作为"自然性"、"经验性"固然要被"排除"干净，但至少从海德格尔开始，这种"排除"后的现象学剩留者，已不是不可复归的

---

① 杜弗朗：《审美经验的现象学》，英译，第194页。

客体、与客体相对的主体，而是这种对立之前，保持着主客体同一性的"存在"，"人"作为"那一个存在"（Dasein），使"存在"获得意义，使"存在"明朗化。

法国的存在主义者既然把主体与客体分离开来，那末就不得不面对这样一个简单的经验：艺术的作品仍是一个"对象"，是一个"客体"，要由"客体"来"表现""主体"，所以杜弗朗把它叫做"类主主体"[①]。

当然，所谓"表现""主体"，并不是艺术家主观情绪的"表现"和"发泄"。"表演"既不仅仅是演员模仿"他人"，也不仅仅是演员自己的情感流露，演员要通过自己的"表演"（作品）表现一个"世界"，一个"他人"生活的"世界"，一个"活的世界"。"演员"通过自己的表演在向我们"（诉）说"一个活生生的世界，这里的"说"，不是客观的"陈述"，而是"揭示"、"显示"，艺术家向我们显示一个世界，或者说，这个世界自己显示它自己。这就是海德格尔说的，"世界"即是"世界化"或"成其为世界"，"世界"显现自己。在这个意义下，杜弗朗的"类主体"说，避免了主观主义、表现主义的思路，而与现象学、存在哲学的"同一性原则"紧密结合起来。

"艺术作品"不是表现艺术家的"主观世界"，而是表现一个"真实的世界"，艺术家通过他的作品揭示一个"真实的世界"，或者说，这个"真实的世界"通过艺术家的作品自己显现出来，这是从现象学、存在哲学的立场得出的一个基本观点。

艺术家既不是"表现"自己的主观世界，又不是模仿一个客观的世界，而是"说"一个世界，或让这个世界自己"说"出来[②]，这里，所谓"说"，是存在论意义上的"语言"，是海德格尔意义上的"语言"。

"语言"不仅是"逻辑的"、"语法的"，"语言"不是"工具"和"功能"，"语言"使"存在"明朗化，"语言"是"存在"的"家"，"语言"就是那个"Dasein"的"Da"。艺术家是要使他要表现的世界明朗化，使它显现出来，艺术家揭示那个世界的"真面目"，艺术家使"真理"显现出来。

我们还记得，海德格尔关于"语言"的存在性的一个有名的论断是：不是

---

① 杜弗朗：《审美经验的现象学》，英译，第196页。
② 同上书，第137页。

"人""说""话",而是"话"让"人""说","人"有"话"要说。艺术家也是借助自己的材料"说""话",从存在论上来说,同样也不是艺术家"说""话",而是"话"让艺术家"说",艺术家有"话"要"说",如鲠在喉,非"说"不可。所以杜弗朗在《审美经验的现象学》开始不久处就指出,不是艺术家创作,而是"作品"让艺术家创作①。艺术的创作,是艺术家的一种历史性的"使命",而不是艺术家的"游戏"。这样,杜弗朗就从存在论上把自己的观点和海德格尔关于"语言"和"艺术"的观点紧密地联系了起来。不过杜弗朗把这种观点更加推进了一步,用它来研究了各艺术部类的存在状态,他在"艺术作品分析"这部分,指出艺术作品的存在形式——时间、空间的特点,并恪守"存在性时空"和"计量工具性时空"的区别,把我们"生活在其中"的"时空"引入"艺术世界"的理解,把艺术作品分为音乐、造型两大类,并在造型艺术中区分"造型的对象"和"再现的对象",认为前者是审美的,后者是知识的。他在谈到"诗"和文学时,强调"字音"的作用②,当然也是接受了海德格尔关于"本源性语言"为"诗的语言"这一基本观点的表现。

  在具体论述艺术部门的简短章节中,使我们感到兴趣的是杜弗朗一方面强调音乐、舞蹈表演艺术的地位,这在前面我们已经注意到了,另一方面,他也从这种精神来理解造型艺术的特点。他研究造型艺术时,不是把它当作一个既定对象来看,而是着重它的"动态",从"画"的活动来看它的特点。杜弗朗指出,我们在观赏绘画作品时,是"看的运动",这是因为相应于"(画家)手的运动"③。使我们中国学者更为感兴趣的是,杜弗朗在谈到绘画艺术的运动性时,还提到了"画"与"写"的关系,他指出,在一般意义上言,"画"与"写"是相通的,但他在紧接着的一个小注中认为"'书法'(calligraphy,应是'美术字')没有达到审美的层次,而只表现了一种整齐和技巧的娴熟"④,不过他接着又肯定了如果"字"表现自身的意义而不突出"写"的技术的作用,则"美术字"也可以达到审美层次。在写这个小注时,不知道杜弗朗心目中有无中国书法艺术的概念。中国书法艺术正是一种"书写"的艺术,和他所

---

① 杜弗朗:《审美经验的现象学》,英译,第33页。
② 同上书,第301—302页。
③ 同上书,第278、279页。
④ 同上书,第202页注⑰。

理解的"绘画"的艺术有相通之处,都是着重表现运动的过程,与欧洲的"美术字"不可同日而语。

强调艺术作品的动感,并不是完全拘泥于艺术家创作的具体过程,而是着重表明这个艺术的世界原本是活的世界,是生活的世界,组成世界的时间和空间不是计量的工具,而是生活的过程。因此艺术作品的存在,就是艺术作品的世界的真实性。这种"真实性的世界",相对于"艺术家"和"艺术作品的具体存在"言,就是海德格尔所谓的第三者——"艺术",即真正的艺术品本身。

我们看到,在这样意义下的"艺术品",既不是"艺术家"的"主体",也不是具体作品的"客体",既不是"主体"情绪"发泄"(流露),也不是"客体""表象",而是真正艺术世界的"表现"。"艺术作品"是"类主体",那末同时还得肯定"艺术家"也是"类客体",这样才能避免把艺术家作为"主体"当作情绪的实体,而借助某些艺术媒介流露出来。舞台上的演员的"哭"和现实生活中人的"哭"之所以有区别,就在于演员的"哭"是"角色"以及他所属的"世界"让演员"哭"的,而不是演员及其所属"世界"让演员"哭"的。艺术的"表现",是一个"世界"的"表现",因而既不能归结为客体,也不能归结为主体。只有在这样的理解下,真正的艺术作品,真正的艺术世界,既不是知识性的表象,也不是情绪的发泄;艺术作品所提供给人(欣赏者)的,才不仅是知识,也不是煽动或诱惑,而是真正的两个"自身"的"交往",是"人"与"人"的"交往"。不错,杜弗朗说,(艺术的)表现"是""分析"的界限[①],这就是说,理论概念式的"分析"是不能深入艺术的表现内容的,艺术的表现需要人作为一个完整的人直接去体验;但我们看到,艺术的表现,不但是理论分析的界限,同时也是情绪激动的界限,无论欣赏者如何激动,如何与舞台上的表演作"情感交流",并不能把握艺术的真意。观赏悲剧时泣不成声,并不是鉴赏力高的证明。艺术家通过艺术作品与欣赏者的关系是"说"和"听"的关系,"听"不是"听"见了"声音",而是"懂得"了"意义","听"就是广义的"读",所以艺术家、艺术品和艺术欣赏者是一种"对话"的关系[②],

---

① 杜弗朗:《审美经验的现象学》,英译,第326页。
② 同上书。

艺术家通过自己的"作品"向欣赏者"说"些什么，欣赏者也对作者所提供的"世界""说"些什么，虽然作者和欣赏者不一定分属同一个世界，但"说"的却是同一个世界，"说"的是同一件"事"，就像两个活生生的"人"在"对话"一样。"对话"就是分属不同世界的不同的"人"（"自身"）"说"同一件"事"。这就是雅斯贝斯所说的人与人之间的"交往"。艺术家用各种艺术的媒介把那件"事"（世界）"说"出来，"说"给欣赏者"听"，把"作品"提供出来让欣赏者来"读"。所以，艺术作品固然是艺术家创作出来的，但又不是他任意创造出来的，艺术家是真诚严肃地在创作，真诚严肃地"说""话"，他希望他"说"的"话"是"真的"，是"真理"，他希望他创作的"作品"所表现的世界是美的、真实的。他创造一个"艺术世界"，也在揭示一个"真实的世界"。

三、审美知觉之分析

杜弗朗把艺术作品——审美对象（客体）作为一种"类主体"来把握，我们已经说过，事实上已经蕴含着把艺术的欣赏者（主体）当作"类客体"来把握，这是现象学和存在哲学所要求的主体客体统一的基本态度。杜弗朗没有明确提出"类客体"的概念，但实际上他在分析审美性主体的感受——审美知觉时，是按这条思路思考问题的。

杜弗朗在审美主体感受方面是从雅斯贝斯经过梅洛·庞蒂、萨特诸法国思想家所发展了的存在主义关于"身"、"心"关系的学说出发的。我们知道，对于现象学来说，对于存在哲学来说，"事物"对我们没有"秘密"，这是和康德相反而为新康德主义以来的共同信念。事情在西方哲学思潮中有时的确显得有点"奇怪"，康德强调了科学知识的经验性和必然性，却承认有一个"不可知的""秘密"——"物自体"，这种科学的分析精神在哲学上的根据，却导向坦承"秘密"之存在，连当代最强硬的分析理论代表——早期维特根斯坦也不例外。相反地，强调在科学知识之"上"（黑格尔）或之"前"（胡塞尔、海德格尔）尚有更为本源性状态的思想家，却不承认这种"秘密"的存在，"回到事物本身"是康德以后德国古典唯心主义、新康德主义和当今现象学和存在哲学所共同能够接受的口号。

如何去理解西方哲学思潮中的这一貌似"奇怪"的现象？理解这个"悖论"（paradox）的关键在于如何理解"主体"和"客体"的关系。西方哲学的科学精神在于从古代希腊的襁褓时期起，西方的哲学家就把主体与客体清楚地分别开来，把人的理性和自然区分开来，而如实地把"理性"当作认知自然的工具。彻底地按照这个思路看问题，势必承认"知识"在一个过程之中，在不断变化、发展之中，从而承认事物的"背后"总还有一些什么东西（秘密）。然而，与西方思潮与生俱来的尚有另一种倾向，即要用各种方法把握这个"秘密"，既然这个"秘密"原本是人的理论所"承认"的，即是理性的知识所推论出来的，那末理性也必定有自己的方式来"认知"这个"秘密"，把它变成不同于科学知识的另一种更高、更为本源性的"知识"，这就是当今西方多数哲学家所反对的"形而上学"哲学。对"形而上学哲学"来说，倒是无甚"秘密"存在，因为"事物背后"的"物自身"仍可为形而上学之"知识"所把握。于是，就理性知识的立场言，承认"秘密"，却是否认了"形而上学"。

承认"秘密"而否定形而上学，这是从康德到维特根斯坦的思路。如何不承认这种"秘密"，而同时又不承认形而上学，则是从黑格尔到胡塞尔、海德格尔要做的事，法国的现象学-存在哲学家正是走在这条思想的道路上。

现象学-存在哲学这条思路对理解艺术和审美问题的意义，是杜弗朗要探讨的核心问题之一。杜弗朗把人们对艺术品的审美把握叫做"审美知觉"，他对审美知觉的分析是按照现象学-存在哲学的原则逐步深入的。

首先，所谓"知觉"（perception），当有一种"直接性"的特点。"审美对象"是"直接"呈现给"审美知觉（主体）"的，这一点，并无可以怀疑的地方。但是，所谓"知觉"，又不是感觉性的，审美对象与审美主体之间的关系不是刺激与反应的关系，而是一种"认识性"关系。杜弗朗说："去知觉就是在现象之内或之外去认识——这就是说，去发现——一种意义，这种意义只提供给知道如何解析它的人。"① 艺术作品的"意义"，只为"知音"、"解人"打开，因此欣赏者并非"白板"，等待着"艺术品"给它打上印记；从存在论上来说，"音乐"只为"知音"而存在，对"牛"来说，"音乐"并不"是""音

---

① 杜弗朗：《审美经验的现象学》，英译，第335页。

乐",而是一些"声音"。"音乐"对"牛"来说,并不"存在",而"声音"对"牛"来说,并非"秘密","音乐"对"知音"来说,亦非"秘密",二者是两种不同的"直接性"。

为什么艺术品对欣赏者没有"秘密"?因为它们处于同一个层次上:并不是艺术品为客体,而欣赏者为主体,因为如果它们分属客体和主体两个不同的层次,那末这二者如何"统一"、"同一"就永远是一个问题,从而那个"秘密"就会永远保存下去。然而,现象学和存在哲学告诉我们,主客体原本是不可分的。艺术作品虽为"对象"、"客体"却是"类主体",欣赏者虽是"知觉"、"主体",却是"类客体",于是这二者之间的"交往",就不会产生问题。

海德格尔说,"我在世界中",我的思想不是在"在世界外"或"超世界"的"理性",我的思想离不开我的生活,离不开我对我生活的世界的体验。梅洛·庞蒂、萨特说,我们在世界中,我们的"身"、"心"是不可分的,我们以"全身心"来感受、体验我生活的世界。我们的"经验",不仅是我们的"思想",而且同时也包含了我们的"身体"。"思想"(心)离不开"身体",我们甚至首先是以"身体"来经验(感受、体验)世界①。

于是,世间的"事物",不仅是对我们的"思想"而言为"对象",而且对我们的"身体"而言也是"对象",所以"事物"对我们本无"秘密"可言,因为我们的"身体"和"事物"同属一个层次②。这是我们分析审美知觉的一个基本前提,从这里,杜弗朗进一步分析"审美知觉"中各种因素的关系。

首先,在"审美知觉"中,"想象"起着重要的作用。不错,杜弗朗批评了萨特把"想象"提到了不适当的地位,因为在杜弗朗看来,"想象"是表象性、再现性的,而艺术作品归根结蒂是表现性的,但这并不意味着完全否认"想象"在"审美知觉"中的意义,因为"想象"毕竟是"身""心"之间的联结环节③。

一般来说,所谓"知觉"作为"静观"只限于涉及"过去"和"未来",对"既成事实"和"未来设想"之"事实"都可以产生"知觉",但"眼下"

---

① 杜弗朗:《审美经验的现象学》,英译,第337页。
② 同上。
③ 同上书,第345页。

"当前"的"现时",则我们只能有"行动";但我们已经说过,艺术创作、艺术品正是要把"过去"中的那个永存的"现时"存留下来,所以审美知觉面对的"过去",只是"类过去"(quasi-given)①,即不是实实在在的"既成事实",而是通过"想象",使其"复活了的""过去",是活的历史,是要把"过去"中的那一点永恒的"现时"的"自由"呈现出来,保存下来,而艺术品中的这种"自由"和"现时"又不是真的"现时",而是通过"想象"的作用的"类现时"(quasi-present)②。我们看到,审美知觉中的这种转换,都是通过"想象"来进行的。

"想象"是"虚构","想象的东西"不是"真实的东西",但艺术和审美中的"想象"不是"胡思乱想",而是把"过去"或"未来"的"事"附着于当下眼前的"对象"之中,"对象"作为"物"来说,是实在的东西,但作为这个"物"所"表现"的"世界"来说,则是虚构的。艺术品作为"物"来说是"既定的",但作为想象中的"世界"来说,则又是"可能的",以"既定性"来"表现""可能性",把"既定性"当作"可能性"来"说",这样,艺术中的"想象"又并非一般意义上的"非现实"(unreal),杜弗朗把它叫做"前现实"(pre-real)③。

"艺术品"作为"想象的世界"的"表现"还带来一个特点:对艺术品的审美知觉,既非纯粹的"静观",又非实际的"参与",艺术品的观赏者的态度,介乎"静观者"与"参与者"之间④。我们看到,在这里,杜弗朗的看法与萨特着重强调文学作品的"介入"(实际生活)作用,也是有所不同的。

艺术的世界是时间中、历史中的"永恒的现时"的表现,在这个意义下,艺术品当然是"介入"现实生活的,是与现实的人(欣赏者)进行着活的"交流"(交往),人们从艺术品中"看到"自身的"自由";然而这种"永恒的现时"和"自身的自由"是凝聚于一个"对象"之中,因而是一个"想象的世界",而又不是当下实际的世界,它与现实的人的关系是思想性的(eidetic),而不是实践的(practical),因而,艺术品让人在静观的观照中体验那种活的历

---

① 杜弗朗:《审美经验的现象学》,英译,第349页。
② 同上书,第351页。
③ 同上书,第357页。
④ 同上书,第358页。

史和永恒的自由。欣赏者观照的是他人的"世界",是"过去"或"未来"的"世界",而不真的是眼下现实的"世界"。我们曾把这两个世界的关系叫做"意象的世界"和"现实的世界"之间的关系①。

所谓"意象的世界"并不是纯精神的世界,而是"作品"表现了不同于当下现实世界的另一个世界。"艺术"与"生活"的关系是两个"自身"的关系,也就是两个"世界"的关系。

按杜弗朗的话来说,艺术品表现了"类主体",这不仅是指艺术品中主体与客体的不可分离性,而且还意味着艺术品所表现的"主体"是不属于这一个世界的"另一个主体"。"艺术品"作为一种特殊的"主体"(类主体),的确也是"在世界中",但这个"主体"的特殊性还表现在它又不是"在这个世界中",它是"在这个世界中"而又有自己的"另一个世界",因此,艺术家不仅"在这个世界中",而且塑造了"另一个世界"。杜弗朗说,艺术是"在世界中"的"另一个世界"②,而这个"另一个世界""在这个世界中"保持着相当的独立性,即它的意义不超出它自身,不会直接"介入"当下的生活③。

在这个意义下,我们才可以说,艺术欣赏者和艺术作品是两个"自身"和两个"世界"的关系。舞台上的"世界"与我的"世界"起着"交往"作用。舞台上的"世界"只为我提供那个"世界"的时间和空间④,使我有"身临其境"的感觉,但我毕竟不是生活在那个世界中,"我"不是那个世界的参与者,而是旁观者,因此"我不在那个世界中,我只是"似乎""在那个世界中",所以,由"类主体"引起的也是"类似"之感,不是真实的实际的感情。我在"读"艺术这本大"书","书"中把活的历史存留了下来,但却只能是"意象"地存留下来,我"读到"的只是用各种媒介向我说的"话",我也是用各种方式在"理解"那些"话"。这些"话"当然会影响我的"行动",但只有"我"回到了"我"所属的"世界"时,这些"话"才起实践性的作用。这样,我们可以回过头来理解杜弗朗在《审美经验的现象学》中开头不久就说过的:人作

---

① 参阅拙文:《古代希腊之艺术观念和艺术精神》,《外国美学》第 2 辑,1986 年,商务印书馆。
② 杜弗朗:《审美经验的现象学》,英译,第 359—360 页。
③ 同上书,第 360 页。
④ 同上书,第 365 页。

为观众失去自己，但也作为观众得到自己①。作为"观众"，我"不在"我所属的"世界中"，但我却观赏着另一个世界，"我""是""观众"，对于"他人"（的世界），我不仅可以是"参与者"、"分享者"，而且可以是"理解者"、"观察者"。这就是说，人们不仅从实践的"交往"中体会那种"永恒的现时"、那种"自由"、那种历史的活东西，而且可以"理解"、"观察"、"思想"这种活东西，一句话，这种"活东西"可以"读"出来。

杜弗朗从这个基本观点出发，还进一步讨论了"反思"和"情感"在审美知觉中的作用。他认为，这两种思想形式，在审美知觉中虽然是不可分割的，但却具有各自不同的作用。"反思"是理解性的，而"理解"保证了审美对象与欣赏者有一定的距离②；"情感"则能进入作品、对象的"深层"③。

我们作为欣赏者把一个对象当作艺术作品来作审美观照，这一态度，不是实际性、实践性的，而是认识性的，我们与对象之间保持着一定的距离。在事实上，光线的粒子或声音的波动与我们的感官有着一种实际的物质性、自然性的交往，但就存在论来看，"我"与"对象"却保持着两种独立的存在形态，不会因为观赏活动而受到影响。但是，这两种存在形态之间的关系，又不是单纯的客体与主体的关系，不是知识性的，而是情感性的。"作品"与"欣赏者"之间是"主体间"的"交往"，是两个"自己"之间的关系，两个存在形态上都保持着自己的深层结构，需要深层的交流，这种交流，不能通过抽象的概念，而只有通过情感的共鸣才能沟通。

这样，在审美知觉过程中，理解和情感是不可分的，理解是情感性的，情感是思想性的，理解不是抽象的概念和判断，情感不是情绪，反思性的情感是一个世界，情感性的反思也是一个世界，它们是一个共同的世界，而不是分裂开来的主体和客体；它们所构成的世界（作品）不是"种类"概念之"化身"（如"维纳斯"是"美"的"化身"），也不是个别的形象，而是"显示了一个世界"④，"对象"中的"世界"，"世界"中的"世界"，是艺术作品在审美

---

① 杜弗朗：《审美经验的现象学》，英译，第50页。
② 同上书，第372页。
③ 同上书，第376—377页。
④ 同上书，第378页。

中作为一种"思想性功能"(noetic function) 的特点①。

我们已经说过，按照现象学的原则，"事物"就是它显现的那个样子，"事物"的背后，没有一个"物自体"，在这个意义上，使人们想起了巴克莱的"存在就是被感知"。巴克莱的主观主义表现在他是从知识论的感觉主义来理解这个命题，如康德所批评的，这个命题不可避免地落入"主观唯心主义"的泥坑；然而在现象学看来，康德没有看到对这个命题尚有一种理解，即存在论的理解，因为在存在论上，这个命题正是克服康德的"现象"与"本体"二元论的有力武器。现象学强调，"现象"背后无"本体"，"存在的"(to be) 即"看到的"(to be visible)②；然而，艺术的作品，作为审美对象来看，不是一般的"事物"，不是一般的"客体"，即不是知识的"对象"，而是"类主体"，是另一个"自己"，另一个"世界"，是审美的"对象"，它代表的不是一件"物"，而是一个"人"——"他人"，因此，作为艺术品这个"事物"来说，审美对象又有"不可测的""深刻性"，因为它是"他者"③，而另一个主体的情感，不可能完全"回归"于"形象"(image)④，不能通过"视觉""观察"，由"概念""推理"来完全把握住，因而不是一个知识的对象。对于另一个主体的情感，"他人"的深层结构，"他人"的内心深处，我们只能从他的表情、眼神、言谈中"读"出来⑤。

由于人际之间的关系不仅是"理解"，而且是"情感"，所以才能"交流"、"交往"，而不是静止的"观察"。"他人"对"我"来说，不只是提供"表象"的"对象"，也不仅是激起"情绪"从而促使实际行为的"对象"，而且可以引起一种由表及里的深层的情感交流，这种交流既是理解性的，又是情感性的。正因为人人都有一个深层的"自己"，而这种"自己"也可以通过包括艺术媒介在内进行交往，所以人与人之间才能相互"理解"，相互"沟通"。演员不必亲自实践"谋杀"的经验，就可以"演""哈姆雷特"⑥，观众也不必自己有这

---

① 杜弗朗：《审美经验的现象学》，英译，第378页。
② 同上书，第381页。
③ 同上。
④ 同上书，第385页。
⑤ 同上。
⑥ 同上书，第405页。

种实际经验就可以欣赏莎翁的剧；而这种"表演"和"观赏"，又不是抽象的、概念式的"理解"，而是包括了"设身处地"的情感上的交流——"共感"。杜弗朗在《审美经验的现象学》一个小注中说，人与人的关系不是"指证"（identification），而是"吸收"（assimilation）①。所谓"指证"，即指出是"什么"，如指出哈姆雷特是"谋杀者"，但这里"谋杀者"是一个"概念"，这对艺术来说是不够的，艺术要求能"体验"出他当时的活的思想感情，体验到他"就是""这么一个人"，"这就是哈姆雷特"，即体验到他的"存在"。因此，"谋杀者"这个概念只指出了哈姆雷特一个行为（当然是重大的）的一个性质（属性），而不是他"这个人"，对"这个人"的把握，当是要作一种深层的交流体验出来。有了这种体验，我们（观众）对哈姆雷特的认识，就不会停留在"谋杀者"的抽象概念上，而对哈姆雷特"这一个""谋杀者"，就有一个活生生的形象。杜弗朗说，承认有一个深层结构，就是否定把"人"归结为"物"②；艺术品虽是"物"，但不仅仅是"物"，它表现了"人"，表现了"他人"。我们聆听莫扎特的音乐，不是听一种特殊的声音，而是在一种特殊的方式下和莫扎特本人交流③，因而这种作为媒介用的特殊的"声音"，就成了莫扎特的"音乐"。

这个深层的"自己"，可以是"掩盖着的"，也可以是"打开着的"，艺术家、思想家（哲学家）的工作就是帮助去"打开"这个深层的"自己"，认识"他人"的"真实面貌"（"真理"）。如何认识"真理"，不在于学许多的道理（理论），有许多"知识"；要真正了解"他人"，则要"进入"他人的"世界"，因为"他人"不是脱离他所属的"世界"的，而是"在世界中"。我们在观赏莎翁的剧时，我们的思想感情是对哈姆雷特的世界"开放"的，两个"世界"可以通过"想象"来相互"吸收"，相互"交流"。莎翁作为伟大的艺术家，打开了哈姆雷特的世界，使我们"看到""真"哈姆雷特，"活"哈姆雷特，而不仅仅是欧洲史一个环节中的哈姆雷特，甚或只是一个虚构的哈姆雷特。我们作为观众，而不是作为历史学家，进入那个世界，面

---

① 杜弗朗：《审美经验的现象学》，英译，第394页注①。
② 同上书，第404页。
③ 同上书，第414页。

对莎翁所提供给我们的"真"哈姆雷特，我们作为观众的态度，是审美的态度。正像在实际生活中我们要"懂得""他人"的"意思"（意义），必须"懂得"他人的"语言"一样，我们要"懂得"莎翁给我们提供的世界的"意义"，也必须懂得他的语言，不仅懂得他所使用的"文字"语言，而且要懂得他的"戏剧"语言，就像要与莫扎特交流必须懂得他的"语言"——音乐语言一样。审美的态度，乃是一种教养，一种训练，因此，我们需要"美育"和"艺术教育"，但这种"教育"不是纯知识性的，"美育"不在于教儿童"懂得"戏剧的故事情节，甚至不仅"认出"（指证）舞台上的角色是"好人"还是"坏人"，而是要教育人们"懂得"艺术的语言，以便与艺术家为我们提供的世界进行活生生的交流。

四、审美经验之普遍性

康德把知识的普遍必然性、知识的"先验性"（transcendental）建立在"先天性"（a priori）之上，所谓"先天性"乃是指"前件"作为"结论"的逻辑条件，在康德的思想中，即所谓"先验的"（超越性的）必然性、普遍性仍建立在"逻辑的必然性"的基础之上，这在胡塞尔看来，正是康德现象学的不彻底的地方。胡塞尔的现象学以"理念"（观念）的"本质直观"为普遍性与特殊性之统一，完全排除了"逻辑条件"之形式性，因而"先天性"（a priori）在胡塞尔的现象学中不占有重要地位，虽然他的现象学的主旨还在于建立一种纯净的科学——人文科学。这个思路，在海德格尔的存在哲学中，当然得到进一步的发展，"逻辑"被理解为一种非本源性、非存在性的形式推理的工具性规则。此后，雅斯贝斯、萨特诸家对"先天性"问题，都未曾有特别的重视。但杜弗朗的《审美经验的现象学》中，却有专门章节来重新确立这个问题的重要性，他把这个问题的讨论，置于"审美经验的批判"的总题目下，非常明显地肯定了他的美学思想和康德哲学的紧密的关系。我们体会杜弗朗的意思，是要通过上溯康德，把存在论与知识论结合起来，从而使他的理论坚守住胡塞尔现象学"纯知识"的阵地，虽然在他的美学中吸收了从海德格尔以来许多存在论的思想，但他的立足点，仍在于承认对于"存在"可以有一个知识性的把握,而不仅仅是存在性的体验。

　　我们知道,康德的《判断力批判》,按照他的《纯粹理性批判》的方法,对审美的经验、趣味判断,也和一般经验的知识判断一样,讨论了它的普遍性条件,他的核心问题是:为什么为个人习性所左右的趣味判断也有普遍性,也"有权""要求"人人都"遵守"(同意)?但康德在这个领域里只讲到趣味判断的个别性中蕴含了普遍性,从而讨论了"非功利性"、"审美理想"和"德性之象征"等问题,还没有明确地把他的"先天范畴论"完全搬到审美中来。康德着重的是指出审美、艺术与知识、科学之区别;但他把知识论中之"图式"运用于审美中转化为"象征"(符号),则已意味着各种知识范畴在审美和艺术中都应有各自的变化形态。人类只有一种"语言",人们关于"艺术"说的"话",是和人们关于"知识"说的"话"同一的,是同一种"话",但却有不同的"意味"。即如存在哲学家,尽管他们铸造了一些自己的词汇,但他们不能完全不用"科学的语言";他们可以不用"原因"、"结果"(但在行文中他们也很难完全避免"因此"、"所以"这类说法),但他们一定要接纳"时间"和"空间",否则他们就无法谈论"存在",但"时间"和"空间"在存在哲学中却有自己的含意,他们认为,存在论中的这种含意是更为本源性的。

　　这样,就审美和艺术领域来说,问题就在于:为什么那些看起来像知识性的"范畴",在审美经验中也能使用,从而使审美的判断也带有自身的普遍性?这也就是杜弗朗所要进一步讨论的问题。

　　我们知道,康德把理性的功能分成构建性和规整性两种,知识性直观和范畴形式建立经验性对象,因而是理性之构建性作用,而"理念"只在于调节理性自身的关系,不能建立经验之对象(我们不能在经验上有"无限"这个"对象"),因而是理性的规整性功能。按照康德这个划分,审美的经验应是建构性的,因为它通过建立一个"对象"来开放一个"世界"[①]。我们并不真的生活"在这个世界中",我们作为欣赏者对这个"世界"的感受,似乎是由这个"世界"作为一个"对象"所提供给我们的,因而似乎是这个"对象"的一种"属性"(或许可谓"类属性"——quasi-attribute),而我们的审美判断是对这

---

① 杜弗朗:《审美经验的现象学》,英译,第437页。

种"属性"的把握。我们判断一个女人"有吸引力",不必自己真的"被吸引",而只是作出一种判断,似乎这个"吸引力"是"对象"本身固有的客观属性,我们对这种"吸引力"的"感受"(feel),是对"对象""属性"的感受,而不是"我自己的主观状态"的感受,因而这种"感受"不是"情绪"①;但是,"艺术作品"作"审美对象"来看,又不是知识的对象,不是单纯的"客体",而是"类主体"的"客体",作为"作品"的"客体",并不放弃它的"主体性"②,因此,"审美的属性"又不同于一般的"科学的属性",它是"主体性"的属性,是"世界"的属性,因而是一种"价值"(因此,"价值"可谓"类属性")。知识论是解决客体性属性的先天条件,即对于这些属性的经验知识如何可能;美学则要解决主体性属性(价值)的先天条件,即对这些属性的审美经验如何可能。

为了回答审美经验如何可能的问题,杜弗朗区分了三种类型的先天性,因为没有先天必然的形式规则是不可能形成统一的"经验"的。杜弗朗说,有存在性(existential)的先天性,有思想性的先天性,也有情感性的先天性。存在性的先天性使人的实际生活成为可能,思想性的先天性使人的知识成为可能,情感性的先天性则使人的深层交往成为可能③,而这三者都属于人的"经验"范围,从而没有什么"超经验"、"经验背后"、"经验之上、之外"的东西存在。

思想性的先天性涉及事物之"表象"(representation),而情感性的先天性涉及主体的深层结构,这二者的区别是杜弗朗的着力所在。他指出,房屋的"温暖"和巴哈音乐的"纯净"显然有不同的"意义",前者是表象性的,后者则是情感的结构④,但又不是实际存在性(实存性)的先天性,不是实际的生活的条件,而仍是一种"认知性的"(noetic)条件,因而不是纯主体的情绪,而是"类主体"的"感情"(感受)。

"客体"中表现的"类主体性",使主体的特性借助"客体"的属性表现出来,作为一种特殊的属性(如巴哈音乐的"纯净")提供出来,感染欣赏者,

---

① 杜弗朗:《审美经验的现象学》,英译,第441—442页。
② 同上书,第444页。
③ 同上书,第444—445页。
④ 同上书,第445页。

这种特殊的"审美属性",杜弗朗叫做"情感的性质"(affective quality)①。"情感的性质"是对象中的主体特性,是客体属性中的价值。按照康德的思想,"属性"之所以有普遍性,成为经验知识以普遍传达,根源于一种建立这种属性的先天的直观和范畴形式,这些经验中的形式"先于"这种经验属性的对象之前。同样,杜弗朗认为,"价值"也是"先于"具有这种价值的"对象"之前,因而是这种对象出现的"先天条件"。杜弗朗说,"价值"好像一个"信使"(messenger),预先宣言一个"对象"的出现②,情感性质也有同样的特点,它"先在于"它的具体对象,使这个对象成为可能。情感性质通过艺术家使具有这种性质的对象出现,因此,艺术家也是一个"信使",预先宣告审美对象的出现。

在情感性质中,必然性与个体性是统一的,因为这种性质不是单纯客观的属性,而是"类主体"的属性,审美的世界不是知识的对象,而是情感的对象,认识这个世界,不是认识一个单纯的客体的世界(自然界或作为客体来看的社会、历史),而是认识"自身"③。艺术的世界是一个活的世界,是真实的世界,是主体的真理性的见证④。真实的世界不是主体与客体分化之后的世界,而是分化之前的本源性的世界,这个世界是分化以后的世界的基础和条件,因此情感的性质先于客体的属性,也先于主体的情绪。杜弗朗说,音乐的"柔和"早于音符和情绪之分,"字"的意义,也早于"音位"(phoneme)和"义位"(semanteme)之分⑤。这种先于音符的"柔和"、先于语音的"意义",使"音乐"成为"音乐","字"成为"字",因而作为先天条件(a priori)就由纯知识性转化为存在性,即作为一个"对象"之存在的条件⑥,这就是康德所说的,经验之可能条件,也是经验对象之可能条件。在现象学和存在哲学看来,这句话应理解为无论经验或经验对象都源于人作为存在的本源性状态,而不是源于现性作为工具之抽象的形式的必然性、先天性,"存在"的条件,同

---

① 杜弗朗:《审美经验的现象学》,英译,第439页。
② 同上书,第447页。
③ 同上书,第449页。
④ 同上书,第450—451页。
⑤ 同上书,第455页。
⑥ 同上。

时即是"存在性""对象"的条件。这一点,在杜弗朗进一步研究"情感范畴"(affective categories)时更加明朗起来。

康德论经验,侧重于直观形式和范畴形式之先天性,这一点是现象学可以接受的。但康德把这种"经验"限于科学知识,则显得过于狭窄,为新康德主义所不满。扩大康德关于经验、现象、知识的范围,取消与现象对立的本体,则是现象学和新康德主义的共同任务。

然而,如果承认康德所述经验知识、科学知识的性质,则现象与本质的区别是不容否认的。胡塞尔说,现象学之纯粹知识的确不等于科学知识,它是真正先验的知识,是"理念"的知识,但并非本体性的,不是关于"本体"(noumena)的知识(如黑格尔哲学所说的),而是真正的现象的知识,"理念"即"本质之直观",这种知识与经验知识的关系不是本体与现象的关系,而是基础与建筑物的关系,是种子、根与芽、枝叶的关系。胡塞尔对康德的变革在于:实际上胡塞尔肯定一种先于经验科学的更为本源性,因而更为必然的知识之存在,即理念作为本质直观的知识的存在,而这种纯净的知识又不是黑格尔所谓的绝对的、概念式的,而是直接的、活生生的。

杜弗朗在论述审美范畴时,明确地把胡塞尔的这种早于各门具体科学之知识[①]与康德的先天范畴论联系起来,具体运用于情感的问题上,认为在具体的情感可以分别出来之前,对于情感必有一个先天的、普遍的观念——范畴,因而这种"前科学"之知识也有必然性和普遍性[②],即不仅有"纯粹科学"(纯粹知识),也有"纯粹美学"(纯粹审美)[③]。在这里,杜弗朗承认,他所运用的是比康德本人还要彻底的康德原则[④]。

杜弗朗说,我们对于"情感(审美)范畴"的"知识",早于具体的审美情感,是这种具体情感的先天条件,就像知识的先天范畴早于具体的经验知识一样。譬如同是法国作曲家,同是弦乐四重奏,弗莱(Fauré)的给人以"纯净"之感,而弗朗克(Franck)则给人以"粗犷"之感,而"纯净"和"粗犷"存在于我具体感受弗莱和弗朗克作品之前。"纯净"和"粗犷""似

---

① 杜弗朗:《审美经验的现象学》,英译,第463页。
② 同上书,第464页。
③ 同上书,第465页。
④ 同上。

乎"（类似）他们作品的一种"属性"，要求人人在欣赏时都能承认，要求欣赏者都来作他们提供的"世界"的"见证人"，都能承认那种"价值"。"作品"表现了一个世界，也打开了我们自己的"世界"，我们在观赏艺术作品时并不完全受自己情绪所左右，艺术作品吸引我们"进入"它所打开的世界，艺术作品对观赏者来说，同时也是一个"见证"，它"证明"我们有感受、评判作品的能力，"证明"我们自己"能够进入"一个"世界"，"证明"我们是"人"，而不是"物"，即"证明"我们是"见证人"。"知识"不仅"证明了""可知的""对象"，而且也"证明了""能知的""主体"；"审美"（欣赏）不仅"证明了""艺术作品"，同时也"证明了""欣赏者"。

然而，艺术作品既不是一般的"物"，而是"存在"（existence）的表现，是一个"例外"，则如何又具有普遍性，这个问题就需要进一步的解释。"存在"而又有普遍性，这就是萨特所提出的"我"如何成为"我们"。我们知道，萨特对这个问题原则上持否定态度，而杜弗朗则持肯定态度，虽然他在解释这种肯定时显得比较粗糙一点。杜弗朗说，"存在"是一个"例外"，它当然"在因果系列之中"，但它本身又是"自由"。这原是雅斯贝斯的观点，因为雅斯贝斯强调"时间中之永恒"，"必然中之自由"。杜弗朗说，"自由"当然是"个体性"的，但同时它又具有"相似性"①。他的意思是说，"我"是"自由的"，但"他人"也是"自由的"，"我"是"他人"自由的"见证"，"他人"也是"我"的自由的"见证"。我的自由受到他人的自由的"限制"，但"我"也和"他人""分享"自由。艺术的欣赏就是一种"分享"，因而艺术作品并非外在的标记②。

"情感（审美）范畴"作为"知"是普遍的，但这种范畴要体现于具体作品中通过艺术欣赏发现出来，因而又是个体性的。"范畴"作为"前概念的"（preconceptional）知识，是普遍的，它与"他者"处于和谐之中并通过这种关系实现出来③，因此，杜弗朗又强调指出，"先天性"只有通过"后天性"（a posteriori）表现出来④。在杜弗朗看来，主体的先天性只有通过一个

---

① 杜弗朗：《审美经验的现象学》，英译，第 450 页。
② 同上书，第 482 页。
③ 同上书，第 484 页。
④ 同上书，第 491 页。

"对象"才能表现出来,但这个"对象"又不是一般的"事物",而必须同时是一个"他者"。这就是说,"主体"必由另一个"主体"来"证实",而一般的"事物"是"证实"不了的。日月山川证实不了人的存在,能证实人的存在的只能是"他人"或表现"他者"的"作品"。所以,杜弗朗说,审美的对象提供一个机会使人知道他具有先天的功力:莫扎特的作品使人们知道自己能欣赏"优美"①;艺术作品提供机会使人认识到自己,认识到自己作为人的存在,而正是因为"自身"为"人",才有"先于""对象"的"条件"来欣赏"对象"。

"范畴"是先天的、普遍的,经验是具体的,但经验之所以成为"经验",则以"范畴"为条件,这就是说,普遍性为个别性的条件,普遍性"先于"个别性。这个观点,在康德那里,是与逻辑的普遍形式相结合的,在胡塞尔,则为普遍与个别相统一的"观念"相结合,在存在哲学,特别是萨特那里,则更进一步与"定型心理学"的知觉理论结合起来。把"整个"早于"部分"的思想引入哲学中来,从而杜弗朗可以比较容易地把它用来解释"范畴"的先验性问题,即那种现象学意义上的本源性知识早于对具体对象的感受②,而对具体对象的感受以那种知识为基础和条件,并为那种知识之见证。因而才具有审美经验的普遍有效性。

这样一种强调审美范畴先天性的观点,其意义当然在于解决审美经验之普遍有效性,从而使审美经验不陷于主观的随意性;但审美经验既不同于一般(科学)经验,因而它的普遍有效性就不能归结为主体与客体(对象)分化后的形式上立法(制定规则)的必然性,而应理解为"自身"之存在性,按杜弗朗的说法,即两个"自身"在存在上的相似性。审美的对象并非展示"自身"的自然属性,也不是展现"自身"在其所属世界的"价值",而是表现不同于其所属的另一个世界。由于艺术家通过艺术作品把这个世界打开,观赏者得以进入这个世界,因为观赏者本身也是"自身",这种相似性使他可以进入那个艺术的世界。"我""在这个世界中",但"我"可以通过想象"进入另一个世界",因此,"我"可以暂时"摆脱"我所属的世界,对某些对象采取审美的态度。杜弗朗指出,监狱中之犯人之所以能欣赏巴哈的音乐是因为他可以暂

---

① 杜弗朗:《审美经验的现象学》,英译,第497页。
② 同上书,第511页。

时摆脱眼下的所属世界,作为一个"他者",或为"他者"保留、发挥欣赏者的能力①。巴哈的音乐有权要求人人都进入它所表现的世界,对这个世界的价值作出判断,但不是作为一种客观的属性,而是作为一种情感的性质,为人的本源性的知识所确立、所证实。

＊　　　＊　　　＊

情感(审美)范畴的先天性,当然是知识性的先天性,但同时也是存在性的先天性。前面说过杜弗朗所谓存在、思想、情感三种先天性,实际上思想和情感的先天性都根源于存在的先天性。知识的对象只对知识的主体才有意义,审美的对象只对审美的主体才有意义,艺术的世界只对欣赏者才开放,艺术作品中所表现的"类主体",只能被另一个"主体"("自身")"读"出来②。所以"存在"(existence)是最为基本的,存在的"意向性"(intentionality)使世界澄明,使意识与对象区分开来。但就存在论来说,"对象"是"存在"的对象,"意识"也是"存在"的意识,存在的对象在知识的对象之前,而存在的意识也在科学的意识之前。

杜弗朗按照萨特的说法,认为现实的世界是"自为的"世界,"人"作为"存在"(existence)使这个世界成为"自为的"世界,所以"存在"是现实世界的"现实性"的根源,"存在"先于"意识"(与"对象"之分化),因而"存在"的"真理性"先于现实世界的现实性③。"艺术"作为本源性知识的一种形式,它同样根源于"存在",所以"艺术"和"现实性"同属于"存在",为"存在"的两个方面④,"艺术"不是"现实"的刻板的"模仿",而是把"现实""审美化",亦即"人性化"⑤。

这就是从存在论观点对"艺术"与"现实"关系的一种理解。"艺术"给"现实"以"意义",但这种"意义"并不是外加上去的,而是"现实"作为"存在"的意义。就存在论来看,"现实"不是死的"自然",而是人的生、老、病、死的环境的界限,艺术使这种"意义"明朗化,使这个"世界"呈现在人

---

① 杜弗朗:《审美经验的现象学》,英译,第519页。
② 同上书,第541页。
③ 同上。
④ 同上书,第539页。
⑤ 同上书,第545页。

的眼前，所以在这个意义下，虽说是通过艺术家的创作呈现出来，但同时也是"现实"呈现其自身，"世界"自己呈现出来。

"存在"不是玄思的产物，而是"理智的直观"，是可以"看"出来的，但"存在"却又是隐蔽在"深处"的。存在论上所谓"深处"，即是"回归"到最为本源性的存在状态：回到生、（老、病、）死这样一种"开始"。杜弗朗说，艺术作品作为表象来说，画中之形象似乎是过去见过的，因为我们"认得出"画中之事物，但作为一种本源性的存在的显现，则又似乎是从未见过的，因而永远是"新"的①。

我们看到，和雅斯贝斯在哲学领域里做的工作相同，杜弗朗在美学领域里也从存在论走向形而上学，从而在现代西方思潮中预示了艺术形而上学的前景。

在杜弗朗看来，科学和实践当然都以人的存在为根源，但它们本身都不承认、排斥事物中的人的特性（人性），而只有艺术承认、肯定并揭示事物中的这种性质②，但这种"人性"又不是艺术家外加给事物的，而是"事物"作为世界的组成部分所固有的，人不是这种意义的建立者，而只是它的"见证者"③。"意义"就是"存在"④，巴哈音乐的"纯净"使巴哈音乐之所以成为巴哈音乐，而巴哈本人——艺术家则只是使这种"音乐之纯净"显现出来，使这种"音乐"为"存在"的一个环节⑤，因此艺术和艺术学都是"存在"（Being）的工具⑥。艺术家是"传信使"，而不是"创世主"。艺术家受到"存在"（Being）的召唤，要让"存在"显现出来，艺术家为他所属的世界打开另一个他不属于的世界，艺术家是这些世界的"见证者"、"沟通者"。

艺术家是本源性世界的沟通者，而在这个世界中"存在"（"是"什么）和"行动"（"做"什么）是不可分割的，因而作为"做"和"行动"的"准则"——法律尚未产生，在这个意义下，艺术家总是"无辜的"（"无罪

---

① 杜弗朗：《审美经验的现象学》，英译，第543页。
② 同上书，第550页。
③ 同上书，第549页。
④ 同上书，第547页。
⑤ 同上书，第549页。
⑥ 同上书，第550页。

的")①。"言者无罪","言""行"不可分,艺术家作为艺术家的"行"——雕刻家凿石、建筑家砌石头……,仍是一种"言",即表现一种"意义",就如同作家的"写作"这种"活动"(行)一样,雕刻家作为雕刻家来说,他手中的斧子是从不杀人的;他的斧子不是毁灭一个世界,而是揭示和创造一个世界。

然而,艺术家虽然是"无辜的",但他又是"有责任的",因为他是"自由的"。他揭示着本源性的东西,他是"创造者",他"无所依凭",所以也"无可推委",他是"始作俑者"。在知识领域里,似乎只有亚当与夏娃是"有罪的",因为只有他们是"始作俑者",而他们的后代都学会了"推委责任"的本领;但在艺术领域里,在"上帝"的眼里,每个艺术家都是"有罪的",因为艺术家的"责任"就在于把"世界"的"真实"揭示出来,而且一次又一次地不厌其烦地重"新"把这个"真实"揭示出来,因此,每个真正的艺术家都要具备亚当和夏娃那样的勇气,准备承担起这个无可推委的责任。艺术家就"是"艺术家,而不是要"做"艺术家。

---

① 杜弗朗:《审美经验的现象学》,英译,第554页。

作者后记

一、我在 1986 年 8 月的全国现代外国哲学学会第四届年会上解释了我为什么开始研究现代哲学，这个发言后来整理了一下，发表在《哲学研究》1986 年第 11 期上。那里发表的是从学理来说的，还有一个实际的原因我在这里补充一下。1980—1982 年我在美国进修时与一些朋友多次谈到，我（以及和我差不多情况的同行）对西方哲学的了解，主要限于马克思主义以前，对于马克思主义以后西方哲学思潮的发展，所知甚少，更谈不到运用马克思主义的立场、观点、方法来作出自己的分析、判断和研究，这方面的工作，即使是研究哲学史的，也应该做一做。当时我之所以有这个想法，是因为在与这些朋友讨论中，往往因为不太了解他们所受教育背景，而缺乏"共同语言"。因为这些朋友多半是在西方近几十年哲学思潮的熏陶下成长起来的。我很抱歉地说，他们当中某些学者对于西方古典哲学的了解是不很够的，但我也并不隐讳自己的缺点，承认自己应对当代的西方哲学思潮有所了解，才能使我们的对话和讨论更有益处。所以，我利用在美国进修的机会，了解了一些基本的情况，收集了一点材料，回国后，除完成我的古希腊哲学研究的第二本书——《苏格拉底及其哲学思想》外，主要的精力都用来研究现象学、存在哲学的基本问题。现在这本书就是这几年我所做的工作的结果。因此，这本书一方面献给国内的同行和广大读者们，同时也献给那些曾和我讨论过而居住在外国的朋友们，请他们批评、指教，看我这方面的工作做得如何。

二、"读书明理"，这本书主要是讨论一些哲学理论问题，所以在学派的代表人物方面，挂一漏万，譬如现象学伦理学方面的塞勒，现象学美学方面的英加登，作为学派介绍来说，当然都应该有专门的章节论述，所以本书不是全面介绍学派的书；即使本书专门讨论的人物，也有畸轻畸重的缺点，随着我对某些问题的理论兴趣而展开，较少考虑到安排上的比重，这是要请读者谅解的。

三、本书涉及内容，只是我对现代哲学研究的一个方面。在完成本书后，我将集中力量研究另一个思潮，即逻辑实证和分析的思潮。作这方面的研究对我来说同样是很艰巨的，有一些技术性方面的知识要从头学起，有许多书要读；但我还是决心要做这个工作。在完成这两方面工作后，我将仍旧回到古代希腊哲学，继续写这个方面的第三本书——关于柏拉图哲学的书。在做过前两项工作以后，我对柏拉图的研究，似乎更乐观了些。

四、现象学、存在哲学中一些专门名词的汉译是很麻烦的事，本书在一个注中介绍了对海德格尔 Dasein 的译法，但在大多数行文中，只能直接用德文原文。好在本书重在理解原意：Dasein 就是海德格尔所谓的那个意思，在遇到类似情形时，我尽量附上原文，如 Sein 与 Existenz[①] 都是"存在"，附上原文以示意义之不同。但在我认为不会引起歧义时，则尽量不附外文，以免分散读者的理解力和注意力。

五、对现代西方哲学我是真正的外行，本书只能算是一个学习、研究心得，错误的地方一定很多，盼望得到批评、指正。

叶秀山

丙寅除夕于

中国社会科学院哲学研究所

---

① 关于 Existenz 的汉译，这里不妨多说几句。20 世纪 60 年代左右，一些专家译为"实存"，以区别"Sein"之"存在"，但按该词从基尔克特到海德格尔这思想发展的意思来看，它似乎译为"出世"或"出现"较好，因为"Ex"原为"出来"的意思。"出世"不是"离世"，而正是"入世"，如我们通常所说"某某天才出世了"，"出世"即"出生"，但不是生物、生理意义上的，因而"入世"也不是"世俗"的意义上的"处世"，因为存在哲学的"出世"是可以不和"超越"矛盾的。按现象学原则，"出世"（Existenz）正可以是那个"排除一切经验之物"之后的"剩余者"。